策划编辑：刘　臣

责任编辑：任　岩

封面设计：李东彦

定价：9.00 元

中国西部民族文化通志（33 卷）

哲学卷	伦理卷	心理卷	宗教卷
政治卷	历史卷	古籍卷	法律卷
社会卷	妇女卷	婚姻家庭卷	游牧卷
农耕卷	建筑卷	交通卷	贸易卷
科技卷	生态卷	教育卷	饮食卷
服饰卷	体育卷	娱乐卷	旅游卷
节日卷	礼仪卷	禁忌卷	文学卷
艺术卷	影视卷	工艺美术卷	傩文化卷
吉祥物卷			

教育部人文社会科学
重点研究基地重大项目成果

中国西部民族文化通志

瞿明安　何明　主编

历史卷

赵永忠　陈燕　著

云南出版集团
云南人民出版社

国家出版基金资助项目

教育部人文社会科学重点研究基地重大项目

教育部人文社会科学重点研究基地云南大学西南边疆少数民族研究中心项目

总 序

21 世纪之初，中国政府启动了西部大开发的战略部署，将西部各民族的繁荣发展推到了中国现代化建设的前沿阵地，使其成为中国西部发展史上最值得大书特书的一页。国发〔2000〕33 号《国务院关于实施西部大开发若干政策措施的通知》中规定，中国西部开发的政策适用范围，包括重庆、四川、贵州、云南、西藏、陕西、甘肃、宁夏、青海、新疆、内蒙古、广西等 12 个省区市（统称为西部地区）。根据以上区域划分的原则，在中国西部地区主要分布着 49 个少数民族，即维吾尔族、哈萨克族、乌孜别克族、塔塔尔族、塔吉克族、柯尔克孜族、俄罗斯族、回族、土族、裕固族、东乡族、保安族、撒拉族、锡伯族、蒙古族、达斡尔族、鄂温克族、鄂伦春族、藏族、门巴族、珞巴族、羌族、傣族、哈尼族、基诺族、佤族、景颇族、德昂族、布朗族、拉祜族、阿昌族、傈僳族、独龙族、怒族、白族、纳西族、普米族、彝族、苗族、瑶族、布依族、水族、侗族、土家族、壮族、仫佬族、仡佬族、毛南族、京族等。在西部大开发的过程中，西部少数民族的现实状况和未来发展趋势将直接影响中国西部经济社会发展的总体进程。2001 年国务院西部开发办《关于西部大开发若干政策措施的实施意见》中规定，其他地区的民族自治州（湖南湘西土家族苗族自治州、湖北恩施土家族苗族自治州、吉林延边朝鲜族自治州），在实际工作中比照有关政策措施予以照顾。

西部大开发分别包括对西部地区自然资源的开发利用与可持续发展，以及对人文资源的开发利用与保护传承两个方面的内容。而在人文资源的开发利用与保护传承方面，如何充分有效地认识和发掘西部少数民族文化资源的价值和功能，使其在西部大开发中发挥积极的作用就是其中一项十分重要的内容。从应用民族学的角度来看，西部少数民族文化资源的开发利用与保护传承包括多种不同的表现形式，既有从经济发展和提高人民物质生活水平的需要出发对民族饮食、民族服饰、民族建筑、民族生产方式、民族贸易、民族旅游等文化资源的开发利用与保护传承，也有从构建和谐社会的需要出发对民族政治、民族法律、民族道德、民族宗教、民族心理等社会结构及文化要素的调适、引导和传承，还有从提高全民族文化素质和满足人们精神生活需要出发对民族教育、民族科技、民族文学、民族艺术、民族古籍等传统知识及文化要素进行的传承、改造和创新。在对西部少数民族文化资源进行开发利用与保护传承的过程中，应正确处理好突出经济效益的开发利用与关注社会效益的保护传承两者之间的关系，做到开发利用与保护传承两者并重，或在开发利用的过程中高度关注民族文化资源的保护传承。可以说，西部少数民族文化资源的开发利用与保护传承是一项巨大的社会系统工程，它与西部地区自然资源的开发利用及可持续发展具有同等重要的价值。

面对西部大开发这一前所未有的宏伟规划，作为以民族群体及其文化为研究对象的中国民族学研究者，如何在西部少数民族文化资源开发利用与保护传承的过程中发挥独特的作用，就成了当代中国学术界高度关注的现实问题。其实，早在西部大开发之前的20世纪80年代中期，中国的部分民族学研究者就参与了由国务院委托中国科学院牵头组织的有关西部大开发的前期研究准备工作，为20世纪末和21世纪初西部少数民族经济社会的发展献计献策。随着21世纪初西部大开发的正式启动，中国民族学研究者再一次站在了西部少数民族文化资源开发利用与保护传承的前沿阵地，除了直接参与西部各省区市政府部门有关当地少数民族经济社会发展的应用对策研究以外，为了正确认识把握西部少数民族的历史和现状，继承和弘扬西部少数民族的优良文化传统，还有不少学者撰写了一些与西部少数民族文化有关的著作，在研究西部少数民族文化方面取得了初步的成果。然而，在肯定以上事实的同时也应该承认，目前有关中国西部少数民族文化研究的成果仍处于零散、单一、粗浅的初期阶段，在学术界尚未形成大的气候和雄厚的优势，远远适应不了西部大开发对精神文化产品的客观现实需要。为了改变这种被动的状态，我们策划并组织全国的有关学者撰写了这套《中国西部民族文化通志》，以便为西部大开发提供精神文化方面的优秀产品，同时也为西部少数民族文化资源的保护传承献上一份厚礼。与国内其他同类的书籍相比，本通志在研究对象、学术取向和书写范式等方面具有以下几个鲜明的特点：

第一，坚持民族学的文化概念，系统深入地研究中国西部少数民族文化的各种构成要素。有关文化概念的界定问题，在不同学科的认知体系中往往存在着较大的差异。在一般人们的视野中，文化主要是指文学、艺术、教育、新闻、传播、伦理道德、思想观念等反映经济基础的意识形态。而从民族学的角度来看，文化则是指整个人类及其各个民族生活方式的总和，包括物质文化、行为文化、制度文化和精神文化等不同的构成要素，是人与自然、人与人、人与社会互动的产物。这两种不同的看法其实就与文化概念的狭义和广义之分相关。本通志坚持民族学的广义文化概念，将中国西部少数民族的各种文化构成要素划分为33个方面，相应形成了哲学卷、伦理卷、心理卷、宗教卷、政治卷、历史卷、古籍卷、法律卷、社会卷、妇女卷、婚姻家庭卷、游牧卷、农耕卷、建筑卷、交通卷、贸易卷、科技卷、生态卷、教育卷、饮食卷、服饰卷、体育卷、娱乐卷、旅游卷、节日卷、礼仪卷、禁忌卷、文学卷、艺术卷、影视卷、工艺美术卷、傩文化卷、吉祥物卷等33个分卷，几乎涵盖了中国西部少数民族文化的方方面面，由此形成一个宏大而多元的文化体系。除了从总体上将西部少数民族的各种文化现象划分为以上不同的构成要素以外，各个分卷的专题民族文化志则更进一步地将某一种特定的文化现象进行细致入微的分解。通过这种层层深入的描述和解析，使中国西部少数民族文化的各种鲜明特点得以充分地显现出来，为人们正确地认识了解中国西部少数民族文化的本质特征和表现形式提供系统翔实的文本资料。

第二，对中国西部少数民族文化进行整体的研究，为中国民族学西部学派的形成奠定坚实的基础。中国民族学以往的研究曾显现出一个鲜明的倾向，就是绝大多数学者的精力和时间都投入了对某些单一民族及其文化的研究，对田野调查报告或民族志的关注超越了对文化整体的认识。在对中国少数民族的历史和现状缺乏了解的背景条件下，对各个单一民族及其文化开展的调查研究不仅是非常迫切需要的，而且也符合现代民族学的学科发展规律。而在对各个单一民族及其文化所进行的田野调查和民族志资料积累发展到一定程度的时候，对中国少数民族文化进行宏观和微观相结合的整体研究，就自然而然地成了当代中国民族学学科发展的必然趋势。本通志的研究对象和学术取向就是这一学科发展趋势的具体体现。与国内已出版的各个单一民族的文化志有所不同的是，本通志各个分卷的民族文化志都不是只单独涉及西南、西北和内蒙古等地区各个单一民族，而是打破原有的地区和民族界限，将西南、西北和内蒙古等西部地区所有少数民族的特定文化现象作为一个有机的整体来看待。通过对各种文化现象的描述和概括来认识中国西部少数民族文化的总体特点，在此基础上建立中国民族学西部学派。所谓中国民族学西部学派，就是在中国民族学研究者中以西部少数民族文化为整体研究对象的学术群体和学术取向。它既从学科发展的角度关注整个中国西部少数民族文化的构成要素和总体特点，同时又从应用实践的角度重视中国西部少数民族文化资源的开发利用与保护传承，以便在基础研究和应用研究方面构建当代中国民族学的学科体系。可以说，本通志的出版就是中国民族学西部学派正式形成的标志，同时也为今后中国民族学的学科建设和发展打下了坚实的基础。

第三，把描述性与解释性有机地结合起来，使中国西部少数民族的各种文化现象得以较完整地呈现出来。以往志书的一个鲜明特征就是完整地记录和描述某一特定的事项，即古人所谓的“述而不作”。而本通志的设计和写作则突破了这一窠臼，即注重描述性与解释性两者之间的有机结合。本通志各个分卷主要包括导论和正文两个部分，其中各个分卷的导论是具体专题民族文化志的核心和灵魂。每一种具体的民族文化均有其基本特点、形成因素、表现形式、特定内涵、价值取向、应用功能等方面的重要内容。本通志各个专题民族文化志的导论部分，需要作者具有扎实的理论功底和素养，熟练地运用民族学有关民族文化的相关理论方法来进行高度的概括和分析，使人们对纷繁复杂的中国西部民族文化现象有一个较高层次的感悟和较全面的理解，为进一步认识中国西部民族文化的具体构成要素提供总体的思维模式和分析框架。而本通志各分卷的正文部分则是具体专题民族文化志的主体内容。它们分别对每一种涉及的具体民族文化要素进行层层深入的描述和解释，充分展现中国西部民族文化各种构成要素所具有的特色鲜明的表现形式、内在含义，以及与其他文化要素之间的互动关系。其显著效果就是使被描述、解释的内容显现得细致入微和丰富多样，以便加深人们对这些特定民族文化现象的认识程度。

第四，把横向的民族志资料与纵向的历史文献相结合，充分显现出中国西部少数民族传统文化形成和发展的特点。通常情况下，民族文化志书写的特点都是侧重于横向的研究，即对某一特定时期的民族文化现象进行全面客观的描述，很少涉及历史上这种特定民族文化现象形成、发展、变化的过程和特点。本通志则在这一方面有所突破，即分别从横向和纵向两个方面入手，既描述某一种民族文化现象的具体表现形式和鲜明特征，同时又对这种民族文化现象在历史上的演变乃至在现代社会中发生的变化进行简要的概括和分析，使得各个专题民族文化志能够融贯古今，使其显现出本身应有的资料价值和学术价值。而在横向与纵向相结合的书写过程中，则以横向的民族志描述为主，以纵向的历史演变为辅。通过阅读本通志，既可以从文化体系的角度认识和了解中国西部少数民族传统文化的基本特征、表现形式、形成因素、价值取向、象征意义、社会功能等，也可以从历史发展的角度洞察中国西部少数民族传统文化在历史上的演变以及在现实生活中的状态和未来发展的趋势，让读者从各种不同的民族文化构成要素中充分体悟中国西部少数民族文化的多样性和复杂性。

本通志由云南大学西南边疆少数民族研究中心的瞿明安教授和何明教授担任主编，组织了以云南大学为主、其他院校和科研单位为辅的研究团队。分别由云南大学、中山大学、北京师范大学、四川大学、中央民族大学、中南民族大学、广西民族大学、云南民族大学、贵州民族大学、云南师范大学、云南农业大学、云南省社会科学院、云南行政学院、武汉工商学院、中国妇女儿童博物馆、云南人民出版社等国内十五所大学、科研机构和出版社长期从事民族文化研究的三十余位知名专家学者领衔撰写，参与人员近百人。全套通志约一千六百万字，可以说是目前国内规模最大、体系最完整的一套专题民族文化志，在中国民族学界尚属首次出版，堪称传世之作。这也是一项重大的基础建设工程，对于继承和发扬中国西部少数民族的优良文化传统，增强各民族的自豪感和自信心，提高中国民族学的整体研究水平具有重要的学术价值。

本通志的编辑和出版得到了有关方面的大力支持和帮助。其中云南人民出版社人文读物编辑部尹杰主任最早提出了编写这套通志的构想，并在具体策划和编辑过程中付出了辛勤的劳动，云南人民出版社刘大伟社长对本通志的出版给予了全力的支持，责任编辑李萍女士为通志的编辑出版敢担其责、倾心尽力。云南大学西南边疆少数民族研究中心将本通志申报立项为瞿明安主持的 2010 年教育部人文社会科学重点研究基地重大项目（批准号：10JJD850007）。本通志还得到了云南出版集团和云南大学的大力支持，在此表示衷心的感谢！

《中国西部民族文化通志》编委会

2013 年 10 月 31 日

目　录

导 论

一、中国西部自然生态环境与西部民族文化的关系

（一）良好生态环境孕育民族生息繁衍空间

西部地区是中国早期文化的重要发源地，这里的史前文化是中国早期文化的重要组成部分。在西部地区生活着众多的少数民族，中国绝大多数少数民族的形成与发展，都与西部有着紧密的关系，因此，西部也是中国少数民族的重要发源地。西部在中国这一独特的历史地位，与其古代良好的自然生态环境紧密相关。自然生态环境是社会物质生活必要的与经常性的条件，自然生态环境的差异以及由其所决定的自然产品的多样性是形成社会分工的基础，也是不同文化形成的一个极为重要的原因。

根据考古发掘资料和历史文献的记载，中国西部地区在历史上相当长的时期内是一个环境优美、气候宜人之地。从气候条件看，在距今 8000 年至 3000 年间，西北地区、黄河流域气候温暖、湿润，雨水充沛，非常适合各种植被、森林生长和动物生存。据王会昌的研究，距今 5000 年至 4000 年前后，是我国 1 万年来气候最好的时期。在这一时期，黄河流域和长江流域新石器文化灿烂多彩，如黄河流域的马家窑文化、仰韶文化、龙山文化、大汶口文化，长江流域的大溪文化、屈家岭文化、河姆渡文化等。

从森林、植被的分布来看，今天的西部地区主要分布有森林草原区、森林区、草原区与青藏高原高寒草原和丛林灌木区。但在远古时期，西部地区除西藏外，自然环境是比较适宜人类生存的。在黄河中游的群山之中，都是郁郁葱葱的森林。山上的林区往往延伸到山下的平川原野。这些茂密的森林间杂着农田和草原，覆盖着广大的黄土高原的是一片片绿色。陕西蓝田在 5000 多万年前的新生代是“古三门湖”的一部分，到了第三纪末期，这里才形成冲积平原，出现了温暖、湿润的气候。这为蓝田人提供了良好的生存环

境。与蓝田人生活在一起的还有虎、猕猴、野猪、羚羊、狮子、大熊猫、猎豹、剑齿象、水鹿、毛冠鹿等40多种哺乳动物。据研究，这里分布的植被以森林草原为主，阔叶林主要是桦和朴。在距今1万年前，陕西关中地区的气候也是比较好的，分布着大片森林。据朱光亚先生研究，目前黄土高原大体以六盘山为界，东边是暖温带半湿润或半干旱气候区，西边是温带半干旱或干旱气候区。而把其推至仰韶至殷墟时代，当分别为亚热带与暖温带气候区。与此相对应，在六盘山以东为亚热带森林区，下至西周时，还有竹、漆、棕、楠等亚热带树种生长于关中与渭北高原、陕北佳芦河沿岸丘陵山地、中条山与稷山、峭山、六盘山等。六盘山以西为暖温带草原区，在距今6万至3.5万年前，内蒙古西部地区是森林、灌丛草原，还有许多湖泊和沼泽。到第四纪全新世中期，内蒙古河套地区、阴山山脉都分布着大量的森林①。这样的自然环境无疑是十分有利于人类生存和发展的。

进入文明时代，至少到西周时期，黄土高原森林覆盖率还高达50%以上，还有茫茫的草原。中国著名的古生物学家杨钟健先生1929年根据对晋西、陕北的考察，就断定该地域原为森林地区。1995年，中国科学院黄河中游黄土高原综考队在其考察结论中也明确肯定黄土高原在农耕以前属于森林和森林草原，二者的分布区域分别占黄土高原面积的80%左右和20%左右。西北良好的自然环境在史籍中也得到了反映。《汉书·地理志》里说“天水陇西，山多林木，民以板为室屋”。《汉书·匈奴传》也曾描绘阴山南麓及河套地区“草木茂盛，多禽兽”。匈奴人被汉武帝逐出河西地区后，也曾哀叹“失我祁连山，使我六畜不繁衍”。即使到了北魏初期，《乐府诗集·敕勒歌》也还在唱“敕勒川，阴山下，天似穹庐，笼盖四野。天苍苍，野茫茫，风吹草低见牛羊”。这些记载充分反映中国古代西部林草繁茂的景象。（甘肃）《定西县志》记载，在清代之前，定西森林极盛，只是乾隆以后，东南两区才被砍伐殆尽。西北地区犹多大树。由此可见西北地区历史上（清朝以前）森林茂盛、绿草茵茵，一片秀美之景。人类之所以能生存，是以生态环境作为舞台背景，并从那里获得生存的空间、土壤、能源和食物，发展自己的文明②。

中国地势西高东低，许多大江大河均发源于西部而流向东部。黄河、长

---

① 汪受宽著《西部大开发的历史反思》（下册），兰州大学出版社2009年版。

② 李锦、罗凉昭等著《西部生态经济建设》，民族出版社2001年版。

江就分别发源于巴颜喀拉山脉的各姿各雅山的卡日曲和唐古拉山脉的各拉丹冬雪山的西南侧的沱沱河。中国西部河流众多，水资源十分丰富。时至今日，西南地区的水资源仍是全国最丰富的。而西北地区历史上的水资源也比较丰富。石兴邦先生谈到，关中盆地两岸山谷，阶地基岩流出河流，汇聚而成网状的水系，到处汩汩泉水，潺潺溪流[①]。在中国古代，西部地区修建了一系列的水利工程，如西汉建都长安，为了保证京师漕运的需要，于公元前129年开凿了关中漕渠（位于今陕西西安），从长安城西北引渭水穿渠东经长安城南，穿过龙首沿北麓东行，与引自长安城西南“昆明池南傍山原”之水会合，然后沿着秦岭东下，沿途收纳灞、浐等水，经今临潼、渭南、华县、华阴和潼关，注入黄河。此外，西汉时期还兴修了大量的水利工程，比如引泾灌溉的郑白渠和六辅渠，引洛灌溉的龙首渠，引渭灌溉的漕渠、成国渠、灵轵渠、沣渠；在宁夏平原开辟了秦渠、汉渠、汉延渠、光禄渠等，形成了引黄灌区，在西北“自朔方以西至令居，往往通渠，置田官，吏卒五六万人”。另据《汉书·地理志》的记载，在河西地区还有引羌谷灌田的千金渠（今甘肃张掖市、酒泉市境）、藉端水（今玉门市与瓜州县间）、氐置水（今敦煌市境）等。这么多水利工程的兴修，也说明了西北的水资源是丰富的。

在西南地区，远古时期的自然环境也是比较适宜人类生存的。早更新世初期，在四川成都盆地，生活着步氏巨猿、中国乳齿象、东方剑齿象、小种大熊猫等多种哺乳动物。植被以常绿阔叶林为主，兼有落叶阔叶林或常绿落叶交混林。170万年前，云南元谋盆地中，与元谋古猿一起生存的动物有池猿、中国兔猴、步氏低冠竹鼠、元谋始熊猫、中国印度熊、原臭貂、维曼始密獾、剑齿象、三趾马、元谋巨爪兽、似包氏甘地犀、猪、原河猪、麝、后麂、鹿、牛、羚羊等50余种哺乳动物。整个盆地气候温暖偏干，水草丰富，四周森林茂密，有松、柏、榆等高大乔木，以及枫杨、桦、栎、栗、胡桃、桑、桤木、鹅耳枥、五加科、木樨、大戟科等多种植物。一般年平均温度在8—12摄氏度之间，不超过12摄氏度。到了中更新世中晚期，云贵高原，气候凉爽，湿润多雨，森林茂密。在距今8000年至3000年前，西南地区的气候都是比较温暖的。四川东部，盛产油杉、栗、枫杨、棕榈等亚热带植物，为典型的热带阔叶林。川西山地，亚热带针阔叶混交林十分繁茂。云贵高原

---

① 蓝勇编著《中国历史地理学》，高等教育出版社2002年版。

也比现在温暖湿润，亚热带针阔叶林十分茂密。至距今3000年左右的商周时期，西南地区气候转寒，但气候仍比现在温暖湿润①。

在今贵州，考古发掘材料已经证实，在更新世旧石器时代，气候温湿，森林密布，各地游弋着剑齿象、中国犀、猩猩等动物，呈现出南亚热带和热带的景观，估计当时森林覆盖率至少在90%以上。到夏商时代，这里的气候温湿，森林相当茂密，亚洲象、印度犀分布十分广泛。进入西周、春秋战国时，西南处于巴蜀文化时代，虽然铜、石工具并用，但人类的经济开发仍然极其有限，对森林的砍伐影响主要也局限于平原或平坝地区。以今天贵州省的平坝仅占全省面积的3%测算，当时贵州的森林覆盖率在90%左右②。

由此可见，中国西部在远古、古代时期的自然生态环境是十分有利于人类生存、繁衍的。这样的自然生态环境，为西部各民族提供了良好的生存空间。中国众多民族的先民起源于西部并长期生活在西部，与这里良好的自然生态环境应该有着密切的关系。

（二）多样化生态环境孕育多元民族文化

中国西部生态环境良好，而且地貌复杂多样。中国西部地貌由高原、山脉、雪峰、峡谷、江河、戈壁、沙漠、草原以及喀斯特溶岩等共同组成。中国西部是世界上地貌最为复杂多样的区域。在这种复杂多样的地貌中潜藏着同样复杂的生存可能性，由此衍生出复杂多样的文化元素。中国西部地域的广阔和地形地貌的多样性造成了气候的多样性，从南到北跨越了热带、亚热带、暖温带、中温带和寒带五个温度带。中国西部这种良好且具有多样性的生态环境，必然会孕育出具有多样性的民族文化。

地理环境和自然条件会在很大程度上影响一个民族的经济生活，进而对民族的文化、性格特征产生巨大的影响。主要表现在两大方面：一是相同的自然生态环境，不同系统的民族群体会走上相同的发展道路，发展演变为相同的民族；二是由于自然生态环境的差别，相同系统的民族群体会走上不同的发展道路，发展演变为不同的民族。因此，多样性的地理环境和自然条件，必然导致西部民族群体的多样性。

一个民族，不管是先进还是落后，都必须生存在一定的区域里，结为群

① 汪受宽著《西部大开发的历史反思》（下册），兰州大学出版社2009年版。
② 何光渝、何昕著《贵州：衣食住行的变迁》，贵州人民出版社2008年版。

体，共同获取生活资料，这样才能进步和发展。虽然民族迁徙在历史上是经常性的，但更多的情况是一个民族一旦选定了具体的生存空间，就会长期定居于此。这样，一个民族的生活与所处的自然环境就必然发生密切联系。

一个民族在一定的自然环境下开展生产生活实践，其实就是一个创造民族文化的过程。离开了生活，民族文化也就无法被创造；而一定的民族文化，也反映了一定的生活状态。当然，并不是所有被创造出来的文化，都是民族文化。民族文化是指具有民族性的文化。因此，在自然文化的基础上，如果一个民族创造了具有本民族特性的文化，那它就是民族文化。所以，民族性是民族文化的本质特征。

一个民族为什么会在生产生活实践中创造出具有本民族特征的文化呢？这主要与他们的生活有关。所处的自然环境不同，生活的方式与状态也不同。长期以有别于其他民族的方式生活下去，久而久之，就会形成有别于其他民族的民族特征。因此，自然生态环境的不同，是形成不同民族文化的重要原因。中国西部民族文化的形成，同样与西部自然生态环境紧密相关。

总之，地理环境发生变化会引起民族发展过程发生变化，如匈奴与丁零，他们原为北狄，但在商周时期迁徙的过程中，迁入蒙古草原以大青山一带为中心的一支，演变发展为匈奴；迁入中原北部后来建立中山国的一支，逐渐与华夏族融合，成为汉族的一部分；而迁入南西伯利亚这一支，却发展演变成丁零。

同一民族，由于迁居各地，自然生态环境改变了，可能也会与其他民族相融合，成为其他民族。

二、中国西部民族与民族文化的特点

（一）中国西部民族的特点

中国西部有宜人的、多样化的地理环境，居住着众多的少数民族。回顾中国西部各民族发展演变的历史，西部民族在形成、发展过程中具有以下几方面的特点：

第一，民族众多。由于远古和古代西部优越的生存环境，在西部地区生活着众多的少数民族。从目前中国少数民族的基本情况来看，中国现有少数民族 55 个。在这 55 个少数民族中，除了朝鲜族、黎族、畲族、赫哲族等几个民族外，其他民族的聚居区都在西部，绝大多数是西部世居的少数民族。

另外，曾经生活在中国西部但目前名称已经消失的少数民族，也是比较多的。如活跃在秦汉时期的匈奴、氐，三国两晋南北朝时期的鲜卑、羯，隋唐时期的突厥、回鹘、吐谷浑等。这些名称已经消失的少数民族，曾经在中国西部历史舞台上扮演过重要角色。

因此，在中国西部民族发展的过程中，涉及的少数民族是十分多的，各民族之间的关系也是复杂多变的。

第二，分布广。西部是少数民族的聚居地，但在广阔的西部，这些少数民族的分布又是十分广泛的。从西北的内蒙古到西南的广西，在全国60%的土地上都分布着少数民族。这种分布的广泛性还表现在同一个民族的分布上。如回族在今宁夏有较集中的分布，但在西部广大地区都居住着回族。蒙古族、满族，不仅分布在西北地区，在西南许多城镇都有分布。彝族，从川西北到滇东南广大地区都有分布。少数民族分布在西部广大地区的原因是多方面的，但有两个因素是比较重要的。一是民族迁徙。在中国古代，虽然民族迁徙具有群体性，但很难做到一个地区或者一个部落的少数民族全都迁走。这样就会造成原居住地、迁徙路线沿线和最终落脚地都有同一个少数民族居住。二是军事等活动。在某项军事活动的目的地，往往会留下一部分军士。同时，中国古代实行过戍边屯田制，在广大西部少数民族地区有一些汉族或其他民族的军士及其家属在进行屯田。如元朝和清朝时，分别派蒙古族和满族军队驻守西部多个地方，使蒙古族和满族在西部许多地区都有一定的分布。

第三，杂居程度高。虽然西部大多数少数民族都有比较集中的分布地，但这也只是相对的，因为在相对集中的分布地，也往往居住着其他民族。这样就形成了大杂居小聚居的分布格局。民族大杂居主要是由于民族迁徙或者移民所造成的。一种是少数民族移居汉族聚居区；另一种是汉族移居少数民族地区；还有一种是某一少数民族移居另一个少数民族聚居区①。这样，就形成了大杂居的民族分布格局。

第四，发展不平衡。西部民族由于生存环境和对外交往程度的不同，发展程度也不同。如到近代之前，西部少数民族中，有的还处于原始社会末期和向奴隶制过渡的阶段，过着刀耕火种的生活；有的还处于农奴制，农奴的

---

① 费孝通主编《中华民族多元一体格局》（修订本），中央民族大学出版社 1999 年版。

地位比较卑微；有的处于地主经济发展的阶段；有的民族的商品经济已经较为发达。同一个民族，住在坝区和山区的发展程度有差距。

第五，凝聚力强。西部民族虽然分布广，但内部有很强的凝聚力。这种凝聚力主要来自于两个方面。一是从历史上看，西部民族之间有着内在的历史联系性，大部分是由氐羌系统的民族发展演变而来的。百越系统和苗瑶系统的民族也不少，另外还有一小部分是南亚孟高棉语族。因此，虽然西部民族众多，但其来源还是比较集中的。这种内在的历史联系性，有助于增强各民族的凝聚力。二是西部民族大杂居的分布格局，使各民族之间互相依存、互相学习、互相促进、共同发展甚至不断融合，其内部自然而然产生了凝聚力。这种凝聚力也许在常态下表现得不充分，但一旦某个民族、某个地区发生某些事件时，就会有很多少数民族参与，互相支持。在这种非常态之下，凝聚力就会得到充分体现。

第六，向心力强。中国西部民族地处边疆，但各民族心向中原，千方百计加强与中央王朝的联系。历朝各代，西部民族与中央王朝之间都有朝贡关系，中央王朝也会对西部民族上层人士加以封赐。即使是像大理国这样比较强大的政权，也多次表示要向宋王朝朝贡，但只被批准过一次。通过朝贡，许多西部少数民族上层得到了中央王朝的赏赐和官职的封授。另外，当某一个少数民族建立政权后，并不排斥以汉族为主体的中原地区，反而想把中原地区也纳入自己的管辖范围。因此，西部民族对中央王朝的向心力是比较强烈的。在历朝各代，没有哪一个少数民族希望建立一个脱离于中原的民族的少数民族政权。同样，一些居住在边疆的少数民族，坚守边防，心向祖国。

第七，对中国的边疆发展演变有重要影响。中国有两万多公里的陆地边境线，从内蒙古经甘肃、新疆、西藏、云南到广西，共有一万多公里边境线，居住在这一带边境地区的几乎全是少数民族。虽然古代没有现代意义的边界，但历朝各代都把西部广大边疆地区划为极边之地，实行有别于内地州县的制度，如实行羁縻之治、因俗而治、屯田戍边、移民实边、罪犯徙边等。同时，由于中国古代对地方的管理长期主要是以管理人为核心，在广大西部少数民族地区没有固定的边界。当少数民族迁徙时，只要中央政府还能有效控制，管理也就会随之移动。为了管理好西部边疆少数民族，中央政权在西部地区设立了管理机构，这些管理机构也就成为中国对西部边疆管理的有效机构和有力的证据。同时，西部边疆地区广大少数民族也在积极努力地用自己的行动来说明自己是中华民族的一员，对那些破坏中华民族大家庭的行为进行了有力回击。因此，西部少数民族的发展变化与中国西部边疆的发展演变有着直接的联系。

第八，中央王朝十分重视与西部民族的关系。从考古材料来看，西部史前文化与中原史前文化之间就有一定的内在联系。夏商周以后，西部民族与中央王朝之间的联系不断加强，除战争状态之外，中央王朝都力图把西部民族置于控制之下，只不过是采取的措施不同而已，如羁縻之治、和亲、绢马贸易、茶马贸易等。在条件成熟的时候，中央王朝往往在西部民族地区设置州县，把西部少数民族编入户籍，征收赋税，进行直接统治。

第九，互相学习，不断融合。在中国古代，西部各民族之间相互学习特别是向汉族学习的特点是比较鲜明的。许多地处闭塞之地的民族，只要交通稍微便利，与外界联系增多时，就会向发展较快的民族学习，使本民族得到较快发展。在向汉族学习方面，比较典型的有鲜卑建立的北魏和氐人建立的前秦，他们的汉化政策大大推动了本民族向汉族学习的步伐。由于不断向发展较快的民族学习，民族之间的差距在逐渐缩小，为不同民族之间的融合奠定了坚实的基础。在中国古代，融合到汉族及其他民族当中的民族是不少的，如魏晋南北朝时期的匈奴、氐、羌等，就有许多融合到汉族之中。在隋唐以后，突厥不断融合到汉族和西域各族之中。在宋以后，部分吐谷浑融合到吐蕃当中，等等。

（二）中国西部民族文化的特点

在自然文化的基础上，人类创造了以民族性为本质特征的文化，就是民族文化。中国西部民族在历史上创造了灿烂的民族文化，成为中华民族文化的一个重要组成部分。西部民族文化在形成和发展中，其特点也是比较鲜明的。

第一，历史悠远。西部地区是人类的发源地之一，重庆巫山人化石很可能是中国发现的最早的人类化石，距今约 200 万年。在西部民族文化中，如果从属于西戎民族集团的马家窑文化算起，距今已经 5800 多年。在新石器时代，西南的居民已经培育出人工栽培稻。西部的三星堆文化、古滇文化，在中国古老的青铜文化中，都具有自身的特色。总之，西部民族文化确实历史悠远。

第二，成就卓越。西部民族文化，不仅历史久远，而且成就大。如三星堆青铜文化、古滇文化中的青铜铸造业，都达到了较高的水平。如史诗，仅蒙古族的史诗就超过100部，藏族诗史《格萨尔王》共有120多部、100多万行、2000多万字。在民族音乐方面，同样有很大的成就。如纳西族的古乐，维吾尔族的“十二木卡姆”等。

第三，内容丰富。西部民族文化不仅成就大，而且内容非常丰富，有文学、音乐、舞蹈、建筑、绘画等。即使是在衣食住行方面，西部民族也有自己的文化特色。综合起来看，西部丰富的民族文化，主要包括以下几方面的内容：

一是制度文化。西部民族地区实行的羁縻制度、土司制度等是有别于其他地区的。另外，西部少数民族内部实行的一些政治、军事制度，如盟旗制等，也是西部民族文化的重要组成部分。

二是风俗习惯类型方面的文化。由于居住条件不同，西部民族的风俗习惯呈现出多样化的特点。风俗习惯是活着的民族文化，西部少数民族在发展演变的过程中，其风俗习惯确实有自身的特点，如匈奴“贵壮健，贱老弱”，匈奴等草原游牧民族长期存在的“妻后母”等习俗。对于历史上存在的一些风俗习惯，不能用现在的伦理道德去评判，必须把其放在当时的历史条件下去理解。

三是宗教伦理道德方面的文化。西部少数民族的宗教文化十分丰富。同时，西部少数民族还有勤劳、勇敢等很多良好品格。

四是衣食住行文化。这方面的文化在西部民族文化中不仅重要，而且内容也十分丰富，充分体现了西部民族多姿多彩的生产和生活画面。

五是民间文学艺术。西部少数民族能歌善舞，因此，文学艺术在西部民族的文化中占有重要地位。

六是历史文物和自然景观方面的文化。西部各民族在生产生活过程中留下了许多文物古迹。这些文物古迹反映了西部民族生产生活的实践活动，同时也是西部民族文化的一部分。一些自然景观也在一定程度上打上了西部民族的烙印，反映了西部民族的思想观念，是更深层次的文化的反映。

第四，根基深厚。生活是艺术的源泉。中国西部民族文化广泛植根于群众之中，以极其普通的形式渗透于人们生活之中。对许多少数民族来说，以歌舞为主要内容的文化生活是生活方式的一部分，一旦离开了舞蹈和音乐，就会感觉失去了什么，就会觉得减少了生活的幸福与快乐[①]。

第五，连续性强。西部不同时期的民族文化之间有着内在的连续性。正是这种不断的连续性，使西部民族文化不断向前发展。西部各地的民族文化从石器时代到铁器时期，都呈现出很强的连续性。

第六，交融性大。西部各地的民族文化并不是孤立发展的，各地之间的民族文化交流还是比较多的。西北和西南之间的民族文化往来不断。同时，西北和西南各地之间的文化交流也是比较多的。从考古材料来看，这种不同地区之间的文化交流在石器时代就已经开始。

第七，对汉文化的认同不断加强。西部各民族的文化，一点都不受汉文化影响的，可能是不存在的。绝大多数西部少数民族在对外文化交流的过程中，都不断地学习和接受汉文化或汉文化的某些方面，而且从总的趋势来看，西部各少数民族的文化在发展过程中对汉文化的认同在不断加深，有的甚至是汉化。

三、西部民族文化对中国民族文化的贡献

（一）西部民族文化是中华民族文明的重要起源

少数民族生活的西部地区，是中国早期文化的发源地。少数民族创造的文化，是中华民族文明的重要起源。

人类是从古猿进化而来的，经过了猿人、古人和新人三个阶段。中国发现的人类化石，属于猿人阶段的有元谋人、郧县人、郧西人、蓝田人、北京人、南召人、歙县人和大荔人等。而元谋人、蓝田人、大荔人都生活在西部地区。这些猿人化石与旧石器时代早期的石器和动物化石并存。除了猿人化石遗址外，在西部的内蒙古河套地区，甘肃庆阳，陕西潼关、渭南、临潼，重庆巫山县，贵州西南等地，也发现了旧石器时代早期的遗址。这些古猿化石和旧石器时代早期遗址的发现，反映了中国西部是人类的起源地之一。

在中国境内发现的属于古人的人类化石较多，分布在西部地区的有贵州水城人、桐梓人和云南西畴人等。到了旧石器时代晚期，分布在西部地区的人类化石和遗址更多，在广西、云南、四川、贵州和西藏各省区均有发现。在云南发现的最重要的是被命名为丽江人的化石。在广西发现了桂林宝积岩、柳州白莲洞等遗址及百色上宋村柳江通天岩的柳江人化石及都安人化石。在

① 吴仕民著《西部大开发与民族问题》，民族出版社 2001 年版。

四川资阳鲤鱼桥、汉源富林和铜梁发现旧石器时代晚期的重要遗存。在贵州发现了兴义猫猫洞、普定穿洞、兴义张口洞和六枝特区桃花洞等遗址。

在新石器时代，西北地区有代表性的文化是黄河上游的马家窑文化。这一文化又分为相继发展的石岭下类型、马家窑类型、半山类型、马厂类型。在马家窑文化的分布区，还存在一种略晚于马家窑文化的齐家文化。另外，在内蒙古地区有红山文化和富河文化。

西南地区的新石器时代遗址和遗物分布极为广泛，而且区域性特征十分明显，往往以河流、湖泊为主体，形成若干不同的文化分布区。西藏新石器时代遗址主要分布在东部地区的澜沧江上游和雅鲁藏布江流域，具体分布在拉萨、昌都、林芝、墨脱等二十余处，其中最重要的是新石器时代晚期的昌都卡若遗址。

四川与重庆新石器时代遗存主要分布在重庆、四川盆地和川西高原的木里、西昌、黑水、汶川等地。从类型上来看，分布在四川、重庆的新石器时代文化大致可以分为大溪文化、营井沟文化、礼州文化、狮子山文化、斗胆村文化、箭山寨文化、三星堆文化及淄佛寺文化等八大类型[①]。

云南的新石器时代遗存也可以分为八种不同的类型，即石寨山类型，主要分布在滇池、抚仙湖、星云湖等内陆湖泊周围；闸心场类型，分布在昭通市；小河洞类型，分布在麻栗坡县和广南、金平县一带；曼蚌囡类型，分布在景洪、勐腊、孟连等地；大墩子类型，分布在元谋、禄丰、姚安县一带；马龙类型，分布在祥云县以北及滇西北的丽江市永胜县等地；忙怀类型，分布在云县、景东和以南的澜沧县等地；戈登类型，分布于维西县等滇西北地区[②]。

据李昆声先生研究，云南滇西北、洱海地区和金沙江中游的原始文化与黄河中上游的仰韶文化、马家窑文化和齐家文化关系十分密切，有很多共同的考古文化特征。由此来看，滇西北、洱海地区和金沙江中游地区的新石器文化，其族属与羌人有关；而滇东南、滇东北、滇中以及元江、澜沧江中下游、怒江下游地区的新石器文化，则具有与东南地区同期文化相同的特点，与古越人有关。

① 王文光等著《中国西南民族关系史》，中国社会科学出版社 2005 年版。

② 李昆声《试论云南新石器时代文化》，载《文物集刊》，文物出版社 1980 年第 2 辑。

广西新石器时代的遗址数量多，早期遗址主要分布在桂南的河畔、海滨台地和桂北的岩洞内；中期遗址主要分布在桂北、桂东北地区的丘陵和桂南、桂西南的岩洞内；晚期遗址分布在桂南、桂西南丘陵地带。

贵州的新石器时代遗存分布在威宁、毕节、赫章、清镇、平坝、盘县和贵阳等19个县市。从其表现出来的文化特点来看，与广西、滇东北和东南地区的同期文化之间存在着亲密的关系①。

这些西部形成和发展起来的史前文化，在与东方、南方、北方史前文化的交流、融合过程中共同形成了华夏文明。到了公元前21世纪，中原开始进入青铜时代，到夏代后期至商代前期，中原青铜文化逐渐取得了核心地位。之后，取代殷商文化的周文化吸收了西部等地区的一些文化因素，使青铜文化达到一个新的高峰。在这一过程中，西部成都平原的青铜文化也有重要地位。

西部不仅是中华文明的重要发源地，也是中华民族的重要发源地。在中华民族形成的过程中，三皇五帝时期是关键时期和源头。一些研究者认为，在三皇五帝中，伏羲、女娲、炎帝、黄帝、禹等都出生和活动于今天的西部地区。

伏羲被认为是华夏文明的开创者，主要活动于今甘肃天水一带。伏羲有许多事迹是和女娲联系在一起的。人们常将二者结合在一起，称之为华夏先民的始祖夫妇。有关伏羲、女娲之事，肯定有许多神话色彩在其中。所以，有研究者就提出，伏羲被推崇为“三皇之尊”乃至成为众人相信的古代帝王，是与中国古代士人崇古传统分不开的。崇古而述古为伏羲由假而真提供了舞台。战国末至秦汉时成书的托言孔子所著《易传·系辞》亦说伏羲，于是伏羲名声大噪，伏羲的传说遂成信史。有趣的是，有关伏羲与女娲的传说，不仅流传于汉族地区，在西部诸多少数民族地区也有流传。如果从人类认识自我的规律来看，汉族和少数民族地区都流传着有关伏羲和女娲的传说，那说明伏羲和女娲或者类似伏羲和女娲这样的人物曾经存在过，完全否定伏羲与女娲存在的历史真实性，也不一定完全符合历史事实。在今天甘肃天水地区仍流传着大量关于伏羲与女娲的传说，甚至还有风台与风城的遗存之地。另

① 《中国大百科全书》总编辑委员会、《中国大百科全书·考古学》编辑委员会编《中国大百科全书·考古学》，中国大百科全书出版社1986年版。

外，还有伏羲庙和女娲庙，分别在今天水市内和秦安县内。这些“物证”又从另一个角度反映了伏羲和女娲可能真的存在过。

对于黄帝和炎帝的活动区域，著名历史学家张岂之等认为，黄帝、炎帝活动区域在今陕甘交界一带。在中国历史记载中，最早谈黄帝出生的，是《国语·晋语》：“昔少典娶于有蟜氏，生黄帝。”少典原居住在陕西、甘肃交界处，与有蟜氏通婚，生黄帝和炎帝。黄帝居姬水，以后姓姬；炎帝居姜水，故取姜姓。黄帝作为华夏的人文始祖，在目前来说是公认的事实了。至于黄帝的发祥地，据古文献的记载与考古学的研究成果，黄帝发祥于今西北黄土高原，其时代约相当于考古学上的仰韶文化中晚期，年代为公元前4000年至公元前3000年之间。

三皇五帝之后，几个重要的王朝也多以西部为发源地。如夏的直接祖先夏禹，在《蜀王本纪》中记载其“生于石纽”。石纽在今四川汶川境内。周兴起于今天的西部地区已是不争的事实。

综上所述，西部是中华民族的重要发源地，为中华民族的形成与发展做出了重要贡献。

（二）西部民族创造了丰富多彩的民族传统文化

少数民族传统文化，是各少数民族在千百年的生产生活实践中经过不断沉淀、积累起来的生活习惯、风俗观念、宗教信仰、语言文字、文学艺术、生产技术等方面文化因素的总和，是中华民族传统文化不可或缺的重要组成部分。西部作为中国少数民族聚居地，西部少数民族在发展过程中创造了多姿多彩的传统文化。具体说来，主要表现在以下几方面：

一是复杂多样的宗教信仰。宗教性是西部各民族最鲜明和最重要的文化特征。在近代以前，中国西部少数民族信仰的宗教多种多样，处于原始社会向奴隶制过渡阶段的民族，主要信仰以万物有灵为核心的原始宗教。如云南的佤族、德昂族、布朗族、独龙族、拉祜族等。图腾崇拜是这一宗教信仰的重要特征。

从目前来看，西藏自治区、内蒙古自治区的大部分地区和甘肃、青海等省的部分地区属于藏传佛教文化集中传播的地区，约有十五个民族信仰佛教。新疆维吾尔自治区、宁夏回族自治区和甘肃等省的部分地区属于伊斯兰教文化集中传播的地区，约有十个民族信仰伊斯兰教。道教也曾在西部地区产生过大的影响。就拿甘肃省一个省份来说，儒佛道三教的圣地俱有，佛教、伊斯兰教有其集中流传的地区，基督教亦有一定程度的发展。另外，西部各民族所信仰和所拥有的不同宗教文化，基本上不是单一民族所独有的，而是多个民族所共有的。许多民族在历史上还有过不同阶段信奉不同宗教的现象，表现出西部民族文化的共享性特征和相互交流、相互融合的特征。西部很多民族在历史发展的不同阶段上，曾经不同程度地信奉过原始本教、萨满教和多神教。居住在内蒙古自治区等地的鄂伦春族、鄂温克族和达斡尔族以及新疆维吾尔自治区的锡伯族，各有一部分人信仰萨满教。壮族、布依族、侗族、瑶族、哈尼族、水族等民族的许多人没有系统的宗教信仰，但仍然保留着多种信仰的遗风。纳西族在历史发展过程中，形成了本民族的原始多神教——东巴教，从而产生了引起世界注目的独特的“东巴文化”。时至今日，白族还在崇拜“本主”等。因此，西部地区相对浓郁的宗教文化气氛，是西部民族文化多样化存在的基本色调。

二是创造了具有特色的衣食住行方面的生活文化。由于自然环境的差异，西部地区各民族创造了有别于其他地区的生活文化。

在食物方面，西部民族最大的贡献就是粟和稻。粟主要起源于西部地区，并在西部地区得到广泛的传播，表现出较高的生产水平。水稻种植起源于何地，国内外观点众多、分歧不小，但认为水稻起源于云贵高原乃至整个西南地区的观点占多数。百越民族应该是最早种植水稻的民族之一。在很长的时期内，粟和稻成为中国北部和南部居民的主要食物之一。除了植物性食物之外，西部地区凭借优越的自然条件，培育了许多优良的马、牛、羊品种，并使马、牛、羊等动物成为肉食的主要品种。此外，西部地区饲养的马匹，长期作为中央王朝的战马，为统一的多民族国家的发展做出了重要贡献。

在食物结构方面，西部民族中的游牧民族，主要以肉食和奶制品为主；农业民族主要以粮食、蔬菜、家禽家畜为主。比较有特色的食品有藏族的酥油茶、糌粑，蒙古族的奶茶，白族的“生皮”“乳扇”，苗族的“龙凤汤”等。

在住宅方面，西部少数民族根据地理条件和气候条件，创造性地选择了自己的住宅种类，丰富了中国的住宅文化。比较有特色的西部民族住宅，有蒙古族的蒙古包，彝族的土掌房，羌族的碉楼，傣族、佤族等生活在湿热地区少数民族的干栏式住宅，纳西族的“三坊一照壁”，部分傈僳族、纳西族的井干式木楞房，等等。概括起来，西部民族的住宅主要有毡房式、院落式、土掌房、干栏式、碉楼等几种。另外，与少数民族生活紧密相关的建筑还有一些宗教活动方面的建筑、公共活动方面的建筑等。

在服饰方面，西部少数民族几乎都有本民族的服饰。各民族的服饰在衣料、款式、颜色方面都有所不同，成为民族文化一道十分靓丽的风景线。西北民族多穿宽袍长褂，而西南民族多穿短衣短裙。在西南各民族中，男子多穿衣、裤，以黑、蓝、白为主要的颜色；而妇女多穿裙子。此外，如西北维吾尔族的帽子、西南苗族头饰中的银饰等，都独具民族特色。

在交通工具方面，西部民族主要以畜力为主，西南少数民族地区的马帮为南北、东西间的民间经济交流做出了重大贡献，也为国家经济发展做出了重要贡献。如茶马贸易、滇铜等关乎国家繁荣稳定的重要物资的运输，马帮就发挥了十分重要的作用。

三是婚姻家庭和人生礼仪文化。西部民族地区在婚姻方面也有一些与其他地区不同的方面，如历史上西北草原民族地区匈奴、回鹘、突厥等长期存在的转房制、抢婚，云南宁蒗摩梭人的“阿注婚”等都有各自的特点。在婚礼过程中，各民族往往都有一定的仪式。部分民族还有成年礼，其类型也是多种多样的，如云南布朗族男女及傣族姑娘，至 14 岁或 15 岁时，染齿成黑色就标志已经成年，可以恋爱了。也有的民族是通过服饰的不同来区别是否成年。

丧葬礼仪是人生的最后礼仪。在西部民族地区，从葬的方式来看，曾出现过一些与众不同的葬式，如古越人、“五溪蛮”、夷人、僚人、僰人的悬棺葬。藏族及部分裕固族、门巴族实行的天葬，也具有民族特点。另外，在布依族、苗族地区还曾实行过二次葬。

四是语言文字和文学艺术。西部民族使用的语言有 100 多种，主要分为汉藏语系、阿尔泰语系、印欧语系和南亚孟高棉语系。在文字方面，部分西部少数民族也创造了本民族的文字，如回鹘的回鹘文、党项的西夏文、藏族的藏文、彝族的彝文、纳西族的东巴文、壮族的土俗字、水族的水书、白族的白文等。西部少数民族在创造本民族文字过程中的一个特点就是向汉字借音借字。这反映了这些民族与汉民族的友好关系和对汉文化的认同。

西部民族的文学主要有神话、民间传说故事、歌谣、史诗、民间叙事诗等。音乐和舞蹈在西部民族艺术中占有重要地位，绝大多数西部少数民族都能歌善舞，并制作了许多具有本民族特色的乐器。在西南少数民族中，还有傩戏、苗戏、侗戏、布依戏、傣剧等戏剧。

民间工艺是西部少数民族艺术的重要组成部分之一。在西部少数民族中，比较具代表性的有织绣印染工艺、银饰工艺、编织工艺、铜器制作工艺、面具制作工艺等。少数民族民间工艺，是西部民族民俗文化的形象载体，是民间生活习俗直观性、审美性的表现形式之一。

五是民族节日。西部民族在发展过程中，形成了具有本民族特色的民族节日。这些民族节日，是民族文化的重要组成部分，也是凝聚民族的重要纽带。西部民族的节日，概括起来，有宗教信仰、祖先崇拜方面的节日，有农业活动方面的节日，还有文化娱乐、纪念、庆贺及社会交往方面的节日。各民族都有自己的节日。也有不同的民族过名称相同的节日的情况。如彝族、白族、普米族等都过“火把节”，但不同民族的“火把节”还是有一定的差异。丰富多彩的节日文化，承载着民族共同的文化心理，维系着共同的民族意识，也丰富了各民族的社会生活，加强了民族间的经济文化交流。

（三）西部民族文化中的其他贡献

除了传统文化方面，西部民族还创造了独具特色的科学技术。在西部民族创造的科技文化中，民族医药是代表之一，主要有藏族医药、苗族医药、傣族医药、维吾尔族医药、彝族医药、蒙古族医药等。如藏族医药是藏族人民在高寒缺氧的自然条件下，吸收古印度医学、中医学、西方传统医学之长而形成的独具特色的医学体系。傣族医药能治疗南方瘴气之地的疟疾等疾病。

另外，西部民族文化中还提供了治理少数民族的宝贵政治遗产，如历史上的羁縻之治、土司制度。还有在少数区域内部实行过的一些政治军事制度，如西域诸国中实行的胜兵制等。这些政治、军事制度，构成了西部民族政治文化中不可或缺的部分，值得进一步深入研究。

维护民族团结也是西部民族文化的一个重要贡献。中国是一个统一的多民族国家，各民族在祖国大家庭发展壮大的过程中都做出了自己的贡献。在西部民族文化中，维护民族团结和祖国大家庭统一也是一种主旋律。一些碑刻、盟约反映出了民族团结在西部民族文化中的重要性。

第一章　先秦时期的西部民族及文化孕育

在本书的论述中，西部的民族及其文化包括西北和西南两个区域。这里所说的西北地区，与古代的西域大致相当。而西域作为一个地理名词，在史书中有时指葱岭以东、昆仑以北、天山南北的地区，有时却指敦煌玉门关、阳关以西、中亚、西亚乃至于欧洲的辽阔地域，可见古代西域一词有广义与狭义之分。从现代中国的情况来看，西北主要指新疆，兼及甘肃、青海的绝大部分地区。另外，由于天山以北的草原与蒙古草原、中亚草原是连成一片的，而古代民族的活动又不以今天的国界为限，所以在讨论到民族地域问题时，将会广义与狭义概念互用。而西南也有广义和狭义之分。狭义的西南相当于今天的四川省、重庆市、云南省、贵州省，而广义的西南则包含着西藏和广西两个少数民族自治区，及湖南、湖北的部分地区。本书所说的西南是就广义而言。先秦是中国历史上的重要时期，也是中国西部民族历史文化的孕育期。从众多的考古发现来看，西部民族和文化在这一时期开始孕育发展。从不同的历史阶段来看，西部民族文化又各有特色。

第一节　石器时代的中国西部古人类

石器时代分为旧石器时代和新石器时代。旧石器时代早期是人类历史的开端，它在人类历史上延续的时间最长，约占迄今人类历史的99%。中国是发现猿人化石和旧石器时代早期文化遗址最多的国家，而西部就是这些猿人化石和遗址分布的重要地区。分布在中国西部的旧石器时代早期的人类化石、遗址和石器地点，主要有云南省元谋县上那蚌村发现的元谋人、贵州省黔西县观音洞遗址、重庆市巫山县龙骨坡发现的巫山人、陕西省蓝田县公王岭发现的蓝田人和陈家窝发现的直立人化石。但从考古发掘的情况来看，西北和西南古人类的活动情况有所差别。

一、石器时代西北的文化及其主人

众所周知，人类是由古猿进化而来的。但古猿是怎样演变成人的，到目前为止，还很少有直接的证据。人类各种重要特征产生、发展的具体过程，目前我们也很少了解。所以对从猿到人的过渡时期的化石进行研究就显得十分重要。这些化石，早期的代表可能是腊玛古猿，大约生存于距今 1400 万年到 1000 万年前；晚期的代表是南方古猿，大约生存于距今 500 多万年到 100 万年之间①。

在中国西部，腊玛古猿和南方古猿的化石均有发现。1956 年至 1957 年，在云南开远小龙潭先后发现了十颗古猿牙齿化石。经古人类学家吴汝康研究，命名为开远森林古猿，并认为 1956 年发现的尺寸较小的那五枚牙齿来自雌性个体，1957 年发现的尺寸较大的五枚牙齿来自雄性个体②。小龙潭古猿化石现在认定分属于森林古猿和腊玛古猿，时代为距今约 1200 万年的中新世。这是中国首次发现的腊玛古猿化石③。开远小龙潭化石，产自褐煤层，伴生动物有猪和三棱齿象，表明生活在沼泽森林环境④。

1975 年夏，在云南禄丰石灰坝 800 万年前的早新世褐煤层中，发现了地质年代约距今 800 万年的古猿化石。到 1980 年，共发现了腊玛古猿头骨三个、西瓦古猿头骨一个、两类古猿上下颌骨近四十件，包括颌骨上保留的牙骨和单个牙齿八百八十多枚。其中一个保存了绝大部分牙齿的下颌骨，具有从猿到人转变性质的一些重要特征，并比其他已知的腊玛古猿标本更接近人类的早期类型。

1986 年，在云南元谋发现古猿化石，并先后四次发掘。第一次发掘共获人猿牙齿化石一百六十枚。第二次发掘共获一百四十枚人猿超科牙齿化石和上下颌骨各一件。第三次发掘出土人猿超科下颌骨一件和二百五十枚牙化石。第四次发掘获牙齿八百二十五枚和上颌骨四件、下颌骨九件。经研究，这是

① 吴汝康著《人类的起源和发展》，科学出版社 1976 年版。

② 吴汝康《云南开远发现的森林古猿化石》，《古脊椎动物学报》1957 年第 1 卷第 1 期；吴汝康《云南开远森林古猿的新材料》，《古脊椎动物学报》1958 年第 2 卷第 1 期。

③ 方铁主编《西南通史》，中州古籍出版社 2003 年版。

④ 吴汝康著《人类的起源和发展》，科学出版社 1976 年版。

目前世界上已知腊玛古猿中时代最晚的一种。据古磁法测定，出土化石地层的时代为晚上新世。另外，1992 年在云南保山市羊邑煤矿发现一件古猿下颌骨，时代在距今 800 万年至 400 万年之间。在广西南宁市也曾收集到一颗下臼齿，可能属于南方古猿①。

以上古猿化石的发现，反映了中国西部是人类的起源地之一。但从古猿到人，是一个十分复杂的过程。吴汝康把这一发展过程划分为四个阶段：早期猿人、晚期猿人（或猿人）、早期智人（或古人）、晚期智人（或新人）。早期猿人大约生存于距今 300 万年到 150 万年前，已具有人的基本特点，能够制造简单的砾石工具，脑量较大，但还有许多原始的性质。晚期猿人在文化上已能制造较进步的旧石器，并已开始用火。早期智人已具有与现代人更接近的特征，但仍带有相当多的原始性质，大约生存于距今二三十万年到五万年前。在文化上已能制作几种式样不同的标准化的石器，不但能使用天然火，还能人工取火了。晚期智人基本上已和现代人相似，那一时期，已有了雕刻和绘画的艺术，出现了装饰品②。早期猿人和晚期猿人、早期智人、晚期智人，大体上分别处于旧石器时代早期、中期和晚期。从考古材料来看，从旧石器时代早期开始，中国西部就生活着不少的古人类，但从考古发掘的情况来看，西北和西南古人类的活动情况有所差别。

（一）旧石器时代西北的文化及其主人

中国西北部的旧石器时代早期的人类化石、遗址和石器地点，主要有陕西省蓝田县公王岭发现的蓝田人和陈家窝发现的直立人化石、甘肃泾川大岭上遗址。1963 年在陕西蓝田的陈家窝发现了一个猿人下颌骨，1964 年在公王岭发现了一个猿人头盖骨，1965 年和 1966 年又在公王岭及其附近地点发现了一些与猿人同时代的旧石器。此外，还获得了大量哺乳动物化石。蓝田猿人的石器较为粗糙，经过第二步加工的石器数量较少，修制技术也较差。在蓝田公王岭的动物群中，种类最多的是森林动物，也有一些草原动物，结合猿人化石层中古土壤分析的结果，表明蓝田猿人生活在气候比较温暖和稍湿润的森林草原地带③。1976 年在甘肃泾川县城东南约八公里处的太平乡梅家洼背后村发现了大岭上遗址，后曾多次进行发掘。大岭上石器地点有上下两层，

① 方铁主编《西南通史》，中州古籍出版社 2003 年版。
② 吴汝康著《人类的起源和发展》，科学出版社 1976 年版。
③ 吴汝康著《人类的起源和发展》，科学出版社 1976 年版。

上层共出土石器十一件，包括砍砸器三件、小尖状器三件、刮削器五件，时代较晚；下层共出土石器二十三件，有砍砸器五件、大尖状器两件、刮削器三件，余者大都为粗制的石片、石块和石核，时代较早。泾川大岭上遗址所出大尖状器与蓝田人遗址所出大尖状器相近[①]。

在西北地区旧石器时代中期的人类化石中，大荔人具有代表性。1978 年在陕西大荔县解放村甜水沟更新世中期较晚的地层中发现了一个完整的人类头骨化石，称为“大荔人”，同时发现土石制品一百八十一件，还有十几种古野生物化石[②]。除此之外，陕西省长武县城关窑头沟、蓝田县涝池河、吴堡县宋家川，甘肃省镇原县太平乡柳家嘴村寺口沟和南原村姜家湾、华池县郭家嘴村赵家岔等地也发现了属于旧石器时代中期的人类化石和文化遗址。在姜家湾文化遗存点所出石器中，有几件被专家们认定为雕刻器[③]。

西北地区旧石器晚期的晚期智人考古遗存，典型的有宁夏银川市灵武县水洞沟及邻近的内蒙古乌审旗大沟湾村，均有人骨化石、石器和动物化石出土，被称为“河套人”[④]。另外还有内蒙古呼和浩特市郊大窑村等[⑤]。甘肃有环县刘家岔遗址、楼房子遗址，东乡王家遗址，肃北霍勒扎德盖文化遗存点，泾川牛角沟及合志沟文化遗存点，武山鸳鸯镇等文化遗存点等。刘家岔遗址位于环县洞乡龚家塬村，在环县城西南约三十五公里处，是甘肃省内石器数量最多、类型最全的旧石器时代晚期遗址。石器原料多为石英岩砾石，多数器物形体较小，器身较厚，加工精细。器类组合以尖状器和刮削器为主，以刮削器为最多。另外还有雕刻器、砍砸器和石球等。楼房子遗址位于环县东南部曲子镇以西环江支流合道川的北岸，出土打制石器及有人工打击痕迹的石块近一百五十件，骨器四件，近两千件哺乳动物化石。石器原料主要是浅灰色和灰黑色的燧石、灰黑色和浅紫红色的石英岩状砂岩、灰色石英岩等。器类有刮削器、尖状器、砍砸器、球形器等。东乡王家遗址位于东乡族自治县锁南镇，石片均系用锤击法打制的，刮削器制作相当细致。霍勒扎德盖文

---

① 祝中熹主编《甘肃通史·先秦卷》，甘肃人民出版社 2009 年版。

② 田久川、都兴智著《湮没的辉煌：中国考古发现》，辽海出版社 2007 年版。

③ 张之恒等著《中国旧石器时代考古》，南京大学出版社 2003 年版；祝中熹主编《甘肃通史·先秦卷》，甘肃人民出版社 2009 年版。

④ 田久川、都兴智著《湮没的辉煌：中国考古发现》，辽海出版社 2007 年版。

⑤ 田久川、都兴智著《湮没的辉煌：中国考古发现》，辽海出版社 2007 年版。

化遗存点位于肃北蒙古族自治县明水乡，是甘肃省最西北端的文化遗存点。牛角沟位于泾川县泾明乡白家塬村，合志沟位于泾川县城泾河南岸，距县城约五公里。合志沟与牛角沟地层大致属同一类型，共出打制石器和石制器八十八件，原料以石英石为主，其次是脉石英。石器分砍斫器、刮削器、尖状器和石球等，均用石锤直接打击加工制作。还出土了人类头盖骨一枚，为一位二十岁左右的女性个体，属晚期智人。由于泾川县归平凉市管辖，故被称作“平凉人”。武山鸳鸯镇等文化遗存点，位于武山县鸳鸯镇西南大林山下的一条大沟中，1984 年在此发现一件人类头盖骨化石，属一男性青年个体，学界称之为“武山人”。20 世纪初，在同一地点又发现了一件人类头骨化石和一件肋骨化石，初步鉴定为一中年女性。此外，在庄浪县朱店镇长尾沟文化遗存点出土了一件六七岁儿童的额骨，属晚期智人①。

青藏地区现已发现的旧石器时代的石器地点有青海省霍霍西里曲水河，西藏自治区定日县东南苏热山南坡小河、申扎县雄梅区珠洛河畔等。其中，定日和申扎两地石器的制作工艺具有一定的共性，类型比较固定。两处的时代均属旧石器时代晚期。石器中的椭圆形长边刮削器、长条形圆头刮削器和钝尖的尖状器等，在华北地区的旧石器时代晚期文化中也常有发现，反映了两个地区在文化上有一定的联系②。

以上是西北地区旧石器时代一些主要的文化遗址，但西北地区发掘的文化遗址，更多的是新石器时代的。

（二）新石器时代西北的文化及其主人

在新石器时代，西北地区有代表性的文化是黄河上游的马家窑文化。从地域上看，马家窑文化主要分布在甘肃东部及其毗邻的青海、宁夏地区，南达川北，西及玉门。这一文化又分为相继发展的石岭下类型、马家窑类型、半山类型、马厂类型。它存在的时间，从距今五千八百多年的石岭下类型到四千多年的马厂类型，共经历了一千八百多年。马家窑文化的人们以农业生产为主，过着定居的生活，他们的社会组织以父系氏族制为主，与仰韶文化有密切的关系。从民族的角度讲，他们属于我国后来史书中所称的西戎民族集团。在马家窑文化的分布区，还存在一种略晚于马家窑文化的齐家文化。

① 祝中熹主编《甘肃通史·先秦卷》，甘肃人民出版社 2009 年版。

② 张之恒等著《中国旧石器时代考古》，南京大学出版社 2003 年版。

齐家文化的分布范围也较为广泛，东起泾水、渭水上游，西至湟水，南达白龙江，北至内蒙古阿拉善左旗。它存在的时间距今约四千年。其反映了由石器时代进入铜石并用时代的文化特征。当时，他们是农业民族，处于父系氏族阶段，氏族之下的各家庭已有较明显的贫富分化。齐家文化的主人，一般也被认为是西戎民族集团中的一部分①。戎是西北古代民族群体的泛称。虽然在石器时代各地的文化就有所区别，但直到夏朝时才把不同于夏族的民族称之为“夷”，于是产生了“东夷”“北狄”“西戎”“南蛮”的观念和称谓。

在新疆，与甘肃、青海相比，考古发掘工作稍薄弱，新石器文化遗存仅限于一些调查材料。对吐鲁番阿斯塔那、雅尔湖，哈密市七角井，木垒县南郊等遗址的调查，为寻找和研究新疆东部的新石器文化提供了线索。阿斯塔那遗址位于阿斯塔那村西北的戈壁滩上。在这里采集到大批颇具特色的打制石器和细石器，但未见磨制石器。打制石器有刮削器、尖状器、砍砸器以及磨盘、石球等。细石器有条形石片、刮削器、圆刮器、镞、石核。刮削器一般加工精细，石镞更为精致。陶片全是砂质陶，多为红色，器形有小口罐、瓮、钵、筒形杯等②。从遗物中有磨盘和石镞来看，当为农牧并存的社会，其主人亦当为广义的西戎民族集团中的一部分。

在青铜时代，西域与世界其他各地相比，发展基本是同步的。这一时期的绝对年代大约在公元前2000年至前1000年间。在这个时代，东疆区和南疆区都有比较频繁的人类活动。他们已经普遍制造和使用青铜器，不过这些铜器基本上都是小件工具和装饰品，少见或根本不见较大型的食器、礼器、乐器。在使用铜器的同时，石器的制造和使用仍然很普遍，既有打制的，也有磨制的。而以后者为主，且主要是生产工具。这说明西域青铜时代的主要生产工具依然是石器。这些石制生产工具主要有石锤斧、石锄、石刀、石镰、石磨盘、石磨棒等。各生产工具的功用是明确的，即锤斧和锄用以开挖土地，刀和镰用来收割谷物或割折谷穗，磨盘和磨棒用以碾磨谷粒。很明显，都是农业生产工具。这说明，在青铜时代，农业生产可能已经成为西域主要的经济形态。在兰州湾子遗址、石人子遗址、盐池遗址、孔雀河古墓沟墓葬等处都发现小麦、粟和谷子遗骸。这是表明当时的人们已从事农业生产的最好物

---

① 翁独健主编《中国民族关系史纲要》，中国社会科学出版社2001年版。

② 《中国大百科全书》总编辑委员会、《中国大百科全书·考古学》编辑委员会编《中国大百科全书·考古学》，中国大百科全书出版社1986年版。

证。在少数遗址和墓葬中发现马、羊骨和皮革、毛织衣物。这应该是当时存在畜牧经济的反映。不过，由于数量有限，可能说明这种经济在当时还是一种辅助经济，不一定完全从农业经济中独立出来。另外，在一些遗址或墓葬中出土了石镞、铜镞和骨镞，说明当时也存在一定的狩猎经济。陶器是当时人们最主要、最普遍使用的生活器皿，各遗址都有大量的发现。说明制陶业已经比较发达，可能已经出现了独立的制陶手工业。陶器中彩陶较多，但是花纹一般都比较简单。这既是对当时人们精神艺术生活的反映，同时也是青铜时代文化的一个特点①。

二、石器时代西南的文化及其主人

（一）旧石器时代西南的文化及其主人

旧石器时代的文化遗存，在西南地区多有发现。其中，重庆巫山人是中国目前发现最古老的人类化石，而云南元谋县元谋人遗址和贵州黔西县观音洞遗址是最主要的两个遗址。以上均为旧石器时代早期遗存。

1985 年至 1986 年，在今重庆巫山县庙宇镇龙坪村龙洞坡发现了一块古人类的左侧下颌骨和一枚人的上门齿，被定名为直立人巫山亚种，用磁性地层和氨基酸法测定的出土人类化石的地层年代距今 204 万年—201 万年②。不过，学术界对这一人类化石争议很大，未成定论③。

1965 年 5 月 1 日，在元谋县上那蚌村发现了属于同一成年个体的两颗人类门齿化石。以后又在同一地点、同一地层中发掘出一些石器、炭屑和哺乳动物化石。牙齿的形态表明，元谋人与北京人的基本形态相当接近，但又有一定差异。元谋人是中国境内已知的较早的直立人，生活在距今约 170 万年的时代。1984 年在上那蚌村东北又发现一段原始人胫骨，这段有 100 万年以上历史的人类胫骨的出土在中国还属首次④。

1964 年，在贵州省黔西县沙井发现了观音洞洞穴遗址，它是西南地区旧石器时代文化的重要代表。通过先后四次对该遗址的发掘，获得了以刮削器为代表的各类石制品三千余件和二十余种动物化石。观音洞遗址的文化层分为早、晚两期，早期的时代可能略早于北京人，晚期与北京人大致相当。观

① 详见余太山主编《西域通史》，中州古籍出版社 1996 年版。

② 王文光等著《中国西南民族关系史》，中国社会科学出版社 2005 年版。

③ 张之恒等著《中国旧石器时代考古》，南京大学出版社 2003 年版。

④ 方铁主编《西南通史》，中州古籍出版社 2003 年版。

音洞文化与北京人文化分别是中国南北方旧石器时代早期具有代表性的文化。

以上西南地区的古人类都具有蒙古人种特征，这说明了早在一两万年前西南地区居民和内地居民之间在种族上已有一定的联系。当然，在这一时期，各地也出现了普遍性差异，地方性特色成为旧石器时代占支配地位的特征。从宏观上看，西南地区的旧石器时代文化分为云贵高原和四川盆地两大区域。云贵高原的旧石器时代遗址主要是洞穴类型，石器工具均以中小型石器为主，刮削器在石器组合中占有重要的地位。其次是尖状器等小型工具，基本不见大型尖状器，砍砸器所占比例也很少。四川盆地的旧石器地点则为露天类型，石制品形体粗大，以砾石为原料加工石器，石器组合中刮削器与砍砸器并重，与华南地区的砾石工具有相近之处①。

旧石器时代中期的遗存在贵州桐梓和水城都有发现。1972 年，贵州省桐梓县岩灰洞中发现了命名为“桐梓人”的两枚牙齿化石和一些石器。这是目前在西南地区发现的唯一的旧石器时代中期遗存，而且桐梓石器文化与观音洞石器文化有一定的联系。1973 年，在贵州省水城西北的硝灰洞中发现了命名为水城人的一枚牙齿化石②，其时代属旧石器时代中期或晚期未定。从石器的类型和制法来看，与观音洞、岩灰洞石器关系密切。1982 年，在云南省昭通市北过山洞也发现了旧石器时代中期的遗址。

旧石器时代的晚期遗存，在广西、云南、四川、贵州和西藏各省、区均有发现。在云南发现的旧石器时代晚期的人类化石及遗迹中，最重要的是被命名为“丽江人”的化石。1956 年在丽江县木家桥（今丽江市古城区木家桥）首次发现了三根人类股骨化石；1964 年发现少女头骨一具，具有明显的蒙古人种特征。还出土伴生物旧石器、石核、石片、刮削器、砍斫器等二十八件，地质年代为更新世晚期，属距今 10 万年至 5 万年的晚期智人。除此之外，还有西畴人、昆明人、蒙自人、蒲缥人、姚关人等化石。西畴人化石于 1972 年发现于西畴县洒街仙人洞内，包括五枚牙齿，还出土了哺乳动物化石多达三十二种。昆明人化石于 20 世纪 70 年代和 80 年代发现于昆明市呈贡县（现为呈贡区）龙潭山。蒙自人化石于 1989 年发现于蒙自县（现为蒙自市）红寨乡马鹿洞。蒲缥人化石于 1986 年发现于保山市塘子沟，有早晚之分，早

① 王文光等著《中国西南民族关系史》，中国社会科学出版社 2005 年版。

② 曹泽田《贵州水城硝灰洞旧石器文化遗址》，《古脊椎动物与古人类》1978 年第 16 卷第 1 期。

期为旧石器时代晚期，晚期已进入新石器时代。遗址的一个重要特征是居民大量使用骨、角、牙制品，加工时还普遍使用了磨制技术。在遗址中还发现了柱洞、火塘、夯土面等房屋的遗迹。这是迄今中国已知的最早的房屋遗址。姚关人化石于20世纪80年代后期发现于施甸县姚关乡万仞岗①。

在广西发现的遗址有桂林宝积岩、柳州白莲洞、百色上宋村柳江通天岩的柳江人化石及都安人化石。1973年，在广西桂林宝积岩遗址发现了属于两个不同个体的两枚人牙化石，在柳州白莲洞、百色上宋村发现了许多石制品。此外还发现了柳江人、都安人等晚期智人化石。这一时期最重要的发现是1958年出土的柳江人化石。化石遗址在距广西壮族自治区柳州市东南十六公里的柳江县。当时出土了人类头骨一具，脊椎骨、肋骨、骨盆和大腿骨化石多块。经中国科学院古脊椎动物与古人类研究室吴汝康教授鉴定，定名“柳江人”。另外还发掘出许多动物骨化石，其中有一具完整的熊猫骨架。柳江人头骨已经表现出原始黄种人特征，同时还有接近南亚黄种人的一些特征。其属蒙古人种，年代早于北京山顶洞人和四川资阳人，是中国乃至整个东亚迄今发现的较早的晚期智人化石。柳江人和山顶洞人分别是华南和华北地区旧石器时代晚期人类的代表。

在四川省发现的旧石器时代晚期的重要遗存，位于资阳鲤鱼桥、汉源富林和铜梁。1951年修建成渝铁路时，在资阳县城以西的黄鳝溪发掘出一具基本完整的头骨化石，称为“资阳人”。资阳人的颅顶盖较现代人稍低，但仍在现代人的变异范围之内。经研究，资阳人是一个中年以上的女性个体，可能已在五十岁以上。可以确定资阳人是早期的新人类型，比欧洲的克罗马农人和中国的山顶洞人更为原始，是中国较早的新人化石②。1972年发掘的汉源富林镇遗址，是西南地区文化内涵较丰富的旧石器时代晚期遗存。在这里发现的石制品有四千五百件。在富林遗址中，小石核、小石片和小石器占了绝大多数，与中国北方同一时期的某些遗存较为相似，同样体现了小石器技术传统。这次发现首次以丰富的遗物证明中国南北方存在文化交流。1976年发掘的铜梁县西北的旧石器遗址，出土石器较粗大，类型以砍砸器居多，多数采用复向加工技术。以铜梁旧石器遗址为代表的铜梁文化与观音洞文化在很

① 方铁主编《西南通史》，中州古籍出版社2003年版。

② 裴文中、吴汝康著《资阳人》，科学出版社1957年版。

多方面是相似的，而其与富林文化则分属不同的类型。

在贵州发现的遗址有兴义猫猫洞、普定穿洞、兴义张口洞和六枝特区桃花洞等。1975 年发掘的贵州省兴义县猫猫洞旧石器遗址，是贵州省旧石器时代晚期最重要的遗存。猫猫洞共出土了石制品一千余件，另外还有一些骨器、角器、人类化石和哺乳动物化石。猫猫洞和水城硝灰洞约同属一个区域性文化，与台湾旧石器时代的长滨文化也有着密切的关系[①]。1978 年在普定县后寨乡穿洞发现的遗址，经过四次发掘，出土人类化石数十件，石制品上万件，骨、角器近千件和十余种哺乳动物化石。除此之外，在贵州发掘的旧石器时代晚期遗址还有普定县后寨乡白岩脚洞遗址、平坝县白云乡飞虎山遗址、兴义县五屯区张口洞遗址、六枝特区桃花洞遗址、安龙县龙广镇观音洞遗址、安龙县铜鼓山菩萨洞遗址和毕节市青场区老鸦洞遗址等[②]。

在上述旧石器时代遗存中，观音洞文化与时代稍晚一些的贵州桐梓、兴义猫猫洞旧石器文化有一定联系。四川铜梁和贵州威宁草海的旧石器文化，在加工技术和类型上与观音洞文化也关系密切。这说明当时西南多个地域的原始先民之间已有一定的文化交往。

西藏地区，地层关系十分明确的旧石器时代遗址还不多见。但在定日县的苏热，申扎县的多格则、珠洛勒，阿里日土县的扎布，普兰县的霍尔和双湖县境等处先后采集到一些打制石器。这些石器与华北旧石器时代文化有着不可分割的联系[③]。

以上旧石器时代文化的主人，无疑都是西南地区古代居民的祖先之一，从人类学上来看绝大多数都属于蒙古人种。到了旧石器时代晚期，尽管这些先民们还处在人类发展的“幼年”阶段，但由于环境因素和受周围不同文化的影响，已经在文化面貌上表现出一定的差异。这种差异与西南新石器时代更为丰富的原始文化是有继承关系的。从民族识别的角度看，可以认为新石器时代活跃在西南各地区的族群共同体，一些是由旧石器时代已生活在当地的原住民发展来的，另一些则是外来族群共同体与原住民融合产生的。

---

① 曹泽田《猫猫洞的发掘成果及其意义》，《史前研究》1985 年第 2 期。

② 方铁主编《西南通史》，中州古籍出版社 2003 年版。

③ 童恩正《西藏考古综述》，载《藏族史论文集》编辑组编《藏族史论文集》，四川民族出版社 1988 年版。

（二）新石器时代西南的文化及其主人

西南地区的新石器时代遗址和遗物分布极为广泛，而且区域性特征十分明显，往往以河流、湖泊为主体，形成若干不同的文化分布区。

西藏新石器时代遗址主要分布在东部地区的澜沧江上游和雅鲁藏布江流域。具体分布在拉萨、昌都、林芝、墨脱等二十余处。其中最重要的是昌都卡若遗址，时代属新石器时代晚期。1978 年和 1979 年先后两次对西藏昌都县卡若遗址进行了发掘，发现了房屋遗址二十八座以及大量的打制石器、细石器、磨制石器和陶片、骨器、粟米、动物骨骼等。卡若文化具有浓厚的地方色彩，是西藏高原新石器时代具有代表性的文化。而且它还对西藏东部、川西北、滇西北的原始文化有一定影响。如在四川雅安、西昌理县、汶川和云南元谋大墩子、宾川白羊村等新石器遗址中，都可找到卡若文化的因素。

拉萨市北郊曲贡村遗址出土的黑陶与龙山文化遗址出土的黑陶相类似[①]。林芝、墨脱遗址和曲贡村遗址都有共同的文化特征。特点是均有大型石器，骨器和陶器并存，陶器的陶质有泥和夹砂两种。陶片多磨光，器形以罐、钵为主，纹饰有刻画纹和附加堆纹等。

卡若文化、晚于卡若文化的林芝等地的文化与黄河上游的马家窑文化、齐家文化之间有密切联系。这表明西藏地区的原始文化与黄河上游的原始文化，在创造者的族属上可能同源，与古羌人关系密切[②]。因此，从族属的角度看，西藏地区新石器时代文化的主人，当与藏族的先民古羌人有关。

四川与重庆新石器时代遗存主要分布在重庆、四川盆地和川西高原的木里、西昌、黑水、汶川等地。从类型上来看，分布在四川、重庆的新石器时代文化大致可以分为大溪文化、砻井沟文化、礼州文化、狮子山文化、斗胆村文化、箭山寨文化、三星堆文化及淄佛寺文化等八大类型[③]。1959 年和 1975 年先后三次发掘的大溪遗址，位于巫山县长江南侧。后来在重庆到湖北中部和湘北等地亦发现了多处内涵与之相同的遗址，考古学界便将这一类遗存称为大溪文化。大溪文化出土了大量的斧、锛、凿和相当数量的锄、盘状器、网坠等石器和陶或石制的纺轮。陶器多为手制，一些陶器以稻壳碎末作为羼和料。遗址中还有一些鱼骨和兽骨，甚至用鱼随葬。这反映了大溪文化

---

① 王恒杰《西藏自治区林芝县发现的新石器时代遗址》，《考古》1975 年第 5 期。

② 严文明《甘肃彩陶的源流》，《文物》1978 年第 10 期。

③ 王文光等著《中国西南民族关系史》，中国社会科学出版社 2005 年版。

居民的经济生活以稻作农耕为主，渔猎经济亦占一定的地位[①]。

在川西高原北部岷江上游的理县、汶川县一带，20 世纪以来发现了不少新石器时代的遗物。1964 年对这一地区的遗址又进行调查，表明川西高原南部的新石器晚期文化受到西北原始文化较多的影响，川西高原的北部则基本上属于西北戎羌文化的范围[②]。

新石器时代遗存在云南也有十分广泛的分布，绝大多数县市都有遗址和遗物发现。从时间上来看，已发现的遗址基本上属新石器时代晚期，按自然环境大致可以分为洞穴、湖滨贝丘、河旁台地三种。但遗址的内涵存在复杂的差异，反映出明显的地方特点和多样性。按照李昆声先生的研究，云南多样性的新石器文化可以分为八种不同的类型：石寨山类型，主要分布在滇池、抚仙湖、星云湖等内陆湖泊周围，以 1955 年发掘的晋宁石寨山遗址为代表；闸心场类型，分布在昭通市，典型遗址是 1959 年发现的昭通县闸心场遗址；小河洞类型，分布在麻栗坡县和广南、金平县一带，以 1975 年发掘的麻栗坡小河洞遗址最具有代表性；曼蚌囡类型，分布在景洪、勐腊、孟连等地，代表性遗址是 1962 年发掘的景洪县曼蚌囡遗址；大墩子类型，分布在元谋、禄丰、姚安县一带，以 1972 年发掘的元谋大墩子遗址为代表；马龙类型，分布在祥云县以北及滇西北的丽江市永胜县等地，1938 年至 1940 年发掘的位于洱海西岸的马龙是其典型遗址；忙怀类型，分布在云县、景东和以南的澜沧县等地，以 1974 年发掘的云县忙怀遗址为代表；戈登类型，分布于维西县等滇西北地区，1958 年发现的戈登遗址为典型遗址[③]。

据李昆声先生研究，云南滇西北、洱海地区和金沙江中游的原始文化与黄河中上游的仰韶文化、马家窑文化和齐家文化关系十分密切，有很多共同的考古文化特征。由此来看，滇西北、洱海地区和金沙江中游地区的新石器文化，其族属与羌人有关；而滇东南、滇东北、滇中以及元江、澜沧江中下游、怒江下游地区的新石器文化，则具有与东南地区同期文化相同的特点，与古越人有关。

---

① 中国社会科学院考古研究所编著《新中国的考古发现与研究》，文物出版社 1984 年版。

② 中国社会科学院考古研究所编著《新中国的考古发现与研究》，文物出版社 1984 年版。

③ 李昆声《试论云南新石器时代文化》，《文物集刊》，文物出版社 1980 年第 2 辑。

广西新石器时代的遗址数量多，发展线索清楚，可分为早、中、晚三期。早期遗址主要分布在桂南的河畔、海滨台地和桂北的岩洞内；中期遗址主要分布在桂北、桂东北地区的丘陵和桂南、桂西南的岩洞内；晚期遗址分布在桂南、桂西南丘陵地带。

早期南宁地区的贝丘遗址和桂林市郊甑皮岩洞穴遗址有较厚的螺蛳贝壳堆积，遗址内有居住地和墓地。甑皮岩遗址还有烧坑、石器制作场地和石料贮放点。这表明当时人们过着比较稳定的定居生活。石器以磨制为主，也有少量打制石器。磨制石器以扁圆斧、锛、短柱形杵为主，表明原始农业的存在。陶器是手制的，壁厚、烧制温度低，都是绳纹夹砂陶。葬式以蹲式为主，也有屈肢、侧身直肢和仰身直肢葬。随葬品很少，有的只有一两件石器。中期的遗址遗存，从文化特征看大致可分为两个区域，即桂北、桂东、桂东北地区和桂西、桂南、桂西南地区。桂北、桂东、桂东北地区的文化，根据全州卢家桥遗址的发掘，石器以磨制为主，陶器多为手制，在贺州市中华遗址，还发现了少量青铜器。这一地区的文化在新石器时代中期文化的基础上有了很大进步，并开始跨入青铜时代。桂西、桂南和桂西南新石器时代晚期的遗址范围扩大了，遗物也很丰富。钦州独料遗址出土的石器、陶器都有特色，扶绥县那淋屯遗址出土的土器中有石祖①。作为男性生殖崇拜的石祖的出现，表明当时已进入父系氏族社会。从生产工具中还可看出农业生产已有了很大的发展，手工业和农业已开始有所分工②。广西地区的新石器时代文化，具有较典型的东南地区原始文化的特征。早、中期的重要遗址，大都出土了丰富的渔猎工具，同时还大量发现鱼、贝类遗迹和兽骨。各地保存了很多以贝、螺壳堆积为标志的贝丘遗址。这些表明在新石器时代早、中期，渔猎在广西地区原始先民的经济生活中占重要地位。

贵州的新石器时代遗存仅在威宁、毕节、赫章、清镇、平坝、盘县和贵阳等19个县市收集到百余件石器。从其表现出来的文化特点来看，与广西、滇东北和东南地区的同期文化之间存在着亲密的关系③。

---

① 中国社会科学院考古研究所编著《新中国的考古发现与研究》，文物出版社1984年版。

② 田继周著《先秦民族史》，四川民族出版社1988年版。

③ 《中国大百科全书》总编辑委员会、《中国大百科全书·考古学》编辑委员会编《中国大百科全书·考古学》，中国大百科全书出版社1986年版。

综上所述，新石器时代西南地区的考古文化及其族属，大致可以分为羌人系统的文化和越人系统的文化两大类。属于羌人系统的文化主要分布在西藏、川西高原和滇西北地区，其主人为羌系统的族群共同体；四川的新石器文化是羌文化与原住民文化相结合而产生的，后来发展为巴蜀文化，其主人亦为后来的巴人、蜀人。而在滇中、滇东北、贵州以南地区，考古文化是越人先民创造的，其主人当是越人的先民。由此看来，秦汉时期西南古代民族的分布态势，在新石器时代晚期就已开始形成，尽管后来有一些局部的变化，但基本格局却一直保留了下来。

西南地区的新石器时代的遗址和遗物分布极为广泛，西南各地已发现的器物具有鲜明的地域特征，同时也表现出某些与内地同时期器物相似或相近的特征。一般来说，一定的考古文化虽不一定属于某个民族，但考古文化中所反映出来的族群共同体的经济、社会和习俗等方面的特点，又与古代民族有着十分密切的关系。因此，考古文化虽然不是区分民族的唯一标志，但也是一个十分重要的标志。特别是在原始时代，在没有更多、更具体的材料来区分民族的时候，考古文化就成为区分民族的重要依据了。

第二节　夏商周时期的西部民族及其文化

有史书记载虞舜出自东夷，夏禹出自羌戎。夏王族为大禹之后，商为东夷，周人则自称为夏人的一支。这些来自不同部落的族群共同体却都认为自己是黄帝的子孙。这说明华夏族从一开始就是一个异源同流而融合成的民族。后来在汉民族发展史上也是以异源同流的融合史作为本民族发展的主旋律。在主体民族华夏族不断发展的同时，西部民族也在与华夏族交往的过程中不断发展并创造了具有本民族特色的文化。有的民族还开始建立了自己的政权，创造了较高的文明。在这一时期，有了文字，并留下了许多记载各民族发展状况的文献。结合这些历史文献和考古发掘材料，丰富多彩的西部民族文化得以更详尽地呈现出来。

一、夏商周时期西部民族的形成与发展

（一）夏商周时期西北民族的形成与发展

1. 戎

在夏商周时期，中国已存在华夏族或夏族及其四方的“夷、蛮、戎、狄”

几大民族集团。与华夏族相对，西边的少数民族称为“西戎”，东边的称为“东夷”，北边的称为“北狄”，南边的称为“南蛮”。《礼记·王制》载：“中国戎夷，五方之民，皆有其性也，不可推移。东方曰夷，被发文身，有不火食者矣；南方曰蛮，雕题交趾，有不火食者矣；西方曰戎，被发衣皮，有不粒食者矣；北方曰狄，衣羽毛穴居，有不粒食者矣。中国、夷、蛮、戎、狄，皆有安居、和味、宜服、利用、备器。五方之民，言语不通，嗜欲不同。”① 这里的西方当以西北为主。西北的民族群体主要有戎、羌、氐等。

戎是西北古代民族群体的泛称。在夏商周时期，有许多历史文献对戎或与戎有关的事做了记载。《墨子·节葬下》载：“昔者尧北教乎八狄，道死，葬蛩山之阴，衣衾三领，榖木之棺，葛以缄之，既窆而后哭，满埳无封。已葬，而牛马乘之。舜西教乎七戎，道死，葬南已之市，衣衾三领，榖木之棺，葛以缄之，已葬，而市人乘之。”② 随着历史的发展，戎与中原华夏族的交往增多，故史籍也随之详。仅在《竹书纪年》中，就有众多的记载。现列举部分记载如下。

“六年，歧踵戎来宾。”

太戊二十六年，“西戎来宾，王使王孟聘西戎”。

“三年，西征丹山戎。”

祖甲十二年，“征西戎。冬；王返自西戎”。

“十三年，西戎来宾。”

文丁二年，“周公季历伐燕京之戎”③。

以上为商代事。上述材料虽不多，但反映了夏和西北的戎之间既有友好往来，也有兵戎相见的时候。这也反映出西北戎的势力还是比较强大的，在一定程度上还对夏构成了威胁。

周代，对于西北的戎，《竹书纪年》有记载，懿王七年“西戎侵镐”④。《诗经·出车》载：“赫赫南仲，薄伐西戎。”⑤ 这反映出来的是周与戎之间的

---

① 〔清〕阮元校刻《十三经注疏》，中华书局影印本1980年版。

② 〔春秋〕墨翟编《墨子》，远方出版社2004年版。

③ 转引自王国维撰，黄永年校点《古本竹书纪年辑校·今本竹书纪年疏证》，辽宁教育出版社1997年版。

④ 〔梁〕沈约注《竹书纪年集解》，文益书局1936年版。

⑤ 高亨注《诗经今注》，上海古籍出版社1980年版。

交战。戎与周之间的交战多，说明戎的势力比之前更强大。

西周末期至东周初期是西戎势力强盛的时期。其频繁与华夏族发生战争与冲突。结合史书的记载，有如下一些较大的事件：

周宣王四年（公元前 824 年），秦仲伐西戎，为戎所杀，复召仲子秦庄公伐西戎，破之。

周宣王三十一年（公元前 797 年），遣兵伐太原戎，不克。

周宣王三十六年（公元前 792 年），伐条戎、奔戎，周师败绩。

周宣王三十九年（公元前 789 年），伐姜氏之戎，战于千亩，周师败绩。

周幽王十一年（公元前 771 年），申侯与缯、西夷犬戎攻周幽王，杀之于骊山之下，西周亡。

周平王二十一年（公元前 750 年），秦文公伐戎，戎败，文公收周余民而有之。地至岐，岐以东献于周[①]。

上述事件，反映出周在与戎的交战中有胜有负，而且最后在戎的攻击下，西周灭亡。西周灭亡的原因虽然主要不是戎攻击的结果，但也说明戎在这一时期的发展水平确实达到了一个前所未有的高度，连西周都城镐京也敢于攻打。

综上可见，西戎只是一个泛称或总称，其内部又有许多不同的称呼。《左传·庄公二十八年》载："（晋献公）又娶二女于戎，大戎狐姬生重耳，小戎子生夷吾。晋伐骊戎，骊戎男女以骊姬。归，生奚齐。"[②] 可见戎内又有许多分支，即上所记的太原戎、条戎、奔戎、姜氏之戎、犬戎、大戎、小戎、骊戎等。而《尚书·禹贡》认为戎还有昆仑、析支、渠搜等称呼。《尚书·禹贡》载："浮于积石，至于龙门、西河，会于渭汭。织皮昆仑、析支、渠搜，西戎即叙。"[③]

前面说到戎是西北民族的泛称，但值得强调的是，戎并非是西北的唯一民族群体，只不过是其势力强大，为中原史家所注意，而将之作为一个地区民族的泛称，因为西北地区还有氐与羌这两个影响也颇大的民族群体。戎只不过是西北古代民族中的一部分。当然也不排斥其与氐羌有着近亲关系，应

---

① 《中国大百科全书·民族》编辑委员会编《中国大百科全书·民族》，中国大百科全书出版社 1992 年版，第 1642—1643 页"中国历史大事年表"。

② 王守谦等译注《左传全译》（上），贵州人民出版社 1990 年版。

③ 江灏、全宗武注译《古今文尚书全译》，贵州人民出版社 1990 年版。

当为汉藏语系藏缅语族的先民之一。例如至今四川阿坝藏族自治州南部的藏族和甘孜藏族自治州东部的一些藏族，都自称“嘉戎”或“嘉戎哇”。由此让我们窥见了一些西北民族发展的历史遗迹[①]。

在研究西戎时，对山戎问题的研究不够。在《史记》中，司马迁将之放到匈奴中叙述。《史记·匈奴列传》载：“匈奴，其先祖夏后氏之苗裔也，曰淳维。唐虞以上有山戎、猃狁、獯鬻，居于北蛮，随畜牧而转移。”[②] 戎本居于西北，何故又到北方呢？这与戎的迁徙有关。杨建新先生认为，戎族诞生于陇山东西和泾、渭水流域（泾水、渭水在今西安北相汇），自西周起，由于各种原因，开始向东迁徙，至春秋时，戎的各部迁徙到了黄河中游，甚至到了淮河流域[③]。而实际上戎中的一部分甚至东迁到了辽河流域。《汉书·匈奴传》载：“后六十有五年，而山戎越燕而伐齐，齐釐公与战于齐郊。后四十四年，而山戎伐燕。燕告急齐，齐桓公北伐山戎，山戎走。”[④] 战国时燕以今华北京津地区为中心，而戎在北，故当在今辽河以南地区。

戎的大迁徙有三次。《后汉书·西羌传》引《竹书纪年》载：“王（周穆王）乃西征犬戎，获其五王……王遂迁戎于太原。”[⑤] 西周时的太原，即黄土高原的东部今晋、陕、豫连接地区。这是戎第一次东迁。周平王东迁后，也有部分戎东迁，到了平王末年，出现了“周遂陵迟，戎逼诸夏”（《后汉书·西羌传》）的局面。晋惠公时，又有一部分戎被秦逼迫东迁。河北北部的山戎便是在这种情况下到达燕国北部的[⑥]。后来这部分戎随着秦的统一融入了华夏族，最后成为汉族的一部分。

2. 羌

羌是中国古代一个历史悠久的游牧民族，其活动地域当为除汉族之外的最广大者，西到帕米尔高原，东到河湟地区，西南到川滇地。

关于羌人的起源历来是有争议的。《后汉书·西羌传》载：“西羌之本，出自三苗，姜姓之别也。其国近南岳。及舜流四凶，徙之三危，河关之西南，

---

① 杨建新著《中国西北少数民族史》，宁夏人民出版社 1988 年版。

② 《史记·匈奴列传》，中华书局标点本 1962 年版。

③ 杨建新著《中国西北少数民族史》，宁夏人民出版社 1988 年版。

④ 《汉书·匈奴传》，中华书局标点本 1962 年版。

⑤ 《后汉书·西羌传》，中华书局标点本 1965 年版。

⑥ 杨建新著《中国西北少数民族史》，宁夏人民出版社 1988 年版。

羌地是也。滨于赐支，至乎河首，绵地千里。”① 此载认为羌由三苗演变而来，是舜时由今湖南洞庭、江西鄱阳一带西迁的。《史记·五帝本纪》载：“三苗在江淮、荆州，数为乱。于是舜归而言于帝，请流共工于幽陵，以变北狄；放驩兜于崇山，以变南蛮；迁三苗于三危，以变西戎；殛鲧于羽山，以变东夷。”② 文中所谓“迁三苗于三危”语出《尚书》。《尚书·舜典》载：“流共工于幽州，放驩兜于崇山，窜三苗于三危，殛鲧于羽山，四罪而天下咸服。”③ 另外，多数史家历来认为三危在今甘肃省敦煌市东南，而顾颉刚考证应在今甘南地区④，所以三苗为羌之先民似乎成了定论。但此说是很难成立的。从史料上看，史书中对于尧舜禹时代的记载大多为传说，可信程度值得考虑。此外，从考古学上看，在羌人分布的广大地区，近来发现了大量的新石器时代遗址。这些考古文化的主人在时间上应早于三苗到达之前就已存在。如果说三苗是羌人的先民，那么羌人分布区内考古文化的主人又作何解释呢？因此，三苗为羌之先民说不能成立。羌人是西北地区的原住民。如果真有少量三苗迁入西北也只能是融合于羌之中。而且，要是三苗都西迁，那么今天史学界所公认的苗、瑶等南方民族是从三苗发展而来的结论恐怕就要大大地修正了。再从民俗学的角度看，三苗亦非羌之先民。至今与古羌人有直接渊源关系的今四川茂汶羌族仍行火葬，在族源上与古羌人有关的汉藏语系藏缅语族的藏族、彝族、纳西族、拉祜族、哈尼族、普米族、怒族等都有火葬的历史。现罗列一些常见的有关羌人及以其为主体衍生的各族的火葬史料来说明这一问题。

《墨子·节葬》载：“秦之西有仪渠之国者，其亲戚死，聚柴薪而焚之，熏则烟上，谓之登遐，然后成为孝子。”⑤

《吕氏春秋·义赏》载：“氐羌之民，其虏也，不忧其缧，而忧其死而不焚也。”⑥

《荀子·大略篇》载：“氐羌之虏也，不忧其系垒也，而忧其不焚也。”⑦

---

① 《后汉书·西羌传》，中华书局标点本 1965 年版。

② 《史记·五帝本纪》，中华书局标点本 1962 年版。

③ 慕平译注《尚书》，中华书局 2009 年版。

④ 龚荫著《中国民族政策发展史》，四川人民出版社 2006 年版。

⑤ 〔春秋〕墨翟编《墨子》，远方出版社 2004 年版。

⑥ 〔战国〕吕不韦撰《吕氏春秋》，上海古籍出版社 1989 年版。

⑦ 蒋南华、罗书勤、杨寒清注译《荀子全译》，贵州人民出版社 2009 年版。

《后汉书·西南夷列传》载：“其山有六夷七羌九氐，各有部落。……死则烧其尸。”[①]

《太平御览》卷五五六引《永昌郡传》亦载：“建宁郡葬夷（当指今彝族先民），置之积薪之上，以火焚之；烟气正上则大杀牛羊，共相劳贺作乐；若遇风，烟气旁邪，尔乃悲哭也。”[②]

《西昌县志·夷族志》载，彝族火化之后“收骨殖于瓮，命忠实白老娃子数人，负瓮荷锸入深山崖洞秘埋之”。此种用罐装骨灰的习俗在石器时代就已存在。甘肃临洮寺窪文化遗址中曾有收藏骨灰的陶罐出土。新疆帕米尔高原塔什库尔干也有火葬墓出土[③]。

从上述材料中确实可以看出羌系统的民族有火葬的习俗，在未受汉族土葬的影响之前，羌系统的民族一般都实行火葬。

另外，这一时期甘青地区的古文化遗存与羌人的关系较为密切。这些文化遗存有卡约文化、寺洼文化、上孙家寨类型、辛店文化、诺木洪文化等。最先发现于青海省湟中县卡约村的卡约文化，分布在整个湟水流域，时间相当于周初。寺洼文化最初发现于甘肃省临洮寺洼山，其时间也在周初。上孙家寨类型是在青海省大通县后子河乡上孙家寨发现的一群墓葬所代表的文化，时间在西周中叶。辛店文化最先发现于甘肃省临洮县辛店，分布在洮河流域，时间相当于西周中叶。在青海省都兰县诺木洪、巴隆和香日德发现的诺木洪文化，时间相当于西周厉王时期。这几种文化彼此之间关系较为密切，反映出它们相互间在族属和时代上的共同性。从地理上看，这几种文化遗存分布的河湟区域，在汉代以前主要是羌人居住的区域。从经济生活方面看，墓葬中一般都殉葬马、羊、牛等牲畜，以多为贵。骨器也很丰富，表明墓葬的主人牧畜比较发达。而河湟的羌人，直到汉初仍然以牧畜为主[④]。从葬俗方面看，寺洼墓葬遗址中有火葬的发现。另外，在火烧沟遗址中，发掘和清理了300多座墓葬，出土铜器200多件。殉葬狗、牛、猪、马、羊等，以羊为多[⑤]。在历史上，羌不仅羊多，且多用羊殉葬，被称为牧羊人。综合这些来看，羌

---

① 《后汉书·西南夷列传》，中华书局标点本1965年版。

② 〔宋〕李昉等撰《太平御览》（第三册），中华书局1960年版。

③ 何耀华著《中国西南民族学论集》，云南人民出版社1988年版。

④ 《羌族简史》修订本编写组编写《羌族简史》，民族出版社2008年版。

⑤ 翁独健主编《中国民族关系史纲要》，中国社会科学出版社2001年版。

就是夏商周时期生活在甘青地区的一个族群共同体。

3. 氐

氐作为一个族群共同体，最早在《诗经》中有记载。《诗经·商颂·殷武》载："昔有成汤，自彼氐羌，莫敢不来享，莫敢不来王，曰商是常。"[①]《竹书纪年》亦载，殷商成汤"十九年大旱。氐羌来宾"[②]。表明商代氐已作为一个民族群体存在。周代氐亦与周有往来，《逸周书·王会解》载："氐羌以鸾鸟。"[③] 由于氐与羌有很深的亲缘关系，按现代语言学的观点，当同属汉藏语系藏缅语族，故常氐羌连称。当然，没有专门记载氐的活动，也说明氐在这一时期的影响还比较有限。

因此，戎、氐、羌构成了夏商周时期西北最主要的民族。在这一时期，戎、氐、羌与夏商周王朝之间经常发生战争。西周时，戎狄对周的都城镐京构成了极大的威胁，并最后攻破镐京。戎、氐、羌应该以游牧和狩猎为主，"衣羽毛穴居，有不粒食者"[④]，其丧葬方式很可能是以火葬为主。

（二）夏商周时期西南民族的形成与发展

1. 氐羌系统的民族

夏商时期对西南的民族情况记载很少，而且即使有一些也只是属于追记性质的。如《史记·夏本纪》载："华阳黑水唯梁州：汶、嶓既蓺，沱、涔既道，蔡、蒙旅平，和夷底绩。"[⑤] 文中的"黑水"当指澜沧江或金沙江，而"和夷"则指居住在"黑水"流域的居民。商周以后，史书对西南地区的民族情况记载渐渐增多，而且能够从民族识别的角度加以叙述。结合史料来看，先秦时期西南地区的民族以氐羌系统和百越系统的民族为主，而属于孟高棉民族先民的濮人是从中南半岛北上而来的，其时间约为秦汉时期，因为有关他们的历史记载是在汉晋时期出现的。

氐羌在西北地区有大量分布。《诗经·商颂·殷武》载，"昔有成汤，自彼氐羌，莫不敢来享，莫不敢来王"[⑥]，表明在商的附近有氐羌分布。除

---

① 姚小鸥译著《诗经译注》（下册），当代世界出版社 2009 年版。

② 〔梁〕沈约注《竹书纪年集解》，文益书局 1936 年版。

③ 黄怀信撰著《逸周书校补注译》，西北大学出版社 1996 年版。

④ 转引自龚荫著《中国民族政策发展史》，四川人民出版社 2006 年版。

⑤ 《史记·夏本纪》，中华书局标点本 1962 年版。

⑥ 姚小鸥译著《诗经译注》（下册），当代世界出版社 2009 年版。

了西北地区外，西南也有大量氐羌分布。从现代民族学的调查来看，西南的氐羌来自西北。氐羌为什么会来到西南？从地域关系来看，西北与西南连在一起，从西北到西南完全是有可能的。从考古资料来看，西北民族南下西南，从新石器时代就已经开始。因此，西南地区从新石器时代开始就不断有氐羌民族的先民来居住。从之前戎与夏商之间的关系来看，戎受到了夏商比较多的打击。很可能在这种打击之下，一部分戎不得不向西南地区迁徙。因为这一时期，戎向东迁徙是存在的，那么向西南迁徙也是完全有可能的。就这样，又有一部分戎逐渐向西南地区迁徙，并在这一迁徙过程中逐渐从戎中分化出来，融入西南氐羌民族。因此，在西南地区生活的氐羌并不会太少。

从史书记载来看，氐羌在西南的分布确实不少。《史记·六国年表》载，大禹兴起于西羌。而《吴越春秋·越王无余外传》的记载更为详细，说大禹家就在西川石纽："越之前君无余者，夏禹之未封也。禹父鲧者，帝颛顼之后。鲧娶于有莘氏之女，名曰女嬉。年壮未孳。嬉于砥山，得薏苡而吞之，意若为人所感，因而妊孕，剖胁而产高密。禹家于西羌，地曰石纽。石纽在蜀西川也。"[①]《华阳国志·蜀志》也载："石纽，古汶山郡也。崇伯得有莘氏女，治水行天下，而生禹于石纽刳儿坪。"《蜀王本纪》载，"禹本汶山郡广柔县人也，生于石纽，其地名痢儿畔。禹母吞珠孕禹"[②]。按照这些历史文献的记载，大禹的家乡就在今四川省北川羌族自治县。虽然"禹母吞珠孕禹"的记载有些荒诞，但它反映了西南确实有羌。西南的羌有多少，从《后汉书·西羌传》可知大概："秦献公初立，欲复穆公之迹，兵临渭首，灭狄獂戎。忍季父卬畏秦之威，将其种人附落而南，出赐支河曲西数千里，与众羌绝远，不复交通。其后子孙分别，各自为种，任随所之。或为牦牛种，越嶲羌是也。"[③] 这反映了当时羌在西南确实是比较多的。

羌不仅在西部地区分布广泛，而且与华夏族有着紧密的联系，在讨伐商纣王的牧野之战中，羌也站在周武王一方同商纣王作战。

除氐羌外，在西南地区影响较大的民族群体还有巴人、蜀人、滇人等。这些民族群体与氐羌之间又有什么联系呢？

---

① 〔汉〕赵晔撰《吴越春秋》，江苏古籍出版社 1986 年版。

② 钟利戡、王清贵辑《大禹史料汇集》，巴蜀书社 1991 年版。

③ 《后汉书·西羌传》，中华书局标点本 1965 年版。

随着历史的发展，进入西南的氐羌系统民族开始出现分化，巴人就是其中分化出来的一支。巴人的历史是久远的，曾建立过巴国。从史料所载来看，其与炎黄有着密切的关系。《华阳国志・巴志》载：“《洛书》曰：人皇始出，继地皇之后，兄弟九人，分理九州岛，为九囿。人皇居中州，制八辅。华阳之壤，梁岷之域，是其一囿。囿中之国，则巴、蜀矣。其分野：舆鬼、东井。其君上世未闻。五帝以来，黄帝、高阳之支庶，世为侯伯。”① 可见巴人与属羌的黄帝系民族群体有关，但有地方性的个性差异。可以这样认为：人皇、地皇等传说时代，巴地即有人类活动，可视当地的原住民；随着中国各民族间的交往，那些“黄帝、高阳之支庶”，便是南来的华夏先民。对于当地的原住民，巴地的考古发现可以做如下补充说明。1976 年铜梁县兴修西郭水库时，发现了大批乌木、哺乳动物化石和经过人工打制的旧石器一百余件，其中有用砾石打制的砍砸器、刮削器和尖状器等。这批遗物的年代经碳－14 测定为 2 万年前当地居民留下的。此外，在重庆的嘉陵江河段和长江河段，有许多狭谷和宽谷。在宽谷的台地上，土质疏松肥沃，适于古人类居住生活。就在这些土地上，有不少古人类的古文化遗址和遗存分布，年代大多是新石器时代晚期，绝对年代为四五千年左右。石器中以石锄、石斧、网坠的数量最多，说明当时的人们过着农耕兼渔猎的生活②。

传说夏人与巴人也有联系，大禹治水据说就到过巴国。《华阳国志・巴志》载：“及禹治水，命州巴、蜀，以属梁州。禹娶于涂山，辛壬癸甲而去，生子启，呱呱啼，不及视，三过其门而不入室，务在救时——今江州涂山是也，帝禹之庙存焉。会诸侯于会稽，执玉帛者万国，巴、蜀往焉。”③ 这样的记载使我们联想到了大溪文化与仰韶文化、龙山文化、屈家岭文化之间的种种联系。在今重庆市东和鄂西有人命名为早期巴文化的文化遗存中，“已发现石垒筑的长方形房屋和土筑的房基。墓葬为长方形土坑，以仰身直肢葬为主，随葬品极少。陶器是重要遗物，一般以夹砂灰褐陶为主，手制陶所占比例较大，基本器形有罐、甑、豆等。最具特点的器物有圆底束颈绳纹或方格纹罐、小平底或尖底盂、尖底杯、豆形长杯器座等。以圆底罐为基本饮器，是早期巴文化的重要特色。推测其主人的主要食物是野生动物或鱼类，常见的石片

① 刘琳校注《华阳国志校注》，巴蜀书社 1984 年版。

② 董其祥著《巴史新考》，重庆出版社 1983 年版。

③ 刘琳校注《华阳国志校注》，巴蜀书社 1984 年版。

则可能是用于宰、割、剥皮或刮鱼鳞的，进而证明早期巴人的经济以渔猎为主。”① 在今重庆也发现了新石器时代末期至殷商早期原住民文化遗址。这些遗址所代表的文化内涵，与陕西龙山文化以及大溪文化有较密切的关系②。

由于巴人分布区的东部、东北部都与华夏族相接，故二者之间有种种联系。《华阳国志·巴志》载：“周武王伐纣，实得巴、蜀之师，着乎《尚书》。巴师勇锐，歌舞以凌殷人，前徒倒戈，故世称之曰‘武王伐纣，前歌后舞’也。武王既克殷，以其宗姬封于巴，爵之以子——古者远国虽大，爵不过子，故吴、楚及巴皆曰子。”③ 可见有华夏族以分封的形式进入巴地。

在华夏族的影响下，巴人加速发展，并开始向外扩张，建立巴国。公元前 11 世纪的西周以后，巴人的经济文化渐次发展起来，在春秋初建立了巴国。在公元前 703 年前后，巴国曾与楚国联合进攻邓国（地在今湖北襄樊市西北）。当时巴国的武力强于当时的楚国，巴国便主动进攻楚国。此后双方关系一度沉寂，到战国时，又有大量的交往，但此时巴、楚双方的力量对比已经发生了变化，即巴弱楚强。《华阳国志·巴志》载：“战国时，尝与楚婚。及七国称王，巴亦称王。周之季世，巴国有乱，将军有蔓子请师于楚，许以三城。楚王救巴。巴国既宁，楚使请城。”④ 当巴国势衰不能平定国内叛乱时，不得不求助于楚。也就在此情况之下，巴、蜀之间又发动战争，而秦国得渔翁之利，灭了巴、蜀。《华阳国志·巴志》载：“周显王（公元前 368—前 321 年在位）时，楚国衰弱，秦惠文王与巴、蜀为好。蜀王弟苴［侯］私亲于巴，巴、蜀世战争。周慎王五年，蜀王伐苴侯，苴侯奔巴，巴为求救于秦。秦惠文王遣张仪、司马错救苴、巴，遂伐蜀，灭之。仪贪巴、苴之富，因取巴，执王以归，置巴、蜀及汉中郡、分其地为［三十］一县。”⑤ 正是在上述频繁的军事活动及经济文化交往中，巴人向华夏文化渐渐靠拢，当巴被秦灭了之后，巴国中的绝大部分人都融于华夏族，少量融入邻近的其他民族。

---

① 张雄《从夏商时期鄂西文化遗存看巴族》，李绍明等编《三星堆与巴蜀文化》（论文集），巴蜀书社 1993 年版。

② 张雄《从夏商时期鄂西文化遗存看巴族》，李绍明等编《三星堆与巴蜀文化》（论文集），巴蜀书社 1993 年版。

③ 刘琳校注《华阳国志校注》，巴蜀书社 1984 年版。《尚书·牧誓》中所载跟随武王伐纣的有庸、蜀、羌、髳、微、卢、彭、濮，无巴。

④ 刘琳校注《华阳国志校注》，巴蜀书社 1984 年版。

⑤ 刘琳校注《华阳国志校注》，巴蜀书社 1984 年版。

从文化上看，巴人有自己独特的文化。巴人以白虎为图腾崇拜。在长期与华夏族的交往中，曾使用过华夏族的文字。他们用华夏族的文字写成的诗歌，多为四言句式，反映社会生活的许多方面。《华阳国志・巴志》载：“其民质直好义，土风敦厚，有先民之流。故其诗曰：‘川崖惟平，其稼多黍。旨酒嘉谷，可以养父。野惟阜丘，彼稷多有。嘉谷旨酒，可以养母。’其祭祀之诗曰：‘惟月孟春，獭祭彼崖。永言孝思，享祀孔嘉。彼黍既洁，彼牺惟泽。蒸命良辰，祖考来格。’其好古乐道之诗曰：‘日月明明，亦惟其（名）[夕]；谁能长生，不朽难获。’又曰：‘惟德实宝，富贵何常。我思古人，令问令望。’”①

蜀人原为氐羌系统中叟人的一部分。《尚书・禹贡》载：“织皮昆仑、析支、渠搜，西戎即叙。”② 此西戎即西部氐羌系统的民族，“渠搜”即叟。叟人中的一部分建立了蜀国，被称为蜀人。蜀人的历史也是十分久远的，《华阳国志・蜀志》载：“蜀之为国，肇于人皇，与巴同囿。至黄帝，为其子昌意娶蜀山氏之女，生子高阳，是为帝（喾）[颛项]；封其支庶于蜀，世为侯伯。”③ 由于与华夏族相邻，蜀人自远古以来就与中原华夏族先民有着种种文化上的联系。到了商周之际，这种联系更为密切。蜀参与讨伐商纣王就是一个很好的例证。《华阳国志・蜀志》载：“历夏、商、周。武王伐纣，蜀与焉。”④《尚书・牧誓》也记载蜀参与了伐纣。另外，从语言文字方面也可以看出蜀人与华夏族的交往是十分密切的，因此，《蜀都赋》刘逵注谓秦国兼并蜀国之后，“蜀人始通中国，言语颇与华同”⑤。当然，据考证，蜀人也有自己的文字。“蜀人文字字符笔画少而简，字符化程度高，大小均匀，排列整齐，字体精美，可以说是一种比较发展的音节文字。”⑥

周代，蜀的北边有秦、东边有巴，相对来说，相互之间虽有联系但联系不多。《华阳国志・蜀志》载：“有周之世，限以秦、巴，虽奉王职，不得与春秋盟会，君长莫同书轨。”⑦ 在周平王东迁之后，蜀人中的首领蚕丛开始称

① 刘琳校注《华阳国志校注》，巴蜀书社 1984 年版。

② 江灏、全宗武注译《今古文尚书全译》，贵州人民出版社 2009 年版。

③ 刘琳校注《华阳国志校注》，巴蜀书社 1984 年版。

④ 刘琳校注《华阳国志校注》，巴蜀书社 1984 年版。

⑤ 转引自刘琳校注《华阳国志校注》，巴蜀书社 1984 年版。

⑥ 李绍明等编《三星堆与巴蜀文化》，巴蜀书社 1993 年版。

⑦ 刘琳校注《华阳国志校注》，巴蜀书社 1984 年版。

王。《华阳国志·蜀志》载："有蜀侯蚕丛，其目纵（按：三星堆出土文物中有目纵人头像），始称王。死，作石棺、石椁，国人从之，故俗以石棺椁为纵目人冢也（按：近几十年来，在茂县、理县境内发现了不少石棺墓，其时代为战国至汉初）。次王曰柏灌。次王曰鱼凫。鱼凫王田于湔山，忽得仙道，蜀人思之，为立祠。"① 这里提到的蚕丛、鱼凫，是蜀人中两位较著名的首领。

在蚕丛、鱼凫之后，蜀人传说中的著名首领是杜宇。《华阳国志·蜀志》有相应的记载："后有王曰杜宇，教民务农，一号杜主。时朱提（今云南昭通）有梁氏女利，游江源，宇悦之，纳以为妃。移治郫邑，或治瞿上。巴国称王，杜宇称帝，号曰望帝，更名蒲卑。自以功德高诸王，乃以褒斜为前门，熊耳、灵关为后户，玉垒、峨眉为城郭，江、潜、绵、洛为池泽，以汶山为畜牧，南中为园苑。"② 在杜宇统治蜀人时，其东北部抵汉中，西南境抵达今青神峡至峨山边一带，南边则为今云南滇东北的昭通一带。在蜀国最强盛之时，其地以成都平原为中心，东部以涪江和巴国分界，南部仍和滇东北、黔西的夜郎相连，北部与陕西汉中、甘肃文县相连，西部为川西北。

继杜宇之后的蜀人首领是开明。《华阳国志·蜀志》载："会有水灾，其相开明，决玉垒山以除水害。（杜宇）帝遂委以政事，法尧、舜禅授之义，遂禅位于开明，帝升西山隐焉。……开明（位）［立］，号丛帝。丛帝生卢帝。卢帝攻秦，至雍，生保子帝。（保子）帝攻青衣，雄张僚、僰。"③ 显然从开明帝起，便有了世袭制，而且在此时开始向外扩张，并以成都地区作为政治、经济、文化的中心。

战国晚期，蜀开始调整与秦、巴的关系，双方的经济文化交流不断加强。《华阳国志·蜀志》载："周显王之世（公元前368—前321年），蜀王有褒（今汉中市西北）、汉（今南郑）之地。因猎谷中，与秦惠王遇。惠王以金一笥遗蜀王，王报珍玩之物，物化为土。惠王怨。群臣贺曰：'天奉我矣，王将得蜀土地。'惠王喜，乃作石牛五头，朝泻金其后，曰'牛便金'。有养卒百人。蜀人悦之，使使请石牛。惠王许之。乃遣五丁迎石牛。既不便金，怒，遣还之。"④ "石牛便金"的故事，从一个侧面反映了秦、蜀之间经济上、政

① 刘琳校注《华阳国志校注》，巴蜀书社1984年版。

② 刘琳校注《华阳国志校注》，巴蜀书社1984年版。

③ 刘琳校注《华阳国志校注》，巴蜀书社1984年版。

④ 刘琳校注《华阳国志校注》，巴蜀书社1984年版。

治上的联系。公元前 316 年，蜀开明王朝为秦所灭，蜀人成为秦统治下的民族，大部分蜀人开始逐渐融入华夏族中，少部分仍散布在西南各地。

蜀人有着发达的青铜铸造和黄金冶炼技术文化。在三星堆一、二号祭祀坑出土的文物中，有青铜人立像、青铜人头像、头戴黄金面罩的青铜人像、眼球突出的半神半人青铜“面具”、上身裸体双膝跪下的顶尊铜人、手执“牙璋”做跪拜状的小型青铜人等多件，足以反映蜀人发达的青铜文化。

以上是西南地区氐羌系统主要的族群共同体。与此同时，西南地区还分布有百越系统的族群共同体，主要是滇、夜郎、濮等。

2. 百越系统的民族

滇人也是西南地区一个十分古老的族群共同体。从文献记载来看，《史记·西南夷列传》为早：“始楚威王时，使将军庄蹻将兵循江上，略巴、(蜀)黔中以西。庄蹻者，故楚庄王苗裔也。蹻至滇池，(地)方三百里，旁平地，肥饶数千里，以兵威定属楚。欲归报，会秦击夺楚巴、黔中郡，道塞不通，因还，以其众王滇，变服，从其俗，以长之。”① 这是滇国首见于史籍，但滇国的建立不可能仅始于公元前 4 世纪中叶的楚威王时代，而应该是早在此之前滇人就已创造了辉煌的历史文化。滇的中心区域地处滇中坝子，大约在公元前 5 世纪左右就已经进入到了酋邦制国家的阶段。从考古材料来看，其分布范围东至路南（今石林彝族自治县)、泸西一线，北达会泽、昭通等地，南抵新平、元江及个旧一带，西到安宁及其附近地区。虽然对滇国民族的族属一直存在不同意见，但从墓葬中的随葬品以及当时的服饰等特征来看，滇国的主体民族应该是越人②。同时，也要看到，滇国内部民族众多、民族复杂，除了滇人之外，还有其他族群共同体。

在滇国境内发掘了许多青铜器。这些青铜器等文物表明，滇人以农业为主要经济部门，使用青铜制造的镰、锄、斧等农具，种植作物以稻谷为主。滇人的畜牧业比较发达，从发掘出来的青铜器上的图像可以看出，豢养的家畜有牛、马、猪、犬、山羊和绵羊，尤其以牛的数量为多。滇池地区有“田渔之饶”，捕鱼成为滇人的一项重要生产活动。青铜器上屡见鱼的形象。滇人的狩猎活动也十分频繁，青铜器上有不少野生动物的图像。滇人最有特色的

① 《史记·西南夷列传》，中华书局标点本 1962 年版。

② 王文光等著《中国西南民族关系史》，中国社会科学出版社 2005 年版。

是手工业，已能制造出青铜器、铁器、金银器、漆器、皮革，尤其以青铜冶铸业最为发达①。

夜郎是战国至西汉初期在西南夷地区出现的一个较大的部落联盟。关于夜郎的中心区域，《史记·西南夷列传》中是这样记载的："西南夷君长以什数，夜郎最大；……夜郎者，临牂柯江，江广百余步，足以行船。"而牂柯江则是"出番禺城下"②。目前，多数学者认为这条江就是现在的北盘江，方国瑜先生认为夜郎的中心区分布在安顺北部，包括了今天的安顺、普定、镇宁、关岭、清镇、平坝等县③。

在百越民族系统中，"越"是很重要的。但在先秦的历史文献中，几乎没有提到西南地区的"越"，反而是"濮"经常在史籍中有记载。通过对考古材料和有关史料的分析，先秦时期西南的濮人只指属于百越系统的族群共同体，尚不包括后来学者们所指的属于孟高棉民族先民的"濮蛮"。因为作为孟高棉民族先民的濮在史籍中出现较晚。因此，本处指的濮为百越民族群体中的一部分。

濮与中原的交往历史是很悠久的。《逸周书》载，商汤建国之初，濮人就向商朝贡献过珠玑、玳瑁、象牙等物品。周初，武王伐纣时，有濮人参加。《尚书·牧誓》载："王曰：'嗟！我友邦冢君御事，……蜀、羌、髳、微、卢、彭、濮人。称尔戈，比尔干，立尔矛，予其誓。'"④ 这时的濮人主要分布在蜀以东，楚之南及楚之西南。由于尚无统一的政治力量出现，濮之各部各自为政，被称为"百濮"。杜预《春秋释例》中曾载："濮夷无君长总统，各以邑落自聚，故称百濮。"⑤

濮人分布地与楚近，很早与楚就有关系。《史记·楚世家》载："熊霜六年，卒，三弟争立。仲雪死；叔堪亡，避难于濮……"⑥ 濮人与楚人不是同一民族，故叔堪逃到濮后被濮人同化，《国语·郑语》载："叔熊（当为叔堪）逃难于濮而蛮。"春秋以后，楚人开始经略濮人地区。《史记·楚世家》载：

① 王文光著《中国民族发展史》，民族出版社2005年版。

② 《史记·西南夷列传》，中华书局标点本1962年版。

③ 方国瑜著《中国西南历史地理考释》（上），中华书局1987年版。

④ 江灏、全宗武注译《今古文尚书全译》，贵州人民出版社1990年版。

⑤ 转引自吕思勉著《中国通史》，武汉出版社2011年版。

⑥ 《史记·楚世家》，中华书局标点本1962年版。

"……（熊通）乃自立为武王，与随人盟而去。于是始开濮地而有之。"[①] 到公元前523年，"楚子为舟师以伐濮"[②]。此后，绝大部分濮人融入楚人，并融合到楚人中随着楚人一同融入华夏族，成为后来汉族的一个组成部分。余下的濮人大部分成为后来的夜郎，极少部分融合到氐羌系统的民族中。

总之，结合史料来看，先秦时期西南地区的民族以氐羌系统和百越系统的民族为主。不过，目前也有越来越多的学者提出西南地区的滇、夜郎、邛都的族属应为"濮"，这个"濮"与百越有紧密联系，后来发展为"僚"等。当然这个"濮"与属于孟高棉民族先民的濮人不是同一个族属。孟高棉民族先民的濮人是从中南半岛北上而来的，其时间约为秦汉时期，因为有关他们的历史记载是在汉晋时期才出现的。

二、夏商周时期西部民族间的交往与文化交流

（一）羌与其他西部民族的交往与文化交流

从新石器时代开始，北方游牧民族的南下就已经开始，如川西北的姜维城文化、西藏的昌都文化以及云南的大墩子、白羊村文化等都是北方氐羌系统的民族南下和当地民族融合后创造的文化类型。这种迁徙活动在一个很长时期内都未曾中断过。战国时期，西部民族间的交流在不断增多，但历史文献记载的主要是西部各民族和华夏族之间的交流。

西戎民族集团主要是羌。商代，在相当于今甘肃、陕西西部的地区都有羌分布。商代初年，羌和商王朝关系密切。前面讲到"昔有成汤，自彼氐羌，莫敢不来享，莫敢不来王"，反映了羌与商王朝保持着臣属关系。同时，商王朝为了掠夺奴隶，也不断对羌大举用兵，甲骨文有大量征伐羌的记载，如"北吏伐羌，戊伐羌"[③] 被俘羌人成为商代奴隶阶级的主要构成者。战争中很多羌人被俘后，被商王朝用来作为祭祀鬼神的人牲，作为从事狩猎和畜牧的奴隶，少数从事农业生产劳动[④]。除战争之外，商与羌也有友好往来的一面，如《竹书纪年》记载："武丁三十四年，克鬼方，氐羌来宾。"[⑤] 在商王朝中，羌人中也有个别上层领袖担任了朝廷的官职。如武丁时的祭祀官中，就有羌

---

① 《史记·楚世家》，中华书局标点本1962年版。

② 〔春秋〕左丘明撰，蒋冀聘校点《左传》，岳麓书社2006年版。

③ 《羌族简史》修订本编写组编写《羌族简史》（修订本），民族出版社2008年版。

④ 《羌族简史》修订本编写组编写《羌族简史》（修订本），民族出版社2008年版。

⑤ 〔梁〕沈约注《竹书纪年集解》，文益书局1936年版。

可、羌立两人。商代的祭祀官有崇高地位，是人与神的中介者，让羌人出任这样高的职位，反映出商王朝对羌有实行笼络政策的一面①。

到了周代，羌与华夏族的关系更紧密。在周朝建立前，周人与羌人中的姜相互结为婚姻，后来周王多娶姜女为后。这种婚姻关系对周代的政治生活起着十分重要的作用。在周王朝的诸侯分封中，也有不少姜姓。西戎与周朝有和平交往的一面，也有经常发生矛盾和战争的一面。西周穆王时，西戎来宾。懿王时，西戎侵镐。东周时期，以羌人为主体的诸戎，开始大量涌入中原地区散居各地。在不断的征战中，羌人多融于华夏族中，而在西部的羌，则更多被秦国所融合。如地处今甘肃东部、宁夏以及内蒙古河套以南之地的义渠国，成为秦霸西戎的主要障碍，两国间战争不断，秦花了近300年才征服这些地区的羌人②。

（二）蜀与其他西部民族的交往与文化交流

蜀在西部民族中也是比较活跃的。从考古材料来看，蜀与夏商之间的交往并不少。分析三星堆青铜文化，可清晰地看出古蜀文化与中原文化交流的痕迹。古蜀青铜文化中不仅可以见到中原青铜文化的明显影响，而且有不少礼器本身就是根据中原青铜器仿制而来的，表明蜀文化从中原文化中有所采借。三星堆遗址出土的青铜人头像双耳上所饰云纹、青铜兽面像鼻额间上伸的夔龙等，都是中原青铜器上常见的纹饰。三星堆遗址出土的青铜尊等礼器也完全仿制于中原同类器。三星堆出土的青铜爬龙柱形器上的龙，是以古蜀文化采借中原文化龙的形象制作而成的。三星堆文化也对中原文化产生过一定的影响，中原文化的某些青铜器便来源于蜀。如三角形援无胡戈最早发源于蜀，其后北传汉中，又出现在商都殷墟；柳叶形青铜剑是从蜀地向陕南、甘肃等地传播的。蜀文化的釜、甑等器型，先北传于秦，再流布到其他地区③。

从甲骨文卜辞来看，蜀国与商王朝之间既有友好的一面，也有兵戎相见的一面。但从总体来看，蜀似乎是臣服于商王朝的，所以他们有向商王朝提供各种劳役的义务。在讨伐商纣王的战争中，蜀和周一起作战，之后蜀与周

① 《羌族简史》修订本编写组编写《羌族简史》（修订本），民族出版社2008年版。

② 《羌族简史》修订本编写组编写《羌族简史》（修订本），民族出版社2008年版。

③ 段渝、邹一清著《三星堆文明：长江上游古代文明中心》，四川人民出版社2006年版。

一直保持友好关系。从古本《竹书纪年》的记载来看，直到西周末，蜀与周还保持着友好关系：“（周）夷王二年，蜀人、吕人来献琼玉，宾于河，用介珪。”[①] 战国时期，蜀与秦国疆土相接，双方之间时战时和，与此同时，双方之间的经济文化交流也是比较频繁的。

蜀与川西北地区的往来也是比较多的。如在春秋以后特别是战国中晚期，蜀式兵器、炊器成为岷江上游石棺葬文化中最流行的器类。蜀地的丝织绢帛也输入到岷江上游地区，石棺葬主人也从蜀地学会了漆器生产[②]。

蜀是一个奴隶制和生产比较发达的国家，蜀与滇池地区有着较多的商业往来，从滇池地区获得牲畜产品和奴隶人口。《华阳国志·蜀志》记载，蜀国的卢帝曾经攻青衣（今雅安）而“雄张僚、僰”，蜀国“饶滇、僚、僰僮六百之富”，即从滇池地区的僰人中获得奴隶人口[③]。除此之外，滇池地区出土的许多青铜器，都受到了蜀文化的影响。从当时的情况来看，蜀文化可能充当了中原和西南交往的桥梁作用。在云南晋宁石寨山、江川李家山等滇文化墓葬群的考古研究中，可以发现出土器物有着很明显的成都平原早、中期青铜文化的某些因素。石寨山出土的青铜器上铸有若干人物和动物站立雕像，其风格与三星堆青铜文化有惊人的相似之处，造型艺术也较接近于三星堆文化。滇式青铜兵器还有浓厚的三星堆文化色彩。蜀式戈起源很早，在商代便已开始流行，而戈在滇文化中出现的年代为战国早、中期，并且滇文化青铜戈上的太阳纹或人形纹，在蜀戈上也是早已有之。从造型及纹饰上来看，滇式青铜剑与蜀式青铜剑属同一风格。另外，滇文化的无格式剑与蜀文化显然存在文化交流和传播的关系。这些都说明滇式青铜兵器在发展演变中受到蜀式青铜兵器的重要影响。三星堆文化与滇文化在政治权力物化标志上最相近之处，是都不用鼎象征王权、神权和经济特权，两者的国家政权象征系统都是杖。三星堆遗址出土的金杖和古滇文化出土的大量杖首，形制虽然并不完全相同，但以杖来标志至高无上的权力，其文化内涵却完全一致。古滇文化的这种风习应与蜀文化的南传有关[④]。

---

① 王文光等著《中国西南民族关系史》，中国社会科学出版社 2005 年版。

② 王文光等著《中国西南民族关系史》，中国社会科学出版社 2005 年版。

③ 尤中著《云南民族史》，云南大学出版社 1994 年版。

④ 段渝、邹一清著《三星堆文明：长江上游古代文明中心》，四川人民出版社 2006 年版。

蜀文化对夜郎文化也具有一定的影响。如在威宁、赫章等地发掘和搜集到的一批青铜戈，均为无胡戈，与蜀式戈很相似。

（三）巴与其他西部民族的交往与文化交流

巴国应该是西周分封在汉水流域的小国，虽然西周时期并无巴国的记载，但从与此同时分封的小国都在开疆拓土来看，巴国应该也在积极开拓疆土。由于巴国的东、北两面都有强敌，再往西又有蜀国，因此，巴只有往南部的重庆丘陵地带扩张。

巴与其他姬姓小国共同构成了捍卫周王室、镇抚南土的军事防线。在成王成周大会时，巴人曾派使者献比翼鸟。春秋时期，巴国也参与到争霸的行列，与周边小国不断发生战争，如巴与楚之间的战争。到战国时期，楚攻占了巴地，楚文化对巴地产生更大的影响，但楚文化在巴地存在的时间并不长，后被其他文化所代替了。

除了与夏商周和周边的小国发生往来之外，巴与蜀的关系也很密切。在新石器时代，巴就和蜀联系紧密，属同一个文化区。而夏商周时期，巴蜀两地的青铜文化十分一致，如陶器都以夹砂陶占多数、陶色以褐色为主等。这说明在商周时期，巴地属于蜀。西周以后，巴国不断向南扩张，重庆地区被纳入了巴国的统治范围。这样，蜀国和巴国之间的战争就不可避免了。战国时期，巴国不断衰弱，最后被蜀国所统治。由于巴在经济文化上落后于蜀，所以蜀对巴的影响很大，在巴地大量出现蜀文化器物就是最好的印证。当然，在早期蜀文化不断对巴文化产生影响的同时，巴文化也对蜀文化产生了一些影响，如巴地的圜底陶釜就传到了蜀地。总之，巴和蜀之间的文化借用与涵化是非常普遍的。两地的物产、语言、生活习惯、思维习惯等都很接近，所以后世在谈到它们时都是把巴蜀相连。秦灭巴蜀以后，成都平原的青羊宫文化进一步向巴地扩张，巴蜀两地文化就更加趋同了。

（四）滇、夜郎与其他西部民族的交往与文化交流

滇、夜郎虽然僻处西南，但他们和周围民族也发生了经济和文化等方面的往来。滇国北部有邛都部落，从考古材料来看，邛都文化遗留的大石墓墓葬的器物与夜郎、滇系统的器物有许多相似之处。这说明大石墓文化与滇文化是有联系的，可能是古滇文化北上影响到了邛都民族集团。滇的东部与夜郎相接，双方之间的影响是不可避免的。同时，在滇池地区发现了一些该地区常见的靴形铜斧、尖叶开铜镢、一字格铜剑等器物。这说明古滇文化已经

影响到了滇南地区。滇国西部有昆明、嶲等族群。从滇文化出土的青铜器图像看，当时有滇人武士掳掠昆明妇女、儿童及牛羊的场面，有昆明人和滇国属下其他民族一起向滇国纳贡的图像等。在滇西的楚雄万家坝遗址中出现了扁平茎无格铜剑、圆筒形骹铜矛、半月形铜钺等蕴含滇池地区的青铜文化特征的器物[①]。这说明滇文化传播到了昆明、嶲等族群所在地区并产生了一定的影响，同时也反映了滇和昆明之间时战时和的关系。

楚威王时，庄蹻入滇。但秦国灭巴国和蜀国后，断了庄蹻及其率领的楚国士兵的后路，于是这批楚人就与当地的僰人融合并加速了僰人以血缘为纽带的氏族组织的解体。事实上，在庄蹻之前，滇与楚国之间的联系就已经有了。在晋宁石寨山西汉墓葬中和昭通、大关的东汉墓，贵州赫章夜郎墓，长沙战国墓和桃江（源）墓葬中，都发现了深蓝色和浅蓝色玻璃珠。据研究，这些玻璃珠的原料都来自云南。这说明至少从战国初期开始，就有商人经夜郎来往于楚国和滇国之间，所以沿途都有类似的玻璃珠出土。庄蹻很可能就是沿着这一商道来到滇池地区的[②]。

---

① 王文光等著《中国西南民族关系史》，中国社会科学出版社 2005 年版。

② 王文光等著《中国西南民族关系史》，中国社会科学出版社 2005 年版。

第二章　秦汉时期的西部民族及其文化

秦汉时期是中国西部民族发展的重要时期。在这一时期，活跃在历史舞台上的西部民族逐渐多起来，主要有北狄系统的匈奴、大小月氏、丁零、乌孙，印欧语系的西域各族，氐羌系统的氐和羌等。另外还有百越系统的民族。中央王朝控制和影响范围及其疆域的扩大，使西部更多地区被纳入中央王朝直接的统治范围，西部各民族与中央王朝之间的交往增多，各民族之间交往也更为密切。同时，由于生产力水平的发展和战争等因素，汉族与西部少数民族之间、西部各民族之间的经济、文化交流不断增多，西部各民族不断创造出多彩的文化。

第一节　西北的民族及其文化

秦汉时期，西北民族主要包括北狄系统的民族、西域城郭诸国和氐羌系统的民族。北狄系统的民族以匈奴为核心，西域城郭诸国的民族比较复杂、来源较多，而在秦汉王朝的统治之下，氐羌系统的民族受汉文化的影响进一步加深。在这一时期，西北民族有了较大的发展。这集中反映在匈奴方面。匈奴盛极一时，把西北许多地区置于自己的控制之下，并成为对秦汉中央王朝威胁最大的民族。同时，成为秦汉和匈奴之间争夺对象的西域各国，虽然没有对秦汉王朝构成实质性的威胁，但这些小国位于丝绸之路的要冲，对秦汉丝绸之路的畅通至关重要。所以秦汉时期加强对西北民族的控制，汉文化对西北民族的影响不断加深。西北民族文化也在这一过程中进一步发展。

一、北狄系统的西北民族及其文化

（一）匈奴及其文化

1. 西汉时期的匈奴

匈奴是由夏商周时期中国北狄民族集团的一支发展而来的。根据文献和考古发掘文物研究，商时对北狄发动了大规模的进攻。西周初期，对北狄发动了比商代更大规模的征讨，于是狄人主力开始向东和向北迁徙。向东的一支分布于河北、山西北部的长城沿线，在春秋战国时南下并建立了中山国。北迁的狄人一部分以内蒙古阴山一带为活动中心，后来成为匈奴的一部分。另一部分狄人一直向北，越过戈壁，进入漠北大草原和南西伯利亚的原始森林①。因此，匈奴的发祥地就是今内蒙古阴山（俗称大青山）一带。到了春秋时期，自陇以西，东至辽东，居于秦、晋、燕以北都有匈奴分布。由于史料缺乏，对于匈奴早期社会的发展状况很难进行考察。但作为北方民族集团的一部分，可以结合北方民族发展的情况来进行了解。到了春秋时期，北方民族集团与中原和华夏族相邻的一部分已进入阶级社会并产生了国家组织。到了战国时期，赵武灵王攻略胡地所遇到的林胡王、楼烦王等都是北方民族中具有相当规模的国家的首领。恰好在此时，匈奴这一族称始见于史书记载。由此看来，匈奴应该继承了北方游牧民族社会发展的成果，并逐步把一些民族统一起来。因此，当匈奴出现于历史舞台之时，它就应该处于阶级社会并建立了初步的国家形态，之后很快发展成为强大的奴隶制军事帝国。

匈奴的名称是怎么来的？著名匈奴史专家林幹先生认为：匈奴是包括原先活动在大漠南北的獯鬻、鬼方、猃狁、“戎”、“狄”、“胡”在内的各民族群体，由于在匈奴形成的过程中，被称为匈奴的那一部分因为社会生产力较之其他部分先进、力量强大，起着主导作用，随着民族共同体的形成，便以个别族群的名称代表整个民族群体②。对这种历史现象，拉施特丁在《史集》中曾说：“由于塔塔儿人非常‘伟大’和受人尊敬，其他非塔塔儿人各氏族也以塔塔尔人的名字为世所知，尽管族群的名称不同，现今都被称为塔塔儿人。这些非塔塔儿人，由于把自己列入塔塔儿之中，并以塔塔儿人的名字见称于世，因而自己也觉得居于‘伟大’和可敬的地位。正像现今的塔塔儿人、札剌亦儿人、斡亦剌人、客列亦人、汪古人、唐古特人等各种非蒙古部的部落，均仰赖成吉思汗及其氏族的‘洪福’，才成了蒙古人。这些人原来都各自具有一定的名字和称谓，但如今也都自称为蒙古人，尽管他们原先并不承认‘蒙古’这个名字。这样，他们现今的后裔便以为他们自古以来就是属于‘蒙古

---

① 杨圣敏著《回纥史》，广西师范大学出版社 2008 年版。

② 林幹著《匈奴通史》，人民出版社 1986 年版。

人’的名下并以‘蒙古’之名见称。其实并非如此，因为古时的蒙古人只不过是许多草原部落中的一个部落而已。”[①] 此话对我们认识中国古代民族的变化发展有很大的启发作用。

“匈奴”的名称在古代文献上出现，以《逸周书》（卷七《王会解》附伊尹四方令）、《山海经》（卷十《海内南经》）和《战国策》为最早，其中以东汉时刘向校集的《战国策》最为可信。《战国策》出自战国时人之手，著作中出现“匈奴”之名，反映了战国时期的匈奴与中原接触频繁[②]。到了秦汉时期，匈奴仍然在北方蒙古草原游牧。这可以从考古发掘的许多墓葬、城址中得到印证。近数十年来，国内外考古学者在漠北的诺颜山、内蒙古等地发掘出了匈奴的许多墓葬和城址。在蒙古人民共和国中央省的高瓦—道布、克鲁伦河口的特列勒金方台、布和河畔和布和方台等地发现了匈奴城址。在中央省的诺彦乌拉、特布什乌拉及呼尼河畔、乌兰巴托、达尔汗和乌兰固木市附近，发现大量匈奴墓葬，年代为公元前 2 世纪至公元 1 世纪。在这些城址和墓葬中，普遍发现带有“新神灵广成寿万年”等汉字的织锦，“建平五年”等铭文的漆耳杯及铜镜等，表明汉文化对匈奴文化有深刻影响。中国长城以北地区也有大量发现，俄罗斯外贝加尔和图瓦地区亦有分布。除上述列举的器物外，墓葬中还有大量铁器，包括兵器（铁刀、铁剑、铁镞）、生产工具（铁镞、铁铧）和生活用具（铁马嚼、铁环、铁片、铁钉），以及铁块、铸铁的模型和炼铁炉等，说明秦汉时期匈奴社会物质文明已进入铁器时代。

到了公元前 3 世纪末，匈奴社会由部落联盟阶段向统一奴隶制国家迈进。公元前 209 年，冒顿杀其父头曼单于自立为单于后，先后向东攻破了东胡，西击月氏，南并楼烦、白羊河南王，北服浑庾、屈射、丁零、鬲昆、薪犁等族。控制的地区东达辽河，西及葱岭，北抵贝加尔湖，南至长城。随着征服地区的扩大，大批的奴隶和贡纳源源流入。为了保护私有财产，镇压反抗，冒顿在原来匈奴社会部落联盟的基础上建立了一个庞大的奴隶制国家机器。这个国家机器的建立对匈奴民族的发展有着不可估量的历史作用。根据《史记·匈奴列传》记载，这个庞大的奴隶制国家有一套比较完整的政治制度：“（单于之下）置左右贤王，左右谷蠡王，左右大将，左右大都尉，左右大当

① 转引自林幹著《匈奴通史》，人民出版社 1986 年版。

② 林幹著《匈奴通史》，人民出版社 1986 年版。

户，左右骨都侯。匈奴谓贤曰‘屠耆’，故常以太子为左屠耆王。自如左右贤王以下至当户，大者万骑，小者数千，凡二十四长，立号曰‘万骑’。诸大臣皆世官，呼衍氏、兰氏，其后有须卜氏，此三姓其贵种也。诸左方王将居东方，直上谷以往者，东接秽貉、朝鲜；右方王将居西方，直上郡以西，接月氏、氐、羌；而单于之庭直代、云中；各有分地，逐水草移徙。而左右贤王、左右谷蠡王为最大，左右骨都侯辅政。诸二十四长亦各置千长、百长、什长、裨小王、相、封都尉、当户、且渠之属。”① 可见，国家一级政权由三部分组成：一是单于庭，它直辖匈奴中部，南对汉朝的代郡（今河北蔚县一带）、云中郡（驻今内蒙古托克托县）。二是左贤王庭，治理匈奴东部地区。三是右贤王庭，治理匈奴西部地区。在国家政权中，单于是政府的最高首领，总领一切军政大事。在左右贤王之下，有左右谷蠡王，他们也在自己的驻牧地建庭。其性质应视为一级地方政权机构，负责管理一方的军事和行政，由单于子弟担任。每个谷蠡王之下又有对谷蠡王负责的左右大将、左右大都尉、左右大当户、左右骨都侯等“二十四长”，他们也就是万骑长。在万骑长之下，又设有千骑长、百骑长、十骑长、裨小王、相、封都尉、当户、且渠等小官。这种在原始社会末期军事民主主义基础上组织起来的军政联合组织，富有很强的战斗掠夺性。这就是匈奴多次南下掠夺汉地的一个十分重要的原因。

匈奴在汉朝前期曾多次南下掠虏了许多汉族人口，其一部分融入匈奴之中。《史记·匈奴列传》载：“至孝文帝初立，复修和亲之事。其三年（公元前 177 年）五月，匈奴右贤王入居河南地，侵盗上郡葆塞蛮夷，杀略人民。”又载：“汉孝文皇帝十四年（公元前 166 年），匈奴单于十四万骑入朝邮、萧关，杀北地都尉卬，虏人民畜产甚多，遂至彭阳。……匈奴日已骄，岁入边，杀略人民畜产甚多，云中、辽东最甚，至代郡万余人。……军臣单于立四岁（当为公元前 158 年），匈奴复绝和亲，大入上郡、云中各三万骑，所杀略甚众而去。”军臣单于死后，伊稚斜单于立，又大肆入侵，掠虏汉人。《史记·匈奴列传》又载：“伊稚斜单于既立，其夏，匈奴数万骑入杀代郡太守恭友，略千余人。其秋，匈奴又入雁门，杀略千余人。其明年（公元前 125 年），匈奴又复入代郡、定襄、上郡，各三万骑，杀略数千人。”② 总之，综合《史记·

① 《史记·匈奴列传》，中华书局标点本 1962 年版。
② 《史记·匈奴列传》，中华书局标点本 1962 年版。

匈奴列传》《汉书·匈奴传》等书的记载来看，所虏汉人在十万人左右。这些被掠去的汉族人口，对于推动匈奴自身的发展起了积极的作用。

冒顿单于建立了世袭制的政权机构以后，作为部落联盟的机构形式仍有保留，但名存实亡，民主原则已完全消失，最高权力掌握在单于一人手中。《史记·匈奴列传》载："冒顿既立，是时东胡强盛，闻冒顿杀父自立，乃使使谓冒顿，欲得头曼时有千里马。冒顿问群臣，群臣皆曰：'千里马，匈奴宝马也，勿与。'冒顿曰：'奈何与人邻国而爱一马乎？'遂与之千里马。居顷之，东胡以为冒顿畏之，乃使使谓冒顿，欲得单于一阏氏。冒顿复问左右，左右皆怒曰：'东胡无道，乃求阏氏！请击之。'冒顿曰：'奈何与人邻国而爱一女子乎？'遂取所爱阏氏予东胡。……东胡使使谓冒顿曰：'匈奴所与我界瓯脱外弃地，匈奴非能至也，吾欲有之。'冒顿问群臣，群臣或曰：'此弃地，予之亦可，勿予亦可。'于是冒顿大怒曰：'地者，国之本也，奈何予之！'诸言予之者，皆斩之。"① 表面看来，冒顿与诸大臣（实为氏族部落联盟时代的议事长老）有事必议，但仅仅流于形式，事无巨细最终都由冒顿裁决。

2. 南北匈奴的分裂与南匈奴的汉化

西汉初期，匈奴奴隶主政权空前强大，对西汉王朝构成了巨大威胁。但经过汉武帝等汉代统治者对匈奴的打击，基本解除了匈奴奴隶主的侵扰，也基本解除了丁零、乌孙等和西域各族民众所受匈奴奴隶主的奴役和剥削。同时，由于统治领域的缩小、社会生产的萎缩、部族的衰弱和属部的瓦解，匈奴统治集团内部不断发生分裂和内讧。汉宣帝时（公元前73—前49年），匈奴内部发生纷争，五个单于争立，相持不下。于是，呼韩邪单于稽侯珊（公元前58—前31年在位）归附汉朝为藩臣，西汉王朝对他从政治上给予支持，位居诸侯王之上，且以大量物资赈济匈奴，并大开关市，使之在边境与汉族互市。西汉后期的六十余年内，双方和平共处。与此同时，在北边的郅支骨都侯单于见呼韩邪附汉后，获得了汉朝中央的大力支持，深恐遭受呼韩邪与汉朝的联合进攻，也遣使并送侍子入朝，以示友好。但后又索还侍子，杀汉使并西迁，最后在康居（在今哈萨克斯坦东南部）筑城。到公元前36年，汉兵攻入康居城，郅支受伤而死，于是匈奴与汉敌对的势力最后被消灭，匈奴

① 《史记·匈奴列传》，中华书局标点本1962年版。

复归统一达一百余年①。到东汉光武帝建武二十四年（公元48年），驻牧在南部、管领南边八部的𩨂日逐王比（呼韩邪单于稽侯珊之孙）归附东汉王朝，亦自立为呼韩邪单于，匈奴于是分为南匈奴和北匈奴两大部分。

建武二十六年（公元50年），东汉王朝允许南单于入居云中郡（驻今内蒙古托克托县东北），并对南匈奴给予粮食等物资接济。为了避免北匈奴的袭击，东汉王朝又让南单于入居西河郡美稷县（驻今内蒙古准格尔旗西北），更将其部众由所属王、侯统领驻屯在北地郡（驻今宁夏吴忠市西黄河东岸）、朔方郡（驻今内蒙古杭锦旗西北）、五原郡（驻今内蒙古包头市西北）、云中郡（驻今内蒙古托克托县东北）、定襄郡（驻今山西右玉县南）、雁门郡（驻今山西朔县东南夏关城）、代郡（驻今山西阳高县西北）各地，配合各郡县防守边境以御北匈奴。此后，战争减少，南匈奴有了一个相对安宁的社会环境，迅速发展起来。加之此时南匈奴开始进入汉、匈边缘地区与汉族杂居，在与汉族人民的相处中自然而然地受到汉文化的强烈影响，首先在政治制度上产生了显著的变化。

其一，南匈奴政权中官职名称有所变化，出现了所谓的"四角""六角"之称。《后汉书·南匈奴列传》载："其大臣贵者左贤王，次左谷蠡王，次右贤王，次右谷蠡王，谓之四角；次左右日逐王，次左右温禺鞮王，次左右渐将王，是为六角；皆单于子弟，次第当为单于者也。异姓大臣：左右骨都侯，次左右尸逐骨都侯，其余日逐、且渠、当户诸官号，各以权力优劣，部众多少为高下次弟焉。"② 由上可见，原来的"万骑长"不见于记载，说明了农业经济在整个社会经济中的比重有所增加。因此，在职官上亦产生相应的变化。

其二，从单于至左右贤王、左右谷蠡王的分布格局，已经不再似匈奴没有分裂之前那样，左贤王居东，右贤王居西，单于居中，而是具有相对的随意性。这种政治分布格局，打破了原来匈奴社会的稳定结构。当然其原因也是由于与汉族杂居，农业经济发展造成的，其意义非常深远。

其三，南匈奴墓葬形制基本汉化了。目前能确定的南匈奴墓葬主要有五处：宁夏同心县李家套子五座墓葬、内蒙古东胜补洞沟九座墓葬、青海大通上孙家寨墓葬、包头市麻池乡张龙屹旦M1、陕西神木大保当当墓群等。这些

---

① 林幹著《匈奴通史》，人民出版社1986年版。

② 《后汉书·南匈奴列传》，中华书局标点本1965年版。

墓葬多以有封土、带斜坡墓道的砖室墓为主，砖室墓中以双室为主，单室较少，有的砖室墓内有画像石①。

另外，以林幹先生为代表的部分学者认为“胜兵”这种专门作战的骑兵从农牧民中分化出来，是匈奴社会生产组织与军事组织相分离的开始，是南匈奴汉化的表现之一。“胜兵”，就是脱离生产，只担任作战任务的常备军。“胜兵”的出现说明了南匈奴归附汉朝后，社会经济有所发展，而且农业经济已在生活中开始占有一定的比例。同时，其也受到汉朝兵制的影响。原来，匈奴社会生产组织是与军事组织合而为一的，但南匈奴入塞之后，在公元 90 年左右出现了“胜兵”制度。《后汉书·南匈奴列传》载：“是时（东汉和帝二年，公元 90 年）南部连克获纳降，党众最盛，领户三万四千，口二十三万七千三百，胜兵五万一百七十。”② 从目前越来越多的学者的研究来看，“胜兵”不是南匈奴汉化的表现。此问题在后面专有阐述。

3. 北匈奴的西迁

南匈奴内附后，北匈奴仍不断侵扰北部边境各郡，而且掠夺西域各国，阻塞通往西域的交通要道。东汉王朝便趁北匈奴内乱，而有“饥蝗”的机会，于永元元年（公元 89 年）派耿秉为征西将军大败北匈奴。于是，北匈奴中留在漠北的十余万户融入了乘虚而从东北进入的鲜卑；盘踞在漠北西北部的匈奴人后来被柔然兼并；残留在西域的匈奴人后来也融合到当地民族中；而北单于率领的部分则于永元三年（公元 91 年）开始西迁。现以林幹先生的《匈奴通史》为据，概述之。林幹先生认为北匈奴西迁的第一站是乌孙的游牧地区，第二站是康居（即今中亚哈萨克斯坦共和国东南部），第三站为阿兰聊（奄蔡）。

从北匈奴退出漠北，到公元 290 年前后，中外史书对他们的行踪的研究，在一定程度上可以说是空白。公元 290 年前后开始，西方史书上出现了对匈奴人活动的记载。据美国学者 W. M. 麦高文的综合介绍：“此后二百年间，即当公元 170 至 370 年之间，我们对于这些北匈奴人的情形，差不多全无所闻。此一期间，中国正忙于内争，一面又受鲜卑入侵的威胁，故和远处土耳其斯坦的匈奴人失却了一切接触，而这些匈奴人也不能再进犯中国。同时在

① 杜林渊《南匈奴墓葬初步研究》，《考古》2007 年第 4 期。

② 《后汉书·南匈奴列传》，中华书局标点本 1965 年版。

西方则因有阿兰那人（Alani，即阿兰聊人）和哥特人（Goths）阻隔于匈奴人和罗马帝国之间，所以即使是希腊的拉丁文作家，对于匈奴人的活动皆无所述及。只有一次，他们述及亚美尼亚（按：在今俄罗斯外高加索中南部）国王泰格兰纳斯（Tigranes，约当公元290年）的军队中，不但有阿兰那佣军，且还有一队匈奴兵士。半世纪后（约当公元356年），我们又听见波斯北境遭受Chionites人的攻击。这些Chionites人也许就是一群匈奴人。”①

公元4世纪中后期，由于匈奴人击垮了位于今顿河以东的阿兰聊国，震动了西方，因此引起了西方史学家的注意。从此，匈奴人在西方的活动，遂史不绝书。阿兰聊亦称阿兰，原名奄蔡，后又改名。其名最早见于《史记·大宛列传》，曰：“奄蔡在康居西北可二千里，行国，与康居大同俗。控弦者十余万。临大泽，无崖，盖乃北海云。”②《后汉书·西域传》又载：“奄蔡国，改名阿兰聊国，居地城，属康居。土气温和，多桢松、白草。民俗衣服与康居同。”③《三国志·魏志·乌丸鲜卑东夷传》裴注引《魏略》亦载：“转西北则乌孙、康居。……又有奄蔡国一名阿兰，皆与康居同俗。西与大秦（罗马帝国）、东南与康居接。其国多名貂，畜牧逐水草，临大泽，故时羁属康居，今不属也。”④据此，可知阿兰（阿兰聊）的地理位置在今顿河以东一带。所谓“临大泽’者，即濒于顿河注入的亚速海。大抵从顿河以东至伏尔加河之间及南至高加索山脉之地，都是阿兰人的领土。

匈奴击灭阿兰的战争，其确切年代及具体经过均不明，西方学者亦仅能估计战争约在公元350年开始，最后结束于374年。阿兰国被击垮后，虽有许多阿兰人臣服于匈奴人并追随匈奴人西征，但也有一部分向南逃入高加索山中，另有一部分则向西冲破了东哥特人的边防线，进入东哥特国境（在今顿河以西至德聂斯德河之间）。不久之后，匈奴人继续西进，渡过了顿河，于公元374年攻入东哥特人的领土。东哥特人抗拒不了匈奴人的入侵，被迫退至德聂斯德河以西的西哥特人境内。西哥特人在抵抗失败之后，一部分向南逃至多瑙河北面的森林地带，另一部分则渡过多瑙河进入罗马帝国的国境。这样，匈奴人便开始扮演推动欧洲民族大迁徙的主要角色，同时也揭开了入

---

① 转引自王文光著《中国古代的民族识别》，云南大学出版社1997年版。

② 《史记·大宛列传》，中华书局标点本1962年版。

③ 《后汉书·西域传》，中华书局标点本1965年版。

④ 《三国志·魏志·乌丸鲜卑东夷传》，中华书局标点本2011年版。

侵欧洲的序幕①。

匈奴在发展过程中，也创造了丰富多彩的文化。匈奴在公元前 3 世纪兴起的时候，劳动工具已经是铁器了。近数十年来国内外的考古发掘提供了很多关于这方面的实物资料。这在前文中已经提到。在出土文物中，除了铁器之外，还有一些青铜器。在漠北最古的方形石墓出土的属于公元前 7 至 3 世纪的青铜器有铜斧、铜刀、铜镞、铜马嚼、铜镜和铜制颈饰。在中国内蒙古

---

① 匈奴西迁这一部分是从林幹先生《匈奴通史》中摘引的，详见《匈奴通史》第 114 至 119 页。此外，林幹先生在同书中还附录了《匈奴人在欧洲的活动》一文。现亦抄摘其主要内容于下。

匈奴人西迁的部分，其在欧洲的活动可分为三个阶段。

第一阶段是匈奴人入侵欧洲的第一期（公元 374 年至公元 400 年）及其造成的民族大迁徙。从公元 91 年开始西迁的匈奴人，在公元 374 年击垮位于今顿河以东的阿兰聊国后，首次出现在顿河河滨，开始扮演推动欧洲民族大迁徙的主要角色，同时也揭开了入侵欧洲的序幕。阿兰聊国被击灭后，虽有许多阿兰聊人臣服于匈奴人并追随匈奴人西征，但也有一部人向南逃入高加索山中。另有一部分则向西冲破了东哥特人的边防线，进入了东哥特国境。年老的东哥特国王赫曼立克（Hermanrik）无力抵御入侵的匈奴人，当他的军队打了第一个败仗之后，他便自杀了。继位的维席密尔（Vithimir）虽力图支撑危局，与匈奴人苦战了数月之久，但结果仍不免兵败被杀。赫曼立克之子呼纳蒙特率领他的部众投降了匈奴人。其余的东哥特人，由阿拉修斯和萨弗来克斯二人率领，向西进入西哥特人领地（德聂斯德河以西）。西哥特人鉴于东哥特人的被击败及其余众入境，已预感到匈奴人入侵的威胁，便在河上布防，企图阻止匈奴人渡德聂斯德河。然而匈奴人并不在那里渡河，却在远离西哥特人设营布阵的德聂斯德河上游偷渡，大败西哥特人。失败的西哥特人在得到罗马皇帝允许后，进入了罗马帝国。由于罗马帝国地方官的残酷压迫，哥特人发动了叛乱。罗马帝国为了镇压哥特人的骚动，由皇帝法伦斯亲自率领，于公元 378 年与哥特人作战，结果罗马军队大败，法伦斯本人也战死。匈奴人入侵欧洲的第二阶段是匈奴人在巴诺尼亚（今匈牙利河西一带）建立统治权。关于匈奴人的第二期西进，W. M. 麦高文有如下一段扼要的叙述："匈奴人入侵欧洲的第二期始于公元 400 年左右，终于公元 415 年左右，以后欧洲的历史遂大受改造。我们还记得匈奴人第一期西侵的结果是将许多日耳曼族人民逐出俄罗斯南部并使之成群地入居巴尔干。这对于东罗马帝国是一大致命的打击，但西罗马帝国则所受影响较少。现在又来了第二期的匈奴西侵，驱使许多蛮人冲进西罗马帝国，结果意大利连遭西哥特人蹂躏达四年之久，而非洲、西班牙和高卢也被其他蛮族所占。这些蛮族冲入罗马帝国既然完全或大部分由于匈奴人在后面加以压力所致，我们对于匈奴人本身和罗马人之间所发生的直接接触，倒毋宁感觉其稀少了。我们颇可相信，匈奴人在此时期中，第一次获得了对于巴诺尼亚省的直接控制权。但巴诺尼亚之地本来已被大批的蛮族移民（如在阿拉修斯和萨弗来克斯二人统率下的东哥特人等）所占，所以匈奴人征服该省，不过是使已居于其地的蛮族，将他们的主人翁由罗马人换作匈奴人而已。匈奴人入侵欧洲的第三阶段是阿提拉"匈奴王国"的建立与覆亡。随着历史的发展，西迁的匈奴人最终融于匈牙利人中。（以上详见林幹著《匈奴通史》第 253—265 页。）

各地匈奴墓葬的出土文物中，也有不少铜器，包括兵器、工具、马具和服饰等①。铁器的使用，使匈奴社会的生产力进入到一个新的阶段，不仅畜牧业大为繁盛，而且推动了农业和手工业的发展。匈奴人的经济以畜牧业为主，畜群以马牛羊为最多。他们的饮食、衣着及其他许多日用品也多依赖于牲畜。除了放牧之外，狩猎原来也占有重要地位。但到了西汉时期，即公元前3世纪末以后，由于畜牧业的发达，狩猎物在匈奴人的经济生活中已经不再是主要的生活资料了。在农业方面，考古资料证明匈奴人很早就开始进行农业生产。在文献资料中也有不少关于匈奴人的农业的记载。公元前2世纪前后，匈奴人学会了筑城和农耕。但从镰、铧（汉人惯用的农具）的出土和建楼存谷时使用汉人来看，匈奴人的农业受到汉族很大的影响。农业技术就是从汉人那里传入的，而从事农业生产的劳动者，也大多是汉人。文献资料表明，匈奴人从公元前3世纪兴起，至公元1世纪衰落，一直过着游牧生活，并没有定居，间有农作，也是在游牧过程中进行的。匈奴人的手工业中最重要的是冶铁业。从出土的匈奴文物来看，匈奴人制造和使用铁器是从公元前3世纪前后开始的，铁器在生产、生活、军事等各个领域广泛使用。从铁器能自行冶炼及出产铁器的种类和数量来推断，当时匈奴人的冶铁业可能已成为一个独立的手工业部门。再从许多刀剑的形式酷似汉式的情形来看，匈奴人的铁器文化受到汉族文化的影响很大，很有可能当时的铁匠大多数是来自中原地区的汉族匠人。铸铜业也是一个独立的手工业部门，匈奴人曾生产了大量的铜镞，日用器具、饰具几乎都是铜制的。冶铁业出现后，主要的兵器和重要的工具、用具逐渐被铁器代替，铸铜业转向主要制造日常生活用具和饰具。从出土金银的数量和种类来看，匈奴人的金银铸造业已经形成一个独立的手工业部门。但出土的金银几乎都是饰物和玩物，并非普通牧民而大多是贵族享用之物。另外，匈奴人的陶器制造业可能在公元前3世纪以后开始成为一个独立的手工业部门。木器制造业也是一个独立的手工业部门，其中主要是制造弓矢。同时，匈奴人制造穹庐、车辆、木楯、棺椁等，也都需要木材。西汉时期，今内蒙古大青山和甘肃河西走廊一带，都是匈奴人的木器制造业的重要基地。车辆制造、穹庐的木架制造也是木器业的一个部分②。

---

① 林幹著《匈奴通史》，人民出版社1986年版。

② 林幹著《匈奴通史》，人民出版社1986年版。

由经济生活所决定，匈奴的饮食、衣服都与游牧有关。《史记·匈奴列传》记载他们“自君王以下，咸食畜肉，衣其皮革，被旃裘”[①]。另外，匈奴人还吃牲畜乳制的乳浆和干酪。综合文献记载和考古材料来看，匈奴人应该是披发。这与北方民族是相同的。匈奴人居住的是穹庐。《史记·匈奴列传》记载“匈奴父子乃同穹庐而卧”[②]。“穹庐”在当时或称为“穹闾”“毡帐”“旃帐”，是蒙古包的滥觞形态。早在战国时期，中国北部的游牧民族“狄”或“北夷”已普遍住于蒙古包式的“穹庐”中。1972 年甘肃省的文物考古工作者，在嘉峪关汉魏遗址中发现有军屯画像砖，上面画有帐篷，其形状很像后世的蒙古包[③]。

对于匈奴的族属问题，目前仍存在争议，但越来越多的学者赞同匈奴属突厥族群系统中的一支，一般认为其语言也属于阿尔泰语系，但存在属于蒙古语族还是突厥语族之争，不过认为属于突厥语族的居多[④]。匈奴没有自己的文字，但民歌优美动人。从后人的诗歌中，可以反映出匈奴人还有自己的音乐，最广泛流行的乐器是胡笳和鞞鼓。胡笳传入中原地区后，为汉人所喜爱[⑤]。

根据史书记载来看，直到秦汉时期，匈奴人还处于原始宗教信仰阶段，多自然崇拜和祖先崇拜。匈奴人在每年的正月、五月和九月都举行集会，每次集会都要举行祭祀，祭祀的对象是祖先、天地和鬼神。匈奴人有祖先观念，所以要祭祖，并有祖先崇拜。同时，由于生产力低下，匈奴人对自然界不能科学理解，因此产生了祭天地、求助鬼神。天地、鬼神的观念对匈奴人的日常生活及军事、政治生活都产生了较大的影响。为了沟通天人之间的联系，在匈奴中也产生了“巫”，即胡巫。胡巫对匈奴的军事、政治影响很大。胡巫所用的法术通常是咒语。后来，由于匈奴人附汉，胡巫也流入中原地区。汉朝宫廷中就有不少胡巫。胡巫除了弄神作怪外，也能治病救人。《汉书·苏武传》中就记载苏武在匈奴引刀自尽后，就得到了胡巫的救治。所以巫医就是

---

① 《史记·匈奴列传》，中华书局标点本 1962 年版。

② 《史记·匈奴列传》，中华书局标点本 1962 年版。

③ 盖山林、盖志浩著《远去的匈奴》，内蒙古人民出版社 2008 年版。

④ 林幹著《匈奴通史》，人民出版社 1986 年版。

⑤ 林幹著《匈奴通史》，人民出版社 1986 年版。

匈奴人的医学文化的代表[1]。

在婚姻方面，匈奴人实行氏族外婚制，规定同一氏族的男女不能通婚，只有在本氏族之外才能婚配。但对偶婚时期所实行的氏族外婚制的习俗和观念仍对匈奴人有影响。在匈奴人的观念中，嫁入本氏族的女子，仍是氏族对氏族，而不是以个人对个人；女子嫁到夫家，她不仅属于夫家，成为夫家中的一员，同时也属于夫家的氏族，成为夫家氏族中的一个氏族成员。如果夫死之后，妻若改嫁，就会脱离夫家，脱离夫家氏族。为了把这些丧夫的女子约束在本氏族之中，除生母外，都由儿子或兄弟继承她们的婚姻关系，使她们不能脱离夫家的氏族共同体而单独采取个人行动[2]。这就是“蒸报婚”的习俗，即“蒸母”（非生母）、“报嫂”，学术上一般称之为“收继婚”。《史记·匈奴列传》载：“父死，妻其后母；兄弟死，皆取其妻妻之。”[3] 最典型的例子就是呼韩邪单于死后，其子雕陶莫皋继位为复株累单于，其妻王昭君被复株累单于收继为妻。由于“蒸报婚”的存在，匈奴一夫多妻现象较为普遍。

在丧葬方面，还残留着人殉的野蛮习俗，《史记·匈奴列传》载：“其送死，有棺椁金银衣裘，而无封树丧服；近幸臣妾从死者，多至数千百人。”[4]

据《史记·匈奴列传》载，匈奴人还有“壮者食肥美，老者食其余。贵壮健，贱老弱”[5] 的习俗。

（二）丁零及其文化

从族源上看，丁零与匈奴同为一个近亲民族群体，都属北狄系统的民族。在前面提到，商周时期对北狄大规模的征讨导致了北狄的迁徙，而丁零就是由迁入漠北大草原和南西伯利亚原始森林的这一支北狄发展演变而来的。这支北迁的狄人主要分布于贝加尔湖至鄂毕河之间（以后又向西发展）。由于他们在数量上多于原住民，在文化和社会发展阶段上比原住民发达，而且由于他们是一个具有相同语言、文化的族体，因此在他们迁入后，很快就改变了当地族群原来各不相同的经济和文化面貌，使整个南西伯利

① 林幹著《匈奴通史》，人民出版社 1986 年版。
② 林幹著《匈奴通史》，人民出版社 1986 年版。
③ 《史记·匈奴列传》，中华书局标点本 1962 年版。
④ 《史记·匈奴列传》，中华书局标点本 1962 年版。
⑤ 《史记·匈奴列传》，中华书局标点本 1962 年版。

亚地区的文化出现了罕见的一致性。在南西伯利亚山地以北的原始森林和冻原地带，气候十分寒冷，在古代极少有人类居住。丁零和其他原始部落的人群都生活在南西伯利亚山地和蒙古草原的北部边缘。辽阔的南西伯利亚地区适宜人类生存的环境其实是很有限的。丁零诸部基本上都活动于像小岛般零散地分布于这片山地中的大大小小的盆地和河谷、湖畔以及森林边缘的山麓上，只有个别部落生存在原始森林中。南西伯利亚地区东西部的气候差异很大，越往东气候越寒冷、干燥。西部的丁零主要集中于鄂毕河上游的库兹涅茨盆地、叶尼塞河上游的米努辛斯克盆地和阿尔泰地区，很多部落都兼营农耕或以农耕为主。而东部的丁零部落主要活动于贝加尔湖周围及贝加尔湖以南的大河流域，基本上以狩猎、采集和游牧为主。这种差异也导致了东西部丁零后来发展成相对独立的两个民族集团。南西伯利亚山地的自然地理环境，使得生活于当地的丁零诸部在很长时间处于发展停滞的状态。为了求得发展，特别是为了发展畜牧业，他们必须南下到比较温暖而又平坦开阔的蒙古草原。于是西部丁零沿着叶尼塞河和鄂毕河的河谷南下，越过阿尔泰山和唐努山进入准噶尔盆地和蒙古草原西部。而东部丁零则沿着色楞格河河谷南下，进入鄂尔浑和土拉河流域的蒙古草原腹地。尽管丁零的南下与原游牧于草原上的部落发生冲突，但他们南下的势头从未停止。直到公元前 4 世纪，匈奴在大漠南北草原上崛起，丁零南下的势头才被阻止住①。因此，从区位上来讲，丁零是中国古代最北的一个游牧民族群体。春秋、战国时期，丁零活动在匈奴的北部，分布在东起贝加尔湖，西到阿尔泰山北部的今蒙古人民共和国境内。

《魏书·高车传》载："高车，盖古赤狄之余种也。初号为狄历，北方以为敕勒，诸夏以为高车、丁零。其语略与匈奴同，而时有小异，或云其先匈奴之甥也。其种有狄氏、袁纥氏、斛律氏、解批氏、护骨氏、异奇斤氏。俗云匈奴单于生二女，姿容甚美，国人皆以为神。单于曰：'吾有此女，安可配人，将以与天。'乃于国北无人之地，筑高台，置二女其上，曰：'请天自迎之。'经三年，其母欲迎之，单于曰：'不可，未彻之间耳。'复一年，乃有一老狼昼夜守台嗥呼，因穿台下为空穴，经时不去。其小女曰：'吾父处我于此，欲以与天。而今狼来，或是神物，天使之然。'将下就之。其姊大惊曰：

---

① 杨圣敏著《回纥史》，广西师范大学出版社 2008 年版。

‘此是畜生，无乃辱父母也！’妹不从，下为狼妻而产子，后遂滋繁成国，故其人好引声长歌，又似狼嗥。”①

由于丁零长期处于比较落后的状态，之后又不断迁徙，所以不可能联合成一个统一的民族或政权，也难以抵挡强大的匈奴的征讨。匈奴冒顿单于即位后，就向北征服了丁零。《史记·匈奴列传》载：“后北服浑庾、屈射、丁零、鬲昆、薪犁之国。”②《史记正义》注曰：“已上五国在匈奴北。”匈奴在丁零地区设官统治，一部分丁零成为匈奴贵族的属民和奴仆。

被匈奴征服的丁零，因不堪忍受匈奴的压迫，不断进行反抗。汉宣帝本始二年（公元前72年），与汉朝结盟的乌孙在汉朝军队的配合下，派遣大军攻入匈奴右地，捣破右谷蠡王庭，俘获人口四万余众，马牛羊七十余万头。接着匈奴又遭大雪袭击，人畜多冻死，元气大伤。因此，丁零乘机击之。《汉书·匈奴传》把丁零记为“丁令”。“丁令乘弱攻其北，乌桓入其东，乌孙击其西。凡三国所杀数万级，马数万匹，牛羊甚众。又重以饿死，人民死者什三，畜产什五，匈奴大虚弱，诸国羁属者皆瓦解，攻盗不能理”③。到了汉宣帝神爵二年（公元前60年），匈奴内部贵族纷争，互相残杀，丁零又乘机攻之。《汉书·匈奴传》载：“丁令比三岁入盗匈奴，杀略人民数千，驱马畜去。匈奴遣万余骑往击之，无所得。”④

在对匈奴的长期斗争中，丁零人作为一个共同体的意识逐渐加强。原来分散于南西伯利亚山地各处和漠北草原上的丁零部落逐渐团结起来，形成了一些较大的区域性集团。东部丁零的中心逐渐转移到贝加尔湖以南的色楞格、鄂尔浑和土拉河流域，在西汉时期被称为“北丁零”。西部丁零人主要集中在叶尼塞河上游地区，并有一部分进入了阿尔泰山之南的准噶尔盆地。到公元3世纪，丁零各部虽未形成统一的中心，但有着共同的群体意识，以“勇健敢战”著称，并成为“胜兵六万人”的有一定实力的游牧部族⑤。

丁零人为游牧部落，主要从事游牧畜牧业。丁零人原处于青铜器时代，在南西伯利亚地区出土了大量精美的青铜器和陶器，如青铜刀、戈、战斧、

① 《魏书·高车传》，中华书局标点本1974年版。

② 《史记·匈奴列传》，中华书局标点本1962年版。

③ 《汉书·匈奴传》，中华书局标点本1962年版。

④ 《汉书·匈奴传》，中华书局标点本1962年版。

⑤ 杨圣敏著《回纥史》，广西师范大学出版社2008年版。

矛和镞、陶鼎、陶鬲等。这些器物的造型、纹饰与我国中原地区出土的商代青铜器相似甚至完全相同，特别是与鄂尔多斯地区出土的狄人的青铜器相同①。丁零南下以后，与匈奴杂居相处并长期受匈奴的统治，于是丁零人从匈奴输入并学会了采矿冶铁技术。到了公元3世纪时，丁零人已广泛使用铁器。特别是居于叶尼塞河流域的一些部落，利用当地丰富的铁矿发展冶铁业并迅速强大起来②。由于受到匈奴的影响，丁零的文化在许多方面与匈奴基本相同。

在族属上，越来越多的学者认为，丁零和匈奴一样属于突厥族系。在丧葬方面，从考古材料上看，丁零有戴面具而葬的习俗③。

（三）大、小月氏及其文化

1. 大月氏

大月氏原来是游牧在西北的一个民族。《史记·大宛列传》载："始月氏居敦煌、祁连间，及为匈奴所败，乃远去，过宛，西击大夏而臣之，遂都妫水北，为王庭。"《史记正义》载："初，月氏居敦煌以东，祁连山以西。敦煌今沙洲，祁连山在甘州西南。"④ 敦煌郡在今甘肃敦煌市西，甘州为今甘肃张掖县西北，则月氏最初的分布地以今甘肃为中心。故《史记正义》又载："凉、甘、肃、瓜、沙等州，本月氏国之地。"⑤ 以上所载为秦末汉初之事，西汉文帝时，西迁到塞种即斯基泰人分布的伊犁河流域及其以西一带。

匈奴老上单于在位时，月氏受到匈奴与乌孙的联合进攻，又被迫离开了伊犁河流域再次西迁，经大宛，进入今阿富汗境内。《汉书·西域传》载："大月氏本行国也，随畜移徙，与匈奴同俗。控弦十余万，故强轻匈奴。本居敦煌、祁连间，至冒顿单于攻破月氏，而老上单于杀月氏，以其头为饮器，月氏乃远去，过大宛，西击大夏（今阿富汗）而臣之，都妫水（今阿姆河）北为王庭。其余小众不能去者，保南山羌，号小月氏。"⑥ 则大月氏的王庭当建在今乌兹别克斯坦国境内。

---

① 杨圣敏著《回纥史》，广西师范大学出版社2008年版。

② 杨圣敏著《回纥史》，广西师范大学出版社2008年版。

③ 林幹编《突厥与回纥历史论文选集》（上册），中华书局1987年版。

④ 转引自《史记·大宛列传》，中华书局标点本1962年版。

⑤ 转引自《史记·大宛列传》，中华书局标点本1962年版。

⑥《汉书·西域传》，中华书局标点本1962年版。

进入大夏后，大夏的希腊统治者南逃，大月氏在大夏建立了自己的政权。当时的大月氏为了能统治当时已有高度文明的大夏，便接受大夏文化，建立了许多封国，封国首领称为翕侯。《汉书·西域传》载：“大夏本无大君长，城邑往往置小长，民弱畏战，故月氏徙来，皆臣畜之，共禀汉使者。有五翕侯：一曰休密翕侯，治和墨城，去都护二千八百四十一里，去阳关七千八百二里；二曰双靡翕侯，治双靡城，去都护三千七百四十一里，去阳关七千七百八十二里；三曰贵霜翕侯，治护澡城，去都护五千九百四十里，去阳关七千九百八十二里；四曰肸顿翕侯，治薄茅城，去都护五千九百六十二里，去阳关八千二百二里；五曰高附翕侯，治高附城，去都护六千四十一里，去阳关九千二百八十三里。凡五翕侯，皆属大月氏。”① 后来，五翕侯之间发生了兼并战争，最后贵霜翕侯统一了其他四部，建立了历史上有名的贵霜王朝，始建者名丘就却。《后汉书·西域传》载：“大月氏国，居蓝氏城，西接安息，四十九日行，东去长史所居六千五百三十七里，去洛阳万六千三百七十里。户十万，口四十万，胜兵十余万人。”② 如此看来，作为统治民族的月氏人数是少的，而其建立了强大的贵霜王朝后，肯定渐渐融入当地民族，即成了印欧语系伊朗语族的民族。

关于贵霜王朝，《后汉书·西域传》载：“初，月氏为匈奴所灭，遂迁于大夏，分其国为休密、双靡、贵霜、肸顿、都密，凡五部翕侯。后百余岁，贵霜翕侯丘就却攻灭四翕侯，自立为王，国号贵霜。侵安息，取高附地。又灭濮达、罽宾，悉有其国。丘就却年八十余死。……复灭天竺，置将一人监领之。月氏自此之后，最为富盛，诸国称之，皆曰贵霜王。汉本其故号，言大月氏云。”③ 到了公元5世纪，在嚈哒人的打击下，大月氏贵霜王朝灭亡了，大月氏也在历史的发展中融合到印欧语系伊朗语族的民族群体中去了。

大月氏人和匈奴人的西迁对促进丝绸之路上的中外文化交流起了十分重要的作用。

2. 小月氏

在月氏西迁后，仍有一部分月氏留在原地，后来这部分月氏南迁到了祁连山南，被称为“湟中月氏胡”。《通典·边防五》载：“湟中月氏胡，其先

① 《汉书·西域传》，中华书局标点本1962年版。

② 《后汉书·西域传》，中华书局标点本1965年版。

③ 《后汉书·西域传》，中华书局标点本1965年版。

大月氏之别也，旧在张掖、酒泉地。月氏王为匈奴冒顿所杀，余种分散，西逾葱岭。其羸弱者南入山阻，依诸羌居止……汉将霍去病破匈奴，取西河地，开湟中，今西平郡地。于是月氏来降，与汉人错居。虽依附县官，而首施两端。其从汉兵战斗，随势强弱。被服、饮食、言语略与羌同，亦以父名母姓为种。其大种有七，胜兵合九千余人，分在湟中及令居。又数百户在张掖，号曰义从胡。"① 由此看来，小月氏在历史的发展中除少量与汉人杂居者融入汉族外，绝大部分通过婚姻关系渐次融于羌人，所以才会"被服、饮食、言语略与羌同"。其中的一部分又发展成为今天彝族中的某些分支。如川西北的一些彝族在体质上具有高鼻深目的特征，而这种特征是绝大部分彝族所没有的。

（四）乌孙及其文化

从族属关系上看，乌孙与匈奴、丁零、月氏都有近亲关系，都属北狄系统的民族。乌孙长期游牧在今甘肃河西走廊。起初势力较小，常遭相邻的月氏攻击。《汉书·张骞传》载："闻乌孙王号昆莫。昆莫父难兜靡本与大月氏俱在祁连、敦煌间，小国也。大月氏攻杀难兜靡，夺其地，人民亡走匈奴。……时，月氏已为匈奴所破，西击塞王。塞王南走远徙，月氏居其地。昆莫既健，自请单于报父怨，遂西攻破大月氏。大月氏复西走，徙大夏地。昆莫略其众，因留居，兵稍强，会单于死，不肯复朝事匈奴。"② 可见乌孙得到匈奴的支持，击败大月氏，占有了伊犁河流域，自立为国，力图摆脱匈奴的控制，故又西向迁到今吉尔吉斯斯坦国境内的伊塞克湖。《汉书·西域传》载："乌孙国，大昆弥治赤谷城，去长安八千九百里。户十二万，口六十三万，胜兵十八万八千八百人。相，大禄，左右大将二人，侯三人，大将、都尉各一人，大监二人，大吏一人，舍中大吏二人，骑君一人。"③ 乌孙王所驻之赤谷城在今吉尔吉斯斯坦伊塞克湖的东南别代勒山隘西北依什提克。《汉书·西域传》载："东至都护治所千七百二十一里，西至康居蕃内地五千里。地莽平，多雨，寒。……东与匈奴、西北与康居、西与大宛、南与城郭诸国相接。"④ 可见乌孙在城郭诸国的北边，其从事游

① 《通典·边防五》，中华书局标点本1988年版。

② 《汉书·张骞传》，中华书局标点本1962年版。

③ 《汉书·西域传》，中华书局标点本1962年版。

④ 《汉书·西域传》，中华书局标点本1962年版。

牧，与定居从事农业生产为主的城郭诸国有别。但它也和城郭诸国一样受两汉时期的西域都护府管辖，仍然属羁縻。《汉书·西域传》载：“匈奴闻其与汉通，怒，欲击之。又汉使乌孙，乃出其南，抵大宛、月氏，相属不绝。乌孙于是恐，使使献马，愿得尚汉公主，为昆弟。天子（按：汉武帝）问群臣，议许，曰：‘先必内聘，然后遣女。’乌孙以马千匹聘。汉元封（公元前110年至前105年）中，遣江都王建女细君为公主，以妻焉。”① 汉朝与乌孙建立了这种关系后，汉宣帝本始二年至三年（公元前72年至前71年），双方共同出兵二十万，大破匈奴。汉宣帝立其外甥元贵靡（按：解忧公主之子）为大昆莫，遣长罗侯常惠将三校屯赤谷，属西域都护。东汉继续设西域都护府，乌孙仍由西域都护府领属。后来由于东汉势力衰退，加之乌孙地处西境，渐渐关系疏远。南北朝时，因受东部柔然的进攻，乌孙的一部分被迫再西迁葱岭山中，不久被柔然所灭。但仍有一部分乌孙留居原地。北魏太延三年（公元437年），太武帝拓跋焘曾派董琬出使乌孙。到辽代，辽太宗会同元年（公元938年）乌孙亦遣使入贡。以后乌孙渐次与邻族融合，今哈萨克族中尚有名为“乌孙”的部落②。

《汉书·张骞传》载：“大月氏攻杀难兜靡，夺其地，人民亡走匈奴。子昆莫新生，傅父布就翕侯抱亡置草中，为求食，还，见狼乳之，又乌衔肉翔其旁，以为神，遂持归匈奴，单于爱养之。”③ 可见乌孙与匈奴同为以狼作图腾的近亲民族群体。正因为如此，其习俗才相同，有难之时才会投奔匈奴。《汉书·西域传》载：“（乌孙）不田作树种，随畜逐水草，与匈奴同俗。”④

乌孙还吸收了一部分大月氏人和塞种人。《汉书·西域传》载：“（乌孙所居之地）本塞［种］地也，大月氏西破走塞王，塞王南越县度，大月氏居其地。后乌孙昆莫击破大月氏，大月氏徙西臣大夏，而乌孙昆莫居之。故乌孙民有塞种、大月氏种云。”⑤ 则在乌孙、大月氏与塞种的斗争中，肯定有部分塞人（按：斯基泰人）、大月氏人没有迁走，最后融于乌孙之中。由此也可看出，今天中亚各国的民族也是在分化、融合与重新组合中逐步形成的，其

① 《汉书·西域传》，中华书局标点本1962年版。
② 徐杰舜编著《中国民族史新编》，广西教育出版社1989年版。
③ 《汉书·张骞传》，中华书局标点本1962年版。
④ 《汉书·西域传》，中华书局标点本1962年版。
⑤ 《汉书·西域传》，中华书局标点本1962年版。

中有很多中国古代民族的成分。

二、西域城郭诸国及其文化

如前所述，西域有广义和狭义之分。从《汉书·西域传》的记载来看，西域指狭义的“西域”。《汉书·西域传》载：“西域以孝武时始通，本三十六国，其后稍分至五十余，皆在匈奴之西，乌孙之南。南北有大山，中央有河，东西六千余里，南北千余里。东则接汉，厄以玉门、阳关，西则限以葱岭。”① 西汉时期，西域东北与匈奴相接，西北与乌孙相连；东汉时稍有变化，东北与匈奴、鲜卑接，西北与匈奴、乌孙通。所谓“南北有大山”，当指天山和昆仑山，“中央有河”指的是塔里木河。所谓的城郭诸国实际上是指地域大小不等、人数多少不一的一些民族群体及其活动空间，并非现代政治意义上的国家，但在史书中则常以“国”谓之。其中的月氏、乌孙在前面已经有专门的论述，故本处只讨论除月氏、乌孙以外的其他民族群体。

两汉时期的城郭诸国，先有三十六，后又分为五十余。《汉书·匈奴传》载：“且往者图西域，制车师，置城郭都护三十六国。”② 在《后汉书·西域传》中也有相同的记载：“武帝时，西域内属，有三十六国。汉为置使者、校尉领护之。宣帝改曰都护。元帝又置戊己二校尉，屯田于车师前王庭。哀、平间（公元前6年至公元5年），自相分割为五十五国。”③ 所以，西域城郭诸国到西汉晚期在数量上增加到了五十五国，而且还不包括康居、大月氏、罽宾、乌弋等国。故《汉书·西域传》载：“最凡国五十。……而康居、大月氏、安息、罽宾、乌弋之属，皆以绝远不在数中。”④

现据《汉书·西域传》所载，列西域五十国如下。

西域南道十国：婼羌国、鄯善国、且末国、小宛国、精绝国、戎卢国、扜弥国、渠勒国、于阗国、莎车国。

西域北道十二国：狐胡国、山国、危须国、焉耆国、尉犁国、渠犁国、乌垒国、龟兹国、姑墨国、温宿国、尉头国、疏勒国。

西域天山以北十六国：蒲类国、蒲类后国、车师前国、车师后国、车师都尉国、车师后城长国、郁立师国、卑陆国、卑陆后国、劫国、单桓国、东

① 《汉书·西域传》，中华书局标点本1962年版。

② 《汉书·匈奴传》，中华书局标点本1962年版。

③ 《后汉书·西域传》，中华书局标点本1965年版。

④ 《汉书·西域传》，中华书局标点本1962年版。

且弥国、西且弥国、乌贪訾离国、乌孙国（分为大昆弥、小昆弥）。

西域葱岭诸国：皮山国、西夜国、子合国、蒲犁国、依耐国、无雷国、难兜国、乌秅国。

西域葱岭西四国：大宛国、桃槐国、休循国、捐毒国[①]。

《汉书·西域传》《后汉书·西域传》中对以上诸国的山川、王侯、户口、道里远近有明确记载，现分述于下。

（一）西域南道十国

婼羌国。婼羌是一个游牧民族，在西域南道十国中，是离汉族最近的。《汉书·西域传》载："出阳关（今甘肃敦煌市西南湖镇破城子），自近者始，曰婼羌。婼羌国王号去胡来王。去阳关千八百里，去长安六千三百里，辟在西南，不当孔道。户四百五十，口千七百五十，胜兵者五百人。西与且末接。随畜逐水草，不田作，仰鄯善、且末谷。山有铁，自作兵，兵有弓、矛、服刀、剑、甲。西北至鄯善，乃当道云。"[②] 从有关鄯善的记载来看，鄯善少田且寄田旁国，因此婼羌不可能"仰鄯善谷"。从族属来看，婼羌当为羌中的一部分，在地理上与青海境内的羌是连成一片的。分布区为今可可西里山以北和阿尔金山以南的阿其克勒和阿雅格库木库勒地区。这一地区有两个大湖和众多河流，便于游牧。

婼羌是一个逐水草而居的游牧民族，不从事农业生产，食物主要仰仗于鄯善、且末，手工业较为发达。从"山有铁，自作兵，兵有弓、矛、服刀、剑、甲"来看，婼羌应该能自己冶铁，生产的兵器主要有弓箭、矛、刀、剑、甲等。

鄯善国。《汉书·西域传》载："鄯善国，本名楼兰，王治扜泥城（今新疆罗布泊西若羌县），去阳关千六百里，去长安六千一百里。户千五百七十，口万四千一百，胜兵二千九百十二人。辅国侯、却胡侯、鄯善都尉、击车师都尉、左右且渠、击车师君各一人，译长二人。西北去都护治所千七百八十五里，至山国千三百六十五里，西北至车师千八百九十里。地沙卤，少田，寄田仰谷旁国。国出玉，多葭苇、柽柳、胡桐、白草。民随畜牧逐水草，有驴马，多橐它。能作兵，与婼羌同。"[③] 可见鄯善即楼兰。楼兰的历史，最早

① 王文光著《中国民族发展史》（上册），民族出版社2005年版。

② 《汉书·西域传》，中华书局标点本1962年版。

③ 《汉书·西域传》，中华书局标点本1962年版。

见于冒顿单于遗汉朝书。《史记·大宛列传》中有楼兰，而《汉书·西域传》有鄯善传而无楼兰传，则鄯善早期是称楼兰的。

由于鄯善地处交通要道，受汉文化影响较深，已有相当规模的军队和行政系统。鄯善田少，不适于耕种，只能以游牧为主，寄田仰谷旁国。在族属方面，鄯善与婼羌不同，属印欧语系伊朗语族的民族。1979 年在楼兰古遗址发现了一具女尸，距今 3800 多年，被称为“楼兰美女”，眼大窝深，鼻梁高而窄，下巴尖翘，具有鲜明的欧罗巴人种特征①。显然，鄯善人或楼兰国人是印欧语系伊朗语族的先民。此外，早年也曾在罗布泊（按：即古楼兰境内的蒲昌海）北岸一些沼泽地带间的土丘上发现游牧民族的墓葬。这些土丘上为黄土，下为沙层，墓葬大多埋在沙层中，为竖穴式，墓口常盖枯胡桐树枝。木棺如船，棺后树一木桩，棺上盖牛皮，棺内用毡毯裹尸，所裹之尸为木乃伊，皮肤绛色，头戴毡帽，足下是皮靴②。这些至少说明了两点：一是墓主人非蒙古利亚人种（其肤绛色）；二是墓主人以游牧生活为主。

且末国。《汉书·西域传》载：“且末国，王治且末城，去长安六千八百二十里。户二百三十，口千六百一十，胜兵三百二十人。辅国侯、左右将、译长各一人。西北至都护治所二千二百五十八里，北接尉犁（今博斯腾湖西岸），南至小宛（今喀拉米兰河东北部地区）可三日行。有蒲陶诸果。西通精绝二千里。”③ 且末国即今若羌县西南部的且末县，且末城在今且末县城西南。从中还反映出且末以农业生产为主，盛产水果。

在西域南道十国中，从且末国开始便是定居，以农业生产为主。故《汉书·西域传》载：“鄯善当汉道冲，西通且末七百二十里。自且末以往皆种五谷，土地草木，畜产作兵，略与汉同。”④ 还可见其受汉文化影响很大，因此在西域城郭诸国中才有译长一职。像龟兹那样处在交通要道之国，竟设有译长四人。

小宛国。《汉书·西域传》载：“王治扜零城，去长安七千二百一十里。户百五十，口千五十，胜兵二百人。辅国侯、左右都尉各一人。西北至都护

---

① 《楼兰美女》，《中国民族》2011 年 Z1 期。

② 佟柱臣著《中国边疆民族物质文化史》，巴蜀书社 1991 年版。

③ 《汉书·西域传》，中华书局标点本 1962 年版。

④ 《汉书·西域传》，中华书局标点本 1962 年版。

治所二千五百五十八里，东与婼羌接，辟南不当道。”[①] 小宛国在今且末正南方向，喀拉米兰河东北岸一带，由于其南为可可西里山，所以较为偏僻，不处在交通要道上。从事定居的农业生产，为古塞种人，即印欧语系伊朗语族民族。

精绝国。《汉书·西域传》载：“精绝国，王治精绝城，去长安八千八百二十里。户四百八十，口三千三百六十，胜兵五百人。精绝都尉、左右将、译长各一人。”[②] 精绝也是以定居、农耕为本的民族，同为塞人。位于龟兹、渠犁的南边，东接且末，西界扜弥。东汉明帝（公元 58—75 年）间为鄯善所并。虽然文献中对绝精文化记载很少，但考古材料却不少。代表精绝国物质文化面貌的是民丰县尼雅遗址。这个遗址在距新疆民丰县北三百里的塔克拉玛干大沙漠中，即沿尼雅河北至伊玛目扎法沙狄克村，从这个村再步行一日，即达尼雅遗址的南端。因遗址位于干涸的尼雅河岸上，故称尼雅遗址。尼雅，在维吾尔语中是遥远的意思。尼雅遗址分南北两部分，南部仅露出十几间房址。北部距离南部十余里。东西长约二十里，南北宽约八九里，其间有数百间房址，三五成群地分布着。遗址上的房址，原建筑在黄土层上，以麦草、羊粪合泥圬墁，厚约三十厘米，起了固沙作用，所以当房址周围形成风成洼地以后，房址所在地就成了一个高台。一般房址多以木骨组成墙壁的间架，远远望去，到处木柱林立。墙内以红柳枝编成，再圬泥土，墙内壁编以苇草[③]。

1901 年，斯坦因对遗址进行盗掘，在一个推断为衙署的遗址中，发现了不少木牍。在一座院落遗址中，还发现了牛栏和冰窖，窖上还盖有白杨树叶。又在一座房址的白墙上，发现了绘有卷花图案的壁画，附近更出土了几何纹毛毡残片和希腊风格的雕花木椅。在一座大室和甬道上，发现了红柳木、六弦琴和狮形椅腿的靠背椅。同时也发现了以白杨围成的果园，其中曾种植白杨、桃、苹果、葡萄、梅、杏、桑等多种果木[④]。这说明了精绝人为定居的农业民族。古希腊风格木椅的发现，对研究其族属也可作为一个佐证。

---

① 《汉书·西域传》，中华书局标点本 1962 年版。

② 《汉书·西域传》，中华书局标点本 1962 年版。

③ 佟柱臣著《中国边疆民族物质文化史》，巴蜀书社 1991 年版。

④ 佟柱臣著《中国边疆民族物质文化史》，巴蜀书社 1991 年版。

1959年，新疆博物馆考古队在北部遗址上清理了一座长9.75米、宽5.5米的房址，出土了十三枚佉卢文木牍①。一座房址可能是仓库，有一层粟米，已成硬块。这次清理和采集的器物较多，有红陶缸、搅拌杆、牛羊颈栓、纺织、木櫂头、木桶、木瓢、木勺、捕鼠夹、铜勺、长宜子孙铜镜、铁镰刀、小铁刀、东汉五铢钱、剪边铜线和牛、羊、马、鸡的骨头及鹿角，室内木柱础南更出土了全羊骨架。还有麦、粟和完整的麦穗、干萝卜、盐块。精绝人已经能冶铁，遗迹中发现一处炼铁炉址，附近有坩埚片、烧结铁和矿石，以及铁斧、铁铲等②。

所以，精绝是一个以农业为主、定居的民族，并且手工业较为发达，手工业产品较为丰富，有铁器、铜器、木器等。

戎卢国。《汉书·西域传》载："戎卢国，王治卑品城，去长安八千三百里。户二百四十，口千六百一十，胜兵三百人。东北至都护治所二千八百五十八里。东与小宛、南与婼羌（按：此处记载有误。从《汉书》的记载来看，婼羌在小宛东，故应为再东与婼羌接）、西与渠勒接，辟南不当道。"③ 戎卢的分布地在今新疆民丰县正南，尼亚河上游地区。亦为定居农业民族，其族属为塞种。

扜弥国。《汉书·西域传》载："扜弥国，王治扜弥城，去长安九千二百八十里。户三千三百四十，口二万四十，胜兵三千五百四十人。辅国侯、左右将、左右都尉、左右骑君各一人，译长二人。东北至都护治所三千五百五十三里，南与渠勒、东北与龟兹、西北与姑墨接，西通于阗三百九十里。"④ 扜弥国人在西域南道十国中人数是最多的，看来对外交往较多，故译长有二人。扜弥国在今民丰县正西的于田，而扜弥城则在于田东北。

---

① 佉卢文是古代中国新疆部分地区曾使用过的一种拼音字母。字体源于古印度用以书写西北俗语的拼音字母。公元前5世纪，波斯人将西亚古代阿拉美文传至印度河流域，当地人将之改变成佉卢字母。公元初，贵霜王朝曾以佉卢字母作为三种官方文字书写形式之一。公元2世纪传入于阗，于阗王曾铸造带有汉文和佉卢字母铭文的钱币。3世纪再传入鄯善。5世纪以后，中外各地不再使用。国内发现以民丰县尼雅遗址最多，但大量流失海外，如英国考古学家斯坦因就携去七百余件，现藏英国。详见《中国大百科全书·考古》第376页。

② 佟柱臣著《中国边疆民族物质文化史》，巴蜀书社1991年版。

③ 《汉书·西域传》，中华书局标点本1962年版。

④ 《汉书·西域传》，中华书局标点本1962年版。

渠勒国。《汉书·西域传》载："渠勒国，王治鞬都城，去长安九千九百五十里。户三百一十，口二千一百七十，胜兵三百人。东北至都护治所三千八百五十二里，东与戎卢、西与婼羌、北与打弥接。"① 渠勒在今于田南，当为克里雅河上游地区，昆仑山麓。值得注意的是文中提到"西与婼羌"接有误，婼羌在西域南道十国中，地处最东，故不可能"西接婼羌"。

于阗国。《汉书·西域传》载："于阗国，王治西城，去长安九千六百七十里。户三千三百，口万九千三百，胜兵二千四百人。辅国侯、左右将、左右骑君、东西城长、译长各一人。东北至都护治所三千九百四十七里，南与婼羌接，北与姑墨接。于阗之西，水皆西流，注西海；其东，水东流，注盐泽（今罗布泊），河原出焉。多玉石。"② 西城在今和田县南、于阗河上游的喀拉喀什河和玉龙喀什河之间。此外，文中提到有"东西城长"，其东城在今和田正东的玉龙喀什河东岸。由于在《渠勒国传》中误认为渠勒国西接婼羌，于是在《于阗国传》中亦误为"南与婼羌接"。于阗的地域较广，南至昆仑山，北至塔里木盆地中部，东至于田，西至皮山，于阗河从中流过。

莎车国。《汉书·西域传》载："莎车国，王治莎车城，去长安九千九百五十里。户二千三百三十九，口万六千三百七十三，胜兵三千四十九人。辅国侯、左右将、左右骑君、备西夜君各一人，都尉二人，译长四人。东北至都护治所四千七百四十六里，西至疏勒五百六十里，西南至蒲犁七百四十里。有铁山，出青玉。"③ 莎车国即今叶尔羌河中游地区，莎车城即今莎车。是西域南道十国中最西边的一个，相比之下，其国力也较盛，对外交往较多，故设译长四人。据《汉书》记载，莎车与汉朝的关系十分密切，曾以王子质于汉。"有铁山，出青玉"反映莎车国冶铁业和玉石制造业有一定程度的发展。

（二）西域北道十二国

西域北道十二国主要分布在天山南麓和塔克拉玛干沙漠北缘地区。天山的雪水融化后，南流形成许多小河，水流经过的地方又形成了许多绿洲，十二国便分布在这些绿洲上。从文献的记载来看，他们很少受到月氏、乌孙大规模的侵扰，所以发展比较稳定，故经济文化发展水平较之西域其他地区高。根据《汉书》的记载，分述如下。

---

① 《汉书·西域传》，中华书局标点本 1962 年版。
② 《汉书·西域传》，中华书局标点本 1962 年版。
③ 《汉书·西域传》，中华书局标点本 1962 年版。

狐胡国。《汉书·西域传》载："狐胡国，王治车师柳谷，去长安八千二百里。户五十五，口二百六十四，胜兵四十五人。辅国侯、左右都尉各一人。西至都护治所千一百四十七里，至焉耆七百七十里。"① 狐胡人可能是西域城郭诸国中人数最少的，仅二百六十四人。其中心车师柳谷当在今吐鲁番西北、乌鲁木齐东南。文中所载"西至都护治所"有误，因为西域都护治乌垒城在今轮台县东部野云沟，故当为"西南至都护治所千一百四十七里"。

山国。《汉书·西域传》载："山国，王去长安七千一百七十里。户四百五十，口五千，胜兵千人。辅国侯、左右将、左右都尉、译长各一人。西至尉犁二百四十里，西北至焉耆百六十里，西至危须二百六十里，东南与鄯善、且末接。"② 山国的地域范围为今博斯腾湖东南，王城的记述不详，故颜师古注曰："常在山下居，不为城治也。"大约因为如此，才名曰"山国"。文中所载"西至危须二百六十里"亦有误，当为"西北至危须二百六十里"，因为危须在博斯腾湖北。由于其山居，因而所食谷物主要来自焉耆和危须。

危须国。《汉书·西域传》载："危须国，王治危须城，去长安七千二百九十里。户七百，口四千九百，胜兵二千人。击胡侯、击胡都尉、左右将、左右都尉、左右骑君、击胡君、译长各一人。西至都护治所五百里，至焉耆百里。"③ 危须地域在博斯腾湖北岸，治所在今新疆焉耆回族自治县东北。

焉耆国。《汉书·西域传》载："焉耆国，王治员渠城，去长安七千三百里。户四千，口三万二千一百，胜兵六千人。击胡侯、却胡侯、辅国侯、左右将、左右都尉、击胡左右君、击车师君、归义车师君各一人，击胡都尉、击胡君各二人，译长三人。西南至都护治所四百里，南至尉犁百里，北与乌孙接。近海水多鱼。"④ 焉耆人分布的地区较为集中，在博斯腾湖西北岸，今新疆焉耆回族自治县为其治所。由于紧靠博斯腾湖，故"多鱼"，即渔业在生活中占的比重大。文中提到"北与乌孙接"有误，当为"西北与乌孙接"。

尉犁国。《汉书·西域传》载："尉犁国，王治尉犁城，去长安六千七百五十里。户千二百，口九千六百，胜兵二千人。尉犁侯、安世侯、左右将、左右都尉、击胡君各一人，译长二人。西至都护治所二百里，南与鄯善、且

① 《汉书·西域传》，中华书局标点本1962年版。
② 《汉书·西域传》，中华书局标点本1962年版。
③ 《汉书·西域传》，中华书局标点本1962年版。
④ 《汉书·西域传》，中华书局标点本1962年版。

末接。”[①] 尉犁在今博斯腾湖西南。文中所讲“南与鄯善接”有误，当为“东南与鄯善接”。

渠犁国。《汉书·西域传》载：“渠犁，城都尉一人，户百三十，口千四百八十，胜兵百五十人。东北与尉犁、东南与且末、南与精绝接。西有河，至龟兹五百八十里。”[②] 渠犁，为今库尔勒市，孔雀河从其西流过（“西有河”）。文中的“东南与且末、南与精绝接”有误，当为“南与且末、西南与精绝接”。

乌垒国。《汉书·西域传》载：“乌垒，户百一十，口千二百，胜兵三百人。城都尉、译长各一人。与都护同治。其南三百三十里至渠犁。”[③] 乌垒在今轮台县东北，也是当时西域都护的治所。人口很少，但地理位置重要，处在西域的中心。“其南……至渠犁”当为“其东南……至渠犁”。

龟兹国。《汉书·西域传》载：“龟兹国，王治延城，去长安七千四百八十里。户六千九百七十，口八万一千三百一十七，胜兵二万一千七十六人。大都尉丞、辅国侯、安国侯、击胡侯、却胡都尉、击车师都尉、左右将、左右都尉、左右骑君、左右力辅君各一人，东西南北部千长各二人，却胡君三人，译长四人。南与精绝、东南与且末、西南与扜弥、北与乌孙、西与姑墨接。能铸冶，有铅。”[④] 龟兹是西域城郭诸国中人口较多的，所以从政权建设的角度看，职官制度完备。其治所为今库车。其北有天山流下的雪水，南有塔里木河，故农业相当发达。同时，冶铁业也有发展。

姑墨国。《汉书·西域传》载：“姑墨国，王治南城，去长安八千一百五十里。户三千五百，口二万四千五百，胜兵四千五百人。姑墨侯、辅国侯、都尉、左右将、左右骑君各一人，译长二人。东至都护治所二千二十一里，南至于阗马行十五日，北与乌孙接。出铜、铁、雌黄。东通龟兹六百七十里。”[⑤] 姑墨所在地为今叶尔羌河以北，天山汉腾格里峰以南地区，治所南城为今新疆阿克苏。

温宿国。《汉书·西域传》载：“温宿国，王治温宿城，去长安八千三百

① 《汉书·西域传》，中华书局标点本1962年版。
② 《汉书·西域传》，中华书局标点本1962年版。
③ 《汉书·西域传》，中华书局标点本1962年版。
④ 《汉书·西域传》，中华书局标点本1962年版。
⑤ 《汉书·西域传》，中华书局标点本1962年版。

五十里。户二千二百，口八千四百，胜兵千五百人。辅国侯、左右将、左右都尉、左右骑君、译长各二人。东至都护治所二千三百八十里，西至尉头三百里，北至乌孙赤谷六百一十里。土地物类所有与鄯善诸国同。”[①] 温宿人的分布区域在今托什干河东南，治所为今乌什。王莽时西域动荡，姑墨王杀温宿王，兼并了温宿国。

尉头国。《汉书・西域传》载：“尉头国，王治尉头谷，去长安八千六百五十里。户三百，口二千三百，胜兵八百人。左右都尉各一人，左右骑君各一人。东至都护治所千四百一十一里，南与疏勒接，山道不通……田畜随水草，衣服类乌孙。”[②] 尉头人是西域北道十二国中的游牧民族，与乌孙、匈奴有近亲关系。由于其随水草迁徙，故王治所亦无定处。其分布区域在今托什干河中游以南地区。

疏勒国。《汉书・西域传》载：“疏勒国，王治疏勒城，去长安九千三百五十里。户千五百一十，口万八千六百四十七，胜兵二千人。疏勒侯、击胡侯、辅国侯、都尉、左右将、左右骑君、左右译长各一人。东至都护治所二千二百一十里，南至莎车五百六十里。有市列，西当大月氏、大宛、康居道也。”[③] 疏勒国人的分布区为今喀什噶尔河中游。治所疏勒即今喀什市。经济较为发达，疏勒是一个商业城市，处在西域北道交通要道上。文中所言“南至莎车”有误，当为“东南至莎车”。

在西域南北道的城郭诸国中，除尉头人等国的国民外，大都属于印欧语系伊朗语族的塞种，与匈奴、乌孙有别。《汉书・西域传》载：“西域诸国大率土著，有城郭田畜，与匈奴、乌孙异俗。”[④]

（三）西域天山以北诸国

天山以北诸国，东北与匈奴接，西与乌孙接，东至汉朝凉州刺史部，隔天山与西域北道十二国接。主要分布在以今乌鲁木齐为中心的地区。

西域天山以北诸国的民族属性，历史典籍中无明确记载，但其生产生活方式与匈奴、乌孙大体相同，故当与匈奴、乌孙有近亲关系，但也不排除夹杂了一些塞种、大月氏人在内。据《汉书》记载，乌孙东与匈奴、西

---

① 《汉书・西域传》，中华书局标点本 1962 年版。
② 《汉书・西域传》，中华书局标点本 1962 年版。
③ 《汉书・西域传》，中华书局标点本 1962 年版。
④ 《汉书・西域传》，中华书局标点本 1962 年版。

北与康居、西与大宛、南与城郭诸国相接。而乌孙东则为山北诸行国（游牧之国）。

蒲类国。《汉书·西域传》载：“蒲类国，王治天山西疏榆谷，去长安八千三百六十里。户三百二十五，口二千三十二，胜兵七百九十九人。辅国侯、左右将、左右都尉各一人。西南至都护治所千三百八十七里。”① 蒲类为山北诸行国中最东边之国，东面、北面与匈奴接。其地域范围略相当于今新疆巴里坤湖东南的巴里坤哈萨克自治县。

蒲类后国。《汉书·西域传》载：“蒲类后国，王去长安八千六百三十里。户百，口千七十，胜兵三百三十四人。辅国侯、将、左右都尉、译长各一人。”② 蒲类后国人数较少，且游牧无定居之所，故无治所。地域范围为今巴里坤湖西至木垒哈萨克自治县之间。北面与匈奴为邻。

车师前国。《汉书·西域传》载：“王治交河城。河水分流绕城下，故号交河。去长安八千一百五十里。户七百，口六千五十，胜兵千八百六十五人。辅国侯、安国侯、左右将、都尉、归汉都尉、车师君、通善君、乡善君各一人，译长二人。西南至都护治所千八百七里，至焉耆八百三十五里。”③ 车师前国的分布区为今吐鲁番地区。交河城在吐鲁番东南。

车师后国。《汉书·西域传》载：“车师后国，王治务涂谷，去长安八千九百五十里。户五百九十五，口四千七百七十四，胜兵千八百九十人。击胡侯、左右将、左右都尉、道民君、译长各一人。西南至都护治所千二百三十七里。”④ 车师后国的分布范围当在今博格多山脉北麓至奇台西南，治所务涂谷在二者之间。

车师都尉国。《汉书·西域传》载：“车师都尉国，户四十，口三百三十三，胜兵八十四人。”⑤ 看来车师都尉国人口是西域诸国中人口比较少的，但由于其地理位置重要，故东汉时的戊己校尉曾居于此。治所高昌壁，在今吐鲁番东南、戈丁湖北、若羌县西。

车师后城长国。《汉书·西域传》载：“车师后城长国，户百五十四，口

① 《汉书·西域传》，中华书局标点本1962年版。
② 《汉书·西域传》，中华书局标点本1962年版。
③ 《汉书·西域传》，中华书局标点本1962年版。
④ 《汉书·西域传》，中华书局标点本1962年版。
⑤ 《汉书·西域传》，中华书局标点本1962年版。

九百六十，胜兵二百六十人。”① 车师后城长国的分布区在准噶尔盆地东南缘的绿洲，治所后城在今奇台西北。

郁立师国。《汉书·西域传》载：“郁立师国，王治内咄谷，去长安八千八百三十里。户百九十，口千四百四十五，胜兵三百三十一人。辅国侯、左右都尉、译长各一人。东与车师后城长、西与卑陆、北与匈奴接。”② 郁立师在今准噶尔盆地东南边缘，与匈奴有密切的关系。

卑陆国。《汉书·西域传》载：“卑陆国，王治天山东乾当国，去长安八千六百八十里。户二百二十七，口千三百八十七，胜兵四百二十二人。辅国侯、左右将、左右都尉、左右译长各一人。西南至都护治所千二百八十七里。”③ 卑陆国分布区为今准噶尔盆地南缘至乌鲁木齐市东南一带，治所干当国为今甘河子一带。

卑陆后国。《汉书·西域传》载：“卑陆后国，王治番渠类谷，去长安八千七百一十里。户四百六十二，口千一百三十七，胜兵三百五十人。辅国侯、都尉、译长各一人，将二人。东与郁立师、北与匈奴、西与劫国、南与车师接。”④ 卑陆后国在卑陆西，准噶尔盆地东南缘，番渠类谷或当今九运街附近。

劫国。《汉书·西域传》载：“劫国，王治天山东丹渠谷，去长安八千五百七十里。户九十九，口五百，胜兵百一十五人。辅国侯、都尉、译长各一人。”⑤ 劫国在卑陆后国西，治所丹渠谷为今乌鲁木齐东北的阜康市。

单桓国。《汉书·西域传》载：“单桓国，王治单桓城，去长安八千八百七十里。户二十七，口百九十四，胜兵四十五人。辅国侯、将、左右都尉、译长各一人。”⑥ 单桓人口最少，仅一百九十四人，分布在劫国西南，今乌鲁木齐西北郊。

东且弥国。《汉书·西域传》载：“东且弥国，王治天山东兑虚谷，去长安八千二百五十里。户百九十一，口千九百四十八，胜兵五百七十二人。东且弥侯、左右都尉各一人。”⑦ 东且弥分布区在今乌鲁木齐市区。

① 《汉书·西域传》，中华书局标点本 1962 年版。
② 《汉书·西域传》，中华书局标点本 1962 年版。
③ 《汉书·西域传》，中华书局标点本 1962 年版。
④ 《汉书·西域传》，中华书局标点本 1962 年版。
⑤ 《汉书·西域传》，中华书局标点本 1962 年版。
⑥ 《汉书·西域传》，中华书局标点本 1962 年版。
⑦ 《汉书·西域传》，中华书局标点本 1962 年版。

西且弥国。《汉书·西域传》载："西且弥国，王治天山东于大谷，去长安八千六百七十里。户三百三十二，口千九百二十六，胜兵七百三十八人。西且弥侯、左右将、左右骑君各一人。"[①] 西且弥在乌鲁木齐西北，当为今昌吉县一带。

乌贪訾离国。《汉书·西域传》载："乌贪訾离国，王治于娄谷，去长安万三百三十里。户四十一，口二百三十一，胜兵五十七人。辅国侯、左右都尉各一人。东与单桓、南与且弥，西与乌孙接。"[②] 乌贪訾离是天山北诸国中除乌孙外最北者，分布区为今乌鲁木齐西北玛纳斯。

（四）西域葱岭诸国

在喀拉喀什河以西、叶尔羌河流域、塔克拉玛干沙漠西南分布着西域皮山、乌秅、西夜、蒲犁、依耐、无雷、难兜等国，从地理学的角度看，这一地区属葱岭范围，故也称西域葱岭诸国。分布区内的民族以氐羌系统的游牧民族为主。《汉书·西域传》载："蒲犁、依耐、无雷国，皆西夜类也。西夜与胡异，其种类羌氐行国（按：即以游牧为主要生产方式的民族群体），随畜逐水草往来。"[③] 由于其西主要是塞种人，故也不排除有塞种分布于这一地区的可能。

皮山国。《汉书·西域传》载："皮山国，王治皮山城，去长安万五十里。户五百，口三千五百，胜兵五百人。左右将、左右都尉、骑君、译长各一人。东北至都护治所四千二百九十二里，西南至乌秅国千三百四十里，南与天笃接，北至姑墨千四百五十里，西南当罽宾、乌弋山离道，西北通莎车三百八十里。"[④] 皮山治所即今皮山县，越昆仑山至古印度。

乌秅国。《汉书·西域传》载："乌秅国，王治乌秅城，去长安九千九百五十里。户四百九十，口二千七百三十三，胜兵七百四十人，东北至都护治所四千八百九十二里，北与子合、蒲犁，西与难兜接。"[⑤] 乌秅国人分布在叶尔羌河上游地区和喀喇昆仑山之间，多山，饮水大部分来自雪山。地势十分

① 《汉书·西域传》，中华书局标点本 1962 年版。
② 《汉书·西域传》，中华书局标点本 1962 年版。
③ 《汉书·西域传》，中华书局标点本 1962 年版。
④ 《汉书·西域传》，中华书局标点本 1962 年版。
⑤ 《汉书·西域传》，中华书局标点本 1962 年版。

险峻，《汉书·西域传》载“溪谷不通，以绳索相引而度云”[①]。

西夜国。《汉书·西域传》载：“西夜国，王号子合王，治呼犍谷，去长安万二百五十里。户三百五十，口四千，胜兵千人。东北到都护治所五千四十六里，东与皮山、西南与乌秅、北与莎车、西与蒲犁接。蒲犁及依耐、无雷国皆西夜类也。西夜与胡异，其种类羌氐行国，随畜逐水草往来。而子合土地出玉石。”[②] 因此，西夜国即子合国，其分布区在今提孜那甫河东岸一带，属氐羌民族，逐水草而居，故无王城。同时还产玉。

蒲犁国。《汉书·西域传》载：“蒲犁国，王治蒲犁谷，去长安九千五百五十里。户六百五十，口五千，胜兵二千人。……侯、都尉各一人。寄田莎车，种俗与子合同。”[③] 蒲犁在今塔克拉附近，其族属也为氐羌系统。

依耐国。《汉书·西域传》载：“依耐国，王治去长安万一百五十里。户一百二十五，口六百七十，胜兵三百五十人。……南与子合接，俗相与同。少谷，寄田疏勒、莎车。”[④] 所以，依耐国人的分布地在今塔什库尔干东，亦为氐羌族属。农业有所发展，但由于田少，所以到疏勒、莎车“寄田”。

无雷国。《汉书·西域传》载：“无雷国，王治卢城，去长安九千九百五十里。户千，口七千，胜兵三千人。……衣服类乌孙，俗与子合同。”[⑤] 无雷国分布在帕米尔高原，治所卢城为今塔什库尔干。其族属为氐羌系统。

难兜国。《汉书·西域传》载：“难兜国，王治去长安万一百五十里。户五千，口三万一千，胜兵八千人。……种五谷、蒲陶诸果。有银铜铁，作兵与诸国同。”[⑥] 难兜国的分布区在帕米尔以南，为农耕定居民族。同时，冶铁业有一定发展，能制造兵器。其族属不详。

（五）西域葱岭西四国

西域葱岭西大宛、桃槐、休循、捐毒等国人，主要分布地相当于今以喀什为中心的新疆西部和与之相毗邻的中亚吉尔吉斯斯坦、塔吉克斯坦、乌兹别克斯坦三国连接地区。从族属上看都是塞种，即斯基泰人，为操古伊朗语

---

① 《汉书·西域传》，中华书局标点本 1962 年版。
② 《汉书·西域传》，中华书局标点本 1962 年版。
③ 《汉书·西域传》，中华书局标点本 1962 年版。
④ 《汉书·西域传》，中华书局标点本 1962 年版。
⑤ 《汉书·西域传》，中华书局标点本 1962 年版。
⑥ 《汉书·西域传》，中华书局标点本 1962 年版。

的民族群体。《汉书·西域传》载："昔匈奴破大月氏，大月氏西君大夏，而塞王南君罽宾。塞种分散，往往为数国。自疏勒以西北，休循、捐毒之属，皆故塞种也。"① 从体质人类学的角度看，他们（印欧语系伊朗语族民族）与蒙古利亚人种的汉藏语系民族有别，故《汉书·西域传》又载："自宛以西至安息国，虽颇异言，然大同，自相晓知也，其人皆深目，多须髯。"②

大宛国。《汉书·西域传》载："大宛国，王治贵山城，去长安万二千五百五十里。户六万，口三十万，胜兵六万人。副王、辅国王各一人。东至都护治所四千三十一里，北至康居卑阗城千五百一十里，西南至大月氏六百九十里。北与康居、南与大月氏接，土地风气物类民俗与大月氏、安息同。"③ 由此可见大宛已为塞种。其经济特点是"有麦田"而且喜葡萄酒，《汉书·西域传》载："大宛左右以蒲陶为酒，富人藏酒至万余石，久者至数十岁不败。俗耆酒，马耆目宿。"大宛国力强盛，有定居城池，出好马。故又载："宛别邑七十余城，多善马。马汗血，言其先天马子也。"颜师古注引孟康曰："言大宛国有高山，其上有马不可得，因取五色母马置其下与集，生驹，皆汗血，因号曰天马子云。"④ 大宛的分布区在今吉尔吉斯斯坦西北，伊塞克湖西南。

桃槐国。《汉书·西域传》载："桃槐国，王去长安万一千八十里。户七百，口五千，胜兵千人。"⑤ 其分布地不详，或谓今后阿赖山北⑥。

休循国。《汉书·西域传》载："休循国，王治鸟飞谷，在葱岭西，去长安万二百一十里。户三百五十八，口千三十，胜兵四百八十人。东至都护治所三千[illegible]百二十一里，至捐毒衍敦谷二百六十里，西北至大宛国九百二十里，西至大月氏千六百一十里。民俗衣服类乌孙，因畜随水草，本故塞种也。"⑦ 可见，休循国人为塞种，其分布区相当于今塔吉克斯坦、乌兹别克斯坦和吉尔吉斯斯坦三国相连接地区。

捐毒国。《汉书·西域传》载："捐毒国，王治衍敦谷，去长安九千八百六十里。户三百八十，口千一百，胜兵五百人。东至都护治所二千八百六十

---

① 《汉书·西域传》，中华书局标点本 1962 年版。
② 《汉书·西域传》，中华书局标点本 1962 年版。
③ 《汉书·西域传》，中华书局标点本 1962 年版。
④ 《汉书·西域传》，中华书局标点本 1962 年版。
⑤ 《汉书·西域传》，中华书局标点本 1962 年版。
⑥ 佟柱臣著《中国边疆民族物质文化史》，巴蜀书社 1991 年版。
⑦ 《汉书·西域传》，中华书局标点本 1962 年版。

一里。至疏勒。南与葱岭属，无人民。西上葱岭，则休循也。西北至大宛千三十里，北与乌孙接。衣服类乌孙，随水草，依葱岭，本塞种也。”① 因此，捐毒的族属也为塞种，其分布区相当于今中国新疆喀什以西至吉尔吉斯斯坦和塔吉克斯坦连接地带②。

西域的民族分布情况十分复杂，但史籍中有关的史料又特别少，所以本节尽可能将所能见到的史料抄录于上，读者鉴焉。

两汉时期，西域诸国绝大多数都受汉朝羁縻治之，属西域都护府直接统辖。《汉书·西域传》载：“（西域）最凡国五十。自译长、城长、君、监、吏、大禄、百长、千长、都尉、且渠、当户、将、相至侯、王，皆佩汉印绶，凡三百七十六人。而康居、大月氏、安息、罽宾、乌弋之属，皆以绝远不在数中，其来贡献则相与报，不督录总领也。”③

在两汉时期，西域城郭各国不是被北方游牧民族所控制，就是受内地王朝的统治，值得注意的是，他们很少被来自帕米尔以西的政治力量所控制，来自帕米尔以西的影响主要在文化方面④。西域城郭诸国的居民的族属问题历来争论较多，但从对史料的总分析来看，不少为氐羌系统的民族，如婼羌、鄯善、西夜、依耐、无雷、蒲犁等，都属于氐羌系统的民族。同时还有众多今印欧语系伊朗语族的先民在内，他们的人种特征是高鼻深目。这反映了两汉时期西域两大民族系统之间的交往十分密切。从经济形态的角度看，以畜牧业为主和随畜游牧的有乌孙、婼羌、鄯善、西夜、依耐、无雷、蒲犁、休循、捐毒、尉头、卑陆、卑陆后、劫、狐胡、山等国；以农业田耕为主和定居城邦的有且末、于阗、莎车、疏勒、姑墨、温宿、龟兹、乌垒、大宛、渠犁、尉犁、危须、焉耆等国；以畜牧为主但也知田耕的有蒲类、蒲类后、车且弥、车师前、车师后等国。未在上述罗列的，史书虽没有记明他们的经济形态，但也应属于以上三种类型中的一种。

另外，在西域城郭诸国的文化中，需要强调一下“胜兵”。在匈奴、大月

① 《汉书·西域传》，中华书局标点本1962年版。

② 本处所有与地理分布有关的材料，全部参照《中国历史地图集·秦、西汉、东汉时期》分册，西域都护府图页。同时也参考了佟柱臣著《中国边疆民族物质文化史》的有关部分。

③ 《汉书·西域传》，中华书局标点本1962年版。

④ 余太山主编《西域通史》，中州古籍出版社1996年版。

氏和西域城郭诸国中，只要有户、口数量的记载，一般都有“胜兵”数量的记载。匈奴史研究专家林幹教授认为“胜兵”是脱离生产，只负责作战的常备兵，并且认为“胜兵”的出现是社会生产进步的表现，也是受汉朝兵制影响的结果。黄烈先生在《中国古代民族史研究》中也持这种观点。阿尔丁夫在《“胜兵”果真是“常备兵”么？——兼谈几部辞书存在的问题》一文中，认为“胜兵”用现代汉语来表达，即能拿得起兵刃或武器的人，引申为能操兵作战的人。“‘胜兵’制度是西域或北方那些兵民未分从而没有常备军的国家实行的一种兵役制度。根据这种兵役制度，国家或其局部一旦有警，所有能拿得起兵刃的男性农、牧民，必须全都拿起武器，或马上投入战斗，或听从调遣”[①]。结合《汉书·西域传》对西域城郭诸国“胜兵”的记载来看，阿尔丁夫先生的观点是值得肯定的。因此，综合起来看，“胜兵”是西域城郭诸国文化中的一个重要组成部分，但不是社会生产进步的表现。

三、西北的羌、氐及其文化

（一）羌

根据《后汉书·西羌传》所载，西羌是由三苗发展而来的。先秦时期，羌人主要居住在甘青黄河、湟水流域。其生产状况为“少五谷，多禽兽，以射猎为事”，有的还处于原始的狩猎经济阶段[②]。秦国西扩，促进了羌人的发展。在羌人发展史上，爰剑起了十分重要的作用。《后汉书·西羌传》载：“羌无弋爰剑者，秦厉公时为秦所拘执，以为奴隶。不知爰剑何戎之别也。后得亡归，而秦人追之急，藏于岩穴之中得免。羌人云：爰剑初藏穴中，秦人焚之，有景象如虎，为其蔽火，得以不死。既出，又与劓女遇于野，遂成夫妇。女耻其状，被发覆面，羌人因以为俗，遂俱亡入三河（按：黄河、赐支河、湟河）间。诸羌见爰剑被焚不死，怪其神，共畏事之，推以为豪。河湟间少五谷，多禽兽，以射猎为事，爰剑教之田畜，遂见敬信，庐落种人依之者日益众。羌人谓奴为无弋，以爰剑尝为奴隶，故因名之。其后世世为豪。”[③]由于羌人“氏族无定，或以父名母姓为种号”，所以“自爰剑之后，子孙分

① 阿尔丁夫《“胜兵”果真是“常备兵”么？——兼谈几部辞书存在的问题》，《民族研究》1999年第1期。

② 李吉和著《先秦至隋唐时期西北少数民族迁徙研究》，民族出版社2003年版。

③ 《后汉书·西羌传》，中华书局标点本1965年版。

支”[①]，到了东汉多达百余种，故《通典·边防五》载：“其九种在赐支河首（今青海扎陵湖、鄂陵湖一段河流）以西及蜀汉徼北。参狼在武都，胜兵数千人。其五十二种衰少，不能自立，分散为附落，或绝灭无后，或引而远去。其八十九种，唯钟最强，胜兵十余万。其余大者万余人，少者数千人……顺帝时胜兵合可二十万人。发羌、唐旄等绝远，未尝往来。”[②] 这表明，羌人支系繁多，分布很广。

秦汉时期西北的羌人主要分布在河湟地区。《后汉书·西羌传》载：“（西羌）所居无常，依随水草。地少五谷，以产牧为业。其俗氏族无定，或以父名母姓为种号。十二世后，相与婚姻，父没则妻后母，兄亡则纳厘嫂，故国无鳏寡，种类繁炽。不立君臣，无相长一，强则分种为酋豪，弱则为人附落，更相抄暴，以力为雄。杀人偿死，无它禁令。其兵长在山谷，短于平地，不能持久，而果于触突，以战死为吉利，病终为不祥。堪耐寒苦，同之禽兽。虽妇人产子，亦不避风雪。性坚刚勇猛，得西方金行之气焉。”[③] 总的来看，由于特殊的地理环境，西北的羌人有坚毅的性格，以畜牧为主。众多的部落，有的以动物为名号，有的以地名、父母姓名为号，情况较为复杂，其主要有：河曲羌、先零羌、烧当羌、钟羌、卑南羌、勒姐羌、罕羌与开羌、沈氏羌。现分述如下。

河曲羌。《后汉书·西羌传》载：“西羌之本，出自三苗，姜姓之别也。其国近南岳。及舜流四凶，徙之三危，河关之西南羌地是也。滨于赐支，至乎河首，绵地千里。赐支者，《禹贡》所谓析支者也。南接蜀、汉徼外蛮夷，西北接鄯善、车师诸国。”[④] 对此，西晋时的司马彪在他的《续汉书》中又载：“西羌者，析支以西，滨于河首在左右居也。河水屈而东北流，迳于析支之地，是为河曲。”应劭亦曰：“《禹贡》析支在河关之西，羌人所居，谓之河曲羌。”[⑤] 河关，属汉代金城郡，在今甘肃兰州西南的皋兰县，其西千余里称为河曲。因为黄河自西来，在大积石山脉东南端，曲而西北行，经小积石山的东北麓，又折而向东北流，到曲沟后，又曲而东行，共千余里，称河曲，

① 《后汉书·西羌传》，中华书局标点本 1965 年版。

② 《通典·边防五》，中华书局标点本 1988 年版。

③ 《后汉书·西羌传》，中华书局标点本 1965 年版。

④ 《后汉书·西羌传》，中华书局标点本 1965 年版。

⑤ 转引自王文光著《中国古代的民族识别》，云南大学出版社 1997 年版。

羌语称为“赐支”。马长寿先生在四川汶川、茂县等地调查羌语时，当地羌族仍称河曲为“赐支”，并且说他们的远祖就是从赐支迁来的[1]。因此，河曲羌是指分布在河曲地区的羌人。

先零羌。顾颉刚先生在《从古籍中探索我国的西部民族——羌族》一文中认为，先零羌原是西羌各部中最为强大的一部分，分布在大榆谷（今青海贵德、尖扎县一带)。《后汉书・西羌传》载：“时先零羌与封养牢姐种解仇结盟，与匈奴通，合兵十余万，共攻令居、安故，遂围枹罕（今甘肃临夏县)。汉遣将军李息、郎中令徐自为将兵十万人击平之。始置护羌校尉，持节统领焉。”[2] 东汉建武十年（公元 34 年)，先零羌首领联络并统率其他部落攻击金城、陇西，被中郎将来歙等击败；次年又在临洮（今甘肃岷县）为陇西太守马援所败，后又被烧当羌等联合击败，逐出大榆谷，向东迁徙，势力转衰。至东汉永初年间（汉安帝年号，公元 107—113 年)，先零羌别种滇零于北地郡（今宁夏吴忠市）自称王，召集武都、参狼、上郡、河西各地羌人，响应西羌起义。永初六年（公元 112 年)，滇零死后由其子零昌继领所部，第二年夏（公元 113 年)，零昌别部牢羌为骑都尉马贤、护羌校尉侯霸败于安定。之后，先零羌屡遭东汉攻击，势力衰落。

烧当羌。烧当，传说是爰剑曾孙忍之子研的十三世孙，由烧当所帅之部为烧当羌。烧当羌至滇良为首领时，开始强大起来。《后汉书・西羌传》载：“滇良者，烧当之玄孙也。……自烧当至滇良，世居河北大允谷，种小人贫。而先零、卑南并皆强富，数侵犯之。滇良父子积见陵易，愤怒，而素有恩信于种中，于是集会附落及诸杂种，乃从大榆入，掩击先零、卑湳，大破之，杀三千人，掠取财富，夺居其地大榆中，由是始强。”[3] 到滇良子滇吾时，势力更大，《后汉书・西羌传》载：“时滇吾附落转盛，常雄诸羌，每欲侵边者，滇吾转教以方略，为其渠帅。”[4] 烧当羌首领成了羌人各部的统领，并开始进攻东汉王朝。《后汉书・西羌传》载：“二年（按：光武帝中元二年，公元 57 年）秋，烧当羌滇吾与弟滇岸率步骑五千寇陇西塞，刘盱遣兵于枹罕击之，

---

① 马长寿著《氐与羌》，上海人民出版社 1984 年版。
② 《后汉书・西羌传》，中华书局标点本 1965 年版。
③ 《后汉书・西羌传》，中华书局标点本 1965 年版。
④ 《后汉书・西羌传》，中华书局标点本 1965 年版。

不能克，又战于允街（今兰州北），为羌所败，杀五百余人。”[①] 在这种情况下，守塞羌卒便起而响应，进而在允吾（今兰州西）、唐谷（今青海乐都县）大败谒者张鸿及陇西长史田飒所部，并杀死二人。以后又与东汉王朝发生了很多冲突，对此《后汉书·西羌传》载：“自建武以来，其犯法者，常从烧当种起。所以然者，以其居大、小榆谷，土地肥美，又近塞内，诸种易以为非，难以攻伐。南得钟存以广其众，北阻大河因以为固。又有西海鱼盐之利，缘山滨水，以广田蓄，故能强大，常雄诸种，恃其权勇，招诱羌胡。”[②] 东汉中期，在汉军的打击下，烧当羌势力开始衰微，除一部分远徙发羌地区外，其余大部分被分而治之，散居之地相当于今甘肃、宁夏、青海、陕西交界处。

钟羌。钟羌为古羌人的一支，分布在烧当羌的南部、洮河上游今甘肃、青海连接地区的泽库、同仁、玛曲、碌曲至临洮一带。东汉击败先零羌、烧当羌后，除迁徙一部分羌人至内郡外，许多羌民都逃往塞外，有的依发羌居，有的则依附于钟羌，从而壮大了钟羌的力量。《后汉书·集解》载：“钟羌九千余户在陇西临洮谷。”《水经·河水注》载：“河水又东径允川而历大榆谷、小榆谷北，羌迷唐、钟存所居也。”[③] 在羌人各部中钟羌势力也较大，故《通典·边防五》载“其八十九种，唯钟最强，胜兵十余万”[④]。因此烧当羌才能够“南得钟存以广其众”[⑤]。钟羌是烧当羌的有力支持者，永初三年（公元109年），钟羌攻破临洮，擒获陇西南部都尉。永建元年（公元126年），被马贤率七千余人击败，斩首千余级，其余投降，钟羌势力渐弱。永建三年（公元128年），钟羌良封等又寇陇西、汉阳，朝廷拜胶校尉马贤为谒者，镇抚诸种。马贤发兵陇西，击杀良封，斩首千八百级，获马牛羊五万余头，良封亲属皆降。马贤接着进击钟羌且昌，且昌等率诸种十余万向凉州刺史投降[⑥]。钟羌再次受到重大打击。

卑南羌。“卑南”在《后汉书·西羌传》中记为“卑湳”。《后汉书·集解》载：“南水（湟水支流）出西河美稷县，故羌人因水为姓。”则卑南

① 《后汉书·西羌传》，中华书局标点本1965年版。
② 《后汉书·西羌传》，中华书局标点本1965年版。
③ 转引自王文光著《中国古代的民族识别》，云南大学出版社1997年版。
④ 《通典·边防五》，中华书局标点本1965年版。
⑤ 《后汉书·西羌传》，中华书局标点本1965年版。
⑥ 《后汉书·西羌传》，中华书局标点本1965年版。

羌是因为住在南水旁而得名。卑南羌原与先零羌并称，势力较强，后来被烧当羌击败，势力转弱。故《后汉书·西羌传》载："而先零、卑湳并皆强富，数侵犯之。滇良父子积见陵易，愤怒，而素有恩信于种中，于是集会附落及诸杂种，乃从大榆入，掩击先零、卑湳，大破之，杀三千人，掠取财畜，夺居其地大榆中。"[①] 卑南转衰，而滇良所在的烧当羌开始强盛。建初元年（公元 76 年），安夷县（今青海乐都县、西宁市之间）吏掠"卑湳种羌妇"为妻，被杀，安夷长宗延追出塞，也被杀。卑南与勒姐、吾良等相结为寇。皇上派陇西太守孙纯率兵与卑南等战，此战斩首、虏数百人，之后卑南更加衰落。

勒姐羌。《后汉书·集解》载："勒姐羌居勒姐溪，因以为种名。"汉代安夷县有勒姐岭、勒姐河。勒姐羌当分布于这一带。建初元年（公元 76 年），与卑南羌联合进行反抗斗争，被陇西太守孙纯击败。永初三年（公元 109 年），又与当煎羌攻陷破羌县（今青海乐都县东）。元初元年（公元 114 年），与先零羌等攻武都，被巴郡"板楯蛮"等击败。元初六年（公元 119 年），与陇西羌号良密谋反抗，在安故（今甘肃临洮县南境）被骑都尉马贤打败，势力衰弱，部众降散。

罕羌与开羌。《汉书·赵充国传》载："充国以为，狼何，小月氏种，在阳关西南，势不能独造此计，疑匈奴使已至羌中，先零、罕、开乃解仇作约。到秋马肥，变必起矣。"颜师古注曰："罕、开，羌之别种也。"[②] 罕、开二羌的活动区西起青海湖，东达今甘肃临夏。东汉晚期徙入关中，后融入汉族中。

沈氏羌。主要活动在上郡（今陕西榆林县东南）一带。永宁元年（公元 120 年）攻张掖，被马贤击败。《后汉书·西羌传》载："永宁元年春，上郡沈氏种羌五千余人复寇张掖。其夏，马贤将万人击之。初战失利，死者数百人。明日复战，破之，斩首千八百级，获生口千余人，马牛羊以万数，余虏悉降。"[③] 延熹五年（公元 162 年）又攻张掖、酒泉，被中郎将皇甫规招抚，其大豪滇昌、饥恬等十余万降汉。

（二）氐

氐历史非常悠久，先秦时期就已见诸史籍。到秦汉时期，氐人的分布区

① 《后汉书·西羌传》，中华书局标点本 1965 年版。

② 《汉书·赵充国传》，中华书局标点本 1962 年版。

③ 《后汉书·西羌传》，中华书局标点本 1965 年版。

有所扩大，与汉人时有冲突发生。《汉书·赵充国传》载："昭帝时（公元前86—前74年），武都氐人反，充国以大将军、都尉将兵击定之，迁中郎将，将屯上谷，还为水衡都尉。"① 这反映出当时的氐人还是有一定的实力的。然而绝大多数的氐人已纳入郡县统治范围。《汉书·百官公卿表》载，"有蛮夷曰道，凡县、道、国、邑千五百八十七"②。（道是以某个民族为主体组成的一级地方行政机构。称为"氐道"的地区也就是氐人聚居的地区。以此类推。）据《汉书·地理志》载，当时陇西郡的氐道、广汉郡的甸氐道和刚氐道、蜀郡的湔氐道等郡县应该就是氐人主要的分布区域。这些地区东与汉人相邻，西与羌人相接，因此，氐人处于汉羌之间，或分别与二族杂居。这一居住和分布特点，表明了氐与羌既有联系又有逐步扩大的区别，与汉人关系较羌人密切，接受汉文化较早且深。经过两汉，有些氐人又被强迫迁徙，有的迁至汉阳郡、武威郡，甚至三辅地区③。

从西汉时期开始，聚居在西部边境的一部分氐人便向东北内移。西汉武帝元封三年（公元前108年），"氐人反，进兵讨破之，分徙酒泉郡（今甘肃酒泉）"④。东汉献帝建安二十四年（公元219年），因氐王阿贵、杨千万不附，累攻武都，终以氐王附蜀汉，乃徙武都氐人五万落于扶风、天水二郡界内；又徙武都氐、汉等族民众的部分人口于京兆、雍、天水、南安、广魏等郡⑤。

氐是一个以定居农业为主的民族，其定居农耕生活可追溯到东周。板屋是古代西部汉人和氐人住宅建筑的普遍形式。东周时期作品《诗经·秦风·小戎》载："在其板屋，乱我心曲。"⑥《毛诗传笺》载："西戎板屋。"⑦此处的西戎，主要是指氐人。《汉书·地理志》指出："天水、陇西，山多林木，民以板为室屋。"⑧ 天水、陇西二郡，尤其是天水以南武都郡，春秋以来

---

① 《汉书·赵充国传》，中华书局标点本1962年版。

② 《汉书·百官公卿表》，中华书局标点本1962年版。

③ 田继周著《秦汉民族史》，四川民族出版社1996年版。

④ 〔元〕马端临撰《文献通考》，中华书局1986年版。

⑤ 《中国大百科全书·民族》编辑委员会编《中国大百科全书·民族》，中国大百科全书出版社1986年版。

⑥ 姚小鸥译著《诗经译注》（上册），当代世界出版社2009年版。

⑦ 〔清〕马瑞辰撰《毛诗传笺通释》，中华书局1989年版。

⑧ 《汉书·地理志》，中华书局标点本1962年版。

为氐人聚居区，故“民以板为室屋”，也包括氐人。根据颜师古注，“板屋”的“板”，指的是“木瓦”。用木板当作瓦来盖的房子，即板屋。

对于氐人的生产情形，《魏略·西戎传》载：“俗能织布，善田种，畜养豕、牛、马、驴、骡。”这是较为发达的部分，而落后的部分则是“所居无常，依随水草”游牧[①]。《华阳国志》也记载了氐人居住的武都郡的农牧业的情况：“土地险阻，有麻田，氐傁，多羌戎之民。其人半秦，多勇戆。出名马、牛、羊、漆、蜜。”[②] 所以氐人是一个以农业为主、农牧并重的民族，并且畜牧业还比较发达。氐人早期的社会组织情况，史书记载不详。西汉初期，氐人各部已“自有君长”，有众多分支，各有称号。虽受郡县统辖，但仍保留了自己的部落组织，形成大分散、小聚居的分布格局，受自己的豪帅或小帅支配。氐人有自己的语言。由于与汉人等杂居相处，又兼通汉语。氐语虽属汉藏语系，但与汉语及羌语等有所不同。由于受汉语、羌语、藏语等影响，氐人的语言已经十分混杂，只在一些基本词汇方面保留了本民族语言的特点。氐人的服饰，主要是尚青色、绛色以及白色。善织殊缕布，喜穿麻布衣。氐人早期婚俗与羌人相似。《后汉书·西羌传》载：“其俗氏族无定，或以父名母姓为种号。十二世后，相与婚姻。父没则妻后母，兄亡则纳厘嫂。”[③] 不过至5—6世纪，由于与汉族等杂居，氐人的婚俗已有所变化，“婚姻备六礼，知书疏”，与羌人的习俗相去甚远[④]。

第二节　西南的民族及其文化

秦汉时期，中央王朝对西南地区的影响空前增大，西南各民族也有了较大的变化。汉文史籍对西南民族记载得越来越多。从族属来看，主要有氐羌系统、百越系统、孟高棉语族系统和苗瑶语族系统。氐羌系统的民族加速汉化并不断向南迁徙，他们分布分散，与其他民族杂居在一起。那时还未出现统一各部的政治势力，因此内部情况复杂，民族文化呈现出多样化的特点。百越系统、孟高棉语族、苗瑶语族等民族的先民也在分化之中。由于与汉族

① 龚荫著《中国民族政策发展史》，四川人民出版社2006年版。

② 刘琳校注《华阳国志校注》，巴蜀书社1984年版。

③ 《后汉书·西羌传》，中华书局标点本1965年版。

④ 王钟翰主编《中国民族史》，中国社会科学出版社1994年版。

的交往不断增多，农业在各民族中的地位越来越重要，各民族之间的文化交流不断增多。

一、氐羌系统民族及其文化

（一）氐与羌

在西南，古老的氐羌系统的民族群体，在经历了长期的历史演变后，到秦汉时期，虽然还有一部分仍保留着这一族群的基本属性，但绝大多数产生分化的部分已不再称氐羌，而是另有新的族称。

羌。在秦汉数百年的时间内，由于内部和外部条件的发展变化，分布在不同地区的羌开始出现差别，从名称到生产生活状况都发生了变化。《后汉书·西羌传》载："忍季父卬畏秦之威，将其种人附落而南，出赐支河曲西数千里，与众羌绝远，不复交通。其后子孙分别，各自为种，任随所之。或为牦牛种，越巂羌是也；或为白马种，广汉羌是也；或为参狼种，武都羌是也。忍及弟舞独留湟中，并多娶妻妇。忍生九子为九种，舞生十七子为十七种，羌之兴盛，从此起矣。"① 由此可见，到了秦汉时期，羌支系繁多，表明了他们在政治上尚未出现能统一各支系的政治势力，同时也表明了他们在空间上分布的分散性，多则万余人，少则数千人。他们处于相对缓慢的发展状态之中。上述"赐支河曲"为今黄河流经青海境内的一段，其西千里当为今西藏与新疆交界地带。这说明有部分羌人进入藏北与雅鲁藏布江流域，与当地原住民融合，后来发展为吐蕃的先民。这也说明汉代羌分布区域确实在不断扩大。《新唐书·吐蕃传》载："吐蕃本西羌属，盖百有五十种，散处河、湟、江、岷间，有发羌、唐牦等，然未始与中国通。居析支水西。祖曰鹘提勃悉野，健武多智，稍并诸羌，据其地。蕃、勃发声近，故其子孙曰吐蕃，而姓勃悉野。"② 由此看来，虽不能说吐蕃是由发羌直接发展而来，但吐蕃中包含着大量的羌人却是事实。除了发羌外，西南地区还有旄牛羌、白马羌、参狼羌、青衣羌等。

旄牛羌。主要分布在西汉武帝时设置的沈犁郡（治今汉源清溪）的旄牛县（今汉源）。《后汉书·西南夷列传》载："至天汉四年（公元前97年），并蜀为西部，置两都尉：一居旄牛，主徼外夷；一居青衣，主汉人。"③ 此徼

① 《后汉书·西羌传》，中华书局标点本1965年版。

② 转引自王忠著《新唐书·吐蕃传笺证》，科学出版社1958年版。

③ 《后汉书·西南夷列传》，中华书局标点本1965年版。

外夷便是旄牛羌。旄牛羌分布很广，南达今西昌至滇西北地区。汉武帝元鼎六年（公元前111年）在安宁河流域及雅砻江下游置越嶲郡，辖十五县，因为有旄牛羌分布，史书又将之称为越嶲羌。旄牛羌大约是因为善养牦牛而得名。这部分羌人后来一部分与当地族群融合发展为彝族，一部分融入汉族，一部分发展为川西南的藏族，分散在滇西北的一部分发展为后来的普米族[①]。在旄牛羌以西，有白狼、盘木、唐菆等部落百余个。永平（公元58—75年）年间，白狼王唐菆向汉王朝入贡，献白狼歌三章（《远夷乐德歌》《远夷慕德歌》《远夷怀德歌》），反映了羌人对汉朝和汉文化向慕和友好之情，并显示羌人的汉文化程度已有一定水平[②]。

参狼羌。《通典·边防五》载："自爰剑后，子孙支分凡百五十种。其九种在赐支河首以西，及在蜀汉徼北。参狼在武都，胜兵数千人。"[③] 由于分布在武都郡内，故参狼羌又称武都羌。《后汉书·西羌传》载："或为参狼羌，武都羌是也。"到了东汉光武帝时，武都羌起义而被征服。《后汉书·西羌传》载："（中元元年，即公元前149年）武都参狼羌反，杀掠吏人，太守与战不胜，陇西太守刘盱遣从事辛都、监军掾李苞，将五千人，赴武都与羌战，斩其酋豪，首虏千余人。"[④] 到了安帝时，羌人开始内附，武都羌亦在其中。《后汉书·西羌传》载："至安帝永初元年（公元107年），蜀郡徼外羌龙桥等六种万七千二百八十口内属。明年，蜀郡徼外羌薄申等八种三万六千九百口复举土内属。冬，广汉塞外参狼种羌二千四百口复来内属。"[⑤] 这些内属者，大部分当融于汉族，也有部分发展为甘、川连接地带的藏族。

青衣羌。《水经注·青衣水》载："青衣水出青衣县西蒙山，东与沫水合也。县故青衣羌国也。……公孙述之有蜀也，青衣不服，世祖嘉之，建武十九年（公元43年）以为郡。安帝延光元年（公元122年）置蜀郡属国都尉。青衣王子心慕汉制，上求内附。"[⑥] 因此，青衣羌分布在青衣江流域，即今雅安地区及其与阿坝州连接地带。青衣羌在历史的发展中，大部分汉化，少量

① 何耀华《西南藏族史初探》，《思想战线》1985年第4期。
② 王钟翰主编《中国民族史》，中国社会科学出版社1994年版。
③ 《通典·边防五》，中华书局标点本1988年版。
④ 《后汉书·西羌传》，中华书局标点本1965年版。
⑤ 《后汉书·西羌传》，中华书局标点本1965年版。
⑥ 〔北魏〕郦道元注《水经注》，时代文艺出版社2001年版。

与今天四川雅安地区、阿坝州的藏族、彝族有一定的渊源关系。

白马羌。《史记・西南夷列传》记载："自冉駹以东北，君长以什数，白马最大，皆氐类也。"① 这里的白马指的是白马氐。在先秦时期，白马氐主要分布区在今绵阳市北部与甘南武都之间的白龙江流域。到了汉代，白马氐之地多见羌人活动，称为"白马羌"，说明羌人中的一支已迁入该地并占据主导地位且取得了"白马"的称号。这支羌人即《后汉书・西羌传》中所说的"或为白马种，广汉羌是也"② 的白马羌。这时的白马羌的分布地，除包括相当于今绵阳市北部的区域外，还向西延伸到松潘③。白马羌的一部分后来发展为今四川平武等地的白马藏人。

与氐羌关系紧密的还有冉駹夷、徙、筰都夷等。冉駹的活动中心相当于今四川茂县、汶川县和理县一带，汉武帝时于此地设立汶山郡。《史记・西南夷列传》记载："自筰以东北，君长以什数，冉駹最大。其俗或土箸，或移徙，在蜀之西。"④ 这反映出冉駹具有一定的势力，同时还处于部落阶段，在"君长"的统领之下进行活动。关于冉駹的更详细的情况，在《后汉书・西南夷列传》中有记载，"皆依山居止，累石为室，高者至十余丈，为邛笼。又土地刚卤，不生谷粟麻菽，唯以麦为资，而宜畜牧。有旄牛，无角，一名童牛，肉重千斤，毛可为毦。出名马。有灵羊，可疗毒。又有食药鹿，鹿麑有胎者，其肠中粪亦疗毒疾。又有五角羊、麝香、轻毛毼鸡、牲牲。其人能作旄毡、班罽、青顿、毞毲、羊羧之属。特多杂药。地有咸土，煮以为盐。麡羊牛马，食之皆肥"⑤。这里反映出冉駹住的是"邛笼"，即碉楼。目前川西北部分羌族仍住碉楼。在生产活动方面，冉駹是半农半牧，但畜牧业具有十分重要的地位。在手工业方面，煮盐业有所发展。民族医药也有了一定的发展。

徙、筰主要分布在今四川雅安、凉山州一带。徙是羌的一支，属外羌之列，应为牦牛种青衣羌，是从天全迁徙而来的。"筰"，有时也记为"笮"。筰都夷在秦汉以前主要分布在今汉源，汉代以后逐渐南迁。《汉书・地理志》越嶲郡下有定笮、笮秦、大笮等三县，可能是汉武帝以后笮都夷南迁所居之

① 《史记・西南夷列传》，中华书局标点本 1982 年第 2 版。

② 《后汉书・西羌传》，中华书局标点本 1965 年版。

③ 段渝著《玉垒浮云变古今：古代的蜀国》，四川人民出版社 2001 年版。

④ 《史记・西南夷列传》，中华书局标点本 1982 年第 2 版。

⑤ 《后汉书・西南夷列传》，中华书局标点本 1965 年版。

地。筰都夷是旄牛羌的一支，是旄牛种之白狗羌。《史记·大宛列传》正义说："筰，白狗羌也。"筰都夷的语言、服饰，《后汉书·西南夷列传》有少量记载："其人皆被发左衽，言语多好譬类，居处略与汶山夷同。"在经济生活方面，徙和筰都从事农牧业，但牧业所占比重较大。筰都出产的名马十分有名，是巴蜀商贾经常贩运的商品。在手工业方面，主要是煮盐业。《华阳国志·蜀志》中还简略记录了煮盐的过程："有盐池，积薪，以齐水灌，而后焚之，成盐。"①

西南地区的羌人，部落众多且分布甚广，并与氐、汉等民族交错杂居。在秦汉时期，由于受汉文化的影响及其他多方面的原因，羌人"内附"日益增多，如建武十三年（公元 37 年），广汉塞外白马羌楼登等种人五千多户数万人内属，楼登被光武帝封为"归义君长"。永元六年（公元94 年），蜀郡徼外大牂夷种羌豪造头待率种人内属的人数更是达到了惊人的 50 余万口②。大量羌人的内附，加速了他们汉化的进程。如冉駹夷"王侯颇知文书，而法严重"③。

西南地区氐羌的文化，《后汉书·西南夷列传》中有较多的反映："冉駹夷者，武帝所开。元鼎六年，以为汶山郡。至地节三年，夷人以立郡赋重，宣帝乃省并蜀郡为北部都尉。其山有六夷七羌九氐，各有部落。……贵妇人，党母族。死则烧其尸。土气多寒，在盛夏冰犹不释，故夷人冬则避寒，入蜀为佣，夏则违暑，反其（众）［聚］邑。……又土地刚卤，不生谷粟麻菽，唯以麦为资，而宜畜牧。有旄牛，无角，一名童牛，肉重千斤，毛可为毦。出名马。有灵羊，可疗毒。又有食药鹿，鹿麑有胎者，其肠中粪亦疗毒疾。又有五角羊、麝香、轻毛毼鸡、牲牲。其人能作旄毡、班罽、青顿、毞毲、羊羧之属。特多杂药。地有咸土，煮以为盐。麡羊牛马，食之皆肥。"④ 由此可知，这一带的氐羌在社会组织结构方面，部落还发挥着重要的作用。在丧葬方面，实行火葬。在生产方面，以畜牧业为主，牛马羊较多，并形成了相应的毛纺织方面的手工业。同时，在手工业方面，煮盐业有所发展，并且已懂得用盐来喂牛马羊等牲畜。民族医药有所发展，并有自己的特色。

---

① 《华阳国志·蜀志》，中华书局标点本 1985 年版。

② 王钟翰主编《中国民族史》，中国社会科学出版社 1994 年版。

③ 《后汉书·西南夷列传》，中华书局标点本 1965 年版。

④ 《后汉书·西南夷列传》，中华书局标点本 1965 年版。

（二）僰

僰是中国古代民族之一，属于古代氐羌系统。秦以前，僰人主要分布在以今四川宜宾为中心的地区，所以颜师古在《汉书注》中才说“古僰侯国也”[①]。《史记·司马相如列传》载：“南夷之君，西僰之长，常效贡职，不敢怠堕，延颈举踵，喁喁然皆争归义，欲为臣妾，道里辽远，山川阻深，不能自致。”[②]《史记集解》注引徐广曰：“（僰）羌之别种也。”《史记·平津侯主父列传》载严安上书说：“今欲招南夷，朝夜郎，降羌僰……”[③] 这些记载，都说明了僰人属氐羌系统中的一支。

僰人在今西南地区曾建立过“僰侯国”。到汉武帝时，僰侯国的僰人已经成了郡县制下的臣民。到了汉朝，对僰人的记载渐渐多起来而且较为详细。《说文·人部》僰字条载：“僰，犍为蛮夷也。”《史记·司马相如列传》载：“会唐蒙使略通夜郎、西僰中，……”[④] 此时的僰人已是郡县制下的臣民。犍为郡为汉武帝建元六年（公元前 135 年）设置，下辖 12 个县级行政单位，僰人便居住在僰道。

僰道是僰人聚居区，除僰道有僰人外，其他地方亦有僰人分布。《吕氏春秋·恃君览·恃君》载：“氐羌呼唐，离水（离碓，在岷江中）之西；僰人野人，篇笮之川……”[⑤] 根据方国瑜先生的研究，“离水”即李冰“凿离堆”之“离堆”，在岷江中，僰人在其西[⑥]。这反映了今川西北岷江流域当时也有僰人居住。《华阳国志·蜀志》载：“（蜀国保子帝）攻青衣（今雅安），雄张僚僰。”[⑦] 这反映了今四川雅安当时也有僰人分布。此外，今云南东北部、中部也有部分僰人。

僰是农业民族。《华阳国志·蜀志》中记载僰道有荔枝、姜、蒟，其中荔枝十分有名。在文化素质方面，僰比周边民族要高。《水经注·江水》引《地理风俗记》说：“夷中最仁，有人道，故字从人。”[⑧]

---

① 转引自《汉书·地理志》，中华书局标点本 1962 年版。
② 《史记·司马相如列传》，中华书局标点本 1962 年第 2 版。
③ 《史记·平津侯主父列传》，中华书局标点本 1962 年第 2 版。
④ 《史记·司马相如列传》，中华书局标点本 1962 年第 2 版。
⑤ 〔战国〕吕不韦撰《吕氏春秋》，上海古籍出版社 1989 年版。
⑥ 方国瑜著，秦树才、林超民整理《云南民族史讲义》，云南人民出版社 2013 年版。
⑦ 刘琳校注《华阳国志校注》，巴蜀书社 1984 年版。
⑧ 王文光等著《中国西南民族关系史》，中国社会科学出版社 2005 年版。

（三）叟

叟是氐羌系统的民族。周朝以前，叟已从氐羌中分化出来。叟人中的先进部分被称为蜀人，曾参加周武王伐纣的牧野之战。秦汉时期，叟人在今云南的人口仅次于昆明（按：族称），故《华阳国志·南中志》载：“夷人大种曰昆，小种曰叟。”①

叟或又写为嶲。汉代设置了越嶲郡（今四川凉山州地区），意思为跨越嶲水（今安宁河）而设的郡，则嶲水是因为有叟人而得名。《三国志·蜀书·张嶷传》将越嶲郡的嶲人记为“叟夷”：“初，越嶲郡自丞相亮讨高定之后，叟夷数反。”②

除越嶲郡之外，其他地方也有叟人分布。《史记·西南夷列传》载：“西自同师（今保山市）以东，北至楪榆（今大理州）名为嶲、昆明。”③另外，1936 年在云南昭通发现“汉叟邑长”印，也说明滇东北有叟人分布。这样看来，可能在川滇交界的滇西、川南、滇北、滇东北都有叟人分布。如果是这样，叟人的分布是比较广的。

（四）昆明

昆明是氐羌系统民族中较大的一个民族群体，最早分布在今滇西地区，并与叟杂居。《史记·西南夷列传》载：“西至同师以东，北至楪榆，名为叟、昆明。皆编发，随畜迁徙，毋常处，毋君长，地方可数千里……皆氐类也。”④可见，《史记》中把昆明记为氐羌类，但昆明并非古老的氐羌民族，而是由西北进入西南的氐羌为主体与当地的原住民融合而成的新民族群体，而且分布也要比司马迁在《史记》中所记载的要广。到东汉时，除今滇西外，滇中地区也有大量昆明出现。《后汉书·西南夷列传》载：“建武十八年（公元 42 年），夷渠帅栋蚕与姑复（今四川盐边至云南华坪一带）、楪榆、梇栋（今楚雄彝族自治州大部）、连然（今安宁市）、滇池（今晋宁）、建伶（今昆明至易门一带）昆明诸种反叛。”⑤这反映出当时滇中地区有许多昆明居住，并有较强的势力。此外，越嶲郡也有昆明。《史记·西南夷列传》集解引徐广曰：

---

① 刘琳校注《华阳国志校注》，巴蜀书社 1984 年版。

② 《三国志·蜀书·张嶷传》，中华书局标点本 2011 年版。

③ 《史记·西南夷列传》，中华书局标点本 1962 年第 2 版。

④ 《史记·西南夷列传》，中华书局标点本 1962 年第 2 版。

⑤ 《后汉书·西南夷列传》，中华书局标点本 1965 年版。

"昆明，嶲州县，盖南接昆明之地，因名焉。"① 昆明之所以东迁，可能与汉族从四川进入滇西有关。在汉族势力的挤压之下，昆明选择东迁。

（五）摩沙夷

摩沙夷为纳西族的先民，东汉时期已从氐羌系统中分化出来。关于摩沙夷的记载，最早见于《华阳国志·蜀志》："（定筰）县在郡西，渡泸水，宾刚徼，曰摩沙夷，有盐池，汉末，夷皆固之。"② 据方国瑜、和志武两位先生的研究，在氐羌系统的民族中，"白狼羌人"的语言和近代纳西语言系属关系最为密切。从语言关系密切的角度，推断其族属渊源关系也是很密切的。因而可以认为摩沙是以白狼羌为主体发展而来的。而白狼羌是先秦时期进入西南的羌人中的一支。所以，摩沙夷是由西北进入西南的氐羌与当地原住民融合后在东汉时期形成的一个民族群体。

（六）賨

賨人是巴人中的一支。《隋书·地理志》在追叙汉代史事时载："汉高发巴蜀之人定三秦，近巴之渠帅七姓居商、洛（今陕西商县）之地，由是风俗不改其壤，其人自巴来者，风俗犹同巴郡。"③ 此处没有指明所征发民族的族属，但李善在注《文选·蜀都赋》时引应劭《风俗通义》"巴有賨人，剽勇，高祖为汉王时，阆中人范目说高祖募取賨人，定三秦，封目为阆中慈凫乡侯，并复除目所发賨人卢（罗）、朴、沓（昝）、鄂、度、夕、袭（龚）七姓，不供租赋"④。从两段史料的对比来看，则賨人当为巴人。20 世纪 60 年代，在雅安青衣江畔曾发现賨侯铜印，从印的形制及印文来看，是汉朝的器物。杨慎在《徙阳县辨》中引《玉篇》叟注曰："犹国夏为防风氏，周为髦，汉之賨叟地，在蜀之边。"汉武帝在严地道区设徙县，据此，则汉代严地道区有賨人分布"⑤。随着历史的发展，分布在川、鄂、湘连接地区的賨人大部分融入汉族中，少部分与今天的土家族先民有关。

从"其居处风俗，衣服饮食，颇同于獠，而亦与蜀人相类"⑥ 来看，賨

① 转引自《史记·西南夷列传》，中华书局标点本 1962 年版。

② 刘琳校注《华阳国志校注》，巴蜀书社 1984 年版。

③ 《隋书·地理志》，中华书局 1973 年版。

④ 〔梁〕萧统编，〔唐〕李善注《文选》（一），山东画报出版社 2004 年版。

⑤ 何元灿《严道賨人考》，载林向、李绍明、徐南洲主编《巴蜀历史·民族·考古·文化》，巴蜀书社 1991 年版。

⑥ 《隋书·地理志》，中华书局 1973 年版。

人与僚、蜀的往来比较多，故受其影响也比较大，乃至于风俗、服饰都有许多相同或相似之处。

（七）哀牢

哀牢是滇西南地区存在的一个比较大的部落联盟，直到东汉才为人所知。《后汉书·西南夷列传》和《华阳国志·南中志》都对哀牢有记载。《华阳国志·南中志》还提到哀牢“南中昆明祖之，故诸葛亮为其国谱也”。从“南中昆明祖之”及后来《蛮书》所记南诏王异牟寻“自言本永昌沙壶之源也”来看，哀牢应是昆明（按：族称）中向西南发展的一支，在征服了滇西地区其他民族后定居下来，形成一个以该族群为中心的包括多个部落的部落联盟集团。这个集团分布极广，包括了今保山市的西部和南部、临沧市、普洱市、德宏州、西双版纳州一带，甚至还越出了今德宏州、临沧市、西双版纳州的边境之外。这个部落联盟集团的族属也十分复杂，有属于氐羌系统的哀牢人，有属于孟高棉语族的濮人即唐时的“扑子蛮”“望外喻”等，还有属于百越系统的“鸠僚”。在这三大系统的民族中，以哀牢实力最强。由于处于通向南亚、东南亚的交通要道上，在汉王朝势力还未延伸到此之前，哀牢更多是受到南亚、东南亚文化的影响[①]。

哀牢有着独特的习俗，在优越的自然生态环境条件下，农业生产已发展到一定水平，分布区内有着丰富的自然资源。《后汉书·西南夷列传》载：“哀牢人皆穿鼻儋耳，其渠帅自谓王者，耳皆下肩三寸，庶人则至肩而已。土地沃美，宜五谷、蚕桑。知染采文绣，罽㲪帛叠，兰干细布，织成文章如绫锦。有梧桐木华，绩以为布，幅广五尺，洁白不受垢污。先以覆亡人，然后服之。其竹节相去一丈，名曰濮竹。出铜、铁、铅、锡、金、银、光珠、虎魄、水精、琉璃、轲虫、蚌珠、孔雀、翡翠、犀、象、猩猩、貊兽。”[②]

西南氐羌系统民族情况复杂，民族文化也呈现出多样化的特点。从生产方式来看，既有以游牧为主的民族，又有定居的农耕民族，其社会发展程度也是大不相同的。对此，《史记·西南夷列传》做了十分简练的描述：“西南夷君长以什数，夜郎最大；其西靡莫之属以什数，滇最大；自滇以北君长以什数，邛都最大；此皆魋结，耕田，有邑聚。其外西自同师以东，北至楪榆，

① 王文光等著《中国西南民族关系史》，中国社会科学出版社2005年版。

② 《后汉书·西南夷列传》，中华书局标点本1965年版。

名为嶲、昆明，皆编发，随畜迁徙，毋常处，毋君长，地方可数千里。”[①]

二、百越系统民族及其文化

（一）滇越

滇越的分布区十分广，包括今滇西南、缅甸掸邦至印度阿萨姆地区。从史籍记载来看，滇越最早见于《史记·大宛列传》所载：“昆明之属无君长，善寇盗，辄杀略汉使，终莫得通。然闻其西可千余里有乘象国，名曰滇越，而蜀贾奸出物者或至焉。”张守节《正义》注载：“昆、郎等州皆滇国也。其西南滇越、越嶲则通号越。”[②] 此注首先以滇作为方位基准，说明滇越在滇西南，这是对的，但把越嶲也当作越则误。

从分布来看，除了在相当于今滇西南的地区有滇越分布之外，与滇西南毗邻的缅甸掸邦直至印度阿萨姆地区，都有滇越分布。《三国志·魏书·乌丸鲜卑东夷传》注引《魏略·西戎传》载：“盘越国一名汉越王，在天竺东南数千里，与益部相近，其人小与中国人等，蜀人贾似至焉。”[③] 这盘越便是滇越分布在相当于今北掸邦至印度阿萨姆地区的那部分。从人种的角度看与越人无异，同为蒙古利亚人种，故言“其人小与中国人等”。因此，在秦汉时期，通过滇越，西南民族与印度等南亚国家有较多的往来，滇越在西南民族与印度等南亚国家的往来中发挥着重要作用。

（二）滇人

滇人分布地以滇池为中心，史书最早记载滇人的是《史记·西南夷列传》：“其（指夜郎）西，靡莫之属以什数，滇最大……此皆魋结，耕田，有邑聚。”[④] 这反映了滇人是一个定居的农耕民族。从族属上看，滇人应该属于古代百越民族群体。关于这一结论，虽然没有确切的史料为证，但从滇池地区发现的考古遗物来看，滇人应属百越民族群体中的一部分。在这方面，张增琪先生有较多的研究[⑤]。

有肩石斧和有段石。这两种文化器物主要分布在长江以南地区。目前，考古学界和历史学界大多认为它们是百越遗留下的典型文化器物。在滇人分

---

① 《史记·西南夷列传》，中华书局标点本 1982 年第 2 版。

② 《史记·大宛列传》，中华书局标点本 1982 年第 2 版。

③ 《三国志·魏书·乌丸鲜卑东夷传》，中华书局标点本 2011 年版。

④ 《史记·西南夷列传》，中华书局标点本 1982 年第 2 版。

⑤ 详见云南省博物馆编《云南青铜文化论集》，云南人民出版社 1991 年版。

布区出土了大量的有肩石斧。其石料多选用灰白色砂岩，器形扁平，肩部呈直角形，刃端略呈倾斜状，通体磨光。这一类有肩石斧无论选材、器形和制法，都和广西西部地区发现的有肩石斧相同。而广西自古便是百越聚居区，则滇人的族属自明。滇池地区发现的有段石数量更多，在江川李家山、安宁王家滩、昆明王家屯、晋宁石寨山等地都有出土。

铜鼓。不论是文献记载还是考古材料都表明，古代骆越以西、以南的百越各部都普遍使用铜鼓。铜鼓是他们的典型器物。据《后汉书·马援列传》载，马援“好骑，善别名马，于交趾得骆越铜鼓，乃铸为马式”[①]。可见铜鼓出自百越民族群体中的骆越无疑。滇池地区近年来共出土铜鼓 27 面。许多青铜器上还有不少铜鼓图像。使用这些铜鼓的人是滇人。

文身、断发。百越民族普遍有断发、文身的习俗。这在古文献中屡见不鲜。《庄子·逍遥游》载：“宋人资章甫适诸越，越人断发文身，无所用之。”[②] 又《史记·越王句践世家》载：“越王句践，其先禹之苗裔，而夏后帝少康之庶子也。封于会稽，以奉守禹之祀。文身断发，披草莱而邑焉。”[③] 古代滇池地区的滇人，也有文身习俗。如晋宁石寨山出土的铜鼓，刻画着一个盛装的骑士，此人头饰羽毛，其裸露的腿部画着一条蛇；另一柄青铜剑上，刻画着一个手持短剑的武士和一只老虎搏斗，此人腿部也有花纹。当然，也不能机械地将有文身习俗的民族都等同于百越民族。如怒族等民族有文身习俗，但他们却不是百越后裔，而同样有文身习俗的傣族却是百越后裔。因此，只有将许多文化因素综合起来考察，才能得出正确的结论。

居干栏。百越民族多居干栏式建筑，被公认为百越先民的河姆渡文化创造者住的就是干栏式建筑。从文献上看，百越后裔也在干栏式建筑中居住。《魏书·僚传》载：“依树积木，以居其上，名曰‘干栏’。干栏大小，随其家口之数。”[④] 古代滇人也居干栏式房屋，晋宁石寨山、江川李家山出土的青铜器上，都有这一类建筑图像。当然，干栏式建筑是热带、亚热带居民适应生态环境的产物，也不是百越民族唯一的建筑文化。如南亚语系的佤族也住干栏式房屋。

---

① 《后汉书·马援列传》，中华书局 1965 年版。

② 方勇译注《庄子》，中华书局 2010 年版。

③ 《史记·越王句践世家》，中华书局标点本 1962 年版。

④ 《魏书·僚传》，中华书局标点本 1974 年版。

将以上多种出现在滇池地区的文物及其文化特点综合起来，将人与物联系起来，滇人应是百越的一支。

在滇人创造的文化中，青铜文化颇具特色。一是形式多样的青铜农具。在中国青铜文化中，农具是比较少的，但滇人的青铜农具不仅数量多，而且种类也很多。这反映出滇人的农业是比较发达的。二是仿生兵器。滇人的青铜兵器，不仅仿制中原地区的，还模仿动物的某一部位来制作，如鸟头型铜啄、鸭嘴形铜斧、蛇头形铜叉等。三是滇国特有的贮放贝币的贮贝器。这些贮贝器的腰部及盖上都有形象逼真的人物和动物图像，而且牛的数量最多。牛的数量多，反映出畜牧业在滇国曾经占有重要地位。四是动物纹扣饰。在滇国装饰品中，有很大一部分为动物纹铜扣饰。不过，从时间上来看，滇国青铜文化不同时期的特征是不同的。在战国之前，由于对外交流少，滇人的青铜文化表现出浓郁的地方特点和特有的民族风格。但到了西汉王朝在滇池地区设县后，随着汉民族及其文化的进入，滇人的青铜器也随之发生了新的变化。如早期的铜伞、铜枕、贮贝器及动物纹扣饰已经很少或者不见了。大量铁制的“汉式器物”逐渐取代了具有滇人文化特征的青铜器。到了东汉后期，滇人文化基本消失[①]。

（三）夜郎

夜郎亦始见于《史记·西南夷列传》：“西南夷君长以什数，夜郎最大。”[②]此处所指的夜郎实为分布在相当于今贵州省的那部分。其近亲集体也有分布在湘黔相连接地带者。相当于今湖南新晃一带，古代曾有夜郎的一部分存在过。唐代还在相当于今湖南省新晃县东北的舞阳设过夜郎县。还可能有一部分夜郎人在汉灭夜郎设郡后，向南移到中南半岛北部，因为《后汉书·西南夷列传》载，“安帝永初元年（公元 107 年），九真徼外夜郎蛮夷举土内属，开境千八百四十里”[③]。东汉时的九真郡的地理位置相当于今越南清化一带，由此向东为大海，故开境千八百四十里只能是向西，因而东汉时九真徼外千八百四十里的这部分夜郎分布区显然在今老挝上寮一带。这些夜郎到唐代已称为“生僚”。《太平寰宇记》卷一七一载：“爱州，西至生僚界水路一百九

① 王文光、李晓斌著《百越民族发展演变史：从越、僚到壮侗语族各民族》，民族出版社 2007 年版。

② 《史记·西南夷列传》，中华书局标点本 1982 年第 2 版。

③ 《后汉书·西南夷列传》，中华书局标点本 1965 年版。

十里。”唐代的爱州的地理位置相当于东汉的九真郡一带。其西的水路有二，一条为马江，一条为朱江，沿着这两条江向西皆可到达老挝上寮地区。如果按一百九十里计算，恰好到达老挝桑怒一带。这与前述不谋而合，二者可互相印证。这部分由夜郎变化而来的“生僚”后来便演化为仡佬族的一部分[①]。

关于夜郎的族属，目前史学界观点基本趋同，通常认为是百越民族群体中的一部分。尤中先生认为：“夜郎乃越部落集团的一部分，南越境内的越人和夜郎部落群体，是同一语言系统中的不同部分。”[②] 罗香林先生认为：“（夜郎）与骆越有同族关系，夜郎种人应属于越族系统。”[③] 史继忠、翁家烈经过大量论证后亦言：“从语言、考古等方面的资料看，夜郎地区的居民确与越人情况相符。……我们认为，夜郎地区的居民，在古代属于‘百越’体系。”[④]也有不言夜郎为越而言夜郎为僚者。方国瑜先生认为：“僚即夜郎，……为后世属于壮语支各族之先民。”[⑤] 刘琳先生也说：“夜郎周围的部落是越族或僚族，夜郎国灭亡之后牂牁郡地区的主要居民还是僚族。因此，我们更有理由认为夜郎人也属于僚。”[⑥] 僚为百越民族群体之后裔。这在史学界已成为定论，所以不管说夜郎是越或僚，其族属皆同。

据史载，夜郎存在的时间是汉武帝元鼎六年（公元前 111 年）到汉成帝河平二年（公元前 27 年），共 84 年。其后被牂牁太守陈立所灭。此后，关于夜郎的记载未再出现。而同一地区则出现了僚，可见大部分夜郎后裔又转而以僚称，但这已是东汉以后的事了。《后汉书·西南夷列传》载：“武帝元鼎六年（公元前 111 年）平南夷，为牂柯郡，夜郎侯迎降，天子赐其王印绶，后遂杀之。夷僚咸以竹王非血气所生，甚重之，求立为后。”[⑦]

夜郎的经济属于“耕田有邑聚”的类型。从考古资料来看，夜郎鼎盛时

---

① 王文光著《中国古代的民族识别》，云南大学出版社 1997 年版。

② 尤中著《西南民族史论集》，云南民族出版社 1982 年版。

③ 罗香林《古代百越分布考》，载中南民族学院民族研究所编《南方民族史论文选集》（一），中南民族学院研究所内部刊物，1982 年印。

④ 史继忠、翁家烈《试论夜郎的族属关系》，载贵州省哲学社会科学研究所编《夜郎考》论文集之一，贵州人民出版社 1979 年版。

⑤ 方国瑜著《中国西南历史地理考释》，中华书局 1987 年版。

⑥ 刘琳《夜郎族属试探》，贵州省社会科学院历史研究所编《夜郎考》论文集之三，贵州人民出版社 1983 年版。

⑦《后汉书·西南夷列传》，中华书局标点本 1965 年版。

期的农业已是“火耕而水耨”的锄耕农业。生产工具有较先进的铁器和铜器，也有原始的石器和木器。这反映了夜郎内部发展不平衡。夜郎的手工业有冶铸、制陶、玉器和骨器加工等，并形成了一定的规模。产品主要有兵器、生产工具、生活用具等。由于地处楚、南越、滇和巴蜀之间，夜郎的商业贸易也有所发展。当时蜀国生产的铁器及蒟酱通过夜郎转销到滇及南越等地。夜郎民族的头饰为魋结，有信仰鬼巫的习俗，并有较多的禁忌。从“牂牁”一词和“竹王”的传说来看，夜郎存在祖先崇拜和原始的生殖崇拜。在赫章发掘的近三百座战国至西汉的民族墓葬中，大约有十分之一的墓葬是用铜鼓、铜斧或铁斧套在死者头部而葬的。这种套头葬俗是夜郎民族一种独特的文化现象。夜郎的青铜文化和陶文化也独具特色①。一些陶器上的符号，可能是古彝文。

（四）越裳

越裳是百越民族中分布在红河以西南最古老的一部分，最早见于《竹书纪年》的记载：“十年，王命唐叔虞为侯。越裳氏来朝。”② 这是公元前10世纪左右的事，但越裳分布地不详。《尚书大传》载：“三苗为一穗，抑天下共和为一乎，果有越裳氏重译而来。交趾之南有越裳国，周公居摄六年，制礼作乐，天下和平。越裳以三象重九译而献白雉，曰：‘道路悠远，山川阻深，恐使之不通，故重九译而朝。’成王以归周公，公曰：‘德泽不加焉，则君子不飨其质，政令不施焉，则君子不臣其人。吾何以获此赐也！’其使请曰：‘吾受命吾国之黄耇曰久矣，天之无别风淮雨，意者中国有圣人乎，有则盍往朝之。’周公之于乃归之于王，称先王之神致，以荐于宗庙。周既衰，于是稍绝。”③《后汉书·西南夷列传》沿用《尚书大传》的内容，稍做改动：“交趾之南有越裳国。周公居摄六年，制礼作乐，天下和平，越裳以三象重译而献白雉，曰：‘道路悠远，山川阻深，音使不通，故重译而朝。’成王以归周公。公曰：‘德不加焉，则君子不飨其质；政不施焉，则君子不臣其人。吾何以获此赐也！’其使请曰：‘吾受命吾国之黄耇曰，久矣，天之无烈风雷雨，意者中国有圣人乎？有则盍往朝之。’周公乃归之于王，称先王之神致，以荐于宗

① 唐文元、刘卫国著《夜郎文化寻踪》，四川人民出版社2002年版。
② 〔梁〕沈约注《竹书纪年集解》，文益书局1936年版。
③ 王云五主编，郑玄注、王闿连补注《尚书大传》，商务印书馆1937年版。

庙。周德既衰，于是稍绝。”[①] 可见，《后汉书》中对越裳的记载基本上是沿用了《尚书大传》的记载，只在个别地方做了修改。事隔千年之后，越裳又向汉朝入贡。《汉书·平帝纪》载：“元始元年（公元元年）春正月，越裳氏重译献白雉一、黑雉二，诏使三公以荐宗庙。”颜师古注说：“越裳，南方远国也。译谓传言也，道路绝远，风俗殊隔，故累译而后乃通。”[②]

以上史料或言交趾之南，或言南方远国，但都未详越裳之分布区。《册府元龟》卷九五七外臣类条载：“南蛮林邑国，虾邑海岛中小国，古越裳之界也。在交州南，海行三千里，北连九真。秦时故林邑县，汉象林县。后汉伏波将军马援开汉南境，置此县。其地纵广可六百里，城去海百二十里，去日南界四百余里，北接九真郡。其南界，水步道二百余里，有西国夷，亦称王。马援植两铜柱，表汉界处也。”[③] 由于北连九真郡，说明越裳在日南郡一带。马端临《文献通考》（下册）卷三二一《四裔考八》林邑条则明确了越裳在日南郡：“林邑国，秦象郡林邑县地。汉为象林县，属日南郡，古越裳之界也。”[④] 又《元和郡县图志》卷三八《岭南道五》驩州条载：“驩州（按：汉属日南郡）古越地，九夷之国，越裳氏重九译者也。在秦为象郡。汉平南越，又置九真。吴归命侯天纪二年（公元 278 年），分九真之咸驩县置九德县，属交州。梁武帝于此置德州，隋开皇十八年（公元 598 年）改驩州，取咸驩县为名也。大业三年（公元 607 年）改为日南郡。武德五年（公元 622 年）改为南德州，仍置总管府，贞观元年（公元 627 年）改为驩州，兼管羁縻州六。……管县二：九德，越裳。……越裳县，本吴所置，因越裳国以为名也。”[⑤] 从以上史料的记载来看，都说越裳在汉日南郡界内。然而结合后来的史料和考古发现，越裳的分布区相当于今中国云南省的南部、西南部以及中南半岛北部的广大地区。后来以越裳为主体发展为掸傣民族。《汉书·王莽传》载：“始，风益州令塞外蛮夷献白雉，元始元年（公元元年）正月，莽白太后下诏，以白雉荐宗庙，……太后乃下诏曰：‘大司马新都侯莽三世为

---

① 《后汉书·西南夷列传》，中华书局标点本 1965 年版。

② 《汉书·平帝纪》，中华书局标点本 1962 年版。

③ 〔宋〕王钦若等编纂《册府元龟》卷九五七《外臣部二·国邑》，凤凰出版社 2006 年版。

④ 〔元〕马端临撰《文献通考》，中华书局 1986 年版。

⑤ 〔唐〕李吉甫撰《元和郡县图志》，中华书局 1983 年版。

公，典周公之职，建万世策，功德为忠臣宗，化流海内，远人慕义，越裳氏重译献白雉。'"[①] 从当时的情况看，益州塞外，当指中南半岛北部。因为汉代益州郡以南和以西是今伊洛瓦底江、怒江、澜沧江流域今掸傣民族的分布区。在这一地区，历史上不见有大规模的民族迁徙的记载。

综合以上的分析来看，越裳的分布范围当西起伊洛瓦底江流域经怒江流域到澜沧江中下游，向东到日南郡。这一广大地区属具有亲缘地理关系的区域，历史上是掸傣民族群体先民的分布区。仅言越裳在日南是失之偏颇的。因为汉代的日南郡的地理范围即今越南广平省、广治省、承天省的地理范围，而这一地区是整个越南东西方向的最狭处，只有五十公里宽[②]。再查《中国历史地图集·隋唐五代》岭南道西部，则见驩州所辖的九德、越裳两县离老挝亦不过五十公里而已。对此，《滇黔志略》卷一载："'老挝，古越氏苗裔，又名南掌国，地在普洱府边界。'按史又称交趾为越裳氏，盖交趾亦与老挝接壤故也。"[③] 此说证明交趾的古越民族群体与老挝的一些民族群体同类，在地理上是连成一片的，历史上有密切的共源关系。方国瑜先生在《新纂云南通志》卷二三中更明确地指出："普洱府，南邻越裳，西通缅甸，左据李仙之水，右跨九龙之江。"[④] 由此可见越裳分布之一斑。徐松石亦言："越裳氏的根据地即今老挝，而他们的领域似乎包括了今日的缅甸、暹罗（泰国）、安南（越南）的大部分。"[⑤] 从古至今，民族的分布是不受国界限制的，故越裳的分布区不仅限于日南郡，还应该包括其西部、西北部的广大地区。因此，周成工时代的越裳广泛地分布丁骆越以西南之地，即今中南半岛北部、云南西南部；降至西汉，中南半岛西北部的一部分越裳见称滇越，东南部的仍称越裳；而东汉时，滇越和越裳这两种族称都悄然而逝，不知所终，但却突然出现了永昌徼外和日南徼外的掸，实际上他们便是原来的越裳，是不同时期中原史家对同一民族群体名称的不同记载。如果从上古音韵的变化来考察越裳、滇、掸之间的关系，就不难看出他们之间的联系。王文光、李晓斌《百越民

---

① 《汉书·王莽传》，中华书局标点本 1962 年版。

② 《各国概况》编辑组编《各国概况·越南》，世界知识出版社 1979 年版。

③ 〔清〕谢圣纶辑，古永继校点《滇黔志略点校》，贵州人民出版社 2008 年版。

④ 李春龙、刘景毛等校点《新纂云南通志》卷二三《地理考三》，云南人民出版社 2007 年版。

⑤ 徐松石著《粤江流域人民史》，上海中华书局 1939 年版。

族发展演变史：从越、僚到壮侗语族各民族》一书中有专门的研究[①]。

裳与掸。二字为同音异写，掸今读为（shàn），这是舌上音。钱大昕认为，古无舌上音，只有舌头音。王力先生说："钱氏认为古无舌上音……当中国古代舌上与舌头不分时，我们当然倾向于相信舌上归入舌头，而古代没有舌上音了。"[②] 对古无舌上音这一结论，中外古汉语音韵学家皆以为然，那么，"裳"在古代的发音便是舌头音，与"掸"音近。

掸与滇。掸，《说文解字》载："掸，提持也，从手单声，徒旱切。"滇，《说文解字》载："益州池水，从水真声，都年切。"掸，《康熙字典》载："《唐韵》徒旱切，《集韵》荡旱切，从但上声。"滇，《康熙字典》载："《唐韵》《韵会》《正韵》都年切，音颠。"可见以上三字发音基本相同，而且韵母（an）全部相同。这说明了越裳之"裳"，滇越之"滇"及"掸"是中原史家在不同时期对同一分布区域内的同一民族群体的不同称谓，是音同异写。对此，《隋书·南蛮传》中曾载："南蛮杂类，与华错居，曰蜒……，俱无君长，随山洞无居，古先所谓百越是也。"[③] 文中的蜒与掸的音同绝非偶然。今天中南半岛北部、中国云南南部和西南部的掸、傣都自称（dai）。泰自称（tai）亦可反证之。

越裳是一个分布甚广的民族群体，其内部的联系是比较松散的，还没有形成一个统一的政权组织，各部分的对外交往也是分别进行的。于是便出现了永昌徼外、日南徼外等分别入贡之事。

滇越，最早见于《史记》。《史记·大宛列传》载："昆明之属无君长，善寇盗，辄杀略汉使，终莫得通。然闻其西可千余里有乘象国，名曰滇越，而蜀贾奸出物者或至焉，于是汉以求大夏道始通滇国。"张守节《正义》注载："昆、郎等州皆滇国也。其西南滇越、越巂则通号越，细分而有巂、滇等名也。"[④] 此注首先以滇作为方位基准，说明滇越在滇西南，这是对的，但把越巂也当作越则误。滇越的分布区是广阔的，相当于今滇西南、缅甸掸邦至印度阿萨姆地区。《三国志·魏书·乌丸鲜卑东夷传》注引《魏略·西戎传》

① 王文光、李晓斌著《百越民族发展演变史：从越、僚到壮侗语族各民族》，民族出版社 2007 年版。

② 王力著《汉语音韵学》，中华书局 1980 年版。

③ 《隋书·南蛮传》，中华书局 1973 年版。

④ 《史记·大宛列传》，中华书局标点本 1962 年版。

载："盘越国一名汉越王，在天竺东南数千里，与益部相近，其人小与中国人等，蜀人贾似至焉。"① 这磐越便是滇越分布在相当于今北掸邦至印度阿萨姆地区的那部分。从人种学的角度看与越人无异，同为蒙古利亚人种，故言"其人小与中国人等"。《后汉书·西域传》亦载："天竺国一名身毒，在月氏之东南数千里。……南至西海，东至磐起国，皆身毒之地。"② 此处的"磐起"当为"磐越"之讹。《梁书·中天竺国传》所记与《后汉书·西域传》大致相同："中天竺国，在大月支东南数千里，地方三万里，一名身毒。……南至西海，东至磐越，列国数十，每国置王，其名虽异，皆身毒也。"③ "磐起"作"磐越"，足证《后汉书》中的"磐起"就是"磐越"。

东汉以后，史家则将滇越称为掸。掸，最早见于《后汉书》。《后汉书·和殇帝纪》载："（永元）九年（公元 97 年）春正月，永昌徼外蛮夷及掸国重译奉贡。"④《后汉书·安帝纪》又载："（永宁）元年（公元 120 年）十二月，永昌徼外掸国遣使贡献。"⑤ 然而记载此事最详者为《后汉书·西南夷列传》："（永元）九年，徼外蛮及掸国王雍由调遣重译奉国珍宝，和帝赐金印紫绶，小君长皆加印绶、钱帛。……永宁元年，掸国王雍由调复遣使者诣阙朝贺，献乐及幻人，能变化吐火，自支解，易牛马头。又善跳丸，数乃至十。……明年（永宁二年，即公元 121 年）元会，安帝作乐于庭，封雍由调为汉大都尉，赐印绶、金银、彩缯各有差也。"⑥ 袁宏的《后汉纪》亦载："及安帝元初中，徼南塞外檀（按：即掸）国献幻人，能变化吐火，自支解，又善跳丸，能跳十丸。其人曰：'我海西人，出自大秦国。'自交州塞外，檀国诸蛮夷相通也。又有 道与益州塞外通。"⑦ 如果说周公时是华夏族认识中南半岛北部越民族群体之始的话，那么东汉时期则是汉民族与之交往的第一个高潮。

综上所述，掸既与永昌郡相连，又与日南郡毗邻，能先后多次从两路与东汉王朝交往，说明掸人的分布区在地域上是连成一片的。故《后汉纪》才

---

① 《三国志·魏书·乌丸鲜卑东夷传》，中华书局标点本 2011 年版。

② 《后汉书·西域传》，中华书局标点本 1965 年版。

③ 《梁书·中天竺国传》，中华书局 1973 年版。

④ 《后汉书·和殇帝纪》，中华书局标点本 1965 年版。

⑤ 《后汉书·安帝纪》，中华书局标点本 1965 年版。

⑥ 《后汉书·西南夷列传》，中华书局标点本 1965 年版。

⑦ 〔晋〕袁宏撰，李兴和校点《后汉纪集校》，云南大学出版社 2008 年版。

会说："自交州塞外，檀国诸蛮夷相通也。"泰国历史学家素察的相关研究[①]，以及现在与我国相邻的掸族自称为"傣茂"、"傣泐"和"傣纳"，缅甸西北部和印度阿萨姆邦的一部分掸族自称"傣坎提"[②]，这些都更加清楚地表明掸傣民族是以百越民族群体为主体发展而来的。

与氐羌系统民族相比，百越系统民族最显著的文化特征之一就是稻作文化。百越民族分布的地区大多为亚热带、热带地区，既有大河，又有丘陵和沿海冲积平原。这些地区土地肥沃、气候暖湿、雨量充沛、古木参天、植被好，很适合稻谷生长。从考古资料来看，百越民族既懂得种水稻，也会选育优良品种。在贵县罗泊湾一号墓出土了稻粒和一块书有"仓种"的木牍。经考证，仓种是一种经过选择的稻谷[③]。

在宗教信仰方面，百越民族有图腾崇拜。如僚的竹图腾崇拜。《后汉书·西南夷列传》载："夜郎者，初有女子浣于遁水，有三节大竹流入足间，闻其中有号声，剖竹视之，得一男儿，归而养之。及长，有才武，自立为夜郎侯，以竹为姓。武帝元鼎六年（公元前111年），平南夷，为牂牁郡，夜郎侯迎降，天子赐其王印绶。后遂杀之。夷僚咸以竹王非血气所生，甚重之，求为立后，牂牁太守吴霸以闻，天子乃封其三子为侯。死，配食其父。今夜郎县有竹王三郎神是也。"[④]

除竹王传说外，在今云南也还有同样的感生神话。《后汉书·西南夷列传》载："哀牢夷者，其先有妇人名沙壹，居于牢山，尝捕鱼水中，触沈木若有感，因怀孕，十月，产子男十人。后沈木化为龙，出水上。沙壹忽闻龙语曰：'若为我生子，今悉何在？'九子见龙惊走，独小子不能去，背龙而坐，龙因舐之。其母鸟语，谓背为九，谓坐为隆，因名子曰九隆。及后长大，诸兄以九隆能为父所舐而黠，遂共推以为王。后牢山下有一夫一妇，复生十女子。九隆兄弟皆娶以为妻，后渐相滋长，种人皆刻画其身，象龙文，衣皆着尾。九隆死，世世相继。乃分置小王，往往邑居，散在溪谷。

---

① ［泰国］素察·蒲媚波里叻著，陈健民译《探索泰族的历史》，人民出版社1984年版。

② 倪大白著《同台语概论》，中央民院出版社1990年版。

③ 王文光、李晓斌著《百越民族发展演变史：从越、僚到壮侗语族各民族》，民族出版社2007年版。

④ 《后汉书·西南夷列传》，中华书局标点本1965年版。

绝域荒外，山川阻深，生人以来，未尝交通中国。”① 此文生动地说明了哀牢夷历史上曾有过龙崇拜，有过母系氏族时代盛行的伙伴婚，盛行过古老的文身习俗。

（五）邛都夷

居住在邛池（今西昌邛海）地区的少数民族为邛都夷。在邛都夷中有一个有趣且富含汉文化特色的故事流传。《后汉书·西南夷列传》注引李膺《益州记》载：“邛都县下有一老姥，家贫孤独，每食，辄有小蛇头上戴角在床间，姥怜之饴之。后稍长大，遂长丈余。令有骏马，蛇遂吸杀之。令因大忿（姥）恨，责［姥］出蛇。姥云在床下。令即掘地，愈深愈大，而无所见。令又迁怒杀姥。蛇乃感人以灵言瞋令：‘何杀我母？当为母报仇。’此后每夜辄闻若雷若风，四十许日，百姓相见咸惊语：‘汝头那忽戴鱼?’是夜方四十里与城一时俱陷为湖，土人谓之为‘陷河’。唯姥宅无恙，迄今犹存。渔人采捕，必依止宿，每有风浪，辄居宅侧，恬静无它。风静水清，犹见城郭楼橹叕然。今水浅时，彼土人没水取得旧木，坚贞，光黑如漆，今好事人以为枕相赠。”② 由于邛都夷地处断陷湖畔，故仍有稻作农耕的生产方式，《后汉书·西南夷列传》载：“邛都夷者，武帝所开，以为邛都县。无几而地陷为污泽，因名为邛池，南人以为邛河。……其土地平原，有稻田。青蛉县禺同山有碧鸡金马，光景时时出现。俗多游荡而喜讴歌，略与牂牁相类。”③

与邛都夷有亲缘关系的笮都夷分布在笮都县（今四川汉源东北），还较多地保留着游牧民族的习性。《后汉书·西南夷列传》载：“其人皆被发左衽，言语多好譬类，居处略与汶山夷同。”④ 汶山夷的附近又有白狼、盘木等众多民族群体，由于地方官治理有方，白狼王等为了表示对汉朝的仰慕，曾在东汉明帝永平年间（公元58—75年）给汉朝献《白狼王歌》。

三、苞满、闽濮及其文化

苞满与闽濮主要分布在永昌郡内，以之为主体发展成为今天云南的南亚语系孟高棉语族的佤、德昂、布朗三个民族。在《尚书·牧誓》《逸周书·王

① 《后汉书·西南夷列传》，中华书局标点本1965年版。

② 《后汉书·西南夷列传》，中华书局标点本1965年版。

③ 《后汉书·西南夷列传》，中华书局标点本1965年版。

④ 《后汉书·西南夷列传》，中华书局标点本1965年版。

会解》《国语·郑语》《史记·楚世家》[①] 等史籍中也载有“濮人”，但这些史籍所记载的“濮”属百越民族，而不属于孟高棉语族。苞满、闽濮中的“濮”才是孟高棉语族的先民，他们应该是从中南半岛迁入永昌郡，而不是从西北南下而来的。

苞满、闽濮的族属相同，《华阳国志·南中志》载：“宁州之极西南也，有闽濮、鸠僚、僄越、裸濮、身毒之民。”[②] 由于对他们的史料记载极少，所以对有关他们的政治、经济等情况知之甚少。但现在史学界一般都认为，以苞满、闽濮为主体，发展为后来的孟高棉语族各民族。

苞满与闽濮主要分布在永昌郡内，也就是《华阳国志》所说的“宁州之极西南”。从史料的记载来看，他们在秦汉时期才出现，很可能是这一时期才从中南半岛迁入永昌郡内。《史记·司马相如列传》载：“汉兴七十有八载，德茂存乎六世，威武纷纭……于是乃命使西征，随流而攘，风之所被，罔不披靡。……略斯榆，举苞满，结轶还辕，东乡将报，至于蜀都。”[③] 这讲的是司马相如出使西南夷之事，其更具体的结果在《史记·西南夷列传》中有记载：“蜀人司马相如亦言西夷邛、笮可置郡。使相如以中郎将往喻，皆如南夷，为置一都尉，十余县，属蜀。”[④] 这说明苞满已属汉王朝所设郡县管辖下的臣民。关于“闽濮”的记载，也只是在《华阳国志·南中志》说宁州西南有闽濮，而有关他们的政治、经济等情况，知之甚少。但现在史学界一般都认为以苞满、闽濮为主体发展为后来的孟高棉语族各民族。在秦汉时期，他们还是同一语言系统中的众多部落，还未分化组合为单一的民族。

由于这一语族的民族生活在湿热地区且长期处于刀耕火种的生产方式之下，所以他们长期住于干栏式茅草房之中，信仰的主要是万物有灵的原始宗教。

---

① 《尚书·牧誓》载：“王曰：‘嗟，我友邦冢君……及庸、蜀、羌、髳、微、卢、彭、濮人，称尔戈，比尔干，立尔矛，予其誓。’”《逸周书·王会解》载：“卜人以丹砂（贡）。”《国语·郑语》载：“叔熊逃难于濮而蛮。”《史记·楚世家》载：“（楚武王）于是始开濮地而有之。”

② 刘琳校注《华阳国志校注》，巴蜀书社 1984 年版。

③ 《史记·司马相如列传》，中华书局标点本 1982 年第 2 版。

④ 《史记·西南夷列传》，中华书局标点本 1962 年版。

四、崇拜盘瓠、廪君的民族及其文化

（一）崇拜盘瓠之“蛮”

“蛮”是汉代史家对分布在荆州各郡及益州巴郡的各少数民族群体的总称，同时又用郡名、地名或某种社会特征来称呼他们，以此作为区别。《后汉书·西南夷列传》中，有“武陵蛮”“零阳蛮”“汉中蛮”“零陵蛮”“长沙蛮”“南郡蛮”“沔中蛮”“巫蛮”“江夏蛮”“板楯蛮”等不同称呼。以上“诸蛮”的大部分都把盘瓠作为其人文初祖或者是把盘瓠当作图腾来崇拜，其中以“武陵蛮”最有代表性。《后汉书·西南夷列传》载：“高辛氏有犬戎之寇，帝患其侵暴，而征伐不克，乃访募天下。有能得犬戎之将吴将军头者，购黄金千镒，邑万家，又妻以少女。时帝有畜狗，其毛五采，名曰盘瓠。下令之后，盘瓠遂衔人头造阙下，群臣怪而诊之，乃吴将军首也。帝大喜，而计盘瓠不可妻之以女，又无封爵之道，议欲有报而未知所宜。女闻之，以为皇帝下令，不可违信，因请行。帝不得已，乃以女配盘瓠。盘瓠得女，负而走入南山，止石室中。所处险绝，人迹不至。”① 文中的高辛氏即帝喾。《史记正义》引《帝王纪》载：“帝喾有四妃。”② 《后汉书·西南夷列传》引《魏略》注：“高辛氏有老妇，居（正）（王）室，得耳疾，挑之，乃得物大如茧，妇人盛以瓠，覆以盘，俄顷化为犬，其文五色，因名盘瓠。”③ 这些传说，正是对以犬为图腾的“苗蛮”与华夏有过亲缘关系的一种反映。在原始时代，大多有图腾崇拜。这种崇拜又往往与某种动植物联系起来，并把这种动植物说成是本族的祖先或象征。“武陵蛮”出于盘瓠的传说，便是图腾崇拜的一种表现，而且其中也有血亲婚配的历史遗留。《后汉书·西南夷列传》载：“于是女解去衣裳，为仆鉴之结，着独力之衣。帝悲思之，遣使寻求，辄遇风雨震晦，使者不得进。经三年，生子一十二人，六男六女。盘瓠死后，因自相夫妻。织绩木皮，染以草实，好五色，衣服制裁皆有尾形。其母后归，以状白帝。于是使迎致诸子，衣裳斑兰，语言侏离，好入山壑，不乐平旷。帝顺其意，赐以名山广泽。其后滋蔓，号曰蛮夷。外痴内黠，安土重旧。以先父有功，母帝之女，田作贾贩，无关梁符传、租税之赋。有邑君长，皆赐

① 《后汉书·西南夷列传》，中华书局标点本1982年版。
② 《史记·五帝本纪》，中华书局标点本1962年版。
③ 《后汉书·西南夷列传》，中华书局标点本1982年版。

印绶，冠用獭皮。名渠帅曰精夫，相呼为姎徒。今长沙武陵蛮是也。”[①] 以上为历史传说，从史料所载来看，崇拜盘瓠的族群，其历史是相当久远的，并与华夏族很早就有联系。“其在唐虞，与之要质，故曰要服。夏商之时，渐为边患。逮于周世，党众弥盛。宣王中兴，乃命方叔南伐蛮方，诗人所谓‘蛮荆来威’者也。又曰：‘蠢尔蛮荆，大邦为仇。’明其党众繁多，是以抗敌诸夏也。”[②]

春秋战国时期，崇拜盘瓠的族群与各诸侯国之间的交往增多。到秦时，在此置黔中郡，他们成为郡县的臣民。汉代，把黔中郡改为武陵郡，由此称其为“武陵蛮”，“虽时为寇盗，而不足为郡国患”[③]。但由于受到朝廷的压迫，从东汉开始，武陵蛮反抗激烈，并对汉朝构成了威胁。《后汉书·西南夷列传》载：“光武中兴，武陵蛮夷特盛。建武二十三年（公元47年），精夫相单程等据其险隘，大寇郡县。遣武威将军刘尚发南郡、长沙、武陵兵万余人，乘船溯沅水，入武溪击之。尚轻敌入险，山深水疾，舟船不得上。蛮氏知尚粮少入远，又不晓道径，遂屯聚守险。尚食尽引还，蛮缘路激战，尚军大败，悉为所没。二十四年（公元48年），相单程等下攻临沅，遣谒者李嵩、中山太守马成击之，不能克。明年（公元49年）春，遣伏波将军马援、中郎将刘匡、马武、孙永等，将兵至临沅，击破之……群蛮遂平。”[④] 但此后起义仍频，据《后汉书·西南夷列传》载，有下列起义影响较大。

“汉章帝建初元年（公元76年），武陵澧中蛮陈从等反叛，入零阳蛮界。其冬，零阳蛮五里精夫为郡击破从，从等皆降。”“三年冬（公元78年），溇中蛮覃儿健等复反，攻烧零阳、作唐、孱陵界中。”“和帝永元四年（公元92年）冬，溇中、澧中蛮潭戎等反，燔烧邮亭，杀略吏民，郡兵击破降之。”“永寿三年（公元157年）十一月，长沙蛮反叛，屯益阳。至延熹三年（公元160年）秋，遂抄掠郡界，众至万余人，杀伤长吏。又零陵蛮入长沙。冬，武陵蛮六千余人寇江陵。”[⑤]

与汉王朝的战争，也使“武陵蛮”增加了对汉王朝和汉文化的了解，汉

① 《后汉书·西南夷列传》，中华书局标点本1982年版。
② 《后汉书·西南夷列传》，中华书局标点本1982年版。
③ 《后汉书·西南夷列传》，中华书局标点本1982年版。
④ 《后汉书·西南夷列传》，中华书局标点本1982年版。
⑤ 《后汉书·西南夷列传》，中华书局标点本1982年版。

文化对“武陵蛮”的影响不断加大，部分“苗蛮”甚至开始接受儒学。据《后汉书·宋均传》载，建武中，武陵郡辰阳县（今湖南辰溪）的“苗蛮”“俗少学者而信巫鬼”，到宋均为县令时，“为立学校，禁绝淫祀，人皆安之”①。又据《后汉书·应奉传》载，永兴年间，应奉为武陵太守，“兴学校，举仄陋，政称变俗”②。

综上所述，武陵郡为盘瓠之发祥地，具体应指武溪。《水经注·沅水》载，武溪源出武山，“水源石上有盘瓠迹犹存矣”③。《后汉书·西南夷列传》注：“今辰州庐溪县西有武山，黄闵《武陵记》曰：‘山高可万仞，山半有盘瓠石室，可容数万人。中有石床，盘瓠行迹。’今案：山窟前有石羊、石兽，古迹奇异尤多。望石窟大如三间屋，遥见一石仍似狗形，蛮俗相传，云是盘瓠像也。”④

“武陵蛮”的强大，与范围甚广的武陵郡的滋养是分不开的。西汉时的武陵郡辖十三县：索县、孱陵县、临沅县、沅陵县、镡成县、无阳县、迁陵县、辰阳县、酉阳县、义陵县、佷山县、零阳县、充县。东汉时的武陵郡，除将佷山县（治今湖北长阳西）划归南郡以外，基本上因袭了西汉武陵郡故地。可见，武陵郡地囊括了北接鄂西清江，南达湘南巫、渠二水，东接洞庭，西包乌江中游的广大地域。从相邻诸郡看，武陵郡北接巴郡、南郡，南接郁林郡，东接长沙郡，西接古夜郎地。

由于“武陵蛮”活动中心在五溪流域，所以又将“武陵蛮”称为“五溪蛮”。《宋书·夷蛮传》载：“居武陵者有雄溪、㵲溪、辰溪、酉溪、舞溪，谓之五溪蛮。”⑤

除“武陵蛮”外，与“武陵蛮”同为盘瓠之后的“长沙蛮”也比较强盛。《史记正义》载：“犬戎，盘瓠后也。今长沙、武林（陵）之郡大半是也。”⑥《汉书·南粤传》亦载，南越“西北有长沙，其半蛮夷”⑦。

崇拜盘瓠之“蛮”，属于苗瑶语族，是苗族、瑶族和畲族等族的先民。他

---

① 《后汉书·宋均传》，中华书局标点本1982年版。
② 《后汉书·应奉传》，中华书局标点本1982年版。
③ 〔北魏〕郦道元注《水经注·沅水》，巴蜀书社1985年版。
④ 《后汉书·西南夷列传》，中华书局标点本1982年版。
⑤ 《宋书·夷蛮传》，中华书局标点本1974年版。
⑥ 转引自《史记·周本纪》，中华书局标点本1962年版。
⑦ 《汉书·南粤传》，中华书局标点本1982年版。

们在文化上的一大特点就是酷信鬼神，祭祀盘瓠，存在盘瓠的传说。这种传说为含有图腾意义的神话。在生产方面，他们以粗放的农业生产为其生活来源。善于织“嫁布”（又称“賨布”）。这种布“色至鲜净”。在社会组织方面，他们有邑落，有邑长，渠帅称为“精夫”，相呼为“姎徒”。整个民族没有统一的政治组织，只是在反抗汉王朝的统治时临时联合起来，事后又分裂或瓦解[①]。

（二）崇拜廪君之“蛮”

巴郡、南郡、江夏等郡之“蛮”，分布区域相当于今四川东部和湖北。传说他们源于“廪君蛮”或“巴蛮”，汉时又称“板楯蛮”、賨人。所谓廪君，是一个传说人物，最早见于《世本》。《世本》记载，巴郡、南郡之“蛮”有巴氏、樊氏、瞫氏、相氏、郑氏五姓，都居住在武落钟离山（在今湖北省长阳县）。当时还没有君长，俱事鬼神。经过神选，共立巴氏子务相为君，是为廪君。《后汉书·西南夷列传》有关崇拜廪君之“蛮”的记载，与《世本》大同小异：“巴郡、南郡蛮，本有五姓，巴氏、樊氏、瞫氏、相氏、郑氏。皆出于武落钟离山。其山有赤黑二穴，巴氏之子生于赤穴，四姓之子皆生黑穴。未有君长，俱事鬼神，乃共掷剑于石穴，约能中者，奉以为君。巴氏子务相乃独中之，众皆叹。又令各乘土船，约能浮者，当以为君。余姓悉沈，唯务相独浮。因共立之，是为廪君。乃乘土船，从夷水至盐阳。盐水有神女，谓廪君曰：‘此地广大，鱼盐所出，愿留共居。’廪君不许。盐神暮辄来取宿，旦即化为虫，与诸虫群飞，掩蔽日光，天地晦冥。积十余日，廪君（思）［伺］其便，因射杀之，天乃开明。廪君于是君乎夷城，四姓皆臣之。廪君死，魂魄世为白虎。巴氏以虎饮人血，遂以人祠焉。”[②] 此传说当反映了廪君当年战胜另一个族群共同体的史实。从今天民族发展的角度看，“廪君蛮”当是由“苗蛮”与氐羌系统的巴人组合后形成的。文中提到的夷水，即今鄂西清江。《水经注·夷水》载：“夷水，即佷山清江也。水色清照，十丈分沙石，蜀人见其澄清，因名清江也。昔廪君浮土舟于夷水，据捍关而王巴。”则廪君最早在佷山一带活动。《水经注·夷水》载：夷水“东经难留城南（按：当为北），城即山也，独立峻绝。西面上里余，得石穴。把火行百许步，得二大

① 田继周著《中国历代民族史·秦汉民族史》，中国社会科学出版社 2007 年版。

② 《后汉书·西南夷列传》，中华书局标点本 1982 年版。

石碛，并立穴中，相去一丈，俗名阴阳石。阴石常湿，阳石常燥。……东北面又有石室，可容数百人。每乱，民入室避贼，无可攻理，因名难留城也。昔巴蛮有五姓，未有君长，俱事鬼神，乃共掷剑于石穴，约能中者，奉以为君。巴氏子务相乃中之。”①

崇拜白虎的“板楯蛮”，亦为廪君之后。到秦惠王时，灭巴为郡，以巴氏为君长，开始大量与华夏进行经济文化的交流。《后汉书·西南夷列传》载：“及秦惠王并巴中，以巴氏为蛮夷君长，世尚秦女，其民爵比不更，有罪得以爵除。其君长岁出赋二千一十六钱，三岁一出义赋千八百钱。”汉初，又为汉之臣民，“至高祖为汉王，发夷人还伐三秦。秦地既定，乃遣还巴中，复其渠帅罗、朴、督、鄂、度、夕、龚七姓，不输租赋，余户乃岁入賨钱，口四十。世号为板楯蛮夷。”② 在《后汉书·西南夷列传》中还有另一种与白虎有关的记载：“板楯蛮夷者，秦昭襄王时，有一白虎，常从群虎数游秦、蜀、巴、汉之境，伤害千余人。昭王乃重募国中有能杀虎者，赏邑万家，金百镒。时，有巴郡阆中夷人，能作白竹之弩，乃登楼射杀白虎。昭王嘉之，而以其夷人，不欲加封，乃刻石盟要，复夷人顷田不租，十妻不算，伤人者论，杀人者得以倓钱赎死。”③ 这些夷人亦廪君之后。《晋中兴书》载：“賨者（板楯蛮），廪君之苗裔也。”④ “廪君蛮之苗裔”在以后的历史发展中，除了一部分融入汉族之外，其他的最终以之为主体成为土家族、苗族、瑶族的先民。

崇拜廪君之“蛮”的文化，史籍记载甚少。从现存的史料分析来看，“武陵蛮”以狗作为图腾崇拜，而“廪君蛮”则是以白虎作为图腾崇拜。在原始社会早期，大多有图腾崇拜。这种崇拜往往又与某种动植物联系起来，并把这种动植物说成是本族的祖先或象征。以上的犬、虎崇拜，便是图腾崇拜的表现。从上述“遂以人祠”等记载来看，“廪君蛮”后裔有以人祭祀的习俗。这反映了他们的宗教信仰和以人祭鬼的习俗。崇拜廪君之“蛮”“天性劲勇，喜欢歌舞”，因此被汉朝利用来平定三秦之乱。汉高祖曾令乐人学习他们的歌舞，后称之为“巴渝舞”，流传后代，是我国歌舞艺术中的一朵奇葩。从要承担赋税和“巴之风俗重田神”等来看，崇拜廪君之“蛮”是以农业生产为主

① 〔北魏〕郦道元注《水经注·夷水》，巴蜀书社 1985 年版。

② 《后汉书·西南夷列传》，中华书局标点本 1982 年版。

③ 《后汉书·西南夷列传》，中华书局标点本 1982 年版。

④ 转引自王文光著《中国古代的民族识别》，云南大学出版社 1997 年版。

的定居的民族[1]。

第三节　秦汉时期西部民族间的交往与文化交流

秦汉时期，西部民族间的交往在西北主要表现为汉、匈奴对西域的争夺。汉通过战争与和亲等多种手段不断加强对西域的控制。与此同时，随着汉朝与匈奴的战争和匈奴内部的争夺，匈奴势力不断衰减，对西域的影响不断减弱，而汉王朝对西域的控制逐渐加强。秦汉王朝在西南地区开疆拓土，筑路设郡县，通过这些措施，西南各民族与汉王朝交往增多。在这一时期，汉文化对西部民族的影响不断增强，西部民族也在不同程度上吸纳了汉文化。各民族互相学习对方的文化，西部民族文化更加绚丽多彩。

一、汉、匈奴与西域各族的交往与文化交流

两汉时期，中国西北的民族关系是十分复杂的，汉匈关系、汉与西域各族的关系、匈奴与西域各族的关系是紧密地联系在一起的。

公元前176年，匈奴单于冒顿打败月氏，进入西域。接下来，匈奴首先选择扶持乌孙，并通过乌孙间接地开始了对西域的控制。《汉书·西域传》载："西域诸国大率土著，有城郭田畜，与匈奴、乌孙异俗，故皆役属匈奴。匈奴西边日逐王置僮仆都尉，使领西域，常居焉耆、危须、尉黎间，赋税诸国，取富给焉。……自乌孙以西至安息，近匈奴。匈奴尝困月氏，故匈奴使持单于一信到国，国传送食，不敢留苦。及至汉使，非出币物不得食，不市畜不得骑。"[2] 匈奴对西域的控制，引发了汉匈在西北地区的矛盾冲突，为张骞出使西域以及汉与西域各族的复杂关系埋下伏笔。《史记·大宛列传》载："大宛之迹，见自张骞。张骞，汉中人。建元（公元前140—前135年）中为郎。是时天子问匈奴降者，皆言匈奴破月氏王，以其头为饮器，月氏遁逃而常怨仇匈奴，无与共击之。汉方欲事灭胡，闻此言，因欲通使。道必更匈奴中，乃募能使者。"[3] 张骞就是在这样的背景下出使西域的。

张骞于建元二年（公元前139年）出使西域，在元朔三年（公元前126年）返回，历时十三年。在这十三年中，张骞碰到了许多困难，被匈奴扣留

---

① 田继周著《中国历代民族史·秦汉民族史》，中国社会科学出版社2007年版。

② 《汉书·西域传》，中华书局标点本1962年版。

③ 《史记·大宛列传》，中华书局标点本1982年第2版。

了十年。后来，他到大月氏时，大月氏对匈奴的政策已发生了变化，张骞无功而返。《史记·大宛列传》载：“（时）大月氏王已为胡所杀，立其太子为王。（月氏）既臣大夏而居，地肥饶，少寇，志安乐，又自以远汉，殊无报胡之心。骞从月氏至大夏，竟不能得月氏要领。留岁余，还，并南山，欲从羌中归，复为匈奴所得。”① 后来乘匈奴单于死、国内混乱之机才得以归汉。张骞归来后，分析了当时的民族关系，又提出联乌孙以断匈奴右臂的主张。于是，张骞第二次出使西域。虽然第二次出使西域的目的未达到，但却加强了汉武帝对西域的重视，并不断派遣使者前往西域。

汉朝使者大量出入西域，虽然有加强交往的一面，但由于西域诸国对汉朝还怀着戒心，所以常常不供给汉朝使者食物，汉朝使者因为缺乏食物便击取之。最典型的是楼兰和姑师，他们经常攻劫汉使。为解决这一问题，汉于元封三年（公元前108年）十月遣赵破奴将军击破姑师，掳楼兰王。在这样的背景下，乌孙一方面担心匈奴的攻击，另一方面又怕得罪汉朝，于是派遣使者献马，愿得汉家公主，结为昆弟。《汉书·西域传》载：“匈奴闻其与汉通，怒欲击之。又汉使乌孙，乃出其南，抵大宛、月氏，相属不绝。乌孙于是恐，使使献马，愿得尚汉公主，为昆弟。天子问群臣，议许，曰：‘先必内聘，然后遣女。’乌孙以马千匹聘。汉元封中，遣江都王建女细君为公主，以妻焉。赐乘舆服御物，为备官属宦官侍御数百人，赠送甚盛。乌孙昆莫以为右夫人。匈奴亦遣女妻昆莫，昆莫以为左夫人。”② 这样，汉朝就通过武力与和亲进入西域。这次汉朝与乌孙的和亲，使西域的政治格局发生了新的变化：其一，汉朝实现了联乌孙断匈奴右臂的目的；其二，通过和亲，使汉朝的政治势力进入西域；其三，匈奴的势力已开始在西域呈消减的趋势。

汉朝通过和亲进入西域并渐次加强了对乌孙的控制。其间并非一帆风顺，而是充满了波折。值得注意的是和亲的汉家公主贡献不少。先是细君公主，《汉书·西域传》载：“公主至其国，自治宫室居，岁时一再与昆莫会，置酒饮食，以币、帛赐王左右贵人。昆莫年老，语言不通，公主悲愁，自为作歌日：‘吾家嫁我兮天一方，远托异国兮乌孙王。穹庐为室兮旃为墙，以肉为食兮酪为浆。居常土思兮心内伤，愿为黄鹄兮归故乡。’天子闻

① 《史记·大宛列传》，中华书局标点本1982年第2版。

② 《汉书·西域传》，中华书局标点本1962年版。

而怜之，间岁遣使持帷帐锦绣给遗焉。昆莫年老，欲使其孙岑陬尚公主。公主不听，上书言状，天子报曰：'从其国俗，欲与乌孙共灭胡。'岑陬遂妻公主。"[①] 昆莫死后，岑陬代立，细君公主生了一女名少夫。细君公主死后，汉朝又以解忧公主为岑陬妻。岑陬死后，其侄子翁归靡立，复尚解忧公主，还生了三男两女。

衰落的匈奴势力到汉昭帝时又有抬头之势，故宣帝即位之初，解忧公主及归靡便共同上书宣帝。《汉书·西域传》载："会昭帝崩，宣帝初即位，公主及昆弥皆遣使上书，言：'匈奴复连发大兵侵击乌孙，取车延、恶师地，收人民去，使使谓乌孙趣持公主来，欲隔绝汉。昆弥愿发国半精兵，自给人马五万骑，尽力击匈奴。唯天子出兵以救公主、昆弥。'"[②] 于是汉朝发兵十五万骑，派五将军分道并出，又派遣校尉常惠使持节护乌孙。昆弥亲自率领五万骑从西而入，至右谷蠡王庭，获"匈奴单于父行及嫂、居次、名王、犁污都尉、骑将以下四万级"。紧接着，常惠又乘胜征发西域诸国兵五万攻龟兹，责以前杀汉军校尉赖丹之事，亦由此引出和亲之事，加大了汉朝在西域的影响。

除龟兹外，汉与匈奴争夺的另一个焦点是车师，早在武帝时汉匈双方就围绕车师进行过斗争。《汉书·西域传》载："武帝天汉二年（公元前 99 年），以匈奴降者介和王为开陵侯，将楼兰国兵始击车师，匈奴遣右贤王将数万骑救之，汉兵不利，引去。征和四年（公元前 89 年），遣重合侯马通将四万骑击匈奴，道过车师北，复遣开陵侯将楼兰、尉犁、危须凡六国兵别击车师，勿令得遮重合侯。诸国兵共围车师，车师王降服，臣属汉。"[③] 到了汉昭帝、汉宣帝时，对车师的争夺进一步加剧。《汉书·西域传》载："昭帝时（公元前 86—前 74 年），匈奴复使四千骑田车师。宣帝即位，遣五将将兵击匈奴，车师田者惊去，车师复通于汉。匈奴怒，召其太子军宿，欲以为质。军宿，焉耆外孙，不欲质匈奴，亡走焉耆。车师王更立子乌贵为太子。及乌贵立为王，与匈奴结婚姻，教匈奴遮汉道通乌孙者。"[④] 由于乌贵亲匈奴，汉朝又失去车师。后来，汉朝派侍郎郑吉攻击车师，最后使车师站在汉朝一边。

---

① 《汉书·西域传》，中华书局标点本 1962 年版。
② 《汉书·西域传》，中华书局标点本 1962 年版。
③ 《汉书·西域传》，中华书局标点本 1962 年版。
④ 《汉书·西域传》，中华书局标点本 1962 年版。

匈奴听说车师降汉，又一次发兵攻之，但因有郑吉引兵迎击，匈奴兵不敢冒进。

汉宣帝元康四年（公元前 62 年），由于乌贵逃往乌孙，汉朝扶立车师原太子军宿为车师王。徙车师国民至渠犁，放弃了车师故地。《汉书・西域传》载："车师王之走乌孙也，乌孙留不遣，遣使上书，愿留车师王，备国有急，可从西道以击匈奴，汉许之。于是汉召故车师太子军宿在焉耆者，立以为王，尽徙车师国民令居渠犁，遂以车师故地与匈奴。车师王得近汉田官，与匈奴绝，亦安乐亲汉。后汉使侍郎殷广德责乌孙，求车师王乌贵，将诣阙，赐第与其妻子居。"[①] 到汉宣帝神爵年间（公元前 61—前 58 年），匈奴内部不和，主管西域的日逐王先贤掸率众降汉。郑吉击破车师，意味着匈奴在西域独控的时代结束。《汉书・郑吉传》载："吉既破车师，降日逐，威震西域，遂并护车师以西北道，故号都护。都护之置自吉始焉。上嘉其功效，乃下诏曰：'都护西域骑都尉郑吉，拊循外蛮，宣明威信，迎匈奴单于从兄日逐王众，击破车师兜訾城，功效茂著。其封吉为安远侯，食邑千户。'……汉之号令班西域矣，始自张骞而成于郑吉。"[②] 此后，西域都护成了西汉的一级地方政权。《汉书・百官公卿表》载："西域都护，加官，宣帝地节二年（公元前 68 年）初置，以骑都尉、谏大夫使护西域三十六国。有副校尉，秩比二千石。丞一人，司马、侯、千人各二人。戊己校尉，元帝初元元年（公元前 48 年）置，有丞、司马各一人，候五人，秩比六百石。"[③]

自汉宣帝以郑吉为西域都护起，直至王莽时，中央政府连续设置都护，前后共十八人，姓名见于史册的有十人。除宣帝时的郑吉外，元帝时有韩宣、甘廷寿，成帝时有段会宗、韩立、廉褒、郭舜，平帝时有孙建、但钦，新莽时有李崇。西域都护的任期一般为三年，但在特殊情况下也有长有短[④]。在设西域都护的时期，汉朝对西域进行了相对稳定的统治。《汉书・西域传》载："最凡国五十。自译长、城长、君、监、吏、大禄、百长、千长、都尉、且渠、当户、将、相至侯、王，皆佩汉印绶，凡三百七十六人。"[⑤] 这种统治显

① 《汉书・西域传》，中华书局标点本 1962 年版。
② 《汉书・郑吉传》，中华书局标点本 1962 年版。
③ 《汉书・百官公卿表》，中华书局标点本 1962 年版。
④ 余太山主编《西域通史》，中州古籍出版社 1996 年版。
⑤ 《汉书・西域传》，中华书局标点本 1962 年版。

然具有羁縻统治的色彩。

公元 2 年，当时的戊己校尉想开通一条经过车师后国直通玉门关的道路，但车师后国国王认为这将给自己带来沉重的负担，便有所不欲。《汉书・西域传》载："元始中，车师后王国有新道，出五船北，通玉门关，往来差近，戊己校尉徐普欲开以省道里半，避白龙堆之厄。车师后王姑句以道当为拄置，心不便也。地又颇与匈奴南将军地接，普欲分明其界然后奏之，召姑句使证之，不肯，系之。……姑句家矛端生火，其妻股紫陬谓姑句曰：'矛端生火，此兵气也，利以用兵。前车师前王为都护司马所杀，今久系必死，不如降匈奴。'即驰突出高昌壁，入匈奴。"[①] 这一事件表面上看起来是因汉朝在西域的官员不能很好地执行民族政策而引发，实际上则是西汉晚期社会动荡的一种危机在边疆民族地区的反映，同时也开始表现出王莽的大民族主义心理。

公元 9 年，王莽篡汉自立，改国号"新"。为显示自己的威德，王莽改变了过去实行的民族政策，派五威将王奇等向边疆少数民族颁发"新"王朝的印绶，把汉王朝所封的王改为侯。少数民族上层极为不满，更大的政治动荡产生。西域各族再次倾向匈奴，如"置离兄辅国侯狐兰支将置离众二千余人，驱畜产，举国亡降匈奴"[②]。

这样一来，西域的政治形势又重新变得复杂起来，匈奴的势力有抬头的趋势。特别是匈奴单于因王莽易玺为章后，匈奴开始加强对西域汉朝军队的攻击。而汉朝在西域的戊己校尉陈良等官也对王莽不满，在匈奴的大举进攻下，陈良、终带等降匈奴。陈良、终带事件突出地表明当时西域形势的不稳定和王莽举措的不得人心。他们二人转投匈奴，动摇了汉王朝在西域的统治。直到新莽天凤元年（公元 14 年），王莽与匈奴和亲，汉匈关系稍有变化，陈良、终带亦被匈奴交给王莽杀死，《汉书・西域传》载："后三岁，单于死，弟乌系单于咸立，复与莽和亲。莽遣使者多赍金币赂单于，购求陈良、终带等。单于尽收四人及手杀刀护者芝音妻子以下二十七人，皆械槛车付使者。到长安，莽皆烧杀之。其后莽复欺诈单于，和亲遂绝。匈奴大击北边，而西域亦瓦解。"[③]

随着匈奴势力在西域重新抬头，靠近匈奴的焉耆首先反叛，其后又诈降，

---

① 《汉书・西域传》，中华书局标点本 1962 年版。

② 《汉书・西域传》，中华书局标点本 1962 年版。

③ 《汉书・西域传》，中华书局标点本 1962 年版。

使西域形势又变。西汉通西域的最初目的具有军事性，企图联月氏、乌孙等击匈奴，“以断匈奴右臂”。张骞出使月氏和乌孙，虽然未达到联合其击匈奴的目的，但随着后来局势的发展，西汉王朝完全取得了“断匈奴右臂”的效果，并扩大了版图，实现了对西域的统治。这一过程始终与汉和匈奴的关系紧密相连。汉武帝取得了对匈奴的军事胜利，建立了河西四郡，单于遁居漠北，汉的势力方得以达到西域，并征服了大宛，在西域开始建置。汉宣帝时联合乌孙击败匈奴且由于匈奴内部纷争导致互相削弱，汉王朝抓住有利时机在西域正式建立都护府。由于匈奴呼韩邪单于降汉称臣和在汉朝支持下取得匈奴的统治权，汉王朝对西域的统治才比较稳固，并维护了六七十年较为安定的局面。随着王莽执行错误的民族政策以及与匈奴关系的恶化，西域也起而反对新莽政权，断绝关系①。

“王莽篡汉，西域断绝”。在整个东汉王朝时期，汉王朝与西北的民族关系，远不如西汉时期。到了汉光武帝时，也没有采取有力措施招抚之，因而导致了西域内部出现了新的动荡。《后汉书·西域传》载：“光武以天下初定，未遑外事，竟不许之。会匈奴衰弱，莎车王贤诛灭诸国。贤死之后，遂更相攻伐。小宛、精绝、戎庐、且末为鄯善所并。渠勒、皮山为于阗所统，悉有其地。郁立、单桓、孤胡、乌贪訾离为车师所灭。”②

在西域动荡的情况下，以亲汉的莎车最为强盛。建武九年（公元 33 年），莎车王康去世，其弟贤代立。建武十四年（公元 38 年），莎车王贤和鄯善王安一起遣使到洛阳进贡，西域和中原恢复了中断已久的联系。但由于东汉在处理与西域的关系时表现出了大汉族主义的倾向，致使东汉与西域的亲汉势力又产生隔阂。《后汉书·西域传》载：“九年（公元 33 年），康死，谥宣成王。弟贤代立，攻破拘弥、西夜国，皆杀其王，而立其兄康两子为拘弥、西夜王。十四年（公元 38 年），贤与鄯善王安并遣使诣阙贡献，于是西域始通。葱岭以东诸国皆属贤。十七年（公元 41 年），贤复遣使奉献，请都护。天子以问大司空窦融，以为贤父子兄弟相约事汉，款诚又至，宜加号位以镇安之。帝乃因其使，赐贤西域都护印绶，及车旗黄金锦绣。敦煌太守裴遵上言：‘夷狄不可假以大权，又令诸国失望。’诏书收还都护印绶，更赐贤以汉大将军印

① 田继周著《秦汉民族史》，四川民族出版社 1996 年版。

② 《后汉书·西域传》，中华书局标点本 1965 年版。

绥。其使不肯易，遵迫夺之，贤由是始恨。而犹诈称大都护，移书诸国，诸国悉服属焉，号贤为单于。贤浸以骄横，更求赋税，数攻龟兹诸国，诸国愁惧。”①

莎车王贤的骄横和攻击，令西域诸国十分不满，于是建武二十一年（公元45年），以鄯善为首的西域十八国纷纷遣子入侍，请求东汉再派都护到西域，但光武帝因为中原刚刚平定，没有应此请求，于是鄯善、车师等又复附匈奴。骄横的莎车王贤由于加重对西域的压迫，亦遭到反抗，首先是龟兹杀贤所派之王而归附匈奴，其次是于阗杀贤灭莎车，于阗又为匈奴所降，最终是北匈奴再次统治西域。总的来说，东汉初期由于无力顾及西域，使西域又一度再属匈奴，但与西汉相比，匈奴在西域的力量远不如西汉时期强大。

从《后汉书·西域传》所载来看，北匈奴再次控制西域后，由其生产方式所决定的掠夺性不改，仍胁迫西域诸族扰略汉之边郡。而东汉在经过汉光武帝的“光武中兴”之后，国力亦有所恢复，故到汉明帝时又开始经营西域。《后汉书·西域传》载：“十六年（公元73年），明帝乃命将帅北征匈奴，取伊吾、卢地，置宜禾都尉以屯田，遂通西域，于阗诸国皆遣子入侍。西域自绝六十五载，乃复通焉。”② 再通西域后，东汉王朝于永平十七年（公元74年）又在西域设置都护、戊己校尉。

西域都护和戊己校尉的设置，对匈奴是一大威胁。汉明帝死后，西域势力较大的焉耆、龟兹、车师等在匈奴带领下围攻戊己校尉。《后汉书·西域传》载：“及明帝崩，焉耆、龟兹攻没都护陈睦，悉覆其众，匈奴、车师围戊己校尉。”③ 面对不利局面，汉章帝迎回戊己校尉，不再派遣都护，对西域的民族政策进行收缩式调整。但是，到了汉和帝时情况有了一些变化，开始打击匈奴。《后汉书·西域传》载：“和帝永元元年（公元89年），大将军窦宪大破匈奴。二年（公元90年），宪因遣副校尉阎槃将二千余骑掩击伊吾，破之。三年（公元91年），班超遂定西域，因以超为都护，居龟兹。复置戊己校尉，领兵五百人，居车师前部高昌壁，又置戊部侯，居车师后部候城，相去五百里。六年（公元94年），班超复击破焉耆，于是五十余国悉纳质内

① 《后汉书·西域传》，中华书局标点本1965年版。

② 《后汉书·西域传》，中华书局标点本1965年版。

③ 《后汉书·西域传》，中华书局标点本1965年版。

属。”[①] 汉和帝死后，西域又叛，汉任用班勇为西域长史西屯柳中，破平车师，最终在永建二年（公元 127 年）击降焉耆，第三次通西域。

汉通西域，有军事目的，也有欲扩大领土的政治目的，但除此之外，还有重要的意义和作用。一是打开了“丝绸之路”，加强了汉与西域和中亚地区的经济文化联系。二是汉通西域和在西域的建置，对中国这个统一多民族国家的形成，也具有重要作用。从武帝到东汉末年，在这三百多年的时间里，经过战争与和平、政治的统治与羁縻及经济文化的交往，不仅汉族统治者和人民认识到西域是汉朝的一部分，也使西域各族把自己当成汉朝人的一部分[②]。

汉在通西域的过程中，与匈奴开展了多方面的交往。汉匈之间的交往，促进了彼此之间的经济、文化交流。通过“合市”“和亲”“赏赐”等方式，汉地物产和生活用具大量流入匈奴。匈奴墓葬中出土的大批汉族文物证明，匈奴与汉族的交换是频繁的，而交换的种类和数量，也是很多的。其中包括铁器、铜器、陶器、木器、漆器、石器、工具、马具、黄金、服饰及丝织品等。与此同时，匈奴还从汉族地区输入铜铁矿原料[③]。

当然，匈奴还可能和西域各族发生交换，并通过西域，间接和希腊人及其他西方各族人民发生交换。诺颜山第六号匈奴墓葬就出土了很多希腊人制造的丝织品。同一墓内还出土了三幅足以反映匈奴与西方各族交换关系及其与西方文化交流的刺绣画。苏联考古学家勃劳卡认为，这三幅刺绣画中的人物和景象，与黑海北岸出土的斯基泰人的金银器皿上及陶器上的人物和景象完全一样。这说明斯基泰人和属于斯基泰的萨尔马特人已经把希腊式的和巴克特利来式的工艺品传到匈奴去了。诺颜山第十二号匈奴墓葬也出土了较多的丝织品，其中有两幅刺绣画也很能反映匈奴与西方的交换关系和文化交流情况[④]。

汉匈交往对匈奴文化的影响是多方面的。在政治制度和社会制度方面的影响，虽然无明确记载，但也是客观存在的。在《史记》和《汉书》的记载中，对匈奴影响最大的有三个人，即中行说、赵信和卫律。中行说是汉人，

① 《后汉书·西域传》，中华书局标点本 1965 年版。

② 翁独健主编《中国民族关系史纲要》，中国社会科学出版社 2001 年版。

③ 林幹著《匈奴通史》，人民出版社 1986 年版。

④ 林幹著《匈奴通史》，人民出版社 1986 年版。

他到匈奴后，甚得单于亲幸，他“教单于左右疏记，以计课其人众畜物”，还教单于遗汉书的式样等。可见中行说对单于来说是一个很重要的人物，他肯定对匈奴的政治制度和社会制度产生了一定的影响。另外，通过不同方式进入匈奴的汉人，数量不少，最少也有10万人，他们久居匈奴，大部分在匈奴地区从事生产劳动，他们给匈奴带去了田耕、穿井、修城、铸造汉式兵器等先进技术[①]。同时，他们对匈奴的饮食习惯、风俗习尚、甚至祖先崇拜等方面，也会产生一定的影响。在这些影响中，最大的莫过于使匈奴使用汉文。匈奴没有文字，它与汉经常有书信往来，显然是借用汉字。汉朝的音乐显然也对匈奴产生过影响，北匈奴曾向汉请教音乐[②]。当然，在汉匈文化交往过程中，汉文化与匈奴文化之间也不断发生冲突，最典型的莫过于婚姻关系。汉朝与匈奴和亲的公主首先对匈奴的收继婚不能接受。这与汉文化也是相悖的，最终，为了汉匈的和平与稳定，与匈奴和亲的公主们不情愿地接受了这种婚姻关系，并为匈奴生儿育女，为汉匈关系的和平与稳定做出了自己的贡献。

汉王朝通西域及对西域的经营，也促进了双方的经济、文化交流。首先是汉王朝在西域的屯田。据史料所载，轮台、渠犁、伊循、车师前、北胥鞬、莎车、赤谷、姑墨等是西汉在西域的屯田点，尤以轮台、渠犁、车师前、赤谷为屯田的重要场所。屯田主要是解决汉使和驻军的粮食问题，但屯田必然要由内地迁去一批汉人，带去汉族的耕作技术和农具。这会对西域诸族的生产技术和经济发展产生影响。如在今新疆地区出土的汉时铁犁，就是汉式的。这应该是汉代屯田时传入的。其次是物质文化的交流。汉朝使者出使西域和西域诸国遣人赴汉，都有物质和生产技术的交流。中原大量的丝织品、金银货币和其他物品流入西域，并经过西域传到更远的西方。同时，西域诸国也通过朝贡的方式与中原进行着商品交换，如明珠、汗血宝马、狮子、猛犬等西域异物被献给汉朝。除商品和物品交换外，还交流技术和某些作物。如细君和解忧公主和亲到乌孙时，不仅带去了大量的中原之物，还带去了相当数量的陪嫁之人。这些人具有相当的汉文化修养，自治宫室以居，并传播汉文化于当地民族，如穿井技术等。葡萄、苜蓿等作物从西域传入中原。再次是在政治制度和精神文化上，汉对西域也有影响。西域各国的官名中，有译长、

① 翁独健主编《中国民族关系史纲要》，中国社会科学出版社2001年版。

② 刘学铫著《匈奴史论》，南天书局有限公司1987年版。

都尉、击胡君、击胡都尉、归汉都尉、击胡侯、去胡来王等，这些官称是汉朝官称或汉赐官称，表明汉朝对西域确实存在不小的政治影响。西域各国几乎都设译长一职，主要是在与汉朝进行交往时从事语言翻译。这反映了汉族的语言文化在西域的使用和传播①。

二、羌与汉朝的交往与文化交流

早在华夏时期，羌就与黄河流域的族群共同体有联系。《后汉书·西羌传》载："至于武丁，征西戎、鬼方，三年乃克。故其诗曰：'自彼氐羌，莫敢不来王。'……及武王代商，羌、髳率师会于牧野。"② 则在夏商周时代，氐羌就与华夏有着众多的联系与交往。这在前面已有所论述。

到春秋时，西部羌人向中原华夏分布区渗透，交错杂居，许多被征服者融入了华夏。当时各强国在争夺霸主地位时，纷纷借助羌的力量来达到争霸的目的。这在客观上又加速了其华夏化的进程。由于东边的羌人和华夏族相连，有些羌人与华夏族发生民族融合，导致羌人的分布区向西退缩。到了汉代，汉王朝在一部分羌人分布区设置了郡县，同时，还出于在宏观上打击匈奴的需要，对和匈奴关系紧密的羌人也给了军事上的打击，胜利之后又设护羌校尉辖领之。其后，大部分羌人又再次向西迁徙，汉朝在西部的边境亦有所拓展。

到汉宣帝时，由于在处理汉羌民族利益关系时，汉王朝采取了粗暴的方式，汉羌矛盾冲突愈加激烈。《后汉书·西羌传》载："至宣帝时（公元前73—前49年），遣光禄大夫义渠安国觇行诸羌，其先零种豪言：'愿得度湟水，逐人所不田处以为畜牧。'安国以事奏闻，后将军赵充国以为不可听。后因缘前言，遂度湟水，郡县不能禁。至元康三年（公元前63年），先零乃与诸羌大共盟誓，将欲寇边。帝闻，复使安国将兵观之。安国至，召先零豪四十余人斩之，因放兵击其种，斩首千余级。于是诸羌怨怒，遂寇金城。乃遣赵充国与诸将将兵六万人击破平之。"③

西汉末年，诸羌又攻击汉地，而且随着羌人的发展，出现了强有力的政治首领滇良、滇吾，展开对汉大规模的攻击，使西部的斗争形势十分复杂且矛盾尖锐。到东汉明帝、章帝时，羌人或内讧，或反复扰汉。由于汉族边官

① 田继周著《中国历代民族史·秦汉民族史》，社会科学文献出版社2007年版。
② 《后汉书·西羌传》，中华书局标点本1965年版。
③ 《后汉书·西羌传》，中华书局标点本1965年版。

执行强硬的军事政策，所以西部汉羌之间多有战争。到汉和帝时（公元89—105年），诸羌与汉的关系稍有缓和。但由于羌人是以游牧为赖以生存的生产方式，始终不肯入塞定居，因此，汉羌关系处于时战时和的局面。其间汉王朝为了更为有效地在西部稳定统治，曾一度在有羌人分布的地区以屯田的方式进行戍守。

但好景不长，在与羌的矛盾冲突中，汉的损失太大，“自永和羌叛，至乎是岁，十余年间，费用八十余亿。诸将多断盗牢禀，私自润入，皆以珍宝货赂左右，上下放纵，不恤军事，士卒不得其死者，白骨相望于野”[①]，而羌的力量却反而强大起来，使东汉王朝的西北地区面临着诸羌的威胁。在被羌人攻击的郡县之中，许多官吏纷纷逃亡。官府为了防止民众被羌人掠走，便强迫汉民内迁。

对于自西汉以来较为紧张的汉羌关系，汉王朝总是处在被动的位置。由于连年的征战，造成了经济上的极大损失和生产力的破坏，东汉王朝决心花大力气用武力征服羌人。其结果是一部分羌人在汉军队的打击下，请求内附，而更多的羌人则或在战争中被杀，或被迫向更为偏远的西部、西南部迁徙，后来成为汉藏语系藏缅语族先民的重要组成部分。

综上可见，羌人除了大量减少外，在经济上也受到极大损失，并失去了较好的田地和牧场。这些都给羌人社会的发展带来了严重的影响。汉与羌的这种暴力冲突，可视为民族战争。这种战争可视为统一王朝内的民族战争，是封建社会民族关系不可避免的产物。在以私有制为经济基础，以民族歧视和民族压迫为基本民族观的时期，民族之间必然会因为满足自我发展和对外交往的利益需要而发生暴力冲突。从历史的角度看，民族战争有其深刻的社会历史根源。人类用暴力的方式解决彼此间的冲突或争端，从原始社会时便已存在。随着民族共同体的形成和不断巩固，人们对自身所属群体有了更强烈的认同感和归属感。这时，人们诉诸暴力来谋求群体利益的传统仍被继承下来，特别是国家出现以后，民族之间的战争也被赋予了新的内涵。中国历史上的众多民族战争，还与中国独特的地理环境有内在的联系。中国封闭与半封闭的自然地理环境，使中国各民族向外发展遇到了很大的困难，很难与外界进行大规模的持久接触，而向内发展则较为容易。中国疆域独特的地理

① 《后汉书·西羌传》，中华书局标点本1965年版。

位置形成的内在统一性，既是各民族差异化发展的自然基础，又是各民族相联系的自然纽带。各民族在这一地理环境中形成不可分割的民族互动关系，其中既有相互的友好交流，和睦相处，又有彼此的矛盾冲突和战争。而战争的根源在于各民族经济生活的内在联系和互动需要[①]。

羌在与汉朝发生政治和军事关系的同时，与中原汉人的经济文化关系也日益密切，表现在经济文化等方面的影响上。羌原是以畜牧为主的游牧民族，但到汉时，他们的农业有了很大发展，且日益占有重要地位。随着农业在经济生活中的地位不断提高，羌的居住形式也发生着改变，即居所相对固定或向定居转化。羌人农业的发展，深受汉人的影响。有关爰剑教河湟诸羌田畜的记载，反映的是战国时羌人受汉人农耕文化的影响而开始发展农业。到了汉代，羌的农业已经有了一定的发展。羌从游牧经济向农业经济的过渡和发展，是社会的进步。

在文化方面，秦汉时期的羌仍没有本民族的文字。但有些与汉族关系密切的羌支首领却习得汉文，并用汉文记事。如后汉安帝永初、元初年间，先零羌酋渠滇零和其子零昌反汉，被镇压后，汉吏抄“得僭号文书及所没诸将印绶”，称天子，置官吏、建政权，是比拟汉朝政权的形式，说明已经受汉文化的影响。“僭号文书”是用汉文写的，这进一步表明羌受了汉文化的影响。这在考古材料中也可以得到印证。在今四川茂县出土的汉代羌的双耳罐上，有文字和符号。这大概是最早的羌文。而在这些羌文中，有些是汉字的变形，有些就是借用汉字。这也是受汉文化影响的表现。

另外，从墓葬和随葬品来看，汉文化对羌的影响也是比较大的。从四川北部岷江上游汶川、茂县、理县、宝兴、巴塘、雅江等地发现的氐羌族系的墓葬来看，战国时期的墓葬规模小，随葬物也不多，以陶器为主，铜器很少，未见到货币与铁器，但在秦朝到汉武帝时期的墓葬中，随葬物增多，除陶器外，铜器显著增多，铁器也有一定数量。陶器中存在汉地常见的四耳壶、钟、圜底缸等。铜器中有汉地常见的戈、剑，并有秦汉时期的货币。汉昭帝至后汉初年的墓葬，在随葬品中，陶器已没有了羌固有的双耳罐，代之而用的是汉器形制的长颈罐、短颈罐，铜器有所减少，而铁器有所增加，还出土了昭宣时期的五铢钱。有些墓葬的形式与汉族相同，并使用了汉砖。这些墓葬和

① 陈育宁主编《中华民族凝聚力的历史探索》，云南人民出版社 1994 年版。

随葬品的变化，反映了羌人社会的发展，也反映了汉文化对羌影响的不断深入①。

三、西南民族与汉朝的交往与文化交流

西南的民族大都居住在山区，以不同发展程度的农业生产为生活来源，交通闭塞，与外界的交往十分不便。在整个秦汉时期，西南有着众多的民族，经济发展极不平衡。对于中央政府来说，并未构成大的威胁，尽管秦汉时期中国民族关系的核心是汉匈关系，但由于西南的部分地区尚未纳入郡县统治，所以就有了秦汉为追求统一而征服西南民族的战争。

公元前3世纪末之前，西南民族地区基本上处于缓慢发展的状态之中，后期虽然和内地发生了一些交往关系，但在政治上还不曾为内地的政权所统一。公元前221年秦始皇统一六国后，才初步开始开发、治理西南少数民族地区。《史记·西南夷列传》载："秦时常頞略通五尺道，诸此国颇置吏焉。"《史记索隐》："谓栈道广五尺。"张守节《史记正义》注引《括地志》云："五尺道在郎州。颜师古云其处险厄，故道才五尺。如淳云道广五尺。"②

到了汉代，汉朝对西南少数民族的治理在广度和深度上都有所发展，其直接起因为张骞出使西域。汉武帝为了"断匈奴右臂"，派张骞出使匈奴。虽然张骞不得要领而回，但却向汉武帝讲述了在大夏所见的蜀布、邛竹杖。又经张骞的一番鼓动，终于使汉武帝下决心在西南夷地区寻找一条通印度、"断匈奴臂"的道路。《史记·西南夷列传》载："于是天子乃令王然于、柏始昌、吕越人等，使间出西夷西，指求身毒国。至滇，滇王尝羌乃留，为求道西十余辈。岁余，皆闭昆明，莫能通身毒国。……上使王然于以越破及诛南夷兵威风喻滇王入朝。滇王者，其众数万人，其旁东北有劳浸、靡莫，皆同姓相扶，未肯听。劳浸、靡莫数侵犯使者吏卒。元封二年（公元前109年），天子发巴蜀兵击灭劳浸、靡莫，以兵临滇。滇王始首善，以故弗诛。滇王离难西南夷，举国降，请置吏入朝。于是以为益州郡，赐滇王王印，复长其民。"③ 则益州郡的设立是在欲通西域、夹击匈奴的背景下进行的，是当时民族关系的一个重要且有机的组成部分。

建元六年（公元前135年），汉王朝派遣唐蒙出使南越，喻令南越归附汉

① 田继周著《中国历代民族史·秦汉民族史》，社会科学文献出版社2007年版。

② 《史记·西南夷列传》，中华书局标点本1982年第2版。

③ 《史记·西南夷列传》，中华书局标点本1982年第2版。

朝。唐蒙在南越吃到了蜀郡产的蒟酱，发现了经夜郎到南越的水路。于是，唐蒙便建议汉武帝招降夜郎，利用夜郎之兵攻击南越，还控制了夜郎，设立了犍为郡。

除益州郡、犍为郡之外，汉朝还设立了另外五郡。《汉书·西南夷两粤朝鲜传》载："会越已破，汉八校尉不下，中郎将郭昌、卫广引兵还，行诛隔滇道者且兰，斩首数万，遂平南夷为牂牁郡。夜郎侯始倚南粤，南粤已灭，还诛反者，夜郎遂入朝，上以为夜郎王。南粤破后，及汉诛且兰、邛君，并杀筰侯，冉駹皆震恐，请臣置吏。以邛都为越嶲郡，筰都为沈黎郡，冉駹为文山郡，广汉西白马为武都郡。"① 西汉王朝在西南设置郡县，使这一地区基本上纳入了全国统一的国家行政区划内，汉族文化作为汉王朝的主体文化逐渐进入这些地区，促进了这些地区与中原的联系。

随着汉朝统治的深入，汉王朝的政策与当地的民族情况不吻合，发生了矛盾冲突。西汉昭帝始元元年（公元前86年），益州郡的廉头、姑缯（今滇西大理白族自治州一带）及牂牁郡的谈指（今贵州兴义、贞丰一带）、同并（今云南弥勒、泸西一带）等地的二十余个小部落由于不能接受汉朝官吏的治理而反抗。《汉书·西南夷两粤朝鲜传》载："后二十三岁，孝昭始元元年（公元前86年），益州廉头、姑缯民反，杀长吏。牂牁、谈指、同并等二十四邑，凡三万余人皆反。遣水衡都尉发蜀郡、犍为奔命万余人击牂牁，大破之。后三岁，姑缯、叶榆复反，遣水衡都尉吕辟胡将郡兵击之。辟胡不进，蛮夷遂杀益州太守，乘胜与辟胡战，士战及溺死者四千余人。明年，复遣军正王平与大鸿胪田广明等并进，大破益州，斩首捕虏五万余级，获畜产十余万。上曰：'句町侯亡波率其邑君长人民击反者，斩首捕虏有功，其立亡波为句町王。大鸿胪广明赐爵关内侯，食邑三百户。'"② 这是继滇王以后在益州封又一个民族上层为侯。

汉成帝时，夜郎王、句町王等地方民族上层因为利益关系发生了内部的争斗。汉王朝首先采用和平调解的方法，但夜郎王兴等不服从，反而还用木头刻了一个汉朝官吏的形象，放在路旁以箭射之。在此情况下，大将军王凤推荐陈立担任牂牁郡太守，相机处理。《汉书·西南夷两粤朝鲜传》载："立

① 《汉书·西南夷两粤朝鲜传》，中华书局标点本1962年版。

② 《汉书·西南夷两粤朝鲜传》，中华书局标点本1962年版。

者，临邛人，前为连然长，不韦令，蛮夷畏之。及至牂牁，谕告夜郎王兴，兴不从命，立请诛之。未报，乃从吏数十人出行县，至兴国且同亭，召兴。兴将数千人往至亭，从邑君数十人入见立。立数责，因斩头。邑君曰：'将军诛亡状，为民除害，愿出晓士众。'以兴头示之，皆释兵降。"[①] 由于陈立的严厉处理，有效地制止了夜郎、句町、漏卧王侯之间冲突。"句町王禹、漏卧侯俞震恐，入粟千斛，牛羊劳吏士。立还归郡。"[②] 但夜郎王兴的岳父翁指及其子邪务却纠集残部，继续挑起事端。《汉书·西南夷两粤朝鲜传》载："兴妻父翁指与兴子邪务收余兵，迫胁旁二十二邑反。至冬，立奏募诸夷与都尉长史分将攻翁指等。翁指据厄为垒，立使奇兵绝其饷道，纵反间以诱其众。都尉万年曰：'兵久不决，费不可共。'引兵独进，败走，趋立营。立怒，叱戏下令格之。都尉复还战，立引兵救之。时天大旱，立攻绝其水道。蛮夷共斩翁指，持首出降。立已平定西夷，征诣京师。会巴郡有盗贼，复以立为巴郡太守。"[③] 牂牁的社会秩序才安定了下来。

公元9年，王莽建新朝，认为天无二日，土无二王，将少数民族上层首领称王者全部贬为侯，由此又引发了西南地区少数民族的反抗。首先是句町王遭此压制便马上反抗，于是王莽便命令牂牁郡大尹周钦杀了句町王邯，由此引发了更大规模的反抗。《汉书·西南夷两粤朝鲜传》载："王莽篡位……三边蛮夷愁扰尽反，复杀益州大尹程隆。莽遣平蛮将军冯茂发巴、蜀、犍为吏士，赋敛取足于民，以击益州。出入三年，疾疫死者什七，巴、蜀骚动。莽征茂还，诛之。更遣宁始将军廉丹与庸部牧史熊大发天水、陇西骑士，广汉、巴、蜀、犍为吏民十万人，转输者合二十万人，击之。始至，颇斩首数千，其后军粮前后不相及，士卒饥疫，三岁余死者数万。而越嶲蛮夷任贵亦杀太守枚根，自立为邛谷王。"[④] 就在王莽全力镇压西南民族的反抗时，内地的汉族起义也出现，时隔不久，王莽政权也就在起义的浪潮中灭亡了。

东汉以后，进入西南民族地区的汉民族渐多，汉文化的传播亦向纵深发展。《后汉书·西南夷列传》载："公孙述（公元？—36年）时，大姓龙、傅、尹、董氏，与郡功曹谢暹保境为汉，乃遣使从番禺江奉贡。光武嘉之，

① 《汉书·西南夷两粤朝鲜传》，中华书局标点本1962年版。
② 《汉书·西南夷两粤朝鲜传》，中华书局标点本1962年版。
③ 《汉书·西南夷两粤朝鲜传》，中华书局标点本1962年版。
④ 《汉书·西南夷两粤朝鲜传》，中华书局标点本1962年版。

并加褒赏。桓帝（公元147—167年）时，郡人尹珍自以生于荒裔，不知礼仪，乃从汝南许慎、应奉受经书图纬，学成，还乡里教授，于是南域始有学焉。”① 许多汉族官员在政治、经济上也颇有作为，在今滇东北至今还有良吏文齐的塑像。“以广汉文齐为太守，造起陂池，开通溉灌，垦田二千余顷。率厉兵马，修障塞，降集群夷，甚得其和。及公孙述据益土，齐固守拒险，述拘其妻子，许以封侯，齐遂不降。闻光武即位，乃间道遣使自闻。蜀平，征为镇远将军，封成义侯。”② 到汉章帝时汉文化的传播更深入到了滇中大部分地区，其主要标志是建起了学校。“肃宗元和（公元84—87年）中，蜀郡王追为太守，政化尤异，有神马四匹出滇池河中，甘露降，白乌现，始兴起学校，渐迁其俗。”③

在上述政治举措的良性影响下，众多的民族请求内属。东汉王朝乘势设立了永昌郡。永昌郡的设立，完成了西南边疆的统一，促进了这一地区民族与其他地区民族的交往。

随着汉朝政治的发展和建置，汉族与西南各民族的经济文化联系在政府的管理下变得更为有序。过去的关卡拆除了，同时还加修了道路；过去“出徼”经商被视为“奸贾”，现在变为合法交易。大量汉族也以不同的途径移入西南少数民族地区，使汉族人口在西南地区有了增长。这种人口的增长与西汉先后派到西南地区的行政官员较好地掌握了民族政策是有关系的。在西汉末年至东汉初年，文齐作为益州郡太守，团结益州郡的夷、汉人民，发动各族人民兴修水利，开垦良田，促进了社会经济的发展。与文齐同时，牂牁郡的郡吏谢暹也团结了当地夷帅及汉族大姓抵制公孙述的割据，派人与刘秀联系，保持与东汉的臣属关系。身为益州郡西部都尉的郑纯也是民族政策执行得较好的人，《后汉书·西南夷列传》载：“先是，西部都尉广汉郑纯，为政清洁，化行夷貊，君长感慕，皆献土珍，颂德美。天子嘉之，即以为永昌太守。纯与哀牢夷人约，邑豪岁输布贯头衣二领，盐一斛，以为常赋，夷俗安之。纯自为都尉、太守，十年卒官。”④

东汉和帝时（公元89—105年），张翕在越嶲担任太守，与当地各民族的

① 《后汉书·西南夷列传》，中华书局标点本1965年版。
② 《后汉书·西南夷列传》，中华书局标点本1965年版。
③ 《后汉书·西南夷列传》，中华书局标点本1965年版。
④ 《后汉书·西南夷列传》，中华书局标点本1965年版。

关系很好。《后汉书·西南夷列传》载："后太守巴郡张翕，政化清平，得夷人和。在郡十七年，卒，夷人爱慕，如丧父母。苏祁叟二百余人，赍牛羊送丧，至翕本县安汉（今四川南充），起坟祭祀。"①

由于汉王朝统治的深入，较为偏远的游牧民族也因为地方官民族政策执行得好，而主动表示归属的愿望。《后汉书·西南夷列传》载："永平（公元58—75年）中，益州刺史梁国朱辅，好立功名，慷慨有大略。在州数岁，宣示汉德，威怀远夷。自汶山以西，前世所不至，正朔所未加。白狼、槃木等百余国，户百三十余万，口六百万以上，举种奉贡，称为臣仆。"② 可见，边疆少数民族人民对于有利于民族团结、有利于民族发展的汉族官吏，是尊敬且不会忘怀的。

当然，除了和谐之外，也有民族矛盾存在，具体由两个方面表现出来。一是汉王朝的官员执行民族政策不当引起民族反抗；二是某些少数民族上层为了自己的利益而与汉族发生冲突，或民族内部产生冲突。《后汉书·西南夷列传》载："建武十八年（42年），夷渠帅栋蚕与姑复、楪榆、梇栋、连然、滇池、建（怜）[伶]、昆明诸种反叛，杀长吏。益州太守繁胜与战而败，退保朱提。十九年，遣武威将军刘尚等发广汉、犍为、蜀郡人及朱提夷，合万三千人击之。尚军遂渡泸水，入益州界。群夷闻大兵至，皆弃垒奔走，尚获其羸弱、谷畜。二十年，进兵与栋蚕等连战数月，皆破之。明年正月，追至不韦，斩栋蚕帅，凡首虏七千余人，得生口五千七百人，马三千匹，牛羊三万余头，诸夷悉平。"③ 这是西南地区时间较长、规模较大的一次反抗，结合当年昆明（按：族称）阻止王然于等人西进的情况来看，昆明当是古代云南势力较强大者。

随着汉朝与西南夷政治关系的发展，在西南夷地区建置郡县，以汉族为郡守县吏和迁入大批汉人，促进和发展了汉族与西南夷的经济文化关系。根据考古资料，在贵州、云南和四川西南部，都发现和发掘了一批汉代墓葬，有的属迁去或在当地做官的汉人，有的属当地少数民族。这些墓葬及随葬物也反映了汉族与当地少数民族的经济文化交流。这些墓葬的主人，估计为郡县大小官吏、大姓、汉族地主，都属于或效仿中原汉族的埋葬制度，并出土

① 《后汉书·西南夷列传》，中华书局标点本1965年版。
② 《后汉书·西南夷列传》，中华书局标点本1965年版。
③ 《后汉书·西南夷列传》，中华书局标点本1965年版。

了大量属于中原汉族文化的随葬物。这说明了汉族经济文化在当地得到了传播。如在贵州赫章发掘的汉代墓，汉式墓葬规模大，有木质葬具，随葬品丰富，有陶器、铁器、金银器、钱币和装饰品。而当地民族墓规模小，一般无葬具，随葬品少。但除了当地民族的陶器和铜器外，也有受汉族影响大和来自汉族地区的陶器、铜器和铁器等。在四川西部和西南部冉駹、筰都、徙、青衣、邛都等族分布区发掘的秦汉以前的墓葬，都只有石、陶、铜器等随葬品，没有铁器；但秦汉以后的墓葬，有铁器随葬，显然是由汉族传入的。在今云南昭通、曲靖、宜良、昆明、禄丰、武定、姚安等地，也发现了大量汉朝至南北朝的墓葬，多有高大的封土，少数有神道碑，格式和文字与内地汉墓碑相同。墓碑上有五铢钱和大泉五十的模印文字。这些墓的主人有汉人，也有当地民族上层，表明汉族对这一地区的影响还是十分明显的[①]，部分当地少数民族上层已经开始汉化。

① 田继周著《中国历代民族史·秦汉民族史》，社会科学文献出版社 2007 年版。

第三章　魏晋南北朝时期的西部民族及其文化

魏晋南北朝时期，匈奴、鲜卑、羯、氐、羌、柔然、賨、爨、山越、“蛮夷”、僚等众多民族十分活跃。各民族的大迁徙、大汇聚、大融合，使汉民族吸收了大量新的血液。汉民族在体质和文化上更具活力和创造力。与此同时，各民族也进一步吸收或受汉文化的影响，处于进一步的分化、重组当中。在西部民族中，历史悠久的氐羌系统的民族进一步发展演变，逐渐发展成为汉藏语系藏缅语族的各民族。鲜卑与当地原住民融合，形成有别于鲜卑的新的民族——吐谷浑。百越系统民族出现较大的变化，分布区域扩大，名称也在不断变化。崇拜盘瓠或廪君的“蛮”也不断迁徙，不断呈现出苗瑶语族先民的特征。而孟高棉语族先民的闽濮和苞满，则还处于比较原始封闭的状态。

第一节　西北的民族及其文化

魏晋南北朝时期，西北内迁的氐人逐渐汉化，于南北朝末期基本融合到汉族当中。而未内迁的氐人以武都仇池为中心，活动在陕、甘、川、青四省连接地区，部分逐渐融入汉族。到南北朝以后，所遗留下来的氐人，在隋唐时期或融入其他族群，成为藏族、羌族先民的一部分。这一时期的羌仍主要聚居或散居在西北与西南连接地区，较大的群体有宕昌羌、邓至羌、白兰羌、党项羌等。同时，部分鲜卑与西北族群融合后逐渐发展成为吐谷浑，西北民族出现了新的变化。整个魏晋南北朝时期，西域各民族通过分化、融合与重新组合，相对稳定的民族群体有鄯善、于阗、车师、高昌、焉耆、龟兹、疏勒诸族群。

一、氐、羌及其文化

（一）氐

如前所述，氐历史非常悠久，先秦时期就已见诸史籍。但之前的史籍并没有为氐单独列传，正式为氐专门列传开始于《北史·氐传》。这说明经过分化组合之后，氐在一时期的影响相对比较大。该传记载："氐者，西夷之别种，号曰白马。三代之际，盖自有君长，而世一朝见，故《诗》称'自彼氐、羌，莫敢不来王'也。秦、汉以来，世居岐、陇以南，汉川以西，自立豪帅。汉武帝遣中郎将郭昌、卫广灭之，以其地为武都郡。自汧、渭抵于巴、蜀，种类实繁，或谓之白氐，或谓之故氐，各有侯王，受中国封拜。"[①]《文献通考·四裔考十》载："氐者，西戎之别种，在冉駹（今四川茂汶县）东北，广汉（今甘肃文县）之西，其种非一，或号青氐，或号白氐，或称蚺氐，此盖中国人（按：指汉族）即其服色而名之也。"[②] 这反映了氐人秦汉以来分布在今陕、甘、青、川四省相连接地区。到了魏晋南北朝时期，他们的生产生活方式已经较汉代有所变化。《文献通考·四裔考十》载："（氐人分布区）土地险阻，有麻田，出漆、蜜、铜、铁、椒、蜡，氐人勇戆抵冒，贪货死利。居于河池，一名仇池，方百顷，四面斗绝。数为边寇，郡县讨之，则依固自守。其俗语不与中国（汉族）及羌、胡同，各自有姓，如中国（汉族）之姓。其衣服尚青，俗能织布，善田种，畜羊豕牛马驴骡。婚姻备六礼，知书疏（汉文），多知中国语，由与中国错居故也。"[③] 从他们的生产生活情况来看，是以农业生产为主，纺织手工业有一定发展，也兼营畜牧业，在很大程度上接受了汉族文化。由于农业有了较大的发展，同时还有畜牧业的支撑，氐的综合实力有了极大提高。因此，相比之下，氐比羌的发展更快一些。

一般认为从春秋战国至秦汉，氐人活动在西起陇西，东至略阳，南达岷山以北的地区，约相当于魏晋的陇西、南安、天水、略阳、武定、阴平六郡及其南部，即今甘肃东南、陕西西南、四川西北交界处[④]。两汉三国时期，氐

① 《北史·氐传》，中华书局标点本 1974 年版。

② 〔元〕马端临撰《文献通考·四裔考十》，中华书局影印本 1986 年版。

③ 〔元〕马端临撰《文献通考·四裔考十》，中华书局影印本 1986 年版。

④ 白翠琴著《中国历代民族史·魏晋南北朝民族史》，社会科学文献出版社 2007 年版。

人开始大量内迁。首先是聚居在武都郡（驻今甘肃西和县南）等地的氐人从西汉开始就不断内迁。之后，又被西汉、蜀汉、曹魏多次内迁。到西晋时，关中地区与汉族相互杂居的氐人人口已达 30 余万[①]。西晋后期，内徙的部分氐人在中原形势动荡的历史条件下，参加了反晋的活动。而在十六国时期，内迁的氐人还建立了前秦和后凉，其活动范围东及黄河下游的汉族聚居区，与中原汉族进行了密切而频繁的交往，因此便在封建化的过程中逐渐汉化，最终于南北朝末期融合到汉族当中。

未内迁仍聚居或散居在西部边境的氐人，则以武都仇池为中心，活动在陕、甘、川、青四省连接地区。《北史・氐传》载："汉建安（公元 196—220 年）中，有杨腾者，为部落大帅。腾勇健多计略，始徙居仇池，方百顷，因以为号。四面斗绝，高七里余，蟠道三十六回，其上有丰水泉，煮土成盐。腾后有名千万者，魏拜为百顷氐王。"[②] 以后氐人上层一直与中央王朝保持着密切的政治联系。这些联系使得今陕、甘、川三省连接地区的氐人不断吸收汉族文化，融入汉族。南北朝以后，所遗留下来的氐人，便在隋唐时期或融入藏族先民，或融入羌族先民[③]。

魏晋南北朝时期，未内迁的氐人的农业有所发展。根据《梁书・外夷传》记载，种植九谷、桑麻，出紬、绢、精布、漆、蜡、椒等，还出铜铁。这说明氐人的农业、手工业都有一定的发展。前秦时，开凿了泾水渠和推行区种法，这是有利于氐、汉等族农业发展的[④]。

在社会组织方面，西汉初，氐人各部已自有君长，但内部不统一，分为众多分支。到了魏晋南北朝时期，虽都统于郡国，但氐人仍未形成统一的整体，由于内迁，总体上形成了大分散小聚居的分布格局，仍保留着自己的部落组织，受自己部落的豪帅或小帅支配。

氐人有自己的语言，与汉族杂居相处者往往兼通汉语。氐人在服饰方面有自己的特色，尚青色、绛色和白色。善织殊缕布，多穿麻布。在婚俗方面，氐人早期婚俗与羌人相似。但由于与汉族杂居，氐人的婚俗和文化有所变化，

---

① 王文光著《中国民族发展史》，民族出版社 2005 年版。

② 《北史・氐传》，中华书局标点本 1974 年版。

③ 尤中著《中华民族发展史》（第①卷），晨光出版社 2007 年版。

④ 白翠琴著《中国历代民族史・魏晋南北朝民族史》，社会科学文献出版社 2007 年版。

到魏晋南北朝时已经“婚姻备六礼，知书疏”，与羌人已经相去甚远①，而与汉族比较接近了。

（二）羌

三国魏晋南北朝时期，羌人仍主要聚居或散居在西北与西南连接地区。根据《北史》的记载，较大的群体有宕昌羌、邓至羌、白兰羌、党项羌等。

宕昌羌。主要分布区相当于今甘肃东南宕昌县至四川白龙江流域地区，是羌人中较活跃的一个部落联盟，他们以畜牧业为生，社会发展较缓慢。《北史·宕昌羌传》载：“宕昌羌者，其先盖三苗之胤。周时与庸、蜀、微、庐等八国从武王灭商。汉有先零、烧当等，世为边患。其地东接中华，西通西域，南北数千里。姓别自为部落，酋帅皆有地分，不相统摄，宕昌即其一也。俗皆土著，居有屋宇。其屋，织牦牛尾及羖羊毛覆之。国无法令，又无徭赋。唯战伐之时，及相屯聚；不然，则各事生业，不相往来。皆衣裘褐，牧养牦牛、羊、豕以供其食。父子、伯叔、兄弟死者，即以继母、世叔母及嫂、弟妇等为妻。俗无文字，但候草木荣落，记其岁时。三年一相聚，杀牛、羊以祭天。”② 从这一记载可知，宕昌羌是一个从事定居的、以牧业为主的羌人部落联盟集体，其中心位置相当于今甘肃东南角的宕昌县。到南北朝时，其首领为梁勤，与北朝有密切的政治联系。《北史·宕昌传》载：“有梁勤者，世为酋帅，得羌豪心，乃自称王焉。勤孙弥忽，太武初，遣子弥黄奉表求内附。太武（按：指北魏太武帝拓跋焘，公元424—452年在位）嘉之，遣使拜弥忽为宕昌王，赐弥黄爵甘松侯。弥忽死，孙虎子立。其地自仇池以西，东西千里；席水以南，南北八百里。地多山阜，人二万余落。”③ 据此可以得知，宕昌羌是十分强大的，辖地千里，如以一落五人计算，宕昌羌有十余万。正因为如此，到北魏献文帝、孝文帝时，都一直以有效的方式控制着宕昌羌的上层政治首领。《北史·宕昌传》载：“虎子死，弥治立。虎子弟羊子先奔吐谷浑，遣兵送羊子，欲夺弥治位。弥治遣使请救，献文（按：即北魏献文帝拓跋弘，公元466年—471年在位）诏武都镇将宇文生救之，羊子退走。弥治死，子弥机立，遣其司马利柱奉表贡方物。杨文度之叛，围武都，弥机遣其

① 白翠琴著《中国历代民族史·魏晋南北朝民族史》，社会科学文献出版社2007年版。

② 《北史·宕昌传》，中华书局标点本1974年版。

③ 《北史·宕昌传》，中华书局标点本1974年版。

二兄率众救武都，破走文度。孝文（按：即北魏孝文帝元宏，公元471—499年在位）时，遣使子桥表贡朱沙、雌黄、白石胆各一百斤。自此后，岁以为常，朝贡相继。后孝文遣鸿胪刘归、谒者张察拜弥机征南大将军、西戎校尉、梁益二州牧、河南公、宕昌王。”① 可见，北魏与宕昌羌的关系还是相当紧密的。到北周时，宕昌羌仍与北周有着联系，但由于他们与吐谷浑共同进攻北周，最终被击破。《周书·异域传》载：“保定（按：北周武帝宇文邕的年号，公元561—565年）初，弥定遣使献方物。三年（公元563年），又遣使献生猛兽。四年（公元564年），弥定寇洮州，总管李贤击走之。是岁，弥定又引吐谷浑寇石门戍，贤复破少。高祖怒，诏大将军田弘讨灭之，以其地为宕州。”② 从此，宕昌羌的大部分归属州县，其部落组织被破坏，逐渐四散迁徙，有部分当融于汉族。

从文化上来看，虽然宕昌羌已经过着定居的生活，但仍主要从事畜牧业。主要养牛、羊，也有猪。与此相适应，衣皮革。在婚姻方面，在宕昌羌中还留存着原始的族内转房婚，即父子、叔伯、兄弟死，以继母、世叔母及嫂、弟妇等为妻。可见他们仍处在原始社会末期，还未完全跨入阶级社会。由于生产力发展水平不高，各部之间相对独立，还没有形成一支统一各部的政治力量，因此各部之间三年一聚，在一起宰杀牛羊祭天，以此增强各部之间的凝聚力。这一阶段的宕昌羌，仍没有自己的文字，没有历法，以草木枯荣为记。

邓至羌。《北史·邓至传》载：“邓至者，白水羌也，世为羌豪，因地名号，自称邓至。其地自亭街以东，平武以西，汶岭以北，宕昌以南，土风习俗，亦与宕昌同。其王像舒治遣使内附，高祖拜龙骧将军、邓至王，遣贡不绝。周文命章武公导率兵送之。邓至之西有赫羊国。初，其部内有一羊，形甚大，色至鲜赤，故因为国名。又有东亭卫、大赤水、寒宕、石河、薄陵、下习山、仓骧、覃水等诸羌国，风俗粗犷，与邓至国不同焉。亦时遣贡使，朝廷纳之，皆假之以杂号将军，子、男、渠帅之名。”③ 邓至称为白水羌，即其分布在白龙江南部的白水江流域地带。北魏时期有邓至城，或即邓至羌的中心。邓至羌的土风习俗与宕昌羌同，则亦为农牧二者兼有之。但邓至羌西

① 《北史·宕昌传》，中华书局标点本1974年版。

② 《周书·宕昌羌传》，中华书局标点本1971年版。

③ 《北史·邓至传》，中华书局标点本1974年版。

部的诸羌部落其发展就比较落后，风俗也有很大不同。

邓至羌与北魏的关系十分密切，常常遣使通好，甚至其王位继承，也要征得北魏同意。《魏书·高祖纪》载：“邓至王像舒彭遣子旧诣阙朝贡，并奉表，求以位授旧，诏许之。”到西魏时，邓至羌开始衰落。《周书·异域传》载：“邓至羌者，羌之别种也。有像舒治者，世为白水酋帅，自称王焉。其地北与宕昌相接，风俗物产亦与宕昌略同。自舒治至檐桁十一世（《通典》卷一〇九“邓至”条，“檐桁”为“担术”）。魏恭帝元年（按：西魏恭帝拓跋廓，公元554—556年在位，元年即公元554年），檐桁失国来奔，太祖令章武公导率兵送复之。”[①] 此后不见诸史籍，当日渐衰落而泯灭。

白兰羌。《北史·白兰传》载：“白兰者，羌之别种也。其地东北接吐谷浑，西北利模徒，南界那鄂。风俗物产，与宕昌略同。周保定（按：即北周武帝宇文邕年号，公元561—565年）元年，遣使献犀甲、铁铠。”[②] 则白兰羌的分布区域相当于今四川甘孜藏族自治州北部至青海玉树藏族自治州一带，生产方式为农牧业兼有之。吐谷浑兴后，白兰羌为吐谷浑控制。在白兰羌的四周还有许多羌人部落存在。《隋书·附国传》载：“（附国）其东北连山，绵亘数千里，接于党项。往往有羌：大小左封、昔卫、葛延、白狗、向人、望族、林台、（春）桑、利豆、迷桑、婢药、大硖、白兰、叱利模徒、那鄂、当迷、渠步、桑悟、千碉，并在深山穷谷，无大君长。……或役属吐谷浑，或附附国。”这些不相统属的羌人部落，大都分布在相当于今青海境内的地区，以后都成了藏族的一个组成部分[③]。

党项羌。党项羌是羌人中历史悠久的一支，而且在后来的发展中亦产生过巨大的影响。《北史》中首次为之立传，对其社会、政治、经济情况做了较为系统的描述。《北史·党项羌传》载：“党项羌者，三苗之后也。其种有宕昌、白狼，皆自称猕猴种。东接临洮、西平，西拒叶护，南北数千里，处山谷间。每姓别为部落，大者五千余骑，小者千余骑。”[④] 则党项分布区相当于今四川甘孜州至青海、西藏东部一带。内部仍没有产生大的政治首领，社会结构还处在十分松散的状态之下。与社会政治状况相适应的便是其相对落后

① 《周书·异域传》，中华书局标点本1971年版。

② 《北史·白兰传》，中华书局标点本1974年版。

③ 杨建新著《中国西北少数民族史》，宁夏人民出版社1988年版。

④ 《北史·党项传》，中华书局标点本1974年版。

的经济文化生活。《北史·党项传》载："（党项羌）织牦牛尾及羖䍽毛为屋，服裘褐，披毡为上饰。俗尚武力，无法令，各为生业，有战阵则屯聚，无徭役，不相往来。养牦牛、羊、猪以供食，不知稼穑。其俗淫秽蒸报，于诸夷中为甚。无文字，但候草木以记岁时。三年一聚会，杀牛羊以祭天。人年八十以上死者，以为令终，亲戚不哭；少死者，则云夭枉，共悲哭之。有琵琶、横吹，击缶为节。"①

北朝晚期和隋朝初年，党项羌强大起来，开始与中央王朝发生较多的政治联系。隋开皇四年（公元 584 年）有千余家党项羌内属隋。开皇十六年（公元 596 年）党项羌又进攻会州，兵败，便开始向隋纳贡。《北史·党项传》载："魏周之际，数来扰边。隋文帝为丞相时，中原多故，因此大为寇掠。蒋公梁睿既平王谦，请因还师讨之。开皇元年（公元 581 年），有千余家归化。五年（公元 585 年），拓拔宁丛等各率众诣旭州内附，授大将军，其部下各有等差。十六年（公元 596 年），复寇会州（今甘肃靖远县东北），诏发陇西兵讨之，大破其众，人相率降，遣子弟入谢罪。帝谓曰：'还语尔父兄，人生须有定居，养老长幼。乃乍还乍走，不羞乡里邪！'自是朝贡不绝。"②

附国羌。在史书中并没有明确附国人属羌人，但从附国人的生活中所具有的族内转房婚、巫鬼教崇拜来看，应属于羌人。附国羌后来发展为吐蕃的一个组成部分。从婚姻形态看，附国羌内部还流行族内转房婚，即"妻其群母及嫂，儿弟死，父兄亦纳其妻"。埋葬方式为二次葬，而且从葬式中可清楚地看到他们有鬼神崇拜和祖先崇拜。《北史·附国传》载："有死者，无服制，置尸高床之上，沐浴衣服，被以牟甲，覆以兽皮。子孙不哭，带甲舞剑而呼云：'我父为鬼所取，我欲报冤杀鬼。'自余亲戚，哭三声而止。妇人哭，必两手掩面。死家杀牛，亲属以猪酒相遗，共饮噉而瘗之。死后一年，方始大葬，必集亲宾，杀马动至数十匹。立木为祖父神而事之。"③

《北史·附国传》载："附国者，蜀郡西北二千余里，即汉之西南夷也。有嘉良夷，即其东部，所居种姓自相率领，土俗与附国同，言语少殊，不统一，其人并无姓氏。"④ 则与附国有近亲关系的嘉良夷当分布在川西北的大金

① 《北史·党项传》，中华书局标点本 1974 年版。
② 《北史·党项传》，中华书局标点本 1974 年版。
③ 《北史·附国传》，中华书局标点本 1974 年版。
④ 《北史·附国传》，中华书局标点本 1974 年版。

川、大渡河上游地区。附国境内的大河即今雅砻江，在大河的西北有很多羌人部落，故附国的分布中心相当于今雅砻江上游的西藏、青海、四川三省区相互连接处。

附国人以定居为主，从事农业生产，同时也兼营畜牧业，以小麦、青稞为多。居住形式较为独特，以石垒碉。《北史·附国传》载：“附国王字宜缯。其国南北八百里，东西千五百里。无城栅，近川谷，傍山险。俗好复仇，故垒石为巢，以避其患。其巢高至十余丈，下至五六丈，每级以木隔之，基方三四步，巢上方二三步，状似浮图。于下级开小门，从内上通，夜必关闭，以防贼盗。……其土高，气候凉，多风少雨，宜小麦、青稞。山出金、银、铜，多白雉。水有嘉鱼，长四尺而鳞细。”[①] 由于“山出金、银、铜”等金属，故服俗亦有特色：“以皮为帽，形圆如钵，或戴幕篱。衣多毦皮裘，全剥牛脚皮为靴。项系铁锁，手贯铁钏。王与酋帅，金为首饰，胸前悬一金花，径三寸。”[②]

附国羌正处于从原始社会向阶级社会过渡之中，在其刑法中，有罪将遭责罚，但仍以习惯法为主。《北史·附国传》载：“国有重罪者，罚牛。人皆轻捷，便击剑。漆皮为牟甲，弓长六尺，竹为箭。”[③]

在交通方面，由于附国“有水阔百余丈”，所以“用皮为舟而济”[④]。附国羌还“好歌舞，鼓簧，吹长角”[⑤]。

综上所述，这一时期的羌人在生产方式上仍以畜牧业为主，农业很少。畜牧业以养牛羊马为主，也养猪，因此主要以皮革为衣。在居住方式上，部分羌人已经开始过定居的生活，并建起了自己的房屋，由于为了防止别人复仇，所以有的房子建成了用石头垒成的碉楼。在平时的生活中，以部落为单位，部落酋帅具有十分重要的作用，各个部落之间彼此不交往，三年一聚会，杀牛羊以祭鬼。在婚姻方面，仍流行收继婚。由于没有文字，所以计时主要是根据季节变换引起的草木生长变化来进行。

二、鲜卑西迁与吐谷浑的形成及其文化

鲜卑本为东胡一支。后来由于匈奴分裂为南北二部，鲜卑开始西迁进入

---

① 《北史·附国传》，中华书局标点本 1974 年版。

② 《北史·附国传》，中华书局标点本 1974 年版。

③ 《北史·附国传》，中华书局标点本 1974 年版。

④ 《北史·附国传》，中华书局标点本 1974 年版。

⑤ 《北史·附国传》，中华书局标点本 1974 年版。

蒙古草原。东汉光武帝建武二十一年（公元45年），鲜卑曾与匈奴合寇东汉辽东郡。公元49年，鲜卑开始与汉朝通译使。《后汉书·乌桓鲜卑列传》载："光武初，匈奴强盛，率鲜卑与乌桓寇抄北边，杀略吏人，无有宁岁。建武二十一年（公元45年），鲜卑与匈奴入辽东，辽东太守祭肜击破之，斩获殆尽，事已具《肜传》，由是震怖。及南单于附汉，北虏孤弱，二十五年（公元49年），鲜卑始通驿使。"① 在此情况下，祭肜命鲜卑夹击匈奴。《后汉书·乌桓鲜卑列传》载："其后都护偏何等诣祭肜求自效功，因令击北匈奴左伊育訾部，斩首二千余级。其后偏何连岁出兵击北虏，还辄持首级诣辽东受赏赐。三十年（公元54年），鲜卑大人于仇贲、满头等率种人诣阙朝贺，慕义内属。帝封于仇贲为王，满头为侯。"② 这是鲜卑进入蒙古草原之始。以后塞外漠南之地就被鲜卑占领。其与汉朝的关系时好时坏。《后汉书·乌桓鲜卑列传》载："和帝永元（公元89—105年）中，大将军窦宪遣右校尉耿夔击破匈奴，北单于逃走，鲜卑因此转徙其地。匈奴余种留者尚有十余万落，皆自号鲜卑，鲜卑由此渐盛。九年（公元97年），辽东鲜卑攻肥如县，太守祭参坐沮败，下狱死。十三年（公元101年），辽东鲜卑寇右北平，因入渔阳，渔阳太守击破之。延平元年（公元106年），鲜卑复寇渔阳，太守张显率数百人出塞追之。……安帝永初（公元107—113年）中，鲜卑大人燕荔阳诣阙朝贺，邓太后赐燕荔阳王印绶，赤车参驾，令止乌桓校尉所居宁城下，通胡市，因筑南北两部质馆。鲜卑邑落百二十部，各遣入质。"③ 由上可知，此后的鲜卑中已有十余万匈奴融入，因而更加强盛。

公元2世纪中叶，檀石槐被推为大人，组成了鲜卑各部的军事大联盟。《后汉书·乌桓鲜卑列传》载："桓帝时（公元147—167年），鲜卑檀石槐者，其父投鹿侯，初从匈奴军三年，其妻在家生子。投鹿侯归，怪欲杀之。妻言尝昼行，闻雷震，仰天视而雹入其口，因吞之，遂妊身，十月而产，此子必有奇异，且宜长视。投鹿侯不听，遂弃之。妻私语家令收养焉，名檀石槐。年十四五，勇健有智略。异部大人抄其外家牛羊，檀石槐单骑追击之，所向无前，悉还得所亡者，由是部落畏服。乃施法禁，平曲直，无敢犯者，遂推以为大人。檀石槐乃立庭于弹汗山歠仇水上，去高柳北三百余里，兵马

① 《后汉书·乌桓鲜卑列传》，中华书局标点本1974年版。

② 《后汉书·乌桓鲜卑列传》，中华书局标点本1974年版。

③ 《后汉书·乌桓鲜卑列传》，中华书局标点本1974年版。

甚盛，东西部大人皆归焉。因南抄缘边，北拒丁零，东却夫余，西击乌孙，尽据匈奴故地，东西万四千余里，南北七千余里，网罗山川水泽盐池。”[①] 由此可见，这时鲜卑的力量是比较强大的。

为了更加有效地控制匈奴故地这块辽阔的地区，檀石槐又将辖地分为三部。三部的具体情况是：“从右北平以东至辽东，接夫余、秽貊二十余邑为东部，从右北平以西至上谷十余邑为中部，从上谷以西至敦煌、乌孙二十余邑为西部。”[②] 三部分都设大人统领，都听命于檀石槐。右北平（今河北省平泉县），上谷（今河北怀来县）。据此可知，今河北怀来县之北以东，即蒙古草原东南部，曾为檀石槐中、东部大人辖地；怀来县之北以西，即今蒙古草原的中、西部及准噶尔盆地南部，曾是西部大人的领地。至此，鲜卑成了继匈奴之后北方草原的一大民族群体。而且那些“皆自号鲜卑”的匈奴余众，也与鲜卑渐次融合。其互相通婚杂处是融和的主要方式之一。《魏书·帝纪第一·序纪》载：“圣武皇帝讳诘汾。献帝命南移，山谷高深，九难八阻，于是欲止。有神兽，其形似马，其声类牛，先行导引，历年乃出。始居匈奴之故地。……初，圣武帝尝率数万骑，田于山泽，欻见辎軿自天而下。既至，见美妇人，侍卫甚盛。帝异而问之，对曰：‘我，天女也，受命相偶。’遂同寝宿。旦，请还，曰：‘明年周时，复会此处。’言终而别，去如风雨。及期，帝至先所田处，果复相见。天女以所生男授帝，曰：‘此君之子也，善养视之。子孙相承，当世为帝王。’语讫而去。”[③] 这个故事尽管有神秘色彩，但它反映了鲜卑与匈奴互相通婚的历史。

东汉光和四年（公元181年），檀石槐死，鲜卑军事联盟瓦解，各部散处大漠南北各地，相互兼并纷争。《三国志·魏书·乌丸鲜卑东夷传》载：“（鲜卑）步度根既立，众稍衰弱，中兄扶罗韩亦别拥众数万为大人。建安中，太祖定幽州，步度根与轲比能等因乌丸校尉阎柔上贡献。后代郡乌丸能臣氐等叛，求属扶罗韩，扶罗韩将万余骑迎之。到桑干，氐等议，以为扶罗韩部威禁宽缓，恐不见济，更遣人呼轲比能。比能即将万余骑到，当共盟誓。比能便于会上杀扶罗韩，扶罗韩子泄归泥及部众悉属比能。”[④] 这样，步度根部

① 《后汉书·乌桓鲜卑列传》，中华书局标点本1974年版。
② 《后汉书·乌桓鲜卑列传》，中华书局标点本1974年版。
③ 《魏书·帝纪第一·序纪》，中华书局标点本1974年版。
④ 《三国志·魏书·乌丸鲜卑东夷传》，中华书局标点本2011年版。

和轲比能部成为鲜卑最重要的两个部。

曹丕称魏帝后，以田豫为乌丸校尉，并护鲜卑，驻屯昌平（今北京市昌平区）。步度根遣使献马，魏文帝曹丕拜步度根为王。但步度根与轲比能之间的攻击并未因此而停止，鲜卑内部仍纷争不断。在鲜卑各部中，与汉族联系较多的轲比能势力日渐强大。《三国志·魏书·乌丸鲜卑东夷传》载："轲比能本小种鲜卑，以勇健，断法平端，不贪财物，众推以为大人。部落近塞，自袁绍据河北，中国人多亡叛归之，教作兵器铠盾，颇学文字。故其勒御部众，拟则中国（汉族），出入弋猎，建立旌麾，以鼓节为进退。"① 可见，与汉族直接交往机会多、吸收汉族人口和汉族经济文化的部分鲜卑发展较快。

公元220年，轲比能遣使献马，曹丕立轲比能为附义王。公元233年，轲比能兼并了东部鲜卑和西部步度根部众，重建鲜卑的大军事政权。但公元235年，轲比能死，联盟瓦解；鲜卑各部又各自为政，在与汉族频繁接触的情况下逐步南移和西迁。

西晋时期，鲜卑与汉族、匈奴、乌桓、丁零等相混杂而又分别形成许多部。如鲜卑与匈奴余种在草原地带错居杂处，形成了铁弗匈奴，在阴山以北出现了鲜卑与敕勒混合的乞伏鲜卑先祖，在西拉木伦河一带形成了宇文鲜卑②。东晋十六国、南北朝期间，鲜卑中的慕容氏、乞伏氏、秃发氏、拓跋氏、宇文氏等，都先后在吸收汉族经济文化的情况下发展了起来，建立了前燕、后燕、南燕、西秦、南凉、北魏、北周等政权。于是，鲜卑各部便分期分批先后进入中原，与中原地区的汉族共同生活在一起。他们虽然在政治上统治了中原地区，但他们的经济文化落后于汉族，就只有在吸收汉族经济文化的基础上来发展和巩固鲜卑贵族的统治。这就使鲜卑逐渐与汉族相融合。北魏统治期间（公元386—534年），是鲜卑逐步汉化的时期。而北魏孝文帝的一系列改革措施，使鲜卑在加速封建化的过程中加速了汉化。孝文帝改革中所产生的一些有益于中国封建社会发展的政治、文化、经济因素，与汉族中原有的制度相结合，形成了一些对后世有重大影响的制度。隋唐以后，鲜卑便不再作为一个民族实体存在，完全与汉族融合了。

吐谷浑就族属而言与慕容鲜卑有着十分密切的关系。而吐谷浑最初只是

---

① 《三国志·魏书·乌丸鲜卑东夷传》，中华书局标点本2011年版。

② 白翠琴著《中国历代民族史·魏晋南北朝民族史》，社会科学文献出版社2007年版。

一个人名。《隋书·吐谷浑传》载：“吐谷浑，本辽西鲜卑徒河涉归子也。初，涉归有二子，庶长曰吐谷浑，少曰若洛廆。涉归死，若洛廆代统部落，是为慕容氏。”[①] 吐谷浑亦率部自立，但不久双方发生利益冲突，吐谷浑便率部西迁。《晋书·吐谷浑传》载：“吐谷浑，慕容廆之庶长兄也，其父涉归分部落一千七百家以隶之。及涉归卒，廆嗣位，而二部马斗，廆怒曰：‘先公分建有别，奈何不相远离，而令马斗。’吐谷浑曰：‘马为畜耳，斗其常性，何怒于人！乖别甚易，当去汝于万里之外矣。’于是遂行。廆悔之，遣其长史史那楼冯及父时耆旧追还之。吐谷浑曰：‘先公称卜筮之言，当有二子克昌，祚流后裔。我卑庶也，理无并大，今因马而别，殆天所启乎！诸君试驱马令东，马若还东，我当相随去矣。’楼冯遣从者二千骑，拥马东出数百步，辄悲鸣西走。如是者十余辈，楼冯跪而言曰：‘此非人事也。’遂止。”[②] 吐谷浑首先迁到阴山（今大青山），后又由陇山进入了河湟地区。《晋书·吐谷浑传》载：“吐谷浑谓其部落曰：‘我兄弟俱当享国，廆及曾玄才百余年耳。我玄孙已后，庶其昌乎！’于是乃西附阴山。属永嘉之乱，始度陇而西，其后子孙据有西零已西甘松之界，极乎白兰数千里。”[③] 吐谷浑所率部众西迁到达相当于今甘肃、青海一带的时间是4世纪前后，当时这一带的居民以氐、羌为主。《北史·吐谷浑传》载：“吐谷浑遂从上陇，止于枹罕。自枹罕暨甘松，南界昂城、龙涸，从洮水西南极白兰，数千里中，逐水草，庐帐而居，以肉酪为粮。”[④]

吐谷浑死后，他的大儿子吐延继位，但不久又被昂城（今阿坝）羌人首领姜聪刺死。吐延临死前，嘱其子叶延夺取白兰。而吐谷浑作为族称也是从叶延开始才固定下来的。《北史·吐谷浑传》载：“叶延少而勇果，年十岁，缚草为人，号曰姜聪，每旦辄射之……性至孝，母病，母三日不食，叶延亦不食。颇视书传，自谓曾祖弈洛韩始封昌黎公，吾为公孙之子，案《礼》，公孙之子得以王父字为氏，遂以吐谷浑为氏焉。”[⑤] 此后，经过几代人的时间，吐谷浑人逐渐与当地羌人和其他族群融合，形成了一个新的民族，在经济、文化等各个方面与鲜卑产生了区别。

---

① 《隋书·吐谷浑传》，中华书局标点本1973年版。
② 《晋书·吐谷浑传》，中华书局标点本1974年版。
③ 《晋书·吐谷浑传》，中华书局标点本1974年版。
④ 《北史·吐谷浑传》，中华书局标点本1974年版。
⑤ 《北史·吐谷浑传》，中华书局标点本1974年版。

首先，经济生活方面发生了变化。吐谷浑部在徒河青山时，与其他慕容鲜卑部落一样，都从事畜牧业。吐谷浑西迁后，辽河流域的慕容鲜卑便开始由牧业经济转向农业，而吐谷浑部进入青海后，由于地区条件的限制，仍长期从事畜牧业，后期虽有一些农业，但不占主要地位。《魏书·吐谷浑传》记载了吐谷浑有城而不居的情况："居伏俟城，在青海西十五里，虽有城郭而不居，恒处穹庐，随水草畜牧。"[①]《晋书·吐谷浑传》也有类似的记载："（吐谷浑）然有城郭而不居，随逐水草，庐帐为屋，以肉酪为粮。"[②]《周书·吐谷浑传》对其农业的情况做了简略记载："好射猎，以肉酪为粮，亦知种田。然其北界，气候多寒，唯得芜菁、大麦，故其俗贫多富少。"[③] 在《北史·吐谷浑传》中，有关农业和特色畜牧业的记载更为详细："亦知种田，有大麦、粟、豆，然其北界气候多寒，唯得芜菁、大麦，故其俗贫多富少。青海周回千余里，海内有小山，每冬冰合后，以良牝马置此山，至来春收之，马皆有孕，所生得驹，号为龙种，必多骏异。"[④]

其次，当辽东鲜卑汉化程度很深，已经产生了复杂、完整的政治制度、法律制度时，吐谷浑则仍然保留着原始的部落习惯法。《北史·吐谷浑传》载："国无常赋，须则税富室商人以充用焉。其刑罚：杀人及盗马，死；余则征物以赎罪，亦量事决杖。刑人必以毡蒙头，持石从高击之。"[⑤] 显然，这种原始的部落习惯法与吐谷浑相对落后的生产方式和以畜牧业为主的经济状况有一定的联系。

再次，宗教信仰发生了巨大变化。鲜卑人当初的宗教信仰为原始宗教，信万物有灵，故"信鬼神，祠天地日月星辰山川，及先大人有健名者"。而吐谷浑由于地处东西交通要道，受佛教的影响很大，到南北朝时已广泛地信仰佛教。《梁书·诸夷·河南王传》载："至其（按：指叶延）末孙阿豺，始受中国官爵。弟子慕延，宋元嘉末又自号河南王。慕延死，从弟拾寅立，乃用书契，起城池，筑宫殿．其小王并立宅。国中有佛法。……梁兴，进代（按：指拾寅之孙）为征西将军。代死，子休运筹袭爵位。天监（梁武帝萧衍年号，

① 《魏书·吐谷浑传》，中华书局标点本 1974 年版。
② 《晋书·吐谷浑传》，中华书局标点本 1974 年版。
③ 《周书·吐谷浑传》，中华书局标点本 1971 年版。
④ 《北史·吐谷浑传》，中华书局标点本 1974 年版。
⑤ 《北史·吐谷浑传》，中华书局标点本 1974 年版。

公元502—519年）十三年（公元514年），遣使献金装马脑钟二口，又表于益州立九层佛寺，诏许焉。”[①] 其佛教之盛，可见一斑。

西迁入青海的吐谷浑已进入奴隶社会，政治制度开始形成，但仍以游牧生产方式为主。《魏书·吐谷浑传》载：“伏连筹死，子夸吕立，始自号为可汗。”[②] 吐谷浑赋税不定，但刑罚则十分严厉。“国无常赋，须则税富室商人以充用焉。其刑罚：杀人及盗马，死；余则征物以赎罪，亦量事决杖。刑人必以毡蒙头，持石从高击之。”[③] 可见，这些惩罚措施是比较残酷的，充分体现了奴隶社会的特征。

在婚姻方面，既有族内转房婚存在，也有掠夺婚的残余存在：“父兄死，妻后母及嫂等，与突厥俗同。至于婚，贫不能备财者，辄盗女去。”[④] 掠夺婚即抢婚，在许多草原民族中都有。这也会加剧不同民族之间的矛盾。

在丧葬方面：“死者亦皆埋殡，其服制，葬讫则除之。”[⑤] 这说明是实行土葬。

综上所述，原来作为鲜卑一部分的吐谷浑部，不再是鲜卑种，而是与当地族群融合，在大量吸收族群的基础上（据《北史·吐谷浑传》载，最多的一次有一万三千落其他族群的人口被吐谷浑降服，即约十万人融入吐谷浑）逐渐形成了一个新的民族。

三、西域的民族及其文化

魏晋南北朝时期，西域各族也加入到民族大融合中，经过分化、融合与重新组合，出现了一些大的民族群体（史书上记为“国”）。《三国志·魏书·乌丸鲜卑东夷传》注引《魏略·西戎传》载：“西域诸国，汉初开其道，时有三十六，后分为五十余。从建武以来，更相吞灭，于今有二十道。从敦煌玉门关入西域，前有二道，今有三道。从玉门关西出，经婼羌转西，越葱岭，经县度，入大月氏，为南道。从玉门关西出，发都护井，回三陇沙北头，经居卢仓，从沙西井转西北，过龙堆，到故楼兰，转西诣龟兹，至葱岭，为中道。从玉门关西北出，经横坑，辟三陇沙及龙堆，出五船北，到车师界戊

---

① 《梁书·诸夷·河南王传》，中华书局标点本1973年版。

② 《魏书·吐谷浑传》，中华书局标点本1974年版。

③ 《北史·吐谷浑传》，中华书局标点本1974年版。

④ 《北史·吐谷浑传》，中华书局标点本1974年版。

⑤ 《北史·吐谷浑传》，中华书局标点本1974年版。

己校尉所治高昌，转西与中道合龟兹，为新道。……南道西行，且志国、小宛国、精绝国、楼兰国皆并属鄯善也。戎卢国、扜弥国、渠勒国、皮山国皆并属于阗。罽宾国、大夏国、高附国、天竺国皆并属大月氏。……中道西行尉犁国、危须国、山王国皆并属焉耆，姑墨国、温宿国、尉头国皆并属龟兹也。桢中国、莎车国、竭石国、渠沙国、西夜国、依耐国、满犁国、亿若国、榆令国、捐毒国、休修国、琴国皆并属疏勒。”① 这些经过融合后的西域各民族，合并为鄯善、于阗、焉耆、龟兹、疏勒、车师等大国。

在这一时期，内地王朝由于国力衰落，基本上失去了对西域的控制，虽然有过一些想征服西域的军事行动，但未获成功，然而双方的联系一直没有中断过。西晋武帝太康年间（公元 280—289 年），焉耆国王龙安曾遣子人侍，表明已经取得与西晋的政治联系。与此同时，龟兹国王亦遣子入侍。对此，《晋书·焉耆传》载：“焉耆国西去洛阳八千二百里，其地南至尉犁，北与乌孙接，方四百里。四面有大山，道险隘，百人守之，千人不过。其俗丈夫剪发，妇人衣襦，着大袴，婚姻同华夏。……武帝太康中，其王龙安遣子入侍。……会（按：指龙安之子）有胆气筹略，遂霸西胡，葱岭以东莫不率服。”② 这说明了由于两汉时受汉的影响，已有华夏的一些习俗（如“婚姻同华夏”），而且是西域中一个强大的民族群体。《晋书·龟兹国传》又载：“龟兹国西去洛阳八千二百八十里，俗有城郭，其城三重，中有佛塔庙千所。人以田种畜牧为业，男女皆剪发垂项。”③ 这反映了龟兹是西域的另一个中心，农业、牧业并举，崇信佛教。从诸史的记载来看，整个魏晋南北朝时期，西域相对稳定的民族群体有鄯善、于阗、车师、高昌、焉耆、龟兹、疏勒诸族群。下面对这些民族群体做一简要叙述。

鄯善国。《北史·鄯善传》载：“鄯善国，都扜泥城，古楼兰国也。去代七千六百里。所都城方一里。地多沙卤，少水草。北即白龙堆路。至太延（按：北魏太武帝拓跋焘年号，公元 435—440 年）初，始遣其弟素延耆入侍。”④ 则鄯善的首府在地理位置上相当于今新疆罗布泊西若羌县，与两汉时期相同。到本时期与北魏有政治上的联系，而且曾一度属北魏统辖，“比之郡

① 《三国志·魏书·乌丸鲜卑东夷传》，中华书局标点本 2011 年版。
② 《晋书·焉耆传》，中华书局标点本 1974 年版。
③ 《晋书·龟兹传》，中华书局标点本 1974 年版。
④ 《北史·鄯善传》，中华书局标点本 1974 年版。

县”。《北史·鄯善传》载：“［其后，魏遣使使西域，道经其国，］鄯善人颇剽劫之，令不得通，太武诏散骑常侍、成周公万度归乘传发凉州兵讨之。度归到敦煌，留辎重，以轻骑五千渡流沙，至其境。时鄯善人众布野，度归敕吏卒不得有所侵掠，边守感之，皆望旗稽服。其王真达面缚出降，度归释其缚，留军屯守，与真达诣京都。太武大悦，厚待之。是岁，拜交趾公韩拔为假节、征西将军、领护西戎校尉、鄯善王以镇之，赋役其人，比之郡县。”[①] 北魏后期其势力退出西域，鄯善人又进入独立发展的状态。鄯善西边且末人役属于鄯善。与鄯善相比，且末人的生活环境险恶，在沙漠之中。《北史·且末传》载：“且末西北有流沙数百里，夏日有热风，为行旅之患。风之所至，唯老驼预知之，即嗔而聚立，埋其口鼻于沙中。人每以为候，亦即将毡拥蔽鼻口。其风迅驶，斯须过尽，若不防者，必至危毙。”[②]

于阗国。与两汉时相比，于阗有了很大的变化。《北史·于阗传》载：“于阗国，在且末西北，葱岭之北二百余里，东去鄯善千五百里，南去女国三千里，去朱俱波千里，北去龟兹千四百里，去代九千八百里。其地方亘千里，连山相次，所都城方八九里。部内有大城五，小城数十。于阗城东三十里有首拔河，中出玉石。土宜五谷并桑、麻。山多美玉，有好马、驼、骡。”[③] 由此可知于阗此时辖地更广，是一个以农业为主的民族，同时也有一定数量的畜牧业。

由于于阗地处中西交通要冲，是佛教传播的主要通道，所以于阗人广泛信奉佛教。《北史·于阗传》载：“俗重佛法，寺塔、僧尼甚众。王尤信尚，每设斋日，必亲自洒扫馈食焉。城南五十里有赞摩寺，即昔罗汉比丘卢旃为其王造覆盆浮图之所。石上有辟支佛跣处，双迹犹存。于阗西五百里有比摩寺，云是老子化胡成佛之所。”[④]

从西汉开始就有大量的汉族人口进入西域各重镇。这些汉族人口许多都融于当地族群，于阗人中便有很多汉族融入其中。西域有许多“深目高鼻”的胡人，但唯于阗人有异。《北史·于阗传》载：“自高昌以西诸国人等，深

① 《北史·鄯善传》，中华书局标点本 1974 年版。
② 《北史·且末传》，中华书局标点本 1974 年版。
③ 《北史·于阗传》，中华书局标点本 1974 年版。
④ 《北史·于阗传》，中华书局标点本 1974 年版。

目高鼻，唯此一国，貌不甚胡，颇类华夏（按：指汉族）。”[①] 可见历代屯田的汉人到此时已融入于阗人中，因此于阗人才是不地道的胡人，和汉人有些类似了。“老子化胡成佛”从一个侧面也反映了汉族融合于胡人的历史事实。在汉文化的影响下，于阗的刑法也是“杀人者死，余罪各随轻重惩罚之”。但于阗仍保留了一些落后的风俗，“俗无礼仪，多盗贼淫纵”[②]。

车师国。《北史·车师传》载：“车师国，一名前部，其王居交河城（今新疆吐鲁番西北雅尔湖村附近）。去代万五十里。其地北接蠕蠕，本通使交易。太武初，始遣使朝献，诏行人王恩生、许纲等出使。”[③] 南北朝时期，柔然（蠕蠕）势力已南下，扰及车师。不久，北凉破败，沮渠元讳兄弟西渡流沙，纠集遗部，于太平真君十一年（公元 450 年）攻破车师国，国王车夷落奔入焉耆，其地遂并入高昌。民族间亦开始产生融合。

高昌国。高昌是车师的故地，关于其何以称之为高昌，史书有二说。《北史·高昌传》载：“高昌者，车师前王之故地，汉之前部地也。东西二百里，南北五百里，四面多大山。或云：昔汉武遣兵西讨，师旅顿弊，其中尤困者因住焉。地势高敞，人庶昌盛，因名高昌。亦云：其地有汉时高昌垒，故以为国号。”[④] 不管这两种说法哪种确切，都反映了这样一个史实，即两汉以来，大量的汉族人口落籍于这一地方，与当地人民共同创造了高昌文化。

晋朝以高昌地为高昌郡。据《北史·高昌传》载，北魏时，汉族大姓阚爽据此，自称高昌太守。太平真君年间（公元 440—451 年），北凉沮渠无讳率败兵夺据高昌。沮渠无讳死后，其弟沮渠安周继之。和平元年（公元 460 年），柔然夺取高昌，任用汉人阚伯周为高昌王。“太武时有阚爽者，自为高昌太守。太延中，遣散骑侍郎王恩生等使高昌，为蠕蠕所执。真君中，爽为沮渠无讳所袭，夺据之。无讳死，弟安周代立。和平元年，为蠕蠕所并。蠕蠕以阚伯周为高昌王，其称王自此始也。”[⑤] 高昌建国便从此时开始。以后的几个高昌王也都是汉族。

高昌人的经济已经有了很大的发展，其所处之地以今吐鲁番盆地为中心，

---

① 《北史·于阗传》，中华书局标点本 1974 年版。
② 《北史·于阗传》，中华书局标点本 1974 年版。
③ 《北史·车师传》，中华书局标点本 1974 年版。
④ 《北史·高昌传》，中华书局标点本 1974 年版。
⑤ 《北史·高昌传》，中华书局标点本 1974 年版。

所以是一个农业、手工业、畜牧业兼而有之的民族群体。《北史·高昌传》载："（高昌）地多石碛，气候温暖，厥土良沃，谷麦一岁再熟，宜蚕，多五果，又饶漆。有草名羊刺，其上生蜜，而味甚佳。引水溉田。出赤盐，其味甚美，复有白盐，其形如玉，高昌人取以为枕，贡之中国。多蒲桃酒。"① 由此看来，高昌确实物产丰富。

高昌在宗教信仰上呈现出二元化的倾向，即既有原始宗教信仰，又崇信佛教，史书载为"俗事天神，兼信佛法"。

由于经济的大发展，加之有大量的汉族融入其中，因此，高昌人的经济、政治制度明显地表现出汉化特征。《北史·高昌传》载："其国，周时，城有一十六。后至隋时，城有十八。其都城周回一千八百四十步，于坐室画鲁哀公问政于孔子之像。官有令尹一人，比中夏相国；次有公二人，皆王子也：一为交河公，一为田地公；次有左右卫；次有八长史，曰吏部、祠部、库部、仓部、主客、礼部、户部、兵部等长史也；次有五将军，曰建武、威远、陵江、殿中、伏波等将军也；次有八司马，长史之副也；次有侍郎、校郎、主簿、从事，阶位相次，分掌诸事；次有省事，专掌导引。其大事决之于王，小事则世子及二公随状断决。评章录记，事讫即除，籍书之外，无久掌文案。官人虽有列位，并无曹府，唯每早集于牙门，评议众事。诸城各有户曹、水曹、田曹。城遣司马、侍郎相监检校，名为令。"② 以上所言的是政治制度，其汉化特点十分明显，首先是尊孔，其次是职官大体同中央王朝，唯一有别的只是"官人虽有列位，并无曹府"。

在文化习俗上则表现为"胡"、华混合。《北史·高昌传》载："服饰，丈夫从胡法，妇人裙襦，头上作髻。其风俗政令，与华夏略同。……文字亦同华夏，兼用胡书。有《毛诗》《论语》《孝经》，置学官弟子，以相教授。虽习读之，而皆为胡语。"③ 除此之外，刑法、婚姻习俗、丧葬习俗都和汉族大同小异。在伯雅为高昌王时，曾推行一些汉化的举措。大业八年（公元612年）冬，伯雅下令国中曰："先者，以国处边荒境，被发左衽。今大隋统御，宇宙平一。孤既沐浴和风，庶均大化。其庶人以上，皆宜解辫削衽。"④ 此项

① 《北史·高昌传》，中华书局标点本1974年版。
② 《北史·高昌传》，中华书局标点本1974年版。
③ 《北史·高昌传》，中华书局标点本1974年版。
④ 《北史·高昌传》，中华书局标点本1974年版。

举措得到了隋朝的赞赏，也在一定程度上加速了高昌国的汉化。近来的考古发现亦证明了史籍所载是确切的。吐鲁番地区英沙古城南佛塔遗址的陶瓮中，就曾出土写本佛经十三种、桦树皮汉字文书、梵文贝叶和其他写本。其中主要有《三国志・吴书・孙权传》残卷，共四十行五百七十余字，内容存建安二十五年（公元220年）的后半和黄武元年（公元222年）的前半。此外，高昌墓中还发现了西晋赵王伦和张华事迹抄本，以及《诗经》《急就篇》等古籍残页。这些出土文物与史书所载相吻合，表明了高昌地区的民族已具有很高的汉文化水平。

从民族的角度看，高昌国境内的民族情况是复杂的。多胡人自不待言，也有部分匈奴人、柔然人和铁勒人，当然，汉族人口占的比例很大，"国有八城，皆有华人"[①] 便可说明之。在整个魏晋南北朝的五百余年中，"胡"、华在高昌地区一直在互相融合，直到隋初仍未最终融合为一个稳定的民族群体。

焉耆国。和两汉相比，焉耆在吞并了许多四邻小国后，国势较盛，对东西文化接受得也更多了。对此，《北史・焉耆传》载："焉耆国，在车师南，都员渠城，白山南七十里，汉时旧国也。去代一万二百里。其王姓龙，名鸠尸毕那，即前凉张轨所讨龙熙之胤也。所都城方二里，国内凡有九城。国小人贫，无纲纪法令。"[②] 由于两汉时期屯田的汉族人口基本上融入当地族群，所以他们的一些习俗与汉族相同。由于受佛教的影响很大，使用的是梵文。经济生活以农耕为主，亦有畜牧业、桑蚕业。而且传统的一些习俗仍有保留。《北史・焉耆传》载："婚姻略同华夏。死亡者，皆焚而后葬，其服制满七日则除之。丈夫剪发以为首饰。文字与婆罗门同。俗事天神，并崇信佛法也。尤重二月八日、四月八日。是日也，其国咸依释教，斋戒行道焉。气候寒，土田良沃，谷有稻、粟、菽、麦，畜有驼、马。养蚕，不以为丝，唯充绵纩。俗尚蒲桃酒，兼爱音乐。"[③] 从主体民族来看，当为"深目高鼻"的伊朗语族人。焉耆人一度曾属北魏统辖。北周保定四年（公元564年），焉耆王曾向北周贡好马。

龟兹国。《北史・龟兹传》载："龟兹国，在尉犁（今焉耆南部的尉犁）西北，白山（天山）之南一百七十里，都延城（今库车县东郊汉代皮朗旧城，

---

① 《北史・高昌传》，中华书局标点本1974年版。

② 《北史・焉耆传》，中华书局标点本1974年版。

③ 《北史・焉耆传》，中华书局标点本1974年版。

魏、晋时迁于今沙雅县北六十里羊达克沁废城)，汉时旧国也。去代一万二百八十里。其王姓白，即后凉吕光所立白震之后。”① 则龟兹的地域范围仍然是两汉时的情况，相当于今新疆库车县一带。西晋武帝太康年间（公元 280—289 年)，龟兹国王曾遣其子入侍晋朝廷。十六国时期前秦苻坚曾派吕光率兵讨伐龟兹。北魏太武帝遣万度归率兵伐焉耆，波及龟兹。北周保定元年（公元 561 年)，龟兹王亦曾遣使向北周朝贡。龟兹国“土多孔雀，群飞山谷间，人取养而食之，孳乳如鸡鹜。其王家恒有千余只云。其国西北大山中有如膏者，流出成川，行数里入地，状如䬴糊，甚臭，服之，发齿已落者，能令更生，疠人服之，皆愈”②。

龟兹“杀人者死，劫贼则断其一臂，并刖一足。赋税，准地征租，无田者则税银。风俗、婚姻、丧葬、物产与焉耆略同……又出细毡，铙铜、铁、铅、麖皮、氍毹、铙沙、盐绿、雌黄、胡粉、安息香、良马、犎牛等”③。

疏勒国。《北史·疏勒传》载：“疏勒国，在姑默（今新疆阿克苏）西，白山南百余里，汉时旧国也。去代一万一千二百五十里。”④ 则疏勒人的分布地域仍与两汉时期相同，即相当于今新疆喀什市一带。“文成末，其王遣使送释迦牟尼佛袈裟一，长二丈余。帝以审是佛衣，应有灵异，遂烧之以验虚实，置于猛火之上，经日不然。观者莫不悚骇，心形俱肃。其王戴金狮子冠。土多稻、粟、麻、麦、铜、铁、锡、雌黄，每岁常供送于突厥。其都城方五里。国内有大城十二，小城数十。”⑤ 疏勒亦崇信佛教，是一个以农业为主的民族，魏晋时受突厥所控制。

广大的西域地区，有山地、沙漠、草原、绿洲，因而其生产生活是多样的；又由于其地处东西交通要冲，因而在人种来源、民族种类、文化特色、政治关系等方面也是多样的。从文献所载来看，除了游牧经济外，定居的农业生产也是较发达的，物产较为丰富。佛教是西域文化的一个重要组成部分。由于西域离印度较近，又是佛教传入中国的一个通道，所以西域城郭诸国的民族大多信仰佛教。

---

① 《北史·龟兹传》，中华书局标点本 1974 年版。

② 《北史·龟兹传》，中华书局标点本 1974 年版。

③ 《北史·焉耆传》，中华书局标点本 1974 年版。

④ 《北史·疏勒传》，中华书局标点本 1974 年版。

⑤ 《北史·疏勒传》，中华书局标点本 1974 年版。

由于与中原地区的交流不断增多和一部分两汉时期迁入西域的汉族已经融入当地族群中，汉文化对西域的影响也不断增加。在西域城郭诸国中，受汉文化影响最深的是高昌国，风俗政令，与华夏略同，汉字与胡书并用，在学校教授《毛诗》《论语》《孝经》等，因此，刑法、婚姻、丧葬与华夏小异而大同。

第二节　西南的民族及其文化

三国魏晋南北朝时期，西南的民族主要包括氐羌系统的民族、百越系统的民族、崇拜盘瓠和廪君的民族。在氐羌系统民族中，最活跃的还是氐和羌，而僰人由于不断吸收汉人和汉文化，成为西南少数民族中发展较快的民族。在百越系统民族中，出现了僚、鸠僚、俚等新的民族之称。而在崇拜盘瓠和廪君的民族中，以莫徭等最具代表性。在这一时期，西南各民族也有一些迁徙活动，都在一定程度上与汉族等杂居相处，进一步吸收了一定的汉文化。而孟高棉语族系统的闽濮和苞满，由于处于一个相对封闭的环境中，因此仍处于相对原始的状态。

一、氐羌系统各民族及其文化

（一）羌

三国魏晋南北朝时期，西南地区的羌人仍主要聚居或散居在与西北连接地区，主要有宕昌羌、邓至羌、白兰羌、党项羌等。这部分内容在前面已经阐述过，在此不赘述。除此之外，西南地区的羌人还有可兰羌、女国羌等。

可兰羌。《北史·吐谷浑传》载："白兰山西北，又有可兰国，风俗亦同（按：与吐谷浑同）。目不识五色，耳不闻五声，是夷蛮戎狄之中丑类也。土无所出，直大养群畜，而户落亦可万余人。顽弱不知斗战，忽见异人，举国便走。性如野兽，体轻工走，逐不可得。"[①] 关于可兰羌，顾颉刚先生在《从古籍中探索我国的西部民族——羌族》一文中曾说，可兰无考，其音与"喀喇"极似，疑可兰在今巴颜喀喇山西脉巴颜喀拉得里本山一带[②]。则可兰羌当分布在青藏高原，其社会经济的发展比羌人中的其他部分落后。

---

① 《北史·吐谷浑传》，中华书局标点本1974年版。

② 顾颉刚《从古籍中探索我国的西部民族——羌族》，《社会科学战线》1980年第1期。

女国羌。《北史·吐谷浑传》载："白兰西南二千五百里，隔大岭，又度四十里海，有女王国。"[①] 白兰西南当为今之唐古拉山脉；四十里海当为拉萨北部的纳木湖，则女国在今西藏境内。与羌人中的可兰等部相比较为发达，但大约还处于母系氏族阶段，故以女子为王。《北史·吐谷浑传》载："（女国羌）人庶万余落，风俗土著，宜桑麻，熟五谷，以女为王，故国号焉。"[②] 对女国羌的了解到南北朝更加清楚一些。《北史·西域·女国传》载："女国，在葱岭南。其国世以女为王，姓苏毗，字末羯，在位二十年。女王夫号曰金聚，不知政事。国内丈夫，唯以征伐为务。山上为城，方五六里，人有万家。王居九层之楼，侍女数百人，五日一听朝，复有小女王共知国政。其俗妇人轻丈夫，而性不妒忌。"[③] 女国羌生活习俗奇特，生产以狩猎为主，也向印度贩运货物，常常也和印度人、党项羌发生战争。首领的继承采用的是世袭制。《北史·西域·女国传》载："男女皆以彩色涂面，而一日中或数度变改之。人皆被发，以皮为鞋。课税无常。气候多寒，以射猎为业，……尤多盐，恒将盐向天竺兴贩，其利数倍。亦数与天竺、党项战争。其女王死，国中厚敛金钱，求死者族中之贤女二人，一为女王，次为小王。贵人死，剥皮，以金屑和骨肉置瓶中，埋之。经一年，又以其皮纳铁器埋之。俗事阿修罗神，又有树神，岁初以人祭，或用猕猴。祭毕，入山视之，有一鸟如雌雉，来集掌上，破其腹视之，有众粟则年丰，沙石则有灾，谓之鸟卜。"[④] 由此看来，女国羌还处在由原始社会向阶级社会过渡的阶段，与之相适应的宗教信仰亦较为原始。隋以后，不复单独见诸史籍，当成为吐蕃的一个组成部分。

（二）僰

三国魏晋南北朝时期的僰人，分布区域与秦汉时期基本相同，主要分布在相当于今云南红河以北、澜沧江以东的广大地区及川西南、黔西等地。这一时期僰人最大的变化，就是吸收了汉族人口，加速了自身的发展，成为西南各少数民族中最先进的民族。故有人认为僰人是"夷中最仁"。秦汉以后，有大量的汉族因种种关系进入西南南部，他们大多与僰人交错杂居在一起。当时，迁入的汉族人口与当地民族相比较毕竟是少数，而僰人的经济文化生

① 《北史·吐谷浑传》，中华书局标点本 1974 年版。

② 《北史·吐谷浑传》，中华书局标点本 1974 年版。

③ 《北史·西域·女国传》，中华书局标点本 1974 年版。

④ 《北史·西域·女国传》，中华书局标点本 1974 年版。

活与汉族比较接近，于是外来的汉族便开始僰化。《三国志·蜀书·张裔传》载：“先是（按：指诸葛亮南征前夕），益州郡杀太守正昂。耆率雍闿，恩信著于南土，使命周旋，远通孙权。［蜀汉］乃以［张］裔为益州［郡］太守，径往至郡。闿遂趦趄不宾，假鬼教曰：‘张府君如瓠壶（葫芦），外虽泽而内实粗，不足杀。’令缚与吴。”① 雍闿是汉族移民之后，到三国时已成僰人的“耆帅”，即少数民族首领。这一情况反映了三国时汉族融于僰人的现象已经出现。东晋以后，这种现象更为明显。《华阳国志·南中志》载：“夷中有桀黠能言议屈服种人者，谓之耆老。使为主议论，好譬喻物，谓之夷经。今南人言论，虽学者亦半引夷经。”② 所谓“南人”即僰化过程中的汉族移民后代。南北朝时，爨氏割据宁州，基本上不与内地汉族往来。这又加速了汉族移民僰化的进程。他们几乎都成了隋唐以后的“白蛮”。原来汉族移民中的大姓杨、赵、李、董、高等姓，也全部能在唐朝时期的“白蛮”中找到。这些汉族移民的后裔虽然仍保持着汉族文化生活的某些方面。如他们的知识分子仍然使用汉文，留存至今的南朝宋时期的《爨龙颜碑》即是例证。但在经济文化生活方面已经全面僰化了。在西南，汉族融合到僰人中去的过程，也就是僰人不断吸收汉族经济文化而封建化的过程。

（三）昆明

秦汉时期，昆明从洱海到滇池都有分布。由于不断迁徙，到三国两晋时，昆明的活动范围已扩展到味县（今曲靖）一带。《华阳国志·南中志》载：“（南中）夷人大种曰昆，小种曰叟，皆曲头、木耳、环铁、裹结。”③ 文中所说的“昆”即昆明。在南中地区，从人口数量上来说占绝大多数，所以说他们是“大种”。他们文化生活的特征是“曲头、木耳”。所谓曲头，是昆明头部的一种铜制装饰品，可以看作“头箍”或者“发箍”。原物用薄铜片弯曲而成，上面有乳钉、鸟兽纹等，两端有穿孔，便于系索紧束，大小与人的头围相等。这种实物在剑川沙溪鳌峰山墓葬中出土四件，宽三至四厘米，直径二十厘米。出土时多在死者头部，可以肯定是头部装饰品。木耳，昆明佩戴的大耳环，原为木制，所以叫木耳。这种木耳环，在呈贡黄土山古墓中发现过几件残器，环宽一厘米左右，直径约四厘米。因为木耳环是昆明惯用的装

① 《三国志·蜀书·张裔传》，中华书局标点本2011年版。

② 〔晋〕常璩撰《华阳国志》卷四《南中志》，中华书局1985年版。

③ 刘琳校注《华阳国志校注》，巴蜀书社1984年版。

饰品，所以古文献上又有称昆明为“木耳夷”的[①]。《水经注·温水》载：“(温水) 又径味县……水侧皆是高山，山水之间，悉是木耳夷居，语言不同，嗜欲各异，虽曰山居，土差平和而无瘴毒。”[②] 温水就是今天的南盘江，木耳夷便是“曲头、木耳”的昆明。

(四) 叟

魏晋南北朝时期，叟一般仍然和昆明（按：族称）相互杂居，其分布面之广，人口众多，仅次于昆明。所以《华阳国志·南中志》载：“夷人大种曰昆，小种曰叟。”叟的分布最西为越嶲郡、邛都。《华阳国志·蜀志》载：“章武三年（公元 223 年)，越嶲叟大帅高定元称王恣睢。”[③]《三国志·蜀志·张嶷传》载：“初，越嶲郡自丞相讨高定（元）之后，叟夷数反。”[④] 由此往东的今昭通地区有叟人分布。1936 年在昭通洒渔河边古墓中发现一颗铜印，上刻阴文“汉叟邑长”四字，同时出土砖等文物。据《太平御览》卷七九一引《永昌郡传》载：“夷分布山谷间，食肉衣皮，虽有人形，禽兽其心。”[⑤] 这“夷”便是与在坝区种稻的僰人相对的叟人。关于他们的形象在昭通发掘的晋代霍彪墓葬墓室中有生动的图像可以说明。图中“夷部曲”的装束，与近代凉山彝族有许多近似之处，如披毡、头上发式与彝族汉子的“天菩萨”相类[⑥]。

以滇池为中心的滇中地区也有叟人分布。《华阳国志·南中志》载：“益州夷复不从闿，闿使建宁孟获说夷叟曰：‘官欲得乌狗三百头，膺前尽黑，……汝能得不?’夷以为然，皆从闿。”[⑦] 可见叟人势力不小。

叟也往往作为对当时分布区相当于今甘肃东南部、四川西部、云南东部和贵州西部等地区部分少数民族的泛称，如蜀叟、氐叟、賨叟、苏祈叟、越嶲叟等等。叟人中也有少部分融入了僰人，但大部分仍在山区和半山区保持着他们固有的经济文化生活方式，形成许多不相统属的部落，无大王侯。叟人主要从事农耕，有邑落、姓氏，较汉化。其服饰特点是曲头、木耳、环铁、

① 王文光著《中国古代的民族识别》，云南大学出版社 1997 年版。

② 〔北魏〕郦道元著《水经注·温水》，上海古籍出版社 1990 年版。

③ 〔晋〕常璩撰《华阳国志·蜀志》，中华书局 1985 年版。

④ 《三国志·蜀书·张嶷传》，中华书局标点本 2011 年版。

⑤ 〔宋〕李昉等撰《太平御览》卷七九一，中华书局 1960 年版。

⑥ 王文光著《中国古代的民族识别》，云南大学出版社 1997 年版。

⑦ 〔晋〕常璩撰《华阳国志·南中志》，中华书局 1985 年版。

裹结。其俗信仰巫鬼教，好诅盟。魏晋时，叟在南中活动频繁，东晋后，叟渐不见于史籍记载。北部叟人大多融合于汉族，南中叟在滇池地区的，南北朝时处于爨氏大族的统治之下，成为西爨“白蛮”的一支。越嶲叟成为唐初“松外蛮”的前身。叟与藏缅语族的白族、彝族等有渊源关系[①]。

（五）摩沙夷

摩沙夷是东汉末年从越嶲郡的叟、昆明中分化出来的。“摩沙”之名最早见于《华阳国志》：“县在郡西，渡泸水，宾刚徼，曰摩沙夷。”[②]“摩沙”以“旄”得名，即与旄牛羌（夷）有关[③]。三国魏晋南北朝时期的摩沙夷，依然分布在东泸水（今雅砻江）以西至南泸水（今金沙江）周围地区，相当于今四川盐源、盐边及云南丽江、宁蒗等地。到隋唐时，发展为磨些蛮。僰、叟、昆明、摩沙等族虽各有自己的聚居区，但大都互相杂居共处，因此一般都信仰巫鬼教，首领也称鬼主、大鬼主。

总之，三国魏晋南北朝时期，西南各民族，经济发展不平衡，文化发展也不平衡。靠近内地与汉民族接触较多者，表现为夷汉文化混合，文化发展较快；而地处僻远者则文化发展缓慢。如两晋时，相当于今滇东北的地区因有靠近四川的五尺道经过，迁入内地移民居住较多，因而受到内地较深的影响，文化水平亦明显高于宁州其他地区。这一文化水平实际上是汉文化水平。来自滇东北的考古材料也证实了这一点。昭通市后海子发现了太元（东晋孝武帝年号，376—396 年）年间的霍承嗣墓，封土纵 29 米，高 5.2 米，墓室方形，边长 3 米，高 2.2 米，由长方形砂石叠砌，外抹厚 2 厘米白灰，墓顶复斗形，斜坡墓道，两侧有龛。壁画以墨、朱、黄、赭、白等色绘成。墓室壁画有内地常见的玄武、白虎、青龙、朱雀和卷云纹等图案。墓在立坟方式、葬式和壁画图案等方面，都与内地相同。墓中所反映的汉文化特点，表明这些地区受汉文化的深刻影响[④]。

除了墓葬之外，能反映魏晋时期汉文化对西南民族地区影响的，还有在今曲靖市发现的大小爨碑。大爨碑即《爨龙颜碑》，现存于曲靖市陆良县薛官

---

① 白翠琴著《中国历代民族史·魏晋南北朝民族史》，社会科学文献出版社 2007 年版。

② 〔晋〕常璩撰《华阳国志·蜀志》，中华书局 1985 年版。

③ 杨福泉著《纳西族与藏族历史关系研究》，民族出版社 2005 年版。

④ 王文光著《中国民族发展史》（上册），民族出版社 2005 年版。

堡村，青石质，碑身为长方形，碑额为半圆形。碑额上部有青龙、白虎、朱雀浮雕；下部有穿，其左右两边刻日、月，日中有三足金乌，月中有蟾蜍。碑高3.38米；上宽1.35米，下宽1.46米，形体伟岸，仪态丰硕，碑额24字，碑文共24行，行45字，碑阴有题名。整个碑文骈散结合，以散为主，骈文辅之，辞藻和用典极为讲究，体现出很高的文学修养。《爨龙颜碑》的书法艺术成就很高，康有为《广艺舟双楫》中认为“下笔如昆刀刻玉，但见浑美；布势如精工画人，各有意度，当为隶楷极则”。小爨碑即《爨宝子碑》，现存于曲靖一中校园内，也是青石质，碑首为半圆形，碑身为长方形，高1.83米，宽0.68米，形体比大爨碑小，碑文共13行，行30字，碑额15字，碑尾有题名13行，行4字，均正书。《爨宝子碑》碑铭文辞典雅，讲究对仗、声律，辞章华丽，语意流畅，音韵铿锵，节奏感强，具有较高的文学造诣。另外，《爨宝子碑》的书法艺术成就也很高。康有为《广艺舟双楫》中认为《爨宝子碑》“上为汉分之别子，下为真书之鼻祖”，体在“隶楷之间，可以考见变体源流”①。

在经济方面，蜀汉在今滇东北大力屯田，以后的历代政权也因袭这一做法。随着铁器大量传入滇东北，农业得到了更大的发展。此外，各民族还在种植业上多有贡献，发现了一些可以代粮的植物，如可代粮的野生植物桄榔木。《华阳国志·南中志》载：“（兴古郡）少谷，有桄榔木，可以作面，以牛酥酪食之，人民资以为粮。欲取其木，先当祠祀。”② 桄榔木是一种羽叶棕榈，在牂牁、兴古及交趾地区最为常见，其皮和树屑含有丰富的淀粉，可作“饼饵”。取树皮和树屑，十捣，复淋以水，干燥后即得桄榔面③。虽然桄榔木产粉的数量相当可观，一棵大树可出面“百斛”，但从“先当祠祀”反映出当地少数民族十分珍惜桄榔木，不能想取就取，也说明桄榔木在当时仍是十分宝贵的代粮植物。

在这一时期，西南民族青铜器、朱提银的生产等也值得称道。产自朱提的铜许多署东汉年号，反映出当时此地的冶铜业比较发达，但东汉以后这种情况仍未有变化。南齐时，在南广郡（治今盐津）蒙山下发现了一处冶铜旧

---

① 王文光著《中国民族发展史》（上册），民族出版社2005年版；范建华等著《爨文化史》，云南大学出版社2001年版。

② 〔晋〕常璩撰《华阳国志·南中志》，中华书局1985年版。

③ 方铁主编《西南通史》，中州古籍出版社2003年版。

址，据《南齐书·刘悛传》载："有烧炉四所，高一丈，广一丈五尺。从蒙城渡水南百许步，平地掘土深二尺，得铜。又有古掘铜坑，深二丈，并居宅处犹存。"[①] 除青铜器外，朱提银也很著名，从实物和史料来看，朱提银曾被规定为全国的流通货币，可见其产量之高。随着朱提银的出名，朱提甚至成了白银的代名词，《聊斋志异·官梦弼》中曾有这样一段描写："女一日入舍中，见断草丛丛，无隙地，渐入内室，坐埃尘中，暗陬有物堆积，蹴之连足，拾视皆见朱提。"[②]

二、西南百越系统各民族及其文化

（一）僚

魏晋南北朝时期，百越系统的各个部分，正向着分化与重新组合的方向发展，处于缓慢分化为同源的不同民族的过程之中。在民族名称上也开始产生新变化，出现了僚、鸠僚、俚等民族名称。在岭南地区，僚常和俚并称。在云南、贵州一带，僚常与濮相混。

僚作为族称始见于西晋张华《博物志》。《博物志·异俗》载："荆州极西南界至蜀，诸民曰僚子。妇人妊娠七月而产，临水生儿便置水中，浮则取养之，沈便弃之。然千百多浮，既长，皆拔去上齿牙各一，以为身饰。"[③] 书中没有介绍僚之称始于何时，与何民族有关，但却介绍了僚有临水生子和拔上齿的习俗。

与张华同时代的陈寿在《三国志·蜀书》中记载，永昌郡有僚分布。"时永昌郡夷僚恃险不宾，数为寇害，乃以飞领永昌太守，率偏军讨之，遂斩其豪帅，破坏邑落，郡界宁静。"[④] 可见，分布在永昌郡的僚有邑落，在豪帅的带领下经常寇扰永昌郡。同时，《三国志·蜀书》引《益部耆旧传》注亦载："平南事讫，牂牁兴古（蜀汉分益州、牂牁二郡连接地带设兴古郡）僚种复反，（马）忠令（张）嶷领诸营往讨，嶷内招降得二千人，悉传诣汉中。"[⑤] 这反映了牂牁、兴古有僚分布。从上述记载中可以明确蜀汉时便有僚。如果依南朝刘宋时范晔的《后汉书》所载，则西汉时便有僚。《后汉书·西南夷列

① 《南齐书·刘悛传》，中华书局标点本1972年版。

② 〔清〕蒲松龄著《聊斋志异》卷三《官梦弼》，天津古籍出版社2004年版。

③ 〔晋〕张华撰《博物志》，上海古籍出版社1990年版。

④ 《三国志·蜀书》，中华书局标点本2011年版。

⑤ 《三国志·蜀书》，中华书局标点本2011年版。

传》载:“武帝元鼎六年(公元前111年),平西夷,为牂柯郡,夜郎侯迎降,天子赐其王印绶,后遂杀之。夷僚咸以竹王非血气所生,甚重之,求立为后。”[①] 这里的“牂柯”即“牂牁”。据《汉书·地理志》载,牂牁郡共领十七县,范围相当于今贵州省,云南省东部、东南部,广西西部右江上游。这个区域内都有僚分布,因此,僚的分布还是比较广泛的。由于《博物志》成书时间较早一点,故较可信。从此以后,僚作为族群共同体的称谓,往往见之于史,但直到《魏书》时才正式为僚立传。

到魏晋南北朝时期,部分僚人开始北上入川,因此僚人的分布区分为两大片,即所谓的“北僚”(北上入巴蜀者)分布区和岭南至交广僚分布区。对于僚人从何而出,主要有两类记载。一说是由南方北上入蜀,如“李寿从牂牁引僚入蜀境”。另一类记载则含糊其辞,如《北史·僚传》载“李势在蜀,诸僚始出巴西、渠川、广汉、阳安、资中”。大多数学者赞同僚人北徙入蜀这一说法[②]。

两晋时期史家偏重于记载僚人北上入川之事,因为这是古代南方民族史上的大事,是一次民族大流动,故史家详言之。僚人北上入川似以《华阳国志》的记载为最早:“晋康帝建元元年(公元343年),寿卒,势立,改元太和。……冬季奕自晋寿举兵反,单骑突门,门者射杀,众溃。势大赦境内,改元嘉宁(公元346年)。势骄淫不恤国事,中外离心。蜀土无僚,至是始从山出,自巴至犍为,布满山谷,大为民患,加以饥馑,境内萧条。”[③] 从这一记载来看,入川的僚人还是不少的。关于僚人为什么要入川,《华阳国志》没有明确指出,但《蜀鉴》引李膺《益州记》略有说明:“李雄时尝遣李寿攻朱提,遂有南中之地。寿既篡位,以郊甸未实,都邑空虚,乃徙旁郡户三丁以上,以实成都。又从牂牁引僚入蜀境,自象山以北,尽为僚居。蜀本无僚,至是始出巴西、渠川、广汉、阳安、资中、犍为、梓潼,布在山谷,十余万落。”[④] 如果以“十余万落”来计算,那这些北上入蜀的僚人至少有几十万人。这个规模是比较庞大的,对蜀地的影响也是极大的。这些入川的僚人与

① 《后汉书·西南夷列传》,中华书局标点本1965年版。

② 刘复生《入蜀僚人的民族特征与语言遗存——“僚人入蜀”再研究》,《中国史研究》2000年第2期。

③ 〔晋〕常璩撰《华阳国志》,中华书局1985年版。

④ 〔宋〕郭允蹈撰,赵炳清校注《蜀鉴校注》,国家图书馆出版社2010年版。

蜀中诸郡的民众相比，发展相对落后，故同书又载，“僚遂挟山傍谷，与夏人参居。参居者颇输租赋，在深山者不为编户。种类滋蔓，保据岩壑，依林履险，若履平地，性又无知，殆同禽兽。诸夷之中，难以道义招怀也”[①]。如此便造成了僚人分布区的扩大。

这部分北上入川的僚人，由于日渐与蜀地汉族大量接触，所以有关他们的历史文化习俗被详细记载于《魏书·僚传》之中。《魏书·僚传》载：“僚者，盖南蛮之别种，自汉中达于邛笮川洞之间，所在皆有。种类甚多，散居山谷，略无氏族之别。又无名字，所生男女，唯以长幼次第呼之。其丈夫称阿谟、阿段，妇人阿夷、阿等之类，皆语之次第称谓也。依树积木，以居其上，名曰‘干兰’，干兰大小，随其家口之数。往往推一长者为王，亦不能远相统摄。父死则子继，若中国之贵族也。僚王各有鼓角一双，使子弟自吹击之。好相杀害，多不敢远行。能卧水底，持刀刺鱼。其口嚼食并鼻饮。死者竖棺而埋之。性同禽兽，至于忿怒，父子不相避，惟手有兵刃者先杀之。若杀其父，避走，求得一狗以谢其母，母得狗谢，不复嫌恨。”[②] 可见，入川僚人的社会发展是不平衡的，有的还处于原始社会阶段，有的已经进入奴隶社会。部落或邻居之间经常发生争斗。僚人的经济以农业为主，处于平坝者，大多土地肥美，宜种五谷和植桑养蚕。历代封建统治者常向僚人掠取谷物。僚人也与外人进行贸易，在市场上主要是用自己生产的粮食去换取必需品。与此同时，封建官吏常采取交换形式，低价收购。住的是干栏式建筑。这是原始时代巢居形式的遗留和发展。干栏一般分上下两层，楼上住人，楼下豢养牲畜及安置桩碓，存放农具、杂物等。有鼻饮的习俗，实行竖棺葬，狗在社会生活中具有特殊的地位。僚人的婚姻基本上是一夫一妻制，但并不稳定，有“不落夫家”及“产翁”的风俗。有些地方的僚人没有名姓，以排行次第称呼之。僚人社会似有母系社会之遗风，但社会中又存在着奴隶买卖。《魏书·僚传》载：“亲戚比邻，指授相卖，被卖者号哭不服，逃窜避之，乃将买人捕逐，指若亡叛，获便缚之。但经被缚者，即服为贱隶，不敢称良矣。”在宗教方面仍崇信鬼神。“其俗畏鬼神，尤尚淫祀。所杀之人，美鬓髯者必剥其面皮，笼之于竹，及燥，号之曰‘鬼’，鼓舞祀之，以求福

① 〔宋〕郭允蹈撰，赵炳清校注《蜀鉴校注》，国家图书馆出版社 2010 年版。

② 《魏书·僚传》，中华书局标点本 1974 年版。

利。”在手工业方面，能“铸铜为器”，“能为细布，色至鲜净”，不会制造和使用弓矢，但使用楯和矛，用竹为簧[①]。

总之，根据刘复生的研究，入蜀僚人的民俗特征主要是：竹王祠、凿齿穿耳、铜鼓和崖葬。四川古代在多地建有“竹王祠”，这与入蜀僚人的影响是分不开的。巴蜀原住居民没有“凿齿穿耳”习俗，入蜀僚人长期保留这一民俗特征。四川铜鼓和崖葬，是“僚人入蜀”的产物，从铜鼓发现地以及崖葬集中地来看，应即入蜀僚人的主要分布区域。川南泸叙地区是僚人入蜀的一个主要通道，这一地区成了四川古代铜鼓和崖葬最为集中之地[②]。

随着僚人势力的增加，开始给李势的成汉政权以打击，最后导致其灭亡。《魏书·僚传》载：“李势在蜀，诸僚始出巴西、渠川、广汉、阳安、资中，攻破郡县，为益州大患。势内外受敌，所以亡也。”正因为如此，亦导致了僚人内部的分化，“自桓温破蜀之后，力不能制，又蜀人东流，山险之地多空，僚遂挟山傍谷。与夏人参居者颇输租赋，在深山者仍不为编户”[③]。

刘宋大明八年（公元 464 年），宁、益二州刺史萧惠开提议要把牂牁等郡划为内地直接统治，开垦田地，增益租赋。垣闳担任益州刺史时，规定僚人获罪，若想不受鞭罚，必须输财赎罪，称为“赕”。垣闳因之亦被时人称之为“赕刺史”。到梁武帝时（公元 502—549 年），依《魏书·僚传》载，“萧衍梁益二州岁岁伐僚以自裨润，公私颇藉为利”[④]。然而这又引起了僚人的反抗。《魏书·僚传》载，“正始中（公元 504—508 年），夏侯道迁举汉中内附，世宗遣尚书邢峦为梁益二州刺史以镇之，近夏人者安堵乐业，在山谷者不敢为寇。后以羊祉为梁州，傅竖眼为益州。祉性酷虐，不得物情。萧衍辅国将军范季旭与僚王赵清荆率众屯孝子谷，祉遣统军魏胡击走之。后萧衍宁朔将军姜白复拥夷僚入屯南城，梁州人王法庆与之通谋，众屯于固门川，祉遣征虏将军□□讨破之。竖眼施恩布信，大得僚和。后以元法僧代傅竖眼为益州，法僧在任贪残，僚遂反叛，勾引萧衍军围逼晋寿。朝廷忧之，以竖眼先得物情，复令乘传往抚。僚闻竖眼至，莫不欣然，拜迎道路，于是而定。及元恒、

① 《魏书·僚传》，中华书局标点本 1974 年版。

② 刘复生《入蜀僚人的民族特征与语言遗存——“僚人入蜀”再研究》，《中国史研究》2000 年第 2 期。

③ 《魏书·僚传》，中华书局标点本 1974 年版。

④ 《魏书·僚传》，中华书局标点本 1974 年版。

元子真相继为梁州，并无德绩，诸僚苦之。”[①] 很显然，僚虽然为郡县之民，但不同的统治者实行不同的政策，其结果也是不一样的。在僚居住区开垦田地，对促进僚人的发展，是有帮助的。但若想通过此种方式来从僚人中获取更多的租赋，僚人是很难承担的，其结果只会导致僚人的反叛。

为了进一步加强对益州诸僚的统治，北魏设立巴郡统辖诸僚，并派巴酋严始欣为刺史，对发展程度不同的僚人也区别对待。《魏书·僚传》载："朝廷以梁益二州控摄险远，乃立巴州以统诸僚，后以巴酋严始欣为刺史。又立隆城镇，所绾僚二十万户，彼谓北僚，岁输租布，又与外人交通贸易。巴州生僚并皆不顺，其诸头王每于时节谒见刺史而已。”[②] 从中可知，北僚不仅数量多，而且得到了比较大的发展。但后来僚人认为严始欣贪暴无道，便起而围攻巴州，严始欣则据巴州附萧梁，最后被北魏攻俘。《魏书·僚传》载："孝昌（北魏孝明帝年号，公元525—528年）初，诸僚以始欣贪暴，相率反叛，攻围巴州。山南行台勉谕，即时散罢。自是僚诸头王相率诣行台者相继，子建厚劳赉之。始欣见中国多事，又失彼心，虑获罪谴。时萧衍南梁州刺史阴子春扇惑边陲，始欣谋将南叛。始欣族子恺时为隆城镇将，密知之，严设逻候，遂禽萧衍使人，并封始欣诏书、铁券、刀剑、衣冠之属，表送行台。子建乃启以镇为南梁州，恺为刺史，发使执始欣，囚于南郑。遇子建见代，梁州刺史傅竖眼仍为行台。竖眼久病，其子敬绍纳始欣重赂，使得还州。始欣乃起众攻恺，屠灭之，据城南叛，萧衍将萧玩率众援接。时梁益二州并遣将讨之，攻陷巴州，执始欣，遂大破玩军。”[③]

北周攻占梁州、益州后，每年下令出兵讨僚，并将俘虏之僚人作为奴隶，于是上至贵族，下到平民，多以僚人为奴。《周书·异域上·僚传》载："太祖平梁、益之后，令所在抚慰。其与华民杂居者，亦颇从赋役。然天性暴乱，旋至扰动。每岁命随近州镇出兵讨之，获其口以充贱隶，谓之为压僚焉。后有商旅往来者，亦资以为货，公卿逮于民庶之家，有僚口者多矣。”[④] 本时期的僚人内部分化已较显著，与汉族交往多者，已“颇从赋役”，但仍有许多还处于相对落后的状态中，并已开始出现个性特征，被称为“木笼僚”等。《周

---

① 《魏书·僚传》，中华书局标点本1974年版。
② 《魏书·僚传》，中华书局标点本1974年版。
③ 《魏书·僚传》，中华书局标点本1974年版。
④ 《周书·异域上·僚传》，中华书局标点本1974年版。

书·异域上·僚传》载："魏恭帝（西魏恭帝，公元554—556年在位）三年，陵州木笼僚反，诏开府陆腾讨破之，俘斩万五千人。保定（北周武帝年号，公元561—565年）二年，铁山僚又反，抄断江路。陆腾复攻拔其三城，虏获三千人，降其种三万落。……天和（北周武帝年号，公元566—571年）三年，梁州恒棱僚叛，总管长史赵文表讨之。"① 由于赵文表以安抚为主，"僚人和之"。正是在这种或顺或乱的过程之中，加速了北上入川僚人的发展进程，渐渐汉化。《隋书·地理志上》载："（梁州）傍南山杂有僚户，富室者颇参夏人为婚，衣服、居处言语，殆与华不别。"② 在巴蜀文化浓厚的氛围中逐渐"亦与蜀人相类"。隋唐以后，大部分僚人融于当地汉族，少量仍然缓慢发展着。

关于僚的族属，他们主要源于百越民族群体中的骆越，是以骆越为主体发展而来的。东晋和之后南朝的宋齐梁陈四代均设"平越中郎将"来统治僚。《隋书·南蛮传》载："南蛮杂类，与华人错居，曰蜒、曰儴、曰俚、曰僚……古所谓百越是也。"③ 顾炎武《天下郡国利病书·广东下·峒僚》载："峒僚者，岭表溪峒之民，古称山越。"④ 成书于清朝的《古今图书集成》亦载："自今巴蜀以东，历湖南、北桂、岭南，云、贵数千里，溪洞山箐之中，有曰佬、曰伶、曰僚、曰瑶、曰僮之类，凡数十种……在古类实多，故有百越之名。"⑤ 文中所言除瑶外，都是以越民族群体为主发展而来的。

近现代许多学者也持"僚"为"越"说。吕思勉先生认为古代的"僚人"属于古代岭南的粤人。缪钺先生说："我赞同僚族是越族的说法。"⑥ 尤中先生说："对于僚，我同意很多人的说法，即是雒的音转，乃'越种'也。"⑦《中国大百科全书·民族》"僚"条亦如是说："僚，系百越的一支。"僚源于越，肯定是无疑的。其实僚并非完全等于越，而是以越民族群体的骆越为主体，同时也在发展中吸收了其他成分而形成的一个族群共同体。

---

① 《周书·异域上·僚传》，中华书局标点本1974年版。

② 《隋书·地理志上》，中华书局标点本1973年版。

③ 《隋书·南蛮传》，中华书局标点本1973年版。

④ 〔清〕顾炎武（四部丛刊三编史部）《天下郡国利病书·广东下·峒僚》（第7册），上海书店1935年版。

⑤ 转引自王文光著《中国古代的民族识别》，云南大学出版社1997年版。

⑥ 缪钺著《读史存稿》，三联书店1963年版。

⑦ 尤中《汉晋时期的西南夷》，《历史研究》1957年第12期。

从语言上看，闻宥先生认为：“‘骆’可以说是早期的译写，而‘僚’字是较晚的译写。”① 戴裔煊先生也说：“从名称渊源寻绎，读音之比较，吾人断定，‘僚’本出于‘骆’或‘雒’。”以上所言甚是。

“北僚”入巴蜀后，在浓厚的汉文化氛围中，渐次华夏化；而岭南之僚则在隋唐以后向着不同的民族方向发展。

总之，僚人入蜀是西南古代一次规模巨大的少数民族移民，对四川及西南地区乃至中国历史都产生了深远的影响。僚人入蜀极大地改变了四川地区的民族构成和民族分布。后来僚人的大部分都自然与汉族融合，成为唐宋时期四川地区汉族的重要族源，给四川地区注入了大量新的血液，为该地区在唐宋时期迅速复苏，再次居于全国前列，奠定了一个重要的基础。同时，民族融合对僚人社会发展也是一大进步。另外，入蜀僚人也丰富了四川地区的民俗文化。当然，入蜀僚人对四川地区的经济文化发展也产生了一定的负面影响。僚人的文化教育程度远远落后于原巴蜀之民，使两汉以来繁荣的巴蜀文化遭到破坏。而且僚人所到之处，郡县皆废，人民流离，土地荒芜，破坏了巴蜀地区的社会经济②。

（二）鸠僚

鸠僚应该是由东汉时的掸人发展变化来的，始见于《华阳国志·南中志》：“兴古郡，建兴三年置，属县十一，户四万，去洛五千八百九十里。多鸠僚、濮。”③《永昌郡传》亦载：“兴古郡在建宁南八百里，郡领县九，经千里皆有瘴气，……九县之人皆号曰鸠民，言语嗜欲不与［华］人同。”④ 这表明今滇东南鸠僚很多，他们是近代滇东南壮侗语族各民族的先民。

在鸠僚中，永昌郡内的鸠僚分化出来的时间稍早一些。《华阳国志·南中志》载：“汉明帝永平十二年（公元 69 年）……乃置（永昌）郡，有闽濮、鸠僚、裸濮、身毒之民。”⑤ 此处把“鸠僚”单独记载，说明“鸠僚”已经开始分化出来。永昌郡内的鸠僚后来发展为今德宏、西双版纳地区的傣族及境

① 转引自江应樑著《傣族史》，四川民族出版社 1983 年版。

② 周蜀蓉《析“僚人入蜀”的影响》，《西南师范大学学报》（人文社会科学版）2004 年第 1 期。

③ 刘琳校注《华阳国志校注》，巴蜀书社 1984 年版。

④ 〔清〕王谟辑《汉唐地理书钞》，中华书局 1961 年版。

⑤ 刘琳校注《华阳国志校注》，巴蜀书社 1984 年版。

外掸傣民族。值得强调的是，鸠僚是他称，自称则为傣（或泰）。分布于东部兴古郡与分布于西部永昌郡的鸠僚，自古在地理上是连成一片的，他们的发展线索应为越裳—滇越—掸—鸠僚。这就是他们后来形成历史文化特征相同的掸傣民族群体的主要原因。

西晋末年至东晋初年，由于李毅、王逊先后在宁州的残暴统治，引起了西部永昌郡内各部的强烈反抗，最终造成了永昌郡的分裂。这就使东部兴古郡和西部永昌郡内同一民族的鸠僚之间联系割断，还使广阔的永昌郡内不同部落的鸠僚自我封闭，独立发展。

鸠僚分布的永昌郡内，物产丰富，特别是动物种类非常多。鸠僚的纺织业富有特色，出产较有名的桐华布和兰干布。还用大竹制作纺织品。而兴古郡鸠僚分布区的物产不如永昌郡丰富，用桄榔木做桄榔面①。

三、闽濮和苞满及其文化

闽濮与苞满是一个近亲部落群体。闽濮即今云南佤族、布朗族和德昂族的先民，有镂面等习俗。

东汉初年设置永昌郡时，与“苞满”同一族系的众多部落群体都纳入了永昌郡的范围，被称为闽濮。永昌郡范围十分广泛，东起洱海，西达怒江以西。在历史上，闽濮一直和鸠僚杂居在广阔的永昌郡范围之内（今云南省西双版纳州、德宏州、保山市、临沧市、普洱市）。泰始七年（公元 271 年），晋武帝为了进一步加强对南中各民族的剥削，调整了郡县设置，把南中七郡中的云南、兴古、建宁、永昌四郡单独划出建立宁州郡，晋王朝派来的宁州官吏对各少数民族进行残酷剥削。西晋元康末年（公元 299 年）以后，宁州境内的各民族反抗晋的地方官的残暴统治。永昌郡内的闽濮把太守驱逐南逃永寿（今云南省耿马县），晋王朝对闽濮地区的统治松弛。对此，《华阳国志·南中志》有明确记载：“（吕）祥子元康末为永昌太守，值南夷作乱，闽濮反，乃南移永寿，去故郡千里，遂与州（宁州）隔绝。”②

进入南北朝时期，永昌郡内的闽濮又不断起来反抗。对此，立于宁州的《爨龙颜碑》有相应的记载：“岁在壬申（刘宋元嘉九年，公元 432 年）……

① 王文光、李晓斌著《百越民族发展演变史：从越、僚到壮侗语族各民族》，民族出版社 2007 年版。

② 刘琳校注《华阳国志校注》，巴蜀书社 1984 年版。

州（指宁州）土扰乱，东西二境，凶竖狼暴，缅戎寇场。”此“缅戎”即闽濮[①]。爨龙颜率兵五千前往镇压，但以失败告终。故《宋书·州郡志》中宁州已无永昌郡。齐代宋后，虽拥有宁州，但也没有把永昌闽濮地区统一起来，所以《南齐书·州郡志》载“永昌郡，有名无民，曰空荒不立”。整个南北朝时期，永昌郡内的闽濮地区始终没有得到统一。在这样的政治统治之下，散居于永昌郡内部的闽濮各部落，又回复到他们古代相对独立的状态之中，仍然相当于原始社会中期到末期的一些部落。由于历史文化传统不同，生产方式不同，所以他们不曾与同区域的鸠僚相融合，自身也未形成一个稳定的民族共同体，处于缓慢的发展过程中。到了唐前期，唐王朝也未能将“闽濮”地区纳入唐王朝的版图之内，他们成了唐王朝势力范围以外的少数民族。

四、崇拜盘瓠、廪君的民族及其文化

魏晋时期崇拜盘瓠、廪君的“苗蛮系”的民族仍大多被称为“蛮”，主要分布在荆州、雍州、郢州、司州境内。其中，“豫州蛮”和“荆雍州诸蛮”、“莫徭蛮”比较具有代表性。

“豫州蛮”是“廪君蛮”的后裔，是由汉代的“巫蛮”徙置江夏、西阳郡演变而来的。初移居南郡（郡治今湖北江陵）一带，东汉时称“江夏蛮”，后来迁至汉水下游西阳郡，并向东北逐渐推进至庐江郡，于是被称为“西阳蛮”。南朝时，由于西阳郡在东晋侨置的豫州范围之内，遂被称为“豫州蛮”。其是以白虎为图腾崇拜的民族。《南史·夷貊传》载：“豫州蛮，廪君后也。……西阳有巴水、蕲水、希水、赤亭水、西归水，谓之五水蛮。所在并深岨，种落炽盛，历世为盗贼。北接淮、汝，南极江、汉，地方数千里。”[②] 因此，“豫州蛮”是对五水地区民族群体的统称，其中最大一支叫“西阳蛮”。“豫州蛮”主要聚居区相当于今鄂东及皖西南的大别山区。他们以种植谷物为主。由于地处水陆要冲，生产发达，贸易也有所发展，常在晋朝所设的夷市与汉人进行各种交易，互通有无，被视作“强蛮”。

“荆雍州诸蛮”的先民原居住在长沙武陵一带，亦为盘瓠的后裔，由于分布之地多在深山，人迹罕至，因此，“荆雍州诸蛮”在盘瓠后裔中处于发展较缓慢的部分。《南史·夷貊传》载：“荆、雍州蛮，盘瓠之后也，种落布在诸

---

① 王文光著《中国民族发展史》（上册），民族出版社 2005 年版。

② 《南史·夷貊传》，中华书局标点本 1975 年版。

郡县。宋时因晋于荆州置南蛮、雍州置宁蛮校尉以领之。孝武初，罢南蛮并大府，而宁蛮如故。蛮之顺附者，一户输谷数斛，其余无杂调。而宋人赋役严苦，贫者不复堪命，多逃亡入蛮。蛮无徭役，强者又不供官税。结党连郡，动有数百千人，州郡力弱，则起为盗贼，种类稍多，户口不可知也。所在多深险。居武陵者有雄溪、樠溪、辰溪、酉溪、武溪，谓之五溪蛮。"[①] "五溪蛮"是东汉至宋朝对分布在今湘西及黔、川、鄂交界地沅水上游若干少数民族的总称。"五溪蛮"在以后的发展中，一部分融于汉族，而大部分则与今天的土家族、苗族、瑶族等有渊源关系。"荆雍州诸蛮"有的以农业生产为主，在平坦之地种植水稻，在山区丘陵之地种植杂粮；有的以渔猎山伐为业；有的擅长染织，还以金银装饰兵器，反映其手工业已发展到较高的水平。

"莫徭蛮"也是盘瓠后裔的一部分。在这一时期，原来的"武陵蛮""长沙蛮""零陵蛮"中出现了莫徭之称。莫徭一词，最早见于《梁书·张缵传》："（湘）州界零陵、衡阳等郡，有莫徭蛮者，依山险为居，历政不宾服。"[②] 到南北朝时期已开始分化并独立成为一个民族群体。分化出来的莫徭，主要集中分布在湘西偏南地带。"莫徭蛮"的农业还处于刀耕火种阶段，较为原始。同时，狩猎在"莫徭蛮"的生活中还占有一定地位。在"莫徭蛮"的服饰中，男子着白布裈衫，无巾裤；女子着青布衫、斑布裙[③]。

在这一时期，逐渐分化出来的"苗蛮"系统民族的文化特征越来越明显。由于"苗蛮"民族多数居住在山间，他们的衣服、发型、兵器等都呈现出相应的特点。《南齐书·蛮传》载："蛮，种类繁多，言语不一，咸依山谷……蛮俗衣布徒跣，或椎髻，或剪发。兵器以金银为饰，虎皮衣楯，便弩射。"[④]

到了南朝后期，"苗蛮"开始分化，在文化上开始出现差别，《隋书·地理志下》载："南郡……江夏诸郡，多杂蛮左，其与夏人杂居者，则与诸华不别。其僻处山谷者，则言语不通，嗜好居处全异，颇与巴、渝同俗。"[⑤] 可见，由于所处环境不同，"苗蛮"出现了分化。与汉族杂居者，文化上与汉人在逐

---

① 《南史·夷貊传》，中华书局标点本1975年版。

② 《梁书·张缵传》，中华书局标点本1973年版。

③ 白翠琴著《中国历代民族史·魏晋南北朝民族史》，社会科学文献出版社2007年版。

④ 《南齐书·蛮传》，中华书局标点本1972年版。

⑤ 《隋书·地理志下》，中华书局标点本1973年版。

渐趋同；而处于深山者，变化很少。

“苗蛮”的丧葬习俗，在不同地区有一定的差别，有的“苗蛮”行二次拾骨葬。《隋书·地理志下》载：“其死丧之纪，虽无被发袒踊，亦知号叫哭泣，始死，即出尸中庭，不留室内。敛毕，送至山中，以十三年为限。先择吉日，改入小棺，谓之拾骨。拾骨必须女婿，蛮重女婿，故以委之。拾骨者，除肉取骨，弃小取大。当葬之夕，女婿或三数十人，集会于宗长之宅，著芒心接篱，名曰茅绥，各执竹竿，长一丈许，上三四尺许，犹带枝叶，其行伍前却，皆有节奏，歌吟叫呼，亦有章曲。传云盘瓠初死，置之于树，乃以竹木刺而下之，故相承至今，以为风俗。隐讳其事，谓之刺北斗。既葬设祭，则亲疏咸哭，哭毕，家人既至，但欢饮而归，无复祭哭也。”① 同样是“苗蛮”，但由于分布地不同，其丧葬习俗亦有不同。同传又载：“其左人则又不同，无衰服，不复魄。始死，置尸馆舍，邻里少年，各持弓箭，绕尸而歌，以箭扣弓为节。其歌词说平生乐事，以至终卒，大抵亦犹今之挽歌。歌数十阕，乃衣衾棺敛，送往山林，别为庐舍，安置棺柩。亦有于村侧瘗之，待二三十丧，总葬石窟。”② 这些不同的丧葬习俗中，也有相同之处，如都有“歌”。这是追思死者的一种表达方式。而且人死后都葬于山中，反映了“苗蛮”多居于山区的生存环境。

以上“诸蛮”自魏晋以来，已有相当数量的蛮人与汉人杂居，有的还成为郡县编户，逐渐汉化。但宋、齐时期，“蛮人”在语言、服饰、生活习俗上还保留了本族群的一些特点。至南北朝后期，这些“蛮人”的社会内部及相互关系，发生了很大的变化，有相当部分“蛮人”已从奴隶制进入封建社会。在粮食生产方面，在“蛮人”聚居之地，已普遍存在“蛮田”，大量种植需要较高栽培技术的水稻。手工纺织方面也有相应发展。鄂湘之地，栽种桑麻，所织绵、布、绢等除自给外，还向官府缴纳，供官吏之用。同时，“蛮区”的畜牧业也比较发达。随着农业、手工业发展，商业交换也日益频繁，有的汉族商人入“蛮区”经商。“蛮汉”杂居和交流，促进了民族之间的融合，部分“蛮人”“有同华俗”③。

---

① 《隋书·地理志下》，中华书局标点本 1973 年版。

② 《隋书·地理志下》，中华书局标点本 1973 年版。

③ 白翠琴著《中国历代民族史·魏晋南北朝民族史》，社会科学文献出版社 2007 年版。

总之，西南各民族的文化在三国魏晋南北朝时期仍然呈现出发展不平衡的特点。与汉民族接触较多的民族，文化发展较快；地处僻远，与汉民族接触较少者，发展则较为缓慢。从文献记载来看，这一时期西南各民族还是取得了一些值得称道的物质文化成果。蜀汉时，政府在今滇东北大力屯田，开始大量使用铁农具，农业进一步发展。同时，还发现了一些可以代粮的植物，如野生植物桄榔木。《华阳国志·南中志》载："（桄榔面）以牛酥酪食之，人民资以为粮。"[①] 西南各民族生产的青铜器、朱提银也比较有名。南齐时，在南广郡（治今盐津）蒙山下发现一冶铜旧址，"有烧炉四所，高一丈，广一丈五尺。从蒙城渡水南百许步，平地掘土深二尺，得铜。又有古掘铜坑，深二丈，并居宅处犹存"[②]。这是一种比较发达的冶铜业。除此之外，朱提银也很著名。从实物和史料来看，朱提银曾被规定为全国的流通货币，从中可见其产量是很高的[③]。

两晋时期，今滇东北地区因受内地影响较深，不仅生产力水平较高，文化水平也明显高于宁州其他地区。在昭通市后海子梁堆发现的东晋太元年间霍承嗣墓，封土纵 29 米，高 5.2 米，墓室方形，边长 3 米，高 2.2 米。墓室有壁画，以墨、朱、黄、赭、白等色绘成。壁画图案有玄武、白虎、青龙、朱雀和卷云纹等[④]。这些汉文化特点，表明这些地区受汉文化的影响是比较深的。此外，在今曲靖市发现的大小爨碑，也能反映出当时汉文化对西南民族地区的影响。从碑文来看，词藻优美、文笔凝练、流利畅达。另外，从书法的角度来看，这两块碑具有很高的艺术价值。

第三节　魏晋南北朝时期西部的民族交往与文化交流

魏晋南北朝时期，西北和西南民族十分活跃。匈奴、鲜卑、羯、氐、羌等民族的大迁徙、大汇聚、大融合，使汉民族吸收了大量的新鲜血液，多民族国家也在新的更高阶段上走向新的统一。同时，汉族和"蛮"、僚、俚、爨之间，通过迁徙杂居、军事征伐或反抗斗争、联姻结盟、设置左郡左县等措施，逐步

① 〔晋〕常璩撰《华阳国志·南中志》，中华书局 1985 年版。

② 《南齐书·刘悛传》，中华书局标点本 1972 年版。

③ 王文光著《中国民族发展史》（上册），民族出版社 2005 年版。

④ 王文光著《中国民族发展史》（上册），民族出版社 2005 年版。

促进了民族融合和经济文化的交流。在这一时期，民族融合是空前的，民族文化的交流也是前所未有的，西部民族的文化对汉族的影响也不断加大。

一、西域各族与中原的交往与文化交流

从汉朝正式开通西域，置校尉、设都护，到班超再通西域，为沟通中原与西域各族的往来打下了坚实的基础。但其后由于中原动乱，对西域管理渐渐放松，故其内部的兼并斗争又盛。到曹魏时代，西域见于史籍的有三十余国，分属五个大的政治集团。《三国志·魏书·乌丸鲜卑东夷传》注引《魏略·西戎传》载："南道西行，且志国、小宛国、精绝国、楼兰国皆并属鄯善也。戎卢国、扜弥国、渠勒国、（穴山国）（皮山国）皆并属于阗。……中道西行尉犁国、危须国、山王国皆并属焉耆，姑墨国、温宿国、尉头国皆并属龟兹也。桢中国、莎车国、竭石国、渠沙国、西夜国、依耐国、满犁国、亿若国、榆令国、捐毒国、休脩国、琴国皆并属疏勒。"[①] 在上述西域诸国中，与曹魏交往的不多，曹魏政权唯一能控制的西域地区是高昌（今吐鲁番）。黄初二年（公元221年），魏文帝任命敦煌长史张恭为戊己校尉，驻高昌，又置西域长史驻海头（今罗布淖尔东北），其后又以之为据点安抚之，对部分西域首领进行册封、颁发印信，于是双方又再次有了一些大规模的交往。对此《三国志·魏书·乌丸鲜卑东夷传》载："其大国龟兹、于阗、康居、乌孙、疏勒、月氏、鄯善、车师之属，无岁不奉朝贡，略如汉氏故事。"[②]

西晋在西域也设置戊己和西域长史，负责军事、屯田和监护西域诸国。另设立晋昌郡（今新疆东北部和甘肃西北部），归凉州刺史管辖。多年来，在罗布淖尔、民丰、于阗等地出土了不少晋代的竹简，署有"泰始""建兴"等年号，内容包括军政事务、屯田状况、官方文件和往来通行证（过所）。西晋对来朝贡的西域使臣不仅赏赐丰厚，还授官爵、印绶。东晋十六国时期，西域又归凉州地方政治势力控制，前凉在高昌设立高昌郡和田地县，属沙州刺史下设的高昌太守管辖。还设有西域长史营、戊己校尉营、玉门大护军营、分别负责西域日常事务，此制为后凉、西凉、北凉所沿袭，在相当长的时间内未变[③]。

北魏建立之初，忙着经营中原，无力顾及周边民族，有人曾建议开西域，但道武帝拓跋珪不从。《魏书·西域传》载："太祖（按：指道武帝拓跋珪，

① 《三国志·魏书·乌丸鲜卑东夷传》，中华书局标点本2011年版。

② 《三国志·魏书·乌丸鲜卑东夷传》，中华书局标点本2011年版。

③ 翁独健主编《中国民族关系史纲要》，中国社会科学出版社1990年版。

386—409年在位）初，经营中原，未暇及于四表。既而西戎之贡不至，有司奏依汉氏故事，请通西域，可以振威德于荒外，又可致奇货于天府。太祖曰：‘汉氏不保境安人，乃远开西域，使海内虚耗，何利之有？今若通之，前弊复加百姓矣。’遂不从。历太宗世，竟不招纳。”①

到魏太武帝拓跋焘时，统一了北方，西域的龟兹、疏勒九国等来朝，拓跋焘在这种历史条件下遣使西域，其间虽有波折，但与西域的联系却大大加强。《魏书·西域传》载：“太延（按：北魏太武帝拓跋焘年号，公元435—440年）中，魏德益以远闻，西域龟兹、疏勒、乌孙、悦般、竭盘陀、鄯善、焉耆、车师、粟特诸国王始遣使来献。世祖以西域汉世虽通，有求则卑辞而来，无欲则骄慢王命，此其自知绝远，大兵不可至故也。若报使往来，终无所益，欲不遣使。有司奏九国不惮遐险，远贡方物，当与其进，安可豫抑后来，乃从之。于是始遣行人王恩生、许纲等西使，恩生出流沙，为蠕蠕所执，竟不果达。又遣散骑侍郎董琬、高明等多赍锦帛，出鄯善，招抚九国，厚赐之。……乌孙王为发导译达二国，琬等宣诏慰赐之。已而琬、明东还，乌孙、破洛那之属遣使与琬俱来贡献者十有六国。自后相继而来，不间于岁，国使亦数十辈矣。”②

伴随着民族之间的往来，民族经济、文化也得到了交流。

首先是中原地区较为先进的农业耕作技术和工具传入西域，促进了西域各族生产的发展。魏晋十六国时，中原战乱，一部分农民逃向河西，进而徙向敦煌以西，尤其是高昌地区成为汉族移民的聚居之地，后逐渐扩大到天山南北，与西域诸族杂居相处，开荒种地。汉族从江南、秦陇和中原带来优良农具和先进耕作技术，与西汉和魏晋时期相比，南北朝时期当地农业有了很大的发展。如高昌“谷麦一岁再熟”，而稻谷的种植，可能是十六国以后才由江汉之民带去的。丝绸业也得到大幅度发展。两汉魏晋时，大批丝绸由内地运至西域，又从西域运往西方。至南北朝时，西域不仅传输内地的丝绸，本地还大量出产丝绸。

其次是贸易往来更加频繁。魏晋南北朝时，西域在“丝绸之路”上的地位更加重要，丝绸之路更加繁荣。西域商贾善于经商，他们把丝绸运往西方，

① 《魏书·西域传》，中华书局标点本1974年版。

② 《魏书·西域传》，中华书局标点本1974年版。

又把西方的珍宝和名马运往内地。

再次是文化艺术交融。由于大量汉人居于西域地区，汉族文化和典章制度对西域诸族产生了较大的影响。在语言文字方面，西域诸族除使用本民族的语言文字外，也通用汉语文。同时，佛教也以空前的规模从西域传入关内，对我国的文化艺术、宗教信仰产生很大影响。在音乐舞蹈方面，西域的龟兹乐、疏勒乐、高昌乐、于阗乐等都很有名，其中龟兹乐最负盛名。龟兹乐于十六国时由龟兹传到甘肃凉州，再由凉州传至平城、洛阳、长安、邺城等。经过南北朝、隋、唐、五代、两宋，得到广泛传播，不仅影响了雅乐、燕乐、法曲等宫廷音乐，也影响到了民间音乐；不仅影响了我国的乐器演奏、歌唱、舞蹈等，还影响到了填词、戏剧以及风俗习惯等方面①。

另外，通过西域各族，一些先进的技术也传入中国，如大月氏人把先进的铸造琉璃的技术传入北魏②。

总之，魏晋南北朝时期，西域各族与内地各族来往频繁，在经济、文化等方面相互影响，双向传播，促进了双方的发展。

二、氐羌民族与其他民族的交往与文化交流

秦汉时期，氐还没有形成强大而统一的政治集团，只是在武都郡的统治下，各有王侯，受中央政府控制。但到了东汉末年，出现了一个大的统治者杨腾，引起了中原统治者的重视。《魏书·氐传》载："汉建安（公元 196—220 年）中，有杨腾者，为部落大帅。腾勇健多计略，始徙居仇池。仇池方百顷，因以为号。四面斗绝，高七里余，羊肠蟠道三十六回，其上有丰水泉，煮土成盐。腾后有名千万者，魏拜为百顷氐王。千万孙名飞龙，渐强盛，晋武帝假平西将军。"③ 到杨腾曾孙时，其势力已大到让晋王朝封官羁縻之的地步。此后以杨氏贵族为首的氐人，便在各政权之间周旋，左右事之，寻求发展。也正是在这一过程中，大批氐人迁至关中和陇右，迁关中者主要分布在京兆、扶风、新平等地，迁陇右者主要分布在天水、南安、广魏、略阳等地。到十六国时期，内迁的氐人建立了前秦及后凉，对中国的社会发展、民族融合都有贡献。

---

① 白翠琴著《中国历代民族史·魏晋南北朝民族史》，社会科学文献出版社 2007 年版。

② 尤中著《中华民族发展史》（第①卷），晨光出版社 2007 年版。

③ 《魏书·氐传》，中华书局标点本 1974 年版。

从西汉时期开始，聚居在西部边境的一部分氐人便向东北内移。西汉武帝元封三年（公元前108年），“氐人反，进兵讨破之，分徙酒泉郡（今甘肃酒泉）”①。东汉献帝建安二十四年（公元219年），因氐王阿贵、杨千万不附，累攻武都，终以氐王附蜀汉，乃徙武都氐人五万落于扶风、天水二郡界内，又仵武都氐、汉等族民众的部分人口于京兆、雍、天水、南安、广魏等郡。到三国时期，曹魏再徙一批氐人到关中②。因此，西晋时期，在关中地区与汉族相互杂居的氐人人口就多达三十余万。西晋后期，内迁的部分氐人在中原形势动荡的历史条件下，参加了反晋的活动。元康六年（公元296年），雍（州驻今西安市西北）、秦（州驻今甘肃甘谷县东部）二州的氐人和羌人反晋，并立氐人齐万年为帝。元康九年（公元299年），齐万年被俘。当历史进入十六国混战纷争时期后，内迁的氐人建立了前秦和后凉，其活动范围东及黄河下游的汉族聚居区，与中原汉族进行了密切而频繁的交往，因此便在封建化的过程中逐渐汉化，最终在南北朝时期全部融合到汉族之中。

而聚居或散居在西部边境的氐人，则以武都仇池为中心，活动在陕、甘、川、青四省连接地区。到了晋朝，这些氐人发展较快，有部分汉人也投奔到氐人中。《魏书·氐传》载：“千万孙名飞龙，渐强盛，晋武帝假平西将军。无子，养外甥令狐茂搜为子。惠帝元康（公元292—299年）中，茂搜自号辅国将军、右贤王，群氐推以为主。关中人士流移者多依之。愍帝以为骠骑将军、左贤王。茂搜死，子难敌统位，与弟坚头分部曲。难敌自号左贤王，屯下辨（今甘肃成县西）；坚头号右贤王，屯河池（今甘肃徽县西）。”③ 此后氐人杨氏上层一直与中央王朝保持着密切的政治联系。这些联系使得今陕、甘、川三省连接地区的氐人不断吸收汉族文化，融入汉族。南北朝以后，所遗留下来的氐人人口就不多了。到隋唐时期，一部分氐人融入藏族，一部分氐人融合到羌人中去了④。

氐人在与汉族交往的过程中，迅速汉化。首先是氐人贵族的汉化，接着百姓也迅速汉化。在前秦统治集团中，氐人贵族的儒学修养已与一般汉人士

---

① 《后汉书·西南夷列传》，中华书局标点本1965年版。

② 《中国大百科全书·民族》编辑委员会编《中国大百科全书·民族》，中国大百科全书出版社1986年版。

③ 《魏书·氐传》，中华书局标点本1974年版。

④ 尤中著《中华民族发展史》（第①卷），晨光出版社2007年版。

大夫没有什么区别。氐人的汉文化水平实际达到了很高的程度，其名人辈出，文化水准直追汉人士大夫。氐人上层贵族的汉化，也带动了普通氐人对汉文化的学习和汲取。苻坚当政时，在一般氐人中推行儒学教育。这在十六国少数民族统治集团中是少见的。前秦大力推行儒学教育，使氐人的习俗与汉人更加接近，并加强了与汉人的心理认同，最终加速了氐人的汉化进程。所以，前秦灭亡后，大多数流散的氐人在不长时间内逐渐与汉人融合，为汉人增添了新的血液。

三国时，魏、蜀、吴为争夺地盘，加强对西北的控制，处在三国交界处的羌人成为争夺和利用的对象。曹魏和蜀汉都采取增设郡县的方式加强对羌人地区的置守，同时还将羌人内迁，并大量征调为兵和服各种徭役。因此，在曹魏和蜀汉的军队中，都有一定数量的羌人。由于不堪统治者的压迫和剥削，曹魏和蜀汉控制下的羌人都多次进行反抗。

西晋时，羌人遍及关中。这些内迁的羌人，有的尚保留着部落组织，有的与汉人同为郡县的编户齐民，按口纳米或钱。西晋统治者往往使羌人沦为奴隶，任意贩卖、凌辱甚至屠杀，并设西戎校尉、护羌校尉、西夷校尉来管理羌等少数民族。西晋统治者的残暴统治，引起了羌人等的激烈反抗。晋室南迁后，羌人成为各军事集团争夺的对象，羌人豪帅也企图聚集力量参加混战。在后秦建立之前，羌人没有形成统一的集团势力，只是分别依附于其他势力集团。公元384年，姚苌自称大将军、大单于、万年秦王，年号白雀，封官设置，正式建立政权。公元386年，姚苌打败慕容冲和卢水胡郝奴，即帝位于长安，改元建初，国号大秦，改长安为常安，置百官，史称后秦。公元393年，姚苌卒，长子姚兴即位。他降服仇池杨盛等，使南凉秃发傉檀等遣使请和，授封官爵，同时内修政事，广纳人才，崇尚儒学，促进了羌的进一步汉化。弘扬佛教，促进了佛教文化的传播。这些举措，主要有以下几方面。一是招抚流民，放免奴婢。这一举措，安定了社会秩序，增加了后秦的劳动力和兵源，也改善了劳动力的处境，有利于社会生产的恢复和发展。二是搜罗人才，包容广纳。三是建立法制，抑制豪强的势力。四是推崇儒学，弘扬佛教。这些举措一度使后秦较为强大，控制了西起河西，东逾汝颍的广大地区。但后秦的强大并未维持多久，于永和二年（公元346年）灭亡。继后秦之后，南北朝时期陇西羌水（白龙江）一带的宕昌羌、白水流域的邓至羌等相继兴起，建立小政权，成为羌人的政治中心，并与南北朝皆有往来，受南北两朝封爵。在与南北的交往中，宕昌羌和邓至羌都加速汉化，后大多融合于汉族之中①。

另外，后秦灭亡后，秦州、泾州、河州、华州等地羌人部落与北魏有联系，有的部落起来反抗北魏，遭到北魏镇压之后，这些羌人流散四方，和汉族及其他民族接触更为频繁。同时，北魏、北周也在甘、青、岷江上游等羌人聚居区设置郡县，加强对羌人的控制，但客观上却有助于消除民族隔离状态，促进了彼此间的相互交流。在此期间，羌人的封建化也在加强，与汉族融合的进程在加快。一是地主逐渐增多，且地位不断提高。同时在习俗上日趋汉化，在姓氏方面采用姚、董、邓、梁、彭、舍、雷等汉姓的较为普遍。二是在宗教信仰方面，信巫术的原始宗教逐渐被抛弃，取而代之的是崇奉佛教，寺宇增多。三是羌人和汉人交错杂居，互通婚姻。自北朝以来，关中和陇东的羌人在经济和文化方面与汉人已经相差无几，至唐中叶后逐渐与汉族融合。而河湟和陇南的羌人初受吐谷浑影响颇深，其服饰、习俗等曾有鲜卑化倾向，但唐代以来，逐渐藏化。在一部分羌人与汉族不断融合的同时，羌人匈奴化、他族羌化也在部分地区进行着②。

总之，随着羌人的内迁，魏晋南北朝时期羌人文化的最大特点就是汉化。

三、吐谷浑与周边民族的交往与文化交流

吐谷浑死后，到第八代阿豺时势力增大，便开始向外发展，并选中了刘宋政权作为依托的政治力量。《魏书·吐谷浑传》载："阿豺兼并羌氐，地方数千里，号为强国。田于西强山，观垫江源，问于群臣曰：'此水东流，有何名？由何郡国入何水也？'……阿豺曰：'水尚知有归，吾虽塞表小国，而独无所归乎？'遣使通刘义符，献其方物，义符封为浇河公。"③

阿豺死后，兄子慕璝立，他与北凉卢水胡沮渠蒙逊、夏国铁弗匈奴赫连定及刘宋共同对付西秦。通过一系列战争，吐谷浑不仅占据西秦大部分地方，还大大地扩张了其统治的范围，吐谷浑又进入了一个新的强盛时期。

在十六国、南北朝群雄割据、政权更迭的情况下，吐谷浑能够在众多强

---

① 白翠琴著《中国历代民族史·魏晋南北朝民族史》，社会科学文献出版社 2007 年版。

② 白翠琴著《中国历代民族史·魏晋南北朝民族史》，社会科学文献出版社 2007 年版。

③ 《魏书·吐谷浑传》，中华书局标点本 1974 年版。

手中存在约 3 个世纪，与其善于处理与邻族、邻政权的关系是分不开的。正如慕璝一方面与刘宋交好，另一方面又与北魏往来。《魏书·吐谷浑传》载："世祖时，慕璝始遣其侍郎谢大宁奉表归国，寻讨禽赫连定，送之京师。世祖嘉之，遣使者策拜慕璝为大将军、西秦王。……自是慕璝贡献颇简，又通于刘义隆，义隆封为陇西王。太延二年（公元 436 年），慕璝死，弟慕利延立，诏遣使者策谥慕璝曰惠王。后拜慕利延镇西大将军、仪同三司，改封西平王；以慕璝子元绪为抚军将军。时慕利延又通刘义隆，义隆封为河南王。"[①] 可见，吐谷浑与北魏、刘宋之间的往来是比较密切的。

公元 444 年，吐谷浑内部争权夺利，慕利延杀兄子纬代，纬代弟叱力延等降北魏。北魏乘机向吐谷浑发动攻击，并占领了吐谷浑的大片土地。

慕利延死后，树洛干子拾寅立，同样在北魏与刘宋之间左右事之，同时大量吸收汉族的典章制度。面对这种情况，北魏大臣定阳侯曹安建议攻击吐谷浑，虽然内部有人反对，但最终魏文成帝仍决定出击。《魏书·吐谷浑传》载："高宗（按：指魏文成帝，公元 452—465 年在位）时，定阳侯曹安表拾寅今保白兰，多有金银牛马，若击之，可以大获。议者咸以先帝忿拾寅兄弟不穆，使晋王伏罗、高凉王那再征之，竟不能克。拾寅虽复远遁，军亦疲劳。今在白兰，不犯王塞，不为人患，非国家之所急也。若遣使招慰，必求为臣妾，可不劳而定也。王者之于四荒，羁縻而已，何必屠其国有其地。安曰：'臣昔为浇河戍将，与之相近，明其意势。若分军出其左右，拾寅必走保南山，不过十日，牛马草尽，人无所食，众必溃叛，可一举而定也。'从之……拾寅走南山，诸军济河追之。……获驼马二十余万。"[②] 最终，战争以拾寅请求讲和告终，双方进入一个较为友好的阶段。从记载中可以看出，吐谷浑的畜牧业是比较发达的。

北魏分裂后，吐谷浑为了保存自己的力量，在与西魏、北周及东魏、北齐的交往中采取了灵活的策略，与西魏和北周总体上以敌对矛盾为主，而与东魏和北齐则多次遣使朝贡，相互通婚，保持着和好关系。通婚，双方的经济文化也得以交流。

吐谷浑地处中西交通要冲，与柔然、西域等诸族也有密切联系。在南北

① 《魏书·吐谷浑传》，中华书局标点本 1974 年版。

② 《魏书·吐谷浑传》，中华书局标点本 1974 年版。

朝对峙时期，柔然与西域诸族就是经青海路、河南道与各方进行交往的。因此，吐谷浑充当了当时中亚陆路交通的中继者、向导和翻译，为丝绸之路的畅通、东西经济文化的交流做出了贡献①。

在这一时期，吐谷浑已深受汉民族文化的影响，而且吐谷浑受汉民族文化的影响是多方面的。其中以政治制度和服饰最为显著："官有王公、仆射、尚书及郎将、将军之号。夸吕椎髻毦珠，以皂为帽，坐金狮子床。号其妻为'恪尊'，衣织成裙，披锦大袍，辫发于后，首戴金花冠。其俗：丈夫衣服略同于华夏，多以罗幂为冠，亦以缯为帽；妇人皆贯珠贝，束发，以多为贵。"②在文字方面，也受到汉文化的影响，"其官置长史、司马、将军，颇识文字"③。可见，汉文化对吐谷浑的影响是比较深的，甚至在一些观念上都对吐谷浑产生了影响。

四、蜀汉政权与南中大姓和夷帅的交往与文化交流

秦汉以来进入南中地区（今云南、贵州、川西南）的汉族大姓和当地的少数民族上层结合后，形成南中地区大的政治势力。东汉末年以来，军阀混战，分裂割据，特别是刘备据蜀后，照例对南中地区进行统治，于是与地方大姓、夷帅产生了矛盾。大姓、夷帅开始割地自雄。雍闿、孟获共同盘踞了益州郡；朱提大姓朱褒把持了牂牁郡；吕凯与部分汉族官吏在永昌郡闭关自守；越嶲郡成为叟帅高定元的势力范围。公元223年刘备死后，大姓、夷帅乘机而起，高定元杀死了蜀汉的越嶲郡将军焦璜，叛乱称王；孟获把蜀郡派来的益州郡太守张裔绑送东吴；牂牁郡的朱褒则杀了蜀汉派来巡视的常颀。此外，雍闿还与孙吴在交州的官员密切往来，以求利用孙吴牵制蜀汉，孙吴也遥署雍闿为永昌郡太守，又触及了永昌吕凯的利益。一时间整个南中的民族关系显得错综复杂，蜀汉与大姓和夷帅的关系紧张起来。

于是诸葛亮在公元225年春兵分三路，出征南中。刚闻蜀汉军队出动，雍闿便带领自己的部曲自益州郡北上，与高定元合力抗击诸葛亮率领的主力。《华阳国志·南中志》载："高定元自旄牛（今汉源）、定笮（今盐源）、卑水

---

① 白翠琴著《中国历代民族史·魏晋南北朝民族史》，社会科学文献出版社2007年版。

② 《魏书·吐谷浑传》，中华书局标点本1974年版。

③ 《晋书·吐谷浑传》，中华书局标点本1974年版。

(今美姑)多为垒守。亮欲俟定元军众集合，并讨之，军卑水。”[1] 但诸葛亮率领的军队很快就打垮了失去雍闿联军支持的高定元部曲，杀了高定元，渡过泸水而南入益州郡。与此同时，马忠率领的东路军也顺利地攻入了牂牁郡，李恢率领的南路军从平夷（今毕节）入益州郡，虽然一度困厄，但最终还是突围取胜。《三国志・蜀志・李恢传》载：“恢案道向建宁。诸县大相纠合，围恢军于昆明。时恢众少敌倍，又未得亮声息，给谓南人曰：‘官军粮尽，欲规退还，吾中间久斥乡里，乃今得旋，不能复北，欲还与汝等同计谋，故以诚相告。’南人信之，故围守怠缓。于是恢出击，大破之，追奔逐北，南至盘江，东接牂牁，与亮声势相连。”[2] 李恢南路的胜利，震动了孟获的后方，把东路军也连接了起来，使诸葛亮统率的西路主力军能够迅速地南下。

诸葛亮在战争中注意策略，从“西和诸戎，南抚夷越”，从而进图中原的战略出发，在攻击孟获时，采取了众所周知的“七擒七纵”之法。通过七擒七纵，诸葛亮基本上把大部分南中的民族上层争取到了蜀汉一边，成为蜀汉在南中地区进行统治的支持者，使蜀汉在南中的统治稳定下来。

诸葛亮平定南中后，首先是对两汉以来传统的郡县进行调整。《三国志・蜀志・后主传》载：“丞相亮南征四郡，四郡皆平。改益州郡为建宁郡，分建宁、永昌郡为云南郡，又分建宁、牂牁为兴古郡。”[3] 此七郡（加朱提郡），由庲降都督管辖。其次，吸收大姓、夷帅中的突出代表人物到蜀汉中央政权中为官。《华阳国志・南中志》载：“亮收其俊杰建宁爨习、朱提孟琰及获为官属，习官至领军，琰辅汉将军，获御史中丞。”[4] 这些大姓、夷帅在蜀汉中央政权中为官，对巩固蜀汉政权和稳定南中，起了很好的作用。此后，蜀汉先后派到南中的汉族官吏，能够很好地理解诸葛亮的政策而根据地方具体情况进行施政，在政治上产生良好的效果。

从公元225年平定南中，一直到公元263年蜀汉为魏所灭的38年间，南中政局都比较稳定，南中各民族因此都有不同程度的发展。南中的经济不断发展。南中土特产铜、锡、黄金、阑干细布、麝香等也得到了进一步采集和生产，行销内地。永昌郡的特产橦华布大量畅销成都。旄牛道（从四川雅安

---

① 刘琳校注《华阳国志校注》，巴蜀书社1984年版。
② 《三国志・蜀志・李恢传》，中华书局标点本2011年版。
③ 《三国志・蜀志・后主传》，中华书局标点本2011年版。
④ 刘琳校注《华阳国志校注》，巴蜀书社1984年版。

至西昌的古道）和沿途驿亭的修复，便于商旅往来，促进了经济文化交流[①]。到近代景颇族中还传说诸葛亮教他们种谷子，傣族也认为自己的房子是按诸葛亮的帽子形式建盖的。其实，这些都不可能是诸葛亮教的，因为诸葛亮不曾到过这些地区，传说的实质，是在诸葛亮所采取的民族政策的影响之下，南中各少数民族能够有更多的机会与汉族接触，是蜀汉政治对南中民族经济发展所产生的影响[②]。

晋泰始七年（公元 271 年），为加强对南中的统治，晋武帝分益州之建宁、兴古、云南和交州之永昌，合四郡为宁州，欲把宁州像内地一样直接由行政官员来管辖。但由于南中社会与内地存在较大的差距，同时大姓夷帅势力已有较大发展，王朝加强对宁州的控制必然要与大姓夷帅发生矛盾，故宁州的设置反复较大。太康三年（公元 282 年），武帝废宁州入益州，立南夷校尉以护之，以天水李毅为南夷校尉，企图用军事手段来加强对建宁、兴古、云南、永昌四郡内五十八部“夷族”的统治。元康（公元 291—299 年）中，改“南夷校尉”为“镇蛮校尉”。太安元年（公元 302 年），建宁、朱提大姓反，“南夷校尉”李毅出兵镇压。南中大姓反抗事件，使西晋认识到削弱大姓和加强郡县的必要性，于时又复置宁州，仍以李毅为宁州刺史，又加龙骧将军、进封成都县侯。重置的宁州下辖建宁、晋宁、兴古、牂牁、朱提、越嶲、云南、永昌共八郡六十三县。从此，南中地区彻底改变了长期以来作为“巴蜀附庸”的地位并与之平行，促进了云南地方民族经济的发展，使边疆与内地、少数民族与汉族之间的差距逐渐缩小。同时，宁州的设置，为南中地区内部各民族间的经济文化交流提供了有利条件，使爨文化在宁州这一广大空间范围内形成一种区域性的地方民族历史文化成为可能[③]。

李毅任南夷校尉时对大姓和夷帅的反叛进行的打击，削弱了南中大姓和夷帅的势力。永嘉四年（公元 310 年），晋王朝重派王逊充当南夷校尉兼宁州刺史，他对大姓势力的打击更大。同时大姓之间也进行激烈的相互兼并，所以，到公元 339 年前后，便只剩下了以爨琛、孟彦、霍彪为代表的三家大姓。最初，霍彪依靠成蜀李氏的支持，势力最大，充任宁州刺史。孟彦想兼并霍

① 白翠琴著《中国历代民族史·魏晋南北朝民族史》，社会科学文献出版社 2007 年版。

② 尤中著《中国西南民族史》，云南人民出版社 1985 年版。

③ 范建华等著《爨文化史》，云南大学出版社 2001 年版。

彪的势力，故与霍氏相反，设法依靠东晋。公元339年，东晋广州刺史邓岳伐蜀，军至兴古郡，孟彦便趁势投晋，把霍彪缚送晋军，兼并霍家部曲。但李寿立即派兵追击，孟彦为李寿军队所杀，孟氏力量瓦解，霍、孟两个大姓势力都在此次兼并中同归于尽，最后剩下爨氏家族。

刘宋政权建立后，名义上拥有宁州，但实际起作用的仍是大姓爨氏。但在整个两晋南北朝时期，大姓爨氏多受宁州刺史的辖制，与中央王朝保持了一定的政治经济联系，奉南朝为正朔。与此同时，大姓爨氏也接受北朝各个政权所授的刺史、郡守等职，没有公开称帝，在其统治之下的宁州地区，社会相对稳定，经济文化有了很大的发展。

大姓是西南地区经济、文化迅速发展，以及外地移民与本地移民融合的产物。南中大姓主要来自外地移民，并且这些移民基本上是汉族，因此，南中的大姓文化基本上属于汉族文化。大姓又与居住地区的夷人保持着密切的联系，在文化上必然深受夷人的影响。如《华阳国志·南中志》载："夷中有桀黠能言议屈服种人者，谓之'耆老'，便为主。论议好譬喻物，谓之'夷经'。今南人言论，虽学者亦引'夷经'。"[①] 为了维持与夷的联盟，大姓还仿效夷人的习俗，如雍闿假借巫鬼教之名使众夷缚送张裔至吴，说明雍闿不仅十分熟悉夷人的习俗，并且在夷中享有与巫鬼教领袖鬼主相当的权威。由于爨区分布着汉族移民和原住民，同时各民族之间肯定也有往来，这样一来，爨文化内部至少应该包含汉族文化、汉族文化与原住民文化的融合体和原住民文化等三个部分[②]。

五、西南百越系统各民族之间的交往与文化交流

百越不仅数目众多，且分布地域广阔。在相当于今云南西部、越南北部经广西、广东、福建至浙江绍兴几乎尽长江以南这样一个弧形地带，都有百越民族居住。由于百越居住地不同，支系不同，没有统一的自称，所以出现许多不同的族名。从大的方面来看，百越各族及其分布可以分为东南、岭南和西南（以云贵高原为主）的越人。分布在云贵高原上的百越各部，大多居住于河谷平坝，也与其他各族交错杂居。这和东南、岭南越人分布相对集中的情况有所不同[③]。魏晋南北朝时期，百越民族群体又经历了新的发展演化。

① 〔晋〕常璩撰《华阳国志·南中志》，中华书局1985年版。

② 范建华等著《爨文化史》，云南大学出版社2001年版。

③ 宋蜀华著《中国少数民族文库百越》，吉林教育出版社1991年版。

由于秦汉以来的多元一统政治以及汉民族文化的影响，分布区相当于今江苏、浙江、江西、福建的百越民族群体，大多融合于汉族之中。魏晋时期，五胡乱华，北方游牧民族进入黄河地区，迫使黄河地区的一部分农耕为生的汉族南渡长江，来到岭南地区，于是就使一部分以百越民族群体为主发展来的民族被挤进山区，未进入山区者，有许多在近百年的发展中逐渐汉化。由于他族的迁入和本民族群众的迁徙，岭南越人相对集中的分布状况被打破，形成了大杂居、小聚居的分布格局。各小聚居区内的百越后裔产生了差异，出现了不同的名称，过去曾在族称中统一使用的“越”字，渐渐消失，进入了以僚人为中心的历史发展时期。在历史典籍中，岭南一带把魏晋南北朝时期百越的后裔多记为僚、俚、乌浒等，而在西南云贵高原上，主要称为“僚”和“鸠僚”。到南朝时，岭南地区的百越后裔，形成了一些按村或洞聚族而居的大部落，其中一些具有政治与军事联盟的性质。这些大部落的首领具有很大的号召力，经常得到封建王朝的赏赐和封爵。他们之间也经常进行以掠夺人口财物和争夺地盘为目的的斗争。这些大部落的代表人物，部分成为当地的豪族大姓。岭南最有名的豪族大姓就是高凉郡的冼氏家族①。

从民族交往的角度来看，魏晋南北朝时期西南百越系统主要有以下影响深远的事件。

一是僚人北上入蜀。这些入川的僚人虽然发展较为落后，但由于与蜀地汉族大量接触，所以发展较快，势力不断增强，并给李势的成汉政权以沉重打击，最后导致成汉政权灭亡。在这一过程中，僚人内部也开始分化，与夏人杂居者开始输租赋，不断接受汉族文化。北魏时，僚的势力仍较为强大，并于孝昌（公元525—528年）初攻占巴州。北周攻占梁州和益州后，下令每年出兵讨僚，部分僚人被俘而成为北周的奴隶。在这种或顺或乱的过程中，入川僚人的发展进程加速，渐渐汉化，与汉人通婚，服饰、语言等与汉人没有什么区别。到隋唐以后，大部分入川僚人融于当地汉族，只有少量的僚人仍处于缓慢发展之中，如剑南诸僚等。

二是永昌郡内鸠僚的反抗。西晋末年至东晋初年，由于李毅、王逊先后在宁州的残暴统治，引起了西部永昌郡内各部的强烈反抗，爨龙颜率其部曲前往镇压。但永昌郡叛乱被镇压之后，爨氏也不能控制永昌郡，便放弃了永

① 方铁主编《西南通史》，中州古籍出版社2003年版。

昌郡。永昌郡内的闽濮、鸠僚等民族，又恢复了它们古代的独立，这样就造成了永昌郡的分裂，使东部兴古郡和西部永昌郡内同一民族的鸠僚之间联系割断，还使广阔的永昌郡内不同部落的鸠僚自我封闭，独立发展。

历代王朝对相当于今云南东南部的地区的统治比较重视，先后在这一地区设置了较多的县，居住在这一地区的僚人也更多地接受了一些封建因素的影响，因此这一地区的僚人接受汉文化影响较多。而封建王朝对永昌郡地区的统治较为松弛，所以爨氏后来放弃永昌郡也就不难理解了。但这一变化对东西部僚人的影响却很大。东部僚人逐渐发展为以壮族先民为主的民族，而西部僚人却逐渐发展成为以傣族先民为主的民族。

三是岭南冼冯联姻。魏晋以来，越来越多的汉族迁入岭南俚、僚人居住区，俚人、僚人反抗事件随之发生。到了南朝时期，岭南地区发生了多次俚人、僚人起义事件，也有俚人、僚人和汉人一起联合起义的。在这种民族迁徙、反抗、镇压的过程中，民族融合也在不断加强，其中最典型的就是冼冯联姻，即俚人首领冼夫人与汉人高凉太守冯宝结为夫妻。通过这桩婚姻，冼夫人成为汉人之妻，她利用冯氏的政治地位，更大限度地参与国家的政治活动，成为在岭南地区有举足轻重作用的人物。她坚定地奉南朝的梁、陈政权为正朔，拥护国家统一，反对分裂和动乱，主张各民族和睦相处，为维护岭南地区社会的安定做出了重要贡献。冼冯联姻虽然有一定的政治色彩，但也是岭南地区越、汉民族融合的具体体现。

六、崇拜盘瓠、廪君民族的民族交往与文化交流

魏晋南北朝时期，崇拜盘瓠、廪君的民族主要是“荆雍州蛮”、“豫州蛮”和“莫徭蛮”。晋元康年间开始的“八王之乱”，使西晋王朝面临严重的危机，“苗蛮”民族也起而反抗晋的统治。《晋书·朱伺传》载：“时（公元307年）西阳夷贼抄掠江夏。”[①] 东晋时，“西阳夷”在史书中又称“西阳蛮”。据《晋书·周访传》载，永昌元年（公元322年），东晋大将军王敦屯兵于武昌，反叛朝廷。邓岳、周抚等俱为王敦爪牙。在王敦兵败以后，邓岳与周抚“遂共入西阳蛮中，蛮酋向蚕纳之。初，岳为西阳，欲伐诸蛮，及是诸蛮皆怨，将杀之。蚕不听，曰：‘邓府君穷来归我，我何忍杀之！’由是俱

① 《晋书·朱伺传》，中华书局标点本1974年版。

得免”[①]。这反映了“西阳蛮”中向姓贵族已有较大的势力。

南北朝时，南北之间各政权的斗争异常复杂，“西阳蛮”也加紧活动，最后被羁縻治之，封官授爵。萧齐代刘宋后，萧道成依刘宋旧制，但仍有“西阳蛮”田氏首领投靠北魏。《南齐书·蛮传》载：“建元二年（公元480年），虏（指北魏）侵豫、司，蛮中传虏已近，又闻官尽发民丁，南襄城蛮秦远以郡县无备，寇潼阳，县令焦文度战死。”[②] 除此之外，“西溪蛮”“黔阳蛮”“湘川蛮”“月州蛮”也纷然相起。从刘宋到陈末，“蛮民”起事达四十余次[③]。在这些起事中，不少是与汉族人民联合起事。这种联合对促进族群之间的文化交流会起到十分重要的作用。

对此，为了稳定这一地区的局势，南朝历朝都在这些地区设置左郡、左县，进行羁縻统治。左郡、左县的太守、县令由“蛮酋”担任，在他们自己的管辖范围内，有“蛮户为食邑”。由于他们多受南北朝政府的节制，受汉文化影响日增，其统治下的“蛮户”，大多亦渐渐汉化[④]。

另外，民族迁徙对于经济文化的发展具有促进作用。如“豫州蛮”从南郡迁至汉水下游，又渐迁移到庐江（今安徽庐江县西南）。“荆、雍州蛮”原居于长沙、武陵一带，后渐北上荆、雍州，分布于陆浑、宛、洛等地。除此之外，还有因强迫或政治因素等而进行的迁徙。如宋元嘉后期，沈庆之“伐蛮”，前后俘获20余万人，很多被迁至建康，以为营户，并将进征湖阳所获的“蛮族”万余口迁至广陵[⑤]。随着人口的增多，像豫章、荆州等地在梁时已成为经济繁荣发展的城市了。

到了南北朝时，居于今湖北、河南的“蛮人”，由于与汉人交往密切，甚至是杂居，深受汉族的影响，其社会大概已进入封建制阶段了。在以后的发展中，他们有的融合于汉族，有的与今土家、苗、瑶和仡佬等族有渊源关系。

---

① 《晋书·周访传》，中华书局标点本1974年版。

② 《南齐书·蛮传》，中华书局标点本1972年版。

③ 翁独健主编《中国民族关系史纲要》，中国社会科学出版社1990年版。

④ 张雄著《中国中南民族史》，广西人民出版社1989年版。

⑤ 翁独健主编《中国民族关系史纲要》，中国社会科学出版社1990年版。

第四章　隋唐五代时期的西部民族及其文化

隋唐五代时期，在中国西部边境，有许多民族共同杂居在一起。在长达380年的时间里，这一地区的一些民族群体分开或分散了，而一些民族群体混合或融合了。西部少数民族与迁居中原地区的少数民族相比，无论在经济、政治、文化还是在社会习俗方面，其发展速度都是比较缓慢的。但与过去相比，这一时期也在不断发生变化，出现了一些新的民族名称。

第一节　西北的民族及其文化

隋唐五代时期，活跃在西北大地的民族主要有羌人、吐谷浑、西突厥及西域各族和由铁勒发展而来的回纥等。在这一时期，羌人内部发生了一些变化。分布在甘青高原往西直抵相当于今西藏地区的羌人，随着吐蕃的强大，开始有部分羌人融入吐蕃，与中原相邻者亦有部分融入汉族。而吐谷浑变化不大，仍保留南北朝以来的政权组织形式，畜牧业仍占主导地位。吐蕃在与汉族不断接触后，其经济、文化等都发生了一些变化。回纥和突厥内部都发生了一些重大的变化。

一、羌及其文化

隋朝至唐朝前期，羌人仍分为很多部分，散布在相当于今甘、青、川连接地带往西直抵西藏的广大地域范围内。在这一时期，西北羌人内部发生了一些变化，即分布在甘青高原往西直抵今西藏的羌人，随着吐蕃的强大和政治势力的扩展，开始有部分融入吐蕃当中，与中原相邻者亦有融入汉族的。在这种融合与分化的历史背景下，较为重要的西北羌人主要有党项羌、多弥羌、苏毗羌等。

党项羌。党项羌在魏晋南北朝时期就是诸羌中影响比较大的一支，但也是羌人中发展缓慢的一部分，部落内部尚未产生大的能统一各部的政治势力，处于相对独立的状态。《隋书·党项羌传》对其分布区域有比较简略的记载："党项羌者，三苗之后也。其种有宕昌、白狼，皆自称猕猴种。东接临洮、西平（今青海西宁），西拒叶护（今新疆），南北数千里，处山谷间。每姓别为部落，大者五千余骑，小者千余骑。织牦牛尾及羖䍽毛以为屋。服裘褐，披毡，以为上饰。……牧养牦牛、羊、猪以供食，不知稼穑。"[①] 可见，党项羌以畜牧业为主，农业生产还没有得到发展，这样的生产方式决定了党项羌的发展必然是比较缓慢的。同时，各部之间没有形成统一的力量，使其不可能凭借自身的力量来获取外部力量的支持，在无外力推动的情况下，只能长期处于比较缓慢的发展之中。

由于生产力落后，党项羌直到隋唐时还保留着许多原始的社会生活习俗："俗尚武力，无法令，各为生业，有战阵则相屯聚。无徭赋，不相往来。……其俗淫秽蒸报，于诸夷中最为甚。无文字，但候草木以记岁时。三年一聚会。杀牛羊以祭天。人年八十以上死者，以为令终，亲戚不哭。少而死者，则云大枉，共悲哭之。"[②] 从中可见，党项羌的生活习俗在诸羌中确实较为原始，主要靠武力和"蒸报婚"维系各部生存繁衍。

到唐朝时期，党项羌略有变化。《旧唐书·党项羌传》载："（党项羌）俗皆土著，居有栋宇，其屋织牦牛尾及羊毛覆之，每年一易。俗尚武，无法令赋役。其人多寿，年一百五六十岁。不事产业，好为盗窃，互相凌劫。尤重复仇，若仇人未得，必蓬头垢面跣足蔬食，要斩仇人而后复常。男女并衣裘褐，仍披大毡。畜牦牛、马、驴、羊，以供其食。不知稼穑，土无五谷。气候多风寒，五月草始生，八月霜雪降。求大麦于他界，酝以为酒。妻其庶母及伯叔母、嫂、子弟之妇，淫秽蒸亵，诸夷中最为甚，然不婚同姓。老死者以为尽天年，亲戚不哭；少死者则云夭枉，乃悲哭之。死则焚尸，名为火葬，无文字，但候草木以记岁时。三年一相聚，杀牛羊以祭天。"[③] 从这一记载中可以看出，党项羌的农业似乎有了一定发展，并开始用粮食酿酒，但农业尚未充分发展起来，所以酿酒时大麦不足才求之于邻。当然，党项羌的农业发展缓慢与所处的相对恶劣的气候环境也有一定的关系。在生活习俗方面，党项羌变化仍不大，古羌人盛行的族内转房婚、火葬、血亲复仇等文化习俗

---

① 《隋书·党项羌传》，中华书局标点本1973年版。

② 《隋书·党项羌传》，中华书局标点本1973年版。

③ 《旧唐书·党项羌传》，中华书局标点本1972年版。

仍保留着。

党项羌虽然落后，但与其他游牧民族一样爱歌舞，乐器有琵琶、横吹等。《隋书·党项羌传》载："有琵琶、横吹，击缶为节。"[①]

党项羌虽然生活在一个相对封闭的环境中，但并不是绝对不与外界交流。南北朝晚期，党项羌曾与中央王朝发生过政治联系，并有千余家归附隋朝。《隋书·党项羌传》载："魏、周之际，数来扰边。高祖（按：唐高祖李渊）为丞相时，中原多故，因此大为寇掠。蒋公梁睿既平王谦，请因还师以讨之，高祖不许。开皇四年（公元584年），有千余家归化。五年，拓拔宁丛等各率众诣旭州内附，授大将军，其部下各有差。十六年，复寇会州，诏发陇西兵以讨之，大破其众。又相率请降，愿为臣妾，遣子弟入朝谢罪。高祖谓之曰：'还语尔父兄，人生须有定居，养老长幼。而乃乍还乍走，不羞乡里邪！'自是朝贡不绝。"[②] 显然，党项羌此时也开始逐渐改变其封闭的状态，与隋朝有一定的往来。

到了唐朝，党项羌与唐朝和吐蕃的接触更为频繁。这可以从史书对党项羌的分布情况、部落情况记载得更清楚、更为详细反映出来。《新唐书·党项羌传》载："党项，汉西羌别种，魏、晋后微甚。[北]周灭宕昌、邓至，而党项始强。其地古析支（黄河上游）也，东距松州（今四川松潘），西叶护（今新疆），南春桑、迷桑等羌，北吐谷浑。处山谷崎岖，大抵三千里。以姓别为部，一姓又分为小部落。大者万骑，小数千，不能相统，故有细封氏、费听氏、往利氏、颇超氏、野辞氏、房当氏、米禽氏、拓跋氏，而拓跋最强。"[③] 这里的拓跋氏应是鲜卑之中西迁的部分与羌人相融合者。很显然，《新唐书》对党项羌的记载要比《隋书》的相关记载详细。正是党项羌与外界接触多了，人们对其认识才会增多，史书对其记载才会更为详细。所以史书记载比前代详细，从一个侧面印证了党项羌在唐代与外界交往更为频繁。

与唐朝和吐蕃的频繁接触，也促进了党项羌的分化与融合。据《新唐书·党项羌传》载，唐太宗贞观三年（公元629年），岷州（驻今甘肃岷县）都督刘师立招降部分党项羌，"以其地为懿、嵯、麟、可三十二州（在今四川阿坝藏族羌族自治州北部若尔盖以东，南与甘肃甘南藏族自治州相接），以松

① 《隋书·党项羌传》，中华书局标点本1973年版。

② 《隋书·党项羌传》，中华书局标点本1973年版。

③ 《新唐书·党项羌传》，中华书局标点本1975年版。

州（驻今松潘）为都督府，擢［其首领拓跋］赤辞西戎州都督，赐姓李，贡职遂不绝”[①]。此外，南会州都督府郑元璹亦遣使招降党项羌，“其酋长细封步赖举部内附，亦自入朝。列其地为轨州（驻今四川阿坝州阿坝），拜步赖为刺史，其后诸部相次内附，列其地为崌、奉、岩、远四州（在今松潘西部的毛儿盖一带），各拜首领为刺史”[②]。《太平寰宇记》卷一八四亦载，唐太宗贞观五年（公元631年），“诏遣使开其河曲地为六十州，内附者三十万口”[③]。以上这些被招降的党项羌实际上是先后接受了唐王朝的羁縻统治。这对党项羌自身的发展有着积极的意义。特别是“赐姓李”说明党项羌已经在很大程度上认可和接受唐朝的文化，所以才会有“诸部相次内附”。“内附”从形式上来看是一种政治行为，但其后面隐藏着的是一定程度上的文化认同。

和吐蕃分布区相邻近的党项羌则在与吐蕃的交往中渐次融合。《新唐书·党项羌传》载：“后吐蕃浸盛，拓跋［赤辞］畏逼，请内徙，始诏庆州（驻今甘肃庆阳）置静边等州处之。地乃入吐蕃，其处者皆为吐蕃役属，更号弭药。”[④] 可见仍留居原地的党项羌人从此便融入吐蕃之中。

内徙党项羌分布区相当于今甘肃东部、宁夏和陕西西北部一带，到了五代十国时期则与内地汉族加强了联系。《旧五代史·外国列传第二》载：“党项自同光（后唐庄宗李存勖年号，公元923—926年）以后，大姓之强者各自来朝贡。明宗（公元926—933年）时，诏沿边置场市马，诸夷皆入市中国，有回纥、党项马最多。……其每至京师，明宗为御殿见之，劳以酒食，既醉，连袂歌呼，道其土风以为乐，去又厚以赐赉，岁耗百万计。［后］唐大臣皆患之，数以为言，乃诏吏就边场售马给直，止其来朝，而党项利其所得，来不可止。其在灵（州驻今宁夏灵武西南）、庆（州驻今甘肃庆阳）之间者，数犯边为盗。自河西回纥朝贡中国，道其（按：指党项羌）部落，辄邀劫之，执其使者，卖之他族以易牛马。”[⑤] 这些向东内迁的党项羌人，正是在与汉族的直接交往中，使自我的经济、文化迅速得到发展，为以后西夏的建国打下

① 《新唐书·党项羌传》，中华书局标点本1975年版。

② 〔唐〕杜佑撰，王文锦等校点《通典·边防典·边防六》，中华书局标点本1988年版。

③ 〔北宋〕乐史撰《太平寰宇记》卷一八四，转引自尤中著《中华民族发展史》（第①卷），晨光出版社2007年版。

④ 《新唐书·党项羌传》，中华书局标点本1975年版。

⑤ 《旧五代史·外国列传第二》，中华书局标点本1975年版。

了基础。从其买卖“使者”来看，党项羌已经从过去保留许多原始习俗的较为原始的阶段发展到了奴隶制阶段，而且其奴隶制政权的势力还比较强大。

多弥羌。在西北诸羌中，多弥羌是隋唐时期才发展起来的一支，其分布地在《新唐书・西域下》中有明确记载：“多弥，亦西羌族，役属吐蕃，号难磨。滨犁牛河，土多黄金。贞观六年（公元 632 年），遣使者朝贡，赐遣之。”① 犁牛河即金沙江上游流经四川甘孜与西藏和青海玉树相连接地带的通天河。多弥羌就分布在这一地区。吐蕃势力扩展后，多弥羌受吐蕃统治，终当融于吐蕃人之中。从“土多黄金”来看，多弥羌似乎已经掌握了一定的黄金开采及冶炼技术。

苏毗羌。苏毗羌即魏晋南北朝时期的女国羌。因“以女为王”，故又称为“女国”，又因为“王姓苏毗”，史称苏毗羌。苏毗羌的分布地相当于今西藏拉萨河以北往东抵青海省西部一带。《新唐书・西域下》载：“苏毗，本西羌族，为吐蕃所并，号孙波，在诸部最大。东与多弥接，西距鹘莽硖，户三万。天宝（公元 742—756 年）中，王没陵赞欲举国内附，为吐蕃所杀，子悉诺率首领奔陇右，节度使哥舒翰护送阙下，玄宗厚礼之。”② 可见，吐蕃与唐之间对苏毗羌的争夺还是比较激烈的，苏毗羌被吐蕃兼并后，苏毗羌人大多融合到吐蕃人当中。

苏毗羌曾有相当长的一段时间处在母系氏族社会，一直到唐代仍有母系氏族社会的遗存。《通典・边防典・边防九》载：“（苏毗羌）在葱岭之南……男子皆被发，妇人辫发而萦之。……女子贵者，则多有侍男，男子不得有侍女。虽贱庶之女，尽为家长，有数夫焉，生子皆从母姓。”③ 从这一记载来看，女性在苏毗羌中确实有比较高且特殊的地位。

二、吐谷浑及其文化

吐谷浑是魏晋南北朝时期形成的一个新民族。从南北朝到唐初，吐谷浑变化不大。《隋书・吐谷浑传》载：“吐谷浑，本辽西鲜卑徒河涉归子也。初，涉归有二子，庶长曰吐谷浑，少曰若洛廆。涉归死，若洛廆代统部落，是为慕容氏。吐谷浑与若洛廆不协，遂西度陇，止于甘松之南，洮水之西，南极

---

① 《新唐书・西域下》，中华书局标点本 1975 年版。

② 《新唐书・西域下》，中华书局标点本 1975 年版。

③ 〔唐〕杜佑撰，王文锦等校点《通典・边防典・边防九》，中华书局标点本 1988 年版。

白兰山，数千里之地，其后遂以吐谷浑为国氏焉。”[1] 在北周末年，吐谷浑被周太子等率大军击败，但很快就恢复了元气，并保持着强盛的势头。隋开皇元年（公元581年），吐谷浑就寇掠隋弘州（治在今甘肃临潭西）、凉州。被隋军打败之后，吐谷浑名王十七人、公侯十三人，各率其所部来降。之后，吐谷浑又多次寇扰隋边，都被打败。开皇四年（公元584年）以后，吐谷浑内部发生内乱，暂时停止对隋边地的攻掠。开皇九年（公元589年），隋平定江南的陈朝，统一全国，吐谷浑大惧，双方进入和平交往的阶段。开皇十五年（公元595年），隋文帝把宗室女光化公主嫁与吐谷浑世伏可汗。隋大业元年（公元605年），杨广杀父夺位，隋朝与吐谷浑的关系也由和平交往转向战争。同时，吐谷浑也开始扰隋边地。大业五年（公元609年），在隋军的多路打击下，吐谷浑投降，可汗伏允南逃党项，隋炀帝于吐谷浑之地设置了西海、河源、鄯善、且末四郡，基本上占了吐谷浑原有的领地，吐谷浑国事实上已经灭亡。《隋书·吐谷浑传》载：“其故地皆空，自西平临羌城以西，且末以东，祈连以南，雪山以北，东西四千里，南北二千里，皆为隋有。”隋末，虽然伏允又尽复故地，吐谷浑国复兴，但吐谷浑兴盛时期一去不复返[2]。

隋朝和唐初，吐谷浑分布地没有太大的变化。《新唐书·吐谷浑传》载：“吐谷浑居甘松山（在今四川省松潘县西南部）之阳，洮水（今甘肃省洮河）之西，南抵白兰（今青海巴隆河流域布兰山），地数千里。”[3] 而且唐初时，吐谷浑还分为两个部分：西部以鄯善为中心，依附于吐蕃；东部以伏俟城（今青海共和县石乃亥铁口古城）为中心，臣服唐朝，但又在唐与吐蕃之间左右事之。在唐贞观八年（公元634年）前，吐谷浑一方面不断遣使至唐，保持密切交往；另一方面又乘唐朝巩固政权之机，频繁寇掠唐朝西部边境，阻碍唐朝从河西入西域的交通。最具典型的事件就是贞观元年（公元627年），吐谷浑可汗伏允遣其洛阳公来朝贡，使未返，伏允就大掠鄯州而去。太宗遣使责伏允，并征其入朝。伏允称疾不至，又为其子尊王请婚。太宗许婚，但要其子亲至京师迎娶，伏允以子疾不行。太宗停婚，并遣使康处真至吐谷浑宣谕。此事《新唐书·吐谷浑传》中有明确记载：“太宗时，伏允遣使者入朝，未还，即寇鄯州。帝遣使者让，且召伏允；以疾为解，而为子求婚，验

---

① 《隋书·吐谷浑传》，中华书局标点本1982年版。

② 周伟洲著《吐谷浑史》，宁夏人民出版社1985年版。

③ 《新唐书·吐谷浑传》，中华书局标点本1975年版。

帝意。帝召子亲迎，亦称疾，有诏止婚，遣中郎将康处真临谕。”[①] 贞观八年十一月，吐谷浑寇凉州，拘行人赵德楷，太宗遣使者十余返，伏允仍不放还。此事成了唐太宗对吐谷浑战争的导火线[②]。贞观九年（公元 635 年），吐谷浑“又掠岷州，都督李道彦击走之”[③]。与此同时，吐谷浑还煽动党项内属羌及洮州羌杀刺史叛归伏允。于是在贞观九年三月，唐朝派遣李靖、侯君集等，率突厥、铁勒等部的军队分道出击吐谷浑。由于唐军的猛烈进攻，“伏允惧，引千余骑遁碛中，众稍亡，从者才百骑，穷无聊，即自经死。国人立［其子］顺为君，称臣内附，诏封西平郡王”[④]。后来顺仍被部下所杀，立其子诺曷钵。唐朝封诺曷钵为河源郡王，号乌地也拔勒豆可汗。被唐朝封王后，诺曷钵前来唐朝拜谢。《新唐书·吐谷浑传》载：“诺曷钵身入谢，遂请婚，献马牛羊万。比年入朝，乃以宗室女为弘化公主妻之，诏道明及右武卫将军慕容宝持节送公主。其相宣王跋扈，谋作乱，欲袭公主，劫诺曷钵奔吐蕃。诺曷钵知之，引轻骑走鄯城，威信王以兵迎之，果毅都尉席君买率兵与威信王共讨，斩其兄弟三人，国大扰。”[⑤] 到了唐高宗年间（公元 650—683 年），吐谷浑“与吐蕃相攻，上书相曲直，并来请师，天子两不许，吐谷浑大臣素和贵奔吐蕃，言其情，吐蕃出兵捣虚，破其众黄河上，诺曷钵不支，与公主引数千帐走凉州，吐蕃遂有其地”。吐谷浑被吐蕃所灭的具体时间为龙朔三年（公元 663 年），吐谷浑政权灭亡后，仍留居在青海地区的大部分吐谷浑人都归附了吐蕃，置于吐蕃的统治之下。

吐蕃占领吐谷浑游牧区后，大部分吐谷浑人随诺曷钵归附唐朝。他们来到凉州，唐令其在凉州南山游牧居住。公元 670 年，唐朝派薛仁贵、阿史那道真等率兵“救吐谷浑，为吐蕃所败，于是吐谷浑遂为吐蕃所并，诺曷钵以亲信数千帐来内属”，唐将之安置在灵州之地（相当于今宁夏中卫、中宁以北之地），置安乐州，以诺曷钵为刺史[⑥]。自此，吐谷浑王室直系嫡传系统离开了青海故土。那些没有随诺曷钵内迁，仍留在青海的吐谷浑，大部分都隶属

---

① 《新唐书·吐谷浑传》，中华书局标点本 1975 年版。
② 周伟洲著《吐谷浑史》，宁夏人民出版社 1985 年版。
③ 《新唐书·吐谷浑传》，中华书局标点本 1975 年版。
④ 《新唐书·吐谷浑传》，中华书局标点本 1975 年版。
⑤ 《新唐书·吐谷浑传》，中华书局标点本 1975 年版。
⑥ 王文光、段红云著《中国古代的民族识别》（修订本），云南大学出版社 2011 年版。

于吐蕃，后来融合到吐蕃中成为今天藏族的先民之一。居住在与唐地接壤地区的吐谷浑人，则或降附吐蕃，或归附唐朝。归附唐朝者，按“顺其情，分其势，不扰于人”的原则，凡甘、肃、瓜、沙降者，多就地在河西诸州地安置。如开元十一年（公元723年），居住在祁连山南的一部分吐谷浑人到沙州降唐，被河西节度使张敬忠抚纳，并安置在河西。后来降附唐朝的吐谷浑人，大致都是如此安置[①]。

诺曷钵率数千帐吐谷浑人迁至灵州后，子孙世袭可汗。垂拱四年（公元688年），诺曷钵卒，由其子慕容忠继嗣。“安史之乱”后，吐蕃趁唐朝内乱，借机占据了安乐州等地，吐谷浑部众向东迁至夏州等地，散布在朔方（节度驻今内蒙古乌审旗南白城子）、河东（节度驻今山西蒲州）一带。但直到贞元十四年（公元798年），唐仍封慕容氏后人，以“朔方节度副使、左金吾卫大将军慕容复为长安都督、青海国王，袭可汗号”[②]。

公元907年，朱全忠废除唐朝最后一个皇帝，唐朝灭亡，中国历史进入五代十国时期。五代时，吐谷浑的分布大致与唐末相同，主要聚居区相当于今青海、甘肃的河西、黄河河套南北、河东的山西、河北北部等[③]。晚唐五代时期，吐谷浑的发展形势与中原地区的政治形势关系密切。《新五代史·四夷附录第三》载：“吐浑，本号吐谷浑，或曰乞伏干归（一说为乞伏乾归）之苗裔。自后魏以来，名见中国，居于青海之上。当唐至德（唐肃宗年号，公元756—758年）中，为吐蕃所攻，部族分散，其内附者，唐处之河西。其大姓有慕容、拓拔、赫连等族。懿宗时（公元860—873年），首领赫连铎为阴山府都督，与讨庞勋，以功拜大同军节度使。为晋王所破，其部族益微，散处蔚州（驻今山西灵丘）界中。”[④] 由于吐谷浑的活动与中原政治紧密相关，在中原政治的影响下，吐谷浑民族内部发生分化，为后来的民族融合奠定了基础。如后唐庄宗时（公元923—926年），吐谷浑中一个名叫白承福的人，带领所部在中山北石门建栅，庄宗以之置宁朔、奉化两府，任命白承福担任都督，并赐姓名为李绍鲁，一直与后唐有着密切的联系。

后晋时期，当时的各个政治势力都想控制吐谷浑，随着石敬瑭割雁门以

---

① 卢勋等著《中国历代民族史·隋唐民族史》，社会科学文献出版社2007年版。

② 卢勋等著《中国历代民族史·隋唐民族史》，社会科学文献出版社2007年版。

③ 周伟洲著《吐谷浑史》，广西师范大学出版社2006年版。

④ 《新五代史·四夷附录第三》，中华书局标点本1986年版。

北入契丹，吐谷浑又为契丹控制。正是在这种激烈的政治动荡之中，加快了吐谷浑的分化与融合，最终一部分融入藏族，其他融入晋地的汉族。《新五代史·四夷附录第三》载："晋高祖（后晋高祖石敬瑭）立，割雁门以北入于契丹，于是吐浑为契丹役属，而苦其苛暴。是时，安重荣镇成德（今河北正定），有异志，阴遣人招吐浑入塞，承福等乃自五台（今山西五台山一带）入处中国，契丹耶律德光大怒，遣使者责诮高祖（石敬瑭），高祖恐惧，遣供奉官张澄率兵搜索并（州驻今太原市西南）、镇（州驻今河北正定）、忻（州驻今山西忻市）、代（驻今山西代县）等州山谷中吐浑驱出之。然晋亦苦契丹，思得吐浑为缓急之用，阴遣刘知远镇太原慰抚之。终高祖时，承福数遣使者朝贡。后出帝与契丹绝盟，召承福入朝，拜大同军节度使，待之甚厚。契丹与晋相距于河，承福以其兵从出帝御虏。是岁大热，吐浑多疾死，乃遣承福归太原，居之岚（州驻今山西岚县北之岚城）、石（州驻今山西吕梁市离石区）之间。刘知远稍侵辱之。承福谋复亡出塞，知远以兵围其族，杀承福及其大姓赫连海龙、白可久、白铁匮等，其羊马资财巨万计，皆籍没之，其余众以其别部王义宗主之。吐谷浑遂微，不复见。"① 可见，吐谷浑成为后晋与契丹的争夺对象，并对双方的政治稳定产生重要影响。衰微后的吐谷浑逐渐融入其他民族之中，其流向大致有二，一是融入藏族，二是融入山西的汉族。

从南北朝到唐初，吐谷浑人在政治、经济、文化生活等方面变化不大，他们仍保留南北朝以来的政权组织形式，畜牧业仍占主导生产地位，盛行族内转房婚等。据《隋书·吐谷浑传》载，吐谷浑"当魏、周之际，始称可汗。都伏俟城，在青海西十五里。有城郭而不居，随逐水草。官有王公、仆射、尚书、郎中、将军。其主以皂为帽，妻戴金花。其器械衣服略与中国同。……国无常税。杀人及盗马者死，余坐则征物以赎罪。风俗颇同突厥。丧有服制，葬讫而除。性皆贪忍。有大麦、粟、豆"②。《新唐书·吐谷浑传》中，也有类似的记载：吐谷浑"有城郭，不居也，随水草，帐室、肉粮"③。

总之，在这一时期，吐谷浑的风俗、文化和之前相比，仍没有太大的变化。在服饰方面，"其器械、衣服略与中国同"。在婚姻礼仪方面，"富家厚纳聘，贫者窃妻去"。在丧葬方面，人死后"皆埋殡"，即行土葬。在宗教信仰

① 《新五代史·四夷附录第三》，中华书局标点本 1986 年版。

② 《隋书·吐谷浑传》，中华书局标点本 1982 年版。

③ 《新唐书·吐谷浑传》，中华书局标点本 1975 年版。

方面，有原始的巫术，也信奉佛教。使用的语言是鲜卑语。在经济方面，以游牧经济为主，而且特别善于养马。与马有关的还有“马上乐”、舞马，并传入内地①。

三、西域各民族及其文化

经过魏晋南北朝时期的分化、融合，西域各族在不断发生变化。以下将隋唐时期西域主要民族做一简介。

（一）西突厥

公元546年前后，突厥首领土门兼并了邻近天山部的铁勒五万余落以后，更为迅速地发展了起来。《新唐书·突厥传》载：“突厥阿史那氏，盖古匈奴北部也。居金山之阳，臣于蠕蠕，种裔繁衍。至吐门，遂强大，更号可汗，犹单于也，妻曰可敦。其地三垂薄海，南抵大漠。其别部典兵曰设，子弟曰特勒，大臣曰叶护、曰屈律啜、曰阿波、曰俟利发、曰吐屯、曰俟斤、曰阎洪达、曰颉利发、曰达干，凡二十八等，皆世其官而无员限。卫士曰附离。可汗建廷都斤山，牙门树金狼头纛，坐常东向。”后来土门大败柔然，自称伊利可汗，突厥汗国出现。到土门子木杆可汗时，突厥汗国已强盛起来。《北史·突厥传》载：“东自辽海以西，至西海，万里，南自沙漠以北，至北海，五六千里，皆属焉。”貌似强大的突厥汗国，内部却隐藏着种种危机。公元583年，玷厥联合阿波、贪汗、地勤察等西部突厥势力进攻沙钵略可汗，并脱离其管辖。《隋书·突厥传》载：“既而沙钵略以阿波骁悍，忌之，因其先归，袭击其部，大破之，杀阿波之母。阿波还无所归，西奔达头可汗。达头者，名玷厥，沙钵略之从父也，旧为西面可汗。既而大怒，遣阿波率兵而东，各落归之者将十万骑，遂与沙钵略相攻。又有贪汗可汗，素睦于阿波，沙钵略夺其众而废之，贪汗亡奔达头。沙钵略从弟地勤察别统部落，与沙钵略有隙，复以众叛归阿波。”至此，突厥便正式分裂为东、西两部。达头可汗在阿波可汗、贪汗可汗和地勤察等支持下，统率突厥十姓部落、金山以西铁勒各部和波斯以东西域诸国，公开与东面的沙钵略可汗对抗，双方大体上以金山为界②。

一般把在西域广大地区建立的政权和在西域活动的突厥人称为西突厥。

① 周伟洲著《吐谷浑史》，宁夏人民出版社1985年版。

② 王钟翰主编《中国民族史概要》，山西教育出版社2004年版。

西突厥最早见于《隋书·西突厥传》，它是隋唐时期西域诸族中最大的一族，也是西域诸国中最大的地方政权。《隋书·西突厥传》载："西突厥者，木杆可汗之子大逻便也。与沙钵略有隙，因分为二，渐以强盛。东拒都斤（鄂尔浑河流域的乌德鞬山），西越金山（阿尔泰山），龟兹、铁勒、伊吾及西域诸胡悉附之。"①

到了唐代，西突厥的分布地略相当于乌孙故地，东到东突厥，西达雷翥海，南抵疏勒，北至瀚海，地域范围比隋时大。当时西突厥可汗的牙帐设在两个地点，一是南庭，一是北庭。南庭曾属射匮可汗等的居所，在龟兹北阿羯田山（白山）北的鹰娑，略当今库车北天山北麓特克斯河流域，是冬都。北庭曾属统叶护可汗等的居所，在石国（今乌兹别克斯坦塔什干）以北碎叶河流域的千泉，是夏都。《大唐西域记》载："素叶城西行四百余里，至千泉。千泉者，地方二百余里，南面雪山，三陲平陆，水土沃润，林树扶疏，暮春之月，杂花若绮，泉池千所，故以名焉。突厥可汗第来避暑。"②

西突厥的最初首领是室点密可汗，《旧唐书·突厥传》载："初，室点密从单于统领十大首领，有兵十万众，往平西域诸胡国，自为可汗，号十姓部落，世统其众。"③ 但此时东西突厥尚未分裂。东西突厥分裂时的可汗是射匮可汗。据《通典·边防典·边防十五》载，射匮可汗时"始开土宇，东至金山，西临西海，自玉门以西诸国皆役属之。遂与北突厥为敌，乃建庭于龟兹北三弥山"④。"为敌"应是东西突厥分裂之始。射匮可汗是达头可汗的孙子，射匮死后，由其弟统叶护可汗代立。统叶护可汗时代，西突厥最为强盛。《旧唐书·突厥传》载："统叶护可汗，勇而有谋，善攻战。遂北并铁勒，西拒波斯，南接罽宾，悉归之。控弦数十万，霸有西域，据旧乌孙之地。又移庭于石国北之千泉。"⑤ 其势力范围所及，西到波斯，东至新疆，南达阿富汗北部，北达阿尔泰山及其以北东西伯利亚一带。统叶护在他所统辖的广大地区，仍然保留各非突厥人部落的政权机构，派一个称为吐屯的突厥官员去督统之。

---

① 《隋书·西突厥传》，中华书局标点本1973年版。

② 〔唐〕玄奘撰，章撰校点《大唐西域记》，上海人民出版社1977年版。

③ 《旧唐书·突厥传》，中华书局标点本1975年版。

④ 〔唐〕杜佑撰，王文锦等校点《通典·边防典·边防十五》，中华书局标点本1988年版。

⑤ 《旧唐书·突厥传》，中华书局标点本1975年版。

贞观年间，统叶护可汗为其叔父贺咄所杀，内部纷争不息，西突厥人的强盛局势随之消亡。

突厥汗国消亡后，其部众的流向有三：一部分归附回纥，成为回纥的组成部分。另一部分南迁灵武（今宁夏灵武县）、丰州（今内蒙古巴彦淖尔市临河区一带），公元 838 年，这些突厥余部因为掠夺唐军营田，被振武节度使刘沔发兵击破，之后便流散在大漠南北，他们最终只可能融入回纥和鞑靼。还有一部分远在西部的突厥人，开始西迁，他们曾在今阿富汗境内建立哥疾宁王朝，在中亚建立塞尔柱克突厥王朝及奥斯曼突厥王朝[①]，最终与当地的各族相融合形成近代中亚一带的突厥语系各民族。

突厥有自身的文化。在政治制度方面，职官是比较明了简单的，可汗为最高首领，叶护、特勤、设三置，为较显要的三个官员。官名也有自身的特点，在《通典·边防典·边防十三》中有形象的解释："其初，国贵贱官号凡有十等，或以形体，或以老少，或以颜色、须发，或以酒肉，或以兽名。其勇健者谓之始波罗，亦呼为英贺弗。肥粗者谓之大罗便。大罗便，酒器也，似角而粗短，体貌似之，故以为号。……又谓老为哥利，故有哥利达官。谓马为贺兰，故有贺兰苏尼阙。苏尼，掌兵之官也。谓黑色者为珂罗便，故有珂罗啜，官甚高，耆年者为之。"[②] 可见，不同的官名，代表不同的含义和不同官员的特点。

在突厥的文化中，有对狼的图腾崇拜。这反映了突厥起源于以狼为图腾的部落。

突厥的经济生活主要是从事畜牧业。由于是游牧生活，所以突厥都善于骑射，重视勇武精神，以掠夺为荣。故《隋书·突厥传》中说其为"性残忍""重兵死而耻病终"[③]。突厥无文字，刻木为契。法律严酷，凡反叛、杀人者皆死，"淫者割势而腰斩之，斗伤人目者偿之以女，无女则输妇，损折支体者输马，盗者则偿赃十倍"[④]。可见，妇女在突厥社会中的地位是比较低

---

① 尤中著《中华民族发展史》（第①卷），晨光出版社 2007 年版。

② 〔唐〕杜佑撰，王文锦等校点《通典·边防典·边防十三》，中华书局标点本 1988 年版。

③ 《隋书·突厥传》，中华书局标点本 1973 年版。

④ 〔唐〕杜佑撰，王文锦等校点《通典·边防典·边防十三》，中华书局标点本 1988 年版。

下的。

在婚姻关系上，突厥人的婚恋是自由的，但还存在族内转房婚。由此也反映了当时一夫多妻的情况。在葬俗方面，特别重视丧事的办理，而且在办理丧事时，客观上为未婚男女青年营造了一个择偶的机会。在遗体的处理方面，或土葬，或火葬。

在宗教信仰方面，突厥人的信仰是多元的，有原始宗教信仰的自然崇拜和祖先崇拜，还有大量的萨满原始宗教的内容。同时，突厥人也信仰佛教。从突厥的第三个可汗佗钵时就已开始接受佛教。唐初，已有佛教徒活动。西突厥信仰佛教可能与定居的农桑经济有关。而在东突厥，佛教没有发展起来，可能是以游牧经济为主，流动性大所致。

（二）高昌

高昌在西域有十分重要的地位，是西汉车师前王的王庭，后汉戊己校尉的故地。高昌境内民族成分十分复杂，但自西汉以来，汉族的影响就比较大。隋朝时期，高昌仍为汉族大姓曲氏占据，除汉人外，高昌的居民还有很多胡人。《隋书·西域传》载："开皇十年（公元590年），突厥破其四城，有二千人（按：当指汉族）来归中国，［曲］坚死，子伯雅立，其大母本突厥可汗女，其父死，突厥令依其俗（按：依族内转房婚原则，当娶其大母），伯雅不从者久之。突厥逼之，不得已而从。"① 可见突厥在高昌势力很大，且人数众多。除突厥外，也有铁勒。《隋书·西域传》载："然伯雅先臣铁勒，而铁勒恒遣重臣在高昌国，有商胡往来者，则税之送于铁勒。"② 这部分铁勒在唐朝时期回纥汗国统一铁勒诸部时形成了回纥人。

由于长期受汉族的影响，到了隋唐时期，高昌境内民族的汉化程度已经很高。《旧唐书·高昌传》载："高昌者，汉车师前王之庭，后汉戊己校尉之故地，在京师西四千三百里。其国有二十一城，王都高昌，其交河城，前王庭也；田地城，校尉城也。胜兵且万人，厥土良沃，谷麦岁再熟；有蒲萄酒，宜五果；有草名叠，国人采其花，织以为布。有文字，知书计，所置官亦采中国之号焉。"③ 由此可知，高昌境内的各民族不仅汉化程度高，而且农业和手工业也比较发达，城市也有了很大的发展。

---

① 《隋书·西域传》，中华书局标点本1982年版。

② 《隋书·西域传》，中华书局标点本1982年版。

③ 《旧唐书·高昌传》，中华书局标点本1975年版。

伯雅于武德二年（公元619年）死后，由其子文泰继位。他自恃强盛，不仅掠夺到唐朝贸易的少数民族商人，又常遏止西域的贡使，并与西突厥叶护联合反唐。《旧唐书·高昌传》载："时西戎诸国来朝贡者，皆途经高昌，文泰后稍壅绝之。伊吾先臣西突厥，至是内属，文泰又与叶护连结，将击伊吾。太宗以其反复，下书切让，征其大臣冠军阿史那矩入朝，将与议事。文泰竟不遣，乃遣其长史曲雍来谢罪。"[①] 文泰的态度和行为，引起了唐朝的不满。同时，文泰长期扣留投奔高昌的汉人不遣，还与西突厥击破焉耆三城且虏其男女，于是双方之间的矛盾不断加剧。

在隋末之乱时，有部分汉族投奔突厥，到了颉利败后，其中部分投突厥的汉族投奔高昌，文泰仍然拘留不遣归故里，尽管太宗下诏责之仍不遵命。《旧唐书·高昌传》载："初，大业之乱，中国人（按：指汉族）多投于突厥。及颉利败，或有奔高昌者，文泰皆拘留不遣。太宗诏令括送，文泰尚隐蔽之。又寻与西突厥乙毗设击破焉耆三城，虏其男女而去。"[②] 当焉耆王上表求诉时，引起了唐太宗的重视，并质问高昌使者："高昌数年来朝贡脱略，无藩臣礼，国中署置官号，准我百僚，称臣于人，岂得如此！今兹岁首，万国来朝，而文泰不至。增城深堑，预备讨伐。日者我使人至彼，文泰云：'鹰飞于天，雉窜于蒿，猫游于堂，鼠安于穴，各得其所，岂不活耶！'又西域使欲来者，文泰悉拘留之。又遣使谓薛延陀云：'既自为可汗，与汉天子敌也，何须拜谒其使。'事人阙礼，离间邻好，恶而不诛，善者何劝？明年，当发兵马以击尔。"[③] 显然，唐朝对文泰的行为是相当愤怒的，于是决定派兵讨伐高昌。当唐朝军队大军压境，文泰惶恐，无计可施，发病而死。

唐朝并没有因为文泰之死而停止对高昌的讨伐。文泰死后，其子智盛嗣位。此时唐朝的军队已进至柳谷，智盛大为恐惧。《旧唐书·高昌传》载："其子智盛嗣立。既而君集兵奄至柳谷，进趋田地城，将军契苾何力为前军，与之接战而退。大军继之，攻拔其城，虏男女七千余口，进逼其都。智盛移君集书曰：'有罪于天子者，先王也。咎深谴积，身已丧亡。智盛袭位无几，君其赦诸？'君集谓曰：'若能悔祸，当面缚军门也。'又命诸军引冲车、抛车以逼之，飞石雨下，城中大惧。智盛穷蹙，出城降。君集分兵掠地，下其三

① 《旧唐书·高昌传》，中华书局标点本1975年版。

② 《旧唐书·高昌传》，中华书局标点本1975年版。

③ 《旧唐书·高昌传》，中华书局标点本1975年版。

郡、五县、二十二城，户八千，口三万七千七百，马四千三百匹。其界东西八百里，南北五百里。”① 战事结束后，唐太宗以其地置西州（驻今新疆吐鲁番东部高昌故城），又置安西都护府（与西州同城），留兵镇守。为了防止曲氏再度反复，把智盛君臣及其豪右，全部迁回内地。至此，南北朝以来西域东部的一个汉文化点消失了。高昌境内的民族又仍以突厥人、铁勒人为主。到开成（唐文宗李昂年号，公元836—840年）五年，北方的回纥西迁，西州便成了回纥的聚居区之一，原有的“胡人”便逐渐融合到回纥中。而正是在这种条件下，西迁回纥改变原来的游牧生活方式，吸收了“胡人”的农业经济和佛教文化，向另一个新的民族演变。

隋唐时期西域各族的文化表现为汉胡文化混合的特征，而高昌是其中的典型之一。如《旧唐书·高昌传》载：“高昌者，汉车师前王之庭，后汉戊己校尉之故地，在京师西四千三百里。其国有二十一城，王朝高昌。其交河城，前王庭也；田地城，校尉城也。胜兵且万人，厥土良沃，谷麦岁再热；有蒲萄酒，宜五果；有草名白叠，国人采其花，织以为布。有文字，知书计，所置官亦采中国之号焉。”②

（三）焉耆

隋唐时期的焉耆人与魏晋时期相比有了一些变化，其文化的一大特点是佛教文化与汉文化并存。宗教信仰以佛教为主，汉文化亦大量存在。《隋书·焉耆传》载：“焉耆国，都白山之南七十里，汉时旧国也。其王姓龙，字突骑。都城方二里。国内有九城，胜兵千余人。国无纲维。其俗奉佛书，类婆罗门。婚姻之礼有同华夏。死者焚之，持服七日。男子剪发。有鱼盐蒲苇之利。东去高昌九百里，西去龟兹九百里，皆沙碛。”③ 由此看来，焉耆人是操伊朗语的民族与汉族的混合体。在汉文化的影响下，焉耆人已有一定程度的汉化，如“婚姻之礼有同华夏”。

唐朝初年的焉耆国较之前代有所扩大。《太平寰宇记》载：“唐贞观六年（公元632年），又遣使贡方物，其王姓龙，即突骑支之后，尽并有汉时尉犁、危须、山国三国之地，并鄯善之北界。”④ 尽管地域有所扩大，但唐代焉耆人

① 《旧唐书·高昌传》，中华书局标点本1975年版。
② 《旧唐书·高昌传》，中华书局标点本1975年版。
③ 《隋书·焉耆传》，中华书局标点本1982年版。
④ 〔北宋〕乐史撰《太平寰宇记》，金陵书局光绪八年本。

的生产、生活习俗状况变化不是很大。《太平寰宇记》载：“其俗：丈夫剪发，妇人衣襦著大衿，婚姻同华夏，兵有弓刀甲稍。死亡者皆焚而后葬，其服制满七日即除之，俗事天神。气候寒，土田良沃，谷有稻、粟、菽麦；畜有驼马、牛、羊，养蚕不以为丝，惟取绵纩，俗尚葡萄酒，兼爱音乐。”[①] 从这一记载来看，焉耆的农业还是有一定的发展，养殖业有自身的特点。

唐代初年，焉耆受制于西突厥人，到唐平高昌设安西都护府以后，在焉耆设了焉耆都督府，立其首领突骑支的弟婆伽利为王而仍统其部众。安西都护府被吐蕃夺取以后，焉耆人也就服于吐蕃。五代十国时期，焉耆人仍保持着其相对的独立。

（四）龟兹

隋朝时，龟兹人的民族成分仍比较复杂，因而反映在文化上是多元的，但佛教仍是多元文化的核心。农业生产较为发达，畜牧业也是很重要的组成部分。《隋书·龟兹传》载：“龟兹国，都白山（天山）之南百七十里，汉时旧国也。其王姓白，字苏尼咥。都城方六里。胜兵者数千。俗杀人者死，劫贼断其一臂，并刖一足。俗与焉耆同。”[②] 其他的生产、生活习俗变化不大。

唐代龟兹情况稍有变化。《太平寰宇记》载：“唐贞观二十年（公元646年），将军阿史那社尔伐龟兹，虏其王而归，立其嗣子素稽为王，今安西都护府所理则龟兹城也。今王则［白］震（东晋时人）之后也，并有汉时姑墨、温宿、尉头三国之利。”[③] 则唐朝时期的龟兹国已占有汉晋时期的姑墨等国，白氏家族世袭统领其地。唐高宗时，设龟兹都督府，安西都护府也曾迁驻龟兹，后为吐蕃攻占。回纥的一部分从漠北迁入西州（吐鲁番）之初，其势力还未及龟兹。五代十国时，龟兹保持相对独立的状态。

龟兹人的土俗物产在《太平寰宇记》《新唐书·龟兹传》《旧唐书·龟兹传》中的记载有所不同，但却可以从整体上认识龟兹人的情况。

《太平寰宇记》载：“俗有城郭，能铸冶，其刑、赋、风俗略与焉耆同，惟气候少暖为异。土多稻、粟、菽麦……”[④] “气候少暖”与焉耆的“气候寒”不同，所以才会有“土多稻”。

---

① 〔北宋〕乐史撰《太平寰宇记》，金陵书局光绪八年本。

② 《隋书·龟兹传》，中华书局标点本1982年版。

③ 〔北宋〕乐史撰《太平寰宇记》，金陵书局光绪八年本。

④ 〔北宋〕乐史撰《太平寰宇记》，金陵书局光绪八年本。

《新唐书·龟兹传》载“龟兹，一曰丘兹，一曰屈兹，东距京师七千里而赢，自焉耆西南步二百里，度小山，经大河二，又步七百里乃至。横千里，纵六百里。土宜麻、麦、粳稻、蒲陶，出黄金。俗善歌乐，旁行书，贵浮图法。产子以木压首，俗断发齐顶，惟君不剪发。姓白氏。居伊逻卢城，北倚阿羯田山，亦曰白山，常有火。王以锦冒顶，锦袍、宝带。岁朔，斗羊马橐它七日，观胜负以卜岁盈耗云。”[①] 这里的“蒲陶”即“葡萄”。“贵浮图法”反映的是佛教在文化中居重要地位。

《旧唐书·龟兹传》载：“龟兹国，即汉西域旧地也，在京城西七千五百里。其王姓白氏。有城郭屋宇，耕田畜牧为业。男女皆剪发，垂与项齐，唯王不剪发。学胡书及婆罗门书、算计之事，尤重佛法。其王以锦蒙项，著锦袍金宝带，坐狮子床。有良马、封牛。饶蒲萄酒，富室至数百石。”[②] 这里记载的“垂与项齐”与《新唐书·龟兹传》中“断发齐顶”有异。如果是“断发齐顶”，那这个“断发”应该是剃发。但结合前后的记载来看，都有是“断发”而不是“剃发”，而断发只可能是齐“项”，不可能齐“顶”。因此，《新唐书》中的“顶”应该是“项”才正确。

由上记载来看，龟兹人在生产方面既有农业也有畜牧业，盛产葡萄酒，出产黄金。在习俗方面，除国王外，都要断发齐项。在刑法方面，对杀人致死和偷盗行为的处罚较重。在文化上受印度的影响较大，佛教在人们的生活中有重要地位。龟兹以佛教为核心的多元文化一直沿袭到五代十国时期。

龟兹、焉耆共同使用一种文字，这种文字就是《新唐书·龟兹传》中所讲的“旁行书”。它起源于印度的婆罗米文的中亚斜体（与于阗人使用的婆罗米中亚直体有些不同）。这是一种结构比较复杂的音节文字，即一个符号表示一个元音或一个带元音 a 的辅音，亦即一个音节。如果该辅音不是与 a 而与其他元音相拼时，则在带元音 a 的辅音符号的一定部位加上一些不同的附加符号表示。婆罗米文的最大特点是按音节书写，不按单词书写，文字从左到右，以一点或两点或两条短直线作标点符号[③]。

（五）于阗

与南北朝时期相比，隋代的于阗各方面的情况变化不大。《隋书·于阗

① 《新唐书·龟兹传》，中华书局标点本 1975 年版。

② 《旧唐书·龟兹传》，中华书局标点本 1975 年版。

③ 尤中著《中华民族发展史》（第①卷），晨光出版社 2007 年版。

传》载："于阗国，都葱岭之北二百余里。其王姓王，字卑示闭练。都城方八九里。国中大城有五，小城数十，胜兵者数千人。俗奉佛，尤多僧尼，王每持斋戒。城南五十里有赞摩寺者，云是罗汉比丘比卢旃所造，石上有辟支佛徒跣之迹。于阗西五百里有比摩寺，云是老子化胡成佛之所。俗无礼义，多贼盗淫纵。王锦帽，金鼠冠，妻戴金花。其王发不令人见。俗云，若见王发，年必俭。土多麻、麦、粟、稻、五果，多园林，山多美玉。东去鄯善千五百里，南去女国三千里，西去朱俱波千里，北去龟兹千四百里，东北去瓜州二千八百里。"[①] 可见，于阗也是物产丰富之地。从记载来看，于阗的佛教更为兴盛，寺庙和僧尼较多。

到了唐代，于阗人开始与唐朝和西突厥人发生政治、经济联系，这对于于阗人的发展有积极的意义。《旧唐书·于阗传》载："于阗国，西南带葱岭，与龟兹接，在京师西九千七百里。胜兵四千人。其国出美玉。俗多机巧，好事祆神，崇佛教。先臣于西突厥。其王姓尉迟氏，名屈密。贞观六年（公元632年），遣使献玉带，太宗优诏答之。十三年（公元639年），又遣子入侍。及阿史那社尔伐龟兹，其王伏阇信大惧，使其子以驼万三百匹馈军。及将旋师，行军长史薛万备请社尔曰：'今者既破龟兹，国威已振，请因此机，愿以轻骑羁取于阗之王。'社尔乃遣万备率五十骑抵于阗之国，万备陈国威灵，劝其入见天子，伏阇信于是随万备来朝。高宗嗣位，拜右骁卫大将军，又授其子叶护玷为右骁卫将军，并赐金带、锦袍、布帛六十段，并宅一区，留数月而遣之，因请留子弟以宿卫。太宗葬昭陵，刻石像其形，列于玄阙之下。"[②] 可见，唐王朝对于阗王还是比较重视的，并厚待之。

由于于阗兼并了附近的戎卢、扜弥、渠勒、皮山等国，所以地域比汉晋时期大。在生产上已大量种桑养蚕。《新唐书·于阗传》载："于阗，或曰瞿萨旦那，亦曰涣那，曰屈丹，北狄曰于遁，诸胡曰豁旦。距京师九千七百里，瓜州赢四千里，并有汉戎卢、扜弥、渠勒、皮山五国故地。其居曰西山城，胜兵四千人。有玉河，国人夜视月光盛处必得美玉。王居绘室。俗机巧，言迂大，喜事祆神、浮屠法，然貌恭谨，相见皆跪。以木为笔，玉为印，凡得问遗书，戴于首乃发之。自汉武帝以来，中国诏书符节，其王传以相授。人

---

① 《隋书·于阗传》，中华书局标点本1982年版。

② 《旧唐书·于阗传》，中华书局标点本1975年版。

喜歌舞，工纺绩。西有沙碛，鼠大如猬，色类金，出入群鼠为从。初无桑蚕，丐邻国，不肯出，其王即求婚，许之。将迎，乃告曰：‘国无帛，可持蚕自为衣。’女闻，置蚕帽絮中，关守不敢验，自是始有蚕。女刻石约无杀蚕，蛾飞尽得治茧。”① 这里不仅反映了于阗受佛教文化和汉文化的影响，也反映了中国的丝织技术传到于阗，使西域不仅是丝绸之路的要道，而且也能生产丝绸。这对西域的发展来说具有十分重要的意义。

唐高宗上元初年（公元674年），于阗王“身率子弟酋领七十人来朝”。因为于阗王击吐蕃有功，唐高宗“以其地为毗沙都督府，析十州”，授于阗王为都督。吐蕃占据安西后，于阗又受制于吐蕃。

于阗人有自己的文字。这种文字源于印度的婆罗米文的中亚直体，与龟兹—焉耆文有诸多不同之处。这说明于阗、龟兹、焉耆主体民族虽然都是操伊朗语的“胡人”，但却存在着地方性的差异。

（六）疏勒

隋初，疏勒在政治上仍受制于突厥。《隋书·疏勒传》载：“疏勒，都白山（天山）南百余里，汉时旧国也。其王字阿弥厥，手足皆六指。产子非六指者，即不育。都城方五里，国内有大城十二，小城数十，胜兵者二千人。王戴金狮子冠。土多稻、粟、麻、麦、铜、铁、锦、雌黄，每岁常供送于突厥。”② 因为受制于突厥，所以疏勒每年都要向突厥贡献财物。疏勒王族“手足皆六指”，“产子非六指者，即不育”这一记载并非真实，其目的在于突出疏勒王与一般民众不同。从上述记载中，还反映出疏勒的矿产资源是比较丰富的。

唐以后，史书中对疏勒人的记载更加详细。《新唐书·疏勒传》载：“疏勒，一曰佉沙，环五千里，距京师九千里而赢。多沙碛，少壤土。俗尚诡诈，生子亦夹头取褊，其人文身碧瞳。王姓裴氏，自号‘阿摩支’，居迦师城，突厥以女妻之。胜兵二千人。俗祠祆神。”③ 则此时疏勒已兼并了四邻小国，才至有“环五千里”的范围，而且亦受突厥的控制。

尽管疏勒人受突厥控制，但也最大限度地保持自己的民族文化，并与唐朝亦有政治经济联系。《旧唐书·疏勒传》载：“疏勒国，即汉时旧地也。西带葱岭，在京师西九千三百里。其王姓裴氏。贞观中，突厥以女妻王。胜兵

① 《新唐书·于阗传》，中华书局标点本1975年版。

② 《隋书·疏勒传》，中华书局标点本1982年版。

③ 《新唐书·疏勒传》，中华书局标点本1975年版。

二千人。俗事祆神，有胡书文字。贞观九年（公元636年），遣使献名马，自是朝贡不绝。开元十六年（公元729年），玄宗遣使册立其王裴安定为疏勒王。”[①]《通典·边防典·边防八》载：“唐贞观中朝贡。今其国王姓裴，并有汉时莎车、捐毒、休循三国之地，侍子常在京师。”[②]

唐朝设安西都护府以后，在疏勒设达满州（驻今喀什市），以疏勒王为刺史。吐蕃控制安西之时，疏勒亦羁属吐蕃。10世纪中叶，葱岭西回纥建立的喀喇汗朝东向发展控制了疏勒。疏勒以“胡人”为主体的民族开始了回纥化的过程。

四、从铁勒中发展而来的回纥及其文化

回纥原为铁勒诸部之一。公元4世纪末，铁勒还游牧于鄂尔浑河谷口。结合《北史·铁勒传》和《隋书·北狄·铁勒传》的记载来看，铁勒的分布区域、生活习俗等一直到南北朝末期都没有发生太大的变化（南迁融于汉族者例外）。而到了隋唐时期则开始发生了大的变化，处在激烈的分化组合运动之中。《隋书·北狄·铁勒传》载：“开皇（隋文帝年号，公元581—600年）末，晋王广（按：即杨广）北征，纳启民，大破步迦可汗，铁勒于是分散。大业元年（公元605年），突厥处罗可汗击铁勒诸部，厚税敛其物，又猜忌薛延陀等，恐为变，遂集其魁帅数百人，尽诛之。由是一时反叛，拒处罗，遂立俟利发俟斤契弊歌楞为易勿真莫何可汗，居贪汗山（今新疆吐鲁番北博格达山）。复立薛延陀内俟斤字也咥为小可汗。处罗可汗既败，莫何可汗始大。莫何勇毅绝伦，甚得众心；为邻国所惮，伊吾、高昌、焉耆诸国悉附之。”[③]为了反抗突厥处罗可汗的压迫，部分铁勒人曾团结起来，拥立本族的上层人物为可汗。但随之又被突厥汗国臣属之。《旧唐书·北狄·铁勒传》载：“初，大业中，西突厥处罗可汗始强大，铁勒诸部皆臣之，而处罗征税无度，薛延陀等诸部皆怨，处罗大怒，诛其酋帅百余人。铁勒相率而叛，共推契芯哥楞为易勿真莫贺可汗，居贪汗山北，又以薛延陀乙失钵为也咥小可汗，居燕末山北。西突厥射匮可汗强盛，延陀、契苾二部并去可汗之号以臣之。回纥等

---

① 《旧唐书·疏勒传》，中华书局标点本1975年版。

② 〔唐〕杜佑撰，王文锦等校点《通典·边防典·边防八》，中华书局标点本1988年版。

③ 《隋书·北狄·铁勒传》，中华书局标点本1982年版。

六部在郁督军山者，东属于始毕，乙失钵所部在金山者，西臣于叶护。”[①]

南北朝时期的铁勒四十一部，经过几十年的迁徙流移，以及和不同民族的相互接触，再加上自身的分化与重新组合，到唐初，仍然明确是铁勒的，只剩下散居在大漠以北的薛延陀等十五部，其余的二十六个氏族或部落，已不见诸史籍。《旧唐书·北狄·铁勒传》载：“自突厥强盛，铁勒诸郡分散，众渐寡弱。至武德（唐高祖李渊年号，公元618—626年）初，有薛延陀、契苾、回纥、都播、骨利干、多览葛、仆骨、拔野古、同罗、浑部、思结、斛薛、奚结、阿跌、白霫等，散在碛北。”[②] 现将这铁勒十五部的情况简介如下。

薛延陀部。《旧唐书·北狄·铁勒传》载：“薛延陀者，自云本姓薛氏，其先击灭延陀而有其众，因号为薛延陀部。”[③] 从此处得知，薛延陀是由薛部和延陀两部重新组合而成的，是铁勒中的大部。在《文献通考》中记为“薛延陁”，《文献通考》载：“薛延陁，铁勒之别部，与薛部杂居，因号薛延陁。可汗姓壹利吐氏，代为强族。初蠕蠕之灭也，并属于突厥，而部落中分在郁都军山者，东属于始毕；在贪汗山（今新疆吐鲁番北博格达山）者，属于叶护。其主夷男，唐贞观中遣使朝聘，为毗伽可汗，居大漠之北，俱沦水（今蒙古东北呼伦湖）南。”[④] 则薛延陀部在唐朝贞观年间游牧于呼伦湖西南的蒙古国的克鲁伦河流域一带。其首领夷男被封为真珠毗伽可汗后，建牙帐于郁督军山下，将铁勒诸部统一起来，出现了薛延陀汗国。薛延陀汗国出现于贞观二年（公元628年），但持续时间不长，于贞观二十年（公元646年）灭亡，前后共19年。它是在唐朝的支持下建立的，夷男及其二子都接受了太宗册封。在短短的19年中，朝贡达17次之多。薛延陀汗国存在的时间虽然短暂，但对我国历史却产生过较大的影响。它不仅协助唐朝击溃了骄横于北方的东突厥，而且继匈奴、柔然、突厥之后再次统一了漠北，进一步密切了漠北与中原的关系，为唐朝在这里设置羁縻州府创造了条件。

契苾部。《通典·边防典·边防十五》载：“契苾羽（按：即契苾）在多

---

① 《旧唐书·北狄·铁勒传》，中华书局标点本1975年版。

② 《旧唐书·北狄·铁勒传》，中华书局标点本1975年版。

③ 《旧唐书·北狄·铁勒传》，中华书局标点本1975年版。

④ 〔元〕马端临撰《文献通考》，中华书局影印本2003年版。

滥葛（按：即多览葛）南，两姓合居，胜兵二千。”[①] 游牧于今土拉河流域。《新唐书·回鹘传》对其记载更详细一些：“契苾亦曰契苾羽，在焉耆西北鹰娑川，多览葛之南。其酋哥楞自号易勿真莫贺可汗，弟莫贺咄特勒，皆有勇。莫贺咄死，子何力尚纽率其部来归，时贞观六年（公元632年）也。诏处之甘、凉间，以其地为榆溪州。”[②] 后来到了永徽四年（公元653年），唐朝又以其部置贺兰都督府，隶属于燕然都护。

回纥部。在铁勒诸部中，回纥也是比较强盛的一支。据《旧唐书·回纥传》载，回纥“在薛延陀北境，居娑陵水（今蒙古人民共和国的色楞格河）侧，去长安六千九百里，随逐水草，胜兵五万，人口十万”[③]。《通典·边防典·边防十六》也有基本相同的记载：“回纥在薛延陀北境，居延婆陵水……胜兵五万人。”[④] 可见，在隋唐时期，回纥主要游牧区相当于今蒙古国色楞格河沿岸地带。从记载来看，回纥的“胜兵”的数量确实很大，为人口数量的一半，所以才可能成为铁勒一强盛部。

都波部。都波也称都播。据《太平寰宇记》和《新唐书·都播传》载，都波部主要分布在今安加拉河上游。“都播，亦曰都波，其地北濒小海（今贝加尔湖），西坚昆（按：坚昆即黠戛斯，分布在今叶尼塞河上游一带），[东]南回纥。”[⑤]《通典·边防典·边防十五》对都波部的具体情况有比较多的记载：“都波者，铁勒别种，南去回纥十三日行，分为三部，自相统摄，结草为庐。无牛羊，不知耕稼，土多百合草，取其根以为粮，兼捕鱼射猎为食，而衣貂鼠之皮，贫者缉鸟羽以为服。婚姻，富者以马，贫用鹿皮及草根为聘礼。死亡以木柜盛尸，置山中，或悬于树上，送葬哭泣略与突厥类。莫知四时之候。国无刑罚，偷盗倍征其赃。大唐贞观二十一年（公元647年），遣使朝贡。”[⑥] 从这一记载来看，都波部与铁勒部其他部分确实有所不同，经济生活

① 〔唐〕杜佑撰，王文锦等校点《通典·边防典·边防十五》，中华书局标点本1988年版。

② 《新唐书·回鹘传》，中华书局标点本1975年版。

③ 《旧唐书·回纥传》，中华书局标点本1975年版。

④ 〔唐〕杜佑撰，王文锦等校点《通典·边防典·边防十六》，中华书局标点本1988年版。

⑤ 《新唐书·都播传》，中华书局标点本1975年版。

⑥ 〔唐〕杜佑撰，王文锦等校点《通典·边防典·边防十五》，中华书局标点本1988年版。

主要靠渔猎和采集，畜牧业和农业都没有发展，衣鸟羽、兽皮。葬俗也有自身的特点，不实行火葬，而是把死者装入木柜后置于山中或树上。可见，这是一个生产方式十分原始的族群共同体。都播部与唐朝的关系仅为通使，唐末在其地设郡县。

骨利干部。《通典·边防典·边防十六》载："骨利干居回纥北方瀚海之北，二俟斤同居，胜兵四千五百人。草多百合。地出名马，头类橐驼，筋骨粗壮，好者日行数百里。其北又距大海，昼长夜短，日没后，天色正曛，煮一羊胛，才熟，而东方已曙，盖近日入出之所。大唐贞观二十一年（公元647年），遣使朝献骏马十匹。"[①] 在《新唐书·回鹘传》中也有类似的记载："骨利干处瀚海北，胜兵五千。草多百合。产良马，头似橐驼，筋骨壮大，日中驰数百里。其地北距大海，去京师最远，又北度海则昼长夜短，日入亨羊胛，熟，东方已明，盖近日入出处也。既入朝，诏遣云麾将军康苏蜜劳答，以其地为玄阙州。"[②] 从文中所载来看，骨利干是铁勒族群中居住在最北者，为贝加尔湖以北至北冰洋，即"其北又距大海"，所以离京师最远。从地图上看，贝加尔湖以北已无大的湖泊，故此海当为北冰洋。由于是分布在高纬度地区，所以才会是"昼长夜短，日没后，天色正曛，煮一羊胛，才熟，而东方已曙，盖近日出入之所"。骨利干与唐王朝的关系仅限于朝贡和羁縻统治。到唐高宗龙朔（公元661—663年）年间，唐又将玄阙州更名为余吾州，隶属于瀚海都督府。

多览葛部。多览葛也叫多滥葛。《通典·边防典·边防十五》载："多滥葛在薛延陀东界，居近同罗水，胜兵万人。"[③] 多览葛居近同罗水，同罗水为今之土拉河，故当游牧在土拉河一带。《新唐书·回鹘传》对多览葛与唐王朝的关系有一点记载："延陀已灭，其酋俟斤多滥葛末与回纥皆朝，以其地为燕然都督府，授右卫大将军，即为府都督。"[④] 多滥葛末死后，唐朝又继续任用多滥葛塞匐为大俟利发，担任都督。

---

① 〔唐〕杜佑撰，王文锦等校点《通典·边防典·边防十六》，中华书局标点本1988年版。

② 《新唐书·回鹘传》，中华书局标点本1975年版。

③ 〔唐〕杜佑撰，王文锦等校点《通典·边防典·边防十五》，中华书局标点本1988年版。

④ 《新唐书·回鹘传》，中华书局标点本1975年版。

仆骨部。仆骨也称仆固。《通典·边防典·边防十五》载："仆骨，铁勒之别部，习俗与突厥略同。在多滥葛东境，胜兵万余，与同罗宿敦邻好，最居北偏。"① 多览葛部游牧在土拉河一带，故在多览葛东边的仆骨部当在今鄂嫩河上游一带，即乌兰巴托东北一带。《新唐书·回鹘传》记载了仆骨部对外交往的简略情况："始臣突厥，后附薛延陀。延陀灭，其酋娑匐俟利发歌滥拔延始内属，以其地为金微州，拜歌滥拔延为右武卫大将军、州都督。开元（公元713—741年）初，为首领仆固所杀，诣朔方降，有司诛之。子曰怀恩，至德（公元756—758年）时以功至逆方节度使。"②

拔野古部。《通典·边防典·边防十五》载："拔野古者，亦铁勒之别部。在仆骨东境，胜兵万余。其地丰草，人皆殷富。"仆骨在今鄂嫩河上游一带，那么拔野古部则在鄂嫩河中下游地区游牧，并且畜牧业还比较发达。《新唐书·回鹘传》还记载了拔野古部与周边各部之间的关系："贞观三年（公元629年），与仆骨、同罗……同入朝。二十一年（公元647年），大俟利发屈利夫举部内属，置幽陵都督府，拜屈利失右武卫大将军，即为都督。显庆（唐高宗李治年号，公元656—661年）时，与思结、仆固、同罗叛，以左武卫大将军郑仁泰击之，斩其渠首。至天宝（公元742—756年）间，能自来朝。"③ 幽陵都督府治今蒙古人民共和国东方省一带。

同罗部。同罗也称同乐。《通典·边防典·边防十五》载："同乐者，铁勒之别部也。在薛延陀之北。……户万五千，俗与突厥略同。初臣突厥，苦颉利之政乱。太宗时，其酋俟利发时健啜遣使内附，中间无闻。洎天宝初，其酋帅阿布思以万余帐来降，处之朔方河南之地，给其廪食，每岁仍费缯絮数十万段，其河曲郡县仓廪为之空虚。至十年背叛，却掠诸姓部落，遂还漠北，寻为回纥所破，党众离散。阿布思后奔葛逻禄，北庭节度程千里购之以献，戮于京师。"④ 据《中国历史地图集·隋唐五代十国》载，同罗部分布在今土拉河上游以北的乌兰巴托地区。天宝初年南迁漠南朔方河南之地（今河

---

① 〔唐〕杜佑撰，王文锦等校点《通典·边防典·边防十五》，中华书局标点本1988年版。

② 《新唐书·回鹘传》，中华书局标点本1975年版。

③ 《新唐书·回鹘传》，中华书局标点本1975年版。

④ 〔唐〕杜佑撰，王文锦等校点《通典·边防典·边防十五》，中华书局标点本1988年版。

套南部地区)。天宝十年(公元751年)以后部众离散瓦解。从《新唐书·回鹘传》的记载来看,唐朝曾设龟林都督府以统同乐部:"贞观二年(公元628年),遣使者入朝。久之,请内属,置龟林都督府,拜酋俟利发时健啜为左领军大将军,即授都督。"[①] 后来安禄山反唐时,曾征发同罗部士卒参战。可见其与汉族接触较多。

浑部。《唐会要》载:"贞观二十一年(公元647年)正月九日,以铁勒回纥等十三部内附,置六都督府、七州,浑部置皋兰州。"[②] 在今乌兰巴托西部的土拉河中下游地区。《新唐书·回鹘传》还记载了浑部与唐王朝的友好关系:"浑在诸部最南者。突厥颉利败时,有俟利发阿贪支款塞。薛延陀之灭,大俟利发浑汪举部内向,以其地为皋兰都督府,后分东、西州。太宗以阿贪支于汪属尊,遣译者讽汪,汪欣然避位。帝嘉其让,以阿贪支为右领军卫大将军、皋兰州刺史,汪云麾将军兼俟利发为之副。"[③] 浑部与唐中央政府的关系此后一直很好,所以,阿贪支死后,由其子回贵嗣位。回贵死后,由回贵子大寿嗣位。大寿死后,由大寿子释之嗣位。释之作战勇武不凡,曾跟从哥舒翰攻下石堡城,被提升为武卫大将军,封为汝南郡公。

思结部。据《唐会要》载,[④] 贞观二十一年,铁勒十三部内附,以"思结别部置蹄林州"[⑤],则在今蒙古人民共和国中戈壁省、前杭爱省、南戈壁省交接的翁金河流域地带。

奚结部。据《唐会要》载,贞观二十一年,以"奚结部置鸡鹿州"。则其分布地为今俄罗斯境内的希洛克河南部地区。

斛薛部。《通典·边防典·边防十五》载:"斛薛,亦铁勒之别部,在多滥葛北境,两姓合居,胜兵七千。"[⑥] 其分布地当在今土拉河流汇鄂尔浑河以北地带。从《新唐书·回鹘传》的记载来看,斛薛部的胜兵数较多,有万人,并因"来朝,列其地州县之"[⑦],但具体名称,史载不详。

---

① 《新唐书·回鹘传》,中华书局标点本1975年版。

② 〔北宋〕王溥撰《唐会要》,中华书局1988年版。

③ 《新唐书·回鹘传》,中华书局标点本1975年版。

④ 《旧唐书·回纥传》,中华书局标点本1975年版。

⑤ 〔北宋〕王溥撰《唐会要》,中华书局1988年版。

⑥ 〔唐〕杜佑撰,王文锦等校点《通典·边防典·边防十五》,中华书局标点本1988年版。

⑦ 《新唐书·回鹘传》,中华书局标点本1975年版。

阿跌部。《通典·边防典·边防十五》载："阿跌，亦铁勒之别部，在多滥葛西北，胜兵千七百。隋代号诃咥部是也。迁徙无常所。"[①] 从"胜兵千七百"来看，该部人数较少。游牧在今鄂尔浑河中游地带。据《新唐书·回鹘传》所载，因来朝，阿跌部之地被列为鸡田州。"阿跌，亦曰诃咥，或为鞬跌。始与拔野古等皆朝，以其地为鸡田州。"[②] 后来，由于此部有战功于唐，贵族首领被赐姓李，后人光进、光颜都至高官，唐后期当融入汉族。

白霫部。《通典·边防典·边防十五》载："白霫，在拔野古东，胜兵三千人。其渠帅各率所部归附，列地为州，即其酋长为刺史。"[③] 拔野古部在今鄂嫩河中下游地带，而其东是西室韦部，故疑此处史载有误，当在其东南，相当于今内蒙古东北部与蒙古人民共和国东方省的东南部连接地带[④]。该部始为突厥臣，贞观年间内附。《新唐书·回鹘传》载："贞观中再来朝，后列其地为寘颜州，以别部为居延州，即用俟斤为刺史。"其首领亦被赐姓李。公元661年，又任命其首领李含珠为居延都督，李含珠死后，其弟李厥都又继位。但后来便在史籍中消失了。当融入其他民族之中。据《新唐书·回鹘传》载："胜兵万人。业射猎，以赤皮缘衣，妇贯铜钏，以子铃缀襟。"[⑤] 可见，白霫部还处于游猎生活阶段，迁徙不定，也许迁到离唐王朝较远之地，彼此之间就很少联系了。

以上是铁勒十五部的主要概况。唐太宗贞观三年（公元629年），铁勒十五部以薛延陀部为首，起而反抗东突厥的统治，建立了薛延陀汗国。但薛延陀汗国没有把铁勒十五部全体联合起来形成一个统一的民族共同体，却把骨利干、白霫、都播三部摒除在薛延陀汗国之外。这主要是因为三部在地理上离较强大的薛延陀部太远所致。此后，这三部铁勒人便各自离开铁勒族群而独立发展，处于相对独立的发展状态之中。在薛延陀汗国内部的十二部铁勒，同样处于一种较松散的状态，各有分地，部落之间的界线没有消除，而且还有诸多矛盾存在。贞观二十年（公元646年），回纥君长吐迷度联合仆固、同

① 〔唐〕杜佑撰，王文锦等校点《通典·边防典·边防十五》，中华书局标点本1988年版。

② 《新唐书·回鹘传》，中华书局标点本1975年版。

③ 〔唐〕杜佑撰，王文锦等校点《通典·边防典·边防十五》，中华书局标点本1988年版。

④ 尤中著《中华民族发展史》（第①卷），晨光出版社2007年版。

⑤ 《新唐书·回鹘传》，中华书局标点本1975年版。

罗等部起来袭击薛延陀多弥可汗，唐太宗配合各部的反抗出兵漠北，消灭了薛延陀汗国，薛延陀部的人也因之“散亡殆灭”。剩下的铁勒十一部也投向唐朝。《新唐书·回鹘传》载：“于是铁勒十一部皆归命天子，请吏内属。道宗等径碛击延陀余众阿波达干，斩首千余级，逐北二百里。万彻抵北道，谕降回纥诸酋。虏所遣使踵及帝行在，凡数千人，上言：‘天至尊为可汗，世世以奴事，死不恨。’帝剖其地为州县，北荒遂平。”[①] 即唐朝在铁勒分布地，以其部为根据设立羁縻州，还赐一些部落首领李姓。此外，铁勒中没有被薛延陀纳入的三部也设了州县。

由于唐朝以其部设羁縻州府，各以其首领为刺史，故铁勒族群更难以形成独立的民族统一体。到了唐高宗弘道元年（公元683年），后突厥汗国兴起，漠北的铁勒诸部又被置于后突厥汗国的统治之下。

唐玄宗天宝初年，回纥部联合葛罗禄、拔悉蜜等攻杀了后突厥汗国的骨咄叶护可汗。《新唐书·回鹘传》载：“天宝时，（葛罗禄）与回纥、拔悉蜜共攻杀乌苏米施可汗，又与回纥击拔悉蜜，走其可汗阿史那施于北庭，奔京师。葛禄与九姓复立回纥叶护，所谓怀仁可汗者也。”[②] 回纥汗国建立之后，仍然留在漠北的原铁勒各部，在回纥汗国统治期间，打破了原来的部落界限，形成了回纥人。

唐以前该部又称袁纥。《新唐书·回鹘传》载：“袁纥者，亦曰乌护，曰乌纥，至隋曰韦纥。其人骁强，初无酋长，逐水草转徙，善骑射，喜盗钞，臣于突厥，突厥资其财力雄北荒。大业中，处罗可汗攻胁铁勒部，裒责其财，既又恐其怨，则集渠豪数百悉坑之，韦纥乃并仆骨、同乐、拔野古叛去，自为俟斤，称回纥。”[③] 可见，回纥是在受突厥压迫反抗之后，才始称回纥，以前为袁纥、乌纥等名称。

《旧唐书·回纥传》载：“初，有特健俟斤死，有子曰菩萨，部落以为贤而立之。贞观初，菩萨与薛延陀侵突厥北边，突厥颉利可汗遣子欲谷设率十万骑讨之，菩萨领骑五千与战，破之于马鬣山，因逐北至于天山，又进击，大破之，俘其部众，回纥由是大振。因率其众附于薛延陀，号菩萨为‘活颉利发’，仍遣使朝贡。菩萨劲勇，有胆气，善筹策，每对敌临阵，

① 《新唐书·回鹘传》，中华书局标点本1975年版。

② 《新唐书·回鹘传》，中华书局标点本1975年版。

③ 《新唐书·回鹘传》，中华书局标点本1975年版。

必身先士卒，以少制众，常以战阵射猎为务。其母乌罗浑主知争讼之事，平反严明，部内齐肃。回纥之盛，由菩萨之兴焉。”贞观二十一年（公元647年），唐朝就各部分别设置羁縻州、府，以各部酋长为都督、刺史，保留他们原来的政治、经济结构不变。这就使即将被突破的部落界线又重新趋于稳定。

但唐朝维持漠北铁勒各部稳定局面的时间并不长，到公元683年，阿史那骨咄禄反唐，建立后突厥汗国，把漠北的铁勒各部重新置于后突厥汗国的统治之下，漠北的铁勒各部在后突厥汗国的民族压迫政策下一时流散。到唐玄宗开元年间（公元713—741年），回纥渐盛，自身内部拥有九个氏部，称为“内九姓”，即以药罗葛氏族为首的胡咄葛、咄罗勿、貊哥息讫、阿勿嘀、葛萨、斛素、药勿葛、奚耶勿等九个氏族。除回纥之外，原铁勒各部在回纥周围还有六部，他们与回纥结成联盟。这六部是：仆固（骨）部、浑部、拔曳（野）古部、同罗（乐）部、思结部、契苾部。可见，原来铁勒十二部除薛延陀部散失消亡以外，多览葛部、阿跌部、跌结部、薛斛部都已分化组合到同族的其他七部之中，不复存在。唐玄宗天宝年间（公元742—755年），回纥又击败了拔悉蜜、葛罗禄两部（属西突厥部落）。于是，以回纥为首的漠北铁勒七部和西突厥中的拔悉蜜、葛罗禄结成了“外九部”。后突厥汗国破灭以后，回纥人建立了回纥汗国。《新唐书·回鹘传》载：“有诏拜（骨力裴罗）为骨咄禄毗伽阙怀仁可汗，前殿列仗，中书令内案授册使者，使者出门升辂，至皇城门，降乘马，幡节导以行。凡册可汗，率用此礼。明年，裴罗又攻杀突厥白眉可汗，遣顿啜罗达干来上功，拜裴罗左骁卫员外大将军，斥地愈广，东极室韦，西金山（今阿尔泰山），南控大漠，尽得古匈奴地。”①可见回纥汗国控制的范围是比较辽阔的。

在回纥汗国统治期间，回纥部的“内九姓”与原非回纥部的“外九姓”中的其他八部之间的界线逐渐消失，最终以回纥部为核心，形成了一个相对稳定的民族共同体。

唐文宗大和年间（公元827—835年），回纥内部开始出现频繁的动乱。《新唐书·回鹘传》载：“大和六年（公元832年），可汗（按即昭礼可汗曷萨特勒）为其下所杀，从子胡特勒立，使者来告。明年（公元833年），遣左

---

① 《新唐书·回鹘传》，中华书局标点本1975年版。

骁卫将军唐弘宝与嗣泽王溶，持节册为爱登里罗汨没蜜施合句录毗伽彰信可汗。”[①] 到开成四年（公元839年），相安充合、特勤柴革谋乱未遂被杀，又有相掘罗勿引沙陀族兵攻击彰信可汗，彰信可汗兵败自杀。掘罗勿立特勤为可汗。与此同时，又碰上天灾。《新唐书·回鹘传》载："方岁饥，遂疫，又大雪，羊、马多死，未及命。"[②] 内乱与天灾并行，又加上黠戛斯的攻击，回纥瓦解。公元840年前后，各部开始迁徙逃散。

回纥瓦解后，庞特勤等五个首领率十五部西奔葛罗禄。葛罗禄的位置相当于今哈萨克斯坦南部，故这部分回纥人以后即成为葱岭西回纥。

另一支西迁的回纥，"投安西"，即原安西都护府驻守的西州（今吐鲁番），以后即以高昌为中心，建立了政权，史称西州回纥或高昌回纥。咸通七年（公元866年），西州回纥首领仆固俊出击吐蕃，杀吐蕃将领论尚热，尽取西州、轮台，并遣使达干米怀玉献俘于唐朝，称唐为舅。自此，西州西纥代替了吐蕃在西域的势力，控制了天山南北，民族同化与融合加剧，并逐渐融合成一个新的民族共同体，成为今天维吾尔族的先民。

除了以上两部西迁的以外，还有南迁的回纥。南迁的回纥主要分布在河西走廊，牙帐设于甘州，所以历史上称之为甘州回纥或河西回鹘。到明代，甘州回纥中的一部分又被称为撒里畏吾儿（黄头回鹘），现在一般认为即是今裕固族的先民。

回纥人的经济文化生活与突厥人大体相同，但仍有自己的特点。据《新唐书·回鹘传》载，回纥"逐水草转徙，善骑射，喜盗钞"[③]。即以游牧经济为主，这一点与突厥完全相同。但到了回纥汗国建立后，农业生产有所发展，因而出现了定居的城市。回纥波士顿国境内有不少的城市建筑，反映了一部分回纥人已从事定居的农业生产。回纥人的语言与突厥人的语言大多数相同。当突厥汗国统治铁勒之时，作为铁勒之一的回纥，也使用突厥文，故当回纥汗国建立之时，仍沿袭使用突厥文。另外，部分回纥人也能够使用汉文。但到了回纥汗国后期，创造了与回纥人语言相适应的回纥文。回纥语与突厥语相近，但仍存在差别，随着回纥汗国的巩固和发展，回纥人终于创造了自己的文字。1955年，在蒙古人民共和国西部乌兰浩木发现的八行回纥文碑铭表

---

① 《新唐书·回鹘传》，中华书局标点本1975年版。

② 《新唐书·回鹘传》，中华书局标点本1975年版。

③ 《新唐书·回鹘传》，中华书局标点本1975年版。

明，早在回纥从漠北西迁以前就开始使用这种文字了。回纥文一直使用到十四五世纪。回纥文在拼写法则上后来曾给察哈台文以很大的影响。回纥男子服装窄小，便于在马上骑射，行动灵活。回纥人崇拜狼图腾，可汗于牙门树金狼头纛，表示对狼的图腾崇拜。回纥人同突厥人一样，崇拜太阳，可汗坐朝东向，即位之初由群臣抬着随日转九转。在丧葬方面，回纥人死，“死者停尸于帐，子孙及亲属男女，各杀牛羊，陈于帐前，祭之。绕帐走马七匝，一诣帐门，以刀剺面，且哭，血泪俱流”。在婚姻方面，回纥人承袭了突厥人的收继婚。回纥人和突厥人一样信仰原始的萨满教，一切都请萨满巫师先占卜然后行动。回纥人尤其信仰摩尼教。摩尼教亦称明教，于武则天延载元年（公元694年）传入唐朝内地，牟羽可汗于宝应二年（公元763年）引入回纥。回纥地区的摩尼教徒不但东面漠北有，而且其与西面相当于今新疆地区的一些族群也往来频繁。今新疆吐鲁番、于田一带发现许多摩尼教经文壁画，应该是当时回纥的摩尼教徒留下来的①。

第二节　西南的民族及其文化

西南地区民族众多，各系统的民族自魏晋以来就处于分化、融合之中。到了隋唐时期，分化、融合的步伐进一步加快。在分化组合中，氐羌系统的“乌蛮”、吐蕃势力发展迅速并建立了政权。与此同时，各民族的文化特色也越来越鲜明，多元文化并存的格局不断发展。

一、以“乌蛮”为中心的氐羌系统民族及其文化

（一）“乌蛮”

汉晋时期的叟、昆明到唐宋时，逐步发展为“乌蛮”“和蛮”“施蛮”“顺蛮”“锅锉蛮”等。其中，“乌蛮”的分布最广、人数最多，内部也较为复杂，且民族发展也不太稳定，还处在分化之中。在唐朝前期，“施蛮”“顺蛮”仍然包含在“乌蛮”之内，还没有从“乌蛮”中完全分化出来。所以，唐朝前期的“乌蛮”，还不能完全确定为近代彝族的先民。及至南诏脱离唐朝之后，“施蛮”和“顺蛮”从“乌蛮”中分化出来成为别的民族，以后的“乌蛮”便可以肯定是近代彝族的先民了。从分布区来看，南诏统治下的“乌

① 尤中著《中华民族发展史》（第①卷），晨光出版社2007年版。

蛮”可分为“北部乌蛮”“东部乌蛮”“西部乌蛮”三个大的部分。

“西部乌蛮”主要分布区在今大理白族自治州境内。《蛮书》中所说“六诏并乌蛮，又称八诏”。这六诏或八诏中，除了越析诏是纳西族（纳西族）外，其余各诏都是“乌蛮”。而蒙舍诏（南诏）五族是唐朝初年才从永昌（今保山市）东迁蒙舍（今巍山彝族自治县）的“乌蛮”，所以永昌一带也有“乌蛮”。另外，今楚雄一带也有“乌蛮”。以上为“西部乌蛮”大致的分布情况。

“东部乌蛮”即《蛮书》中所说的：“东爨，乌蛮也。当天宝中，东北自曲、靖州（今川、滇、黔三省连接地带），西南至宣城，邑落相望，牛马被野。……在曲、靖州、弥鹿川（今云南泸西县）、升麻川（今寻甸），南至步头（今建水县南部红河岸边的阿土），谓之东爨，风俗名爨也。”[①] 因此，“东部乌蛮”主要分布在今云南省楚雄彝族自治州东部、滇中地区、曲靖市东南部、红河州、文山州一带。

“北部乌蛮”即《新唐书·南蛮传下》所说的“乌蛮七部落”：“一曰阿芋路（今昭通、鲁甸一带），居曲、靖州故地；二曰阿孟（今镇雄县一带）；三曰夔山（今大关、彝良一带）；四曰暴蛮（在今贵州威宁、水城一带）；五曰卢鹿蛮（在今会泽、巧家、东川一带），二部落分保竹子岭（在今会泽县东北一带）；六曰磨弥敛（在今宣威一带）；七曰勿邓（在今四川凉山州境内）。”[②] 因此，“北部乌蛮”主要分布在以今云南省昭通市为中心的川西南、滇东北、黔西相连地带。

因此，自今四川凉山州、云南昭通市、贵州毕节市、六盘水往西南达云南保山市，往南抵红河崖边，这一带的山区都有“乌蛮”分布，而坝区则为“白蛮”。

南诏是由蒙舍诏建立的。由于蒙舍诏在各诏之南，故称南诏。南诏建国后，内部也有一套颇为完善的制度。南诏的最高统治者称为“诏”，地位至高无上，既是行政首脑，又是最高军事指挥。为了便于进行更为行效的治理，南诏在各个方面都有森严的政治等级制度。

南诏军队的士兵来自农村，大多数情况下是寓兵于农，大约凡是分到田

① 〔唐〕樊绰撰，向达原校，木芹补注《云南志补注》，云南人民出版社1995年版。
② 《新唐书·南蛮传下》，中华书局标点本1975年版。

的人都有从军打仗的责任。战斗力最强的是作为南诏武装力量核心的罗苴子，其选拔是相当严格的。《云南志·南蛮条教》载："凡试马军，须五次上：射中片板，为一次上；中双庶子（二字未详），为一次上；四十步外走马据（此字未详）颇柱，中斗子，为一次上；盘枪百转无失，为一次上；能算能书，为一次上。试过，有优给。步卒须为五次上：玷苍山顶立旗，先上到旗下，为一次上；蓦一丈三尺坑过，为一次上；急流水上浮二千尺，为一次上；弄剑，为一次上；负一石五斗米四十里，为一次上。已上一一试过，得上次者，补罗苴也。"①

为了提高战斗力，南诏还有一套严厉的赏罚制度，在战场上的军法执行得亦相当严厉，因此，士兵们作战异常勇猛。《云南志·南蛮条教》载："每战，南诏皆遣清平官或腹心一人在军前监视。有用命不用命及功大小先后，一一疏记，回具白南诏，凭此为定赏罚。军将犯令，皆得杖，或至五十，或一百。更重者徙瘴地。诸在职之人，皆以战功为褒贬黜陟。每出军征役，每蛮各携粮米一斗五升，各携鱼脯，此外无供军粮料者。蛮军忧粮易尽，心切于战。出界后，许行劫掠，收夺州溪源百姓禾米牛羊等辈。用军之次，面前伤刀箭，许将息，傥背后伤刀箭，辄退者，即刃其后。"②

南诏贵族的等级制度还反映在仪仗、配饰、色彩中，各阶层的服饰据《云南志·蛮夷风俗》载："其蛮，丈夫一切披毡。其余衣服略与汉同，唯头囊特异耳。南诏以红绫，其余向下皆以皂绫绢。其制度取一幅物，近边撮缝为角，刻木如樗蒲头，实角中，总发于脑后为一髻，即取头囊都包裹头髻上结之。"当然，并不是所有的人都可饰以头囊，"羽仪已下及诸动有一切房甿别者，然后得头囊。若子弟及四军罗苴已下，则当额络为一髻，不得戴囊角；当顶撮鬇髻，并披毡皮。欲皆跣足，虽清平宫大军将亦不以为耻。曹长已下，得系金佉苴。或有等第战功褒奖得系者，不限常例"③。

妇人的服饰与汉族也有不同，且仍显示出尊卑等级："妇人一切不施粉黛。贵者以绫锦为裙襦，其上仍披锦方幅为饰。两股辫其发为髻。髻上及耳，多缀真珠、金贝、瑟瑟、琥珀。贵家仆女亦有裙衫。"当然，由于南诏境内盛产绵羊，用羊毛织成的披毡也成为一种传统的着装。

---

① 〔唐〕樊绰撰，向达原校，木芹补注《云南志补注》，云南人民出版社 1995 年版。
② 〔唐〕樊绰撰，向达原校，木芹补注《云南志补注》，云南人民出版社 1995 年版。
③ 〔唐〕樊绰撰，向达原校，木芹补注《云南志补注》，云南人民出版社 1995 年版。

就婚姻而言，南诏的婚前恋爱是比较自由的，但对已婚者则有严格的限制。此外，对于贵族阶层而言，一夫多妻制盛行。“南诏有妻妾数百人，总谓之诏佐。清平官大军将有妻妾数十人。俗法处子孀妇出入不禁。少年子弟暮夜游行闾巷，吹壶卢笙，或吹树叶。声韵之中，皆寄情言，用相呼召。嫁娶之夕，私夫悉来相送。既嫁有犯，男子格杀无罪，妇人亦死。或有强家富室责资财赎命者，则迁徙丽水瘴地，终弃之，法不得再合。”

南诏境内由于地域广大，生态环境多样，民族众多，不同的民族为了适应不同的生态环境，都创造了各具特色的文化，且具有地域差别。南诏经济以农业为主。在南诏立国前，滇池和洱海地区的农业已很发达，其水平已和汉族很接近。南诏统一云南后，又促进了境内各地生产技术的交流，使农业得到了进一步发展。粮食作物有稻、麦、粟、黍、稷，“五谷”齐全。《云南志·云南管内物产》载：“从曲靖州已南，滇池已西，土俗惟业水田。种麻、豆、黍、稷，不过町疃。水田每年一熟。从八月获稻，至十一月、十二月之交，便于稻田种大麦，三月四月即熟。收大麦后，还种粳稻。小麦即于冈陵种之，十二月下旬已抽节，如三月小麦与大麦同时收刈。其小麦面软泥少味。大麦多以为面，别无他用。酿酒以稻米为曲者，酒味酸败。每耕田用三尺犁，格长丈余，两牛相去七八尺，一佃人前牵牛，一佃人持按犁辕，一佃人秉耒。”[①] 从所记述的情况看，所指当为滇中地区延至洱海地区的农业生产情况，显然是较为发达的。除粮食生产外，也还有一定数量的养蚕，但与中原汉族稍稍有异。《云南志·云南管内物产》载：“蛮地无桑，悉养柘蚕绕树，村邑人家柘林多者数顷，耸干数丈。二月初蚕已生，三月中茧出。抽丝法稍异中土。精者为纺丝绫，亦织为锦及绢。其纺丝人朱紫以为上服，锦文颇为密致奇采。蛮及家口悉不许为衣服。”[②] 这里讲的是滇中及洱海地区者，而南部西南部热带的民族，则多用木棉织布，“自银生城、拓南城、寻传、祁鲜已西，蕃蛮种并不养蚕，唯收娑罗树子破其壳，其中白如柳絮。纫为丝，织为方幅，裁之为笼段。男子妇女通服之”[③]。从四川掳得大批工匠后，南诏后期的丝织工艺已接近内地的水平，丝织品也成了南诏向唐王朝进献的方物之一。由于普遍种麻，织麻布供衣着成为一种重要的家庭手工业。南诏的畜牧业也很发

① 〔唐〕樊绰撰，向达原校，木芹补注《云南志补注》，云南人民出版社 1995 年版。

② 〔唐〕樊绰撰，向达原校，木芹补注《云南志补注》，云南人民出版社 1995 年版。

③ 〔唐〕樊绰撰，向达原校，木芹补注《云南志补注》，云南人民出版社 1995 年版。

达，到处饲养牛马，并且滇马以温驯善走著称。

南诏境内的盐业生产历史悠久，资源丰富，煮盐方法较为进步，而且所产盐洁白味美。《云南志·云南管内物产》："其盐出处甚多，煎煮则少。安宁城中皆石盐井，深八十尺。城外又有四井，劝百姓自煎。……升麻、通海已来，诸爨蛮皆食安宁井盐。唯有览赕城内郎井盐洁白味美，惟南诏一家所食取足外，辄移灶缄闭其井。泸南有美井盐，河赕、白崖、云南已来供食。昆明城（今四川盐源）有大盐地，比陷吐蕃。蕃中不解煮法，以咸池水沃柴上，以火焚柴成炭，即于炭上掠取盐也。贞元十年（公元794年）春，南诏收昆明城。今盐池属南诏，蛮官煮之，如汉法也。东蛮、磨些蛮诸蕃部落共食龙怯河水，中有盐井两所。剑寻东南有傍弥潜井、沙追井，西北有若耶井、讳溺井。剑川有细诺邓井。丽水城有罗苴井。长傍诸山皆有盐井，当土诸蛮自食，无榷税。蛮法煮盐，咸有法令。颗盐每颗约一两二两，有交易即以颗计之。"[①] 以盐为货币，这是在云南较早的记载，这一习俗一直沿袭到明清时期。

除此之外，在青铜和冶铁技术方面，南诏也达到了相当高的水平。金银矿开采和金银制造业也很兴盛。从宏伟的羊苴咩城及城内的五华楼和至今犹存的崇圣寺三塔来看，南诏的建筑业不仅发达，而且建筑艺术水平也很高。

南诏的宗教信仰是多元的。在南诏立国前，主要信仰原始巫教——天鬼崇拜。信仰这一宗教的大小部落的首领都称为鬼主，大部落首领为大鬼主，小部落首领为小鬼主。在南诏中期以前，道教在南诏也有较大影响。如贞元点苍山会盟时，誓词中提到的"三官"即天官、地官、水官，这"三官"是道教敬奉的神祇。把道教的神祇请出来为盟誓做证，充分说明了道教在当地的宗教信仰中占有很高的地位。南诏中期以后，佛教开始在南诏盛行，特别是到了南诏的后期，佛教渗透到了南诏的很多领域。

南诏的文学丰富多彩，有诗歌、散文和民间传说等。其中以汉文诗作最为著称。南诏的王室成员、贵族及其子弟大多精通汉文，且有较高的文学修养，通常都以汉文写作。南诏王寻阁劝就是一个著名诗人。

南诏的宫廷音乐舞蹈颇负盛名。贞元十年，南诏向唐朝进奉圣乐舞，《新唐书·礼乐十二》有记载："舞六成，工六十四人，赞引二人，序曲二十八叠，执羽而舞'南诏奉圣乐'字，曲将终，雷鼓作于四隅，舞者皆拜，金声

---

① 〔唐〕樊绰撰，向达原校，木芹补注《云南志补注》，云南人民出版社1995年版。

作而起，执羽稽首，以象朝觐。每拜跪，节以钲鼓。又为五均：一曰黄钟，宫之宫；二曰太族，商之宫；三曰姑洗，角之宫；四曰林钟，征之宫；五曰南吕，羽之宫。”① 虽然《新唐书·礼乐十二》在此处的记载是十分简略的，但在《新唐书·骠国传》中，有十分详细的记载：“舞‘南’字，歌《圣主无为化》；舞‘诏’字，歌《南诏朝天乐》；舞‘奉’字，歌《海宇修文化》；舞‘圣’字，歌《雨露覃无外》；舞‘乐’字，歌《辟土丁零塞》。皆一章三叠而成。舞者初定，执羽，箫、鼓等奏散序一叠，次奏第二叠，四行，赞引以序入。将终，雷鼓作于四隅，舞者皆拜，金声作而起，执羽稽首，以象朝觐。每拜跪，节以钲鼓。次奏拍序一叠，舞者分左右蹈舞，每四拍，揖羽稽首，拍终，舞者拜，复奏一叠，蹈舞抃揖，以合“南”字。字成遍终，舞者北面跪歌，导以丝竹。歌已，俯伏，钲作，复揖舞。馀字皆如之，唯‘圣’字词末皆恭揖，以明奉圣。……字舞毕，舞者十六人为四列，又舞《辟四门》之舞。遽舞入遍两叠，与鼓吹合节，进舞三，退舞三，以象三才、三统。舞终，皆稽首逡巡。又一人舞《亿万寿》之舞，歌《天南滇越俗》四章，歌舞七叠六成而终。七者，火之成数，象天子南面生成之恩。六者，坤数，象西南向化。主凡乐凡乐三十，工百九十六人，分四部：一、龟兹部，二、大鼓部，三、胡部，四、军乐部。龟兹部，有羯鼓、揩鼓、腰鼓、鸡娄鼓、短笛、大小觱篥、拍板，皆八；长短箫、横笛、方响、大铜钹、贝，皆四。凡工八十八人，分四列，属舞筵四隅，以合节鼓。大鼓部，以四为列，凡二十四，居龟兹部前。胡部，有筝、大小箜篌、五弦琵琶、笙、横笛、短笛、拍板，皆八；大小觱篥，皆四。工七十二人，分四列，属舞筵之隅，以导歌咏。军乐部，金饶、金铎，皆二；掆鼓、金钲，皆四。钲、鼓，金饰盖，垂流苏。工十二人，服南诏服，立《壁四门》舞筵四隅，节拜合乐。又十六人，画半臂，执掆鼓，四人为列。舞人服南诏衣、绛裙襦、黑头囊、金佉苴、画皮靴革，首饰袜额，冠金宝花鬘，襦上复加画半臂。执羽翟舞，俯伏，以象朝拜；裙襦画鸟兽草木，文以八彩杂华，以象庶物咸遂；羽葆四垂，以象天无不覆；正方布位，以象地无不载；分四列，以象四气；舞为五字，以象五行；秉羽翟，以象文德；节鼓，以象号令远布；振以铎，明采诗之义；用龟兹等乐，以象远夷悦服。钲鼓则古者振旅献捷之乐也。黄钟，君声，配运

① 《新唐书·礼乐十二》，中华书局标点本1975年版。

为土，明土德常盛。黄钟得《干》初九，自为其宫，则林钟四律以正声应之，象大君南面提天统于上，干道明也。林钟得《坤》初六，其位西南，西南感至化于下，坤体顺也。太蔟得《干》九二，是为人统，天地正而三才通，故次应以太蔟。三才既通，南吕复以羽声应之。南吕，酉，西方金也；羽，北方水也。金、水悦而应乎时，以象西戎、北狄悦服。然后姑洗以角音终之。姑，故也；洗，濯也。以象南诏背吐蕃归化，洗过日新。”[①] 这一记载充分反映了南诏音乐的水准和音乐的对外交流的内容。

此外，南诏境内的少数民族都能歌善舞，民间歌舞丰富多彩，其中以“踏歌”（又称“打歌”）最为流行，数十人环成一圈，以笛和芦笙为乐，边唱边跳[②]。

南诏境内民族众多，但发展是极不平衡的，因此在生产生活水平上亦呈现出不平衡性，如前所述南诏贵族服饰较为奢豪，但有众多民族的服饰则还处于以满足保暖需求为主的水平。现将《云南志·名类》所载各民族的文化习俗列之如下[③]。

“长裈蛮”：“其本俗皆衣长裈曳地，更无衣服，惟披牛羊皮。”长裈蛮是从服饰特点而言的。

“施蛮”：“男以缯布为缦裆袴。妇人从顶横分其发，当额并顶后各为一髻。男女终身跣足披羊皮。”

“磨蛮”（当与“磨些蛮”同）：“土多牛羊，一家即有羊群。终身不洗手面，男女皆披羊皮。俗好饮酒歌舞。”

上述各族的经济当以畜牧为主，社会发展程度还不高，男女皆披羊皮是一大文化特征，亦当有图腾崇拜之意义。

“朴子蛮”：“朴子蛮，勇悍骄捷，以青婆罗段为通身袴。善用泊箕竹弓，深林间射飞鼠，发无不中。部落首领谓酋为上。土无食器，以芭蕉叶藉之。”

“望苴子蛮”：“其人勇捷，善于马上用枪。所乘马不用鞍。跣足衣短甲，才蔽胸腹而已。股膝皆露。兜鍪上插牦牛尾，驰突若飞。其妇人亦如此。南诏及诸城镇大将出兵，则望苴子为前驱。”

“望蛮”：“望蛮外喻部落，在永昌西北。其人长大，负排持槊，前往无

---

① 《新唐书·骠国传》，中华书局标点本1975年版。

② 卢勋等著《中国历代民族史·隋唐民族史》，社会科学文献出版社2007年版。

③ 〔唐〕樊绰撰，向达原校，木芹补注《云南志补注》，云南人民出版社1995年版。

敌。又能用木弓短箭。箭镞傅毒药，所中人立毙。妇人亦跣足，以青布为衫裳，联贯珂贝巴齿真珠，斜络其身数十道。有夫者竖分发为两髻，无夫者顶后为一髻垂之。其地宜沙牛，亦大于诸处牛，角长四尺已来。妇人惟嗜奶酪，肥白，俗好遨游。”

“黑齿蛮”等：“黑齿蛮、金齿蛮、银齿蛮、绣脚蛮、绣面蛮，并在永昌、开南，杂类种也。黑齿蛮以漆漆其齿，金齿蛮以金镂片裹其齿，银齿以银。有事出见人则以此为饰，寝食则去之。皆当顶上为一髻。以青布为通身袴，又叙披青布条。绣脚蛮则于踝上腓下，周匝刻其肤为文彩。衣以绯布，以青色为饰。绣面蛮初生后出月，以针刺面上，以青黛涂之，如绣状。”

显然，这些人体装饰特征，在汉族史家的眼里是十分奇特的，故以之作为民族族称。概括而言之主要是饰齿和文身。

“穿鼻蛮”等：“穿鼻蛮、长鬃蛮、栋峰蛮，其蛮并在拓东，南生杂类也。穿鼻蛮部落以径尺金环穿鼻中隔，下垂过颐。若是君长，即以丝绳系其环，使人牵起乃行。其次者以花头金钉两枚，从鼻两边穿令透出鼻孔中。长鬃蛮部落，栋峰蛮部落鬃黑而长，为一长鬃，鬃下过脐。每行即以物撑起。若是君长，即使两女人前各持一物，两边撑其鬃乃行。”

“穿鼻蛮”等“蛮”的生活习俗十分少见，而且在以后的文献中，少有记载，当为在民族融合的浪潮中，这些奇异的风俗亦随之消亡。概括言之是鼻饰和美发。

“茫蛮”部落：“茫蛮部落，并是开南杂种也。茫是其君之号，蛮呼茫诏。……楼居，无城郭。或漆齿。皆衣青布袴，藤篾缠腰，红缯布缠髻，出其余垂后为饰。妇人披五色娑罗笼。孔雀巢人家树上，象大如水牛。俗养象以耕田，仍烧其粪。”①

这些生活习俗与今滇南掸傣系民族大致相同。

在南诏境内的民族中，“独锦蛮”、“长裈蛮”、“施蛮”、“顺蛮”、六诏为“乌蛮”。到隋唐之时，“乌蛮”虽然是泛称除了白族之外彝语支各族的先民，但也已出现用它来专称彝族先民的趋势，这表明“乌蛮”“白蛮”进一步“分化”。“乌蛮”和今天的彝族关系最为紧密，也包括了纳西、傈僳、拉祜、哈尼等族的先民。

---

① 〔唐〕樊绰撰，向达原校，木芹补注《云南志补注》，云南人民出版社 1995 年版。

（二）“白蛮”

“白蛮”是秦汉以来氐羌系统的僰人和秦汉以后进入云南的汉族人口相融合而形成的。白与僰同音，只不过是译写不同而已，但应该强调的是：“白蛮”并不完全等于僰人。“白蛮”的分布区东至今贵州西部，南达红河北岸。其内部又因分布地区的不同而分成不同的部分，主要有“西爨白蛮”“白水蛮”“西洱河蛮”“松外蛮”“青蛉蛮”“弄栋蛮”等。

此外，《云南志·云南界内途程》还有关于“白蛮”的记载，但樊绰在此所指的“白蛮”与前述的“白蛮”不同，应属“乌蛮”内部之下的“白蛮”，与僰人和汉族相融合形成的“白蛮”有别。“邛部东南三百五十里至勿邓部落，大鬼主梦冲地方阔千里。邛部一姓，白蛮五姓，乌蛮初止五姓，在邛部、台登中间，皆乌蛮也。乌蛮妇人以黑缯为衣，其长曳地；白蛮妇人以白缯为衣，下不过膝。又東、钦两姓在北谷，皆白蛮。”[①] 对此，木芹先生在其《云南志补注》中说：今西昌、大凉山地区，两汉时的邛都或邛人，蜀汉时称作斯叟、夷叟，到了唐代称邛部、勿邓、两林、丰巴，总称“东蛮”，他们都同属一个族群，唯内部分别形成邛部、勿邓、两林、丰巴等较大势力，而其社会内部又分裂成“乌蛮”和“白蛮”两种不同的家支。这样的划分，一是源于不同血缘的家族公社，二是居于统治地位的家支属“乌蛮”，而被统治的家支属“白蛮”，后来该地区彝族中的黑彝、白彝家支的区分，概源于此[②]。

总之，到了隋唐之际，“白蛮”虽然也用以称呼一些地区彝族的先民，但也已经出现了用它专称白族先民的趋势。最迟到了唐代，在彝语支这个包括众多族群的共同体中，已经开始形成了“乌蛮”和“白蛮”这两大语言、文化均有差别的族群。“白蛮”文化较高，接受部分汉族文化，可能和今天白族有较多的联系，其中也可能有一小部分成了今天的彝族的先民[③]。

（三）“施蛮”“顺蛮”

唐初，原来分布于滇西的昆明、叟分化组合成“西部乌蛮”，但也有一部分叟人仍然保留着自己的特点，被史家称为“施蛮”“顺蛮”。由于他们与“乌蛮”有着近亲的关系，所以，《云南志·名类第四》载：“施蛮，本乌蛮

① 〔唐〕樊绰撰，向达原校，木芹补注《云南志补注》，云南人民出版社 1995 年版。

② 木芹补注《云南志补注·前言》，云南人民出版社 1995 年版。

③ 《彝族简史》修订本编写组编写《彝族简史》（修订本），民族出版社 2009 年版。

种类也。……顺蛮，本乌蛮种类。”[①] “施蛮”和“顺蛮”虽被史家记为两个族称，实则为同一个民族群体。《云南志·名类第四》载：“顺蛮，本乌蛮种类，初与施蛮部落参居剑、共诸川。……男女风俗与施蛮略同。”[②] 则早期他们共同居住的区域相当于云南省剑川、鹤庆、丽江一带。此外，他们的风俗习惯亦相同。

到了唐中期，他们被南诏击破，迁居到与吐蕃相邻的铁桥地区，号称“剑羌”。迁居到铁桥的“施蛮”“顺蛮”与吐蕃关系很好，被吐蕃封为王，但在南诏进攻吐蕃时，又导致了“顺蛮”“施蛮”分布的变化。《云南志·名类第四》载：“南诏攻城邑，虏其王寻罗并宗族置于蒙舍（今云南巍山县）城，养给之。……贞元十年（公元 794 年），南诏异牟寻虏其王傍弥潜宗族，置于云南（今祥云）白岩（今弥渡红岩），养给之。其施蛮部落百姓，则散隶东北诸川。……”[③] 则“施蛮”“顺蛮”的分布地由金沙江沿江和东南移动，至元江的上游地区，也有部分“施蛮”“顺蛮”被迁往滇池地区。《云南志·云南城镇第六》载：“贞元十年，南诏破西戎（当指吐蕃神川都督府），迁施、顺、磨些诸种数万户以实其地（拓东城）。”[④] 这些东迁的“施蛮”“顺蛮”当融入与之有亲缘关系的东部“乌蛮”之中。

（四）“和蛮”

“和蛮”是与“乌蛮”有近亲民族关系的民族群体，同样是从昆明、僰、叟中分化出来的。据张九龄写的《敕安南首领爨仁哲书》中所载，当时的“和蛮”中已经出现了大的政治势力，产生了“和蛮大鬼主孟谷误”这样的人物。“乌蛮语”称山地为“和”，而“和蛮”当为居住在半山区的民族群体。《云南志·六赕第五》载：“渠敛赵（今云南省大理凤仪镇）本河东州也。西岩有石和城。乌蛮谓之土山坡陀者，谓此州城及大和城，俱在坡陀山上之故也。”[⑤] “和蛮”的分布为东西两大片，东部是“和蛮大鬼主孟谷误”统治下的部分，分布区相当于今滇东南的红河、文山两州；西部的“和蛮”则与“白蛮”“乌蛮”相杂居在一起，首领姓王。《新唐书·南诏传下》载：

① 〔唐〕樊绰撰，向达原校，木芹补注《云南志补注》，云南人民出版社 1995 年版。
② 〔唐〕樊绰撰，向达原校，木芹补注《云南志补注》，云南人民出版社 1995 年版。
③ 〔唐〕樊绰撰，向达原校，木芹补注《云南志补注》，云南人民出版社 1995 年版。
④ 〔唐〕樊绰撰，向达原校，木芹补注《云南志补注》，云南人民出版社 1995 年版。
⑤ 〔唐〕樊绰撰，向达原校，木芹补注《云南志补注》，云南人民出版社 1995 年版。

“显庆元年（唐高宗年号，公元656年），西洱河大首领杨栋附显，和蛮大鬼主王罗祁……率部落四千人归附，入朝贡方物。”①

到了大理国时期，“东部和蛮”又分为许多部，主要有教化山部（在今云南省文山县境内）、铁容甸部（在今云南省红河县东北的下亏容一带）、思陀部（在今红河县西南的思陀一带）、溪部（在今红河县西南的落恐一带）、七溪部（在今红河县东南的溪处一带）。

（五）“磨些蛮”

“磨些蛮”曾被称为“摩沙夷”，同“乌蛮”一样是以氐羌为主体发展而来的民族群体，与“乌蛮”有近亲关系。故《云南志·名类第四》载：“磨（些）蛮，亦乌蛮种类也。铁桥上下及大婆、小婆、三探览昆池等川，皆其所居之地也。土多牛羊，一家即有羊群。”② 则“磨些蛮”主要居住区相当于今云南丽江地区和四川盐源县。关于磨些的生产生活习俗，唐以前的史书记载过于简略，唯元人李京的《云南志略》有详细记载，可补《云南志》之不足。《云南志·名类第四》载：“（磨些蛮）终身不洗手面，男女皆披羊皮。俗好饮酒歌舞。”③

（六）“锅锉蛮”

“锅锉蛮”是与“乌蛮”有近亲关系的民族群体，与“乌蛮”一样是从汉代的昆明、叟中分化出来的。《新唐书·南诏传下》载：“（戎州）南有杂东蛮、锅锉蛮。西有磨些蛮，与南诏、越析相婚娅。自浪稽以下，古滇王、哀牢杂种，其地与吐蕃接。”④

（七）“寻传蛮”

“寻传蛮”是因为他们分布在寻传地区而得名。关于寻传，《云南志·六诏第三》载：“阁罗凤攻石和城，擒施各皮，讨越析枭于赠，西开寻传，南通骠国。”⑤ 则寻传地区在南诏的西部。从寻传又可南通骠国（今缅甸曼德勒）。可见“寻传蛮”是分布在澜沧江上游以西至伊洛瓦底江上游以东的民族群体。他们自称“峨昌”“阿昌”等，是从汉晋以来的昆明、叟中分化出来的。除

---

① 《新唐书·南诏传下》，中华书局标点本1975年版。

② 〔唐〕樊绰撰，向达原校，木芹补注《云南志补注》，云南人民出版社1995年版。

③ 〔唐〕樊绰撰，向达原校，木芹补注《云南志补注》，云南人民出版社1995年版。

④ 《新唐书·南诏传下》，中华书局标点本1975年版。

⑤ 〔唐〕樊绰撰，向达原校，木芹补注《云南志补注》，云南人民出版社1995年版。

此之外，“寻传蛮”在金沙江流域也有分布。《云南志·山川江源第二》载：“又有水（指今四川西昌的安宁河），源出台登山，南流过嶲州（今四川西昌），西南至会州、诺赕（今米易）与东泸水（今雅砻江）合。［东泸水］古诺水也。源出吐蕃中节度北，谓之诺矣江，南郎部落。又东折流至寻传部落，与磨些江（今云南丽江县以下的一段金沙江）合。……至寻传与东泸水合。”[①] 这里所讲的寻传部落分布在雅砻江流入金沙江一带，即今云南省永胜县东至华坪县。寻传蛮的生产生活情况还比较原始，《云南志·名类第四》载：“寻传蛮，阁罗凤所讨定也。俗无丝绵布帛，披娑罗笼。跣足可以践履榛棘。持弓挟矢，射豪猪，生食其肉，取其两牙双插顶傍为饰，又条其皮以系腰。每战斗，即以笼子笼头如兜鍪状。”[②] 可见，“寻传蛮”的社会发展水平还较低，以狩猎为生。

（八）“裸形蛮”

与“寻传蛮”关系更为接近。尤中先生认为他们是景颇族的先民，属滇西昆明、叟中发展落后者，唐代已西迁至今缅甸克钦邦一带[③]。“裸形蛮”的生产生活在《云南志·名类第四》中有详细记载：“裸形蛮，在寻传城西三百里为巢穴，谓之为野蛮。阁罗凤既定寻传而令野蛮散居山谷。其蛮不战自调伏集，战即召之。其男女遍满山野，亦无君长。作葛栏舍屋。多女少男。无农田，无衣服，惟取木皮以蔽形。或五妻十妻共养一丈夫，［其丈夫］尽日持弓，不下葛栏。有外来侵暴者则射之。其妻入山林，采拾虫鱼菜螺蚬等归啖食之。”[④] 可见“裸形蛮”的社会发展程度比“寻传蛮”更低，社会尚无大的政治力量产生，经济还以采集经济为主，农业还没有产生，妇女在生活中地位重要，当为母系氏族社会阶段。

（九）吐蕃

吐蕃先民在漫长的历史发展过程中，有过一个传说时代。据吐蕃14世纪成书的《王统世系明鉴》所载，说吐蕃民族是由猕猴与岩魔女结合，传出最早的人类，其后子孙繁衍，分别在今西藏各地开垦平地，建筑城邑。直到聂赤赞普，即吐蕃王系第一代赞普从天而降，有了君臣之分。今天西藏山南地

① 〔唐〕樊绰撰，向达原校，木芹补注《云南志补注》，云南人民出版社1995年版。
② 〔唐〕樊绰撰，向达原校，木芹补注《云南志补注》，云南人民出版社1995年版。
③ 尤中著《中国西南民族史》，云南人民出版社1985年版。
④ 〔唐〕樊绰撰，向达原校，木芹补注《云南志补注》，云南人民出版社1995年版。

区的首府泽当（藏语意为游戏的平地），相传就是猕猴及其子女玩耍的场所；泽当附近的山上，还有“猴子洞”的古迹。这种猕猴变人的传说，在一定程度上反映了历史发展的真实性，也是吐蕃对本民族来源具有共性的看法[①]。

据藏文史籍记载，远古时期青藏高原上曾经活跃着十二个大大小小的邦国，史称“十二小邦”。十二小邦之间经常互相争斗，各个小邦都有法律、设有监狱，显然已经有了初步的社会组织。大约到了 3 至 4 世纪，雅隆穷结地区（今西藏山南市琼结县）又兴起了新的民族群体“悉补野部”。传说吐蕃始祖赞普自言天神所生，号鹘提悉补野，因以为姓。按藏文史书习惯称为“悉补野吐蕃”，进而演化为古代西藏之代称。“赞普”是藏语的音译，意为“雄强的男子”，后来便成了吐蕃君长的称号。早期吐蕃七位赞普的共同特点是各自以母亲名字命名，可以看出这一时期的悉补野部，尚保留着某些母系氏族社会的传统和习俗。

在藏族历史上，止贡赞普与布岱贡杰被称为“中丁二王”。这两位赞普在位期间，是悉补野部的中兴时期，社会生产力有了相当的进步，已经能够制造和使用青铜器或其他金属制品。止贡赞普时期，青藏高原土生土长的原始宗教——本教，在悉补野部得到广泛传播。布岱贡杰赞普执政时期，以茹来杰为大臣，进行了许多改革，赞普王权得到加强。到松赞干布祖父达布聂塞时，社会经济更有了长足的发展，已经出现了升、斗、秤等衡器。到囊日松赞时，先后征服了苏毗、藏布、达布，并北迁拉萨河流域。但不久囊日松赞被叛臣毒死，年仅 13 岁的松赞干布即赞普位，青藏高原的历史进入了一个新的发展阶段。

吐蕃自称“博”或称“博巴”，唐代的汉族史家将之译为“蕃”，同时又将其所建立的政权称为吐蕃。在汉文典籍中，汉族史家认为今青藏高原上的民族为西羌。《后汉书·西羌传》载：“欲复穆公之迹，兵临渭首，灭狄源戎。忍季父印畏秦之威，将其种人附落而南，出赐支河曲西数千里，与众羌绝远，不复交通。……羌众折伤，种人瓦解，降者六千余，分徙汉阳、安定、陇西。迷唐遂弱，其种众不满千人，远逾赐支河首，依发羌居。”[②] 则吐蕃为发羌中的主要部分无疑。因此，《新唐书·吐蕃传上》载：“吐蕃本西羌属，盖百有

① 王钟翰主编《中国民族史》，中国社会科学出版社 1994 年版。
② 《后汉书·西羌传》，中华书局标点本 1965 年版。

五十种，散处河、湟、江、岷间；有发羌、唐旄等，然未始与中国通。居析支水西。祖曰鹘提勃悉野，健武多智，稍并诸羌，据其地。蕃、发声近，故其子孙曰吐蕃，而姓勃窣野。”[①] 公元6世纪后半期至7世纪初期，吐蕃先民的政治体制虽不发达，但已具有一定的规模。《旧唐书·吐蕃传上》载：“其国人号其王为赞普，相为大论、小论，以统理国事。无文字，刻木结绳为约。虽有官，不常厥职，临时统领。征兵用金箭，寇至举烽燧，百里一亭。用刑严峻，小罪剜眼鼻，或皮鞭鞭之，但随喜怒而无常科。囚人于地牢，深数丈，二三年方出之。”[②]

继囊曰松赞之后的松赞干布，汉文史料又记为弃苏农赞或器宋弄赞、弃宗弄赞。按藏文史籍记载所追述，松赞干布是第三十二代赞普。松赞干布继位后，在其叔父伦果尔的辅佐下，以新贵族为依靠，彻底清查叛乱旧贵族，迅速稳定内部，几年之内，先后降服了达布、娘布、工布、苏毗等部。其后，将政治中心迁至逻些（今拉萨），因为这样做政治上可以摆脱旧贵族的羁绊，军事上可以对新征服的地区进行更为直接的统治。

综合各种史书所载，松赞干布在位期间，在各方面进行了改革。军事上，把吐蕃全境划分为藏卫左右四个“如”（“部”），每个如又分为上、下两个支如。其中除“卫如”只设七个千户府和一个下户府外，其余三个如各设有八个千府和一个下千户府。这样，吐蕃全境共设四大如、八支如、三十一个千户府和四个下千户府。千户府既是最基本的军事组织，又是地方行政组织，设大将一人、副将一人、判官一人，执掌府务。“支如”是高一级的军政组织，每个支如的马匹和旗帜呈不同颜色，只要一看到马匹和旗帜，就可知其属何支如。政治制度上，在赞普以下设“大相”总管王朝的政治事务，大相以下有时设有副相一人，称为“小论”。又有“兵马都元帅同平章事”“兵马副都元帅同平章事”为最高军事长官。中央行政机构分为三大系统：其一为“贡论”系统，直接由大相和“兵马都元帅”统领，掌议政、决策以及军政事务；其二为“囊论”系统，其职权类如唐代的户部；其三为“喻寒波”系统，即吐蕃的司法机构，掌决狱、推案等刑律事务。松赞干布为了及时传递军事情报，调动军队，还创了驿传制度。又派人到今克什米尔学习文字，依

① 《新唐书·吐蕃传上》，中华书局标点本1975年版。

② 《旧唐书·吐蕃传上》，中华书局标点本1975年版。

据于阗文和天竺文，创造了古吐蕃文。

到吐蕃兴盛之时，其农业、畜牧业、贸易、手工业都有一定程度的发展，但总的来说，由于生态环境恶劣，总体水平不高。因此，吐蕃重视发展农牧业，对农牧业进行有效的管理。从总体来说，土地、牧地归赞普和各大王公贵族所有，归政府所有，所以土地牧场理所当然地由各级官员管理，如管农业的官叫“兴本”，管牧业的官叫“楚本”。

吐蕃在松赞干布之前是没有文字的，经历了漫长的以刻木结绳记事的时期，在松赞干布征服了诸羌部落之后，便派人到印度学习印度文化，以梵文五十声韵字母为蓝本，结合吐蕃语言实际，创造藏文声母三十个、韵母四个，以及拼音造句之法。在这三十个藏文声母中，有二十四个字母仿照梵字制成，其中六个字母是吐蕃人吞米·桑布札造的。当时书法分楷书、行书二本，后来又发展了草书一体。藏文拼音的写法，除了加自然元音，字母各自发出一个声音，又把四个符号加在发音字母的上面或下面，三十个字母都发辅音，能够和所有的元音拼合。此外，又用辅音在字母的上下左右重合的方法增加若干特殊的声调。藏语是单音缀的孤立语，要求字母不多、发音符号鲜明而又能发若干本族特有的音调。藏文已经充分照顾了这些特点，合乎藏语的规律，所以这种文字一经创制出来，便迅速得到推广①。

佛教在松赞干布时期开始被人们信仰。在此之前，包括吐蕃在内的诸羌信仰原始的本教。本教崇拜魔神，在藏文造成之后，其教义写成了《黑白花十万龙经》，认为宇宙间从天上到地下，无处不有魔神的踪迹，一切自然灾害和疾病都是魔神为害，人们对魔神无可奈何，只有讲求祈禳和趋避之法，这就产生了禳祓和卜筮。本教的巫师们杀牲涂血，以繁复多样的仪式祭祀、舞蹈以娱神。为了趋避，必须预先卜筮，使一切活动尽量不去触犯魔神。这种宗教产生于原始社会末期，在人们对自然缺乏必要的认识、无法克服各种灾害的社会条件下。吐蕃王朝建立之后，本教的势力仍然很大，它成了统治者的统治工具。如卜筮用以决疑，也用以断狱讼。咒术可以加害于人，也用来诅咒敌人，使自己的军队获胜，或使敌对者的地方降下自然灾害，庄稼不收，疫疠流行，人口死亡等。7 世纪初，天竺的佛教已经传入吐蕃，但由于受到本教的抵制而难以传播，泥婆罗（今尼泊尔）尺尊公主和唐朝文成公主相继来

① 黄奋生编著《藏族史略》，民族出版社 1985 年版。

到吐蕃，带去了她们崇信的佛教。为了取悦两位公主，松赞干布开始建造佛殿。接着松赞干布发现佛教有助于王权的巩固，便开始提倡佛教。吐蕃初期的佛教，调伏魔神（使本教的魔神成为佛教的护法神）成为最主要的内容。调伏魔神正是为了整合本教和佛教于一炉，为10世纪后半期藏传佛教的产生打下了基础。松赞干布时期已有木雕的佛像，也有泥塑的佛像。这些佛像有的从天竺、泥婆罗和唐朝直接迎来，有些是吐蕃人自己仿造的。佛教的兴起，带来了建筑、美术和雕刻的发展。在这一点上，佛教对推动吐蕃文化的发展起了一定的作用①。

松赞干布接受佛教时，本教的巫师还掌握着祭祀的大权。按本教的说法，赞普虽是天神之子，但与其他部落首领是兄弟，没有统属关系。显然，多神的原始本教已不能适应政治上统一的形势，所以经过反复的斗争，佛教才在西藏立足。在进入西藏的发展过程中，佛教大致可以分为“前弘期”和“后弘期”。前弘期始于松赞干布时，相传松赞干布信奉佛教后，曾派人往天竺学习梵文和佛经，并开始修建寺院供奉佛像。到8世纪，天竺莲华生大师来到吐蕃，把佛教密宗传入吐蕃（故后来受到藏传佛教各宗派的共同敬仰），大力弘扬佛教，翻译佛经，佛教得以流传。这是佛教在前弘期发展兴盛之时。到9世纪中叶，朗达玛赞普采取禁佛措施，封闭寺院，焚毁经像，禁止佛教流传，前弘期结束②。

在藏传佛教的前弘期，还有过一次规模大、时间长的“顿渐之争”。唐代，禅宗六祖慧能在广东曹溪开顿悟法门，主张“不立文字”“见性成佛”的“顿悟说”。这种学说认为成佛不必经过长期渐进的修行，只要通过内心的观照，一旦豁然大悟，见得自性本自清净圆满，就能即身成佛。这种主张“顿悟”的佛教理论通过一些僧人也传入了吐蕃。据史书记载，在8世纪后期赤松德赞时，有一个叫大乘和尚（亦译为摩诃衍那）的汉僧，应吐蕃赞普之邀去逻些讲经，传播禅宗的顿悟说，他认为成佛不是依靠长期的修行，主要是靠人的主观觉悟得到内在的顿悟；同时他还主张一个人应当排除任何思虑，以“无想无得”为最高修行方法。大乘和尚的这种理论受到部分人的欢迎，连赤松德赞的一个妃子也带三十个贵族妇女随他受戒为尼。此后，大乘和尚

---

① 王忠著《松赞干布传》，上海人民出版社1961年版。

② 业露华著《佛教历史百问》，今日中国出版社1992年版。

的理论被称为“顿门巴”。但是顿门巴受到了在藏印度僧人的反对，他们认为顿悟成佛的理论是错误的，修行成佛是一个渐进的过程。这些主张被称为“渐门巴”。

由于顿门巴和渐门巴在教义、修行方面有不同主张，因而僧人间发生了争论，于是赤松德赞亲自出面召集以莲花戒为首的渐门巴僧人和以大乘和尚为首的顿门巴僧人进行了长达 3 年的公开辩论。这便是藏族佛教史籍上提到的所谓“顿渐之争”。这次争论，顿门巴一度占了上风，但后来由于各种原因，特别是赤松德赞最终表示赞同渐门巴的观点，大乘和尚被遣回内地，其他门徒或改宗，或自杀，顿悟学说终止流传[①]。

作为畜牧经济占较大比重的吐蕃，初期的民居是比较简单的，而且伴有流动毡房。《旧唐书·吐蕃传上》载：“其人或随畜牧而又常厥居。然颇有城郭。其国都城号逻些城。屋皆平头，高者至数十尺。贵人处于大毡帐，名为拂庐。”[②]《新唐书·吐蕃传上》载：“其赞普居跋布川，或逻娑川，有城郭庐舍不肯处，联毳帐以居，号大拂庐，容数百人，部人处小拂庐，多老寿至百余岁者。”[③] 可见，不管是部众还是赞普，都住毡帐。到了和汉族有更多的接触，特别是文成公主来到吐蕃后，松赞干布开始仿效内地建造具有汉式特点的建筑。《旧唐书·吐蕃传上》载：“贞观十五年（公元 641 年），太宗以文成公主妻之，令礼部尚书、江夏郡王道宗主婚，持节送公主于吐蕃。弄赞率其部兵次柏海，亲迎于河源。见道宗，执子婿之礼甚恭。既而叹大国服饰礼仪之美，俯仰有愧沮之色。及与公主归国，谓所亲曰：‘我父祖未有通婚上国者，今我得尚大唐公主，为幸实多。当为公主筑一城，以夸示后代。’遂筑城邑，立栋宇以居处焉。”[④] 这可能是吐蕃仿汉族建筑的开始。

由于吐蕃处于高海拔地区，气候恶劣，自然生态环境承载力低，所以在生活起居、饮食、服饰等方面都较为特殊。《太平寰宇记·吐蕃传》载：“其国风雨雷雹，每隔日有之，盛夏节气如中国暮春之月，山有积雪，地有瘴气，令人气急（按：非瘴气，实为高原缺氧反应），不堪为害。其俗重汉缯而贵瑟瑟，男女用为首饰。男女皆辫发，毡为裘，赭涂面。无器物，以手捧酒而饮

① 业露华著《佛教历史百问》，今日中国出版社 1992 年版。
② 《旧唐书·吐蕃传上》，中华书局标点本 1975 年版。
③ 《新唐书·吐蕃传上》，中华书局标点本 1975 年版。
④ 《旧唐书·吐蕃传上》，中华书局标点本 1975 年版。

之，屈木令圆，以皮作底，就中而食。……俗养牛羊，取奶酪供食，兼取毛为褐而衣焉。不食驴马，以麦为面。"[①] 以赭涂面的风俗，原为苏毗等羌人的风习，约部分羌人融入吐蕃后而盛行此风。但文成公主进藏后，以赭涂面的风俗有所改变。《新唐书·吐蕃传上》载："归国，自以其先未有昏帝女者，乃为公主筑一城以夸后世，遂立宫室以居。公主恶国人赭面，弄赞（按：松赞干布）下令国中禁之。"[②] 当然，吐蕃的以赭涂面之风，在一些地区一直沿袭到近代。

隋唐时期的吐蕃，等级制度已森严，在丧葬礼仪上尤为突出。《通典》载："人死，杀牛马以殉，取牛马头积累于墓上。其墓正方，累石为之，状若平头屋。"[③] 牛马头多者，说明富有。《旧唐书·吐蕃传上》载："居父母丧，截发，青黛涂面，衣服皆黑，既葬即吉。"[④]《新唐书·吐蕃传上》亦载："居父母丧，断发、黛面、墨衣，既葬而吉。"[⑤] 这些都是一般民众的葬礼，除了要将脸涂黑、穿黑衣之外，看来是一切从简的。而赞普则大有不同。《旧唐书·吐蕃传上》载："其赞普死，以人殉葬，衣服珍玩及尝所乘马、弓剑之类，皆悉埋之。仍于墓上起大室，立土堆，插杂木为祠祭之所。"[⑥] 则最大的区别就在于赞普有人殉，但所殉之人并非奴隶，而是一些大臣，与赞普以"共命人"相称。另外一些亲信也会成为殉葬者。《通典》记载了"共命人"和亲信充当殉葬者的一些情况："其臣与君自为友，号曰共命人，其数不过五人。君死之日，共命人皆日夜纵酒，葬日，于脚下针，血尽乃死，便以殉葬。又有亲信人，用刀当脑缝锯，亦有将四尺木，大如指，刺两肋下，死者十有四五，亦殉葬焉。"[⑦]《太平寰宇记·吐蕃传》也有相同的记载："人死，杀牛马以殉，取牛马积累于墓上。其墓正方，累石为之，状若平头屋。其臣与君自为友，号曰共命人，其数不过五人，君死之共命人皆日夜纵酒，葬日，于脚

① 〔北宋〕乐史撰《太平寰宇记》，金陵书局光绪八年本。

② 《新唐书·吐蕃传上》，中华书局标点本 1975 年版。

③ 〔唐〕杜佑撰，王文锦等校点《通典·边防典·边防六》，中华书局标点本 1988 年版。

④ 《旧唐书·吐蕃传上》，中华书局标点本 1975 年版。

⑤ 《新唐书·吐蕃传上》，中华书局标点本 1975 年版。

⑥ 《旧唐书·吐蕃传上》，中华书局标点本 1975 年版。

⑦ 〔唐〕杜佑撰，王文锦等校点《通典·边防典·边防六》，中华书局标点本 1988 年版。

下针，血尽乃死，便以殉葬。又有亲信人，用刀当脑缝锯，亦有将四尺木，大如指，刺两肋下，死者十有四五，亦殉葬焉。”[①] 可见，在死者的处理上，平民与贵族不同，反映出较森严的等级制度。

在吐蕃发展史上，勇于战斗、尚武，一直是一种传统，这就要求他们有一套严密的军事组织，以及与之相适应的价值观。《旧唐书·吐蕃传上》载：“围棋陆博，吹蠡鸣鼓为戏，弓剑不离身。重壮贱老，母拜于子，子倨于父，出入皆少者在前，老者居其后。军令严肃，每战，前队皆死，后队方进，重兵死，恶病终。累代战殁，以为甲门。临战败北者，悬狐尾于其首，表其似狐之怯，稠人广众，必以徇焉，其俗耻之，以为次死。拜必两手据地，作狗吠之声。”[②] 吐蕃尚武、重壮贱老、重兵死恶病终等这些习俗和价值观，与其以畜牧业为主的经济生活和处于奴隶制阶段的军事掠夺性强有着紧密的关系。

（十）羌

隋唐时期吐蕃渐次强大起来，与之有亲缘关系的羌也因之发生变化。地处岷江上游及其附近地区的一部分羌人保留着自身的民族传统，缓慢地发展着，但也有许多羌人的支系融入吐蕃，他们是：

白兰羌。白兰羌在唐初便与吐蕃有较为密切的关系。《新唐书·党项传》载：“又有白兰羌，吐蕃谓之丁零，左属党项，右与多弥接。胜兵万人，勇战斗，善作兵，俗与党项同。武德六年（公元623年），使者入朝。明年，以其地为维、恭二州。贞观六年（公元632年），与契苾数十万内属。永徽（唐高宗年号，公元650—655年）时，特浪生羌卜楼大首领冻就率众来属，以其地为剑州。龙朔（唐高宗年号，公元661—663年）后，白兰、舂桑及白狗羌为吐蕃所臣，籍其兵为前驱。”[③] 白兰羌活动的范围相当于今四川阿坝州、甘孜州和甘肃与青海连接地带。随着吐蕃的强大，白兰羌在发展中最后融入吐蕃。

白狗羌。白狗羌当为以白狗作为部落图腾的羌人支系。开始属唐的羁縻州县统治，后与吐蕃融合。《太平寰宇记》载：“白狗国亦西羌之别名，与会州（驻今甘肃靖远县）连接，胜兵一千。”则会州有白狗羌。然白狗羌主要是分布在川西北。《新唐书·地理志》载：“维州维川郡，下。武德七年以白狗羌户于姜维故城置，并置金川、定廉二县。贞观元年以羌叛，州废，县亦省，

① 〔北宋〕乐史撰《太平寰宇记》，金陵书局光绪八年本。

② 《旧唐书·吐蕃传上》，中华书局标点本1975年版。

③ 《新唐书·党项传》，中华书局标点本1975年版。

二年复置。”[①]《旧唐书·地理志》又载：“保州，下。本维州之定廉县。”[②] 唐代的维、保二州，即今四川阿坝州的理县、黑水县一带。

大羊同羌、小羊同羌。大羊同、小羊同都是羌人中的一部分，分布区相当于今西藏西部的阿里地区。与吐蕃虽然有一定差别，但关系颇为亲近。《通典》载：“其人辫发毡裘，畜牧为业，地多风雪，冰厚丈余，所出物产，颇同蕃俗。无文字，但刻木结绳而已。”[③] 说明其发展程度较低，因此其风俗民情、宗教信仰亦与其发展程度相对应。《通典》载：“其酋豪死，抉去其脑，实以珠玉，剖其五脏，易以黄金，假造金鼻银齿，以人为殉，卜以吉辰，藏诸岩穴，他人莫知其所，多杀牸牛羊马，以充祭祀，葬毕服除。”[④] 可见，大羊同羌、小羊同羌的葬俗还是比较具有民族特色的，与其他民族的葬俗有一定的差别。从有人殉等来看，大羊同羌、小羊同羌应该处于奴隶制的发展阶段。

羊同羌也与唐朝建立过友好关系，双方都有往来。《唐会要》载：“大羊同，东接吐蕃，西接小羊同，北直于阗，东西千里，胜兵八九万，辫发毡裘，畜牧为业。……其王姓姜葛，有四大臣，分掌国事……贞观五年（公元631年）十二月，朝贡使至。十五年（公元641年），闻中国威仪之盛，乃遣使朝贡，太宗嘉其远来，以礼答慰焉。”[⑤] 公元649年，羊同羌被吐蕃所灭，最终融入吐蕃之中。《太平寰宇记》载：“贞观末（公元649年），（羊同）为吐蕃所灭，分其部众散置隙地。”

东女国羌。《旧唐书·东女国传》载：“东女国，西羌之别种，以西海中复有女国，故称东女焉，俗以女为王。东与茂州（驻今四川茂汶羌族自治县）党项接界，东南与雅州接，界隔罗女蛮及白狼夷（按：即白兰羌）。其境东西九日行，南北二十日行，有大小八十余城。”[⑥] 对此，《新唐书·东女国传》稍详：“东女亦曰苏伐剌拿瞿咀罗，羌别种也，海西亦有女自王，

① 《新唐书·地理志》，中华书局标点本1975年版。

② 《旧唐书·地理志》，中华书局标点本1975年版。

③ 〔唐〕杜佑撰，王文锦等校点《通典·边防典·边防六》，中华书局标点本1988年版。

④ 〔唐〕杜佑撰，王文锦等校点《通典·边防典·边防六》，中华书局标点本1988年版。

⑤ 〔宋〕王溥撰《唐会要》，中华书局1988年版。

⑥ 《旧唐书·东女国传》，中华书局标点本1975年版。

故称‘东’别之。东与吐蕃、党项、茂州接，西属三波诃，北距于阗，东南属雅州罗女蛮、白狼夷。”① “又以女为王”反映了东女国羌还保留着母系社会的一些传统。《新唐书·东女国传》载：“以女为君，居康延川，崖险四缭，有弱水南流，缝革为船，户四万，胜兵万人。王号宾就，官曰高霸黎，犹言宰相也。”② 由于并不是完全的母系社会，也有许多男子担任重要的官职。故“官在外者，率男子为之。凡号令，女官自内传，男官受而行。王侍女数百，五日一听政。”到了唐代，在其内外诸多因素的影响下，父系社会完全确立。《新唐书·东女国传》载：“武德（公元618—626年）时，王汤滂氏始遣使入贡，高祖厚报。……天授（公元690—692年）、开元（公元713—741年）间，王及子再来朝，诏与宰相宴曲江，封王曳夫为归昌王、左金吾卫大将军。后乃以男子为王。”③

东女国羌的服饰和民居建筑，与今天的藏族没有多少区别。《旧唐书·西南蛮传》载：“其所居，皆起重屋，王至九层，国人至六层。其王服青毛绫裙，下领衫，上披青袍，其袖委地。冬则羔裘，饰以纹锦。”④

在宗教信仰方面，虽有天竺文化传入，但原始宗教依旧盛行。《唐会要》载：“文字同于天竺，以十一月为正。每至十月，令巫者斋酒肴诣山中，散糟麦于空，大咒呼鸟，俄顷，有鸟如雉飞入巫者怀中，因剖其腹视之。有一谷，来岁必登，若有霜雪，必多异灾，其俗信之，名为鸟卜。”⑤

东女国羌当为羌人中的一部分，围绕着女王的众多部落散居在今四川省甘孜藏族自治州境内。部落大首领女王所居的康延川即今天的康定。当他们被吐蕃控制之后，仍然活动于唐朝和吐蕃之间，尽量争取自由发展的条件。《旧唐书·东女国传》载：“贞元九年（公元793年）七月，其王汤立悉与哥邻国王董卧庭、白狗国王罗陀忽、逋租国王弟邓吉知、南水国王侄薛尚悉曩、弱水国王董辟和、悉董国王汤息悉赞、清远国王苏唐磨、咄霸国王董藐蓬，各率其种落诣剑南西川内附。其哥邻国等，皆散居山川。弱水王即国初女国之弱水部落。其悉董国，在弱水西，故亦谓之弱水西悉董王。旧皆分隶边郡，

---

① 《新唐书·东女国传》，中华书局标点本1975年版。
② 《新唐书·东女国传》，中华书局标点本1975年版。
③ 《新唐书·东女国传》，中华书局标点本1975年版。
④ 《旧唐书·西南蛮传》，中华书局标点本1975年版。
⑤ 〔宋〕王溥撰《唐会要》，中华书局1988年版。

祖、父例授将军、中郎、果毅等官；自中原多故，皆为吐蕃所役属。其部落，大者不过三二千户，各置县令十数人理之。土有丝絮，岁输于吐蕃。至是（按：贞元九年）立悉（东女国国王汤立悉）与之同盟，相率献款。"[①] 唐王朝对他们的首领都封授了官职，采用羁縻手段治之，“西川节度使韦皋处其众于维、霸、保等州（今四川省阿坝藏族自治州黑水到理县一带），给以种粮耕牛，咸乐生业。立悉等数国王自来朝，召见于麟德殿。授立悉银青光禄大夫、归化州刺史；邓吉知试太府少卿兼丹州长史；薛尚悉曩试少府少监兼霸州长史；董卧庭行至绵州卒，赠武德州刺史，命其子利啰为保宁都督府长史，袭哥邻王。……其部落代袭刺史等官，然亦潜通吐蕃，故谓之‘两面羌’”[②]。正是由于上述历史原因，所以当后来东女国羌被吐蕃王朝统治后，尽管进入了吐蕃化的民族变化过程之中，但也仍然保留有许多个性特点，突出表现在经济文化生活的某些方面，与吐蕃王朝统治中心区（今西藏）有所区别。最突出的例子就是哥邻羌，其王董卧庭死后，其子袭歌邻王。他们融入吐蕃后，仍自称哥邻。

唐以后，大部分羌人为吐蕃同化，人口逐渐减少，分布区缩小，所剩下的羌人大多分布在茂州（驻今四川茂县）和威州（驻今理县东北之薛城）所属的羁縻州内。

二、以僚、金齿等为代表的百越系统民族及其文化

（一）僚

魏晋南北朝时期普遍活动的“俚僚”，到隋唐以后的历史典籍中，记载得越来越少，他们主要是融入汉族之中。许多分布在山区的部分由于发展不平衡，就有了许多不同的称呼，但大都带有一个“僚”字。具体到西南地区，僚人在唐代也开始发生分化，出现不同族称，表明已经有僚中的许多部分开始向着单一民族的方向发展。其具体有：剑南诸僚、南平僚、葛僚等。

剑南诸僚当为晋时北上入川僚人中分布在唐代剑南道境内者，其在唐代由于不堪忍受压迫而多有反抗。《新唐书·南蛮传下》载：“太宗再伐高丽，为舡剑南，诸僚皆半役，雅（今雅安）、邛（今邛崃）、眉（今眉山）三州僚不堪其扰，相率叛。……大中（唐宣宗年号，公元847—860年）末，昌（今

---

① 《旧唐书·东女国传》，中华书局标点本1975年版。
② 《旧唐书·东女国传》，中华书局标点本1975年版。

四川大足）、泸（今四川泸州）二州刺史贪沓，以弱缯及羊强独僚市，米麦一斛，得值不及半，群僚诉曰：‘当为贼取死耳！’刺史召二小吏榜之曰：‘皆尔属为之，非吾过。’僚相视大笑，遂叛。”① 在长时期与汉族的交往中，剑南诸僚渐渐融入蜀地的汉族之中。

南平僚是分布在渝州（今重庆市）到播州（今贵州遵义）之间的僚人。《新唐书·南蛮传下》载：“南平僚，东距智州，南属渝州，西接南州（今四川綦江），北涪州（今四川涪陵），户四千余。……人楼居，梯而上，名为干栏。妇人横布二幅，穿中贯其首，号曰通裙。美发髻，垂于后。竹筒三寸斜穿其耳，贵者饰以珠珰。俗女多男少，妇人任役。昏法，女先以货求男，贫者无以嫁，则卖为婢。男子左衽，露发，徒跣。”② 很显然，南平僚的民族文化特征已经比较明显，住的是干栏式房屋，妇女穿筒裙等。五代以后，分布在渝州者渐融于汉族。在南平僚附近，还有一些传说、风俗更为奇特的僚人，《新唐书·南蛮传下》载：“有飞头僚，头欲飞，周项有痕如缕，妻子共守之，及夜如病，头勿亡，比旦还。又有乌武僚，地多瘴毒，中者不能饮药，故自凿齿。”③ 此乌武僚当与后来的打牙仡佬有一定的联系。

葛僚的分布区有两片：一是分布在川黔连接处，二是分布在湘西黔东连接地。《新唐书·南蛮传下》载：“戎、泸间有葛僚，居依山谷林箐，逾数百里。俗喜叛，州县抚视不至，必合党数千人，持排而战。奉酋帅为王，号曰‘婆能’，出入前后植旗。”④ 这部分分布在今宜宾和泸州至贵州省西部地带的葛僚，已经处在阶级社会中，但与唐王朝的关系还不紧密，所以经常叛唐。

“东谢蛮”是指汉晋时期进入西南而夷化的汉族大姓谢氏家族统治下的僚人。《旧唐书·西南蛮传》载：“东谢蛮，其地在黔州之西数百里，南接守宫僚，西连夷子，北至白蛮。土宜五谷，不以牛耕，但为畲田，每岁易。俗无文字，刻木为契。散在山洞间，依树为层巢而居，汲流以饮。皆自营生业，无赋税之事。谒见贵人，皆执鞭而拜。有功劳者，以牛马铜鼓赏之。有犯罪者，小事杖罚之，大事杀之，盗物倍还其赃。婚姻之礼，以牛酒为聘。女归

① 《新唐书·南蛮传下》，中华书局标点本1975年版。
② 《新唐书·南蛮传下》，中华书局标点本1975年版。
③ 《新唐书·南蛮传下》，中华书局标点本1975年版。
④ 《新唐书·南蛮传下》，中华书局标点本1975年版。

夫家，皆母自送之。女夫惭，逃避经旬方出。宴聚则击铜鼓，吹大角，歌舞以为乐。……其首领谢元深，既世为酋长，其部落皆尊畏之。”① 因此，从史料记载来看，“东谢蛮”的生活、生产习俗与后来的壮侗语族各民族相似。

在“东谢蛮”的南边，还有一部分僚人被赵姓的大姓统治，称为“西赵蛮”。《旧唐书·西南蛮传》载：（西赵蛮）“其风俗物产与东谢同，首领越氏，世为酋长。有户万余，贞观三年（公元629年），遣使入朝。二十一年（公元647年），以其地置明州，以首领赵磨为刺史”②。

根据《新唐书·南蛮传下》载，在“东谢蛮”南还有守宫僚：“西爨之南有东谢蛮，居黔州（驻今四川彭水县）西三百里，南距守宫僚，西连夷子，地方千里。”③ 据此可知，守宫僚在“东谢蛮”南部。对于守宫僚的风俗，《新唐书·南蛮传下》也有载：“地方千里，宜五谷，为畬田，岁一易之。众处山，巢居，汲流以饮。无赋税，刻木为契。见贵人执鞭而拜。赏有功者以牛马、铜鼓。犯小罪则杖，大事杀之，盗物者倍偿。婚姻以牛酒为聘。女归夫家，夫惭涩避之，旬日乃出。会聚，击铜鼓，吹角。俗椎髻，韬以绛，垂于后。坐必蹲踞，常带刀剑。男子服衫袄、大口袴，以带斜冯右肩，以螺壳、虎豹、猨狖、犬羊皮为饰。”④ 可见，守宫僚的习俗与“东谢蛮”有相似之处，还处于刀耕火种的生产方式之下，没有文字，不承担赋税，畜牧业有一定程度的发展，衣料主要取材于动物的皮毛。

在牂牁地区也有被大姓谢氏统治的僚人，被称为“牂牁蛮”。《旧唐书·西南蛮传》载：“牂牁蛮，首领亦姓谢氏。……无城壁，散为部落而居。土气郁热，多霖雨。稻粟再熟。无徭役，唯征战之时，乃相屯聚。刻木为契。其法：劫盗者二倍还赃；杀人者出牛马三十头，乃得赎死，以纳死家。风俗物产，略与东谢同。其首领谢龙羽，大凿末据其地，胜兵数万人。”⑤ 可见，“牂牁蛮”在经济上受大姓的影响，已经有了很大的发展，但其文化还保留着许多传统的习俗。

另外，在今广西西部的左右江流域及左江上游的越南北方、云南省文山

---

① 《旧唐书·西南蛮传》，中华书局标点本1975年版。
② 《旧唐书·西南蛮传》，中华书局标点本1975年版。
③ 《新唐书·南蛮传下》，中华书局标点本1975年版。
④ 《新唐书·南蛮传下》，中华书局标点本1975年版。
⑤ 《旧唐书·西南蛮传》，中华书局标点本1975年版。

州东部地区也分布有僚，被称为“西原蛮”。《新唐书·南蛮传·西原蛮传》载：“西原蛮，居广，容之南，邕、桂之西，有宁氏者，相承为豪，又有黄氏，居黄橙洞，其隶也。其地西接南诏。天宝初（公元742年前后），黄氏强，与韦氏、周氏、侬氏相唇齿，为寇害，据十余州。韦氏、周氏耻不肯附，黄氏攻之，逐于海滨。”① “西原蛮”之名，当因其分布区的方位而见称，实际上仍为僚，后来发展为僮。

（二）金齿、茫部等“蛮”

“金齿蛮”“黑齿蛮”等。《蛮书》载：“黑齿蛮、金齿蛮、银齿蛮、绣脚蛮、绣面蛮，并在永昌、开南，杂类种也。黑齿蛮以漆漆其齿，金齿蛮以金镂片裹其齿，银齿以银。有事出见人则以此为饰，寝食则去之。皆当顶上为一髻。以青布为通身袴，又斜披青布条。绣脚蛮则于踝上腓下，周匝刻其肤为文彩。衣以绯布，以青色为饰。绣面蛮初生后出月，以针刺面上，以青黛涂之，如绣状。”② 很显然，“黑齿蛮”“金齿蛮”“银齿蛮”“绣脚蛮”“绣面蛮”是根据牙齿装饰或文身的习俗来称呼的。“金齿”“黑齿”等分布在南诏所属的永昌和开南节度，即今云南省保山市、普洱市和德宏傣族景颇族自治州。

“茫蛮”部落。《蛮书》载：“茫蛮部落，并是开南杂种也。茫是其君之号，蛮呼茫诏。从永昌城南，先过唐街，以至凤蓝苴，以次茫天连，以次茫吐薅。又有大赕、茫昌、茫盛恐、茫鲊、茫施，皆有类也。楼居，无城郭。或漆齿。皆衣青布袴，藤篾缠腰，红缯布缠髻，出其余垂后为饰。妇人披五色娑罗笼。孔雀巢人家树上，象大如水牛。俗养象以耕田，仍烧其粪。”③ 这些生活习俗与今滇南掸傣系民族大致相同。傣语称盆地为勐，故“茫蛮”即“勐蛮”。

“棠魔蛮”。《蛮书》载：“棠魔蛮，去安南管内林西原十二程。溪洞而居，俗养牛马。比年与汉博易。自大中八年（公元854年）经略使苛暴，令人将盐往林西原博牛马，每一头匹只许盐一斗。因此隔绝，不将牛马来。”④ “棠魔蛮”是分布在相当于今云南省红河州南部金平县至越南莱州省一带的僚

① 《新唐书·南蛮传·西原蛮传》，中华书局标点本1975年版。

② 〔唐〕樊绰撰，向达原校，木芹补注《云南志补注》，云南人民出版社1995年版。

③ 〔唐〕樊绰撰，向达原校，木芹补注《云南志补注》，云南人民出版社1995年版。

④ 〔唐〕樊绰撰，向达原校，木芹补注《云南志补注》，云南人民出版社1995年版。

人。“棠魔”是傣语“傣勐”的同音异写，直到近现代，西双版纳傣族中最早建寨的人便称为傣勐。

（三）白衣

白衣也是以百越为主体发展而来的，主要分布在相当于今天的滇东南至越南北方一带。《新唐书·南蛮传下》载：“大中（公元847—860年）时，李琢为安南经略使，苛墨自私，以斗盐易一牛，夷人不堪，结南诏将段酋迁陷安南都护府，号‘白衣没命军’。”[①] 白衣在唐初受安南都护府统治，后归南诏管辖。

汉晋时期从永昌郡到兴古郡内的鸠僚，到唐代时，汉族史家根据他们各部不同的生活习俗，推演出许多复杂的他称，如“棠魔蛮”“黑齿蛮”“茫蛮”“白衣”等。以上百越后裔各族由于有共同的文化渊源和历史传统，且处于大致相同的自然生态环境中，所以他们的文化生活习俗上基本相同。在生产上大多以稻作农耕为主，在住的方面都居干栏式住宅中，在饮食方面有独特之处，宴饮时，击铜鼓之风盛行。在许多地区都已消亡的巫蛊之术在百越后裔中仍有流传。在宗教方面信仰的是以万物有灵为核心的原始宗教[②]。

三、“朴子蛮”“望蛮”及其文化

（一）“朴子蛮”

“朴子蛮”和“望蛮”都是唐朝时期从之前的闽濮中分化出来的。他们是近代孟高棉民族的先民。“朴子蛮”是近代布朗族和德昂族的先民，而“望蛮”则是近代佤族的先民。在南诏统治下，可能因为他们都勇悍矫捷，都被征调加入南诏的军队中。

“朴子蛮”是从南北朝时期永昌郡内的闽濮中分化出来的。到了南诏摆脱唐朝的支配以后，阁罗凤“西开寻传”，南拓“茫蛮部落”地区，把以往分裂的永昌郡地区再度统一起来，而原来永昌郡内的民族情况也发生着不同的变化，“朴子蛮”就是在这样的背景下，由闽濮中的一部分分化而成一种单一的民族。南诏统治下的“朴子蛮”还未进一步分化，仍是同一个民族群体，包括近代布朗族和德昂族的先民在内[③]。

---

① 《新唐书·南蛮传下》，中华书局标点本1975年版。

② 王文光著《中国民族发展史》（下册），民族出版社2005年版。

③ 尤中著《中国西南民族史》，云南人民出版社1985年版。

“朴子蛮”的分布区域，在《蛮书·名类第四》卷四中有载：“开南、银生、永昌、寻传四处皆有。铁桥西北边沿澜沧江亦有部落。”① 开南即开南节度辖区，相当于今云南省普洱市和临沧市东部；银生即银生节度辖区，包括今云南西双版纳及境外的一些地方；永昌即永昌节度辖区，即今云南省保山市、德宏州东部、临沧市西部；寻传即寻传地区，指今云南省澜沧江西岸的云龙县之地往西经德宏北部而至缅甸克钦邦一带；铁桥城在今云南省玉龙纳西族自治县西北之塔城，铁桥西北边沿澜沧江之地，指的是自今维西县沿澜沧江而下至云龙一带。以上各地都有“朴子蛮”的人口，或杂居或聚居于同区域内的其他民族之中②。

关于“朴子蛮”的情况，《云南志·名类第四》载：“朴子蛮，勇悍矫捷，以青娑罗段为通身袴。善用泊箕竹弓，深林间射飞鼠，发无不中。部落首领谓酋为上。土无食器，以芭蕉叶藉之。”③

“朴子蛮”会织造“青娑罗段”，说明其内部的纺织手工业有一定发展。有纺织手工业，说明“朴子蛮”的农业也必然有一定的发展。不过，他们仍从事狩猎，主要的狩猎工具是弓弩等。其内部阶级分化不明显，部落分散，分布面广而互不统一。南诏政权崩溃后，继之而起的大理国统治时期，“朴子蛮”仍居原地，内部的经济文化发展变化不大。

（二）“望蛮”

“望蛮”与“朴子蛮”是有近亲关系的民族群体，都是从南北朝时期永昌郡内的闽濮中分化而来的，“望蛮”是今佤族的先民④。方言中“望”与“佤”同声，译写时可以通用，当时所称的“望蛮”即今天佤族的先民。南诏统治下的“望蛮”主要分布在两个片区：一是《云南志·名类第四》中所记载的“望蛮外喻部落，在永昌西北”⑤。这里的“望蛮”外喻部落分布在今天保山西北的腾冲县，现在腾冲县荷花村一带仍残留“望蛮”的部分子孙。这部分“望蛮”的具体情况是：“其人长大，负排持槊，前往无敌。又能用木弓短箭，箭镞傅毒药，所中人立毙。妇人亦跣足，以青布为衫裳，联贯珂贝

① 〔唐〕樊绰撰，向达原校，木芹补注《云南志补注》，云南人民出版社1995年版。
② 尤中著《中国西南民族史》，云南人民出版社1985年版。
③ 〔唐〕樊绰撰，向达原校，木芹补注《云南志补注》，云南人民出版社1995年版。
④ 尤中著《中国西南民族史》，云南人民出版社1985年版。
⑤ 〔唐〕樊绰撰，向达原校，木芹补注《云南志补注》，云南人民出版社1995年版。

巴齿真珠，斜络其身数十道。有夫者竖分发为两髻，无夫者顶后为一髻垂之。地宜沙牛，亦大于诸处牛，角长四尺已来。妇人惟嗜奶酪，肥白，俗好遨游。”①二是在澜沧江以西的阿佤山区，有更多的“望蛮”分布。这部分“望蛮”曾被南诏征调作为战斗时的前锋。这在《云南志·名类第四》中也有记载：“望苴子蛮，在澜沧江以西，是盛罗皮所讨定也。……南诏及诸城镇大将出兵，则望苴子为前驱。”② 这部分“望蛮”的具体情况是：“其人勇捷，善于马上用枪。所乘马不用鞍。跣足衣短甲，才蔽胸腹而已。股膝皆露。兜鍪上插牦牛尾，驰突若飞。其妇人亦如此。”③

综合来看，南诏统治下的“望蛮”发展缓慢，农业与畜牧业都有，而畜牧业相对发达一些，多养牛马。

四、崇拜盘瓠、廪君的民族及其文化

与现代苗族直接有关的苗民，最早出现在唐代的史料之中。《云南志》载：“又黔、泾、巴、夏四邑苗众，咸通三年（公元 862 年）春三月八日，因入贼朱道古营栅竟日，与蛮贼将大羌杨阿触、杨酋盛、拓东判官杨忠义话得姓名，立边城自为一国之由。祖乃盘瓠之后，其蛮贼杨羌等云绽盘古之后。”④樊绰描述的是在安南都护府所见的情况，说明苗民在唐代已有部分进入相当于今中国广西、越南北部一带。

根据《隋书·地理志》的记载，隋代的苗民大多居住在今湖北，江西也有分布：“其人率多劲悍决烈，盖亦天性然也。南郡、夷陵、竟陵、沔阳、沅陵、清江、襄阳、春陵、汉东、安陆、永安、义阳、九江、江夏诸部，多杂蛮左，其与夏人杂居者，则与诸华不别。其僻处山谷者，则言语不通，嗜好居处全异，颇与巴、渝同俗。诸蛮本其所出，承盘瓠之后，故服章多以班布为饰。”⑤ 很显然，居住地不同的苗民，其文化也不同。唐以后，苗民的分布区开始向西南退缩，退至今川、鄂、湘、黔连接的山区。

南北朝后期，从盘瓠后裔中分化出了徭人，史书称之为“莫徭”。此名最早见于《南史·张缵传》：“州界零陵、衡阳等郡有莫徭蛮者，依山险为居，

① 〔唐〕樊绰撰，向达原校，木芹补注《云南志补注》，云南人民出版社 1995 年版。
② 〔唐〕樊绰撰，向达原校，木芹补注《云南志补注》，云南人民出版社 1995 年版。
③ 〔唐〕樊绰撰，向达原校，木芹补注《云南志补注》，云南人民出版社 1995 年版。
④ 〔唐〕樊绰撰，向达原校，木芹补注《云南志补注》，云南人民出版社 1995 年版。
⑤ 《隋书·地理志》，中华书局标点本 1973 年版。

历政不宾服。”[1] 从《隋书·地理志》所载来看，当时莫徭已经广泛地分布在长沙郡、武陵郡、巴陵郡、零陵郡、桂阳郡、澧阳郡、衡山郡、熙平郡所属各地，即今湖南、广东。隋唐时期，莫徭大多居住在深山险要之地，生产方式还以游耕为主。唐人刘禹锡在《畬田行》诗中曾形象地写道：“何处好畬田，团团漫山腹。钻龟得雨卦，上山烧卧木。惊麏走且顾，群雉声咿喔。红焰远成霞，轻煤飞入郭，风引上高岑，猎猎度青林。青林望靡靡，赤光低复起，照潭出老蛟，爆竹惊山鬼。夜色不见山，孤明星汉间。如星复如月，俱逐晓风灭。本从敲石光。遂至烘天热。下种暖灰中，乘阳拆芽蘖。苍苍一雨后，苕颖如云发。巴人拱手吟，耕耨不关心，由来得地势，径寸有余金。”[2] 本诗对刀耕火种、待雨而耕的原始农业形态做了最好的描述。

除农业外，采集经济和渔猎经济也在莫徭生活中占有重要地位，史书虽然记载不多，但唐诗中却留下许多难得的记载，足以充分说明这一问题：

刘禹锡《连州腊日观莫徭猎西山》：“海天杀气薄，蛮军步伍嚣。林红叶尽变，原黑草初烧，围合繁钲息，禽兴大旆摇。张罗依道口，嗾犬上山腰，猜鹰虑奋迅，惊鹿时踞跳。瘴云四面起，腊雪半空消。箭头余鹄血，鞍傍见雉翘。日暮还城邑，金笳发丽谯。”[3]

杜甫《岁晏行》：“岁云暮矣多北风，潇湘洞庭白雪中。渔父天寒网罟冻，莫徭射雁鸣桑弓。”[4]

常建《空灵山应田叟》：“湖南无村落，山舍多黄茆。淳朴如太古，其人居鸟巢。牧童唱巴歌，野老亦献嘲。泊舟向溪口，言语皆哑咬。土俗不尚农，岂暇论肥饶。莫徭射禽兽，浮客烹鱼鲛。”[5]

由于经常迁徙移动，所以“苗蛮”后裔在丧葬习俗上亦颇有特点，实行一系列礼仪繁杂的拾骨葬。《隋书·地理志下》载：“其死丧之纪，虽无被发袒踊，亦知号叫哭泣。始死，即出尸于中庭，不留室内。敛毕，送至山中，以十三年为限。先择吉日，改入小棺，谓之拾骨。拾骨必须女婿，蛮重女婿，故以委之。拾骨者，除肉取骨，弃小取大。当葬之夕，女婿或三数十人，集

---

① 《南史·张缵传》，中华书局标点本 1975 年版。

② 〔清〕彭定求等编《全唐诗》，上海古籍出版社 1986 年版。

③ 〔清〕彭定求等编《全唐诗》，上海古籍出版社 1986 年版。

④ 〔清〕彭定求等编《全唐诗》，上海古籍出版社 1986 年版。

⑤ 〔清〕彭定求等编《全唐诗》，上海古籍出版社 1986 年版。

会于宗长之宅，著芒心接篱，名曰茅绥。各执竹竿，长一丈许，上三四尺许，犹带枝叶。其行伍前却，皆有节奏，歌吟叫呼，亦有章曲。传云盘瓠初死，置之于树，乃以竹木刺而下之，故相承至今，以为风俗。隐讳其事，谓之刺北斗。既葬设祭，则亲疏咸哭，哭毕，家人既至，但欢饮而归，无复祭哭也。”①

青年男女之间婚姻恋爱主要在宗教祭祀等活动中进行。《文献通考·四裔考五》载：“岁首祭盘瓠，杂糅鱼肉酒饭于槽，扣槽群号为礼。十月朔日，各以聚落祭都贝大王。男女各成列。连袂相携而舞，谓之‘踏徭’。意相得，则男伊呜跃之群女，负所爱去，遂为夫妇，不由父母。其无配者，俟来岁再会。女二年无所向，父母或欲杀之，以其为人所弃云。”②

第三节　隋唐五代时期西部各民族的交往与文化交流

魏晋南北朝时期是一段空前的民族大融合的时期。隋唐时期民族交往的发展，既是魏晋以来民族大融合的积极成果，又加速和巩固了民族间的这种大融合。特别是在西南地区，吐蕃、南诏与唐王朝之间的交往超过了历史上任何时期，吐蕃和南诏各民族在与唐王朝的交往中也在快速发展。同时，少数民族内迁、仕官，使少数民族汉化程度加快，汉族也接受了许多少数民族文化的优秀内核，使隋唐时期成为我国封建社会经济文化高度发展的时期。与此同时，包括西部民族在内的各民族之间的交融更为加强，经济、政治和文化生活呈现出瑰丽多姿的历史风貌。

一、吐谷浑的民族交往与文化交流

在隋唐时期，吐谷浑仍是中国西北最重要的民族群体之一，仍居于东起今甘肃南部、四川西北，南抵今青海南部，西到今新疆若羌、且末，北隔祁连山与河西走廊相接的广大地区。吐谷浑与其他民族的关系，是当时西北民族关系的重要体现。

在隋初，吐谷浑与隋王朝之间的关系多以战争的形式表现出来。吐谷浑虽被北周打败，但很快又恢复了元气。隋建国后，北有突厥侵扰，南面的陈

---

① 《隋书·地理志下》，中华书局标点本1973年版。

② 〔元〕马端临撰《文献通考·四裔考五》，中华书局影印本1986年版。

朝仍在，故无暇西顾，吐谷浑便乘机发展，不断进攻隋的弘州（今甘肃临潭西）、凉州等边郡。隋文帝以弘州地旷人稀，废省弘州州置，吐谷浑的势力又扩张至洮河流域。由于隋刚建立，百废待兴，军事、政治力量尚未到鼎盛之时，所以双方在实力上悬殊不太大，多次发生战争。

隋开皇四年（公元 584 年）以后，因吐谷浑太子废立问题，引起国内动乱，国力多有削弱。开皇十一年（公元 591 年），吕夸死，其子世伏立，改变了与隋的矛盾状态，遣使入长安，贡纳方物，奉表称臣，请求通婚。《隋书·吐谷浑传》载："十二年（公元 592 年），遣刑部尚书宇文抚慰之。十六年（公元 596 年），以光化公主妻伏，伏上表称公主为天后，上不许。"[①] 此后双方关系有了好的发展势头。第二年，世伏在内讧中被国人所杀，伏允继位，请表按吐谷浑族内转房婚的习俗尚公主，隋尊重吐谷浑的风俗，同意光化公主再嫁伏允。但是在公元 605 年，隋炀帝即位，轻动干戈，无端利用铁勒攻击吐谷浑，并大败吐谷浑，导致了吐谷浑社会生产力的巨大破坏，也影响了双方的关系。

隋末农民起义，使吐谷浑有机可乘，伏允乘机率众东返，收复故地。唐初，各个割据力量都争相接纳少数民族力量，如割据河西的李轨就曾联合吐谷浑对抗唐朝。唐武德二年（公元 619 年），唐以遣还被隋扣留在长安的慕容顺作为交换条件，派人约吐谷浑夹击李轨。唐高宗即位后，吐谷浑与唐时有战争发生，主要是吐谷浑首先攻掠。在太宗的谴责下，吐谷浑希望与唐和亲。但由于吐谷浑无诚意，唐与吐谷浑的第一次和亲破裂。

到了伏允老年，权臣天柱王擅权专政，扣留了唐王朝的使臣赵德楷，便由此又引发了双方的战争。伏允死后，唐封其子大宁王为西平郡吐谷浑可汗，吐谷浑内附，但由于顺久居长安，部下不服，在位不久便为臣下所杀。唐朝又立其子燕王诺曷钵为新主，加封洱源郡王。

由于诺曷钵年幼，无政治经验，不能很好地控制局面，国中大乱。贞观十年（公元 636 年），诺曷钵至京师迎亲，唐太宗以宗室女弘化公主妻之。唐高宗时，又加封诺曷钵为驸马都尉，赐给大量财物，还将诺曷钵石像列于昭陵。

诺曷钵时期，吐蕃势力强大起来，并东向进入青海。贞观十五年（公元

---

① 《隋书·吐谷浑传》，中华书局标点本 1973 年版。

641 年)，吐谷浑内部以相国宣王为首的亲吐蕃势力抬头，他们专擅国政，阴谋发兵袭击弘化公主，挟持诺曷钵投附吐蕃，由此吐谷浑开始走向衰亡之路。吐谷浑的土地全部被吐蕃占领，吐谷浑民族建立的政权最终灭亡，但作为一个民族，大部分仍留居旧地，后来大多融入吐蕃。

随着与隋、唐交往的增多，吐谷浑也不断学习汉族先进文化。如在官制方面，《新唐书・吐谷浑传》载："其官有长史、司马、将军、王、公、仆射、尚书、郎中，盖慕诸华为之。"① 这充分说明了吐谷浑初期或后期官制是仿照内地设置的。正如《通典》所说，"建官多效中国"②。其实，吐谷浑从最初建立政权起，就大力吸收汉族先进文化，它的经济发展和政治制度均直接受汉族的影响。吐谷浑从政治、经济等各方面都是以内地封建政权为模式，来建设自己的政权。在政治方面，它采用了分封子弟及各族首领为王，各自统治一方，与中原封建分封制实质相同；在经济方面，采取类似封建制度的赋税制度，不定期向富室、商人抽税。吐谷浑的封建化主要表现在政治制度上③。另外，吐谷浑的"马上乐"对隋唐的鼓吹乐有一定影响，丰富了内地的音乐文化。还有吐谷浑舞马，开了唐玄宗训练舞马的先河，在中国音乐、杂技史上占有一定地位④。

二、突厥的民族交往与文化交流

突厥是西域最重要的民族之一，突厥的民族交往是整个西域民族交往的最重要的组成部分。因此，突厥的民族交往与文化交流，在西域具有代表性。在突厥的民族交往中，最重要的是与隋唐王朝的交往。

隋初，由于突厥曾与北周结好，对灭北周的隋有所敌视，故双方关系较为紧张，并借隋初政权不稳之机，对隋朝边境进行攻击。隋文帝采取远交近攻、离强合弱的政策，重新建构对突厥的政治、军事策略。一方面声讨突厥，另一方面也派军攻击之。沙钵略率阿波、贪汗二可汗等前来拒战，被隋军重创。就在军事上失利的同时，突厥内部也开始出现分裂。到公元 583 年，突厥汗国以金山为界正式分裂为东西两部。东突厥沙钵略改变了对隋的态度，

---

① 《新唐书・吐谷浑传》，中华书局标点本 1975 年版。

② 〔唐〕杜佑撰，王文锦等校点《通典・边防典・边防五》，中华书局标点本 1988 年版。

③ 周伟洲著《吐谷浑史》，宁夏人民出版社 1985 年版。

④ 周伟洲著《吐谷浑史》，宁夏人民出版社 1985 年版。

请求与隋和亲，原北周千金公主上书隋朝，请求改封为隋的大义公主。于是双方关系大为改善。开皇五年（公元585年），沙钵略遭到西突厥达头可汗的重兵攻击，便请求将部众内迁到大漠以南，寄居于白道川（今内蒙古呼和浩特西北，阴山南谷口附近），得到了隋朝的许可。之后，隋与东突厥的关系因上层的和好而进入一个新的阶段，隋王朝也改封千金公主为大义公主。但在都兰可汗时，大义公主挑唆都兰可汗发兵扰边，虽大义公主被杀，扰边风波被平息，但都兰可汗与隋朝之间已有隙。于是隋王朝选择支持染干，并把宗室女安义公主嫁给他。在染干家人被都兰可汗、达头可汗杀害后，隋朝拜染干为意利珍豆启民可汗，并在隋朝支持下，启民可汗打败了都兰、达头可汗。终启民可汗之世，突厥与隋的关系基本上以和为主流。后来东突厥借隋末农民起义之机，成了雄踞漠北、边控西域、势倾中原的强大军事力量。从唐武德到贞观初年，突厥处于进攻，唐以防御为主，实行以战求和的方针。到了唐太宗时，对突厥的政策稍有变化，由以战求和向战而后和变化。贞观四年（公元630年），唐王朝发动对颉利可汗的强大攻势，最终打败颉利可汗，并将其生擒且送于京师。至此，东突厥政权灭亡，东突厥约十万民众降附唐朝，唐让其仍居原处，但设羁縻府州，任命突厥人担任都督、刺史，管理其部众[①]。这样，突厥人与汉族和周边民族的联系及交往大大加强。

与隋王朝关系较为密切的是处罗可汗，曾从隋炀帝征高丽。《旧唐书·突厥传下》载："处罗可汗，隋炀帝大业（隋炀帝杨广年号，公元605—618年）中与其弟阙达设及特勤大奈入朝。仍从炀帝征高丽，赐号为曷萨那可汗。遇江都之乱，从宇文化及至河北。化及败，归长安，高祖为之降榻，引与同坐，封归义郡王。"唐高祖时处罗可汗被北突厥使者杀死。其后继者是射匮可汗，他是达头可汗的孙子，射匮死后，由其弟统叶护可汗代立。

8世纪中期，突厥统治者内部又出现汗位之争，于是拔悉蜜、回纥、葛逻禄三部乘机独立，在天宝元年（公元742年）联合攻杀骨咄叶护，推拔悉蜜酋长为颉跌伊施可汗，回纥、葛罗禄自为左右叶护。突厥余众则推阙特勒之子为乌苏米施可汗。在唐的支持下，拔悉蜜等三部联合攻乌苏米施可汗，部分突厥降唐。公元744年，乌苏米施可汗死于兵乱，突厥残部立其弟为白眉可汗。公元745年，回纥首领骨力裴罗攻杀白眉可汗，突厥汗国亡。

---

① 王文光著《中国民族发展史》（下册），民族出版社2005年版。

东西部突厥分离后，经过向西发展，西突厥成为隋唐时期西域势力最强的一族。开皇五年（公元 585 年）突厥沙钵略可汗臣服于隋，达头可汗称雄西域。但这时西突厥内部不统一，先是达头可汗与阿波可汗势最盛。其后，阿波被沙钵略之弟叶护可汗所擒，泥利可汗继位，并与达头可汗共同称雄西域。开皇二十年（公元 600 年），突厥境内铁勒诸部起义，泥利可汗在乱中被杀，达头可汗西奔吐谷浑，泥利可汗之子达漫成了西突厥的可汗，称泥橛处罗可汗。但在其统治期间，西突厥内部动乱不断。大业六年（公元 610 年），达头可汗之孙射匮可汗遣使至隋，请和亲、求支持。在隋炀帝的支持下，射匮可汗打败泥橛处罗可汗，泥橛处罗可汗只能率残部投隋，并于大业七年（公元 611 年）冬抵达长安，隋赐号曷萨那可汗，并妻以信义公主。这样，射匮可汗成为西突厥唯一大可汗，并于大业十一年（公元 615 年）派其侄儿领诸部首领到长安朝贡。

唐武德三年（公元 620 年），统叶护可汗继其兄射匮可汗之后成为西突厥大可汗。统叶护可汗力图在各方面与唐通好，唐也想与西突厥联合牵制东突厥，于是双方关系一度比较友好。但公元 628 年，统叶护可汗的伯父杀统叶护自立为大可汗，西突厥又陷于动乱之中。在以后的发展中，西突厥与唐的关系随突厥的力量消长而时战时和。公元 657 年，唐伊利道大总管苏定方及瀚海都督回纥婆闰从北道、安抚大使阿史那弥射与阿史那步真从南道，两路夹击，俘虏了贺鲁父子，其属下归附唐朝，西突厥汗国灭亡。唐王朝在西突厥分布区设立了蒙池、昆陵两处都护府，任命西突厥官员担任①。

突厥与隋唐的文化往来，在史籍的记载中并不多。因为突厥与隋唐的往来主要是战争和朝贡，其他方面的交流并不多。在和平往来中，突厥向中央王朝献马的数量不少。如武德八年（公元 625 年），统叶护可汗向唐求婚，一次向唐献马 5000 匹作为聘礼。贞观九年（公元 635 年），咥利失可汗上表向唐求婚时，向唐献马 500 匹②。

从隋唐时期多次与突厥的和亲来看，通过和亲，突厥也实现了与隋唐的文化交流。如隋文帝把宗室之女封为安义公主嫁给突利可汗时，当突利可汗的迎亲使者在长安期间，隋文帝令掌管宗庙礼仪、选试博士的太常寺卿领他

① 王文光著《中国民族发展史》（下册），民族出版社 2005 年版。

② 卢勋等著《中国历代民族史·隋唐民族史》，社会科学文献出版社 2007 年版。

们“教习六礼”，使他们熟悉中原的风俗礼仪和典章制度。当安义公主死后，隋炀帝又把义成公主嫁给启民可汗，启民可汗在给隋炀帝的信中陈述道：自己现在不是“旧日边地突厥可汗，臣即是至尊臣民，至尊怜臣时，乞依大国服饰法用，一同华夏”[①]。可见，通过和亲实现的是双向的文化交流。据和亲史研究专家崔明德研究，隋唐时期和亲公主本人或在改善与发展双方关系方面，或在促进双方文化交流方面，或在传播先进的文化技术方面，都直接起到了重要作用，隋唐时期和亲的影响也比其他时期大得多[②]。如在隋朝，连续外嫁公主，扩大了隋朝的统治疆域，使汉族与少数民族的交往频繁，从而使少数民族接受汉族的经济、文化，不仅在社会生产和生活方式方面，而且在语言、姓氏、服饰、风俗习惯等方面，都逐步实现汉化。同时，胡乐、胡歌、胡舞等都传到了内地，极大地丰富了汉族的经济、文化生活[③]。

三、吐蕃与周边各族的交往与文化交流

松赞干布时，吐蕃实现了内部的统一。当时，与吐蕃毗邻的有西羌，与吐蕃接壤的有党项羌、白兰羌，继而是吐谷浑。到公元 631 年，松赞干布已经兼并了苏毗、羊同，征服了白兰、党项诸羌，攻取了吐谷浑的南部。这样，吐蕃与唐就直接相连，吐蕃与唐王朝的关系成为吐蕃对外关系的最重要的方面。在吐蕃与唐王朝的交往中，和亲具有十分重要的地位。

从文献记载来看，松赞干布发展邻邦友好对外关系的主要形式是联姻。首先是与泥婆罗（今尼泊尔）联姻，娶泥婆罗墀尊公主为妻。贞观六年（公元 632 年），墀尊公主踏上赴吐蕃的征程，泥婆罗五赐其释迦佛不动金刚、慈氏法轮、自成旃檀度母三尊佛像，七头大象驮载着各种珍宝，还有泥婆罗工匠、随从等一起到吐蕃[④]。可见，这次和亲中的文化交流是多样化的，其影响也是巨大的。

吐蕃成功地与泥婆罗联姻，对稳定吐蕃南部边疆起到了积极作用。其后便把注意力放在唐朝，遂决定与唐朝联姻。《旧唐书·吐蕃传》载：“（吐蕃）闻突厥及吐谷浑皆尚公主，乃遣使随德遐入朝，多赍金宝，奉表求婚，太宗未之许。使者既返，言于弄赞曰：‘初至大国，待我甚厚，许嫁公主。会吐谷

① 崔明德著《中国古代和亲史》，人民出版社 2005 年版。

② 崔明德著《中国古代和亲史》，人民出版社 2005 年版。

③ 阎明恕著《中国古代和亲史》，贵州人民出版社 2003 年版。

④ 卢勋等著《中国历代民族史·隋唐民族史》，社会科学文献出版社 2007 年版。

浑王入朝，有相离间，由是礼薄，遂不许嫁。’弄赞遂与羊同连，发兵以击吐谷浑。”① 则吐蕃认为和亲不成乃吐谷浑离间所致，于是吐蕃开始以此为借口向东进攻，欲用武力迫使唐同意联姻。开始时唐朝战败，但唐调整了部署后，大败吐蕃。

与吐蕃一样，和亲安邦是唐王朝的一个重要民族关系政策。所以在松州之败后，当吐蕃再次请婚时，唐太宗欣然同意了和亲。贞观十四年（640年），松赞干布派出了大相禄东赞携黄金五千两及其他珍宝为聘礼抵达长安，太宗盛情款待了远道而来的吐蕃使者，并同意以宗室女文成公主嫁给松赞干布。文成公主作为唐宗室之女，自幼当受过良好的素质教育，且笃信佛教，她到吐蕃时除带佛像、佛经和其他书籍，还带了大量工匠，故协助松赞干布建造了有名的大昭寺和小昭寺。大昭寺是墀尊公主供养从泥婆罗带来的释迦牟尼佛像之所。小昭寺是文成公主供养从长安带来的佛像之所。后来，小昭寺便成了接待唐使和汉地僧人的重要场所。在文成公主的影响下，松赞干布还下令禁止国人“赭面”，自己也“释毡裘，袭纨绮，渐慕华风”。他“遣酋豪子弟，请入国学以习《诗》《书》”，又请“中国识文之人典其表疏”。在唐高宗即位初，文成公主“请蚕种及造酒、碾硙、纸墨之匠”，并得到了允许②。这样，中原地区先进的农具制造、纺织、缫丝、建筑、酿酒、制陶、碾磨、冶金等生产技术和医药、历法、算术等科学知识就陆续传到了吐蕃。因此，这次和亲，显然是汉藏民族关系史上的一件大事，也是一次成功的文化交流。

唐与吐蕃和亲后，松赞干布十分珍惜与唐朝的友好关系，当得知太宗伐辽东大胜时，又遣奉物、又称表朝贺。《旧唐书·吐蕃传》载：“太宗伐辽东还，遣禄东赞来贺，奉表曰：‘圣天子平定四方，日月所照之国，并为臣妾，而高丽恃远，阙于臣礼。天子自领百万，度辽致词，隳城陷阵，指日凯旋。夷狄习闻陛下发驾，少进之间，已闻归国。雁飞迅越，不及陛下速疾。奴忝预子婿，喜百常夷。夫鹅，犹雁也，故作金鹅奉献。’其鹅黄金铸成，其高七尺，中可实酒三斛。”③ 贞观二十二年（公元648年），唐朝出使天竺的使者右卫率府长史王玄策，受到篡夺中天竺王位者阿罗那顺的攻击。王玄策势单

---

① 《旧唐书·吐蕃传》，中华书局标点本1975年版。

② 阎明恕著《中国古代和亲史》，贵州人民出版社2003年版。

③ 《旧唐书·吐蕃传》，中华书局标点本1975年版。

力薄，寡不敌众，被俘又逃出，求救于吐蕃。《旧唐书·吐蕃传》载："右卫率府长史王玄策使往西域，为中天竺所掠，吐蕃发精兵与玄策击天竺，大破之，遣使来献捷。"①

公元649年唐太宗崩，继位的高宗授松赞干布"驸马都尉""西海郡王"，而且鉴于松赞干布的特殊贡献，还按唐之仪轨列其石像于太宗墓昭陵之前。

唐高宗永徽元年（公元650年）五月，松赞干布去世，因其子早死，由其孙芒松芒赞继位，但由于赞普芒松芒赞年幼，由大相禄东赞辅政。禄东赞是位才智过人者，在朝野中颇有威信，为其家族日后专权奠定了基础。

禄东赞辅政期间，继续奉行向外、向东发展的方针，把战略重点放到吐谷浑身上。吐谷浑所处的地理位置是特殊的：对唐而言，控制吐谷浑可以保证中西丝绸之路畅通无阻，有利于唐的经济和对外交通，有利于进一步加强对西域的控制；而吐蕃控制吐谷浑可以继续向东北发展，进而控有青藏高原，又可北上攻击西域。因此，吐蕃一开始就与吐谷浑矛盾突出，双方的民族关系多以战争形式反映。《旧唐书·吐蕃传》载："（吐蕃）后与吐谷浑不和，龙朔（公元661—663年）、麟德（公元664—665年）中递相表奏，各论曲直，国家依违，未为与夺。吐蕃怨怒，遂率兵以击吐谷浑，吐谷浑大败，河源王慕容诺曷钵及弘化公主脱身走投凉州，遣使告急。咸亨元年（公元670年）四月，诏以右卫大将军薛仁贵为罗娑道行军大总管……率众十余万以讨之。军至大非川，为吐蕃大将论钦陵所败，仁贵等并坐除名。吐谷浑全国尽没，唯慕容诺曷钵及其亲信数千帐来属，仍徙于灵州。自是吐蕃连岁寇边，当、悉等州诸羌尽降之。"② 吐蕃取得吐谷浑后，禄东赞屯兵青海，派使者入唐陈述吐谷浑之罪，还要求再次和亲，但被高宗拒绝。

乾封二年（公元667年），禄东赞去世，其子尊业多布继续辅政，乃行父志，与唐争夺吐谷浑分布地，向东北方扩张。《旧唐书·吐蕃传》载："时吐蕃尽收羊同、党项及诸羌之地，东与凉、松、茂、嶲等州相接，南至婆罗门，西又攻陷龟兹、疏勒等四镇，北抵突厥，地方万余里，自汉、魏以来，西戎之盛，未之有也。"③ 吐蕃的强大，极大地削弱了唐朝在西域的力量。公元684年武则天临朝后，调整了对吐蕃的策略，永昌元年（公元689年），武则

① 《旧唐书·吐蕃传》，中华书局标点本1975年版。
② 《旧唐书·吐蕃传》，中华书局标点本1975年版。
③ 《旧唐书·吐蕃传》，中华书局标点本1975年版。

天下令攻击吐蕃，但屡屡受挫。正当武则天与吐蕃之战频频失利之时，吐蕃内部也开始发生变化。吐蕃赞普墀都松随着年龄的增大、阅历的加深，对噶尔家族专权日益不满，便与心腹密谋图之。《旧唐书·吐蕃传》载："吐蕃自论钦陵兄弟专统兵马，钦陵每居中用事，诸弟分据方面，赞婆则专在东境，与中国为邻，三十余年，常为边患。其兄弟皆有才略，诸蕃惮之。圣历二年（公元699年），其赞普器弩悉弄（墀都松）年渐长，乃与其大臣论严等密图之。时钦陵在外，赞普乃佯言将猎，召兵执钦陵党亲二千余人，杀之。发使召钦陵、赞婆等，钦陵举兵不受召，赞普自帅众讨之，钦陵未战而溃，遂自杀，其亲信左右同日自杀者百余人。"① 钦陵兵败后，其弟赞婆和儿子莽布支等人率部投唐，武则天命令郭元振等人到郊外迎之，封为归德王。墀都松赞普结束了噶尔家族近50年的专权，并在公元700年、702年向唐发动进攻，但都失败。公元704年，墀都松在战斗中负伤而死，由其子墀德祖赞继位，汉族史家将之称为弃隶缩赞。

继墀都松赞普而立的墀德祖赞由于年幼，实权主要操在其祖母墀玛类手中，于是墀玛类决定与唐和亲。景龙四年（公元710年），唐中宗将金城公主出嫁之事布告国人，诏中对唐蕃关系的由来、和亲的意义等都做了详细的论述：公主远嫁之时，唐中宗命骁卫大将军杨矩为送金城公主使，中宗自己也按诏所言，亲自到始平县设帐殿于百顷池侧以送金城公主。在盛大的送别宴会上，中宗悲泣久之，故命将始平县改为金城县，起程点凤池里改为怆别里。金城公主到达吐蕃后，别筑一城居住。她的到来表明了唐朝和汉民族对新嗣且尚未成年的吐蕃赞普的支持，对稳定吐蕃和加强唐蕃民族关系是有巨大意义的。

金城公主入吐蕃的第三年，墀德祖赞开始掌握军政大权，于是在一些利益诉求方面开始与唐发生矛盾。当年金城公主远嫁吐蕃，得河西九曲为汤沐地，这里水草肥美，吐蕃屯兵畜牧，在黄河上建桥，过河筑城，设独山、九曲两军。公元714年，吐蕃派使者至唐，要求与唐在河源定界，但由于双方对界线看法不一，无果。因此发生武装冲突。

唐玄宗开元年间（公元713—741年），墀德祖赞的对外政策中把掠夺财富、扩张、夺取土地都同等对待，于是多次东向进攻唐朝，显然这时的唐蕃

---

① 《旧唐书·吐蕃传》，中华书局标点本1975年版。

关系是随唐蕃综合实力的消长而变化的。即当吐蕃政治不太稳定，经济实力较弱时，双方关系较好；反之则多以战争冲突的形式来表现。其主要原因仍在于经济利益。由于吐蕃在军事上连连失利，便请求和好，而对于唐来说，也因战争使边吏产生厌战情绪，因此玄宗同意改战为和。

唐开元十八年（公元 730 年），玄宗派皇甫惟明、张元方出使吐蕃，拜见了墀德祖赞和金城公主，双方都表现了友好的愿望。皇甫惟明、张元方返唐时，吐蕃还遣使奉表给玄宗，在表中追述了唐蕃友好情谊的渊源，申诉了失和的原因，表达了对遣使前来探望金城公主的由衷谢意。

唐开元十九年（公元 731 年）九月，唐蕃双方约定在赤岭各竖分界之碑，定蕃汉两界，到开元二十二年（公元 734 年），双方赤岭分界结束。赤岭分界是唐蕃友好关系史上的一件大事，对于促进经济、文化交流十分有利。

天宝十四年（公元 755 年），吐蕃赞普墀德祖赞被杀，其子墀松德赞继嗣，汉文史籍记为婆悉笼猎赞。墀松德赞仍对唐保持进攻的态势，而唐却因“安史之乱”，无力进行有效的反击，故这一时期的总形势是吐蕃强为主。安禄山起兵后，败唐军于洛阳，次年称帝进入长安。公元 756 年，肃宗即位，吐蕃随即遣使入唐请和，或有探唐虚实之意。由于当时唐的西北边防松弛，兵力不足，故到宝应二年（公元 763 年）七月，吐蕃又向唐发动大规模的进攻，关西的兰、廓、河、鄯、洮、岷、秦、成、渭等州皆陷，吐蕃尽取河西、陇右之地。十月，吐蕃军至泾州，刺史高晖开城迎降吐蕃军，并为之向导，进入长安，立广武王李承宏为唐帝。吐蕃在长安留居十五日，大掠而归。吐蕃军能够从遥远之地进入长安，说明唐的腐朽和吐蕃在军事方面已具备很强的实力。

唐代宗于公元 764 年回到长安后，把吐蕃所立的李承宏放逐华州。唐、吐蕃又进入了一个对峙的时期。唐德宗即位后调整了与吐蕃的政策，以和平为主要方略，必要时也辅以战争，派遣使者与吐蕃修好。经双方使臣的不断交涉，最后决定于建中四年（公元 783 年）一月十五日举行清水会盟，并写下了有名的《清水盟约》。盟文从几个方面做了约定：强调会盟的重要性；划定了疆界；划出唐蕃之间的“闲田”，实际上是规定了军事缓冲区。

《清水盟约》的签订，说明了唐朝与吐蕃之间都需要争取时间，医治长时间的战争创伤，休养生息，重新调整自己的战略部署。疆界的划分，基本是按既成事实而占为己有，因此唐朝在疆域上失去了大量土地，又承认了吐蕃占有的合法化，唐朝仅以“闲田”的设置来作为心理安慰。盟约的最大得益者是吐蕃。这次划界的界限比赤岭划界往内地大大地推进了，并得到唐朝的承认。以盟约的形式确立的疆界划分，也为吐蕃今后继续扩张领地创造了有利的条件[①]。

贞元十三年（公元797年），墀松德赞卒，其长子牟尼赞普继嗣，汉文史籍记为足之煎。牟尼赞普执政时所面对的是一个国力日衰、统治阶级内部矛盾重重的政权。他想用行政命令来缓和各种矛盾，但由于大大地损害了外戚的利益而被毒死，在位仅一年零九个月。牟尼死后，由其弟墀德松赞继位。在墀德松赞执政期间，吐蕃与唐朝保持着密切的关系，但吐蕃从总的发展形势上已进入了防御阶段，双方的战争多有发生，但唐胜为多。《旧唐书·吐蕃传》载：“（贞元十七年，公元801年）九月，韦皋大破吐蕃于维州。十八年（公元802年）正月，韦皋擒吐蕃大首领论莽热来献，赐崇仁里宅以居之。莽热，吐蕃内大相也。先贞元十六年（公元800年），韦皋累破吐蕃二万余众于黎州、嶲州，吐蕃遂大搜阅，筑垒造舟，潜谋寇边，皋悉挫之。……其明年，吐蕃昆明城管磨些蛮千余户又来降。……自八月至于十二月，累破十六万众，拔其七城、五军镇、受降三千余户，生擒六千余人，斩首一万余级，遂围维州。救军再至，转战千余里，吐蕃连败，灵、朔之寇引众南下，于是赞普遣莽热以内大相兼东境五道节度兵马使、都统群牧大使率杂虏十万众来解维州之围。王师万余众，据险设伏以待之。先以千人挑战，莽热见我师之少也，悉众来追，入于伏中，诸将四面疾击，遂擒莽热，虏众大溃。”[②] 此后，由于汉藏的力量对比有了变化，所以双方关系又趋和好。

唐宪宗元和十年（公元815年），墀德松赞卒，其幼子墀祖德赞继嗣，汉文记为可黎可足。墀祖德赞继位后，吐蕃与唐边境虽有小摩擦，但皆无利于吐蕃，于是和好之势又出现。所以便有了著名的唐蕃长庆会盟。

长庆元年（公元821年）十月十日，唐蕃在长安会盟，按双方的协议，会盟分别在长安和逻些举行，所以长安会盟后，唐立即派使臣赴逻些就盟。长庆三年（公元823年），唐蕃各于其京城树碑纪念，将盟文刻石，以乘永久。本次会盟因在唐穆宗长庆年间，故史称“长庆会盟”。

---

① 卢勋等著《隋唐民族史》，四川民族出版社1996年版。

② 《旧唐书·吐蕃传》，中华书局标点本1975年版。

在吐蕃与唐朝的交往中，文化交流是一项重要的内容。早期，吐蕃通过与唐朝的使臣往来、联姻和亲等途径来进行文化交流。当吐蕃占据西域四镇和河西陇右后，占地汉族百姓成为吐蕃的臣民，汉文化本身也就成为吐蕃国内文化的一部分而存在，文化的互相影响、吸收、交融，都是在此之前所不能比拟的。据近人考证，马球就是从吐蕃传入唐朝的。唐中宗时，马球风靡长安。在风俗习惯上，吐蕃之风也吹进长安。吐蕃妇女的高髻装即椎髻，在唐元和年间（公元806—820年），传到唐宫廷，宫廷妇女争相效仿①。

四、南诏与周边各族的交往与文化交流

南诏与唐、吐蕃之间的往来，成为南诏对外关系中最重要的内容。同时，唐、吐蕃也十分重视与南诏的关系，双方甚至展开对南诏的争夺。

唐武德四年（公元621年），唐王朝设置了姚州云南郡（今云南省的姚安、大姚县一带），并以此为据点，深入西洱河地区招诱六诏“乌蛮”贵族，任命这些贵族担任羁縻州、县的刺史、县令。蒙舍诏（南诏）的贵族接受了蒙舍州的设置，充任蒙舍州刺史。到唐高宗麟德元年（公元664年）进一步设置姚州都督府以后，唐更进一步加强了对西洱河（洱海）地区的经营。但西洱河地区的“乌蛮”贵族却在内部争斗，尽量寻找机会扩大自己的势力，相互兼并，姚州都督府很难把他们稳固地控制起来。当唐朝还没有把洱海地区各部稳固地控制起来之时，吐蕃贵族势力从西北南下进入了洱海地区，形成了唐、吐蕃争夺洱海地区的复杂形势。唐高宗永隆元年（680年），吐蕃攻下了唐朝为了防御其而在茂州（今四川茂县）西部设立的安戎城。吐蕃又进一步南下，控制了洱海北部（今剑川、洱源一带）。如果洱海地区为吐蕃控制，将对唐造成更大的威胁，所以唐王朝便急于在洱海地区扶持一个政治力量，便选中了蒙舍诏的贵族上层。

唐玄宗开元年间（713—741年），唐朝调动姚州都督府的力量，帮助南诏皮逻阁攻灭其他各诏。南诏在唐王朝的支持下，统一了洱海地区，皮逻阁因之被唐朝中央政府封为云南王。《新唐书·南诏传》载：“开元末（公元741年），皮逻阁逐河蛮，取大和城，又袭大厘城守之，因城龙口，夷语山坡陀为‘和’，故谓‘大和’，以处阁罗凤。天子诏赐皮逻阁名归义。当是时，五诏微，归义独强，乃厚以利啖剑南节度使王昱，求合六诏为一，制可。归

① 卢勋等著《中国历代民族史·隋唐民族史》，社会科学文献出版社2007年版。

义已并群蛮，遂破吐蕃，浸骄大。”① 可见，南诏之所以能统一洱海地区，与唐王朝从政治、经济、文化上给予的影响是分不开的。但由于南诏的强大和大民族主义二者之间的矛盾，终导致南诏反唐，最终独立，发生了天宝年间（公元 742—756 年）的唐、南诏战争，以唐的大败告终。但阁罗凤在战后立“南诏德化碑”于国门，表明自己是不得已而叛唐，希望以后唐朝容许南诏再归附。所以便有了贞元十年（公元 794 年）的会盟，这一时期成了唐、南诏间关系较好的时期。

综观唐、南诏间的关系，时战时和，在天宝战争以前，以和好为主流，而天宝战争以后，战争又多于和平，以矛盾冲突为主。在南诏力量不太强大之时，战争的起因多由唐地方官的不义与暴虐引起。《新唐书·南诏传》载：“鲜于仲通领剑南节度使，卞忿少方略。故事，南诏尝与妻子谒都督，过云南，太守张虔陀私之，多所求丐，阁罗凤不应。虔陀数诟斩之，阴表其罪，由是忿怨，反，发兵攻虔陀，杀之，取姚州及小夷州凡三十二。明年（公元 749 年），仲通自将出戎、巂州，分二道进次曲州、靖州。阁罗凤遣使者谢罪，愿还所虏，得自新，且城姚州；如不听，则归命吐蕃，恐云南非唐有。仲通怒，囚使者，进薄白崖城。”② 可见，南诏与唐的冲突，客观地来看，主要是由于与南诏相邻地区的唐地方官员不能正确执行唐的民族政策，最终演变为更大规模的冲突，使民族关系更加紧张、复杂。

南诏对唐王朝的进攻首先从北边开始。《新唐书·南诏传》载：“嵯巅乃悉众掩邛、戎、巂三州，陷之。入成都，止西郛十日，慰赉居人，市不扰肆。将还，乃掠子女、工技数万引而南，人惧自杀者不胜计。”③ 这是发生在成都的事件。南诏除了向北进攻成都，还向东南进攻安南都护府。唐咸通元年（860 年），南诏开始大规模进攻安南。《新唐书·南诏传》载：“安南都护李鄠屯武州，咸通元年，为蛮所攻，弃州走，天子斥鄠，以王宽代之。明年，攻邕管，经略使李弘源兵少不能拒，奔峦州。南诏亦引去。”④ 面对南诏的进攻，唐在边郡的官员不是积极防御，而是内部互相争斗、互相倾轧，因而大败于南诏。

---

① 《新唐书·南诏传》，中华书局标点本 1975 年版。

② 《新唐书·南诏传》，中华书局标点本 1975 年版。

③ 《新唐书·南诏传》，中华书局标点本 1975 年版。

④ 《新唐书·南诏传》，中华书局标点本 1975 年版。

唐咸通四年（公元 863 年），南诏又发动了对安南的强大攻势，全城遭屠。正当韦宙准备迎战时，南诏又回兵北上攻击嶲州。由于唐边防官军内讧，使南诏有机可乘，更开展向今四川大渡河以北的进攻，攻陷了唐的许多州县。由于南诏攻势太猛，唐失地太多，南诏与唐双方的力量发生了变化，最后唐朝不得不与南诏和谈。由于和谈无果，南诏开始围攻成都，给成都造成了巨大的破坏，城内民众的生活极端困苦。《新唐书·南诏传》载："蛮本无谋，不能乘机会鼓行亟驱，但蚍结蝇营，忸卤剽小利，处处留屯，故蜀孺老得扶携悉入成都。阇里皆满，户所占地不得过一床，雨则冒箕盎自庇。城中井为竭，则共饮摩诃池，至争捽溺死者，或笛沙取滴饮之。死不能具棺，即共坎瘗。故泸州刺史杨庆复为耽治攻具、蔺石，置牢城兵，八将主之，树笓格，夜列炬照城，守具雄新。又选捍士三千，号'突将'，为长刀、巨梃斧，分左右番休，日隶于军，士心侈欲斗。而酋龙自双流徐行，内欲报董成之辱，因给耽请上介至军议事。耽遣节度使柳盘往见杜元忠议和。"[①] 可见，南诏对成都的围攻，确实给成都民众产生了很大的影响。在攻打成都的战斗中，战争十分激烈，双方死伤惨重。

由于南诏不断向北、向南发动攻击，给唐王朝和广大汉族人民造成了极大的生命与财产消耗，同时，南诏自身也疲惫不堪，国库空虚，内部矛盾不断加深，到公元 902 年，舜化贞卒，郑买嗣趁机发动政变，杀蒙氏宗族八百余人于寸华楼下，结束了南诏国的统治，南诏与唐王朝的关系也告一段落。

南诏的强大是唐和吐蕃为了争夺对洱海地区的控制权而出现的，但当南诏有能力与唐争夺实际利益时，双方产生了矛盾冲突，于是把南诏推到了吐蕃一边。《新唐书·南诏传》载："阁罗凤遣使者谢罪，愿还所虏，得自新，且城姚州；如不听，则归命吐蕃，恐云南非唐有，仲通怒，闪使者，进薄白崖城，大败引还，阁罗凤敛战胔，筑京观，遂北臣吐蕃，吐蕃以为弟，夷谓弟'钟'，故称'赞普钟'，给金印，号'东帝'。"[②] 从此，南诏与吐蕃成为兄弟之邦，共同对付唐王朝，但双方仍有不少矛盾存在。唐代宗大历十四年（公元 779 年），阁罗凤死，其孙异牟寻继立，南诏与吐蕃联合进击西川。《新唐书·南诏传》载："异牟寻立，悉众二十万入寇，与吐蕃并力。一趋茂州，

① 《新唐书·南诏传》，中华书局标点本 1975 年版。

② 《新唐书·南诏传》，中华书局标点本 1975 年版。

逾文川，扰灌口；一趋扶、文，掠方维、白坝；一侵黎、雅，叩邛崃关。令其下曰：‘为我取蜀为东府，工伎悉送罗娑城，岁赋一缣。’于是进陷城聚，人率走山。德宗发禁卫及幽州军以援东川，与山南兵合，大败异牟寻众，斩首六千级，禽生捕伤甚众，颠踣崖峭且十万。异牟寻惧，更徙苴咩城，筑袤十五里，吐蕃封为日东王。”[①] 显然吐蕃是把失败归罪于南诏，所以才改封异牟寻为日东王，把兄弟之邦降为臣属关系，并进一步加重对南诏的苛索。双方的关系出现了危机。

在南诏与吐蕃的关系出现危机时，南诏上层开始考虑如何处理与唐的关系。在当时复杂的民族关系下，南诏更希望与唐和，于是私下派遣使者分三路向唐送信，陈述无法忍受吐蕃之制约。韦皋得知南诏有归唐的愿望后，便开始做争取南诏的工作。首先选择招抚位于南诏与吐蕃之间的“东蛮诸部”作为与南诏和好的突破口。如果可以把“东蛮”争取过来，就可以削弱吐蕃与南诏的联系，减轻吐蕃对南诏的压力，还可以利用“东蛮”首领对南诏做招抚工作。所以当贞元四年（公元 788 年）异牟寻派其“东蛮鬼主”入朝时，韦皋就让朝廷厚待“东蛮”首领以示招抚。其次离间吐蕃和南诏。贞元四年十月，吐蕃发兵十万寇西川，也征发南诏兵，但南诏不敢公开叛吐蕃，也发兵数万。当韦皋得知此情况后，一方面派人送信给云南王，叙说其叛吐蕃归化的诚心，同时也把此事通过“东蛮”告知吐蕃。于是吐蕃对南诏产生猜疑，派兵挡住了南诏取蜀之路，南诏大怒，归唐的决心进一步坚定。再次则准备打击吐蕃在西川势力[②]。贞元五年（公元 789 年）十月，韦皋派兵联合“东蛮”夺回被吐蕃占据多年的台登镇（今四川泸沽），向南诏显示唐的军事力量和对该地区的有效控制。在进行了各项准备之后，贞元七年（公元 791 年），韦皋派讨击副使段忠义携德宗敕书前往南诏招谕。吐蕃得知后，在其坚持下，南诏不得不把段忠义执送吐蕃，由此可知南诏仍旧畏惧吐蕃。

韦皋为了排除南诏对吐蕃势力的畏惧，在贞元七年十二月派兵讨伐表面附唐又私通吐蕃的勿邓鬼主苴梦冲，并杀之，使唐朝兵力深入“东蛮”地区，直达南诏边境，有效地支持了南诏对抗吐蕃。这样，南诏弃吐蕃归唐的决心就更加坚定了。双方于贞元十年（公元 794 年）正月盟于点苍山，规定南诏

① 《新唐书·南诏传》，中华书局标点本 1975 年版。

② 卢勋等著《中国历代民族史·隋唐民族史》，社会科学文献出版社 2007 年版。

臣属于唐，双方共同讨伐吐蕃。由于南诏与唐结盟之事，吐蕃并不知道，仍向南诏征兵，南诏将计就计，派五千人前行，异牟寻自将数万人于其后，昼夜兼行，袭击吐蕃，战于神川，大破吐蕃。此后唐、南诏关系有所改善，南诏贵族子弟还前往成都寄宿学习。

在唐的大力扶持下，南诏统一了洱海地区，此后又积极经营滇东爨区。其起因是东部爨氏贵族反抗，唐派皮逻阁前往镇压，结果南诏乘机占领了滇池地区。《云南志·名类》载："初，爨归王为南宁州都督，理石城，袭杀孟聘、孟启父子，遂有升麻川。归王兄摩湴，湴生崇道，理曲轭川（今马龙），为两爨大鬼主。崇道弟日进，日用在安宁城。及章仇兼琼开步头路，方于安宁筑城，群蛮骚动，陷杀筑城使者。玄宗遣使敕云南王蒙归义讨之。归义师次波州（今祥云县），而归王及崇道兄弟、爨彦璋等千余人诣军门拜谢，请奏雪前事。归义露章上闻，往返二十五日，诏书下，一切释罪。无何，崇道杀日进，又阴害归王。归王妻阿姹，乌蛮女也，走投父母，称兵相持。……阁罗凤遣昆川城使杨牟利以兵围胁西爨，徙二十余万户于永昌城。"①

今楚雄地区的"白蛮"也有被南诏击破，迁于永昌者。《云南志·名类》载："弄栋蛮，则白蛮苗裔也。本姚州弄栋县部落。其地旧为褒州。尝有部落首领为刺史。有误殴杀司户者，为府丞论罪，遂率家众北奔。后分散在磨些江侧，并剑、共诸川悉有之，余部落不去。当天宝（公元742—756年）中，姚州刺史张虔陀守城拒战，陷死殆尽。贞元十年（794年），南诏异牟寻破掠吐蕃城邑，收获弄栋城，迁于永昌之地。"②

在"白蛮"中，有一些与乌蛮蒙氏关系较好者，亦进入南诏上层，担任重要官职。《云南志·名类》载："青蛉蛮，亦白蛮苗裔也。本青蛉县部落。天宝（公元742—756年）中，嶲州初陷，有首领尹氏父兄子相率南奔河赕。阁罗凤厚待之。贞元年中南诏清平官尹辅酋、尹宽求，皆其人也。衣服言语与蒙舍略同。"③

对在吐蕃治理下的南诏同类"施蛮""顺蛮"，南诏在打败吐蕃之后，也将他们归于自己的统治之下。《云南志·名类》载："施蛮，本乌蛮种族也。铁桥西北大施赕、小施赕，剑寻赕，皆其所居之地。……部落主承上，皆吐

① 〔唐〕樊绰撰，向达原校，木芹补注《云南志补注》，云南人民出版社1995年版。
② 〔唐〕樊绰撰，向达原校，木芹补注《云南志补注》，云南人民出版社1995年版。
③ 〔唐〕樊绰撰，向达原校，木芹补注《云南志补注》，云南人民出版社1995年版。

蕃伪封为王。贞元十年，南诏攻城邑，虏其王寻罗并宗族置于蒙舍城，养给之。顺蛮，本乌蛮种类，初与施蛮部落参居剑、居诸川。……其部落主吐蕃亦封王。贞元十年，南诏异牟寻虏其王傍弥潜宗族，置于云南白岩，养给之。"[①] 可见，南诏对"施蛮"和"顺蛮"也是比较友善的。

南诏是当时与唐并存的一个多民族政权，在其统治下还有"磨些蛮""朴子蛮""寻传蛮""裸形蛮""望苴子蛮""望蛮""黑齿蛮""绣面蛮""丰巴蛮"等众多的民族，都受南诏节制。

随着南诏与唐朝的往来，双方的文化交流也开展起来。一方面是南诏文化深受唐文化的影响。南诏统治者统一云南后，大量吸收和融合中原文化，并把中原文化视为正朔。南诏统治者都有嗜学儒书和效仿唐文化的强烈愿望。阁罗凤时就十分推崇儒学。异牟寻为南诏王时，还派出大批贵族子弟到成都学习中原文化，这些人回到南诏后大力推广中原文化，促进了南诏文化的发展和繁荣。同时，南诏从一开始就受到汉民族文化的影响，因而南诏上层及其政权管理系统都使用汉文，汉字成为官方通用文字。方国瑜先生在《洱海民族的语言与文字》一文中曾说："现存南诏大理国时期之金石文字，所见者都为汉文，如《南诏德化碑》、《元封年号摩崖》、《崇圣寺钟款》、《建极铁柱题字》、《罗筌寺塔砖》、《石城三十七部会盟碑》、昆明《地藏寺经幢》、剑川石宝山造像题字、楚雄《德运碑摩崖》、姚安《兴宝寺德化碑》、《稽肃灵峰明帝帝记》、祥云水目山《皎渊塔碑铭》、楚雄《高生福墓碑》，都是汉文。所知石刻已失者，亦都为汉文。或有梵字，则或咒语或佛号而已。又南诏大理国时期写本，如中兴二年（公元532年）国史画卷、张胜温佛画长卷，所题字亦汉文。又见于纪录南诏及大理国时期送出之文件，亦都用汉文，是知南诏大理国时期，应用之文为汉文。"[②] 总之，在南诏统治者强烈吸收中原文化的影响下，南诏境内效仿唐文化之风很盛。除使用汉文外，南诏的诗歌、散文也深受唐朝的影响。另一方面，唐朝的文化也受到南诏文化的影响。如南诏的宫廷乐舞，被列入唐代乐舞之林，成为唐代宫廷乐舞的一个组成部分[③]。

① 〔唐〕樊绰撰，向达原校，木芹补注《云南志补注》，云南人民出版社1995年版。

② 〔唐〕樊绰撰，向达原校，木芹补注《云南志补注》，云南人民出版社1995年版。

③ 卢勋等著《中国历代民族史·隋唐民族史》，社会科学文献出版社2007年版。

第五章　宋代的西部民族及其文化

隋唐以来，中国西部民族发展迅速，到了宋代，中国西部民族发生了较大的变化。西夏、大理、大越国等地方民族政权的建立，反映了西部民族已经发展到了一个较高的水平，内部凝聚力进一步增强。吐蕃政权崩溃后，吐蕃进一步分散，同时又有新的民族群体融入吐蕃。在这一时期，西部民族与中央王朝的经济、文化交流进一步加强，中央王朝也适应经济交流的需要，在与西部民族交往时加大了互市交流的比重，在一定程度上改变了过去过于注重贡赐贸易的做法。

第一节　西北的民族及其文化

在宋代，西北的民族中，党项迅速发展，建立了西夏政权，给宋王朝造成了极大的威胁。而之前比较强大的回鹘、吐谷浑进一步分化、解体、融合，一部分融入其他民族，另一部分和其他民族相融合而形成了新的民族畏兀儿。在民族交往不断扩大的过程中，民族文化也不断发生碰撞，新的民族文化逐渐形成。

一、党项羌及其文化

隋唐时期，西北羌人主要有党项羌、多弥羌、苏毗羌等。唐朝后期以来，在吐蕃、吐谷浑等的统治和同化下，西北羌人人口逐渐减少。辽国统治时期，大量羌人又被掠为奴，于是又有一些羌人融合到契丹人中。而党项羌僻居的西北，社会相对安定，因此其政治、军事势力不但没有减弱，反而有所增强，部落活动范围也相应有所扩大。黄河以东、以北，横山地区，陇山左右，渭水上游，湟水流域等地，到处都有党项人①。

① 陈佳华等著《中国历代民族史·宋辽金时期民族史》，社会科学文献出版社 2007 年版。

党项羌原来主要聚居于析支（今青海黄河曲）一带，隋末唐初才开始向周围地区发展，东至松州（今四川松潘），西接叶护（今新疆维吾尔自治区），南杂春桑、迷桑等羌（今青海南部一带），北连吐谷浑（今青海西北部和甘肃南部）。在辽阔的草原上，他们按姓氏结成大小不同的部落，其中细封氏、费听氏、往利氏、颇超氏、野辞氏、房当氏、米禽氏较强，而拓跋氏最强。《宋史·党项传》载："党项，古析支之地，汉西羌之别种，后周世始强盛，有细封氏、费听氏、往利氏、颇超氏、野辞氏、房当氏、米禽氏、拓跋氏最为强族。"① 开皇六年（586年）拓跋部首领拓跋宁丛率部众至旭州（今甘肃旧庆阳府境）内附，被封为大将军。在细封步赖率部归附的影响下，党项各部纷纷内属，唐于其地置州，以其首领为刺史。但之后吐蕃势力进入并占据了这些地区，只有拓跋部未被兼并。而拓跋部也惧被吐蕃所役属，请求将静边州都督府移置到庆州（治所在今甘肃庆阳市）并得到了批准。广德元年（公元763年），吐蕃攻打唐朝，先后攻陷兰州、岷州、秦州等地，并占据河西和陇右广大地区，与灵州（驻今宁夏灵武西南）、夏州（驻今陕西靖边县东北白城子）、庆州（驻今甘肃庆阳）等地一些党项羌部落相勾结，骚扰唐朝边境。为了边境安定，唐朝把静边州都督、夏州、乐容等六府党羌移到银州（今陕西榆林县东南）以北、夏州以东地区。同时，绥州（驻今陕西绥德）、延州（驻今陕西延安）一带，也先后迁来不少党项羌部落②。拓跋乞梅依赖性所部居庆州，后发展为党项羌的"东山部"。拓跋朝光率部居银、夏间，后发展为党项羌的"平夏部"。而留居原地者，被吐蕃称为"弥药"。不久之后，吐蕃又继续向北征进，平夏部和东山部被迫移居石州（今山西吕梁市离石区）一带。天宝（公元742—756年）末年，平夏部首领拓跋守寂因平定"安史之乱"有功，被唐朝廷晋升为容州刺史，领天柱军使，后赠灵州都督。守寂死后，其裔拓跋思恭因镇压黄巢起义有功，被唐僖宗授予夏、绥、银诸州节度使等职。中和三年（883年），复封夏国公，赐姓李，还授夏州地区以"定难军"称号，统辖夏、绥、银、宥四州。夏州拓跋氏于是成为雄踞一方的唐朝藩镇。对此，《宋史·夏国上》有比较练的概括："李彝兴，夏州人也，本姓拓跋氏。唐贞观初，有拓跋赤辞者归唐，太宗赐姓李，置静边等州以处

① 《宋史·党项传》，中华书局标点本1985年新1版。

② 尤中著《中华民族发展史》（第②卷），晨光出版社2007年版。

之。其后析居夏州者号平夏部。唐末，拓跋思恭镇夏州，统银、夏、绥、宥、静五州地，讨黄巢有功，复赐李姓。思恭卒，弟思谏代为定难军节度使。思谏卒，思恭孙彝昌嗣。”[①] 从唐末拓跋思恭到五代十国末期的李彝兴，其间经历了八九十年，党项羌贵族李氏（拓跋氏）一直盘踞银、夏等州之地，虽不能独立建国称帝，但也不曾被内地的五个小王朝或其他邻国直接兼并，只是名义上依附于梁、唐、晋、汉、周，受其封号，朝贡不绝，但利用一切机会增强实力，成了一股不可忽视的力量。

北宋建立后，夏州党项羌为了避免宋朝的威胁，与宋交好，遣使向赵匡胤祝贺。同时，宋朝也无力消灭党项羌贵族李氏的势力，只能任其发展，最终以党项羌为主体建立了西夏王朝，党项羌的主体形成了西夏人。然而还有一部分西夏境内的党项羌人由于政治、经济的发展较为落后，在相当长的时间内并没有融于西夏，处在相对独立的发展状态之下。其他不在西夏国范围内的党项羌则分属辽、宋、金统辖。宋朝建立后，河东路的石、隰、麟、府、丰等州，陕西沿边的秦、陇、仪、渭、泾原、邠、宁、鄜、延、环、庆等州，也相继成为党项人的重要聚居区[②]。

宋朝西部的秦凤路（驻今陕西凤翔县，辖境最大时北至今宁夏靖远、同心二县，南抵今甘肃、四川省界，东有今甘肃镇原、泾川、灵台及陕西麟游、扶风、周至、太白、留坝等县，西包今青海西宁市及贵德、同仁等县），北与西夏南部相连，西与吐蕃诸部（在今青海省境内）相接，南邻利州路的北部。在这一广大的区域内，亦有羌人分布。《旧五代史·吐蕃传》载：“至五代时，吐蕃已微弱，回鹘、党项诸羌分侵其地，而不有其人民（按：指吐蕃人）。”[③] 即吐蕃王朝势力衰落之后，原来被吐蕃王朝控制的河西陇右地带，成了回鹘、党项诸羌与吐蕃人的共同杂居区。这里所说的“党项诸羌”包括党项羌与羌人中的其他部分在内。《宋史·范仲淹传》载：“改邠州（驻今陕西彬县）观察使，仲淹表言：‘观察使班侍制下，臣守边数年，羌人颇亲爱臣，呼臣为龙图老子。’”[④] 可见邠州境内亦有羌人。

---

① 《宋史·夏国上》，中华书局标点本1985年新1版。

② 陈佳华等著《中国历代民族史·宋辽金时期民族史》，社会科学文献出版社2007年版。

③ 《旧五代史·吐蕃传》，中华书局标点本1976年版。

④ 《宋史·范仲淹传》，中华书局标点本1985年新1版。

邠州之西和秦凤路相连，秦凤路辖境内的羌人人口更多。《宋史·吐蕃传》载："溪巴温者，董毡疏族也，自阿里骨之立，去依陇逋部，河南诸羌多归之。"[①] 此外，熙州、洮州、河州也有许多羌人，由于他们和吐蕃人杂居，已经和吐蕃人一齐信奉了佛教，但民族间的融合还没有产生，他们仍旧保持羌人的名称。立于宋元丰七年（公元 1084 年）的《广仁禅院碑》载："西羌之俗，自知佛教，每计其部人之多寡，推择其可佛者，使为之诵其贝叶傍行之书。"这一状况到金朝依然如故。《金史·宣宗本纪》载："元光（金宣宗年号，公元 1222—1223 年）二年秋七月壬寅朔，夏人犯积石州（驻今青海循化撒拉族自治县），羌界寺族多陷没，惟桑逋寺僧看逋、昭逋、厮没，及答那寺僧奔鞠等拒而不从。"[②] 这些信仰佛教的羌族先民后来当融入藏族先民。

在宋代，出于与西夏斗争的战略考虑，宋朝加强了对西北羌人的安抚。《宋史·党项传》载："是年（宋太宗淳化四年，公元 993 年），郑文宝献议禁青盐，羌人四十四首领盟于杨家族，引兵骑万三千人入寇环州石昌镇，知环州程德玄等击走之，因诏屯田员外郎、知制诰钱若水驰驿诣边，弛其盐禁，由于部族宁息。"[③] 这一类措施，使得羌人不断向宋王朝靠近。公元 1043 年，范仲淹宣抚陕西，大力招抚羌、汉流民，"于是羌汉之民，相踵归业"，又"犒赏诸羌，阅其人马，为立条约：'若仇已和断，辄私报之及伤人者，罚羊百、马二，已杀者斩。负债争讼，听干官为理，辄质缚平人者，罚羊五十、马一。贼马入界，追集不赴随本族，每户罚羊二，质其首领。贼大入，老幼入保本砦，官为给食；即不入砦，本家罚羊二；全族不至，质其首领。'诸羌皆受命，自是始为汉用矣"[④]。由于这些措施有助于发展羌人生产，因而范仲淹在世时，"邠、庆二州之民与属羌，皆画像立生祠事之。及其卒也，羌酋数百人，哭之如父，斋三日而去"[⑤]。

南宋以后，金人势力扩展至今青海东部，与西夏展开争夺，宋朝的影响不复存在。元朝建立后，废除了唐朝以来在羌人地区设置的羁縻州等，"皆赋

---

① 《宋史·吐蕃传》，中华书局标点本 1985 年新 1 版。

② 《金史·宣宗本纪》，中华书局标点本 1975 年版。

③ 《宋史·党项传》，中华书局标点本 1985 年新 1 版。

④ 《宋史·范仲淹传》，中华书局标点本 1985 年新 1 版。

⑤ 《宋史·范仲淹传》，中华书局标点本 1985 年新 1 版。

役之，比于内地”，并派驻重兵。

另外，唐末、五代时期，一部分党项羌人还顺黄河东北上，进入今内蒙古中部地区，先后被辽、金所征服，受辽、金的统治。《辽史·太祖本纪》载：“天赞三年（公元924年）六月乙酉，……大举征吐浑、党项、阻卜等部。”① 这里所说的党项羌人即在今内蒙古中部与吐谷浑、阻卜共同杂居在一起。党项羌被辽朝羁縻治之，以畜牧业生产为主，兼事狩猎。由于其流动性大，党项羌便在辽朝与西夏王朝之间或叛或附。《辽史·圣宗本纪》载：“开泰二年（公元1013年）秋七月乙未，西南招讨使、政事令斜轸奏，党项［羌］诸部叛者皆遁黄河北模赧山，其不叛者曷党、乌迷两部因据地，今复西迁，诘之则曰逐水草。不早图之，后恐为患。又闻前后叛者皆投西夏，西夏不纳。诏遣使再问西迁之意，若归故地，则可就加抚谕。使不报。上怒，欲伐之。遂诏李德诏：‘今党项叛，我欲西伐，尔当东击，勿失犄角之势。’仍命诸军各市肥马。”②

到了辽朝末年，这些党项羌人仍然游牧在辽朝的西南路招讨司（驻今内蒙古呼和浩特市东南白塔村）辖境范围之内。《辽史·天祚皇帝四》载：“五年（天会五年，公元1127年）春正月辛巳，党项小斛禄遣人请［天祚］临其地。戊子，趋天德，过沙漠，金兵忽至。上徒步出走，近侍进珠帽，却之，乘张仁贵马得脱，至天德。己丑，遇雪，无御寒具，术者以貂帽进；途次绝粮，术者进麦与枣；欲憩，术者即跪坐，倚之假寐。术者辈惟洁冰雪以济饥。过天德。至夜，将宿民家，给曰侦骑，乃叩马首，跪而大恸，潜宿其家。居数月，嘉其忠，遥授以节度使，遂趋党项。以小斛禄为西南面招讨使，总知军事，仍赐其子及诸校爵赏有差。”③ 正是因为辽朝西南路招讨司辖境内的党项羌人很多，才以小斛禄为招讨使。

金朝统治时期，西南招讨司管制区内已经不见有党项羌人活动的记载，当是与鞑靼等融合了。金朝末年的汪古部便是由鞑靼、突厥、党项羌、吐谷浑等组成的新民族群体。

整个党项羌的消亡是从元代时开始的。有元一代，无论是留居西夏故地的党项人，还是被元朝政府派遣到各地做官的党项人，为了政治上的需要，

---

① 《辽史·太祖本纪》，中华书局标点本1974年版。

② 《辽史·圣宗本纪》，中华书局标点本1974年版。

③ 《辽史·天祚皇帝四》，中华书局标点本1974年版。

在他们中间发生了改姓易名，甚至改变族属的情形。元以后，党项羌基本上完成了自身的民族融合，先后融入汉族、藏族、蒙古族之中去了。

党项羌是一个以畜牧业为主，也兼有一定农业生产的民族。在畜牧业中，尤其重视养马，又由于其境内多有沙漠，故养驼业也较为发达。畜牧业的生产通常都是以一家一户为单位进行，号称“帐”。帐既是党项羌的基层社会组织，也是其基层的生产组织。牧民放养牲畜，一般都靠自己劳动，但富裕的牧民，也雇佣内地逃亡兵民从事劳作。

党项羌随着他们分布区的东移，开始从事大规模的农业。西夏国建国前后，由于大力提倡发展农业，鼓励开荒种植，组织军队发展“屯田”“营田”，注意兴修水利，促使农业生产得到快速发展。随着规模的不断扩大，农业在党项羌的经济生活中成了支柱，政府还专门设置了“农田司”管理农田水利。由于汉族先进生产技术的影响，党项羌的农耕方式几乎与西北汉族相同。粮食作物主要有水稻、小麦、大麦、荞麦、青稞等，蔬菜主要有芥菜、香菜、蔓菁、萝卜等。同时，由于农业生产条件差，加之自然灾害等，党项人一年所获不多，还需要经常依靠采集部分野生植物来帮助维持生计。另外，也采集柴胡、苁蓉、红花、甘草等重要药材用于与内地交换[①]。

由于有发展很快的畜牧业，所以党项羌的手工业多与畜牧业有关。但随着铁器的广泛使用，汉族先进技术的传入，党项羌的手工业生产向着更多的领域发展，有冶炼、制盐、纺织、造纸、制陶、酿造等行业出现，在西夏国的政府机构中就专门设有冶金司、刻字司、织绢司、铁工院、木工院、造纸院、砖瓦院，以对各手工业进行管理。

在党项羌东移，农业、手工业发展的刺激和带动下，党项羌与内地的贸易交换关系也得到发展。首先是官方通过遣使通贡的办法与汉民族政权交往；在沿边地区建立榷场，如宋代先后在陕州、河东、保安军、久良津等地建立互市场所。虽然因为战争的关系，贸易交换多受影响，但贸易规模却不断扩大。此外，边境地区的贸易也十分频繁，党项羌输出商品，以驼、马、牛、羊为大宗，其次是毡毯、盐和各种药材；输入的则主要是粮食、布匹、茶叶、绸缎、瓷器、漆器等。

---

① 陈佳华等著《中国历代民族史·宋辽金时期民族史》，社会科学文献出版社2007年版。

宋以前，党项羌无文字，以草木的枯荣来记岁时。随着与汉族、藏族的交往，逐渐借用汉文和藏文作为交际工具。元昊之父李德明就是“晓佛书、通法律”之人，而元昊亦“晓浮图学，通汉、蕃文字”。党项羌创造的西夏文在李德明时开始酝酿，到元昊称帝时最终完成。西夏文是根据党项语的特点，仿照汉字创制而成，虽然在形制、结构、表意、书写等方面与汉字相似，但也与汉字有不同的特点，如比汉字更为繁复，会意合成字比汉字的会意字多，象形、指事字极少，类似拼音构字法的反切上下字合成法所占比例大等。西夏文曾由政府下令广泛推广使用，政府公文亦以西夏文制作，公元1039年，元昊还下令设立“蕃学”，命野利仁荣主持教授西夏文，还用西夏文翻译汉文经典和佛教经典。由于政府的重视，帝王的提倡，党项羌产生了许多语言文字学的著作，如《番汉合时掌中珠》《文海》《音同》《要集》《五音切韵》《杂类》等。

关于党项羌的风俗习惯，史书所载极少，现将有关学者对党项羌有关风俗习惯的研究成果录之于下①：

党项羌人最初大都从事畜牧业，居毡帐，衣裘褐，无法令、文字，候草木以记岁时，同姓不婚，贱老贵壮，施火葬。移居内地后，从经济生活的角度看，出现了分化，一部分人开始从事农业生产，一部分人仍以畜牧为生，前者住草木或土筑成的房屋中，后者则仍居穹庐，饮奶酪，衣毛皮。

食物除畜肉之外，也食用粮食、蔬菜，并辅之以部分野生植物。衣服多布衣，富人穿丝帛之物。西夏立国后，因汉族地区的丝织品不断输入，加上每年从宋朝获得大量“岁赐”，上层贵族大多穿绫罗锦绮，男的为团花锦袍，女的为绣花翻领长袍。

党项羌分布区地多沙碛，交通不便，所以交通工具主要是骆驼、马和牛。渡河则以牛、羊皮制成皮筏。在重要的交通要道，多有驿站设置。

军事制度上实行全民皆兵，以一家为一帐，男子十五岁为成丁。家有两丁，则取一人为正军，一人负担杂役。军士平时参加生产劳动，战时备马出征。凡出师征战，由各部落派人参加，皆自备弓矢甲胄，由部落首领带队。在此背景下，党项羌人形成了俗尚武、好攻夺、重复仇的民族心理，倘力弱不能复仇，则聚集年轻力强妇女，宴以牛羊肉、酒食，使往仇家纵火，焚其

① 详见陈佳华等著《宋辽金时期民族史》，四川民族出版社1996年版。

庐舍。行军作战喜用伏兵，好声东击西。

党项羌的姓名多为双音节，即两字一姓，如野利、没藏等。单音节的姓较少，三音节的更少。有的以数字为姓，或以身体部位为姓，或以动植物名称为姓，或以地支为姓，或以部落为姓，或以地名为姓。实行族外婚制。凡青年男女婚配，重视彼此相敬、互爱，戒贪恋财物。也有包办和买卖婚姻等。

重巫术，相信万物有灵论，人病不服医药，召请巫师为之驱鬼，或将病人移居别室，以避灾祸。喜占卜，其方法有四：用艾草烧羊胛骨，视其征兆；擗算，擗竹于地以求数，与内地汉人折蓍草占卜同类；咒羊，卜前须于晚上取一羊焚香祷告，又于僻静地方焚烧谷火，次日清晨杀羊，视羊肠胃是否通畅，以占吉凶；以箭杆击弓弦，听其声音以测战争胜负和推断敌人到达时间，或以同样方法占牲畜灾祥和农业收成好坏。

在丧葬习俗方面，党项羌传统的方式是火葬。但因受汉民族文化影响，也有土葬，如西夏历代帝王就在贺兰山东麓建立陵园，其形制与汉族大体相同。

二、回鹘及其文化

回鹘初称“回纥”，原为铁勒部的一支。后魏号铁勒，唐初号特勒，后称回纥，元和中改为回鹘。唐开成五年（公元840年），在黠戛斯的攻击下，回鹘部众溃散，被迫西迁。在西迁之后，由于所居住的自然环境、所接触民族历史文化不同，在9—12世纪中叶这段时期内，河西回鹘、西州回鹘、葱岭西回鹘之间，开始在经济文化生活方面出现差异。

河西回鹘。也称甘州回鹘，居住以甘州为中心的地区，目前学术界一般认为它应包括秦州回鹘、凉州回鹘、贺兰山回鹘、肃州回鹘、瓜州回鹘和沙州回鹘等，由于绝大多数居于河西走廊一带，故称之为河西回鹘。部分回鹘迁徙到河西时，在相当长的一段时间内，仍然不同程度地保持着鄂尔浑河时代的游牧生活方式，同时也还从事狩猎活动。这可以从河西回鹘向内地王朝所贡的物品多为马、骆驼、狩猎物等事实中得到说明。例如，《册府元龟》卷九七二载，清泰二年（公元935年）七月，河西回鹘可汗仁美遣都督陈福海而下七十八人献马三百六十匹，及野马皮、野驼峰等。公元938年，河西回鹘王仁美又进献野马、独峰驼、羚羊角、白貂鼠皮、牦牛尾等。公元939年、940年、945年，河西回鹘都进献畜牧业产品。在《新五代史·回鹘传》中，还记载了河西回鹘进献“硇砂、腽肭脐、金刚钻、红盐”[①] 等矿业产品。可见，河西回鹘与内地王朝的联系还是比较紧密的。

进入河西地区不久，大部分回鹘人逐步改变了他们原来的生产生活方式，开始从事定居的农业生产。河西地区除有水草丰美的牧场之外，还有大量纵横交错的河流可供灌溉，有利于农业生产。西汉武帝时，已经迁移一些汉族人口到河西地区发展农业。唐朝又在此修了许多水利工程。迁入河西的这些回鹘人，继承了前代开创的农业生产基础，逐步改变了原来的游牧生产生活方式，使农业生产在经济生活中逐渐占主导地位。《新五代史·回鹘传》载：“当五代之际，有居甘州、西州者尝见中国，而甘州回鹘数至，犹呼中国为舅，中国答以诏书亦呼为甥。……其地宜白麦、青稞麦、黄麻、葱韭、胡荽，而以橐驼耕而种。”[②] 可能是由于没有耕牛，回鹘人聪明地把橐驼用于农耕，解决了畜力问题。

在农业发展的基础上，回鹘人的手工业和商业亦随之发展起来。地处北方丝绸之路的河西走廊，几个世纪以来一直是东西方交通的陆路枢纽，因此他们的对外贸易也较为发达。《册府元龟》卷九七二《外臣部·朝贡五》记载了河西回鹘以朝贡形式往来贸易的情况：后梁乾化元年（公元911年）十二月，河西回鹘与吐蕃首领一百二十二人向后梁太祖“上表及方物等陈而献焉”。后唐同光二年（公元924年）四月，“回鹘都督李引释迦、副使田铁林、都监杨福安等六十六人陈方物，称本国权知可汗仁美在甘州差贡善马九匹、白玉一团”，同时，沙州亦进贡物。这些所谓的“朝贡”，其实是一种贸易活动，许多贸易商品显然是从西部的波斯等国贩运而来的，如波斯锦、安西丝、珊瑚树等。北宋王朝建立以后，河西回鹘继续以“朝贡”的形式与北宋进行商品贸易。如建隆二年（961年），河西回鹘可汗景琼便遣使献贡品；太平兴国五年（980年），河西回鹘可汗夜落纥密礼遏遣使以名马、珊瑚、琥珀等物贡于宋；咸平四年（1001年），河西回鹘可汗禄胜遣使曹万通以玉勒名马、独峰无峰骆驼、琉璃器等贡于宋。即使是在河西回鹘汗国破灭后，河西回鹘的商人也都一直往来于宋、辽之间，从事商贸活动。

回鹘分布在北方草原时，曾使用以粟特字母为基础创造的回鹘文。西迁

---

① 《新五代史·回鹘传》，中华书局标点本1974年版。

② 《新五代史·回鹘传》，中华书局标点本1974年版。

至河西的回鹘人亦沿袭使用这种文字。回鹘文属音素文字，一般由18—23个符号组成。早期文字为从右到左横写，因受汉文的影响，后改为从左至右竖写。书写工具多用芦苇笔。主要流行于河西甘州回鹘、高昌回鹘及喀喇汗王朝境内。19世纪末20世纪初在敦煌发现了一些用这种文字书写的文献，最重要的有《善恶两王子故事》、《金光明最胜王经》、《吉祥论律仪》残卷、《阿毗达摩俱论》残卷、《阿含经》残卷等，其中多数为11世纪后的译作、著作[①]。在宗教方面，迁入河西后，回鹘人从原来信仰摩尼教改信佛教。《册府元龟》卷九七二载：后唐庄宗同光二年（公元924年）四月，“回鹘都督李引释迦、副使田铁林等六十六人陈方物，称本国权知可汗仁美在甘州”。文中提到的李引释迦，把佛号加在自己的名字内，这便是佛教信仰的标志。《宋会要辑稿·蕃夷道释》亦记载了河西回鹘有关佛教的情况：“真宗咸平元年（公元998年）四月，甘州回鹘可汗王遣僧法胜等来贡。”[②] 以佛教僧侣为使臣入贡，由此可见佛教之兴盛。景德四年（公元1007年），又有僧人献马十匹。以上说明佛教已经广泛地深入到河西回鹘的政治和文化生活领域。

西州回鹘。又称为“高昌回鹘”“和州回鹘”，其首府设于高昌（唐代称西州），故多称之为高昌回鹘。西州回鹘在9世纪中叶迁至西州地区时，仍然保持着北方草原的游牧生产方式。而当时在西州地区则居住着一些生产方式不尽相同的其他民族群体：天山以北的塔里木河流域地带，是从事农业生产的原住“胡人”和部分汉人；天山以北的南突厥、北突厥、黠戛斯等则仍然过着逐水草而居的游牧生活。迁入西州的回鹘人主要分布在天山南部的农业区，这就使他们不能不改变过去的生产生活方式，调整自己的经济结构，以适应当地的农业生产。为了适应农业生产，土地的占有便成了重要的问题。由对土地的占有，引起了西州回鹘社会内部的分歧。从《福乐智慧》中可以窥见，围绕着农业地位问题的争论，一直延续到《福乐智慧》作者生活的时代。这不仅反映出农业经济引起了西州回鹘社会结构方面的变化和政治观念方面的冲突，而且也反映了在选择农业还是畜牧业经济这个问题上的矛盾[③]。不过，争论归争论，农业经济还是在西州回鹘中发展起来了。但由于历史上

① 陈佳华等著《中国历代民族史·宋辽金时期民族史》，社会科学文献出版社2007年版。

② 郭声波校点《宋会要辑稿·蕃夷道释》，四川大学出版社2010年版。

③ 尤中著《中华民族发展史》（第②卷），晨光出版社2007年版。

畜牧业占据主导地位的因素，畜牧业生产在西州回鹘的经济生活中仍然占相当大的比重。《宋史》载《王延德使高昌记》曰："地多马，王及王后、太子各养马，放牧平川中，弥亘百余里，以毛色分别为群，莫知其数。"[①] 可见，西州回鹘的养马业是十分发达的。同时，狩猎也占一定比例。《宋史·高昌传》载："出貂鼠……俗好骑射。"[②] 西州回鹘向宋、辽贡献的貂鼠皮、野马皮等，都是在狩猎中获得的。正是在王延德使高昌（太平兴国六年，公元981年）这一年，西州回鹘统治者始称王，走上了独立发展的道路。由于西州回鹘对唐称"外甥"，宋王朝为了回报"阿斯兰汉（汗）"，遣王延德出使高昌。西州回鹘强盛时，疆域东至哈密，西抵天山西部，南界于阗，北达阿尔泰山。

西州回鹘国王虽自称为"阿斯兰汉（汗）"，但其实际称号却是"亦都护"，是突厥语译，意为"幸福之主"。亦都护下设九宰相、枢密使、金紫光禄大夫、检校太师、左神武大将军、御史大夫、上柱国封谯县开国子、监使、判官、都督、于越、于尔奇、断事官等官职。12世纪初，西州回鹘因内部矛盾尖锐，势力渐弱。宋宣和六年（公元1124年）耶律大石率契丹余众西迁，并于公元1130年向西州回鹘借道，国王毕勒哥无力抵抗，迎大石至府邸，临别时还赠马600匹、骆驼100头、羊3000只。当大石于中亚建立政权时，西州回鹘又送子孙入质，实际沦为西辽的附庸。成吉思汗兴起于蒙古草原后，西州回鹘遣使向成吉思汗称臣[③]。

随着农业、畜牧业及狩猎等副业生产的发展，各种手工业发展起来。据《宋史》载，高昌地区出产"白、绣文花蕊布"，"地有野蚕生苦参上，可为绵帛"，"人性工巧，善冶金、银、铜、铁为器及攻玉"[④]。各种手工业产品的数量不少，它们被大批运往辽朝和宋朝境内出售。据《松漠纪闻》载，西州回鹘中生产出来的各种手工业品，"多为商贾于燕，载以橐它，过夏地，夏人率十而指一，必得其最上品者，贾人苦之，后以物美恶杂贮毛连中（毛连以羊毛缉之，单其中所头为袋，以毛绳或线封之，有甚粗者，有间以杂色毛者

---

① 《宋史·高昌传》，中华书局标点本1985年新1版。

② 《宋史·高昌传》，中华书局标点本1985年新1版。

③ 陈佳华等著《中国历代民族史·宋辽金时期民族史》，社会科学文献出版社2007年版。

④ 《宋史·高昌传》，中华书局标点本1985年新1版。

则轻细)，然所征亦不赀，其来浸熟，始厚赂税吏，密识其中下品者，俾指之尤能别珍宝。蕃、汉为市者，非其人为侩则不能售价”①。西州回鹘输出的手工业产品种类如此之多，足见其手工业之发达。

西州回鹘所分布的吐鲁番盆地，是东西方民族迁徙、流动的走廊，在西州回鹘未到达之前，这里先后流行着十六种文字。当西州回鹘的经济文化大发展后，回鹘文逐步取代了流行在吐鲁番的各种文字，在回鹘社会生活的各个方面得到了更为广泛的使用。现存的回鹘字文献，最古的是《九姓回鹘可汗碑》，影响比较大的有《乌古斯可汗的传说》《金光明最胜王经》《菩萨大唐三藏法师传》《高昌馆来文》等。

西州回鹘的文学作品形式多样，有诗歌、格言、谚语、说唱故事等。影响比较大的作品有《乌古斯可汗的传说》《弥勒会见记》等。在音乐方面，高昌地区是西域音乐的重要发源地，在唐代的“十部乐”中，高昌地区就占了两部，即高昌乐和龟兹乐。居住于当地的居民大都能歌善舞。在绘画方面，由于受佛教的影响，题材多与佛教有关。在吐鲁番、库车和吉木萨尔等地的佛教洞窟中，都有属于宋代时期的雕刻和绘画作品。在宗教方面，西州回鹘原来同样信仰摩尼教，后来逐渐改信佛教。

在西州回鹘之中，从事游牧者住毡帐，食马、牛、羊肉及各种奶制品；从事农业生产者，大多居住在土木结构建筑中，食用五谷，谷类一般都制成饼，佐以蔬菜、葡萄酒或蜂蜜之类。土屋一般建在夯土的台基上，大多数是单层结构，以干草拌泥土的土坯砌成，屋顶铺高粱秆，盖上瓦或黏土。西州回鹘的男装以斜领或圆领窄袖长袍为主，便于骑射，女装多为弧形翻领或交领长衣。在发式方面，西州回鹘男人一般将头发梳至后脑勺打结，然后缠上一块黑布，或戴上一顶后面翘起的便帽。妇女的发型一般比较简单，剪得与耳垂一样高。男子外出一般要系腰带，带上挎刀等。妇女则不系腰带。交通工具主要是马、驼、驴、骡及这些牲畜所拉的车。

西州回鹘通常为一夫一妻，经媒妁介绍，方可成婚。婚姻时一般都要举行婚宴，还要给伴娘和牵驴人以红色或紫色缨子作为礼物。人死后实行火葬，骨灰埋在特定的地方。

葱岭西回鹘。葱岭西回鹘进入中亚草原并进一步占领塔里木盆地南缘及

① 转引自尤中著《中华民族发展史》(第②卷)，晨光出版社2007年版。

河中农业地区之初，仍然以在鄂尔浑河时代的游牧经济为主。然而，葱岭西回鹘的统治者看到塔里木盆地南缘和河中地区农业经济创造的稳定收入，以及农业经济可以提供更为丰富的物质财富和定居所带来的安定的生活环境，便对农业经济产生了巨大的兴趣。首先，他们夺取农业地区的土地分给各级贵族。在帕米尔以西地区，喀喇汗王朝继续保留原来以国家直接占有为主的封建土地所有制，即将土地的一部分作为世袭封地授予王室成员。领有世袭封地的王族被称作“伊列克汗”。另一部分土地，则沿用萨尼曼王朝的旧例，作为终身份地，以“伊克塔”名义授给回鹘贵族。这样，葱岭西回鹘的贵族们，便从游牧转向农业，以土地为主要剥削手段，对转向农业生产的回鹘人民及当地的其他民族的农民进行剥削。这样一来，葱岭西回鹘中的一部分人口便从原来的游牧转入定居的农业生产。随之而来的是手工业和副业的发展。他们生产的手工业和副业产品有：胡锦、花蕊布、西锦、白玉带、珠玉、翡翠、乳香、木香、琥珀、水银、葡萄酒等。

在文化上，葱岭西回鹘有两部书可以作为杰出的代表，一部是《福乐智慧》，另一部是《突厥语大辞典》。《福乐智慧》成书于公元1069年至1070年间，作者玉素甫·哈斯·哈吉甫，出生在巴拉沙衮，曾担任过喀喇汗王朝的侍从顾问。本书的汉语译意为“赐给幸福的知识”。《福乐智慧》是一部长篇韵文巨著，全书85章，13900行，它不是一部纯粹的艺术作品，其内容涉及当时社会生活的各个领域，包括政治、法律、伦理、哲学、文化、宗教等。《突厥语大辞典》的作者马赫穆德·喀什噶里，该书为阿拉伯字母转写的突厥语辞典，收词近7500条，是一本百科全书式的文化巨著。

葱岭西回鹘在鄂尔浑河游牧时代信仰的宗教与西州回鹘相同，即在信摩尼教的同时，也信萨满教，后又信摩尼教，迁入中亚后，葱岭西回鹘放弃了原来所信仰的摩尼教，为了稳定对伊斯兰教徒的统治和发展喀喇汗王朝的势力，他们接受了伊斯兰教，使塔里木盆地南缘地区的伊斯兰教流行。葱岭西回鹘迁入盛行伊斯兰教的中亚，为了稳定对中亚伊斯兰教徒的统治和发展喀喇汗王朝的势力，喀喇汗王朝的苏图克·布格拉汗便在9世纪末接受了伊斯兰教，并利用伊斯兰教来扩大自己的统治范围。10世纪初，喀喇汗王朝兼并了信仰佛教的于阗国，把伊斯兰教引入塔里木盆地南缘地区，与东北部信仰佛教的西州回鹘形成宗教意识形态的对立。与此同时，喀喇汗王朝推翻了控制河中地区的萨尼曼王朝，使中亚的伊斯兰势力与塔里木盆地南缘地区连成了一片。喀喇汗王朝的统治者们，大量营建伊斯兰教寺院，开办宗教学校，培养传教骨干，以传播和普及伊斯兰教，使之为巩固喀喇汗王朝服务。之后，阿拉伯文化和波斯文化便通过伊斯兰教输入葱岭西回鹘当中。以阿拉伯字母为基础的维吾尔文字，正是在这种历史条件下产生的。

因信仰伊斯兰教，食牛、羊肉，禁食猪肉。粮食多磨成面，然后做成饼吃。

男女皆编发，贵族及在位官员俱戴帽。平民以白布缠头。贵族妇女头缠白色或紫色纱罗，上绣花卉等物，垂发以布帛囊之，不梳髻，戴面纱。衣服以棉布制成，俗尚白，以白为吉色。提倡薄葬。

三、吐谷浑及其文化

吐谷浑也称吐浑。前面已讲到，唐高宗龙朔三年（公元663年），在吐蕃的攻击之下，吐谷浑国破，可汗慕容诺曷钵率数千帐走凉州，部族分散。自五代以来，居于河东、朔方等地的吐谷浑各部，一部分为兴起于漠北的辽国统治外，其余各部先后在后唐、后晋、后汉、后周、北汉、宋等政权的统治之下。宋辽金时期，吐谷浑主要分布在辽朝统治区内，受辽的统治。《辽史·太祖本纪》载：（天赞三年，公元924年）“六月乙酉，是日，大举征吐谷浑、党项、阻卜等部。诏皇太子监国，大元帅尧骨从行。”① 这是辽太祖首次出兵征讨漠南、代北的吐谷浑、党项羌和阻卜，其后又把部分吐谷浑东迁至祖州越王城从事畜牧业生产。

《辽史·地理志一》“祖州”（驻今内蒙古巴林左旗西南石房子村）条载：“越王城。太祖伯父于越王述鲁西伐党项、吐谷浑，俘其民放牧于此，因建城。在州东南二十里。户一千。”② 接着多地的吐谷浑人便先后投向辽朝。《辽史·太宗本纪上》载：“天显十年（公元935年）夏四月，吐谷浑酋长退欲德率众内附。六月乙丑，吐［谷］浑来贡。”③《辽史·太宗本纪下》又载：“会同三年（公元940年）春正月壬辰，晋以并（州驻今山西太原市）、镇（州驻今河北正定）、忻（州驻今山西忻县）、代（州驻今山西代县）之吐谷浑来归。”④ 在此之前的天显十一年（公元936年）十一月，辽太宗以兵助石

---

① 《辽史·太祖本纪》，中华书局标点本1974年版。

② 《辽史·地理志一》，中华书局标点本1974年版。

③ 《辽史·太宗本纪上》，中华书局标点本1974年版。

④ 《辽史·太宗本纪下》，中华书局标点本1974年版。

敬瑭建立后晋王朝，石敬瑭割幽、云十六州给辽朝以为酬谢，于是流散在代州以北的吐谷浑皆归属辽朝。但是，由于辽朝对归属的吐谷浑人进行残暴的民族压迫，引起吐谷浑人的不满。当时安重荣镇守成德（今河北正定），便派人招诱吐谷浑，吐谷浑首领白承福等乃自五台山进入后晋的并州、镇州、忻州、代州散居。于是，辽太宗遣使者责备石敬瑭，石敬瑭被迫派兵驱逐上述四州山谷中的吐谷浑人返归代北。当时吐谷浑人往复流动迁徙于辽朝与后晋之间。同时，后晋对辽朝的苛索亦不满，想利用吐谷浑来对付辽朝，仍招诱吐谷浑归附自己。于是吐谷浑首领白承福又复投后晋。《辽史・太宗本纪下》载："会同四年（公元 941 年）五月庚辰，吐谷浑夷离堇苏等叛入晋。"① 后晋出帝将之安置在岚州（驻今山西岚县北之岚城）和石州（驻今山西吕梁市离石区）之间。

当时，吐谷浑中有两个最大的首领，一个是白承福，一个是退欲德。综合史料来看：以退欲德为首的吐谷浑人一直服属于辽朝而游牧在代州以北，与鞑靼、阻卜共同杂居；以白承福为首的部分则往复于辽朝与后晋之间，而白承福部是吐谷浑中人口最多、势力最大的部分。《辽史・太宗本纪下》载："会同九年（公元 946 年）三月己亥，吐谷浑遣军校恤烈献生口千户，授恤烈检校司空。夏四月辛酉朔，吐谷浑白可久来附。"② 向辽朝献生口一千户的这部吐谷浑，当是以退欲德为首的部分；归附辽朝的白可久则是白承福家族中人。后来白承福又想叛投辽朝，刘知远发觉后，乃"以兵围其族，杀承福及其大姓赫连海龙、白可久、白铁匮等"，取其资财巨万、良马数千。同时，刘知远上表请求以吐谷浑别部王义宗统白承福余部。白可久在投辽朝之后又复叛辽归后汉，最终为刘知远所杀。从此，河东、代北的吐谷浑各部势力日益衰弱。

先后归附辽朝的吐谷浑，处于辽朝的羁縻之治下。《辽史・百官志二》"北面属国官"条载："辽制，属国、属部官，大者拟王封，小者准部使。命其酋长与契丹人区别而用，恩威兼制，得柔远之道。"③ 在北面属国官中有"吐谷浑国王府""吐浑国王府"。当时吐谷浑中有两个大部，其酋长皆拟"王封"。"白可久部"则是吐谷浑的小部。此外，史书中还以社会发展的先

① 《辽史・太宗本纪下》，中华书局标点本 1974 年版。
② 《辽史・太宗本纪下》，中华书局标点本 1974 年版。
③ 《辽史・百官志二》，中华书局标点本 1974 年版。

后、不同将吐谷浑分为生吐谷浑和熟吐谷浑。《新五代史·四夷附录第三》载："初，唐（按：指后唐）以［白］承福之族为熟吐浑。长兴（公元930—933年）中，又有生吐浑杜每儿来朝贡。每儿，不知其国地、部族。至汉乾祐二年（公元949年），又有吐浑何戞剌来朝贡，不知为生、熟吐浑。"① "吐浑"也就是"吐谷浑"。

到了金朝后期，北部的吐谷浑人便混合到北方各族中去了；在宋朝统治区内的部分只可能融入汉族；在西凉府的部分则闭关自守而独自发展②。

北宋前期（公元960—979年），位于河东地区的北汉境内也有不少吐浑人。太平兴国四年（公元979年），宋军攻灭北汉，这部分吐浑人后多臣服于宋朝。但从《辽史·圣宗三》记载来看，吐谷浑并不想臣服于宋，之后有部分吐谷浑人逃归辽朝："夏四月……丁卯，吐浑还金、回鹘安进，吐蕃独朵等自宋来归，皆赐衣带。"③ 而那些仍在宋朝统治下的吐谷浑人，部分为当地汉族逐渐同化，有的则融于西北地区各民族之中④。自此以后，有关河东等地吐谷浑各部情况，基本不见于史籍了。

这一时期的吐谷浑人仍主要从事游牧畜牧业。在社会组织方面，虽经不断迁徙，但仍保持着原有的部落组织，通过其首领来进行统治。由于经济状况和政治组织等均未发生大的变化，故吐谷浑的其他方面的文化也未发生大的变化。

四、畏兀儿及其文化

从9世纪到12世纪初的近三百年内，是现今新疆地区民族融合的一个重要时期。在这个融合过程中，一个新的民族——畏兀儿（维吾尔族先民）开始由回鹘阶段进入最后形成、巩固的新阶段。

12世纪前半叶，耶律大石建立的西辽国团结了东部的西州回鹘，消灭了葱岭西回鹘建立的喀喇汗王朝残余势力，使回鹘自身内部政治上的界限消除，宗教意识的鸿沟逐渐填平。于是，畏兀儿民族便开始形成并迅速地发展稳定下来。其发展过程是：

① 《新五代史·吐浑传》，中华书局标点本1974年版。

② 尤中著《中华民族发展史》（第②卷），晨光出版社2007年版。

③ 《辽史·圣宗三》，中华书局标点本1974年版。

④ 陈佳华等著《中国历代民族史·宋辽金时期民族史》，社会科学文献出版社2007年版。

9世纪中叶，西州回鹘进入吐鲁番盆地。这里曾先后有十七种不同的文字流行，其中包括叙利亚文、波斯文、梵文、汉文与少数希腊字及本地区的吐火罗文（按：指龟兹、焉耆文）与突厥文。这反映了历史上吐鲁番盆地及其邻境是多民族交流、共居区，而各种语言和文化正在缓慢地趋于融合的过程之中。唐朝时期突厥汗国统治天山南北先后长达二百多年，因此，突厥语广泛流行于曾经是龟兹语、焉耆语等通行的“胡人”地区。回鹘语与突厥语是近亲语言。突厥语深入塔里木河流域的“胡人”之中，使后来的回鹘语易于为原住的“胡人”接受。据马赫穆德·喀什噶里著《突厥语大辞典》描述的情况来看，到11世纪的时候，天山南部已经形成了统一的畏兀儿语言，取得了官方语言的地位[①]。原住的“胡人”及仍然存在的突厥人、汉人都接受了畏兀儿语言，趋于融合了。在经济方面，西州回鹘放弃了原来的游牧生产方式而转入农业定居，与原住的“胡人”、汉人等都趋于一致；在文化方面，迁入西州的这部分回鹘人接受了佛教文化，亦与原住的“胡人”、汉人融洽无间了。至此，西州回鹘完成了历史上的民族融合过程。据《松漠纪闻》载，甘、凉、瓜、沙四郡之外的回鹘，“颇自为国，有君长。其人卷发深目，眉修而浓，自眼睫而下多虬髯”[②]。由此看来，回鹘在民族融合的过程中，更多的是与原住“胡人”相融合，所以身体类型上才具有中亚民族的特征。

此外，当葱岭西回鹘进入中亚之时，中亚的草原地带——七河流域是葛逻禄和黠戛斯及突厥系的其他部落的游牧区；河中农业区除粟特人之外，便是萨尼曼王朝的阿拉伯人和分布在阿姆河、锡尔河并向河中地区迁入的突厥各部。中亚地区当时流行着婆罗米文、粟特文、藏文、汉文。而中亚的突厥人却没有自己的文字。葱岭西回鹘到达中亚后，先与七河流域的葛逻禄相结合（葛逻禄原本为回纥汗国建立前夕的回纥外九姓之一，后迁至七河流域，故与回鹘易于结合）。接着葱岭西回鹘征服了塔里木盆地南缘的信仰佛教的于阗国，并推行伊斯兰教信仰。12世纪前半叶建立起来的西辽国，结束了原来西州阿斯兰汗国和喀喇汗王朝统治区政治上的对立状况，使回鹘各部分在密切的交往中渐趋一致。文化生活领域内的大变化则是原喀喇汗王朝以阿拉伯字母为基础创造的畏兀儿文逐步得到推广，而使回鹘文的使用范围逐步缩小。

① 刘志霄著《维吾尔族历史》，民族出版社1985年版。

② 郭声波校点《宋会要辑稿·蕃夷道释》，四川大学出版社2010年版。

畏兀儿文以伊斯兰教为先锋，凡是伊斯兰教到达的地方，畏兀儿文便得以推广，畏兀儿文推广的过程，也就是畏兀儿民族内部宗教、文化方面的差别逐步消除，畏兀儿民族逐步发展和稳定的过程。

13世纪初的中国政治舞台上，金、西夏、南宋等政权，已趋腐朽，社会危机加深。与此相反，蒙古是一个刚刚取得内部统一的生机勃勃的新兴民族。精锐强悍的蒙古铁骑在军事天才成吉思汗的统率下，消灭了“乃蛮部”，收服斡亦剌等森林部落，挫败西夏，声威远播西北各族。为西辽所控制的畏兀儿高昌亦都护巴而术·阿尔忒的斤，决定依靠蒙古来摆脱西辽的统治，于是毅然杀掉西辽少监，在公元1209年归附蒙古。随着畏兀儿的归服，蒙古势力统治了整个天山南北。这样，蒙古族把畏兀儿统一起来。畏兀儿自称为“维吾尔”，意为“团结”“联合”。族称的确定，可以认为标志着维吾尔民族的最终形成。

第二节 西南的民族及其文化

宋代的西南民族主要处于大理国和宋王朝的成都府路、梓州路、夔州路的管辖之下。在这一时期，西南各民族的分化进一步加剧，西南各民族的先民已经基本分化出来。宋王朝对大理国之外的西南少数民族主要实行羁縻之治，设立羁縻州、县、洞，通过各民族的酋领来进行统治。宋王朝与大理国之间虽然政治往来较少，但经济文化交流较为频繁。大理国的马匹通过周边少数民族不断输送到宋王朝，同时宋王朝的汉文书籍等也不断输送到大理国。

一、氐羌系统各民族群体及其文化

（一）羌

唐以后，大部分羌人与吐蕃融合，人口逐渐减少，分布区缩小，所剩下的羌人大多分布在茂州、威州所属的各羁縻州内。一个羁縻州基本上就是一个部落，宋王朝以该部落的首领充当羁縻州刺史。《宋史·蛮夷四》载：“威州保霸蛮者，唐保、霸二州也。天宝中所置，后陷没。酋董氏，世有其地，与威州相错，因羁縻焉。保州有董仲元，霸州有董永锡者，嘉祐（公元1056—1063年）及熙宁（公元1068—1077年）中皆尝请命于朝。政和三年（公元1113年），知成都庞恭孙始建言开拓，置官吏。于是以董舜咨保州地为祺州，董彦博霸州地为亨州，授舜咨刺史，彦博团练史。……茂州诸部落，盖、涂、静、当、直、时、飞、宕、恭等九州岛蛮也。蛮自推一人为州将，治其众，而常诣茂州受约束。”[①] 不过，在《武经总要》前集卷一九中，记载的不是九州岛，而是十七州，即静、恭、当、直、岩、涂、达、松、飞、柘、干、悉、可、翼、向、居等十七州[②]。这种不同记载，主要是由于茂州时叛时降而造成的。当其叛宋时，就取消此地的羁州设置，经常保持的羁縻设置，可能就是《宋史·蛮夷四》中所载的“九州”附近。

郭声波对“茂州蛮”有较多的研究，他认为：在翼州境内从前蜀初至宋淳熙（公元1174—1189年）初年一直分布着茂州羌，约200户，在今汶川南部。在涂州境内从唐广德（公元763—764年）后至宋政和七年（公元1117年），一直分布着林台羌，约60户左右，约在今茂县中部。向州境内从唐末至宋淳熙初年分布着茂州羌，约50户，在今茂县东北。在达州境内分布着特浪羌，约100户，在今汶川北部。时州境分布着辟惠羌，约100户，在今茂县南部。本在灵关路，唐永隆（公元680—681年）后内徙茂州。居州境分布着辟惠羌，约50户，在今茂县南部。本在灵关路，唐永隆后内徙茂州。可州境分布着辟惠羌，约200户，在今汶川西南。本在灵关路，唐永隆后内徙茂州。宕州境分布着辟惠羌，约275户，在今茂县南部。本在灵关路，唐永隆后内徙茂州。飞州境分布着渠步羌，约200户，在今茂县中部。本在弱水西山，唐麟德（公元664—665年）后内徙茂州。保州境分布着维州羌，在今理县东部。霸州分布着维州羌，在今理县东部。当州分布着茂州羌，约50户，在今茂县中部。悉州分布着茂州羌，约315户，在今茂县西部。静州分布着茂州羌，约400户，在今茂县中部。柘州境分布着茂州羌，约100户，在今茂县中部。恭州境分布着茂州羌，约200户，在今茂县南部。直州境分布着茂州羌，约200户，在今茂县中部。干州境分布着茂州羌，约400户，在今汶川中部[③]。

除“威州、茂州蛮”外，“西山野川路蛮”也以羌为主。据郭声波研究，

---

① 《宋史·蛮夷四》，中华书局标点本1985年新1版。

② 〔宋〕曾公亮等撰《武经总要》前集卷一九，印景文渊阁四库全书第七百二十六册，台湾商务印书馆1986年版。

③ 郭声波《唐宋岷江西山羁縻州民族研究》，载《长江上游早期文明的探索》，巴蜀书社2002年版。

雅州“西山野川路蛮”中的羌人主要分布在灵关路及和川路一带[1]。灵关、和川地区的原住民族，唐宋时期一般称作“生羌”“夷僚”“生僚”“诸蛮”，反映出该地区处于从西北“诸羌”到西南“诸蛮”的过渡地带。正如《读史方舆纪要》中引《太平寰宇记》中记载的那样：“羌蛮混杂，连山接野，鸟路沿空，不知里数。”[2] 灵关路诸羌主要有辟惠羌、叶川羌、贵川羌、嘉梁羌、逋租羌等[3]。

辟惠羌。旧称小铁围山羌，居灵关路，居地比特浪偏南，在今夹金山脉东南、灵关以北、碉门以西的宝兴、天全县境。根据《新唐书·地理志》对蓬鲁等三十二州的排列顺序，特浪在前，辟惠在后，达州以下包括时、可、宕、居等入宋仍存的羁縻州在内的二十五州应属辟惠羌，达州以上七州应属特浪羌。

叶川羌。即昝捶部落羌，约八千人，武后如意元年（公元 692 年）内附，以其地置叶川州，当今芦山县北部，约于长安二年（公元 702 年）州废。

“砂坪蛮”。唐时为贵川羌，即贵川部羌，本为吐蕃所役属，武后时欲降唐，唐遣张玄遇出雅州迎接未果，仍就便以昝捶部落置叶川州，可知贵川部亦在叶川州近旁。唐后期改姓高氏，酋首世居碉门外侧之砂坪寨（今天全县青石乡），基本上与内地王朝保持着羁縻与茶马互市关系。《建炎以来朝野杂记》将其记为“沙平”：“沙平者，雅州严道县徼外夷也，与碉门寨才隔一水，而寨在州西八十里。沙平凡六族。”[4]

嘉梁羌。唐初在附国东部，亦即在康定县一带。开元所置雅州都督府羁縻州中有嘉梁州，贞元间又分为东嘉梁、西嘉梁二州，及新置相距甚近的耀川、金川二州，固应嘉梁羌置，其位置大约在今康定县北部孔玉区。土俗既与附国同，《隋书·附国传》载：嘉良夷“所居种姓自相率领，土俗与附国同，言语少殊，不相统一。其人并无姓氏。……嘉良夷政令系之酋帅，重罪

① 以下内容未经特别注明之处，均引自郭声波《唐宋雅州边外羁縻州民族探考》，载《面向新世纪的中国历史地理学——2000 年国际中国历史地理学学术讨论会论文集》，齐鲁书社 2001 年版。

② 〔清〕顾祖禹撰《读史方舆纪要》卷七二《四川七》，中华书局 2005 年版。

③ 以下对灵关路诸羌的探考，主要参考郭声波《唐宋雅州边外羁縻州民族探考》，载《面向新世纪的中国历史地理学——2000 年国际中国历史地理学学术讨论会论文集》，齐鲁书社 2001 年版。

④ 〔宋〕李心传撰《建炎以来朝野杂记》乙集卷二〇，中华书局 2000 年版。

者死，轻刑罚牛。”① 贞元间，嘉梁州部落酋长姓刘氏，是当时作为羁縻州时接受汉文化影响的结果。经济仍以农耕为主，种小麦、青稞。

逋租羌。即贞元年间内附安置于夏阳路的逋租羌、马东煎等部落。他们应是当时所置夏阳路论川、让川、远南、卑卢、夔龙诸羁縻州的部民，大约分布在今康定县金汤、鱼通二区。

“西山野川”指西山、野川之间地区，即今宝兴、泸定县及天全县西部、康定县东北部一带。“西山野川路蛮”中，属羌人者，主要是“五部落羌蛮”。

“五部落羌蛮”，其名始见于宋而源于唐。《建炎以来朝野杂记》乙集卷一九载：“五部落居黎州之西，去州百余里，限以飞越岭，有姓郝、赵、王、刘、杨五族，因以得名，即唐时所谓两面羌也。”② 实际上，五姓部落在唐代见于记载是在贞元年间郝、刘、杨三姓酋长重新归附唐朝之时，唐朝赐封郝全信为和义郡王，刘志辽为恭化郡王，杨清元为遂宁郡王③。其分布，《舆地纪胜》引《皇朝郡县志》云：“（始阳路）自苦蒿平外则与黎州五部落及诸羌接。”④ 苦蒿坪即今荥经县大相岭山口。所谓“五部落居黎州之西”，实居雅州西南之和川路，即今泸定县境。郝、刘、杨“三王蛮”的分布，当是今汉源、泸定、天全三区。赵姓部落属雅州，当在今泸定县。郝姓部落属黎州羁縻，当在今石棉县。王姓，《宋会要辑稿》中载：“大中祥符二年（公元1009年）十一月，雅州砂平路罗岩州蕃部首领王阿黎等十八人来贡马二十七匹、犎牛二，砂平罗岩蛮白昔木尝来贡。三年正月，诏以首领王子野黎为怀化司戈。”⑤ 这反映了王姓与宋王朝的关系还是比较密切的。罗岩州在今泸定县北部。赵姓居泸定县。

在宋代诸羌中，茂州羌常常反叛，因而征战不断。《宋史·蛮夷四》载：“七年（政和七年，1117年），涂、静、时、飞等州蛮复反茂州，杀掠千余人。知成都周焘遣兵马钤辖张永铎等击之，畏懦不敢进，皆坐黜。以孙羲叟

① 《隋书·附国传》，中华书局标点本1973年版。

② 〔宋〕李心传撰《建炎以来朝野杂记》乙集卷一九，中华书局2000年版。

③ 《资治通鉴》卷二六一，《大明一统志》卷七三。刘志辽，《唐会要》卷九九作“刘志宁”。

④ 郭声波《唐宋雅州边外羁縻州民族探考》，载《面向新世纪的中国历史地理学——2000年国际中国历史地理学学术讨论会论文集》，齐鲁书社2001年版。

⑤ 〔清〕徐松辑《宋会要辑稿·蕃夷五》，中华书局影印本1957年版（1997年重印）。

节制绵、茂军，于是中军将种友直等破其都禄板舍原诸族，蛮败散。”[①] 由于汉羌接触频繁，部分羌人受汉族政治、经济、文化的影响更多一些，逐步与汉族接近。

威、茂地区在宋朝初期还相当落后，羌人每相盟誓，皆杀奴取信。北宋神宗（公元1068—1085年）时，知成都府赵抃使用牲畜代人，才改变了杀奴盟誓的陋习：“茂州夷剽境上，惧讨乞降，乃缚奴将杀之，取血以受盟。抃使易用牲，皆欢呼听命。”[②] 熙宁（公元1068—1077年）时，宋朝镇压了羌人围茂州的军事反叛后，把农业生产技术推广给羌人，致“渐渍声教，耕作者多”。从茂州通往石泉（今北川）的陇东路，土地肥美，适宜农耕，这里的羌人以耕稼孳畜为生，五谷六畜禽兽草木无不备有，与内郡所产无异，农业相当发达。这里的羌人好弓马，以勇悍相高，畜牧业较为发达。牲畜种类有马、牛羊、豕等，其中牦牛重千斤。狩猎和采集是羌人的副业，麝香、五味子、升麻、雪蛆、羌活、当归、大黄、朴硝是当地著名的珍贵药材和土产[③]。

威、茂羌人还长于商业贸易。他们将牲畜和土特产品运至茂州和永康军等地同汉族人交易。宋朝还在茂州和永康军设置市马场，与羌人进行茶马贸易[④]。

（二）“白蛮”

宋辽金时期，“白蛮”主要分布在大理国境内。而在大理国境内的“白蛮”，仍以相当于今昆明至保山一线内为主要分布地。此外，会川、通海二都督辖地也有“白蛮”。据段玉明在《大理国史》中考证，在善阐、石城、河阳地区，威楚、开南、姚府地区，首府、剑川、成纪地区，永昌、腾冲、金齿地区，会川、建昌地区，通海、最宁地区，都有“白蛮”分布[⑤]。除大理国之外，在今宜宾、泸州南部的贵州部分地区，宋代也有“白蛮”分布，他们是龙姓、赵姓、谢姓家族。

总的来看，宋代“白蛮”的变化不太大，只是在一些史书中，又将之称为僰人。分布在今云南的部分仍保留着自身的民族特点发展着，而分布在叙

---

① 《宋史・蛮夷四》，中华书局标点本1985年新1版。

② 《宋史・列传第七十五・赵抃》，中华书局标点本1985年新1版。

③ 贾大泉主编《四川通史》（第四册），四川大学出版社1994年版。

④ 贾大泉主编《四川通史》（第四册），四川大学出版社1994年版。

⑤ 段玉明著《大理国史》，云南民族出版社2003年版。

州（今四川宜宾）的部分，则开始发生变化。据《宋会要辑稿·蕃夷道释》载，淳熙十年（公元1183年）十二月二十一日，有臣僚说："叙州既外控蛮夷，而城之内外，僰夷、葛僚动以万计，与汉人杂处。其熟户居省地官庄者，多为义军子弟。"[①] 元明以后，叙州的僰人当渐渐融合到汉族之中。

从经济文化的发展程度看，仍以居住在大理地区的"白蛮"发展水平最高。"白蛮"大部分以农业生产为主，多居平坝。由于"白蛮"分布极广，其内部社会发展不平衡，就像《元史·地理志》把其分为"白"和"僰"。凡"僰"所在地，大抵为生存环境较为恶劣的地区，而"白"所在地，自然条件则较优越。直到元代，二者之间的差异才逐渐消失。

南诏晚期，许多"白蛮"贵族成了洱海地区、滇池地区的封建领主，将政治、经济权力集于一身。在大理国时期，"白蛮"虽然是南诏时期的延续，但发生了一些变化，最主要的是"白蛮"成了大理国的主体民族，居于统治地位。"白蛮"分布区域是在澜沧江上游以东（包括西部的永昌城和腾冲城）、红河以北各府、郡内的平坝区和城镇区。大理国建立后，以段思平为首的"白蛮"上层贵族，尽将洱海、滇池地区的土地分封给段、高、杨、赵、李、董、尹等大姓，允许他们的子孙世袭其地。同时又任用这些领主担任大理国高官如布燮、清平官、大将军、六曹长等及各府、郡长吏，于是"白蛮"在这一时期得到了长足的发展。各府郡中的"白蛮"封建领主们，通过封建的政治、经济组织居住在阳苴咩城（今大理）的国王联系起来。在大理国、后理国统治的300多年间，"白蛮"的生产关系由奴隶制转变为领主制，为生产力发展开辟了广阔的道路。加之白族贵族在政治、经济上占有统治地位，以及拥有学习汉族先进生产技术、科学、文化、艺术的最好条件，因此"白蛮"的社会发展较快。

大理国时期"白蛮"知识分子一般都能读懂汉文书籍，能使用汉文创作文学作品。故大理国内流传的汉文书籍数量多，种类齐全。大理国时期"白蛮"的很多文学作品都是用汉字写的。诗歌除了流行唐以来的五言、七言诗外，开始结合"白蛮"民族歌曲的形式，出现"转韵诗"。除了直接使用汉文外，白文在大理国时期也有发展。"白蛮"的文字是在借用汉字的基础上增加一些"白蛮"语言的元素。"白蛮"还有初步的史学发展，雕刻和绘画毫

① 郭声波校点《宋会要辑稿·蕃夷道释》，四川大学出版社2010年版。

不逊色，笃信佛教。石窟浮雕以剑川石宝山石窟浮雕最为著名，又以昆明古幢公园内的石幢浮雕为代表作①。

"白蛮"各部尽管分散，但其风俗习惯却大体相同。在姓名方面，"白蛮"姓氏与中原汉姓一致，以张、王、李、赵、杨、周、高、段、何、苏、龚、尹、董、孙、袁、任为其大姓。另外，受佛教的影响，大理国时期的"白蛮"有以佛号嵌入名中的习俗，如张般若师、鲁药师空、苏难陀智、李圆通镜等。父子连名与重名习俗还得以保存。在服饰方面，与南诏时期相比，无大的变化，男子披毡、椎髻，女子不施粉黛，以酥泽发，辫发为髻，饰以珠宝，衣饰为幅。在居住方面，与南诏时期相比，"白蛮"的住房仍无大的变化，仍然是依山而建，垒石为之，多为回檐。在食物方面，仍与南诏时期一样保留了食生的典型习俗。在婚姻方面，与南诏时期基本相同：婚前有绝对的社交自由，而一经成婚，则当收心敛性，不再与人私下往来。在丧葬方面，南诏时期的"白蛮"盛行土葬，而大理国时的"白蛮"却盛行火葬。在宗教方面，大理国时期的"白蛮"各部信仰佛教。改行火葬很可能就与信仰佛教有关②。

（三）"乌蛮"

南诏国虽然是"乌蛮"建立的，但它并没有通过政治的力量将发展极不平衡，且分布极其广大的"乌蛮"联合起来，并推动其向前发展。南诏后期，"乌蛮"各部先后分化混融，演变而成"黎州徼外诸蛮"与"滇东三十七部"，即"北部乌蛮"和"东部乌蛮"。此外，在大理国其他地区也有"乌蛮"分布，只是不如这两个地区更为集中而已。大理国建立后，"乌蛮"仍然保持原有的部落界线，同时又分化出更多的子部落，缓慢地发展着。《三十七部会盟碑》就说明了这一历史，据尤中先生在《云南民族史》中的研究，这三十七部及其分布是：

白鹿部（在今楚雄市）、罗部（在今禄丰县东北的罗茨一带）、罗婺部（在今禄劝县西北部的云龙，也有人口散布在今武定县境内）、洪农碌券部（在今禄劝县）、掌鸠法块部（在今禄劝东部）、华竹部（在今元谋县）、阳城堡部（在今晋宁晋城）、阿宁部（在今安宁市）、嵩明部（在今嵩明县）、仁

① 王文光著《中国民族发展史》（下册），民族出版社2005年版。

② 段玉明著《大理国史》，云南民族出版社2003年版。

德部（在今寻甸县）、于矢部（在今贵州盘县、普安一带）、普摩部（在今曲靖市越州镇）、纳垢部（在今马龙县）、落温部（在今陆良县）、罗雄部（在今罗平县）、夜苴部（在今富源县亦佐）、落蒙部（在今路南县）、师宗部（在今师宗县）、弥鹿部（在今泸西县）、吉输部（在今弥勒县境内）、褒恶部（在今弥勒、泸西两县之间）、弥勒部（在今弥勒县）、宁部（在今华宁县）、罗伽部（在今澄江县）、强宗部（在今阳宗海一带）、步雄部（在今江川县）、休腊部（在今通海县西城一带）、休制部（在今玉溪市区）、嶍峨部（在今峨山县）、因远部（在今元江县因远坝）、纳楼部（今建水县南部的官厅一带）、屈中部（在今开远市境内）、哈迷部（在今开远市北部）、王弄部（在今文山壮族苗族自治州回龙一带）、阿月部（在今马关县西部的八寨一带）、强现三部（在今西畴县至文山壮族苗族自治州一带）、维摩部（在今砚山县北的维摩一带）①。由此可见，三十七部是十分分散的。在交通不发达的大理国时期，各部之间很难做到经常性的联系。在与外部联系甚少的情况之下，各部之间的发展毫无疑问是比较缓慢的。

除分布在大理国统治区域的“乌蛮”外，还有许多“乌蛮”分布在宋王朝的羁縻州内，即所谓的“北部乌蛮”，《宋史》记为“黎州诸蛮”“叙州三路蛮”等。

“黎州诸蛮”，并不是一个单一的民族，其内部由多部分组成。《宋史·蛮夷四》载：“黎州诸蛮，凡十二种：曰山后两林蛮，在州南七日程；曰邛部川蛮，在州东南十二程；曰风琶蛮，在州西南一千一百里；曰保塞蛮，在州西南三百里；曰三王蛮，亦曰部落蛮，在州西百里；曰西箐蛮，有弥羌部落，在州西三百里；曰净浪蛮，在州南一百五十里；曰白蛮，在州东南一百里；曰乌蒙蛮，在州东南千里；曰阿宗蛮，在州西南二日程……曰大云南蛮，曰小云南蛮……”② 以上“诸蛮”当为“乌蛮”的不同支系，与南诏时期相比，黎州诸蛮变化不大，只是各部势力有所变化，且在唐代与中央王朝的交流关系不如宋代紧密③。“黎州诸蛮”的具体情况如下：

“山后两林蛮”，在黎州南七日程，是唐宋时期活动于今喜德一带的“东

---

① 尤中著《云南民族史》，云南大学出版社1994年版。

② 《宋史·蛮夷四》，中华书局标点本1985年新1版。

③ 王文光、黄传坤《宋王朝统治下的乌蛮及其民族关系》，《云南师范大学学报》2007年第6期。

蛮”三部之一。五代后唐天成元年（公元926年），“两林百蛮”都鬼主李卑晚遣使朝贡，被后唐封为宁远将军[①]。开宝二年（公元969年）六月，山后两林蛮首领勿儿“遣部落将军离鱼以状白黎州，期十月内入贡，成都府以闻，诏嘉答之”[②]。于是有了“山后两林蛮”第一次入宋朝贡。两宋时期，“山后两林蛮”多次向宋朝贡，宋王朝对其进行赏赐，曾封其首领为将军、大将军。从史籍记载来看，“山后两林蛮”长期与宋朝保持密切关系。在“黎州诸蛮”中，“山后两林蛮”是较大的支系，其内部又有众多的小支系，统归“山后两林蛮都鬼主”的统管，因为“夷俗尚鬼，谓主祭者鬼主，故其酋长号鬼主”[③]。南宋嘉定九年（公元1216年），“山后两林蛮”被云南大理政权攻灭。元至元元年（公元1264年），其地为元军攻占[④]。从谭其骧主编《中国历史地图集》来看，北宋、南宋时期，“山后两林蛮”的分布有一定的变化：北宋时期主要分布在今甘落一带，接近大渡河。而南宋时期主要分布在今喜德一带，直接与大理国毗邻。

“邛部川蛮”，在黎州东南十二程，居汉越嶲郡会无县（今四川凉山州越西县），唐宋时活动于越西等地，与黎州邻境，是“东蛮”中最大的部落，位于宋朝与大渡河南的交通要道，故被称作“大路蛮”。从谭其骧主编《中国历史地图集》来看，北宋和南宋时期，邛部川都主要活跃于以越西为中心的地区。不过，南宋时期，“山后两林蛮”势力南移到喜德一带，邛部川势力直达大渡河。五代时，与“山后两林蛮”首领同时接受后唐封号[⑤]。开宝二年与宋朝建立联系，接受宋王朝的羁縻统治。之后，多次向宋朝纳贡。从史籍记载来看，成都府路各少数民族中，“邛部川蛮”是向宋朝朝贡次数最多的。由于邛部川所处之地在唐代主要是勿邓居住，它统辖了原来勿邓所统辖的各部、姓，因此又称“勿邓”。而且由于邛部川在一定程度上支配了“山后两林蛮”“风琶蛮”等各部、姓，所以其酋长自称“百蛮都鬼主”“邛部川山前、山后百蛮都鬼主”“大渡河南邛部川山前、山后百蛮都首领”[⑥]。在“黎州诸蛮”

① 贾大泉主编《四川通史》（第四册），四川大学出版社1994年版。

② 《宋史·蛮夷四》，中华书局标点本1985年新1版。

③ 《宋史·蛮夷四》，中华书局标点本1985年新1版。

④ 贾大泉主编《四川通史》（第四册），四川大学出版社1994年版。

⑤ 贾大泉主编《四川通史》（第四册），四川大学出版社1994年版。

⑥ 《宋史·蛮夷四》，中华书局标点本1985年新1版。

中，“邛部川蛮”势力最强，“邛部于诸蛮中最骄悍狡谲，招集蕃汉亡命，侵扰他种，闭其道以专其利”[①]，几乎支配了大渡河以南的地区。邛部川与宋朝关系密切，“素效顺，捍御边陲”[②]。这不是没有根据的。“淳熙元年（公元1174年）正月九日，诏黎州界吐蕃种落侵犯边境，访闻邛部川都鬼主崖韈率众从后掩杀，遁走，备见忠勤。今四川宣抚司斟量功力保明闻奏，特与旌赏，仍拟定合推转是何官职申枢院。五月十三日，诏崖韈弟崖示节次与吐蕃见阵，力战身死，崖示特与赠修武郎，其子勿普特与补承节郎。以四川宣抚使司参议官赵彦传申：崖示与吐蕃力战身死，有子勿普乞与借补进义副尉，故有是诏。”[③] 此记载反映出邛部川蛮在抵御吐蕃进犯方面确实是尽职尽责。因此，当南宋嘉定九年（公元1216年），邛部川被云南大理政权攻灭以后，宋朝就“失西南一藩篱矣”[④]。元至元元年（公元1264年），其地为元军攻占。

“风琶蛮”，亦作“丰琶蛮”，在黎州西南一千一百里，是唐宋时活动于今德昌一带的“东蛮”民族[⑤]。宋咸平元年（公元998年）和景德三年（公元1006年）向宋朝贡，并受到宋朝封赏，其后与宋朝保持友好关系。

“保塞蛮”，在黎州西南三百里，活动于今冕宁县境。《宋会要辑稿》记载：“保塞蛮在黎州之西南，颇以善马来市。太祖开宝六年（公元973年）四月，黎州上言保塞蛮七十余人自大渡河来归。”[⑥] 其后时常到黎州出售善马。

“部落蛮”，在黎州西百里，唐、五代时有刘王、郝王、杨王，称为“三王蛮”，活动于大渡河北汉源县境，故又称“浅蛮”。唐时“部落蛮”世袭封号，每年由西川赐锦3000匹，令其侦察南诏的情况，但他们又接受南诏的贿赂，充当南诏的向导侦察成都的虚实，故又称“两面羌”。前蜀永平四年（公元914年）长和国进攻黎州，“三王蛮”向长和国泄露军事机密，王建斩“三王蛮”首领，自此“群蛮”镇服，使云南政权断绝了情报来源，终五代迄宋，不敢犯西川[⑦]。宋时“部落蛮”有“刘、杨、郝、赵、王五姓”[⑧]，称“五部

---

① 《宋史·蛮夷四》，中华书局标点本1985年新1版。
② 《宋史·蛮夷四》，中华书局标点本1985年新1版。
③ 〔清〕徐松辑《宋会要辑稿·蕃夷五》，中华书局影印本1957年版（1997年重印）。
④ 《宋史·蛮夷四》，中华书局标点本1985年新1版。
⑤ 贾大泉主编《四川通史》（第四册），四川大学出版社1994年版。
⑥ 〔清〕徐松辑《宋会要辑稿·蕃夷五》，中华书局影印本1957年版（1997年重印）。
⑦ 贾大泉主编《四川通史》（第四册），四川大学出版社1994年版。
⑧ 《宋史·蛮夷四》，中华书局标点本1985年新1版。

落蛮”。“其居地叠石为硐，积糗粮器甲于上。族无豪长，唯老宿之听。往来汉地，熟悉能华言，故比诸蕃尤奸黠。犀象珠玉皆出其地，每互市，马甚驽，又所出不多。”① 南宋淳熙七年（公元1180年），举兵反宋，逼近黎州，史称“庚子五部落之变”，宋朝调大军讨伐，“五部落蛮贡马三百匹求内附，诏许通互市，却其所献马”②。

“西箐蛮”，在黎州西三百里，有弥羌部落。而弥羌部落又有青羌、弥羌等部，史称吐蕃青羌、弥羌。虽名为羌，实际上已不属羌的范畴③。

“大云南”，即大理国。“小云南”，据宋末吴昌裔所叙述，就是建昌府。“南方诸蛮之在者，莫如大云南，其次小云南，次乌蒙，次罗氏鬼主国。其他小国或千百家为一聚，或二三百家为一族，不相臣属，皆不足数，而其他皆蜀之徼外诸蛮。接黎州大渡河之外，有所谓邛部川。邛部川之后，即小云南也。”④ 建昌府之所以另立而论，主要是因为“其在大理国后期为高氏领地，具有相对的独立性”⑤，因此把大云南、小云南分开来述。

其他如“浮浪蛮、白蛮、乌蒙蛮、阿宗蛮，则其地各有所服属”⑥。

这些黎州境内的“乌蛮”，大多分布在相当于今四川凉山地区、攀枝花市一带，有的分布在相当于今云南省境内。在宋朝时，它们实际上已深入到大理国的腹地，而不仅仅限于黎州沿边，所以它们或属大理国，或为宋朝黎州所羁縻。

除“黎州诸蛮”外，“叙州三路蛮”中也有一部分是“乌蛮”。五代两宋时期，叙州地区的少数民族主要是“马湖蛮”“南广蛮”“石门蕃部”，合称“叙州三路蛮”。除“南广蛮”外，“马湖蛮”和“石门蕃部”主要是“包蛮”，具体情况是：

“马湖蛮”，在叙州西北，马湖江之右，是古僰侯国之地。《建炎以来朝野杂记》记载：“马湖蛮者，西爨昆明之别种也。其地在梁为南宁州。承圣中，刺史徐文盛召去，有爨□者遂据其地，子孙相传，后分为东、西焉。西爨之

---

① 〔宋〕李心传撰《建炎以来朝野杂记》乙集卷一九，中华书局2000年版。

② 《宋史·蛮夷四》，中华书局标点本1985年新1版。

③ 冉光荣、李绍明、周锡银著《羌族史》，四川民族出版社1985年版。

④ 傅增湘编《宋代蜀文辑存》（七）卷八五《论湖北蜀西具备疏》，北京图书馆出版社2005年版。

⑤ 段玉明著《大理国史》，云南民族出版社2003年版。

⑥ 《宋史·蛮夷四》，中华书局标点本1985年新1版。

地，在唐为殷、驯、聘、浪四州，其酋姓董氏，隶戎州都督府。”① 这四个羁縻州就是今天凉山彝族自治州的东部②。关于“马湖蛮”的具体位置、村落、风俗等，《建炎以来朝野杂记》也做了较详细的记载：“马湖之地，东南接石门，西南接沙汉、虚恨及黎雅诸蛮与吐蕃之境，而北接叙州之商州寨、宣化县，西接嘉定之赖因、沐川，东北接叙州之宜宾。凡蛮地仰给者七村，曰胡盐，曰黎溪，曰平夷，曰都夷，曰什葛，曰蒲润，曰荒桃。此七村多沃壤，宜耕稼。其民被毡椎髻，而比屋皆覆瓦，如华人之居，饮食种艺多与华同。”“自叙州沿流十里至马湖江口，又西溯七十里至安边寨，又水陆行三百二十里至夷都村，又水陆行一百八十三里至马湖江口，又西溯七十里至安边寨，又水陆行三百里至夷都村，又水陆行一百八十三里至天池，亦曰文池。此马湖蛮王所居也。”③ 由此可见，“马湖蛮”地区已经迁入部分汉人，这一地区的农业生产已经有一定的发展，居住条件也有了很大的改善，房屋已经盖上了瓦。“马湖蛮”酋首自称‘马湖路三十七部落都王子”。元代初，“马湖蛮”归附元朝，元朝在此地设置马湖路总管府。“马湖蛮”应是当地彝族或西迁的西番（今藏族）先民④。

“石门蕃部”，在叙州正西，在“南广蛮”之西。唐代有大量“乌蛮”进入这一地区⑤。据《宋史》记载，“石门蕃部与临洮土羌接，唐曲、播等十二州之地”⑥。《宋史》这一记载有误：石门蕃部分布在唐曲、播之地即今滇东北的昭通、会泽、巧家一带，这是没有问题的。但石门蕃部不与“临洮土羌接”，因为临洮为秦朝所置，治今甘肃岷县，以临洮水得名⑦。石门蕃部“俗椎髻、披毡、佩刀，居必栏棚，不喜耕稼，多畜牧。其人精悍善斗，自马湖、南广诸族皆畏之。盖古浪稽、鲁望诸部也”⑧。其俗与“马湖蛮”有一定的相

① 〔宋〕李心传撰《建炎以来朝野杂记》乙集卷二〇，中华书局 2000 年版。

② 王文光、黄传坤《宋王朝统治下的乌蛮及其民族关系》，《云南师范大学学报》2007 年第 6 期。

③ 〔宋〕李心传撰《建炎以来朝野杂记》乙集卷二〇，中华书局 2000 年版。

④ 贾大泉主编《四川通史》（第四册），四川大学出版社 1994 年版。

⑤ 王文光、黄传坤《宋王朝统治下的乌蛮及其民族关系》，《云南师范大学学报》2007 年第 6 期。

⑥ 《宋史・蛮夷四》，中华书局标点本 1985 年新 1 版。

⑦ 王文光、黄传坤《宋王朝统治下的乌蛮及其民族关系》，《云南师范大学学报》2007 年第 6 期。

⑧ 《宋史・蛮夷四》，中华书局标点本 1985 年新 1 版。

似之处，都披毡椎髻。鲁望即今昭通与鲁甸相连的大坝子。“鲁望蛮”，即分布在鲁望坝子中的“乌蛮”[①]。所以，石门蕃部应为“乌蛮”部族。

此外，在“泸州蛮”（简称“泸夷”）地区也分布有“乌蛮”。北宋中期，“乌蛮”是泸南地区最强盛的民族。庆历（公元1041—1048年）初，这一带为“乌蛮王子”得盖所据有，旁有旧姚州，得盖愿得州名以长夷落。于是宋朝诏复建姚州，以得盖为刺史。得盖死后，其子窃号“罗氏鬼主”。“鬼主”死，子仆射继任“鬼主”。但到仆射时，渐弱不能号令诸族。这时，在“乌蛮”中出现了两个势力强大的首领：一个是晏子，居住在长宁、宁远以南；另一个是斧望个恕，居住在纳溪、江安以东。熙宁七年（公元1074年）熊本平定“晏夷”之后，对“乌蛮”实行羁縻政策，以个恕知归徕州，仆射知姚州，个恕之子乞弟、晏子之子沙取禄路并为把截将，西南夷部巡检。个恕于元丰二年（公元1079年）死后，子乞弟袭归徕州刺史。乞弟死后，其子阿永在政和年间修复了与宋朝的关系，被封为“夷界都大巡检使”，其后裔遂以阿永为号。元初在“阿永蛮部”的基础上设永宁路[②]。

晏子之子沙取禄路死后，其子鳖弊，承袭其位。政和五年（公元1115年）助宋讨晏夷“卜漏”有功，授“西南夷界都大巡检”，其后裔称“鳖弊部”。又晏子四世孙名吕告者，助宋镇压卜漏，被封为“武略郎、西南蕃部都大巡检使”，其后裔遂以吕告为号。南宋末年吕告曾助宋抵御蒙古军队。元朝初年在“吕告蛮”的基础上设置了芒布路[③]。

综合各种史料来看，“北部乌蛮”主要分布在川、滇、黔连接地区，整个辽、宋、夏、金时期，“乌蛮各部”中的氏族、部落制度始终没有突破，世袭贵族一直统治着他们的部落和村社，与自己之外的氏族部落对抗，再加上地理环境的封闭，造成了“乌蛮”文化、经济上充满了地方性、区域性特色，使他们一方面难以向统一的民族发展，另一方面也使他们处于不稳定的分化之中。

虽然“乌蛮”分布比较广阔，但还是有大体相同的文化。在姓名方面，“乌蛮”和“白蛮”一样都实行父子连名制。在服饰方面，与唐代相比，没

① 王文光、黄传坤《宋王朝统治下的乌蛮及其民族关系》，《云南师范大学学报》2007年第6期。

② 贾大泉主编《四川通史》（第四册），四川大学出版社1994年版。

③ 参阅贾大泉主编《四川通史》（第四册），四川大学出版社1994年版。

有大的变化，但有两方面的记载出现了变化：第一是由“无布帛”到“衣布衣”；第二是妇女衣服由“其长曳地”到“裙不过膝”。而且在服饰上已经体现了贵贱和婚否之别①。在丧葬方面，实行火葬，其方式与南诏无大的出入。在宗教方面，各部信行鬼教，首领称“鬼主”。在节日方面，当时已经盛行火把节了。

（四）“磨些蛮”

在大理国和后理国时期，“磨些蛮”仍主要居住在相当于今云南丽江市和四川盐源县的区域。但这一时期的“磨些蛮”内部又分化为许多小部落，各部落都有自己的酋长，彼此之间相对独立，但名义上则全由大理统辖。如当宋仁宗至和（公元1054—1056年）中，木氏的祖先牟西牟磋“更立摩娑诏大酋长，段氏虽盛，亦莫能有”。到牟西牟磋的三世孙牟保阿琮时，“摩娑各族枝分，部相长嗣，咸以感其推诚服众……合归尊主”。由于大理政权对磨些各部鞭长莫及，所以史书对“磨些蛮”内部的情况很少记载。虽然各部各自为政，但从10世纪前期到13世纪中叶的三百多年间，“磨些蛮”一直向前发展，势力不断壮大。到宋代，“磨些蛮”地区的经济发展状况已从以畜牧业为主转变为以农业生产为主，这是当地“磨些蛮”的一大进步。随着农业的发展，手工业也不断发展。手工业产品有毡、布、绵，矿产品有金、滑石、朴硝等。另外还有畜产品、山货、药材和果木等多种产品。这些产品反映了磨些地区的市场正在形成，交换有了一定的发展。随着经济的发展，大约从10世纪至12世纪初，丽江木氏家族的势力有了很大的发展，甚至能与大理段氏分庭抗礼。所以元明时期的一些地方志书才说宋代大理段氏的统治权力没有达到磨些聚居地②。

关于“磨些蛮”的生产生活习俗，唐以前的史书记载过于简略，唯元人李京的《云南志略》有详细记载：“磨些蛮在大理北，与吐蕃接界，临金沙江，地凉，多羊马及麝香、名铁。依山附险，酋寨星列，不相统摄。善战善猎，挟短刀，以砗磲为饰。少不如意，鸣钲鼓相仇杀。两家妇人中间和解之，乃罢。妇人披毡，皂衣跣足，风鬟高髻。女子剪发齐眉，以毛线为裙，裸露不以为耻；既嫁，易之。淫乱无禁忌。不事神佛。惟正月十五登山祭天，极严洁。男女动

① 段玉明著《大理国史》，云南民族出版社2003年版。

② 《纳西族简史》修订本编写组编写《纳西族简史》（修订本），民族出版社2008年版。

以数百，各执其手，团旋歌舞以为乐。俗甚俭约，饮食疏薄。……贫家食盐外，不知别味。……尊敬官长。每岁冬月宰杀牛羊，竞相邀客，请无虚日，一客不至，则为深耻。人死，则用竹箦舁至山下，无棺椁，贵贱皆焚一所，不收其骨；非命死者，则别焚之。其余颇与乌蛮同。”① 可见，“磨些蛮”的“母权制”残余很浓，妇女在社会上享有很高的地位。如果两个部落发生武装冲突，只要双方妇女出来调停，冲突就立即停止。妇女喜欢披毡，多穿黑色衣服，头饰风鬟高髻。少女剪发齐眉，以毛绳为裙，结婚之后改扮为妇人装束。行火葬，不信佛教，普遍信仰一种多神教——“东巴教”。已经有本民族的文字，即东巴文，但流行范围很小，只限于今丽江坝区、南山等地少数巫师之间使用，而民间很少有人使用②。

（五）氐羌系统的其他民族及其文化

“和泥”。宋代大理国时期的和泥即唐代的“和蛮”，其分布区域与唐朝时期完全相同。唐代安南都护北部的“和蛮”，就是大理国时期的和泥，他们与傣族先民（白衣）杂居，主要在山间从事粗放的农业生产。同时，大理国时期，“东部和蛮”又分化为许多部，主要有教化山部（今云南省文山州文山县境内）、铁容甸部（今云南省红河州红河县东北的下亏容一带）；思陀部（今红河县西南的思陀一带）、伴溪部（今红河县西南的落恐一带）、七溪部（今红河县东南的溪处一带）③。

大理国时期，“和蛮”的社会经济发展迅速，但内部发展不平衡，可分为六诏山区和哀牢山区两个类型。六诏山“和蛮”地处滇东南，与广西邕州左右江流域相邻，受到汉族等的文化影响较多，因此商业发达，社会发展快。哀牢山区和蛮地处僻远，交通不便，受内地文化影响较晚，社会发展相对缓慢④。

“卢蛮”。唐代的“施蛮”“顺蛮”，到大理国时称为“卢蛮”，分布在大理国设的兰溪郡（今怒江傈僳族自治州）内，从事较为原始的半农半猎生产。

① 转引自王文光、段红云著《中国古代的民族识别》（修订本），云南大学出版社2011年版。

② 陈佳华等著《中国历代民族史·宋辽金时期民族史》，社会科学文献出版社2007年版。

③ 王文光、段红云著《中国古代的民族识别》（修订本），云南大学出版社2011年版。

④ 陈佳华等著《中国历代民族史·宋辽金时期民族史》，社会科学文献出版社2007年版。

其他各蛮的发展变化肯定是有的，但由于史书记载甚少，所以在此也难以叙述。

二、僮、僚、金齿等百越系统民族及其文化

（一）僮

唐代岭南东西部的乌武僚、“西原蛮”等，到宋代时大多被记为“僮”，族称的变化，反映了民族的发展情况。僮人在靠近汉族分布区者，已进入以封建地主经济占主导地位的封建社会，经济文化生活逐渐带有汉化特色。而更多的僮人则在羁縻州洞内受本民族贵族控制，缓慢地发展着。《桂海虞衡志·志蛮》载：“羁縻州洞隶邕州左右江者为多。旧有四道侬氏，谓安平、武勒、忠浪、七源四州皆侬姓；旧有四道黄氏，谓安德、归乐、露城、田州四州皆黄姓；又有武侯、延众、石门、感德四镇之民，自唐以来内附，分析其种落，大者为州，小者为县，又小者为洞。国朝开拓浸广，州、县、洞五十余所，推其雄长者为首领，籍其民为壮丁。其人物犷悍，风俗荒怪，不可尽以中国教法绳治，姑羁縻之而已。”①

（二）僚

除史料中已明确为僮人者外，还有许多散居的僚，正处在急剧的分化与融合之中。如唐代的南平僚，宋代被称为“渝州蛮”，《宋史·渝州蛮传》载：“渝州蛮者……唐南平僚也。其地西南接乌蛮、昆明、哥蛮、大小播州（当为今川、渝、黔、湘、鄂连接之地），部族数十居之。治平中，熟夷李光吉、梁秀等三族据其地，各有众数千家，间以威势胁诱汉户，有不从者屠之，没人土田，往往投充客户，谓之纳身，税赋皆里胥代偿。”② 文中所谓“熟夷”，是渐趋汉化者，在历史发展过程中，先后融入汉族。而地处僻远山区者，一直缓慢发展着，被称为生僚，则向着现代汉藏语系壮侗语族的民族发展。

葛僚与“渝州蛮”有着较为密切的亲缘关系，同属百越后裔。到了宋代，分布在叙州的葛僚与汉族关系日渐密切，《宋会要辑稿·蕃夷五》载：“淳熙十年（公元1183年）十二月……臣僚言：叙州（今四川宜宾）既外控蛮夷，而城之内外，僰夷、葛僚又动以万计，与汉人杂处，其熟户居省地官庄者，

① 齐治平校补《桂海虞衡志校补》，广西民族出版社1984年版。

② 《宋史·渝州蛮传》，中华书局标点本1974年版。

多为义军子弟，……”葛僚到宋代又被称为仡伶。《宋史·蛮夷二》载：“七年（乾道七年，公元1171年），前知辰州章才邵上言：辰之诸蛮与羁縻保静、南渭、永顺三州接壤，其蛮酋岁贡溪布，利于回赐，颇觉驯伏。卢溪诸蛮以靖康多故，县无守御，仡伶乘隙焚劫。后徙县治于沅陵县之江口，蛮酋田仕罗、龚志能等遂雄据其地。沅陵之浦口，地平衍膏腴，多水田，顷为徭蛮侵掠，民皆转徙而田野荒秽。会守卒无远虑，乃以其田给靖州仡伶杨姓者，俾佃作而课其租，所获甚微。”[①] 辰州即今川、鄂、湘、黔连接地，仡伶在此与“苗蛮”、徭民杂处。到了南宋，葛僚完全从僚中分化出来，见称为仡佬。南宋牛辅《溪蛮丛笑》叶钱序载：“五溪之蛮……聚落区分，名亦随导。环四封而居者有五：曰苗、曰瑶、曰僚、曰僮、曰仡佬。”

到了宋以后，“东谢蛮”中的谢氏家族、赵氏家族式微，代之而起的大姓势力是所谓的“西南五蕃”。《岭外代答·西南夷》载：“西南五姓蕃部，曰龙、罗、方、石、张，自昔许上京入贡。龙、罗、方、石自宜州（驻今广西宜山）入境，张蕃自邕州入境。”显然西南五蕃的中心区相当于今贵州境内，五蕃是在五个大姓分别治理下的同一近亲民族群体，是僚人的一部分。《宋史·蛮夷四》载：“黔州（驻今四川彭水）、涪州（驻今四川涪陵）徼外有西南夷部，汉牂牁郡，唐南宁州、牂牁、昆明、东谢、南谢、西赵、充州诸蛮也。其地东北直黔、涪，西北接嘉（州驻今四川乐山市）、叙（州驻今四川宜宾市东），东连荆楚，南出宜、桂……部族共一姓，虽各有君长，而风俗略同。”在五姓之外，也有程氏、韦氏，故史家将之和五蕃合称为“西南七蕃”，《宋史·蛮夷四》载：“宋初以来，有龙蕃、方蕃、张蕃、石蕃、罗蕃者，号五姓蕃，皆常奉职贡，受爵命。……诸蕃部族数十，独五姓最著，程氏、韦氏皆比附五姓，故号西南七蕃云。”则西南五蕃或西南七蕃是分散为不相统属的许多僚人部落，各有首领，受宋朝的羁縻统治。

到了宋代，百越系统民族开始形成一些单一民族，对他们的文化特征，文献中有了较细致的描写。如分布在今广西与越南北部的僚人，《文献通考·四裔考七·交趾传》载：“交人无贵贱，皆椎髻跣足，酋平居亦然，但珥金簪……曳皮履，执鹳羽扇，戴螺笠。皮履以皮为底，施小柱以拇指夹之而行，扇编鹳羽以辟蛇，螺笠竹丝缕织，状如田螺，最为工致。妇人多皙，

① 《宋史·蛮夷二》，中华书局标点本1985年新1版。

与男子绝异，好著绿宽袖直领，皆以皂裙束之。……贵僚坐幅布上，挂大竹，两夫舁之。”[①] 这是对这一地区百越后裔僚人服饰、生活习俗的描述，从服饰所反映出贵族与平民的区别来看，社会贫富分化已相当严重。交趾僚人喜爱采用抛彩球的形式求偶，类似今天壮侗语族一些民族的抛绣球寻偶习俗。《文献通考·四裔考七·交趾传》载：“岁时不供先，病不服药，夜不燃灯。上巳日男女集会，为行列，结五色采为球，歌而抛之，谓之飞驰。男女自成列，女受驰，男婚以定。”[②]

以今广西为中心的僚，发展为下一个历史时期的壮族，他们由于分布区广大，内部发展不平衡，故在文化上亦有个性差异。如分布在闭塞山区的“山僚”，《岭外代答》卷十载：“僚在右江溪峒之外，俗谓之山僚。依山林而居，无酋长版籍，蛮之荒忽无常者也，以射生食动而活，虫豸能蠕动者，皆取食，无年甲姓名，一村中，推有事力者曰郎火，余但称火。岁首，以土杯十二贮水，随辰位布列，郎火祷焉。……诸蕃岁卖马于官，道其境，必要取货及盐牛，否则梗马路，官亦以盐、彩和谢之。旧传其类有飞头、凿齿、鼻饮、白衫……之俗，二十一种，殆百余种也。”[③]

抚水州的僚人，与上述的僚人相比，生产发展较为缓慢，保留着更多的古老文化习俗。《宋史·蛮夷三·抚水州》载：“诸蛮族类不一，大抵依阻山谷，并林木为居，椎髻跣足，走险如履平地。言语侏离，衣服斑斓。畏鬼神，喜淫祀。刻木为契，不能相君长，以财力雄强。每忿怒则推刃同气，加兵父子间，复仇怨不顾死。出入腰弓矢，匿草中射人，得牛酒则释然矣。亲戚比邻，指授相卖。父子别业，父贫则质身于子……其族铸铜为大鼓，初成，悬庭中，置酒以召同类，争以金银为大钗叩鼓，去则以钗遗主人。相攻击，鸣鼓以集众，号有鼓者为‘都老’，众推服之。”[④]

宋代僚人的生产、生活状况与唐代相比尚未发生大的改变，《宋史·蛮夷四》载：“无城郭，散居村落。土热，多霖雨，稻粟皆再熟。无徭役，将战征乃屯聚，刻木为契。其法，劫盗者，偿其主三倍；杀人者，出牛马三十头与其家以赎死。病疾无医药，但击铜鼓、铜沙锣以祀神。……土宜五

① 〔元〕马端临撰《文献通考·四裔考七·交趾传》，中华书局影印本1986年版。
② 〔元〕马端临撰《文献通考·四裔考七·交趾传》，中华书局影印本1986年版。
③ 杨武泉校注《岭外代答校注》，中华书局1999年版。
④ 《宋史·蛮夷三·抚水州》，中华书局标点本1985年新1版。

谷，多种稻，以木弩射獐充食。”则宋朝时期的这部分僚人既有农业生产，也有狩猎经济，当然也仍然有一些分布在山区、半山区的僚人以畜牧经济为主，且生活习俗与生活在坝区者稍有差别。《岭外代答·西南夷》载：“西南五姓诸蕃……大率椎髻跣足，或衣斑花布，或披毡而背刀带弩，其髻以白纸缚之。”① 又《宋史·蛮夷四》载：“黔州、涪州徼外有西南夷部……俗椎髻，左衽，或编发，随畜牧迁徙亡常，喜险阻，善战斗。”②

各地的僚人虽然有文化上的个性差异，但仍以文化上的共性为主。居住形式仍为干栏式建筑，饮食习惯仍是百越的喜食当地特产、嚼槟榔、饮自制米酒。僚人的寻偶方式较有特色，在婚姻上当事人有一定的自由，《岭外代答》卷十载：“上巳日，男女聚会，各为行列，以五色结为球，歌而抛之，谓之飞驰，男女目成，则女受驰而男婚已定。”③ “深广俗多女，嫁娶多不以礼，商人至南州，窃诱北归，谓之卷伴。其土人亦是卷伴，不能如商人之径去，则其事乃有异。始也既有商中之约，即暗置礼聘书于父母床中，乃相与宵遁。父母乍失女，必知有书也，索之衽席间，果得之，乃声言讼之，而迄不发也。岁月之后，女既生子，乃与婿备礼归宁。预知父母初必不纳，先以醨酒入门，父母佯怒，击碎之。婿因请托邻里祈恳，父母始需索聘财，而后讲翁婿之礼。凡此皆大姓之家然也。若乃小民有女，惟恐人不诱去耳，往诱而不去，其父母必勒女归夫家，且其俗如此，不以为异也。”④

（三）金齿、白衣

宋代，傣族先民仍被称为金齿、白衣。金齿、白衣的分布区相当于今云南南部，相对而言，是一个自成体系的区域，宋代时在大理国的控制之下。《泐史》“叭真”条载：“叭真于祖葛历五四二年庚子（宋淳熙七年，公元1180年）入主猛泐（今西双版纳）。其父给与仪仗、武器、服饰等物多件。诏陇法名菩提衍者，则制发一虎头金印，命为一方之主，遂登大宝，称景龙金殿国至尊佛主……叭真战胜此方各地之后，兰那、猛交、猛老皆受统治。”⑤文中所说的“诏陇法”系指大理国王段智兴，则“景龙金殿国”只是大理国

① 杨武泉校注《岭外代答校注》，中华书局1999年版。

② 《宋史·蛮夷四》，中华书局标点本1985年新1版。

③ 杨武泉校注《岭外代答校注》，中华书局1999年版。

④ 杨武泉校注《岭外代答校注》，中华书局1999年版。

⑤ 陈序经著《泐史漫笔——西双版纳历史释补》，中山大学出版社1994年版。

下属的一个封国。这时的景龙金殿国控制着猛泐（今中国西双版纳）、兰那（今泰国清莱）、猛交（今缅甸景栋地区南部到泰国北部的清迈一带）、猛老（今老挝北部）的金齿、白衣，形成了一个统一共同体，但随后又有部分分裂独自发展。《泐史》“叭真”条载：“叭真生四子。长名陶怦冷，食采于兰那；次子名陶埃怦，食采于猛交；三子名陶伊钪冷，食采于猛老；四子名陶钪冷，后继父为景龙金殿国至尊佛主。”① 则陶怦冷为兰那领主，但不久便独立发展，所以元代在猛泐设彻里路时，兰那已成为彻里路外“八百媳妇国”中的一部分。

金齿、白衣随着景龙金殿国的建立，势力有所壮大，其势力便向北扩展到滇中一线。《元史·地理志四》曾有这样的记载：“开南州（地在今景东南部之开南），州在路西南，其川分十二甸，昔扑、和泥二蛮所居也。……至蒙氏兴，立银生府（地在今景洪），后为金齿、白（衣）蛮所陷，移府治于威楚，开南遂为生蛮所据。……威远州（地在今景谷），州在开南州西南，其川有六，昔扑、和泥二蛮所居。至蒙氏兴，开威楚为郡，而州境始通。其后金齿、白夷蛮酋阿只步等夺其地。中统三年（公元 1262 年）征之，悉降。”② 向北扩张的金齿、白衣一般生活在水源较充足的平坝中从事稻作生产。大理国的腾冲府境内也有金齿、白衣大量分布，他们是今天德宏傣族和缅甸北掸邦和克钦邦境内的掸傣民族的先民。

大理国时期，金齿、白衣的农业已相当发达。11 世纪中叶，金齿部贵族曾驱使大理农奴人兴水利，开垦水田，以种水稻。缅甸蒲甘王朝第一世主阿奴律陀曾派人来向金齿人学习种水稻的经验。在手工业方面，利用金属制造各种器皿，或将金、银加工成薄片，作为牙齿的装饰品。在纺织业方面，织木棉以为布。与此同时，商业也有所发展，当时已经形成了大小不一的集市，或五日一市，或十日一集。各部落都信仰佛教③。

白衣也是以百越为主体发展变化而来的，分布在滇东南到今越南北方。到了宋代，白衣的分布区没有发生多少变化，《桂海虞衡志·志蛮》载：“其南连邕州南江之外，稍有名称者，罗殿、自杞以国名，罗孔、特磨、白衣、

① 转引自尤中著《中华民族发展史》（第②卷），晨光出版社 2007 年版。

② 《元史·地理志四》，中华书局标点本 1974 年版。

③ 陈佳华等著《中国历代民族史·宋辽金时期民族史》，社会科学文献出版社 2007 年版。

九道以道名，此皆成聚落，地皆近南诏。”这里所说的白衣道即白衣的聚居区，其地与特磨道（今云南文山州的广南、富宁二县）相连接，为今云南文山州中部。《岭外代答》又载：“交趾（今越南北方）……东有小江过海至钦、廉，西有陆路通白衣蛮，南抵占城（今越南南方）。”这些“白衣蛮”与“和蛮”共同杂居在一起。对于白衣，范成大著的《桂海虞衡志》、周去非著的《岭外代答》、赵汝适著的《诸蕃志·交趾国》等书都提到，先后所指同一地区内的同一民族群体。至于为什么称为白衣，则无明确记载。有可能因为他们穿白色衣服的缘故，也有可能是古代“百越”的音转，甚至有可能就是“摆夷”的最早译音所记。

（四）抚水蛮、茅难蛮

到了唐代，在今广西环江一带开始从僚人中分化出“水蛮”。因所在州为“抚水州”，故又名“抚水蛮”。之所以称之为“抚水州”，应为安抚当地从僚人中分化出来的“水蛮”而得名。《文献通考·四裔考八》载：“抚水蛮，在宜州南，有县四，曰抚水、曰京水、曰多建（《新唐书·地理志》为多蓬）、曰古劳。唐隶黔南，其酋皆蒙姓同出，有上中下三房，民则有区、廖、潘、吴四姓（按：今黔桂间的水族仍以蒙、潘、吴姓最多，占水族总人口的80%左右）。亦种水田，采鱼，其保聚山险者，虽畬田，收谷粟甚少，但以药箭射生，取鸟兽尽，即徙他处。”①

到了宋代，“抚水蛮”的分布区仍大致相同，但其上层贵族仍不断反抗，尽管宋王朝企图通过团结其中的贵族上层来稳定对该地区的羁縻统治，但效果不太好。“抚水蛮”仍频频反抗，并向外掠夺人口和财物。《文献通考·四裔考八》载：“既而侵轶如故，大中祥符九年（公元1016年），数寇宜、融州界。诏以知宜州董兀巳不善抚绥黜之，仍行招抚。群蛮拒命，侵掠不已，乃命平州刺史曹克明领兵讨之，伤杀甚众，蛮逃窜穷蹙，酋帅蒙承贵等面缚诣军自首，悉还所掠汉口资畜，歃血立誓，不敢复叛，乃还师。诏以抚水州为安化州，抚水县为归仁县，京水县为长宁县。自是间岁朝贡，不复为边患。”②宋朝中央政府改变州县名称的意义，不仅只是改换一下州名，而是希望能够在上述地区实现汉族的封建制。然而这只能是宋王朝的主观愿望，反而又激

① 〔元〕马端临撰《文献通考·四裔考八》，中华书局影印本1986年版。

② 〔元〕马端临撰《文献通考·四裔考八》，中华书局影印本1986年版。

发“抚水蛮”的再次反抗。《文献通考·四裔考八》载：“宝元元年（1038年），寇宜、融等州，发兵讨之，逾年乃定。庆历、嘉祐间，再入贡，其后首领月赴宜州参谒及贸巨板。每岁，州四管犒，及三岁，听输所贡兵械于思立寨以其直偿之。……熙宁（公元1068—1077年）初，知宜州钱师孟等擅裁损侵削之，土人罗世念等为乱，攻杀寨官，诏遣兵讨之，未入境。明年，世念等率其徒来降，各拜官。”① 看来宋王朝最终只好任命“抚水蛮”上层为土官，以羁縻治之。抚水州在一定意义上也就成了羁縻州。

“茅难蛮”，茅难也写为茆难、茅滩。在《岭外代答》和《宋史》中，“茅难蛮”已正式作为民族名称出现。“茅难蛮”与“抚水蛮”共同杂居在一个地域内，他们是近亲民族群体，都是从僚中分化出来的。

三、吐蕃及其文化

公元842年，统一的吐蕃政权因统治集团内部的纷争及汉藏民众起义的打击，开始分裂成为多个大小不等的割据势力，吐蕃的发展进入了一个低潮时期。《宋史·外国列传八·吐蕃》载：“唐末，瓜、沙之地复为所隔。然而其国亦自衰弱，族种分散，大者数千家，小者百十家，无复统一矣。”② 但实际聚居的吐蕃诸部有分布区相当于今甘肃中部的六谷部、分布区相当于今青海的角唃厮啰部和以相当于今西藏为中心分布的各部。

以六谷部为中心的吐蕃各部。六谷部包括居住在凉州城外及其周围的几个山谷中的吐蕃人。10世纪中叶，六谷部中的左左厢首领折逋嘉施向后汉王朝取得了封号，逐渐治辖河西走廊一带吐蕃六谷诸部。《宋史·外国列传八·吐蕃》载：“凉州（驻今甘肃武威）郭外数十里，尚有汉民陷没者耕作，余皆吐蕃。其州帅稍失民情，则众皆啸聚。城内有七级木浮图，其帅急登之，绐其众曰：‘尔若迫我，我即自焚于此矣。’众惜浮图，乃盟而舍之。后周广顺三年（公元953年），始以申师厚为河西节度。师厚初至凉州，奏请授吐蕃首领折逋支等官，并从之。”③ 这是北宋初期六谷部的基本情况。由于多年战乱，社会秩序很不稳定，但六谷部酋首多次派人向宋朝进贡。10世纪末到11世纪初，潘罗支被六谷吐蕃诸部推荐为大首领，逐渐取代了折逋氏的地位。潘罗支对内积极发展西凉府六谷部的政治、经济和文化，对外则进一步加强

① 〔元〕马端临撰《文献通考·四裔考八》，中华书局影印本1986年版。

② 《宋史·外国列传八·吐蕃》，中华书局标点本1985年新1版。

③ 《宋史·外国列传八·吐蕃》，中华书局标点本1985年新1版。

与宋朝的从属关系，同西夏王朝相对抗。咸平四年（公元1001年），宋王朝授予潘罗支凉州防御使兼灵州西部都巡检使，并许以世袭。潘罗支死后，六谷中推举其弟厮铎督为大首领，宋王朝加封其为朔方军节度、押蕃落等使、西凉府六谷大首领。厮铎督执政后，进一步发展与宋王朝的友好关系，每年都派人到宋王朝进贡和请封，宋王朝也每次给予封赐。但天圣六年（公元1028年）被西夏攻破，凉州六谷吐蕃部政治军事集团宣告解体，十万余众多投奔湟水流域的唃厮啰部①。

唃厮啰部。唃厮啰，为藏语的音译，意为“佛子”，原为人名，是吐蕃王朝末代赞普朗达玛后裔。吐蕃王朝崩溃之后，唃厮啰辗转进据青海，成为这里世袭的大封建领主，统治了今青海地区的吐蕃，在相对独立的状态下发展。《宋史·外国列传八·吐蕃》载：“唃厮啰者，绪出赞普之后，本名欺南陵温篯逋。篯逋犹赞普也，羌语讹为篯逋。生高昌磨榆国，既十二岁，河州羌何郎业贤客高昌，见唃厮啰貌奇伟，挈以归……河州人谓佛‘唃’，谓儿子‘厮啰’，自此名唃厮啰。”② 不久，河湟地区的吐蕃首领李立遵和温逋奇用武力把唃厮啰挟到郎州（今青海化隆县境），建立了政权机构，取名为唃厮啰。于是，唃厮啰也就从人名变为政权名，进而成为这个政权统治下所有吐蕃部落的称呼，即唃厮啰吐蕃部。

公元1032年前后，温逋奇发动政变，囚唃厮啰，唃厮啰逃出后，平息政变，迁都青唐（今西宁市）。《宋史·外国列传八·吐蕃》载：“已而逋奇为乱，囚唃厮啰置井中，出收不附己者，守井人间出之。唃厮啰集兵杀逋奇，徙居青唐。”③ 从此，青唐便逐步发展为甘、青一带吐蕃部落的中心。唃厮啰也正式成为湟水流域吐蕃部的首领。后来，唃厮啰因家庭内部的权力之争，境内一分为三。唃厮啰脱离李立遵后，为了结好当地乔氏家族，又娶乔氏女为妻。有姿色又有权势的乔氏很快得宠。但唃厮啰的原配妻李氏因此失宠，便利用其二子瞎毡和磨毡角与唃厮啰对抗，其结果是李氏被贬为尼，二子出逃，利用赞普嫡系的影响，成为另外两个首领，与唃厮啰三角而立。瞎毡、磨毡角死后，在宋王朝的斡旋下，唃厮啰与孙重新修好，唃厮啰吐蕃部又归

① 陈佳华等著《中国历代民族史·宋辽金时期民族史》，社会科学文献出版社2007年版。

② 《宋史·外国列传八·吐蕃》，中华书局标点本1985年新1版。

③ 《宋史·外国列传八·吐蕃》，中华书局标点本1985年新1版。

统一。公元1065年十月，唃厮啰卒，年六十九，由第三子董毡（公元1032—1083年）嗣之。在董毡统治的十几年中，基本上执行唃厮啰制定的内外政策，同宋王朝保持友好关系①。

公元1083年，董毡卒，其养子阿里骨秘不发丧，到公元1086年声称遵遗嘱继承赞普位。阿里骨原是于阗（今新疆和田）人氏，幼时随母至青唐，侍于董毡，得宠。阿里骨秉政后，改唃厮啰的“倚宋抗夏”为“倚夏抗宋”，并于公元1086年联合西夏进攻宋朝边城。但在被宋军打败后，阿里骨又上表请罪，向宋朝进贡，后被宋王朝特授金紫光禄大夫、依前检校太保、使持节凉州诸军事、凉州刺史、河西节度使等数职。宋绍圣三年（公元1096年）阿里骨卒，其子瞎征继位。但由于瞎征执政不善，性嗜杀，唃厮啰上层统治集团发生内乱，统治出现危机，《宋史·外国列传八·瞎征》载：“瞎征……性嗜杀，部曲睽贰。大酋心牟钦毡之属有异志，忌瞎征季父苏南党征雄勇多智，共诬其谋逆，瞎征不能察而杀之，尽诛其党，独錢罗结逃奔溪巴温。”② 这时宋哲宗命宋军攻湟水吐蕃，在宋军的攻击下，瞎征等皆降。由于宋王朝认为直接统治青唐的时机尚未成熟，便封唃厮啰首领溪赊罗撒（史称小陇拶）为青唐主、西平军节度使、邈川首领。宋徽宗崇宁元年（公元1102年），蔡京入相，主张攻取湟水流域吐蕃部。公元1104年，宋军将领王厚彻底摧毁唃厮啰政权，唃厮啰家族虽然还在青藏高原一带活动，但政治实力已大大削弱了③。

分布区相当于今西藏地区的吐蕃，即吐蕃本部。吐蕃王朝崩溃之后，王族的后裔分别割据一方，逐步形成四系，即阿里王系（今后藏阿里）、拉萨王系（今前藏）、亚泽王系（今后藏）、雅隆觉阿王系。吐蕃王朝崩溃后，在奴隶、平民的大起义中，吐蕃本部开始由奴隶制向封建农奴制过渡。到10世纪，吐蕃本部出现了许多大大小小的封建农奴主，占有大小不等的领地和数量不等的农奴。12世纪末到13世纪，吐蕃本部的封建农奴制已普遍确立。农奴主既是领地上的统治者，又是宗教首领，集政治、经济、宗教权力于一身。

① 陈佳华等著《中国历代民族史·宋辽金时期民族史》，社会科学文献出版社2007年版。

② 《宋史·外国列传八·瞎征》，中华书局标点本1985年新1版。

③ 陈佳华等著《中国历代民族史·宋辽金时期民族史》，社会科学文献出版社2007年版。

在当时大大小小的封建领主中，以萨迦派农奴主集团和帕竹噶举农奴主集团最为强大。

萨迦，本为地名，位于后藏日喀则西南仲曲河谷，后成为佛教的一个教派名，同时也是该教派的一个主寺名，是12世纪初新兴的藏传佛教教派与农奴主集团，创始人为贵族贡却杰布（公元1034—1102年）。贡却杰布，生于北宋景祐元年（公元1034年），出生地为后藏日喀则西南仲曲河谷夏卜。从小随父兄学习藏传佛教宁玛派密法。在学习过程中，他改从卓弥·释迦意希等人学习新译密法，以卓弥的《道果法》为自己的主要教法。他先在扎邪路垄建立了萨迦高波寺，熙宁六年（公元1073年）又在萨迦建立了萨迦寺，并作为教派的主寺。此后，便形成了新兴的教派——萨迦派。贡却杰布既是这个教派的首领，同时又是这个农奴主集团的首领。这是藏传佛教采取家族传递或世袭的开始。从贡噶宁布以后，由于连续几代大师对宗教、经济、政治的经营比较得法，故势力日盛，名声越来越大，成为日喀则地区最强大的农奴主集团，连续五代被尊称为“萨迦之祖”，合称“萨迦五祖”。第四祖萨班·贡噶坚赞（公元1182—1251年）学识渊博，曾写成名著《萨迦格言》。13世纪初，成吉思汗写信给萨班，表示愿意信奉佛教，并想延聘萨班为师。于是萨班召集西藏各派商议并一致同意派代表去朝见成吉思汗，且表示同意归附蒙古。南宋嘉熙二年到四年（公元1238—1240年），蒙古统治者再次写信给萨班，萨班作为各派代表前往凉州会见蒙古西路军统帅、太宗窝阔台次子阔端。公元1247年，萨班与阔端在凉州相会，他代表西藏各个僧俗农奴主集团确认蒙古汗国对吐蕃的统治地位，并按照阔端的意旨，给西藏各农奴主集团写了一封公开信，劝告各派首领接受条件，归顺蒙古。这是西藏纳入祖国版图的又一重大事件，同时也是萨迦派农奴主集团统治西藏的开始①。

帕竹，是帕木竹巴的简称。本为西藏桑日的一个小地名，后逐步演变为藏传佛教教派名、人名、万户名、家族和地方政权名，是又一个吐蕃本部强大的僧俗农奴主集团。创始人帕竹·多吉杰波（公元1110—1170年）生于康区南部止垄乃学。南宋绍兴二十八年（公元1158年），建寺于帕木竹巴，故

① 陈佳华等著《中国历代民族史·宋辽金时期民族史》，社会科学文献出版社2007年版。

称帕竹·多吉杰波。后名声大振，创立帕竹噶举教派，全称“噶举帕木竹巴支系”，是从塔布噶举派分化出来的四大派系之一[①]。

除了上述三大部之外，吐蕃在泾、渭两水上游也有分布，在熙河流域、岷江上游都有分布。但这些地区的吐蕃势力较小一些。

吐蕃在本时期的发展中，宗教对他们的发展起到了很大的内聚力作用。公元7世纪时，佛教传入吐蕃，在吐蕃王室的大力扶植之下，发展很快。但到9世纪时，达玛赞普极力主张“禁佛”，使佛教在吐蕃遭到很大的破坏，部分僧侣逃到吐蕃王朝统治的边远地区。直到10世纪后半期，佛教在吐蕃才又重新有所发展。佛教在流传的过程中一直与吐蕃原有的本教相互斗争，相互吸收、融合，其结果便是产生一个新的佛教派别——藏传佛教。藏传佛教的教义与佛教总体上来说是一致的，但在形式上却吸收了许多本教的元素。其特殊性主要表现在宗教势力与地方政治势力在政治、经济上的紧密结合。当西藏地方的封建割据势力出现以后，其首领便直接给自己穿上一件藏传佛教僧人的外衣，形成了僧俗一体、政教不分的局面，这便是后来西藏“政教合一”的历史源头[②]。

吐蕃原本信仰本教，佛教传入后，从本教中吸取了被当地民众乐于接受的东西，逐渐发展为有西藏特色的佛教，亦称藏传佛教，俗称喇嘛教。到11世纪中叶，由于西藏农奴制有了较大的发展，各地领主地位逐渐巩固，彼此争夺地盘，在此背景下，藏传佛教开始形成一些不同的教派，按各派所传承修持不同，便分为宁玛派（俗称红教）、噶当派、萨迦派（俗称花教）、噶举派（俗称白教）、格鲁派（俗称黄教）。

随着藏传佛教的发展，藏传佛教各教派先后在各地修建了许多寺庙建筑，于是以寺院为文化中心，佛教的造型艺术遂成吐蕃文化的重要内容。本时期作为寺庙建筑最有特色的是古格王国的寺庙建筑。古格王国是基德尼玛衮在阿里建立的，其遗址是西藏割据时期的宫殿建筑群，坐落在札达县扎布让区象泉河畔的土山上。整个建筑群由上而下，从地面到山顶约300米高，洞窟房屋密布满山，整个建筑群由300多孔洞窟和300多座房屋及3座10多米高的佛塔组成壮观的建筑组合体系，遗址占地面积约18万平方米。建筑群内有

① 陈佳华等著《中国历代民族史·宋辽金时期民族史》，社会科学文献出版社2007年版。

② 王文光、段红云著《中国古代的民族识别》（修订本），云南大学出版社2011年版。

四通八达的地道，是座地下宫殿，据说国王冬天住在这里。该建筑群内共有5座引人注目的宫殿：红庙、白庙、轮回庙、王宫殿和议事集会殿。其中3座庙保存尚完好。建筑群的外围有土筑城墙，墙上砌有许多石刻佛像，城墙脚有碉堡，也是土筑，山顶筑有外围城墙，墙外是险峰绝壁。从这座建筑群可以明显地看出古格王国的建筑文化特点：首先，保持了吐蕃古建筑依山而建的传统；其次，遗址的地道和地下宫殿均有其独创性特点；第三，宫殿和佛殿相结合的建筑，开创了政教合一的建筑群先例，说明佛教在政治事务中的作用越来越大了；第四，建筑中的壁画、雕塑等装饰艺术极为丰富，有许多赞普和王子的形象①。

这一时期吐蕃的绘画与雕塑仍以佛教题材为主，随着寺庙的建立，作为寺庙组成部分的绘画与雕塑有较大的发展。从雕塑来看，保存较少的前弘期造像，又重新供奉于各大寺中，还塑造了许多圣像，包括一些千姿百态的密宗塑像。那时壁画艺术的杰作，要算古格王国的壁画。从画面上看，有表现历史人物和宗教活动的画面，有迎请印度佛教大师阿底峡时欢乐舞蹈的画面。在轮回庙里，画有密宗佛像和天女、护法神等。

被人们称为“藏族布轴画”的唐卡也十分有名。唐卡最初是一种写在布上的文告，后来演变成一种宗教布轴画，经历了许多代的不断发展，不仅具有绘画的形式，还有刺绣、镶缎、串珠等形式。目前发现有一幅10世纪的唐卡保存在萨迦南寺，这是一幅以棕红色为基调的佛像，中央绘有一尊无量佛像，周围是一寸左右的小像，排列整齐，其线条十分精细严谨。说明早在10世纪就有唐卡艺术存在了。12世纪的唐卡“白度母”描绘的是一位沉静女神。这件作品在表现手法上，采用三种不同色度的线条表现人物，很有动感的艺术效果。

东部靠近汉区的唃厮啰对吐蕃文化不但有继承，也有发展。据汉文史料记载，唃厮啰向宋朝递交的文书都用“蕃字”，这便是古藏文。这种古藏文是在7世纪中叶由通米桑布札以梵文字为基础，结合藏语特点而设计出的藏文字母和拼音方案，由30个字母和4个元音符号拼合而成，自左向右横写，故被看作“旁行书”。

唃厮啰吐蕃的服饰和居室，大多为吐蕃“遗俗”，服饰以虎豹皮为贵，妇

① 陈哲夫等主编《中华文明史》第六卷《辽宋夏金》，河北教育出版社1994年版。

人衣锦，喜绯紫青绿色。饮食单一，喜食生物，调味品只有盐，但嗜酒、茶。

在唃厮啰地区，古老的本教仍在民间流传，尚巫术，重鬼神，崇拜自然。与此同时，也笃信佛教，唃厮啰时期，青唐已成为河湟吐蕃的宗教中心，而且政教合一制度到此时又有所发展[①]。

四、崇拜盘瓠、廪君的民族及其文化

这一时期苗瑶系统的民族主要有“溪州蛮”、“思州蛮”和“播州蛮”、梅山徭、桂阳监徭和连州徭等。

“溪州蛮”是指分布在溪州地区的少数民族。溪州，古地名，汉属武陵郡，南朝陈时，分武陵郡置沅陵郡，唐改沅陵为辰州；天授二年（691 年），分辰州大乡、三亭两县置溪州，此为溪州之始，辖境比以前的武陵郡小得多，约当今湘西土家族苗族自治州，其居民便被史家称为“溪州蛮”，亦称“五溪蛮”。向、田、覃、吴、彭等姓酋长相继成为“溪州蛮”首领。从族属的角度看，“溪州蛮”主要为今土家族、苗族的先民。北宋时，“溪州蛮”已使用牛耕，“水转筒车”的灌溉方式。太平兴国八年（公元 983 年），锦（治所在今麻阳）、溪、叙（治所在今黔阳）、富（治今麻阳、怀化）四州的统治者曾向北宋提出“愿比内地民输租税”，虽然被北宋王朝拒绝了，但说明了“溪州蛮”的社会经济已经发展到一个较高的水平，可能已经接近内地汉族地区了[②]。

“思州蛮”“播州蛮”是指分布在思州和播州地区的少数民族。思州是唐贞观四年（公元 630 年）以务川州改置而成的，属黔中道黔州都督府（治所在今四川彭水县）。宋朝因之，原住民首领田氏据有此地。宋徽宗大观元年（公元 1107 年），田佑恭入朝请求内附，朝廷仍以其地为思州，属夔州路（治所在今四川奉节），以田佑恭为思州刺史，并许世袭。播州在思州西南，唐以隋之牂牁县置之，辖遵义、芙蓉、带水三县，也属黔中道黔州都督府，宋朝时改隶夔州路。熙宁六年（公元 1073 年）五月，播州酋长杨贵迁遣子杨光震、杨光荣向宋朝献鞍马、牛黄、麝香等土特产，杨氏在播州的统治地位得到宋王朝的认可。从历史上看，思州、播州在先秦两治时为巴人所居，唐朝

---

① 以上详见陈哲夫等主编《中华文明史》第六卷《辽宋夏金》，河北教育出版社 1994 年版。

② 陈佳华等著《中国历代民族史·宋辽金时期民族史》，社会科学文献出版社 2007 年版。

为“南平僚”分布地之一。宋朝时，当地居民多称“夷僚”“山僚”。根据现在当地居住的少数民族来看，原思州地今以土家族为多，原播州地今以苗族为多，而今川、黔、湘边境的杨氏、田氏，仍为苗族、土家族的大姓。因此，宋时思州、播州的居民，应主要为土家族和苗族的先民。1957 年发掘的贵州遵义杨粲墓反映了“思州蛮”“播州蛮”文化的一些基本情况。这是一个男女两室合葬的大型石室墓，据不完全统计，石墓所用石料为 496 块，每块重 500 公斤以上，个别重达 3000 公斤。墓室中有相当丰富的石刻，石刻有人物、动物、仿木结构建筑及花卉等多种图案。墓中还出土了两面铜鼓，男室铜鼓重 12. 35 公斤，花纹图案清晰，鼓侧的内外显示“元”“佑”“通”“宝”等字样的铜钱残角。铜鼓作为随葬品，说明当时播州杨氏也是“俗尚铜鼓”的民族。从墓室中的石刻来看，当时播州的雕刻艺术水平已经很高①。

除土家族、苗族的先民外，瑶族先民也有发展，但由于居住分散，支系繁杂，故有许多不同的名称。如梅山徭、桂阳监徭和连州徭等。

梅山徭指分布在梅山的瑶族先民，亦有称为“梅山蛮”者，个别史书中也还将之错误地称为“梅山僚”，实际上“蛮”与“僚”在族属源流上是有区别的。梅山，古地名，位于湖南中部，今新化、安化交接地带。到北宋时，由于地域上的封闭性，梅山徭还处于独立发展的状态，北宋前期，梅山徭的经济生活亦较为单一，以刀耕火种的原始农业为主，辅之以狩猎。尽管如此，与汉民族政权仍有不断的冲突。《宋史·蛮夷二》载：“开宝八年（公元 975 年），尝寇邵（州）之武岗、潭（州）之长沙。太平兴国二年（公元 977 年），（梅山徭）左甲首领苞汉阳、右甲首领顿汉凌寇掠边界，朝廷累遣使诏谕，不听，命客省使翟守素调潭州兵讨平之。自是，禁不得与汉民交通。”②除不准与汉民往来外，还在梅山徭分布区设立了梅子口等五寨，对梅山徭实行军事封锁。

到宋仁宗嘉祐元年（公元 1056 年），宋王朝又命令知潭州刘元瑜遣州人进梅山徭区招抚徭人，招募徭人耕垦荒地，并设新化县治理之。梅山徭归于郡县统治之后，宋王朝便在徭区推广先进的生产技术，客观上促进了梅山徭社会经济的发展，也加速了汉徭民族的交流与民族融合。

① 陈佳华等著《中国历代民族史·宋辽金时期民族史》，社会科学文献出版社 2007 年版。

② 《宋史·蛮夷二》，中华书局标点本 1985 年新 1 版。

辰州和武冈也有徭人分布。北宋初，有辰州徭人秦再雄，武健多谋，为南方许多少数民族酋首所服。宋太祖时委其为辰州刺史，他上任后，宣传朝廷“怀柔”之意，“蛮徭”纷纷降宋，于时宋朝“不增一兵，不费帑庾”，就得到了辰州及附近诸州县。太祖末年，宋王朝把辰州改为经制州，辖沅陵、叙浦、辰溪、卢溪四县，迁治所于沅陵，改任汉官为刺史，秦再雄改封“右千牛卫将军”。从此，当地徭人有的被其他民族逐渐同化，而大部分逐渐南迁，成为“武冈徭”的一部分。武冈在邵州（治所在今邵阳市）西南和辰州之南，今湖南武冈、绥宁、新宁等地。三国时曾置武冈县，后废。北宋初年复置县，属邵州。崇宁五年（公元1106年）升为武冈军，辖武冈、绥宁、临冈三县。北宋时，绥宁、临冈一带原为侗族先民仡伶、仡僚、仡偻人聚居地，由杨氏酋领统辖。后有辰州、邵州徭人迁入，与仡伶、仡僚、仡偻杂居，客依于杨氏酋领之下，并逐步分布于武冈及桂北龙胜、资源、全州一带，成为瑶族较大的一个分布区域①。

桂阳监、连州也有徭人分布。桂阳监为五代后晋天福四年（公元939年）析郴州所置，属郴州，治所在平阳（今湖南桂阳）。北宋因之，南宋绍兴（公元1131—1162年）初升为军。连州位于桂阳监之南，隋开皇十年（公元590年）所置，治所在桂阳（今广东连州市）。宋因之。北宋庆历三年（公元1043年）九月，“桂阳监洞蛮”“寇边”。十二月，桂阳监徭复“寇”边。这里所说的“洞蛮”其实也是指徭人。“蛮徭者，居山谷间，其山自衡州常宁县属于桂阳，郴连贺韶四州，环纡千余里，蛮居其中，不事赋役，谓之猺人。”②可见，在桂阳监和连州一带确实分布着不少的徭人。

宋代，苗、徭已基本分化为两个民族，关于其文化习俗，史书略于苗而详于徭。徭族分布在各自封闭的山区，从事农业生产，也以部分狩猎为补充。故《桂海虞衡志》载：“各自以远近为伍，以木叶覆屋，种禾、黍、粟、豆、山芋杂以为粮，截竹筒而炊。暇则猎食山兽以续食。”③

从民族精神的角度看，他们能吃苦耐劳，富于勇敢战斗的精神。《桂海虞衡志》载：“俗喜仇杀，猜忍轻死。又能忍饥行斗，左腰长刀，或负大弩，手

① 陈佳华等著《中国历代民族史·宋辽金时期民族史》，社会科学文献出版社2007年版。

② 《宋史·蛮夷一》，中华书局标点本1985年新1版。

③ 齐治平校补《桂海虞衡志校补》，广西民族出版社1984年版。

长枪，上下山险若飞。……战则一弩一枪，相将而前。执枪者前却不常，以卫弩；执弩者口衔刀而手射人。敌或冒刃逼之，枪无所施，弩人释弩，取口中刀，奋击以救。”[①]

徭族还没有本民族文字，仍刻木为契。《岭外代答》卷十载：“傜人无文字，其要约以木契。合二板而刻之，人执其一，守之甚信。若其投牒于州县，亦用木契。余尝摄静江府（驻今桂林市）灵川县，有傜人私争，赴县投木契，乃一片之板，长尺余，左边刻一大痕及数十小痕于其下，又刻一大痕于其上，而于右边刻一大痕，牵一线道合于右大痕，又于正面刻为箭形，及以火烧为痕，而钻板为十余小窍，各穿以短稻穰，而对结纽焉。殊不晓所谓。译者曰：左下一大痕及数十小痕，指所论仇人将带徒党数十以攻我也。左上一大痕，词主也，右一大痕，县官也，牵一线道者，词主遂投县官也。刻为箭形，言仇人以箭射我也。火烧为痕，乞官司火急施行也。板十余窍而穿草结纽，欲仇人以牛十余头，备偿我也。”[②]

徭族支系众多，因而其服饰也就多种多样。《岭外代答》卷三载：“傜人椎髻临额，跣足带械，或袒裸，或鹑结，或斑布袍袴，或白布巾。其酋则青布紫袍，妇人上衫下裙，斑斓勃窣，惟其上衣斑纹极细，俗所尚也。”[③] 制衣的布是自织、自染，相当于今日之蜡染。《岭外代答》卷六载：“傜人以蓝染布为斑，其纹极细。其法以木板二片，镂成细花，用以夹布，而熔蜡灌于镂中，而后乃释板取布，投诸蓝中。布既受蓝，则煮布以去其蜡，故能受成极细斑花，炳然可观。故夫染斑之法，莫傜之昔也。”[④]

傜人的宗教活动以一年之中祭祀盘瓠为隆重。《桂海虞衡志》载：“岁首祭盘瓠，杂糅鱼肉酒饭于木槽，扣槽群号为礼。”[⑤] 除盘瓠之外，也有其他神灵，如“都贝大王”等。

在一些宗教节日活动中，有青年男女进行择偶活动。《桂海虞衡志》载：“十月朔日，各以聚落祭都贝大王。男女各成列。连袂相携而舞，谓之‘踏瑶’。意相得，则男咿呜跃之女群，负所爱去，遂为夫妇，不由父母。其无配

① 齐治平校补《桂海虞衡志校补》，广西民族出版社 1984 年版。
② 杨武泉校注《岭外代答校注》，中华书局 1999 年版。
③ 杨武泉校注《岭外代答校注》，中华书局 1999 年版。
④ 杨武泉校注《岭外代答校注》，中华书局 1999 年版。
⑤ 齐治平校补《桂海虞衡志校补》，广西民族出版社 1984 年版。

者，俟来岁再会。女二年无所向，父母或欲杀之，以其为人所弃云。”①

另外，唐代的“朴子蛮”和“望蛮”发展到宋代被称为“蒲蛮”，与金齿、白衣杂居，分布区也未曾改变，主要分布区相当于今普洱、临沧、保山、德宏等地。社会发展不平衡且缓慢，在下一个历史时期，以之为主体向着布朗族、德昂族和佤族发展②。

第三节　宋代西部的民族交往与文化交流

宋代西部各民族之间的往来有一些新变化。在西北地区，由于辽、西夏、金等立国，宋与这三个政权展开了对边民的争夺，边民臣服不定。同时，在宋边境的一些少数民族与宋之间保持着密切的经济文化往来，汉化程度进一步加深。在西南，虽然大理国与宋王朝之间的政治交往不深，但双方的经济文化往来从未中断。处于宋与大理国之间的西南少数民族，在宋与大理国之间的经济文化往来中发挥着十分重要的作用。在这一时期，西南各民族分化进一步加剧。同时，学校在更多的地方得以建立，对进一步开展文化交流和学习汉文化，起了促进作用。

一、党项羌的民族交往与文化交流

党项羌建立西夏国之前，汉族与党项羌的关系主动权在代表汉族的宋王朝一边。自从拓跋部徙居庆州、夏州等地后，党项羌人由于居地与中原地区毗连，与内地各族人民往来较之前更加密切，其受汉族经济、文化影响也进一步加强。宋朝建立前夕，李彝兴牢牢占有夏、绥、银地区，并掌握着一支相当强大的军事力量，雄踞中国西北。赵匡胤建立宋朝后，李彝兴派银州防御使前往祝贺。赵匡胤为了笼络李彝兴，授给李彝兴定难军节度使，又封其为太尉。乾德五年（公元 967 年），彝兴死，克睿继位，不久克睿卒，继筠袭位。继筠死，其弟继捧袭职，由于宗族多不满，继捧于太平兴国七年（公元 982 年）率族入宋觐见宋太宗赵炅，并主动献出银、夏、绥、宥四州八县，但遭其族弟李继迁等的反对。自此，在李继迁的领导下，党项羌走上了一条与宋王朝对抗之路。公元 1003 年，在进攻麟州不克的情况下，移师西凉，在

① 齐治平校补《桂海虞衡志校补》，广西民族出版社 1984 年版。

② 王文光著《中国民族发展史》（下册），民族出版社 2005 年版。

与吐蕃六谷部首领潘罗支交战中身中流矢，不久死去。但在临死前，李继迁嘱咐其子德明向宋臣属。德明继位后，宋辽之间签订了“澶渊之盟”，宋夏和议，结束了长期的交战状态，形成了暂时和平的局面①。宋辽双方都想拉拢西夏，以达牵制对方的目的。辽统和二十二年（公元 1004 年），辽封李德明为西平王，后改封夏国王②。

由于一时无力争雄，李德明一方面保持与辽的臣属关系，另一方面也积极寻求宋的支持与保护，德明在位期间，积极要求宋王朝开放互市，加强与内地各族人民的贸易关系。于是在景德四年（公元 1007 年），宋于保安军（今陕西省志丹县）置榷场，以缯帛、罗绮等换取党项羌人的驼马、牛羊、玉、毡毯、甘草等，以香药、瓷漆器、姜桂等物换取党项羌人的蜜蜡、麝脐、毛褐、羱羚角、硇砂、柴胡、苁蓉、红花、翎毛等物品。同时，德明还经常利用各种机会，遣使向宋进献驼马牛羊等物品，以此来向宋王朝索取银两、缗钱、彩缎、绢帛、布匹、茶叶等优厚赏赐。随着社会经济的好转，加上辽国的怂恿，德明称帝的欲望不断增长。大中祥符九年（公元 1016 年），他“僭越”帝制，追尊其父继迁为“太祖应运法天神智仁圣至道广德光孝皇帝”。天禧四年（公元 1020 年），德明将都城由西平府迁至怀远镇（今宁夏银川市），改名兴州，以此作为正式的都城。同时，还让其子元昊迎娶辽兴平公主，进一步密切与辽的关系。之后，继迁发动对河西回鹘的进攻，攻陷甘州和凉州，解除河西回鹘对党项的威胁。天圣十年（公元 1032 年）在攻陷凉州不久后，德明病死，元昊袭其位③。

公元 1038 年，元昊与党项各部歃血为盟，共同向宋发动进攻。同年十月，元昊在兴庆府称帝，称“世祖本武兴法建礼仁孝皇帝”，建国号为“大夏”。1039 年正月，又上表宋王朝，要求宋廷给予承认，但遭到了宋仁宗的拒绝。不过，大夏作为一个独立国家政权却是客观事实。新建立的大夏，后世

① 陈佳华等著《中国历代民族史·宋辽金时期民族史》，社会科学文献出版社 2007 年版。

② 陈佳华等著《中国历代民族史·宋辽金时期民族史》，社会科学文献出版社 2007 年版。

③ 陈佳华等著《中国历代民族史·宋辽金时期民族史》，社会科学文献出版社 2007 年版。

称之为“西夏”[①]。西夏立国后，不仅没有得到宋廷的承认，反而引起宋的反感，宋转向对西夏用兵。宋宝元三年（1040 年），针对宋的军事进攻，西夏采用突然袭击的战术，攻下宋的金明寨，并乘胜南下包围重镇延州及塞门、安远等地，宋军虽一再反击，但皆大败，失干沟、干河、赵福三堡。此后，在军事上，宋军一直处于劣势。不久，由于双方内部因为战争费用太高，都产生了要求恢复和好的愿望。双方经过多次谈判，于公元 1044 年达成和议，元昊以“夏国主”的名义向宋称臣，宋则给西夏绢 15 万余匹，银 7.2 万两，茶 3 万斤，并于保安军及镇戎军高平寨重开榷场，恢复双方贸易[②]。

纵观宋与西夏数十年的和战，大体可以归纳为：西夏为扩张势力不断侵占和骚扰宋的西北边境，宋为消灭党项贵族建立的西夏政权，曾对西夏有过大的军事行动。当宋的军事进攻失败后，军事上转为守势，与西夏订立和约。神宗以后，加强了对西北的防务和经营，逐步取得军事上的优势地位，迫使西夏与宋王朝和好。金军南下，宋无力对西夏用兵，西夏乘机侵占宋地，直到北宋灭亡。西夏对宋虽名义上称臣，实际上是独立的。西夏与宋的关系若即若离，时战时和[③]。

党项羌除了与汉民族关系密切外，与契丹也有着紧密的联系。辽国境内曾分布着许多党项民众，这些党项羌人随着西夏势力的增强，便在辽与西夏之间或附或叛，反抗契丹贵族。公元 1043 年八月，居住在辽朝境内的党项因不堪契丹贵族的压迫，起兵反抗，辽兴宗便命令元昊出兵同辽军一同镇压，但所掠物资则为辽军独占。元昊为此大为不满，一方面派人掠夺辽境内党项人的物资，另一方面诱招辽境内的党项归附西夏国，由此引发了党项与契丹在相当于今内蒙古鄂尔多斯市一带展开的“河曲之战”。

党项与女真的关系可分两期，前期和平相处，后期多有战事。公元 1121 年，辽天祚帝败走阴山，西夏派李良辅救援，为金所败。事后女真贵族以厚利为诱饵，使党项贵族向金称臣，金朝则把下寨以北、阴山以南、乙室耶剌部等地割给西夏。从此以后，西夏几位皇帝都被金封为“夏国王”，双方使臣载途，往来多达 300 余次。金与西夏之间，为了各自的利益，既有联合又有

---

① 陈佳华等著《中国历代民族史·宋辽金时期民族史》，社会科学文献出版社 2007 年版。

② 王文光著《中国民族发展史》（下册），民族出版社 2005 年版。

③ 翁独健主编《中国民族关系史纲要》，中国社会科学出版社 1990 年版。

斗争，如在金灭辽的战争中，宗翰曾派撒姆出使西夏，以宋地为诱饵，联合西夏共同进攻宋的麟州，以牵制河东的局势。公元 1125 年，西夏攻占了宋朝的许多战略要地，金便派兀室以出猎为名，迫使西夏请和。

公元 1140 年，西夏仁宗即位。在国相任得敬的威逼下，于公元 1170 年向金上表求封任得敬，但由于金不满意任得敬专权，未予答应，并助仁宗杀了任得敬，仁宗十分感谢，主动遣使献物，加强双方的关系。蒙古崛起，多次掠西夏，西夏求于金，未得应诺，双方交恶。公元 1211 年，西夏神宗李遵顼即位，乘金军新败，大肆扰金边境，加剧了双方的矛盾，最后皆亡于蒙古。

党项人在与宋、辽、金等政权交往的过程中，也不断进行文化交流。如西夏文字，虽然是根据党项语的特点而创制的，但在形制、结构、表意、书密致等方面与汉字相似。在风俗习惯方面，移居到内地后，部分党项人开始从事农业，住草木或土筑成的房屋，而不居穹庐。在穿衣方面，西夏立国后，由于汉族地区输入的丝织品增多，加上每年从宋王朝获得大量“岁赐”，上层贵族大多穿绫罗锦绮。在丧葬习俗方面，由于受汉民族的影响，部分党项人也实行土葬，呈现出火葬与土葬并存的局面。

由于与汉族交往频繁，儒家思想也深深地影响着党项人。元昊称帝，在娄州立宗庙，建陵墓，追尊祖宗，这些就是受儒家思想影响的表现。元昊时，命人把儒家的主要典籍《孝经》《尔雅》等译成西夏文，还网罗汉族儒士为其效力，重用宋朝失意儒生等。在毅宗谅祚亲政后，因仰慕汉文化，还大力推行汉化政策，把更多的儒家著作译为西夏文。由于积极推行儒学，不久之后便涌现出了大批儒学人才。

由于长期与汉、吐蕃、回鹘等各族人民长期杂居，自公元 11 世纪以后党项人也相继皈依佛教。西夏境内的佛教，早期主要是吸收了中原汉地佛教的精华，而译经则得力于回鹘僧人的支持与相帮。从中期起，则对吐蕃佛教采取兼收并蓄方针[①]。所以，党项人的佛教反映了党项人与汉、吐蕃和回鹘等民族之间的交流。

在音乐方面，党项音乐因受唐代影响，由浑厚质朴转为悠扬。李德明归附宋朝后，曲调又向靡丽方向发展。元昊时，下命令革除唐宋音乐中的缛节

---

① 陈佳华等著《中国历代民族史·宋辽金时期民族史》，社会科学文献出版社 2007 年版。

繁音，企图恢复到其原有的质朴风格。夏仁宗李仁孝时，又命乐官采中原乐书，参照夏国制度，重修乐律，赐名《鼎新律》。《鼎新律》吸收了中原地区音乐的一些成分，反映了党项文化与内地文化的互补作用。在绘画方面，西夏壁画早期多师承唐宋技法，中期则吸收高昌回鹘艺术，晚期主要是将中原传统画法与吐蕃藏传佛教绘画艺术加以糅合，从而形成本民族的风格[①]。因此，党项人与汉人之间的音乐交流经历了一个长期的过程。

二、回鹘的民族交往与文化交流

回鹘建立的喀喇汗王朝与汉民族建立的宋朝有着密切的政治、经济关系，见于《宋史·于阗传》及《宋会要辑稿》的记载，有50条之多。不过，所反映的是喀喇汗王朝归并于阗后的事，在这之前的材料却很少见到。喀喇汗王朝的统治者自称“桃花石汗”，所谓桃花石汗就是“中国汗”的意思。有的则冠有“东方与中国之王”，或“东方与苏丹之苏丹”的封号。他们都表示自己是属于中国的[②]。

据《宋史·于阗传》载，于阗与宋王朝的关系也较为密切，以政治联系和经济交流为主。如公元1009年，于阗黑韩王派回鹘人罗斯温等向宋进贡方物，公元1063年又派罗撒温向宋进献方物，并求宋的册封。于阗向宋进贡，除政治上的意义之外，更多的还是一种民族间的经济文化交流，因为于阗拿出的是各种玉器、玻璃品、胡绵和药材，而汉民族则回报以金银器、丝绸、布帛服饰。茶叶在宋初只允许官方进行贸易，但到宋神宗时不但允许民间直接贸易，还规定于阗人到内地购买茶叶，可以享受免税的优厚待遇。

进入中亚河中地区以后，回鹘人逐步从畜牧业转向农业生产，他们种植麦、稻、豌豆等，还栽培棉花、亚麻、大麻及葡萄、苹果、西瓜等。受中亚及更西地区民族的影响，玻璃制造业在手工业中有比较突出的地位。

在语言方面，除通行回鹘文外，还流行粟特语和波斯语等。由于信仰伊斯兰教，有了一些清真寺建筑。

高昌回鹘（亦称西州回鹘）与宋的关系亦较为密切。据《宋史·高昌传》载，宋太祖建隆三年（962年）四月向宋贡方物，乾德三年（965年）十一月，高昌王又派遣僧人法渊向宋贡献佛牙、琉璃器、琥珀盏等。以后，

① 陈佳华等著《中国历代民族史·宋辽金时期民族史》，社会科学文献出版社2007年版。

② 翁独健主编《中国民族关系史纲要》，中国社会科学出版社1990年版。

双方互相联系不断，到太平兴国六年（981 年）五月，宋太宗派遣供奉官王延德，殿前承旨白勋出使高昌。进入高昌地区以后，利用当地丰富的水资源和肥沃的土地，高昌回鹘的农业有了很大的发展，部分牧民走向定居，改事农业生产，特别是葡萄种植极为发达，在已发现的回鹘文契约中，有不少出售和租借葡萄园的契约。这些从事农业生产的回鹘人大都不再居住穹庐，而是住于以土夯筑而成或用干砖筑成的土木结构的房屋中。富人和寺院的屋宇多仿汉式建筑，两端为相对而立的鸟，房屋围墙的侧面粉刷成白色，其下部有时突出，盖几行瓦，屋脊略微翘起，围墙内多栽花木。在宗教信仰方面，原来信仰的是摩尼教。1902—1907 年，德国学者在吐鲁番及其附近地方考察时，曾在该地发现了摩尼教遗址，其中大多数为 9—12 世纪的遗物。但由于受佛教的影响，估计约 10 世纪中叶后，又多改信佛教。别外，高昌回鹘人也信仰景教和伊斯兰教，景教是基督教的聂斯脱利教派[①]。

甘州回鹘和宋则世以甥舅相称，宋仁宗天圣元年（1023 年）就曾封甘州回鹘首领为归忠保顺可汗王，甘州回鹘所属各部亦经常向宋贡献，物品多为白玉、琥珀、玛瑙、乳香，宋朝则以白银、铜钱、绵、帛、丝、茶“回赠”。当西夏强盛后，为了争夺河西走廊的控制权，与甘州回鹘进行了长期的战争，因来自内外多方面的原因，甘州回鹘势力大衰，与宋的联系渐渐减少。甘州回鹘原来信仰摩尼教，但由于与汉、党项、吐蕃不断往来，到 10 世纪中叶后，也逐渐改信佛教。甘州回鹘灭亡后，回鹘僧人多流落于西夏，西夏国主元昊及其子孙还利用这些流入的回鹘人翻译佛经。在迁入甘州以后，更多的人从事农业生产和手工业，这些人多居于屋宇，而不是居于穹庐。

三、吐谷浑与周边民族的交往与文化交流

五代、北宋初的吐谷浑，主要聚居于今青海、甘肃河西、黄河河套南北，河东的山西、河北北部等地区。北宋初年，在青海湖北大通河一带，仍然是吐谷浑人聚居的地区。唃斯啰占据青海后，吐谷浑与吐蕃的往来不断增多，一部分吐谷浑人可能融入吐蕃各部中。由于史籍记载的缺乏，聚居在青海、河西部分地区的吐谷浑与周边民族往来和文化交流的情况就很难知晓，故无从论述。

---

① 陈佳华等著《中国历代民族史·宋辽金时期民族史》，社会科学文献出版社 2007 年版。

本时期的吐谷浑，虽然独立成部，由自己的首领直接管理，但在政权上或臣属于吐蕃各部、辽、西夏，或处于宋的统治之下，因此，他们经常以朝贡的形式向统治者敬献马驼，并参加战争。居于河东的部分，与当地汉族及其他民族有着密切的经济、文化往来，并逐渐汉化。其中，李嗣恩、李金全、慕容彦超三个人是汉化并入仕者的代表[①]。

一是李嗣恩。他本姓骆，吐谷浑人，后被李克用收为养子，随李克用的沙陀统治者转战各地，最后官至代州刺史、石岭关已北都知兵马使、振武节度使。其实这个人是与沙陀统治者一起汉化了。

二是李金全。《新五代史·李金全传》：“李金全，其先出于吐谷浑。金全少为唐明宗厮养，以骁勇善骑射，常从明宗战伐，以功为刺史。天成中，为彰义军节度使，在镇务为贪暴。罢归，献马数十匹，居数日，又以献，明宗谓曰：‘卿患马多邪，何进献之数也？且卿在泾州治状如休，无乃以马为事乎？’金全惭不能对。徙镇横海。久之，罢为右卫上将军。”[②] 李金全也是与沙陀统治者一起汉化了。

三是慕容彦超。《新五代史·慕容彦超传》载：“慕容彦超，吐谷浑部人，后汉高祖同产弟也。尝冒姓阎氏，彦超黑色胡髯，号阎昆仑。少事唐明宗为军校，累迁刺史。……契丹灭晋，汉高祖起太原，彦超自流所逃归汉，拜镇宁军节度使。”[③] 该传中所记其所作所为无异于一个汉族官僚，是一个汉化了的吐谷浑人。

由此可知，这一时期被汉化并担任官职的吐谷浑人不在少数。他们之所以能入仕，其中一个很重要的原因可能就是他们汉化了，与一般的汉人相差不多。

四、大理国与周边民族的交往与文化交流

公元 937 年大理国建立之时，内地战乱，民族交往不多。宋王朝建立后，民族交往增多。宋太祖乾德三年（965 年），宋朝派王全斌统兵进入四川，消灭后蜀，在此情况下，大理国便立即由建昌城（今西昌）派遣官吏送公文入宋朝，祝贺宋朝平定四川。开宝元年（968 年），大理国又向宋朝呈递公文，请求建立正常的官方关系。对此，宋太宗于太平兴国七年（982 年）令黎州

① 周伟洲著《吐谷浑史》，广西师范大学出版社 2006 年版。
② 《新五代史·李金全传》，中华书局标点本 1974 年版。
③ 《新五代史·慕容彦超传》，中华书局标点本 1974 年版。

官员在大渡河上造大船，以便利大理国与宋的交往。此后在宋太宗、宋真宗两朝，大理国都曾让其所属的邛部、两林川首领由四川向宋贡献。这种贡献，既表示了政治上的友好，也是大理国与宋朝之间的一种官方贸易形式。大理国与宋朝之间政治、经济文化的联系既已恢复，民间的交往亦随之而展开。北宋时期，黎州是边境少数民族与内地汉族进行频繁商业交往的地方，而峨岷县西部十里的铜山寨，则为共同贸易的较大市场。仅就马的交易来说，就占了全部贸易的大部分①。

然而，由于北宋从一开始就没有完成对北方、西北的统一，所以对西南的大理国亦心存戒心。从历史的角度客观来看，大理国从未对宋朝发动过军事侵略，相反是为了使大理国自己的经济文化得到进一步发展，并不满足于一般的贸易交往，而是希望与宋王朝建立政治的藩属关系。因此，大理国屡次要求宋王朝对其加封。公元1115年，宋王朝封大理国国王为“金紫光禄大夫检校司空云南节度使上柱国大理国王”。尽管大理国王受封，但双方的经济文化交流并没有大规模展开，而是受当时全国政治形势的新变化所制约，有所收缩。宋政和五年（1115年），金兴起于东北，随即攻宋，政治形势更加复杂，所以，宋王朝虽然正式封了大理国王，但戒心未除。

南宋偏安江南，更对大理国加以提防。绍兴六年（1136年），大理国王段和誉派使臣从今广西西部的邕州向南宋入贡，要求加强臣属关系。但南宋高宗却只收贡品中的马匹，酬以马值，而拒绝了驯象，表示不再继续以前的政治关系。当然，这只是代表了汉民族上层的一种观点，当汉民族在与东北、北方、西北的民族联系受阻后，江南一带所缺少的物资，不能不仰给于西南各族，各族人民之间更是要求互通有无，以丰富自己的经济文化生活。

南宋在与周边民族政权的民族关系中，战争是一种常见的关系形式，所以对战马这种特殊商品就非常急需，在当时北方、西北受阻的情况下，只能从大理国取得战马。这就使南宋在对待大理国的态度上表现得非常矛盾，南宋既渴望加强与大理国之间的交往关系，又怀着惧怕的心情。绍兴三年（1133年），南宋朝廷决定在邕州设置“买马提举司”，作为专门向大理国购买战马的机构。从绍兴初至淳熙末的50多年间，大理国与南宋在邕州横山寨（在今广西田东县境内）的交易，较之北宋时期在黎州边境更为频繁。大理国

---

① 本部分主要参引尤中著《云南民族史》，云南大学出版社1994年版。

的各族人民每年将数以千计的战马赶到邕州横山寨与南宋官方进行交易，在此背景下，民族间的其他交易亦随之而展开。

南宋更鼓励边境的民众贩货入大理国，再从大理国买来战马卖给官府。通过各个渠道的经济交往关系，大理国的战马、披毡及各种土特产流入内地汉族地区，内地的绵帛、奇巧之物也进入西南各民族的生活之中，丰富了双方的经济生活。

除与代表汉族的宋王朝有往来外，大理国还与“黎州诸蛮”“叙州三路蛮”“泸夷”等有交往。“黎州诸蛮”分布于宋朝黎州徼外，与大理国建昌府北参差杂居。唐朝时，“黎州诸蛮”大多臣服于唐。到南诏强盛时期，又转投南诏。大理国建立后，他们又臣服于大理国，隶属于会川都督管辖。宋朝建立以后，他们开始与宋朝接触，在大理国与宋之间又重收利[①]。

在《宋史·蛮夷四》中记载，“黎州诸蛮”有十二种之多，他们中的相当部分已深入到大理国腹地，属于大理国所辖民族，而不仅仅局限于黎州沿边。前面已经讲到，开宝二年（公元969年）以后，“黎州诸蛮”与宋朝关系密切，经常向宋朝贡。但也并未因此与大理国断绝关系，甚至一部分“黎州诸蛮”朝贡宋朝就是受到大理国的委派、代表大理政权的。“开宝元年（公元968年）二月，黎州递到建昌城牒，云欲通好。厥后寂无文字，但遣今界邛部、两林川王子时有进奉。”[②] 这说明北宋初年，“两林蛮”和邛部川与大理国保持着臣属关系。《宋史·蛮夷四》中载：“嘉定九年（公元1216年），邛部川逼于云南，遂伏属之。其族素效顺，捍御边陲，既折归云南，失西南一藩篱矣。”“云南”即大理国。这说明北宋以来，邛部川既隶属于大理国，又臣服于宋朝；嘉定九年以后，与宋朝脱离关系，只隶属于大理国，不再是双重羁縻的民族。

除施以上述适当的政治与军事影响之外，大理国对“黎州诸蛮”的控制主要是经济控制。从前面“黎州诸蛮”与宋朝贡方面的内容可以看出，“黎州诸蛮”的主要物品就是马匹。而大理国时期，马匹牧养几乎遍及全境。“蛮马，出西南诸蕃，多自毗那、自杞等国来。自杞取马于大理，古南诏也，地连西戎，马生尤蕃。大理马，为西南蕃之最。”[③] 这说明大理国的马不仅多，

① 段玉明著《大理国史》，云南民族出版社2003年版。

② 〔宋〕李焘撰《续资治通鉴长编》卷一〇，中华书局标点本2004年版。

③ 齐治平校补《桂海虞衡志校补》，广西民族出版社1984年版。

而且好。这就为“黎州诸蛮”向宋朝贡提供了源源不断的马源。马源有大理国做保障，这些马匹向宋朝贡又可以得到丰厚的赏赐。这应该就是“黎州诸蛮”既愿臣属于大理国，也愿意臣属于宋朝的深刻的经济根源。

五代两宋时期，叙州地区的少数民族称“叙州三路蛮”。叙州西南的马湖江及南部的广大地区是“乌蛮”分布的重要地区，特别是沿马湖江两岸更是“乌蛮”分布的核心地区[①]。因此，“叙州三路蛮”，主要是“乌蛮”民族集团。

“叙州三路蛮”与大理国的关系，主要是经济关系。他们也是在大理国与宋朝之间开展转手贸易的主要民族。据文献记载，“马湖大江蛮”“每借两林、虚恨、邛部川路贩马于青羌、弥羌，常有好马至叙州互市，皆得之西方”[②]。除马匹之外，“叙州三路蛮”还常以大理国所出之铜与筇竹杖等货物贩于叙州[③]。

“泸夷”中的“乌蛮”与大理国中“乌蛮各部”的关系十分密切。大理国前期，乌蒙、乌撒、茫布、易娘四部隶属于会川都督。到了大理国后期，随着这一地区“乌蛮”势力的发展，大理国设东川郡以领閟畔、绛部、乌蒙、乌撒、茫布、易溪、易娘诸部。在大理国后期，“泸夷”的绝大部分并入了大理国的版图，或者变成了大理国的羁縻部族。

南宋以来，“泸夷”各部与宋泸州的边境贸易相当频繁，贸易规模极大。所贩之物，以马为主，其他如刀、毡、“蛮布”、皮草、筇竹杖等。这些货物多数应是来自于大理国。因此，“泸夷”各部也是大理国与宋边境贸易的转手民族[④]。

随着经济的交流，文化往来也不断发生。大理国时期的文化受中原文化的影响很深。郭松年《大理行记》中称：“宋兴，北有大敌，不暇远略，相与使传往来，通于中国。故其宫室、楼观、言语、书数，以至冠昏、丧祭之礼，干戈、战阵之法，虽不能尽善尽美，其规模、服色、动作、云行（言行），略本于汉。”[⑤]

---

① 王文光、黄传坤《宋王朝统治下的乌蛮及其民族关系》，《云南师范大学学报》2007年第6期。

② 吴昌裔《论湖北蜀西具备疏》，载《历代名臣奏议》卷三三九。

③ 段玉明著《大理国史》，云南民族出版社2003年版。

④ 段玉明著《大理国史》，云南民族出版社2003年版。

⑤ 段玉明著《大理国史》，云南民族出版社2003年版。

五、百越后裔的民族交往与文化交流

从民族关系的角度看，宋代百越后裔民族有两大事件值得关注：一是侬智高的反抗；二是大越国的出现。

在有百越后裔分布的广源州，其代表人物为侬氏贵族。早在唐代，侬氏贵族就是广源州的僚人大姓，到了宋代，一度受制于交趾。《宋史·蛮夷三·广源州蛮传》载："广源州蛮侬氏，州在邕州西南郁江之源，地峭绝深阻，产黄金、丹砂，颇有邑居聚落。俗椎髻左衽，善战斗，轻死好乱。其先，韦氏、黄氏、周氏、侬氏为首领，互相劫掠。唐邕管经略使徐申厚抚之，黄氏纳质，而十三部二十九州岛之蛮皆定。自交趾蛮据有安南，而广源虽号邕管羁縻州，其实服役于交趾。"[①] 即大约在唐末到五代十国时期，中央王朝对西南边疆已无力控制，地方的各民族贵族纷纷起而割据，最初属于中国的广源州，到后来渐渐为交趾所控制。宋太宗太平兴国二年（公元977年），邕州西南边境的广源州（驻今越南高平省广渊）、七源州（驻今越南谅山省七溪）、武勒州（今越南高平）、南源州、西农州、万涯州（今越南太原省武崖）、和覆州、温弄州及古拂、八耽等洞的土官们主动放弃割据，请求内属，输租税。大中祥符元年（公元1008年），李公蕴夺取交趾（今越南北方）王位，遣使向宋王朝进贡，北宋封其为交趾郡王，由此，交趾李氏王朝开始。李朝建立后，不断向北扩张。为了掠夺金矿，李朝向属于宋王朝的广源州发动进攻，并于宝元二年（公元1039年）攻陷了广源州，俘获侬智高之父侬存（全）福。侬智高希望得到宋王朝的支持来对抗李朝，但宋王朝拒绝了侬智高的要求，再加上宋王朝的地方官又不能很切实地执行民族政策，最终导致侬智高对宋的反抗。宋皇祐四年（公元1052年）四月，侬智高起兵反宋，攻下宋王朝驻兵防守的横山寨。五月，侬智高攻下邕州城，以此为都城建立了南天国，自称仁惠皇帝。接着东下，连克横（今广西横县）、贵（贵港市）、浔（桂平）、龚（平南）、藤（藤县）、梧（梧州市）、封（广东封川）、康（德庆）、端（高要）等九州岛，直抵广州城下。但围攻广州57天不克，于七月中旬放弃广州，近观回邕州。九月末，北宋任命狄青为经制广南贼盗事，率20万大军前往广西镇压侬智高。皇祐五年（公元1053年）正月初，狄青等达到宾州（今广西宾阳），与侬智高隔昆仑关对峙。正月十六日，狄青偷袭昆仑关，由

① 《宋史·蛮夷三·广源州蛮传》，中华书局标点本1985年新1版。

于挡不住宋军的攻势，侬智高于十八日率军撤出邕州，分三路出逃。一路由侬智高率领，溯右江而上进入大理国，投奔大理国。至和二年（公元 1055 年）十月，大理国在宋军的威胁下杀侬智高，并献首级于宋。一路由侬智高的部将卢豹和侬智高的弟弟侬智会、侬宗旦等打回侬峒。侬智高被杀后，卢豹、侬智会、侬宗旦等也相继附于宋王朝，分别受封为将军、右千牛卫将军、宫苑副使等职。一路由侬智高的母亲阿侬率军奔特磨道，以图东山再起。至和元年（公元 1054 年）十二月，阿侬等被宋军俘获，次年六月被杀。侬智高起义虽然失败，但在一定程度上迫使宋王朝对左右江溪峒僚的重视，因而在一定程度上也推动了僚人社会的发展[①]。

除了侬智高起义外，还有“抚水蛮”“南丹州蛮”“环州蛮”的反抗。在宋初，“抚水蛮”就多次反抗，到大中祥符九年（公元 1016 年），“抚水蛮”再次反抗。宋王朝在平定“抚水蛮”之后，将抚水州改为安化州、抚水县改为归仁县、京水县改为长宁县。在“抚水蛮”被平定后，与抚水州邻近的归化州蒙肚等又反抗，但很快被平息。到宋神宗初期，由于宜州知州和通判对当地少数民族的盘剥，又引发了一场大规模的反抗，宋朝采取恩威并用的策略才使宜州归于稳定。到南宋孝宗时，在地方官员的盘剥下，又激发了“安化蛮”的反抗。

“南丹州蛮”上层贵族莫氏与宋朝廷的关系长期是友好的，但在雍熙四年（公元 987 年），宋朝宜州牙将周承鉴无故扣压莫氏贵族的耕牛，由此引发了一场战争。在宋朝发兵进讨和严厉惩罚地方官的情况下，才平息了这一事件。

“环州蛮”地区是广南西路宜州下的羁縻州，其贵族大姓为区姓，代表人物是汉化程度较高的区希范。景祐五年（公元 1038 年），区姓贵族大姓因从官军讨伐“安化州蛮”有功而没有被朝廷录用，于是开始谋乱。庆历四年（公元 1044 年）正月，区希范带领五百人攻占环州，接着又攻占镇宁州及溪、普义二寨，宋王朝为之震动。1045 年，区希范被诛，这一事件才得以平息[②]。

交趾地区自古便是越人分布区，从秦设南方三郡开始，就一直是中央王朝的郡县，但到五代时，土豪曲承美开始割据。后唐明宗天成五年（公元 930

① 陈佳华等著《中国历代民族史·宋辽金时期民族史》，社会科学文献出版社 2007 年版。

② 陈佳华等著《中国历代民族史·宋辽金时期民族史》，社会科学文献出版社 2007 年版。

年)，南汉刘龙派大将李守庸、梁克贞进攻交趾，俘虏了曲承美。之后，刘龙任命守将为交州刺史。但之后，在争夺中，权力落到了吴权的手中，吴权自称王，开始形成与南汉共同割据的局面。吴权死后，其子吴昌文袭位，但昌文死后，交州出现了十二使君争权的局面。在这一争权的过程中，丁氏贵州迅速崛起。开宝元年（公元968年），丁部领于华闾洞（今越南宁平省嘉远县）称帝，尊号曰大胜明皇帝。为了避免宋朝对其进行攻击，大越国丁氏集团在形式上向宋王朝称臣纳贡，但实际上仍想自立。宋太宗即位后，丁朝内部发生内讧，大将黎桓擅权树党，渐不可制，于是宋太宗想乘机统一交州，便发动了军事进攻，但结果黎桓得胜，并利用宋兵压境的机会，乘机夺取了政权，建立了大越国的黎氏王朝①。

随着交往的不断增多，地入僻远的黎人吸取了中原的纺织文化，发展自己的纺织业，而且还销到桂林一带。“黎幕，出海南黎峒，黎人得中国锦彩，拆取色丝，间木棉，挑织而成。每以四幅联成一幕。黎单，亦黎人所织，青红间道，木棉布也。桂林人悉买以为卧具。”②

由于受内地汉文化的影响，自北宋后期开始，左右江地区的僚人开始使用汉文，桂东地区的僚人汉化速度大为加快，有一些僚人子弟参加官府组织的科举考试并获得名次③。广西等地接受内地文化以后，社会面貌发生了很大的变化，主要表现在教育事业的发展、语言文字和社会风气有明显改变等方面。庆历四年（公元1044年），仁宗“诏诸路州、军、监各令立学，学者二百人以上，许更置县学。自是州郡无不有学”。研习儒书参加科举考试，在广西逐渐成为一种风气。《桂海虞衡志·志蛮》说：皇祐以前，广西土官知州补授仅至都知兵肥使，依智高事件以后土官始有入品者，“元丰以后，渐任中州官”④。土官级别的普遍升高，是当地少数民族接受内地汉文化的程度不断提高的真实写照。普通百姓通过科举考试入仕者，也较为普遍。据广西地方志记载，宋朝壮族先民居住地区共有府、州、县学41所，其中建于隋唐时、宋代又修复的有12所，有20所为宋朝时创办；创办时间不详的还有州、县学9

---

① 陈佳华等著《中国历代民族史·宋辽金时期民族史》，社会科学文献出版社2007年版。

② 齐治平校补《桂海虞衡志校补》，广西民族出版社1984年版。

③ 方铁主编《西南通史》，中州古籍出版社2003年版。

④ 齐治平校补《桂海虞衡志校补》，广西民族出版社1984年版。

所。可见，内地类型的学校还是不少的。同时，宋代还有不少饱学之士，因仕宦和获罪流放到广西，如北宋时的李师中、黄庭坚、秦观，南宋时的范成大、周去非和张栻，他们在广西积极倡导儒学，传播内地文化。南宋时，还在广西地区初创了书院，如全州的太极书院、清湘书院和明经书院，桂州的宣城书院，融州的真仙书院，柳州的驾鹤书院，宜州的龙溪书院，容州的勾漏书院、思贤书院，贺州的江东书院，梧州的龙泉书院。宋理宗时，赐御书额匾给各地书院之杰出者，广西的清湘书院和宣城书院也获此殊荣。这些举措对于促进僚人地区的汉化作用无疑是十分巨大的[①]。

在宋代，桂州（治今桂林）是文化最发达的区域。宋代广西著名的诗人有上林县人韦旻等，永淳元年（公元682年）立于广西上林县的碑刻《六合坚固大宅颂》，上题“岭南大首领”韦敬办制，可见主人是当地的豪族。碑文计381字，全用汉文写成，碑文行文流畅典雅，反映出作者具有较高的汉文素养。这类碑刻在广西还发现了不少。在广西一些地方，来自内地的移民因人数众多形成了重要的聚落。汉族移民带来的文化，对改造当地旧俗起到了很大的作用。

在语言文字方面，壮族先民有自己的语言，但到了两宋时期，壮族先民中出现了受汉字影响而形成的“壮字”，即以汉字记壮音，《桂海虞衡志》把其称之“俗字”。壮字包括汉借字、形声字、会意字和自制独体字。汉借字有借音、借义和音义全借三种情况：形声字指以两个汉字结为一体，分别借用其读音和字义；会意字则是借用汉字的偏旁来组成新字；独体字即以汉字的偏旁和用简笔的形式来造字。从《桂海虞衡志》的记载说“牒诉券约专用土俗书，桂林诸邑皆然”[②]，从这来看，宋代“壮字”在广西桂林等地已广泛使用。

六、吐蕃各部的民族交往与文化交流

如前所述，吐蕃王朝崩溃后，除吐蕃本部外，还形成了泾、渭两水上游的吐蕃、凉州六谷吐蕃、湟水流域唃厮啰部、熙河流域吐蕃部、岷江上游吐蕃部等许多割据势力。泾水和渭水流域位于今甘肃东部，吐蕃王朝崩溃后，这里的吐蕃军队及随军部落无法返回故里，便留下和当地汉族和党项人杂居

① 方铁主编《西南通史》，中州古籍出版社2003年版。

② 齐治平校补《桂海虞衡志校补》，广西民族出版社1984年版。

在一起，他们处在西夏和宋之间。为了防御西夏南侵，宋王朝便在泾、渭上游委任吐蕃的大小首领，让他们担任各级官吏，招抚其下属屯田。在政策上，推行优待蕃部的政策，拨给闲田，免税耕种，还在春秋两季，派军队保护耕种和收获。与此同时，还委任吐蕃贵族招募其民组成地方武装，防止西夏的武力侵扰。凡属吐蕃内部的纠纷，依照其习惯法自己处理，而涉及两族的争端，则用宋朝法律裁决。通过以上措施的推行，今甘肃东部的泾水、渭水上游地区的汉蕃民族关系向着良性的方向发展，促使其靠近宋朝，并帮助宋朝抵御西夏。11 世纪中叶，当唃厮啰吐蕃部的势力达到泾、渭水上游时，曾有一部分首领率其部落归附唃厮啰部。

泾、渭上游的西北部，因在黄河之西，故称河西走廊，这里分布着吐蕃的六谷部。吐蕃王朝崩溃后，五代各朝都曾派官员到凉州，但或被架空，或被赶走，都不能有效行使权力。宋王朝建立后，六谷部与宋王朝之间建立了朝贡关系。出于当时全中国的战略考虑，宋王朝对六谷部贵族首领的封赐格外优厚，因为笼络住六谷部吐蕃既可以让其与宋共同抵御西夏南侵，同时还可以从这一地区得到大量精良的战马。六谷部吐蕃首领在宋太祖、太宗、真宗时入贡，与宋朝有较为密切的关系。宋真宗景德三年（1006 年），六谷部吐蕃遇上瘟疫，宋王朝积极支持治病，一次就拨给名贵药材 70 多种。一般情况下，六谷部向宋贡马，宋王朝则以绢帛、茶叶回赠。

潘罗支死后，六谷部推其弟厮铎督为大首领，厮铎督进一步发展了与宋王朝的友好合作关系。从景德二年到天圣六年（公元 1005—1028 年）二十余年间，厮锋督每年都派人到宋朝进贡和请封，宋朝每次都对其进行优厚封赏。

除吐蕃本部最大外，在湟水流域还有一支强大的吐蕃唃厮啰部。公元 11 世纪初期，河湟吐蕃贵族的首领为李立遵，当他得知唃厮啰为赞普之后代时，便挟唃厮啰以号令诸部，自己为了当赞普便向宋朝请求册封，但未得到同意，便于公元 1016 年攻宋，战于三都谷（今甘肃省甘谷县），大败于宋。三都谷战役后，唃厮啰自立，与宋通好，宋朝封唃厮啰为宁远将军、爱州团练使。公元 1032 年，唃厮啰迁青唐，建立了以吐蕃为主体的青唐唃厮啰王朝。唃厮啰在青唐建立政权后，与西夏交恶。公元 1038 年，宋王朝封唃厮啰为保顺军节度使。在宋王朝的支持下，唃厮啰政权统辖河湟各吐蕃部属数十万人，成为宋王朝抵御西夏的重要辅助力量。之后，唃厮啰内部虽一分为三，但都采取“依宋抗夏”的政策。唃厮啰死后，董毡继位，董毡继续执行唃厮啰所制定的内外政策，与宋王朝保持友好关系。董毡于公元 1083 年十月死后，由养子阿里骨继位。阿里骨一反常态，改“倚宋抗夏”的政策为“倚夏抗宋”，并于公元 1086 年联合西夏进攻宋朝边城，被宋军打败后，又不得不与宋“共保边陲”，在向宋进贡之后，宋才对其勋封故。阿里骨死后，其子瞎征继位。但瞎征执掌权力不久，便发生内讧，唃厮啰政权陷于众叛亲离之中，瞎征被属下驱逐并降宋。公元 1103 年，宋军向湟水流域进取，彻底摧毁唃厮啰政权，并改鄯州（治所在今乐都）为西宁。

在这一时期吐蕃的文化交流中，最突出的事件就是藏传佛教的形成。公元 7 世纪时传入吐蕃的佛教，在 9 世纪时被达玛赞普极力打压，到 10 世纪后半期才重新开始抬头。佛教在流传过程中一直与吐蕃原有的本教相互斗争、吸收、融合，最后形成了一个新的佛教派别，世称藏传佛教，俗称喇嘛教。从佛教在吐蕃的发展史来看，吐蕃王朝时期的佛教，称为“前弘期”，10 世纪后半期复兴起来的佛教，称为“后弘期”。“后弘期”的佛教，就是藏传佛教。

在藏传佛教形成的过程中，不仅一方面吸收了本教的一些成分，另一方面也向印度等学习。当时一共派出去 21 人到印度取经学法，但只有仁钦桑波和玛雷·必喜饶两人回到了阿里地方。仁钦桑波前后三次到印度留学，同时还延请印度僧人一起到阿里译经、传教。仁钦桑波一生翻译过显教 17 部经、37 部论，密教 108 部怛特罗，被后人尊称为“洛钦”（大译师）。这一时期请进来的佛教僧人较多，以阿底峡（公元 982—1054 年）最为著名，他是克什米尔（今巴基斯坦）人，于 1042 年来到阿里地方，在阿里居住三年，于 1045 年应聘到前藏传教并定居。阿底峡先后在桑耶寺及逻些（拉萨）的叶尔巴、盆域、聂当等地传教，并对藏传佛教做了许多改革[①]。

另外，汉人和吐蕃人还存在大量的民族宗教文化交流。宋朝所辖接近吐蕃聚居区的地区，散居着大量的吐蕃人、汉人，也有回鹘、党项羌等生活在这里。这种民族杂居相处的格局，为汉人和吐蕃人进行民间宗教文化交流提供了地理上的方便。与此同时，宋王朝与吐蕃各部之间的官方贡赐贸易和频繁的民间贸易往来，促使商旅人员掌握对方的语言文字，熟悉对方的风土人

① 陈佳华等著《中国历代民族史·宋辽金时期民族史》，社会科学文献出版社 2007 年版。

情，了解对方的文化习俗，这便从某种程度上促进了汉人和吐蕃人民间宗教文化的传播。别外，为了镇守边镇，宋代让汉人和吐蕃军士共同镇守。据史料记载，归附北宋的吐蕃兵加上家属等，多达30万众。汉人和吐蕃军士共同垦田种地，必然会增加彼此间的交往和相互学习、相互借鉴，从而也促进了汉人和吐蕃人民间宗教文化的交流。因此，汉人和吐蕃人之间存在着大量的民间宗教文化交流。通过民间交流的方式，将汉地的宗法性传统宗教文化、道教文化、佛教文化等也传递到了周边吐蕃民间，同时也将藏传佛教文化、本教文化和吐蕃其他宗教习俗传播到周边汉地民间①。

七、崇拜盘瓠、廪君民族的民族交往与文化交流

宋代，苗族先民主要分布在荆湖北路、南路以及夔州路等地，并已从“五溪蛮”中分化出来。宋对他们实行羁縻统治，并视各地的情况差异而有所区别。对与汉族分布区在政治经济上接近的地区，逐渐升为府州。对不能直接控制的地区设羁縻州，州下设县，县下设峒，任用当地的贵族上层担任刺史、县令和峒官。宋为了加强对羁縻州民众的治理和对上层贵族严加防范，便在各州派驻大量军队，同时还在本地组织“弓箭手”，闲时习武农耕，以备镇压反抗。

在宋之前，楚马氏与溪州彭氏在铜柱上镌刻明约，成为汉族和土家族、苗族先民友好关系的象征。自此之后，在内地汉族经济和文化的影响下，溪州一带少数民族经济有了更快的发展。到北宋时，溪州已经使用牛耕，“水转筒车”的灌溉方式也遍及各个溪峒。在思州、播州，汉族先进文化的影响也是比较深刻的。南宋淳祐四年（公元1244年），播州安抚使杨文曾在播州建立孔子庙，鼓励少数民族学习汉文化。同时，佛教文化也传入，今桐梓县的鼎山寺、沿河县的沿丰寺、遵义的桃源山寺等皆建于宋②。

宋代瑶族先民主要分布在荆湖北路的辰、沅、靖诸州，以及广南西路、东路的桂阳、连州、贺州、韶州等地，其特点是小聚居、大分散。接受宋王朝的羁縻政策治理。

宋朝对待徭人由于不加区别地征收赋税，所以经常有反抗事件发生，但在战与和中，有增进民族关系的因素存在。如宋太祖开宝八年（公元975

① 孙悟湖《宋代汉藏民间层面宗教文化交流》，《西藏研究》2006年第4期。

② 陈佳华等著《中国历代民族史·宋辽金时期民族史》，社会科学文献出版社2007年版。

年），梅山徭曾攻打长沙、武冈。太平兴国二年（公元977年），梅山徭左甲首领苞汉阳、右甲首领苞汉陵又率众起义，并得到当地汉族大吏及富人的支持，势不可挡。对此，宋太宗派人到梅山招谕，不果，宋又切断潭州、邵州与徭人的联系，禁止当地汉族与梅山徭人来往，实行武装封锁。嘉祐元年（公元1056年）十一月，宋朝又改变武装封锁的策略，让知潭州刘元瑜进梅山招抚徭人，由于方法得当，众多徭人编为齐民，还有许多徭人受募垦荒。熙宁五年（公元1072年）十一月，宋在梅山徭分布区设新化县，梅山徭人纳入正州的统治。

受辰州节制的还有今土家族先民，其代表为彭氏大姓，主要分布在上溪州、下溪州，他们与汉民族有较多的联系，曾主动要求内属。《文献通考·四裔考五》载："八年（太平兴国八年，公元983年），溪、锦、叙、巫四州蛮相率诣辰州，愿比内郡，民输租税，诏不许，自后首领入贡不绝，每加赏赐存恤之，最大者曰彭氏，彭氏世有溪州，州有三，曰上、中、下。"①

由于宋代政治中心南移，为了扩大地盘，增加劳动力，巩固统治地位，宋代加紧经营开发与控制徭区，其结果就是迫使大批徭人或是同化于汉民族中或是南移和向深山处发展，从而使徭人势力不断削弱②。

宋代加强对徭人地区的开发，以开发梅山徭地区最有代表性。开发过程中虽然有这样那样的问题，但在客观上还是有一些积极作用：一是促进了生产发展，使梅山徭区从游耕经济转变为农耕经济；二是促进了封建化发展；三是促进了民族融合。梅山徭民，除南徙者之外，留居者逐渐与汉族居民融为一体。

除了开发徭区这样直接促进汉徭经济文化交流的方式之外，宋朝在徭人地区设寨、堡等军事据点，也能使汉文化对当地徭人产生影响。另外，宋代重视在徭区兴办州、县诸学，诱进边峒子弟孙侄入学听读，徭民子弟入学增多，在客观上有利于汉文化的传播。

汉徭文化交流还体现在历法方面，徭人在宋代已采用天干地支法来计时。据宋田渭《靖州图经》载，盘瓠余种，"其计岁月，率以甲子"③。

---

① 〔元〕马端临撰《文献通考·四裔考五》，中华书局影印本1986年版。

② 吴永章著《徭族史》，四川民族出版社1993年版。

③ 吴永章著《徭族史》，四川民族出版社1993年版。

第六章　元明清时期的西部民族及其文化

元明清是中国封建社会后半期全国持续统一的时期。在这一时期，元明清三个王朝的统治者对西部民族地区进行了积极的经营，并取得了明显的效果。西部民族地区在全国政治经济生活中所具有的重要地位，超过了以往的任何朝代。元朝在历代王朝对被统治的少数民族管理和统治方式的基础上，逐步形成一种在民族地区进行政治统治的土官制度，对少数民族的社会发展起了很大的作用。明朝继承了元朝大一统的局面，在明朝的统治下，西部民族地区得到了很大的发展。清朝继承了封建统治传统，在总结历代安边治国的基础上，在反对分裂和抵抗外来侵略，加强国家统一与西部边疆的管理开发等方面做出了重要贡献。

第一节　西北的民族及其文化

一、蒙古语族民族及其文化

在西部蒙古草原上，蒙古族是影响最大的民族，使用蒙古语族语言的民族主要有蒙古族、土族、东乡族、裕固族等。蒙古语族民族基本上属草原畜牧业为主兼狩猎、农耕和手工业经济文化类型。在元明清三代，蒙古族在全国的政治地位完全不同。在元代，蒙古族作为统治民族，蒙古族得到了很大的发展，西部许多没有蒙古族的地区在这一时期因为驻军、为官等因素而有了蒙古族。明代蒙古族与明王朝之间的交往比较复杂，但蒙古族在这一时期也得到了很大的发展。到了清代，由于清王朝实行联合蒙古族的政策，蒙古族的政治地位得到了提高，同时有更多的汉族来到蒙古族地区，这样蒙古族在清代又得到了更大的发展。蒙古语族其他民族在这一时期也不断发展，留下了许多珍贵的文化。

（一）蒙古族的形成及其文化

蒙古族的直系祖先是源于东胡系统的“蒙兀室韦”。辽朝晚期，蒙古部首次见诸史籍，但在汉文文献记载中有许多的同音异写，唐代的“蒙兀”“蒙瓦”及辽宋金时期的“萌古”“漠葛失”“毛褐”“盲骨子”“朦骨”“蒙国”“毛褐室”等都是这个后来构成蒙古族核心部落名称的异译。自古以来，蒙古族的先民就活跃在望建河（今额尔古纳河）流域与俱轮泊（今呼伦湖）一带的山林草泽中，过着原始游猎生活。到了唐代，蒙兀室韦之称见于史乘，这是最早见于著录的“蒙古”一名的汉文译音。9 世纪中叶，黠戛斯人攻破回鹘汗廷，回鹘离开漠北草原，但黠戛斯人也未在漠北草原久留，不久之后又退回其西北故地。于是原居于望建河与俱轮泊一带的室韦各部趁机向漠北草原迁徙，并逐渐向整个蒙古高原扩散[①]。到唐末五代之时，一部分已经西迁到鄂嫩河、克鲁伦河和土剌河（今土拉河）三河的上游一带。之后，室韦各部即在西起三河之源、东至兴安岭一带的广阔草原上游牧[②]。在 10 世纪至 12 世纪初，蒙古部各氏族亦处在剧烈的发展演变之中，他们以蒙兀室韦为核心，吸收了一些源于室韦的近亲人口，乃至吸收留在当地的突厥语族的民族群体，使自己渐渐发展起来。当时，除蒙古部外，在阴山以北的广大地区还分布着许多互不统属的部落，如塔塔儿部（又写作达达儿、鞑靼、达怛、达达）、克烈部（又写作凯烈、怯烈、怯里亦、克烈亦惕）、乃蛮部（又写作乃满、乃马、乃曼、耐漫）、斡亦剌部、汪古部等。

鞑靼又写为达怛、达旦、达靼、达达、塔塔儿等，最早见于唐代突厥文碑铭和一些汉文记载，由于其强大，所以其他室韦—达怛部落群体也往往自称为鞑靼。鞑靼在当时是强悍的，其分布区以今内蒙古为主，往西南散及今甘肃、宁夏、青海一带。

与鞑靼有亲缘关系的民族还有阻卜，亦分布在北方，散居。由于阻卜分布广，所以《辽史》中还用“北阻卜”“西阻卜”“西北阻卜”等名称来从空间方位上进行区分。在辽、金的有关记述中，鞑靼与阻卜同时出现，这说明了二者既有共同点又有区别。到了 13 世纪初，鞑靼、阻卜各部便先后被蒙古帝国征服和兼并，融入蒙古族，成了蒙古族的一部分。

---

① 翁独健主编《中国民族关系史纲要》，中国社会科学出版社 2001 年版。

② 《蒙古族简史》修订本编写组编写《蒙古族简史》（修订本），民族出版社 2009 年版。

除了上述的鞑靼、阻卜外，北方草原上还有许多民族群体：

乌古和于骨里。辽、金统治期间，乌古、于骨里的分布范围很广，几乎是遍及了大漠南北地区，普遍与鞑靼、阻卜各部相错杂居，他们是由西迁室韦中的一部分组成的。所以，孙进己先生说：原来的南室韦诸部，最西的乌素固、移塞没、塞曷支等部，大约形成了辽代的乌古部落联盟①。

金朝统治期间，先后失去了对蒙古高原大部分地方的控制权，乌古的主体便在金朝的疆域以外发展，只有小部分受金统治。到金朝统治后期，不归金朝统治的乌古，在蒙古高原与鞑靼、突厥等混合了。《元史》中的汪古部与辽代阴山西段的乌古同音便是佐证②。仍在金朝统治下的部分则先后混合到契丹或女真当中去了。

迪烈。迪烈亦记作“迪烈德”，是室韦族群的一部分。《辽史·太宗本纪上》载：“（天显）六年（公元931年）春正月……乙丑，迪烈德来贡。”③ 这是迪烈第一次见诸史籍。以后便与有同源近亲关系的部落同时出现，《辽史·圣宗本纪二》载：“（统和四年，986年）八月丁酉朔，置先离闼览官六员，领于骨里、女直、迪烈于等诸部人之隶宫籍者。”④ 可见，迪烈与于骨里、女直分布区相近，内部又分为个部落群体。迪烈的分布区域是今蒙古国东部的克鲁伦河流域至中国内蒙古东北地带。和迪烈在同一地域内游牧的，还有乌古和鞑靼，受辽朝的乌古、敌烈部都统军司管理。

也有部分迪烈向西方草原发展，《辽史·道宗本纪五》载：“（大安十年，公元1094年）五月戊午，西北路招讨司奏迪烈等部来侵，统军司出兵与战，不利，招讨司以兵击破之。”⑤ 西北路招讨司驻镇州（今蒙古国布尔根省哈达桑东青抚罗盖古城），辖境在乌古、迪烈统军司以西。迪烈进攻西北路招讨司管制区，从蒙古高原东部向西部高原腹地发展，进入了今色楞格河、鄂尔浑河、土拉河流域。

在蒙古族没有形成之前，不受金朝统治的迪烈，先后融合到鞑靼、突厥

---

① 孙进己著《东北民族源流》，黑龙江人民出版社1987年版。

② 冯继钦《辽金时代室韦的变迁》，载《辽金史论集》（第2辑），书目文献出版社1987年版。

③ 《辽史·太宗本纪上》，中华书局标点本1974年版。

④ 《辽史·圣宗本纪二》，中华书局标点本1974年版。

⑤ 《辽史·道宗本纪五》，中华书局标点本1974年版。

中，仍在金朝统治下的部分迪烈人应该是混合到契丹与女真人之中。

“乃蛮”。13 世纪初，“乃蛮”是蒙古高原西部势力最强大的游牧部落。他们的分布地以台山为中心，西接也儿的石河（今额尔齐斯河）和阿雷、撒剌思河（今鄂毕河上游支流），北与吉利吉思接界，东与克烈部为邻，南面为今乌伦古河，隔沙漠与畏兀儿为邻。关于“乃蛮部”的族属，多数学者认为当是突厥语族的民族，但《史集》则明确指出，认为“乃蛮”习俗与蒙古人相似，则“乃蛮”应当是突厥语族的民族与蒙古语族的民族相融合产生的。

到辽朝晚期，蒙古部首次见诸史籍。但当时记为“萌古”。《辽史・道宗本纪四》载：大康（辽道宗耶律洪基年号，公元 1075—1084 年）“十年（公元 1084 年）二月庚午朔，萌古国遣使来聘。三月戊申，远萌古国遣使来聘。”① 由此看来，蒙古当时在蒙古高原上的人口甚少，势力不大，离辽朝统治的中心较远，而且内部也并不完全统一，所以才有远近萌古的区别。它们当时都不在辽朝的势力范围内，所以《辽史・部族表》和《辽史・属国表》中都没有关于萌古部的记载。

金朝统治时期，大部分蒙古不在金的势力范围内。《大金国志》卷九载：“天会（金太宗、熙宗曾共享此年号，公元 1123—1137 年）十三年（公元 1135 年）冬，皇伯领三省事，宋王宗盘提兵攻盲骨子，败之。大金初起，常假兵于彼。其后得国，不偿元约，故彼有怨言，宗盘乘其不意而攻之，由是失盲骨子之附，而诸部族离心矣。”② 当然也有部分蒙古的部落在金朝的统治区域范围内，金朝将之编为乣军驻守边境。据《金史・兵志》载，金朝的东北部族的乣军中有萌骨部；西北、西南路乣军中亦有萌骨，主要分布在吉林、内蒙古东部。

公元 1162 年，正当蒙古部落联盟与塔塔儿（鞑靼）部落联盟之间进行激烈战争的时候，成吉思汗诞生在斡难河旁。之后，以也速该为首领的这个蒙古部落的势力迅速发展起来，对其他的蒙古部落起着联盟的核心作用。也速该死后，铁木真被推举为自己部落的首领。而当时各部之间的交往比以前更加频繁，势力强大的部落兼并了为数众多的其他部落，涌现出一些强有力的部落“汗”，各自统治着辽阔的土地与众多的属民。随着社会的这一发展过

① 《辽史・道宗本纪四》，中华书局标点本 1974 年版。

② 〔宋〕宇文懋昭撰，崔文印校证《大金国志校证》，中华书局 1986 年版。

程，维系氏族部落集团的血缘纽带日趋瓦解，一个新的民族共同体也正在形成，结束分裂、实现统一已是蒙古高原社会发展的趋势和客观要求。在此历史背景下，铁木真开始了他统一漠北各部的活动。当时的漠北草原上，有克烈、“乃蛮”、塔塔儿、篾乞儿及蒙古竞相争雄。在这种形势下，铁木真在稳步积蓄发展力量的同时，总是联合一些暂时的同盟者来各个击破对手。他先是利用“安答制”①，依靠克烈部首领汪罕与札答兰氏首领札木合的援助击败三姓篾儿乞。后又联合汪罕，配合金朝丞相完颜襄击破塔塔儿部。公元1201年，他消灭了札木合，继而消灭了泰赤乌势力。公元1202年，彻底攻灭了强大的塔塔儿。之后相继征服了克烈部、“乃蛮部”、斡亦剌、不里牙惕、巴儿浑、兀儿速惕、乞儿吉思，成了东起哈剌温山（今兴安岭），西迄阿勒台山（今阿尔泰山），北抵菊海（今贝加尔湖），南达阴山（今大青山）这一广大区域的最高统治者，并于公元1206年建立蒙古帝国，被尊称为“成吉思汗”。蒙古各部的统一，促进了蒙古民族的形成。在统一之前，蒙古草原上有近百个大小不一的部落，社会发展程度各异，语言文化不同，各自处于闭塞割据状态。铁木真统一各部后，客观上打破了各部之间长期的割据，不但形成了地域上的共同性，实现了彼此之间的交往、融合、相互吸收，而且促进了经济文化的联系和共同语言的使用，为蒙古民族共同体的形成奠定了坚实的基础。从此以后，蒙古这一名称，就不只是某一部落或部落联盟的称呼了，而是整个民族共同体的称呼，所以说成吉思汗统一蒙古，蒙古帝国的出现是蒙古族初步形成的标志。

当蒙古立国时，有金、南宋、西夏、高昌畏儿尔、吐蕃、大理等与其并立。金在蒙古的东北和中原地区，南宋在长江和珠江流域，西夏在河西地区，高昌畏兀尔在西夏的西边，西夏的西南则是吐蕃，吐蕃的东南则是大理国。

新兴的蒙古在成吉思汗、窝阔台汗、贵由汗、蒙哥汗等的率领之下，进行不断扩张。1209年，畏兀尔归附蒙古。1211年，哈鲁剌也归附蒙古。1218年，蒙古兼并了西辽。1227年，蒙古灭西夏。1234年，蒙古灭金朝。1239年，阔端派部将进入吐蕃。1246年，吐蕃萨班到凉州与阔端进行会晤，吐蕃归顺蒙古，蒙古与吐蕃在政治上初步确立了宗藩关系。1253年，忽必烈率10

① “安答”，意为“义兄弟”“盟友”。安答这种结盟关系尽管是暂时的、不稳固的，但安答的结交使没有血缘关系的各部扩大了联系，加速了各部成员彼此混杂的过程，同时各种势力的联合也增强了某些领袖人物的力量。

万大军远征大理，结束了大理政权在云南的统治。与此同时，蒙古还西征，逐渐形成了横跨欧亚的四大汗国，即拔都建立的钦察汗国（又名金帐汗国）、旭烈兀建立的伊利汗国、窝阔台汗国、察合台汗国。但由于没有统一的经济基础，四大汗国之间只是松散的军事行政联合体，自13世纪60年代起，四大汗国已开始从大汗直接统治下分离出去，逐渐成为各自独立的政权[①]。

在汗权巩固之后，忽必烈加强对南宋的攻势，并于1279年灭了南宋，实现了中国历史上的又一次大统一，蒙古族成为中国历史上第一个建立全国性政权的少数民族。作为统治民族，蒙古族在元代获得了巨大的发展，散布在国内广大区域。从总体上看，在元朝境内，蒙古族大体可以分为三大部分：一是分布在漠北地区的蒙古族，二是分布于漠南、东北和西北寺区的蒙古族，三是分布于中原汉地及其以南地区的蒙古族[②]。迁到内地的蒙古族，不断汉化，逐渐与汉族融为一体。

明代蒙古族主要分布在东至松花江、脑温江（今嫩江）和辽河流域，西至天山、衣烈河（今伊犁河）流域，北抵也儿的失河（今额尔齐斯河）、谦河（今俄罗斯叶尼塞河）。除此之外，还有几十万蒙古族居住在中原地区、西北和南方的一些地区。

北方的蒙古族由于明蒙战争和内部政治演变的结果，逐渐形成了一些各自为政的集团，主要有鞑靼、瓦剌、兀良哈三卫、西北诸卫和察合台后王等。明朝末年，蒙古族以大漠为中心，分为漠南、漠北和漠西三大部分，各据一方。清朝开国者努尔哈赤及其继承者，对蒙古族采取了“顺者以德服，逆者以兵临”的恩威并举方针，重新统一了蒙古族地区，并参照满族的八旗制，调整蒙古族贵族的封建领地，建立了盟旗制度。清军入关前，满洲八旗内有蒙古佐领35个，还有5个半分佐领。皇太极又按满洲八旗的编制，把原有蒙古两个旗增编为八旗蒙古[③]。同时，满洲与蒙古联姻，许多蒙古部的贝勒、台吉，成为清之皇亲国戚。这些措施对蒙古族的发展都有积极意义。

随着蒙古族的不断发展，其文化也得到了发展。在语言文字方面，蒙古语属阿尔泰语系蒙古语族，分内蒙古、卫拉特、巴尔虎布利亚特三种方言。原来蒙古“其言语，有音无字”，若有事，“或约之以言，或刻木为契”，文

① 罗贤佑著《中国历代民族史·元代民族史》，社会科学文献出版社2007年版。
② 罗贤佑著《中国历代民族史·元代民族史》，社会科学文献出版社2007年版。
③ 杨学琛著《中国历代民族史·清代民族史》，社会科学文献出版社2007年版。

化水平较为低下。到了13世纪初，蒙古族“以畏兀尔字书国言”，创制了自己的文字，这是畏兀尔式蒙古文。中统元年（公元1260年），元世祖忽必烈令西藏喇嘛八思巴创制“蒙古新字”。至元六年（公元1269年），八思巴所创的脱胎于藏文字母的蒙古新字正式颁行天下，俗称“八思巴字”。14世纪初，畏兀尔人搠思吉斡节儿著成《心箍》一书，这是历史上第一部论蒙古文语法的著作，在确定蒙古文的正字法与正音法等方面是一个巨大的贡献[①]。蒙古文字的创造，推动了蒙古族政治、经济、科学、文化的发展和繁荣，使蒙古族成为一个具有共同语言的稳定的族群共同体。元亡以后，这种文字基本上不再使用，但保留下来的用这种字体书写的各种资料，对于研究蒙古史、蒙古语和汉语史，都有很大的价值。14世纪初，蒙古学者都吉·斡斯尔对最初的蒙古文字进行了改革，成为现在通用的蒙古文字，称为“胡都木”蒙文。1587年，阿尤喜创制了记写梵文、藏文读音的特殊字母“阿利伽力字”。1648年，和硕特部喇嘛和学者咱雅班第达在畏兀尔体蒙古文的基础上创制了托忒文字，又称卫拉特文。托忒文能够比较清楚地表达卫拉特的语音，记录了一些卫拉特的口头文学和历史，但托忒文还是没有获得广泛使用，蒙古族普遍使用的仍然是全蒙古通行的字母表。到了清代，为了便于统治蒙古族地区和蒙古族人民，也为了限制蒙古族人民学习汉族文化，在理藩院及蒙古族地区设置的各种机构中提倡使用蒙古语言和文字，许多官书都有蒙古文本。同时，为了翻译佛教经文，出现了喀喇沁部阿尤喜固什制定的用以转写借词的“阿里嘎字母”。从18世纪中期至20世纪初期，蒙古文更加定型化。同时，为了便利各族文化交流，还编出了不少蒙古语字典和多种民族文字合编的大辞典，如《五体清文鉴》（满文、蒙古文、汉文、藏文、维吾尔文）、《西域同文志》（满文、蒙古文、汉文、藏文、维吾尔文、托忒蒙文）、《四体合璧清文鉴》（满文、蒙古文、汉文、藏文）、《蒙文注解辞典》等[②]。

蒙古文字的创制，促进了民族文字的互译事业的发展。元代，必兰纳失里作为最负盛誉的译师，曾将五六种汉字、梵文及藏文佛经译成畏兀儿式蒙古文。译师安藏曾将《尚书》《申鉴》《贞观政要》《资治通鉴》《本草纲目》等汉文典籍译为畏兀儿式蒙古文。搠思节斡节儿也曾将藏文的《入菩萨行论》

① 翁独健主编《中国民族关系史纲要》，中国社会科学出版社2001年版。

② 《蒙古族简史》修订本编写组编写《蒙古族简史》（修订本），民族出版社2009年版。

《妙法莲华经》《五护》等经典译成畏兀儿式蒙古文。在明代，108函的佛教巨著《甘珠尔经》被翻译成蒙古文。这种民族文字互译活动，对于推动各民族之间的文化交流，促进民族接近与融合，起了积极作用[①]。在清代，翻译西藏佛经和其他书籍的同时，许多世俗的、具有人民性的西藏和印度的作品也被介绍过来，如《潘查丹特尔》(灵水滴)、《苏必喜地》、《三十二个木偶的故事》等。另外，一些汉文小说也被大批译成蒙古文，如《聊斋志异》《今古奇观》《水浒传》《红楼梦》《三国演义》《西游记》等[②]。

随着统一语言和文字的产生，还出现了蒙古族人自己创作的文学作品。在元代，最具有代表性、文化价值最高的是《蒙古秘史》。在明代，《江格尔传》是史诗中的代表作。清中期以后，蒙古族社会较为稳定，在盟旗制度下，过着富裕生活的蒙古贵族开始把精力投入文化事业，写出了《蒙古源流》《蒙文旨要》等著作。另外，民间说书的风气开始盛行，由此创作了《好来宝》《格斯尔传》等蒙古族文学作品。同时，诗歌创作也取得了很大成就，《田和》《巴音塔拉》《达钦塔拉》等诗歌被创作出来。在小说创作方面，著名作家伊湛纳希创作了《大元盛世青史演义》《一层楼》《泣红亭》等卓有成就的小说[③]。

蒙古族人民在衣、食、住、行以及家庭、婚姻、丧葬、社交等方面都有着自己的特点。在穿着方面，蒙古族男女都穿身宽袖长的长袍，束以腰带，着高可及膝的长筒皮靴。男子多戴蓝色、黑色、褐色帽或束红色、黄色头巾；女子盛装时戴银饰点缀的冠，平时则以红布、蓝布缠头。在衣料方面，初以毡、皮毛、皮革制作，随着手工业的发展和周围民族纺织品的传入，开始以棉布、锦、丝绸等制作。在明初，由于连年战争，蒙古贫民一般衣不蔽体。但自蒙古与明朝广泛开展和平通贡互市之后，平民一般“出有衣锦服绣者”[④]。到了清代，农业区、部分半农半牧区的蒙古族平民多穿布料的长袍，束布带，有的和当地汉族一样，穿长仅及膝的布衫，束腰带，以便于农业生产。

---

① 翁独健主编《中国民族关系史纲要》，中国社会科学出版社2001年版。

② 《蒙古族简史》修订本编写组编写《蒙古族简史》（修订本），民族出版社2009年版。

③ 《蒙古族简史》修订本编写组编写《蒙古族简史》（修订本），民族出版社2009年版。

④ 《蒙古族简史》修订本编写组编写《蒙古族简史》（修订本），民族出版社2009年版。

在饮食方面，蒙古族以牛羊肉和奶食为主，粮食为辅，普遍嗜饮砖茶。在12世纪时，蒙古地区只有个别的部开始食粮，史料中只提到篾儿乞部舂米为食，临近汉地的汪古部、弘吉剌部食粳稻。蒙古国建立后，随着屯田的发展以及受农业民族的影响，有更多的蒙古族人开始以粮煮粥而食。到了明代，由于同中原地区互市的发展以及农业的兴起，食品中米、面和各种杂粮日渐增多。在漠南及兀良哈三卫地区，食粮的比重更大。到了清代，从事农业的蒙古族以谷物蔬菜为主食，辅以肉食，或经常吃谷物蔬菜，少吃肉食。到了清代中叶，由于商业贸易发达，行商深入蒙古地区，茶叶供应便利，饮茶成为蒙古族普遍的习惯，茶叶成为日常生活的必需品。清代后期，砖茶一度在交换中被当作流通手段，起货币作用①。

在住的方面，蒙古族多住在易于搬动的蒙古包中。这种蒙古包一般分为可拆和不可拆两种。可拆者可迅速拆开并重新搭起来；不可拆者则须用车子搬运。在12世纪时，邻近汉地的汪古部、弘吉剌部等开始转向定居生活，于是“筑室而居”，出现了房屋。蒙古国建立后及有元一代，特别是在漠南地区，蒙古人居住的房屋不断增加。到了明代，牧区的蒙古族仍住在蒙古包里，但蒙古包壁的支架、天窗、门扇等有了改进，变得更适于迁移和运载，出现了折叠式支架、圆天窗，蒙古包的尖顶改成了圆顶。至俺答汗时代，成批汉族兵民进入漠南蒙古地区，黄教也传入，土木建筑的板升和佛寺兴起，村寨出现了。随着城堡、宫殿的营建，城市也出现了。在漠南蒙古地区，更多的蒙古族从事农业、手工业和商业，逐渐走向定居。到了清代，蒙古族住在传统蒙古包中，王公贵族所住的蒙古包有的装饰得十分华丽。在半农半牧区，出现了土木结构的蒙古包，即圆形的土墙屋。农区的蒙古族逐渐习惯于居住汉式的平房。土木结构的蒙古包和汉式平房的大量出现，是清代蒙古族居住文化发生的一大变化②。

在婚姻家庭方面，蒙古族一般为一夫一妻制，同姓之间不通婚。蒙古族的家庭一般由夫妻和未成年子女组成，儿子结婚后分居，另立门户。父母所住的蒙古包及附属什物，习惯上由幼子继承。在丧葬方面，蒙古族实行土葬、

① 《蒙古族简史》修订本编写组编写《蒙古族简史》（修订本），民族出版社2009年版。

② 《蒙古族简史》修订本编写组编写《蒙古族简史》（修订本），民族出版社2009年版。

火葬和野葬。

在宗教方面，明后期，蒙古首领俺答汗将藏传佛教格鲁派迎入蒙古，蒙古领主成为格鲁派忠诚的信徒。自此以后，藏传佛教影响蒙古族的政治、经济、文化生活和社会风尚达数百年。藏传佛教给明代蒙古族文化带来了藏文化的强烈影响，喇嘛为了迎合蒙古贵族的需要，宣传贵族的特权是前世修行的善报。因此，因果报应、轮回的思想普遍得到认可，在蒙古族的文史著作中多有反映。

蒙古族现主要聚居在内蒙古自治区，其余分布于新疆、辽宁、吉林、黑龙江、甘肃、青海等省、区的各蒙古族自治州、县，少数散居或小聚居在宁夏、河北、河南、四川、云南、北京等省、区、市。

（二）土族的形成及其文化

土族的自称之一是“吐昆”，可以看成是《新唐书》、《旧唐书》和《五代史》中“吐浑”的同音异写，而吐浑则是吐谷浑。源于鲜卑的吐谷浑是个十分活跃的西北古代民族，曾建立过政权。从 7 世纪起，吐谷浑在同隋、唐、吐蕃的长期战争中，势力大衰。公元 663 年，吐谷浑为吐蕃所并，一部分融于藏族先民，而一部分仍然留居青海故地，即今天土族主要聚居的湟水沿岸。至今互通和大通的土族所居住的十几个村庄，土语称为“吐浑”，当地汉民则讹称为“土观”或“托红”。“吐浑”“土观”“托红”都可能是指吐谷浑。引《旧唐书·西戎传》载：“及吐蕃陷我安乐州，其（按：指吐谷浑）部众又东徙，散在朔方、河东之境。今俗多谓之退浑，盖语急而然。”[①]《新唐书·西域传》载：“吐蕃复取安乐州，而残部徙朔方、河东，语谬为‘退浑’。”[②] 到了五代，吐谷浑便直接称为吐浑，《新五代史·四夷附录第三》载：“吐浑，本号吐谷浑，或曰乞伏干归之苗裔。自后魏以来，名见中国，居于青海之上。当唐至德中，为吐蕃所攻，部族分散，其内附者，唐处之河西。”[③] 从吐谷浑消亡的历史和民族称呼来看，吐谷浑是土族的来源之一，至今土族仍有一些自称为“吐昆”。

土族中也有自称为“蒙古尔”的，意为蒙古人，或“察罕蒙古尔”，意为“白蒙古人”。这也说明土族与蒙古族有一定的族源关系。土族中广泛流传着成吉思汗的大将格日利特（格热台）率部留驻今互助县一带，以后与当地

① 《旧唐书·西戎传》，中华书局标点本 1975 年版。

② 《新唐书·西域传》，中华书局标点本 1975 年版。

③ 《新五代史·四夷附录第三》，中华书局标点本 1986 年版。

由吐谷浑后裔演变来的霍尔人通婚，逐渐繁衍而成土族的传说。作为当时驻守互助县军事长官的格日利特，被土族追封为本主，供奉在互助县最大的藏传佛教寺院佑宁寺中，称为尼达，当成土族的祖先而加以崇拜。史籍中也有蒙古军队到过西宁一带的记录。《元史·太祖本纪》云："太祖二十二年（公元1227年）三月破洮河、西宁二州。"① 此外，明正德年间安宁卫的元宗室卡烟帖木儿部众也有部分注入今互助土族自治县。可见土族中有蒙古族的成分。历史上藏族先民通称黄河以北的游牧民族为"霍尔"，吐谷浑人亦在其中。由于一部分蒙古驻军与当地霍尔人通婚，所以土族中包含了许多蒙古族的因素。可见土族主要源于古代的吐谷浑和蒙古族，是在元末明初形成的一个新民族。

明王朝建立后，十分重视对西北地区的经营，土族各部先后归附明朝。于是明王朝开始在土族分布区建立军政合一的卫所制度，明洪武六年（公元1373年），明中央改西宁州为西宁卫，在土族分布区正式建立卫所。西宁卫为管军管民军政合一的实土卫（不同于羁縻卫），初隶陕西都司，后隶陕西行都司，同时遥听治于分巡西宁道（驻甘州）和分守西宁道（驻凉州）。宣德七年（公元1432年），升西宁卫为军民指挥使司，隶陕西都司。西宁卫下设西宁、碾伯（今乐都县治）、镇海（今湟中县通海）、北川（今西宁北川）、南川（今西宁南川）、古鄯（今民和县古鄯镇）6个千户所。卫所之下设堡、寨。堡有边堡、民堡两种，进行屯守，"有警则入城堡，无事则耕种自守"②。

除卫所制度之外，还有土司制度。土族地区归附明朝后，明在这一地区推行土司制度，使土司各领所部耕牧，守御西土，职衔有指挥使、指挥同知、指挥佥事、百户等。其中势力较大的是东李土司、西李土司、东祁土司、西祁土司。李英于明宣德初以军功封会宁伯，称东伯府，居住在民和上川口。李文于天顺年间以军功封高阳伯，称西伯府，居西宁。李家土兵和祁家土兵在维护明朝西陲安宁方面曾起过重要作用。清朝建立后，仍承前制保留土司制度。土族地区的土司，其输粮供役，十分顺从，所以雍正年间，在南方进行大规模的"改土归流"时，对土族的土司制度，仍准其承袭。直至同治年间，土司势力已逐渐衰落，有的是自己迁徙他乡，放弃承袭。辛亥革命后，土族地区的土司仅保留8个。1931年，国民党政府明令废除青海省东部土司

---

① 《元史·太祖本纪》，中华书局标点本1976年版。

② 杨绍猷、莫俊卿著《明代民族史》，四川民族出版社1996年版。

制度，1937 年，在土族地区推行保甲制度，但土司在政治和经济上仍具有实力[①]。

土族家庭形式为一夫一妻制。在聚族而居、自成村落的土族社会中，以家庭和家族为本位的宗法关系网络，确定了家庭或家族成员之间的关系以及成员的权利和义务，不允许逾越或逃避。在婚姻上，土族遵循“同姓同户不通婚”和“同姓不同户可通婚”的婚姻原则。土族对同姓不同户可以通婚的认识，与土族的姓氏来源有关。在土族地区，许多土司的属民是以土司之姓为己姓的，彼此之间是没有任何血缘关系的，所以“同姓不同户”是可以通婚的[②]。

土族主要信仰藏传佛教，同时也信仰道教和一些原始宗教。在土族的民间信仰中，有许多是属于藏族原始宗教本教和北方民族原始宗教萨满教的遗存[③]。最早传入土族地区的是藏传佛教萨迦派。今天互助佑宁寺的前身，便修于元代。明代沿袭元朝的宗教政策，对信仰藏传佛教的土族，以授给高级僧侣各种尊号的方式，极力推崇和抬高宗教的社会地位，但一改元朝独尊萨迦派的做法，使宁玛派、噶举派同时流传。到 14 世纪中叶，格鲁教派兴起，大多数土族都改信格鲁派。

土族聚居的村落大多依山傍水，住房为土木结构，坐落方位靠山向阳。早期由于经营畜牧业，饮食以肉类、乳品为主。明代以后逐步转入农业经济，饮食结构发生了变化，主食基本上又以青稞、大麦、马铃薯为主。就服饰而言，男女上衣都有绣花高领。男子常穿小领斜襟、袖边镶黑的长袍，腰系绣花长带，穿大裆裤，系两头绣花长腰带，小腿扎上黑下白的绑腿带，戴毡帽，穿云纹布鞋。妇女穿绣花小领镶花边斜襟长衫，两袖由五色布做成，外套黑、蓝、紫镶边坎肩。

土族现主要聚居在青海互助土族自治县，以及民和回族土族自治县和大通回族土族自治县。此外，乐部、门源和甘肃天祝藏族自治县等地也有少量分布。

① 《中国大百科全书》总编辑委员会、《中国大百科全书·民族》编辑委员会编《中国大百科全书·民族》，中国大百科全书出版社 1986 年版。

② 李德洙主编《中国少数民族文化史》，辽宁人民出版社 1994 年版。

③ 李德洙主编《中国少数民族文化史》，辽宁人民出版社 1994 年版。

（三）东乡族的形成及其文化

东乡族是元代以后由多种民族成分融合而成的，因为居住在河州（临夏）的东乡而得名。因民族融合、宗教等原因，历史上又被称为“东乡回回”“东乡蒙古”等。东乡族自称“撒尔塔”。东乡族在内部的交往中，若产生矛盾或龃龉，为表白心迹或明辨是非而常以撒尔塔的名义起誓赌咒。可见撒尔塔一词在他们心目中的地位。关于撒尔塔，据《蒙古秘史》等史书记载，其含义是泛指中亚一带的穆斯林。根据本民族意愿和近年来学术界研究认为：东乡族是 13 世纪 20 年代成吉思汗征服中亚，战争使撒尔塔解体，大量的撒尔塔人被编入蒙古军或被“签发”东迁，来到东乡地区，以回回色目人为主体，融合了一部分蒙古人、汉人而形成的[①]。

元朝建立后，在实行行省制的同时，也实行诸王封建制，至元九年（公元 1272 年）元世祖忽必烈将皇子忙哥剌封为安西王，驻守六盘山（以后迁往现在的西安）。至元十七年（公元 1280 年）忙哥剌死，由其子阿难答承袭安西王位。阿难答自幼为一个穆斯林抚养，熟知《古兰经》和阿拉伯文字，并皈依伊斯兰教。可见阿难答这个蒙古皇族手下有众多的“回回人”。阿难答是当时元朝的几大政治集团之一。大德十一年（公元 1307 年），元成宗死，阿难答立即与成宗皇后伯要真氏阴谋叛乱，结果夺权失败，安西王被杀。在此情况下，屯驻于河州一带的阿难答属下的“回回人”、信仰伊斯兰教的蒙古人便进入了山高谷深的东乡地区。东乡地区比较闭塞、偏僻的地理环境，给驻屯在这里的“回回人”、信仰伊斯兰教的蒙古人及少量汉族、藏族创造了一个相对安定的社会环境，使得这些不同民族成分的人得以在长期的共同生活中融合成一个新的民族共同体——东乡族。在东乡族的形成过程中，使用蒙古语的那部分“回回人”和信仰伊斯兰教的蒙古人起着主导作用。这从东乡族的语言中可以得知。语言是一个民族诸特征中既稳定而且继承性也很强的因素。东乡语与现代蒙古语都同属于阿尔泰语系蒙古语族，语法结构基本相同，有百分之五十五的词汇相同或相似，更为重要的是，主要与十三、十四世纪时的古代蒙古语相似[②]。这说明了东乡族在形成过程中，虽然是融合了多种民族成分，但是以信仰伊斯兰教的蒙古族人为核心的历史事实。

① 李德洙主编《中国少数民族文化史》，辽宁人民出版社 1994 年版。

② 杨建新著《中国西北少数民族史》，宁夏人民出版社 1988 年版。

由于民族形成的特殊条件，所以在东乡族形成时，其社会结构即为封建制度，从元代的军屯到明代的土司制度以及尔后的里甲制度，都是以封建的生产关系为基础。元末明初，直接统治东乡族的是何土司及其所属的千户、百户。第一代何土司名锁南普，东乡人，元末为吐蕃宣慰司都元帅，驻守河州。明洪武三年（1370年），锁土司降明，授河州卫指挥同知，世袭，并赐姓何。洪武以后，何土司的势力日益衰落，明政府逐渐在东乡地区实行里甲制度，实行改土归流。到明中期，东乡族已由土司的统治归入明地方政府的管辖之下。清朝康熙后期，河州知州王全臣废除了当时腐败、混乱的里甲制，在东乡族分布区清理地亩，厘定税例，建立社会组织。

东乡族的语言属阿尔泰语系蒙古语族，单元音少，复元音较多，没有长短元音的对立，第一音节里的i、u在送气塞音、塞擦音后，一般都清化。在东乡语中，借词是一大特点：受突厥语的影响，有部分突厥语的借词；受汉语的影响，对汉语的借词也是比较多的。东乡族没有本民族的文字。中华人民共和国成立前，东乡族中只有少数人能够使用汉文①。东乡族语言内部比较一致，大体可以分为锁南、汪家集、四甲集三种土语，各种土语之间仅有个别语音和词汇方面的差异。

东乡族信仰伊斯兰教，教派、门宦众多。中国伊斯兰教的哲合林耶、虎非耶、尕得林耶、库不林耶四大教派，以及伊赫瓦尼派（又称新教），在东乡族中都有一定数量的信徒。除了伊赫瓦尼派之外，其他教派还有许多门宦。东乡族的衣食住行及风俗习惯受伊斯兰教的影响很大，至今仍保留着一种宗教关系，被称为“阿哈教”。每一阿哈教包括数十户至数百户不等。阿哈教中又以血缘的亲疏分为若干“阿恩德”。各阿哈教中辈分最高者，被称为“当家”。同一阿哈教之各家不能通婚嫁。寡妇再嫁，同辈亲属有优先权，一般不出本阿哈教，称为“转房”②。

东乡族现主要聚居在甘肃省临夏回族自治州的东乡族自治县，和政县、临夏县等地也有分布。新疆、宁夏有部分东乡族散居。

---

① 《东乡族简史》修订本编写组编写《东乡族简史》（修订本），民族出版社2008年版。

② 《中国大百科全书》总编辑委员会、《中国大百科全书·民族》编辑委员会编《中国大百科全书·民族》，中国大百科全书出版社1986年版。

（四）保安族的形成及其文化

保安族是在元、明两代的民族迁徙、融合中形成的单一民族。据历史记载和民间传说，保安族的主要来源是元代一支信仰伊斯兰教的蒙古族，并融合了活动在保安地区的部分汉族、回族、土族、藏族、东乡族、撒拉族等民族，形成信仰伊斯兰教、有自己语言的保安族。保安语属于阿尔泰语系蒙古语族，约45%的词汇与蒙古族相同，与土族语和东乡语接近，并有大量汉语借语。大多数保安人兼通汉语，并以汉文作为社会交际工具。保安族善骑术、好枪械和摔跤，早年妇女的服饰与新疆北部的蒙古族相似，而与当地的土族、藏族服饰不同。这些特点反映了保安族的族源、形成以及与周围各族的交往与融合①。

有关保安族的历史，文献记载很少。根据保安族的传说、语言特点和类似蒙古族的许多生活习俗，一般认为保安族是元明时期，驻军垦牧在青海同仁地区信仰伊斯兰教的蒙古族和周围的回族、藏族、土族长期交往，互相吸收、融合而成的一个新民族。明万历年间在青海省同仁县境内设立了“保安站”，修筑了保安城，于是保安又成为民族名称。明万历年间，保安族聚居地区曾设守备加以统辖，隶河州（今甘肃临夏）卫。明末清初，保安族社会发展，人口增加，当时保安城内“番回”达百余家，城外有四屯，一千余户，由土千总统治。清朝雍正七年（1729 年）土千户王喇夫违抗清廷之令，川陕总督岳钟琪派兵进剿，将保安堡原募“蕃兵”遣散，改设“把总”，改属西宁镇统辖。乾隆二十七年（1762 年）又隶属循化营，由兰州府管辖。清朝同治初年，保安族因为受到当地封建主欺压，被迫东迁。先在循化居住数年，后又转徙到今甘肃积石山下大河家、刘集一带定居。他们居住的大墩、甘梅、高李等村，习惯上仍沿其旧称，被称为为“保安三庄”。

保安族以农业生产为主，部分人兼营手工业和副业。东迁后学习汉族、回族等族的生产技术，开始大量种植小麦。手工业以打刀为主，被称为“保安刀”，有百余年历史。保安刀的生产以一家一户为生产单位，制作技术高超，锋利耐用，精致美观。保安族能歌善舞，绝大多数能唱民歌“保安花儿”。他们信仰伊斯兰教。饮食以米面为主。其他节日，婚丧习俗与信仰伊斯

---

① 《中国大百科全书》总编辑委员会、《中国大百科全书·民族》编辑委员会编《中国大百科全书·民族》，中国大百科全书出版社 1986 年版。

兰教的民族大致相同。因为他们的风俗习惯和信仰都与当地回族相似，故历史上也曾被称为“保安回”，实际上并非回族。中华人民共和国成立后，于1950年根据本族人民的意愿，定名为保安族。

保安族现主要分布在甘肃省积石山保安族东乡族撒拉族自治县大河家、刘集一带，少数散居甘肃省临夏回族自治州各县和青海省循化县。

（五）裕固族的形成及其文化

裕固族在古代称为“撒里畏兀儿”或“撒里畏吾儿”。其作为一个民族群体首见于蒙古帝国初期。从族源上看，撒里畏吾儿的主体是甘州回鹘。

一般来说，裕固族的先民与公元前3世纪的丁零、公元4世纪的铁勒等北方民族有一定的渊源关系。6世纪中叶，东部铁勒诸部处于东突厥汗国统治之下。后来在反抗东突厥统治的斗争中，形成了以回纥为核心的部落联盟，8世纪中叶回纥汗国出现。唐德宗时，合骨咄禄毗伽可汗“表请改回纥为回鹘”。9世纪中叶，回鹘汗国为黠戛斯所破，回鹘各部四散，其中一支投奔河西走廊，史称之为河西回鹘。这河西回鹘与裕固族就有直接的族源关系。

在9世纪70年代，河西回鹘摆脱了吐蕃的统治，建立了甘州回鹘政权。11世纪初叶，甘州回鹘政权为西夏李元昊所灭，大部分民众从西南遁入祁连山南麓、柴达木盆地西北部，被西域各族称之为“黄头回纥”。据《宋史·于阗传》载：宋神宗元丰四年（公元1081年），于阗黑汗王遣部领阿辛上表，神宗尝问其所经沿途情况，使者答曰“去国四年，道涂居其半，历黄头回纥、青唐，惟惧契丹抄略耳”①。13世纪初，由于“黄头回鹘”与畏兀儿有近亲的族源关系和分布地相连，所以史书中开始将黄头回鹘改称为“撒里畏兀儿”。成吉思汗建立强大的蒙古帝国后，命速不台进入河西走廊，攻下撒里畏吾儿，随之将其纳入蒙古帝国。《元史·速不台传》载：“帝命（速不台）度大碛以往。丙戌（公元1226年），攻下撒里维吾特勒、赤闵等部。”②《柏朗嘉宾蒙古行纪》亦载：成吉思汗征服了畏吾儿人后，“再从那里兴师，他又发大兵进攻撒里畏吾儿人地区”。元代，撒里畏吾儿被纳入元朝的郡县统治范围内，属甘肃行省管理，不少蒙古族部落随宗王进入撒里畏吾儿分布区游牧，同撒里畏吾儿发生了长期的密切交往和融合。这使撒里畏吾儿有了更多的机会和外

① 《宋史·于阗传》，中华书局标点本1985年新1版。

② 《元史·速不台传》，中华书局标点本1976年版。

界交往，为裕固族的产生创造了条件。

元末，镇守和统治撒里畏吾儿地区的是元宗室宁王卜烟帖木儿。明建立后，卜烟帖木儿接受明的招谕。明洪武三年（公元 1370 年），明开始着手经营撒里畏吾儿地区。《明史・西域传二》载："洪武三年遣使持诏招谕。七年（公元 1374 年）六月，卜烟帖木儿使其府尉麻答儿等来朝，贡铠甲刀剑诸物。太祖喜，宴赉其使者，遣官厚赉其王，而分其地为阿端、阿真、苦先、帖里四部，各赐以印。"[①] 文中所言阿端、阿真、苦先、帖里四部是撒里畏兀儿的四个大部落，将之分为四部，便利控制。洪武八年（公元 1375 年），卜烟帖木儿遣其傅卜颜不花入贡，上交故元所授金、银字牌，要求设立安定、阿端二卫，太祖从之，封卜烟帖木儿为安定王，以其部人沙剌等为指挥，授予金牌。这是明王朝在撒里畏兀儿地区设立羁縻卫所之始。《明史・西域传二》载："明年正月，其王遣付卜颜不花来贡，上元所授金、银字牌，请置安定、阿端二卫，从之。乃封卜烟帖木儿为安定王，以其部人沙剌等为指挥。"[②] 关于安定卫、阿端卫，《明史・西域传二》载："安定卫，距甘州西南一千五百里。汉为姥羌，唐为吐蕃地，元宗室卜烟帖木儿为宁王镇之。其地本名撒里畏兀儿，广袤千里，东近罕东，北迩沙州，南接西番，居无城郭，以毡帐为庐舍。……阿端卫，在撒里畏兀儿之地，洪武八年置，后为朵儿只巴残破，其卫遂废。永乐四年（公元 1406 年）冬，酋长小薛忽鲁札等来朝，贡方物，请复置卫设官，从之，即授小薛等为指挥佥事。"[③] 后来明朝政府又在元曲先答林元帅府故地设立曲先卫，共同控制撒里畏兀儿。除以上三卫外，还有以蒙古人为主体的赤斤卫、沙州卫、罕东卫和哈密卫，当时称为关西七卫。明朝在撒里畏兀儿及其四周设立的关西七卫，是促使裕固族正式形成的一个契机。安定、阿端、曲先三卫建立不久，便遭到蒙古尕儿只班的攻击，三卫只好向东南方向迁徙避乱，这是撒里畏吾东迁之始。到成化和正德年间，撒里畏吾儿渐次因蒙古所逼，东迁入关，被安置在肃州附近及甘州之南山一带。

从永乐到宣德年间，曲先、阿端、安宁卫的首领劫杀明朝派往西域的使臣，被明朝派兵剿杀，部众离散。但始终成为内地和西域的一个不安定因素。对此，明政府只好进行招抚，并且为了避免吐鲁番、哈密的侵扰，便将撒里

---

① 《明史・西域传二》，中华书局标点本 1974 年版。

② 《明史・西域传二》，中华书局标点本 1974 年版。

③ 《明史・西域传二》，中华书局标点本 1974 年版。

维兀儿和罕东、沙州等卫的蒙古部落东迁至肃州、甘州以南到祁连山麓。在充满动乱的东迁过程中，被共同命运联结起来的撒里畏兀儿与其他卫的蒙古人加强了政治、经济和文化上的联系，特别是迁至肃州、甘州以南祁连山麓以后，明朝已无法控制这一带的局势。因此，撒里畏兀儿与同区域的蒙古族为了生存，共同抵御青海蒙古和番族的侵扰。他们按照草原民族的习惯，推举尊贵的、势力强大的首领为领袖来维持内部社会秩序。正是这种共同生活、共同地域条件和共同的政治生活环境，使一个新的民族群体——裕固族在明代后期逐渐形成。

清初，裕固族被称为西剌古儿黄番，内有七部。清政府在裕固族分布的甘肃及宁夏、青海部分地区，设甘肃巡抚一员，初驻宁夏，顺治五年（公元1648年）移驻兰州。为了加强对裕固族的统治，清政府把裕固族分布区划分为“七族”，分封部落大头目为“七族黄番总管”，管理裕固族人民。雍正七年（公元1729年），裕固族的游牧地，东部划属甘州，西部高台县境被划归肃州。

裕固族信仰藏传佛教，清政府也从政治统治的角度出发，给予支持，先后在裕固族分布区修建了著名的景耀、康隆、莲花、转轮等寺，统受青海塔尔寺管辖。家中兄弟多的，必须有一人去寺院当“班第”（小喇嘛）。同时，裕固族还保留着比较浓厚的崇拜祖先的习俗。逢年过节，各家都要携带珍馐到山林或原野中祭祀，以表示对祖先的怀念①。

裕固族牧民居住的方形帐房用6根或9根木杆支撑，周围用褐毡搭盖而成，别具特色。帐篷内部正上方为佛龛，进门左边为铺，垫以毡片、兽皮等，左边是男客人的座位，右边为女客人的座位，并放炊具等物件。正中间为炉灶②。

裕固族服饰具有自己民族的特色。男子着高领左大襟长袍，系红、蓝色腰带，戴圆平顶、缎镶边的毛毡帽或礼帽，蹬高统长皮靴。妇女一般穿高领长袍，外套短褂，束红、紫、绿色腰带，戴喇叭形红缨帽，脚蹬长靴。未婚少女常梳5条或7条发辫，帽子上加一圈绿色珠穗。已婚妇女常在胸前背后

① 《裕固族简史》修订本编写组编写《裕固族简史》（修订本），民族出版社2008年版。

② 《裕固族简史》修订本编写组编写《裕固族简史》（修订本），民族出版社2008年版。

挂戴3条长带形“头面”，上用银牌、珊瑚、彩珠等镶成美丽图案。饮食在牧区以酥油、糌粑、乳制品为主，农区以粮食、蔬菜为主。婚姻以一夫一妻为主，同族同姓不通婚。中华人民共和国成立前，裕固族的婚姻制度普遍存在着包办买卖婚姻和帐房戴头婚两种主要形式。丧葬有火葬、土葬、天葬等形式[①]。

由于裕固族先民主要由撒里畏吾儿和蒙古族的一些部落组成，所以在语言上有差别，目前主要使用三种语言：一种称为西部裕固语，也称为“尧乎尔”语，属阿尔泰语系突厥语族，与维吾尔语、哈萨克语等有密切关系，主要为居住在甘肃南部裕固族自治县西部，即明花、大河等地的裕固族使用。另一种称东部裕固语，也称“恩格尔”语，属阿尔泰语系蒙古语族，与蒙古语、东乡语有密切关系，主要为甘肃南部裕固族自治县东部，即康乐、马蹄等地的裕固族使用。还有一种为汉语。不少人会说汉语，住在酒泉及甘肃南部明花前滩的裕固族则只讲汉语。不论东部语和西部语，其中都杂有大量或源于突厥语，或源于蒙古语，或来自汉语的可以共通的借语。无本民族文字。

中华人民共和国成立之初，曾将裕固族定名为“撒里维吾尔”，后来经过协商，一致同意用与自称“尧乎尔”音近的“裕固”作为民族名称。裕固族主要聚居在甘肃肃南裕固族自治县境内的康乐、大河、明花、马蹄等乡，酒泉临水乡的黄泥堡也是裕固族聚居的地区。

（六）达斡尔族的形成及其文化

达斡尔族的来源十分复杂，但总的来说是以东胡系统的民族为主体发展而来的。东胡被匈奴击败后，分化为乌桓、鲜卑，后来乌桓融于北方汉族之中，部分鲜卑也南下在隋唐时期融于汉族。而在故地没有南下的鲜卑，又在大量吸收他民族成员的情况下，分化为契丹与室韦。契丹所建的辽国灭亡后，南下的亦融入汉族，西迁的融入中亚各族，部分遗民则与没有南下西迁的室韦融合，在明末清初形成了达斡尔族。从语言上看，达斡尔语言的词汇有许多既和蒙古语相同又和契丹语相近。另外，达斡尔族所居住的地区，正是《旧唐书》中“蒙兀室韦”和“落俎室韦”的分布区，蒙兀室韦西迁后，而落俎室韦却不见有迁移的记载。因此，可以认为达斡尔族是由东胡系统中的

---

① 《中国大百科全书》总编辑委员会、《中国大百科全书·民族》编辑委员会编《中国大百科全书·民族》，中国大百科全书出版社1986年版。

部分契丹人和室韦组合而成的。

“达斡尔”作为族称最早见于《清实录·圣祖仁皇帝实录》卷二二：“查打虎儿有一千一百余口，未编佐领，应照例酌量编为十一佐领，设头目管辖。从之。”[①] 这里记载的“打虎儿”即达斡尔。他们分布的区域离中原较远，在17世纪就已受后金统治。《清史稿·兵志一》载：“其东北最远者，索伦、达呼尔二部，天命、天聪（分别为努尔哈赤、皇太极年号，公元1616年—1636年）间，相率内附，其后分充各城额兵。二十二年，初置黑龙江将军，原水师营总管等并属之，设副都统二，协领四，佐领、骁骑各二十四，防御八，满洲兵千，索伦、达呼尔兵五百，驻爱珲城。二十三年，设打牲处总管一，副总管二，以索伦、达呼尔壮丁编设佐领、骁骑校。……二十九年，移将军驻墨尔根，又增协领四，佐领、骁骑校各七，索伦、达呼尔兵四百余，以副都统一人统兵驻爱珲。……雍正六年（公元1728年），增设打牲处总管三，满洲、索伦、达呼尔副总管十六，索伦、达呼尔佐领、骁骑校各六十二。”[②] 后来又将达斡尔人编为三个“扎兰”，由布特哈（打牲部，属黑龙江将军管辖）进行管理。雍正九年（公元1731年），清建布特哈八旗，将达斡尔三个扎兰分别编入镶黄旗、正黄旗和正白旗。八旗制度的建立，对达斡尔民族的发展，起了促进作用。

达斡尔族主要分布在内蒙古自治区和黑龙江省。新疆塔城地区也有分布，是清代乾隆年间迁去的。达斡尔语属阿尔泰语系蒙古语族，由于居住分散，形成了布特哈、齐齐哈尔和新疆三种方言。

二、突厥语族民族及其文化

在中国西部，维吾尔、哈萨克、撒拉尔、柯尔克孜、裕固（西部裕固）、乌孜别克、塔塔尔等七个民族属突厥语族民族。这些突厥语族民族在族源、语言、文化上有着某种历史联系。但是，当今任何一个突厥语民族都不是由某一个古代突厥语部落单一、直线发展过来的，同时，也没有任何一个古代突厥语部落的后裔是全部进入到后世某一个突厥语民族当中的。因此，当今突厥语诸民族虽然都同古代突厥语部落有着千丝万缕的历史联系，彼此在文化上常常表现出某些相近与相似之处，但是他们在文化上又都具有各自的特

① 齐木德尔吉、黑龙、宝山等编《清朝圣祖实录蒙古史史料抄》（上），内蒙古大学出版社2003年版。

② 《清史稿·兵志一》，中华书局标点本1976年版。

殊性。

（一）维吾尔族的形成及其文化

维吾尔族是由畏兀儿（又记作“畏吾尔”等）发展来的。从族源上看畏兀儿又是以回鹘为主体发展而来的。9世纪中叶，回鹘被黠戛斯打败，有的被黠戛斯俘虏，有的西迁。其中一支投安西，先夺取北庭（今吉木萨尔县东北北庭古城），然后攻西州（今吐鲁番），赶走控制当地的吐蕃军队，又西向取轮台（在今米泉市境内）等城，控制了今新疆的大部分，因以西州为中心，故被称为西州回鹘。唐末、五代之际，这支西州回鹘趁当地吐蕃人的统治势力衰落和五代的各朝无力顾及西域的机会，发展壮大起来，并自行建国，国名阿斯兰汗国（高昌汗国）。直到公元1134年，耶律大石假道阿斯兰汗国，阿斯兰汗国随即成了西辽的属国。在阿斯兰汗国的统治下，不同或相近的民族群众不断趋于回鹘化①。另一支西奔葛逻禄，被称为葱岭西回鹘②。葱岭西回鹘西奔之初，实居于七河流域的葛逻禄汗国内。在七河流域西部的河中地区（今锡尔河、阿姆河流域之间），则为信奉伊斯兰教的阿拉伯人建立起来统治着原住粟特人的萨尼曼王朝。840年迁往葱岭西的那部分回鹘人，经过数十年的休养生息后，至10世纪初叶，成为原葛逻禄汗国的实际支配者，葛逻禄汗国也就被喀喇汗国所取代。直到1130年前后，耶律大石的军队在喀什噶尔城下击溃东部喀喇汗王朝末代可汗阿赫麦德的军队，喀喇汗王朝最终覆灭③。因此，9世纪到12世纪，是畏兀儿形成的重要时期。但是，这时的畏兀儿在政治上还没有统一起来。同时，西州回鹘迁入西州后，改信佛教为主，而葱岭西回鹘迁入中亚后接受了伊斯兰教。12世纪初，阿斯兰汗国和喀喇汗国境内的回鹘都已基本上完成了与当地居民相融合的历史过程，但政治上的不统一和宗教信仰的不同，使他们很难联合起来向着成为一个民族的方向发展。西辽在1134年完成对上述两大汗国的统一后，过去被政治分隔的两部分回鹘联合起来，在密切的往来中逐步消除文化生活方面的差别，尤其是宗教信仰的差别。西辽十分支持伊斯兰教向塔里木盆地以北的佛教地区发展，到西辽末年，伊斯兰教已经深入到了原西州回鹘的腹心吐鲁番盆地了。在文化生活方面，则是原喀喇汗国以阿拉伯字母为基础创造的畏兀儿文，逐步得到推广

① 尤中著《中华民族发展史》（第②卷），晨光出版社2007年版。

② 尤中著《中华民族发展史》（第①卷），晨光出版社2007年版。

③ 尤中著《中华民族发展史》（第②卷），晨光出版社2007年版。

而使回鹘文的使用范围逐步缩小。但直到西辽国灭亡之时，伊斯兰教仍还没有普及到塔里木盆地以北的所有地方，畏兀儿文也还没有完全取代回鹘文，两部分回鹘内民的宗教、文化生活方面的差别仍然存在[①]。

蒙古帝国征服西辽取得原葱岭西回鹘和西州回鹘地区之时，把原葱岭西回鹘称为“回回”，而将原西州回鹘称为“畏兀儿”。其实，这两个称呼都是“回鹘”的音转。但两地回鹘之间的宗教、文化生活等方面的差别仍然存在。从蒙古帝国到元朝前期，也没有最终消除这种差别。及至察合台汗国从元朝手中夺取了原西州回鹘地区之后，才最终把这种差别消除[②]。

元末明初，西部察哈台汗国的帖木儿，于洪武三年（公元 1370 年）消灭察哈台汗国，自立于巴里黑称汗。随着察哈台汗国的灭亡，畏兀儿内部形成了许多各自为政、不相统属的地方政权。据《明史·西域四》载，其“地大者称国，小者止称地面”[③]。其中影响较广势力较大的有哈密、柳城、火州、吐鲁番、别失八里、于阗、喀尔噶尔等政权。这些政权的一个显著特点是：统治者多为逐渐维吾尔族化了的蒙古贵族，居民却多为维吾尔族[④]。

明初，与明朝有密切往来，其首领尹吉儿察受别失八里歪思汗陷害，投归明朝，明朝授予都督佥事，送还吐鲁番。他借助明朝的力量，逐渐使自己的力量增强。《明史·西域一》载：“永乐四年（公元 1406 年）遣官使别失八里，道其（按：指吐鲁番）地，以采币赐之。其万户赛因帖木儿遣使贡玉璞，明年（公元 1407 年）达京师。六年，其国番僧清来率徒法泉等朝贡。天子欲令化导番俗，即授为灌顶慈慧圆智普通国师，徒七人并为土鲁番僧纲司官，赐赍甚厚。由是其徒来者不绝，贡名马、海青及他物。天子亦数遣官奖劳之。二十年，其酋尹吉儿察与哈密共贡马千三百匹，赐赍有加。已而尹吉儿察为别失八里酋歪思所逐，走归京师。天子悯之，命为都督佥事，遣还故土。尹吉儿察德中国，洪熙（明仁宗年号，公元 1425 年）元年躬率部落来朝。宣德（明宣宗年号，公元 1426—1435 年）元年亦如之。天子待之甚厚，还国病卒。”[⑤] 尹吉儿察死后，其子孙亦朝贡不断，“三年（公元 1428 年），

① 尤中著《中华民族发展史》（第②卷），晨光出版社 2007 年版。

② 尤中著《中华民族发展史》（第②卷），晨光出版社 2007 年版。

③ 《明史·西域四》，中华书局标点本 1974 年版。

④ 杨建新著《中国西北少数民族史》，宁夏人民出版社 1988 年版。

⑤ 《明史·西域一》，中华书局标点本 1974 年版。

其子满哥帖木儿来朝。已而都督锁怜弟猛哥帖木儿来朝，命为指挥佥事。五年（公元 1430 年），都指挥佥事也先帖木儿来朝”[①]。

到也密力火者时，自称吐鲁番王，先后并吞了火州、柳城。《明史·西域一》载：“初，其地介于阗、别失八里诸大国间，势甚微弱。后侵掠火州（今吐鲁番东三堡）、柳城（今鄯善县鲁克沁一带），皆为所并，国日强，其酋也密力火者遂僭称王。”[②] 到了成化五年（公元 1469 年），吐鲁番王阿力（公元 1469—1478 年在位）又自称苏丹。《明史·西域一》载：“五年（吐鲁番）遣使来贡，其酋阿力自称速檀（苏丹），奏求海青、鞍马、蟒服、采币、器用。礼官言物多违禁，不可尽从，命赐采币、布帛。”[③] 这一事件，既反映了伊斯兰教在吐鲁番维吾尔族中的迅速发展，也反映了吐鲁番政权已在很大程度上摆脱了亦力把里政权的控制[④]。

在维吾尔族地区的各政权中，别失八里的区域最为广大。《明史·西域四》载：“别失八里，西域大国也。南接于阗，北连瓦剌，西抵撒马儿罕，东抵火州，东南距嘉峪关三千七百里。”[⑤] 别失八里的统治者是察哈台汗国统治者的直系继承人，名叫黑的儿火者，明洪武年间曾派使者向明朝入贡。《明史·西域四》载：“洪武（公元 1368—1398 年）中，蓝玉征沙漠，至捕鱼儿海，获撒马儿罕商人数百。太祖遣官送之还，道经别失八里。其王黑的儿火者，即遣千户哈马力丁等来朝，贡马及海青，以二十四年七月达京师。帝喜，赐王采币十表裹，其使者皆有赐。”[⑥] 永乐（明成祖朱棣年号，公元 1403—1424 年）初，黑的儿火者去世，其了沙迷查干继位，永乐二年（公元 1404 年）他便派使者出使明朝，与明朝政府建立了良好的关系。整个永乐年间，明朝政府曾多次遣使臣赴别失八里等地慰问、祭吊和封赐。《明史·西域四》载：“成祖即位之冬，遣官赍玺书采币使其国。未几，黑的儿火者卒，子沙迷查干嗣。永乐二年遣使贡玉璞、名马，宴赉有加。时哈密忠顺王安克帖木儿为可汗鬼力赤毒死，沙迷查干率师讨之。帝嘉其义，遣使赉以采币，令与嗣忠顺王脱脱敦睦。四年（公元

① 《明史·西域一》，中华书局标点本 1974 年版。
② 《明史·西域一》，中华书局标点本 1974 年版。
③ 《明史·西域一》，中华书局标点本 1974 年版。
④ 杨建新著《中国西北少数民族史》，宁夏人民出版社 1988 年版。
⑤ 《明史·西域四》，中华书局标点本 1974 年版。
⑥ 《明史·西域四》，中华书局标点本 1974 年版。

1406年）夏来贡，命鸿胪寺丞刘帖木儿赍敕币劳赐，与其使者偕行。秋、冬暨明年夏，三入贡，因言撒马尔罕本其先世故地，请以兵复之。命中官把太、李达及刘帖木儿赍敕戒以审度而行，毋轻举，因赐之采币。六年（公元1408年），太等还，言沙迷查干已卒，弟马哈麻嗣。帝即命太等往祭，并赐其新王。”[①] 到永乐年间中期，在瓦剌南下的威逼以及为了摆脱旧贵族们的反对，别失八里汗歪思（纳黑失足汗之从弟）将都城由别失八里（今吉木萨尔北）迁到了亦力把里（今伊宁市），并将国号改为亦力把里。大约到了16世纪中期以后，以叶尔羌为中心的维吾尔族政权兴起，亦力把里政权便逐渐衰亡下去了。

吐鲁番地区也是维吾尔族的主要聚居区。这一地区的首领原是元朝封的万户，叫赛因帖木儿。《明史·西域一》载：“土鲁番，在火州西百里，去哈密千余里，嘉峪关二千六百里。汉车师前王地。隋高昌国。唐灭高昌，置西州及交河县，此则交河县安乐城也。宋复名高昌，为回鹘所据，尝入贡。元设万户府。”[②]

成化九年（公元1473年），阿力速檀竟侵占了作为明朝西部诸卫之一的哈密，同时击退了瓦剌奄檀王所率一万部众的进攻，成了维吾尔族分布区的主要势力之一。《明史·西域一》载：“时土鲁番愈强，而哈密以无主削弱，阿力欲并之。九年春，袭破其城，执王母，夺金印，分兵守之而去。朝廷命李文等经略，无功而还。阿力修贡如故，一岁中，使者来三，朝廷仍善待之，未尝一语严诘。贡使益傲，求驯象。兵部言象以备仪卫，礼有进献，无求索，乃却其请。使臣复言已得哈密城池及瓦剌奄檀王人马一万，又收捕曲先并亦思渴头目倒剌火只，乞朝廷遣使通道，往来和好。帝曰：‘迤西道大阻，不须遣官，阿力果诚心修贡，朝廷不计前愆，仍以礼待。’使臣复言赤斤诸卫，素与有仇，乞遣将士护行，且谓阿力虽得哈密，止以物产充贡，愿质使臣家属于边，赐敕归谕其王，献还城印。帝从其护行之请，而赐敕谕阿力献王母及城印，即和好如初。使臣还，复遣他使再入贡，而不还哈密。”[③] 明朝政府对吐鲁番占据哈密，当然不能听之任之，但虽经多次努力，一直到阿力去世，哈密都在吐鲁番的占据之下。成化十八年（公元1482年），在明朝的支持下，哈密王罕慎夺回了哈密，明封罕慎为忠顺王。吐鲁番速檀阿黑麻（阿力之子，

---

① 《明史·西域四》，中华书局标点本1974年版。

② 《明史·西域一》，中华书局标点本1974年版。

③ 《明史·西域一》，中华书局标点本1974年版。

公元1479—1504年在位）又用联姻的手法，杀罕慎，于公元1488年再次攻占哈密。《明史·西域一》载：“十八年，哈密都督罕慎潜师捣哈密，克之。贼将牙兰遁走。阿黑麻颇惧。朝议罕慎有功，将立为王。阿黑麻闻之，怒曰：‘罕慎非忠顺族，安得立！’乃伪与结婚。弘治（明孝宗年号）元年（公元1488年）躬至哈密城下，诱罕慎盟，执杀之，复据其城，而遣使入贡；称与罕慎缔姻，乞赐蟒服及九龙浑金膝捆诸物。使至甘州，而罕慎之变已闻，朝廷亦不罪，但令还谕其主，归我侵地。番贼知中国易与，不奉命，复遣使来贡。礼官议薄其赏，拘使臣，番贼稍惧。”[①] 此后，吐鲁番速檀虽然依旧和明朝保持着经常的通贡互市关系，但却以哈密为据点，东侵关西七卫。弘治四年（公元1491年），虽曾将哈密忠顺王的金印及哈密等十一城归还，但不久又再次占据哈密，并俘虏了哈密忠顺王陕巴。《明史·西域一》载：“四年秋，遣使再贡狮子，愿还金印，及所据十一城。边臣以闻，许之，果以城印来归。明年封陕巴为忠顺王，纳之哈密，厚赐阿黑麻使臣，先所拘者尽释还。六年（公元1493年）春，其前使二十七人还，未出境，后使三十九人犹在京师，阿黑麻复袭陷哈密，执陕巴以去。”[②]

16世纪初，哈密忠顺王陕巴去世，其子拜牙即袭位。此人昏愚失道，使哈密境内动乱不已。《明史·西域一》载：“十七年（公元1504年），阿黑麻死，诸子争立，相仇杀。已而长子满速儿嗣为速檀，修贡如故。明年，忠顺王陕巴卒，子拜牙即袭，昏愚失道，国内益乱。而满速儿桀黠变诈逾于父，复有吞哈密之志。”[③] 公元1514年，满速儿乘哈密内乱，再次占据哈密。此后，叶鲁番的势力日益强盛，其势力扩张到嘉峪关外，并在嘉靖时期多次袭掠肃州、甘州，威胁河西的安全。然而也正是在这种情况下吐鲁番维吾尔族上层贵族内部发生了分裂。《明史·西域一》载：“然自写亦虎仙诛，他只丁阵殁，牙兰又降，失其所倚赖，势亦渐孤，部下各自雄长，称王入贡者多至十五人，政权亦不一。”[④] 公元1545年满速儿死，吐鲁番开始衰落。《明史·西域一》载：“二十四年（公元1545年），满速儿死，长子沙嗣为速檀，其弟马黑麻亦称速檀，分据哈密。已而兄弟仇杀，马黑麻乃结婚瓦剌以抗其兄，

① 《明史·西域一》，中华书局标点本1974年版。
② 《明史·西域一》，中华书局标点本1974年版。
③ 《明史·西域一》，中华书局标点本1974年版。
④ 《明史·西域一》，中华书局标点本1974年版。

且垦田沙州，谋入犯。其部下来告，马黑麻乃叩关求贡，复求内地安置，边臣谕止之，乃还故土，与兄同处。”① 此后在瓦剌势力的打击下，到 16 世纪后期，吐鲁番维吾尔政权便完全衰落了。

吐鲁番衰落之际，在南疆又出现了一个新的维吾尔族政权，即叶尔羌政权。叶尔羌政权的创始人是吐鲁番速檀·满速儿的弟弟赛伊德。赛伊德是在阿黑麻死后，诸子争立中的失败者，他开始逃往塔里木盆地以南，但不为喀什噶尔苏丹阿巴拜克所容，只好投靠当时割据于阿富汗的帖木儿的一个后裔——莫卧儿王朝的创始人巴卑尔（公元 1483—1530 年），并随同巴卑尔的军队一起，征服撒马尔罕、费尔干纳盆地等地区。公元 1512 年，赛伊德借助巴卑尔的余威，率领自己的党羽，越葱岭（帕米尔高原），攻占了阿图什、英吉沙，喀什噶尔苏丹阿巴拜克仓皇逃窜，被杀死于途中。公元 1514 年，赛伊德进入叶尔羌城，自立为叶尔羌汗，建立了叶尔羌汗国，控制了包括除吐鲁番政权控制地以外的全部南疆，以及帕米尔高原。此外，对七河流域的哈萨克族也具有一定的控制权②。叶尔羌汗国以强大的军事力量为后盾，迫使他的胞兄吐鲁番速檀·满速儿向他称臣，使吐鲁番维吾尔族政权成为叶尔羌政权的附庸。后来赛伊德死于西征克什米尔返回叶尔羌的途中。赛伊德的继承人为他的长子阿布杜·热西德，是一位学识渊博的诗人和乐师，他在位期间，南疆维吾尔文化有了很大的发展。著名的维吾尔族传统民间古典音乐《木卡姆》的最初组编就是在阿布杜·热西德在位时完成的。记述 14 到 16 世纪维吾尔族社会的一部重要历史著作《热西德史》（作者为米尔扎·海达尔·库拉刚）也是在这时期编纂成的，这对维吾尔族的发展有着巨大的贡献。

公元 1570 年，热西德去世，他的儿子阿布杜·克里木继位。他将流浪在撒马尔罕，自称是伊斯兰教创始人穆罕默德二十三代孙的伊善派首领伊斯哈克·瓦力延请到喀什噶尔。在历史的发展中，伊善派又分裂为白山派和黑山派，同样对维吾尔族社会历史产生了一系列影响。

在叶尔羌汗国统治时期，汗国的统治民族蒙古人完成了突厥化和接受伊斯兰教的过程，大多融入维吾尔族之中。正是在这一时期，在维吾尔族历史发展中形成了两个文化政治区，即以喀什噶尔为中心的伊斯兰教文化政治区

① 《明史·西域一》，中华书局标点本 1974 年版。

② 杨建新著《中国西北少数民族史》，宁夏人民出版社 1988 年版。

和以吐鲁番为中心的佛教文化政治区。随着历史的发展，维吾尔族完成了全民族的伊斯兰教信仰过程。

清代，维吾尔族聚居的地区被称为“回部”。公元 1678 年，北疆的蒙古准噶尔部首领噶尔丹趁叶尔羌汗国伊斯兰教的“黑山”和“白山”两个教派争权之时，灭了叶尔羌汗国，统治了维吾尔族地区。乾隆二十年至二十二年（公元 1755—1757 年），清朝政府平定了准噶尔贵族之乱，之后又平定了大小和卓图谋建立“巴图尔汗国”之乱。公元 1762 年，清设伊犁将军，统管今新疆及巴尔喀什湖以南和以东的军政事务。这样，新疆才有了一个比较稳定的局势。维吾尔族聚居的南疆八城（喀什噶尔、英吉沙尔、叶尔羌、和田、阿克苏、乌什、库车、喀喇沙尔）在清政府任命的喀什噶尔参赞大臣的总理下，由阿奇木伯克总管各种事务。另外，还任命了管理地亩、粮赋、司法、水利、治安、商业和宗教的伯克，原来的世袭伯克被朝廷任免的各级伯克所代替，这就在一定程度上削弱了封建地主势力，促进了封建农奴制的解体。但任免制代替伯克制对新疆的影响也是有限的，因此，直到新疆建立行省之前，维吾尔地区的社会制度还是建立在个体农业和手工业基础上的封建领主制[①]。此外，由于清政府还采取了兴办屯垦、举办商业、降低税率等一系列措施，从而在客观上促进了维吾尔族的发展。光绪十年（公元 1884 年），清政府将原伊犁将军所辖西域之地建为行省，定名新疆。在全省设立道、府、州、县，行政机构的设置与内地趋于一致。19 世纪末至 20 世纪初，维吾尔族基本处于封建地主经济发展阶段，其地主经济又往往与宗教统治相结合，有宗教法庭和较重的宗教税收。

由于优越的自然条件和悠久的经营农业的传统，到清朝前期，新疆维吾尔族地区已能出产很多品种。另外，各地都能种植瓜果，蚕丝业也很兴盛，瓜果葡萄之盛，堪称西产之最。维吾尔族对于植棉的园艺也有丰富的经验。手工业也有悠久的历史传统和精湛的技艺，特别著名的有和田地毯和丝绸、莎车县的巴克衫绸、喀什市的绣花小帽，尤以和田美玉著称。

维吾尔语属阿尔泰语系突厥语族西匈语支，原有阿拉伯字母的拼音文字。中华人民共和国成立后，根据维吾尔族语言的新特点创制了拉丁化新文字，

① 《维吾尔族简史》修订本编写组编写《维吾尔族简史》（修订本），民族出版社 2009 年版。

正在推广，并用以出版报纸和书籍。

维吾尔族一般是小家庭，子女结婚后便与父母分居，过去虽然实行一夫一妻制，但婚姻多由父母包办。住房一般用泥土建筑，用天窗采光，屋内设有壁炉，烧柴做饭和取暖。日常食品有馕、面条、抓饭、茶、奶等。待客和喜庆的节日，一般都吃抓饭，瓜果是维吾尔族的生活必需品。男女老少都爱戴“尕巴”（四楞小花帽），男子穿的长袍称为“袷袢”，妇女多在宽袖连衣裙外套穿黑色对襟背心。

维吾尔族以信仰伊斯兰教为主，节日也与宗教有关，主要节日有开斋节（肉孜节）、古尔邦节（献牲节）。文化艺术以著名的音乐舞蹈史诗《十二木卡姆》、《突厥语词典》、叙事长诗《福乐智慧》等为代表。民间还有许多传统舞蹈。另外，维吾尔族的雕刻技术也颇负盛名，其雕刻技术多用于建筑物装饰、金银首饰制作、玉器和红铜器物的制作等方面。

关于维吾尔族先民的称谓，汉文文献中译法甚多，如：辉和尔、辉和、畏吾、畏兀儿、畏吾尔、畏吾儿、委吾、瑰吾、委兀、伟兀、畏午、畏午儿、卫兀、卫吾、外五、外吾、畏吾而、伟吾而、卫郭尔等。现在统一为维吾尔族，意为“联合”“协助”“团结”等。维吾尔族约占新疆维吾尔自治区人口的五分之三，大部分聚居在天山以南、伊犁地区，北疆各地也有维吾尔族分布。

（二）撒拉族的形成及其文化

撒拉族的先民在汉文史籍中曾被称为“撒剌儿”或“沙喇簇”，这当是对其自称“撒拉尔”的同音异写，又由于与“回回”在许多方面相近，也有“撒拉回”的记载。

关于撒拉族的族属，过去有很多不同的说法，目前根据撒拉族自己的传说和语言特点，以及有关我国新疆和中亚地区的历史文献，一般认为：撒拉族的先民是中亚的撒马尔罕人，元朝时，他们经过长途跋涉辗转迁徙到青海东部，定居在循化地区。其间与藏族、回族、汉族、蒙古族等族长期相处，互相融合，逐渐发展，最终形成了撒拉族。

国外的有关学者，综合了中亚历史资料及对中国撒拉族的认识，对撒拉族先民迁来青海以前的历史进行了探讨，并得出了与中国学者一致的意见。《伊斯兰大百科全书》指出：“撒拉族原名撒鲁尔，是乌古斯部落中的一个部落名，这个部落及其名称起源于达罕的长子，而达罕则是乌古斯汗的六个儿子之一。随着其余的乌古斯部落，这个部落很早就从赛浑河一带、伊犁及热海（伊塞克湖）等地区迁入河中、花剌子模及呼罗珊。最后，一部分人定居在东部安纳托利亚。在小亚细亚塞尔柱帝国的历史中，撒鲁尔人是占有重要地位的。由于塞尔柱帝国实行旨在各方面分散乌古斯部落的政策，结果大部分撒鲁尔人遂向西迁徙，留在马鲁及撒拉克的人在较后的历史中，被泛称为土库曼人，其中一部分，根据几位学者的意见，在公元 1370 年至 1424 年之间取道撒马尔罕，经过吐鲁番、肃州到西宁，在那里定居下来，成为今日甘肃的撒拉族。"[①] 根据这条材料，则撒拉族的先民原称"撒鲁尔"，是中亚的乌古斯人，也就是最早时被汉文史料称之为"铁勒"的一部分，书中所讲的赛浑河是今天的锡尔河。由此可见，撒鲁尔有一段时间是活动在锡尔河至伊犁河之间，后来南迁到阿姆河两岸，一部分继续西迁，定居于安纳托利亚即今天的土耳其东部，在塞尔柱帝国的分散政策影响下，他们又东迁，其中一部分经撒马尔罕东迁至青海。

关于撒拉族到达青海的时间，杨建新先生认为：撒拉族先民到达青海的时间，应在元代，在 13 世纪上半叶。因为这个时期，由于蒙古的西征，正是中亚、西域民族大迁徙，特别是大量进入中原及甘、青的时期，也是许多民族发生新的裂变、融合，民族共同体大变动的历史时期。在这个时期，撒鲁尔人随着这股洪流来到青海，是不足为奇的[②]。撒鲁尔人到青海后，在长期的生活中，与附近的藏族、土族、回族、东乡族、保安族和汉族等通过各种渠道互相同化、融合，逐渐形成了全新的撒拉族。

元末，撒拉人首领已被中央王朝封为世袭达鲁花赤。明初，受任为世袭"百户"和"副千户"，与"尕最"（世袭总掌教）、掌教等构成了撒拉族的上层集团。当时撒拉族的社会基本经济单位是"阿格乃""孔木散"内的独立小家庭。阿格乃意为"兄弟""本家子"，是父系血缘组织。若干个阿格乃组成孔木散，若干孔木散组成"阿格勒"（村庄）。这种社会组织形式在撒拉族社会中曾存在了很长时间。明朝时期，撒拉族地区属河州卫，当时明政府允许在河州茶马司进行交易的十九"族"中，撒拉族即为其一。至清初，撒拉族社会有了较大的发展，人口发展到三万余人，由于人口繁衍增多，在撒拉

① 《伊斯兰大百科全书》（英文版），转引自杨建新著《中国西北少数民族史》，宁夏人民出版社 1988 年版。

② 杨建新著《中国西北少数民族史》，宁夏人民出版社 1988 年版。

族地区形成了十二“工”，后合并为八“工”。“工”相当于乡一级的行政区划单位，下属若干自然村。康熙四十四年（公元1705年）西宁道以清政府名义委任韩宝一系的韩炳为千户，升韩沙班系的韩大用为千户，撒拉族中出现了两个并列的千户土司。与此同时，清朝改变了过去的羁縻政策，加强对撒拉族的统治，雍正八年（公元1730年）设立了循化营，派兵驻守，乾隆二十七年（公元1762年）又改置为循化厅[①]。

撒拉族先民在东迁之前是一个以农业为主的民族，来到循化以后，其平原地区的居民仍以农业为主，兼营畜牧业，但耕作技术比较简单。居住在山区的撒拉族主要从事伐木和狩猎。清初，开始开垦旱地和山地，水利工程也较前进步。乾隆时修了许多规模不小的渠道，耕地面积的扩大和灌溉系统的逐步完善，使农作物的品种多了起来。撒拉族的服饰与当地回族基本相同，男子身穿白汗褡、青夹袷，头戴黑色或白色的平顶圆帽。女子戴“盖头”，老年为白色，中年为黑色，年轻人为绿色。主食主要是以小麦、青稞、荞麦等磨成粉做成的各种食品，肉食为牛、羊、骆驼、鸡、鸭、兔、鱼等肉。饮食禁忌与回族相同。住房多为以土木为主要建筑材料的平顶房。历史上，撒拉族大多只在族内通婚，一般不娶外族女子，一夫一妻居多，但也有娶二至三个妻子的情况。远支同姓可以结婚，姑舅亲也较常见。

撒拉族的丧葬习俗依照伊斯兰教规，实行念经超度和土葬。宗教节日为开斋节和宰牲节等。妇女也有专门的节日，在斋月的第十二天，妇女过“法图麦”节，以纪念穆罕默德的女儿法图麦。这一天，成年妇女们每七人凑在一起主持节日，煮麦仁饭，炸油香。

撒拉族文化是以突厥—伊斯兰文化为主体，同时又吸收了汉族、藏族、回族、蒙古族等民族的文化因素而形成的独特文化。至今仍使用突厥语言，虔诚地信仰伊斯兰教，每日坚持礼拜五次，每年过斋月，很多人到过麦加朝觐。在清真寺的建筑上又多有汉文化的特点。

从文化民俗上看，撒拉族还流行着一种在结婚时表演的“对委奥依纳”传统节目。表演时由两人装扮骆驼，另外两个人中，一人手牵骆驼，身穿长袍，头缠“达斯达尔”，扮演撒拉族的祖先尕勒莽，另一个人扮演本地人，两

---

① 《中国大百科全书》总编辑委员会、《中国大百科全书·民族》编辑委员会编《中国大百科全书·民族》，中国大百科全书出版社1986年版。

人互相问答，追述撒拉族先民由撒马尔罕迁至青海的经过及沿途见闻。

撒拉族90%左右分布在青海省循化撒拉族自治县，其余分布在与循化毗邻的化隆县甘都和甘肃省临夏的大河家，也有少数散居在青海、甘肃、新疆等地。撒拉语属阿尔泰语系突厥语族。无文字，通用汉文。

（三）哈萨克族的形成及其文化

哈萨克族与中国古代曾经统治过今伊犁河谷及伊塞克湖四周地带的古代民族乌孙（公元前2世纪至2世纪）、突厥（6世纪）、葛逻禄、回鹘（10世纪至12世纪），哈剌契丹、克烈、“乃蛮”、钦察等有族属源流关系，在现代哈萨克族中间仍有一些部落保留着上述民族的名称。民间传说认为哈萨克为“白鹅”之意。15世纪20年代，在金帐汗国东部出现了乌孜别克汗国，以锡尔河下游为中心，北至托波尔河，东北至额尔齐斯河。公元1456年，汗国内有两个“苏尔坦”由于内讧，向东逃入亦力把里统属地区，亦力把里把楚河、塔拉斯河流域西七河区让给他们游牧，以增强自己的实力。这一部分脱离乌兹别克汗国的人被称为哈萨克人[①]。因此，目前国内外的大多数学者都认为“哈萨克”作为民族名称最早出现于15世纪初期，并认为在突厥语中哈萨克有“自由的人”“避难者”“脱离者”“草原上自由的勇敢的人们”等意思[②]。

其实，从民族来源上看，哈萨克族的组成和来源是十分复杂的。公元前四五世纪时，今哈萨克斯坦和伊犁河流域就有许多民族，如月氏、乌孙、匈奴、康居、西突厥各部，一直到13世纪的蒙古，都曾把这里作为自己政治、经济活动的重要舞台，至今哈萨克族的许多部落，仍以这些民族或这些民族中的某个部落名称作为自己的名称。这反映出哈萨克族确实与这些古代民族有密切的关系，说明了哈萨克族在形成过程中吸收了上述各民族的成分。

哈萨克族的形成与白帐汗国的建立有密切关系。13世纪，在金帐汗国建立后不久，由于游牧民族的诸子分封制，使其呈现出实际的割据局面。咸海东北，今哈萨克斯坦东部地方，被拔都分给其兄斡鲁尕，称白帐汗国；咸海以北被拔都分给其弟昔班尼，称兰帐汗国。14世纪上半叶，白帐汗国发生了

---

① 《中国大百科全书》总编辑委员会、《中国大百科全书·民族》编辑委员会编《中国大百科全书·民族》，中国大百科全书出版社1986年版。

② 详见《中国大百科全书》总编辑委员会、《中国大百科全书·民族》编辑委员会编《中国大百科全书·民族》“哈萨克”条及杨建新著《中国西北少数民族史》，宁夏人民出版社1988年版。

分裂，今哈萨克斯坦的西部，被称为诺盖汗国，东部被称为乌兹别克汗国。乌兹别克汗国的可汗阿布尔海里，为人凶残，穷兵黩武，引起了统治集团内部的尖锐矛盾和斗争。15世纪中叶，一部分部落在克拉伊和加尼别克苏丹等率领下，脱离乌兹别克汗国，向东迁至楚河流域，建立起自己的独立政治实体。这部分人从此就自称哈萨克，以他们为主体而建立的汗国也叫哈萨克汗国。哈萨克汗国建立后，吸引了乌兹别克汗国境内大量游牧部落，从此以后，自称哈萨克的游牧部落群体越来越多，一个具有强大生命力的民族——哈萨克族，从此就活跃于中亚历史舞台上了。

在哈萨克汗王哈克那扎尔统治时期（公元1538—1580年），七河流域东部及楚河流域广大地区的哈萨克人逐渐减少了与哈萨克斯坦及蒙兀尔斯坦的联系，形成了一个单独的行政区域，这就是中国清代文献中所称的“右部”或“北哈萨克”，即“大玉兹”。16世纪末，哈萨克斯坦西部乌拉尔河至伊列克河流域，又形成一个小的独立行政区域“奇齐克玉兹”，即“小玉兹”，汉文史籍中称为“西部”。同时，以原哈萨克汗国中部地带萨雷河流域至图尔盖河流域以北的哈萨克族民众为主，形成了“鄂尔图玉兹”，即“中玉兹”，汉文史籍称为“左部”。清初，由于准噶尔势力的扩张，迫使哈萨克族离开原来的放牧地。清政府统一准噶尔部后，解除了对哈萨克的威胁。哈萨克“三玉兹”在18世纪中叶曾先后表示归顺清朝，中玉兹、大玉兹与清朝关系密切。

18世纪中叶起，沙俄侵略中国，侵入了哈萨克草原和原属清伊犁将军管辖的巴尔喀什湖以东、以南地区。公元1864年至公元1883年，沙俄以讹诈和军事威胁手段，迫使清政府签订了一系列不平等条约，按照条约中“人随地归”的规定，侵占了原属中国的哈萨克族居住地区。公元1864年，游牧在斋桑湖一带的哈萨克族十二个克烈部，因不堪沙俄的统治和压迫，离开原驻牧地，移居到阿尔泰山地区。公元1883年，哈萨克黑宰部落三千多户迁入伊犁和博尔塔拉地区。划界后，又有不少哈萨克族迁入中国境内，于是中国境内的哈萨克族最后在人口及分布区上形成目前的格局。作为一个跨境民族，哈萨克族在境外主要分布在哈萨克斯坦共和国，有近六百万人。

哈萨克族主要从事畜牧业，继承了从古代一直沿袭下来的牧业生产方式，逐水草而居。他们的牧场随春、夏、秋、冬四季，按季节迁徙放牧，各部有固定的迁徙地点，别部是不能随意侵占的。每逢迁徙，各部赶着牲畜，路经数百里以至千里之地去放牧。他们的牲畜以羊为主，也有马、骆驼等。羊在哈萨克族日常生活中占有一席之地，人们吃羊肉，喝羊奶，穿羊皮，而且羊在商品交换过程中还有货币的职能，价格一般是以羊只折算。哈萨克族也有从事农业生产的，七河流域和哈萨克境内的其他湖泊、河畔都有哈萨克族进行农耕，农作物主要有大麦、小麦、玉米[①]。

哈萨克族民间流传着许多古老的诗歌、故事、谚语、格言。“阿肯”是民间诗歌的传播者和演唱者。著名的史诗有《萨里海与萨曼》《阿尔卡勒克英雄》等。他们的工艺美术也丰富多彩，妇女会制作毡房、各种毡制品及毛制品。不少男子会制作木器、铁器和骨器。用金银、玉石制作的各种装饰品的水平亦高。主要节日为古尔邦节和肉孜节，每逢节日喜庆时，都要举行传统的叼羊、赛马和姑娘追等。宗教信仰为伊斯兰教，有些牧民仍保留着萨满教的信仰[②]。

哈萨克语属阿尔泰语系突厥语族西匈语支。中国哈萨克语分为西南和东北两个方言。使用以阿拉伯字母为基础而创的哈萨克文。

现在中国境内的哈萨克族主要分布在新疆维吾尔自治区伊犁哈萨克自治州、木垒哈萨克自治县和巴里坤哈萨克自治县。还有少数散居在青海海西蒙古族藏族哈萨克族自治州和甘肃阿克塞哈萨克自治县。

（四）柯尔克孜族的形成及其文化

柯尔克孜族是中国西北的一个古老的少数民族（在吉尔吉斯斯坦共和国的柯尔克孜族被译为吉尔吉斯族）。柯尔克孜族的历史可以追溯到两千年前，他们的最初活动地区在南西伯利亚的叶尼塞河流域。在两千多年的漫长历史时期，他们与中国北方和西北的许多少数民族发生过密切的关系，并逐渐从叶尼塞河流域向西南迁徙到了天山地区。在从叶尼塞柯尔克孜向天山柯尔克孜的变化过程中，他们经历了艰苦的历程，并在这个历程中，不断通过分化、融合，改变着自身的面貌。也可以说，柯尔克孜族的历史虽然可以追溯到两千多年以前，但是，从叶尼塞河流域到天山一带时，他们已经发生了重大变化，或者可以把柯尔克孜的历史发展，分作叶尼塞柯尔克孜和天山柯尔克孜两个时期[③]。

---

① 杨学琛著《清代民族史》，四川民族出版社 1996 年版。

② 《中国大百科全书》总编辑委员会、《中国大百科全书·民族》编辑委员会编《中国大百科全书·民族》，中国大百科全书出版社 1986 年版。

③ 杨建新著《中国西北少数民族史》，宁夏人民出版社 1988 年版。

柯尔克孜族的直接先民应是唐代兴起的黠戛斯。汉文史籍对柯尔克孜先民的记载，早在《史记》中就已经出现了，当时被称为“鬲昆”。据《史记·匈奴列传》载，约公元前3世纪末，匈奴冒顿单于在击走月氏，吞并楼烦、白羊、河南王的同时，又征服了北方的“屈射、丁零、鬲昆、薪犁之国，于是匈奴贵人大臣皆服，以冒顿单于为贤”[①]。《汉书·匈奴传》将“鬲昆”记为“隔昆”。“鬲昆”或“隔昆”当为柯尔克孜的译音，他们便是柯尔克孜族的直接先民。以后的史书在称呼上多有变化，三国时成书的《魏略》称柯尔克孜先民为“坚昆”，《北史》称为“契骨”，《新唐书》和《旧唐书》皆称之为黠戛斯。

唐朝时期的黠戛斯，到辽宋时仍是一个独立的民族群体。开成五年（公元840年），黠戛斯灭回鹘，建立黠戛斯汗国，和唐朝关系密切，往来不绝。其居民以畜牧业为主，兼营狩猎和农业，手工业和商业也有所发展。据《辽史·百官志二·北面属国官》载，有黠戛斯国王府（在今叶尼塞河上游地带），是辽的藩属国，与辽朝有交往关系。后来，有不少黠戛斯游牧民随畜迁徙，从叶尼塞河流域向西南流动，到达了西州回鹘（高昌）阿斯兰汗国辖境内的天山北部草原地带和巴尔喀什湖南部的中亚草原，在这些地方游牧。故《宋史·高昌国传》载：“所统有南突厥、北突厥、大众熨、小众熨、样磨、割禄、黠戛司、末蛮、格哆族、预龙族之名甚众。”[②] 宋朝使者王延德出使高昌时，也见高昌境内有黠戛斯人与突厥等民族杂居在一起。《突厥语大词典》的作者马赫穆德·喀什噶里在《自序》中曾说：“我游历了突厥人的城市，走过了大坂和集镇，学习了他们的语言，熟悉了他们的风尚，他们是突厥人、土克曼人、乌古斯人、处月人、亚格玛人、柯尔克孜人。”这里所提到的柯尔克孜人便是黠戛斯人。玉素甫·考雅·西尔瓦尼《马赫穆德及其突厥词典》载：“马赫穆德根据维吾尔人、乌古斯人、土尔克明人、黠戛斯人及其他突厥人民的地区进行了科学考察，从而搜集和研究了这些人民的民间创作、文学、历史和人种的许多宝贵知识。”可见本时期已用黠戛斯、柯尔克孜两种名称来称呼同一个民族。

12世纪前半叶，耶律大石率部分契丹人西迁，途中被柯尔克孜人所阻。

---

① 《史记·匈奴列传》，中华书局标点本1962年版。

② 《宋史·高昌国传》，中华书局标点本1985年新1版。

《维吾尔历史》载："耶律大石等一行刚抵达中亚草原地带，便受到柯尔克孜人的阻挠，被迫滞留在额敏河流域附近地区。"额敏河在今新疆北部的额敏县南部，此河向西流入哈萨克斯坦国境内的阿拉湖。则自叶尼塞河上游往西南经额敏河流域至巴尔喀什湖南部的中亚草原地带，是柯尔克孜与葛逻禄及其他突厥部落、部分畏兀儿的共同杂居区。从这一记载中可以看出，柯尔克孜的称呼更清晰。

从汉文史书的记载来看，12 世纪以后，称"乞儿吉思""吉利吉斯"的越来越多，在《元史》中第一次正式称为吉利吉斯。他们分布的区域为阿辅水（今阿巴根河）和剑水（今叶尼塞河）之间。《元史・地理志・西北地附录》曾有过详细记载："其境长一千四百里，广半之，谦河经其中，西北流。又西南有水曰阿甫，东北有水曰玉须，皆巨浸也。会于谦，而注于昂可剌河，北入于海。"[①] 元代，吉利吉斯受元的统治，至元七年（公元 1270 年），元朝派刘好礼任吉利吉斯、谦州等五部断事官，以益兰州（今厄格列斯河下游贴列克古城）为治所。明代，吉利吉斯曾属瓦剌管辖，后又隶于准噶尔。康熙四十一年（公元 1702 年），准噶尔汗策旺阿拉布坦为避免其属民和沙俄继续发生武装冲突，派军队强令吉利吉斯从叶尼塞河上游迁往西部天山伊塞克湖地区。后来，一部分柯尔克孜人为了摆脱准噶尔贵族的统治，又迁至中亚塔什干、费尔干纳及其附近，另一部分迁至帕米尔高原、兴都库什山和喀喇昆仑山一带[②]。

13 世纪柯尔克孜族受元朝统治。据《元史・世祖本纪》载，公元 1293 年曾调"乞儿吉思户七百，屯合思合之地"[③]。从韩儒林先生的考证来看，合思合在今东北南部。则从元代开始便有部分柯尔克孜族被迁到东北地区。元朝曾在叶尼塞河上游设万户府。至元七年（公元 1270 年），元朝派刘好礼为益兰州、乞儿吉思等五部断事官，以益兰州为治所，将乞儿吉思分为九个千户。为了改变当地面貌，元朝从内地和西域把大量工匠和农民迁至谦州（今乌鲁克木河南鄂依玛克处之古城），进行制陶、冶炼、织造、制造舟楫和渔具等手工业生产，鼓励军屯、民屯，备给耕牛、农具、衣服，促进了柯尔克孜

① 《元史・地理志・西北地附录》，中华书局标点本 1976 年版。

② 柯尔克孜部分主要参引《中国大百科全书》总编辑委员会、《中国大百科全书・民族》编辑委员会编《中国大百科全书・民族》，中国大百科全书出版社 1986 年版。

③ 《元史・世祖本纪》，中华书局标点本 1976 年版。

地区经济的发展。同时，也有部分柯尔克孜人被迁到今东北松花江流域和北京、山东等地，后融合于当地民族。

元亡以后，柯尔克孜族邻近的蒙古瓦剌强盛起来，柯尔克孜族又成了瓦剌的属部。到 16 世纪时，柯尔克孜族摆脱了瓦剌的统治，分为四个部分或被称为四个王国，即图瓦王国、叶泽尔王国、阿勒蒂尔王国和阿勒蒂萨尔王国。17 世纪初，沙皇俄国侵入柯尔克孜族分布的地区，经过顽强抵抗无效后，伤亡巨大的柯尔克孜族大部分都西迁到了伊塞克湖地区。后来，由于厄鲁特准噶尔部统治者的压迫，一部分又从伊塞克湖逃往中亚塔什干、费尔干盆地及其附近山区，另一部分迁到了帕米尔高原、兴都库什山和喀喇昆仑山一带及其附近地区[①]。这一历史过程从 17 世纪开始到 18 世纪才结束。柯尔克孜族 18 世纪的大迁徙，使他们离开了自己古老的叶尼塞河流域故乡，开始西南迁。这是柯尔克孜族历史发展中的一个划时代事件，柯尔克孜族也从此时最终定型。清代把柯尔克孜族称为布鲁特人（但自称仍是柯尔克孜，意为“四十个姑娘”），他们以游牧为主，还没有形成严密的统一的政治实体。他们与清朝的关系也比较复杂，有的部落与清政府的关系不密切，有的部落在较短时间内臣服过清朝，有的则是清朝政府管辖下的游牧部落。乾隆二十年至二十四年（公元 1755—1759 年），清朝平定准噶尔贵族和大小和卓木之乱，柯尔克孜族为清军做向导，协同清军作战。其后，分布于天山南北的东西布鲁特先后要求归附。

鸦片战争以后，俄国势力向东推进，实际上占领了中国西部边疆广大地区。特别是第二次鸦片战争时，沙俄乘机强迫清政府签订了《中俄北京条约》，强加了一条西北边疆地区的中俄边界的边界线给中国，使大批柯尔克孜族划归俄国。此后，公元 1864 年签订的《中俄勘分西北界约记》、公元 1882 年签订的《中俄喀什噶尔界约》、公元 1884 年签订的《中俄续勘喀什噶尔界约》等，使大部分柯尔克孜族被划入俄国境内。到公元 1884 年清政府在新疆设立行省时，留在清朝版图内的柯尔克孜族，只剩下当时柯尔克孜族人口总数的二十分之一了[②]。苏联解体后，原苏联的柯尔克孜族（吉尔吉斯族）主要生活在中亚的吉尔吉斯斯坦共和国，有二百余万人。

---

① 杨建新著《中国西北少数民族史》，宁夏人民出版社 1988 年版。

② 杨建新著《中国西北少数民族史》，宁夏人民出版社 1988 年版。

柯尔克孜族自古以游牧和畜牧业为生，保留着氏族部落组织形式。较大的部落有穷巴噶什、克普恰克、奈曼、交务西、库秋、奇里克、提依特、刻赛克、布库、萨尔巴噶什。每个部落之下有若干以家庭为单位而组成的“阿寅勒”，是氏族部落的基本生产组织，有“阿寅勒巴代”，一般由威望高的长老或牧主充任，负责安排生产，决定转移牧场和解决纠纷。

在柯尔克孜族人民中流传着各种形式的诗歌、音乐、传说、造型艺术等。著名的民间史诗《玛纳斯》有二十余万行，不仅是一部流传较广、规模宏大的历史长卷，也是一部具有相当高思想性和艺术性的口头文学。柯尔克孜的家庭为一夫一妻制，但受宗教的影响，历史上富有者也有多妻的情况。社会中男权大，老年人威信最高。婚姻多由父母包办，订婚有指腹婚、幼年订婚、成年订婚三种形式。通婚范围不受氏族部落限制，直系亲属和近亲不能通婚，但有姑表婚和姨表婚，并有与外族通婚的现象。大多数柯尔克孜族人信仰伊斯兰教，也有少量的人信仰藏传佛教和萨满教。服饰亦有民族特色。男子戴高顶方形卷檐帽和两侧有突出护耳式样的帽子，身穿无领“袷袢”长衣，内着绣有花边的圆领衬衣，外束皮带，左佩小刀等物；女子通常穿连衣裙，外套黑色小背心。饮食主要为奶制品和牛、羊、马、骆驼等肉类食品，辅以面食。

柯尔克孜语属阿尔泰语系突厥语族东匈语支。新疆的柯尔克孜语分为南、北两种方言。文学语言以北部方言为基础。有以阿拉伯字母为基础而创造的文字。

目前中国的柯尔克孜族主要分布在新疆维吾尔自治区西南部克孜勒苏柯尔克孜自治州，其余分布在邻近的乌什、阿克苏、莎车、英吉沙、塔什库尔干、皮山和北疆的特克斯、昭苏、额敏、博乐、精河、巩留等地。还有部分柯尔克孜族人聚居在黑龙江省富裕县五家子屯，是二百多年前从新疆迁去的。

（五）乌孜别克族的形成及其文化

14世纪时，钦察汗国的大汗名叫乌孜别克大汗（公元1312—1340年），乌孜别克汗信奉伊斯兰教，在汗国内推行崇信伊斯兰教的政策，受到教徒拥戴，形成了汗国的统治集团，又逐渐发展为以乌孜别克为名的汗国。钦察（金帐）汗国的一部分白帐汗国，据有咸海东北的地方，当地居民从事农业、畜牧业。15世纪，金帐汗国瓦解，部分居民便迁到楚河流域，后来被称为哈萨克。留在这一地区的各种不同来源的牧民被泛称为乌孜别克人，组成了乌孜别克联盟。15 世纪末 16 世纪初，这部分乌孜别克游牧群集体南下，进入中亚农业区，占领了布哈拉、撒马尔罕、希瓦、乌尔根奇和塔什干等城市，和当地操突厥语、从事农业的居民相互融合，形成了乌孜别克族①。

18 世纪 50 年代，清朝统一新疆，在西北地区与浩罕等汗国为邻，于是中亚的乌孜别克人，特别是乌孜别克商人，来中国新疆的日益增多，当时称他们为“安集延人”（也有称“浩罕人”“布哈拉人”的）。起初，他们主要在喀什噶尔、叶尔羌、阿克苏等城市活动，后来逐渐发展到南疆其他城市和北疆伊宁等地。其中有些人就在当地定居下来。阿古柏入侵新疆时，也有一部分中亚乌孜别克人来到新疆。第一次世界大战期间和战后，迁入新疆的中亚乌孜别克人也不少。上述先后进入中国境内的乌孜别克人构成了今天的中国乌孜别克人民族②。

中国境内的乌孜别克族在 19 世纪中叶以前，以经营商业为主。开始主要是组成商队，赶着数以百计的骆驼、骡、马往来于新疆与中亚各地之间贩运，后来逐步开设店铺，小商小贩则在牧区、农村和城市之间经商。乌孜别克族也从事手工业生产，莎车地区的手工业比较集中，其中大多数是丝织业。此外，北疆的木垒、奇台、新源、尼勒克、特克斯等地有少数乌孜别克族居民从事牧业，塔城、伊宁等城市的部分乌孜别克族居民则兼营畜牧业。

乌孜别克族的家庭大多是父子、兄弟分居，通婚范围限制严格，有同维吾尔族、塔塔尔族通婚的传统。丧葬习俗按伊斯兰教教规举行，通行土葬、速葬。信仰伊斯兰教。

乌孜别克族的住房形式有多种，顶楼呈圆形的称“阿瓦”，一般则为平顶长方形的土房。男子穿长袍，束三角形绣花腰带；妇女穿连衣裙，宽大多褶，不系腰带。饮食习惯与新疆其他信仰伊斯兰教的民族一样，禁酒和忌食猪、狗肉，喜食牛、羊、马肉及乳制品。

乌孜别克语属阿尔泰语系突厥语族西匈语支。

（六）塔塔尔族的形成及其文化

13 世纪蒙古西征时，中亚和欧洲人通常将蒙古泛称为鞑靼，西征的蒙古

---

① 国家民委民族问题五种丛书编辑委员会《中国少数民族》编写组编写《中国少数民族》，人民出版社 1981 年版。

② 《中国大百科全书》总编辑委员会、《中国大百科全书·民族》编辑委员会编《中国大百科全书·民族》，中国大百科全书出版社 1986 年版，以下相关的经济、文化亦参引自此书。

人在西方建立了地跨欧亚的金帐汗国。15 世纪，由成吉思汗的孙子拔都建立的金帐汗国逐渐衰落后，在伏尔加河中游及卡玛河一带，出现了喀山汗国，喀山汗国的大汗为了炫耀武威，自称为“塔塔尔”人，以示自己是蒙古人的后代，此后，塔塔尔渐渐成为喀山汗国及其附近部落居民的名称，经过融合，最终形成了塔塔尔族。

中国的塔塔尔族主要是19 世纪20 至30 年代以后陆续从喀山、斜米列齐、斋桑等地迁徙来的。19 世纪 20 至 30 年代，俄国封建领主加紧掠夺土地，大部分失去土地的塔塔尔人被迫流浪，其中有些人经过伏尔加河下游、西伯利亚、哈萨克斯坦来到中国的新疆。现在住在布尔津、哈巴河等地的塔塔尔族多半是这些人的后代。此后，塔塔尔族迁入中国的情况陆续不断。成分有商人、教育工作者、宗教教职人员、农民、手工业者。

新疆的塔塔尔族在历史上以经营商业为主，他们有的在中国和俄国之间贩运，有的做行商或开设商店，有的到农村做生意。总之，商、牧、农、工各个行业都有塔塔尔人从事。

塔塔尔族的家庭多是一夫一妻的小家庭，多与其他信仰伊斯兰教的民族通婚，限制叔伯兄弟姐妹之间通婚，姑表联姻也很少。婚礼多在女方家举行，通常新郎要在岳父家住一段时间。丧葬按伊斯兰教教规办理。

民居多为平顶土房，墙一般都很厚，自成院落。男子喜穿绣花白衬衣，外加黑色齐腰短背心。女子以戴镶有珠子的小花帽为美，喜穿长裙。饮食上善做糕点①。

三、伊朗语族和斯拉夫语族民族及其文化

（一）塔吉克族的形成及其文化

塔吉克是本民族的自称，据民间传说，塔吉克一词意为“王冠”。塔吉克族的族源，可以上溯到公元前若干世纪分布在帕米尔高原东部使用东伊朗语的诸部落。西汉时属西域都护管辖。两汉时期，在塔什库尔干一带出现了揭盘陀国，揭盘陀人应为中国塔吉克族的远祖先民。11 世纪时，突厥人将中亚地区操伊朗语，信奉伊斯兰教的人称为“塔吉克”。元代，塔吉克人聚居的塔什库尔干称为色勒库尔，属于察合台王封地。明代后期，在色勒库尔的中心

① 以上参引《中国大百科全书》总编辑委员会、《中国大百科全书·民族》编辑委员会编《中国大百科全书·民族》，中国大百科全书出版社 1986 年版。

地带已有一批塔吉克人的小村落。清代，帕米尔西部和南部的塔吉克人迁到色勒库尔，和当地的塔吉克人同住一地，逐步发展成为塔吉克族。乾隆年间(公元1736—1795年)，色勒库尔的塔吉克居民有500户，由其首领向清政府呈报备案，愿归清政府辖属。清政府将塔吉克聚居区划为“色勒库尔回庄”，设五品阿奇木伯克等官员，归叶尔羌（莎车）办事大臣管辖。全庄居民每年要向清政府缴纳赋税。清朝后期，一部分塔吉克族从色勒库乐起程，经叶尔羌向南疆迁徙，主要居住在乡间耕种农田①。

塔吉克族社会经济在清代以前发展较缓慢。17世纪末，统治色勒库尔的贵族、头人对地区经济的发展，无甚作为，生产力水平低下，长期使用帕米尔特有的野羊犄角犁地。清代，塔吉克族的经济生活较前有较大提高，色勒库尔地区与喀什、叶尔羌等地的交往频繁，商品交换逐渐展开，粮食、棉布、铁器开始输入塔吉克地区。清政府统一新疆后，在汉族、维吾尔族、柯尔克孜族人民的影响下，塔吉克族在耕作方法、兴修水利、畜产品加工等方面有了很快的提高。

塔吉克族能歌善舞，将雄鹰作为文化艺术创作的主题，最有特色的舞蹈就是雄鹰回旋、飞翔的动作。实行一夫一妻制，堂、表亲联姻较多，结婚年龄也较小。服饰以帽子最有特色，男子一般戴黑绒圆高筒帽，女子戴圆顶绣花棉帽，男女都穿红色长筒尖头软底皮靴。传统食品为抓肉、牛奶煮米饭和牛奶煮烤饼。牧民在村中有固定住宅，一般为土木结构平顶屋。塔吉克族普遍信仰伊斯兰教。节日有古尔邦节、乞脱乞迪尔爱脱、巴罗提节、肉孜节、台合木兹瓦目脱节（播种节）、兹完尔节（引水节）等②。

作为中国西部一个跨境民族，塔吉克族有着悠久的历史，他们自古以来就生活在葱岭—帕米尔广大地区。他们生活的地区历史上是中西文化和东西方民族交汇的地区。公元前7世纪到公元前4世纪时期，由原住民和波斯人建立的阿契美尼德帝国，其疆域西达地中海东岸，东达帕米尔，这一带曾受波斯文化的深刻影响，印欧语系的人群就曾活动在这一带。由于塔吉克族的直接远祖因资料的缺乏，一般只能知道塔什库尔干一带存在过揭盘陀国。据《洛阳伽蓝记》卷五引《宗云行纪》载：盘陀“人民决水以种，闻中国田待

① 杨学琛著《清代民族史》，四川民族出版社1996年版。

② 《中国大百科全书》总编辑委员会、《中国大百科全书·民族》编辑委员会编《中国大百科全书·民族》，中国大百科全书出版社1986年版。

雨而种，笑曰：'天何由可共期也。'" 农业主要种麦，有严刑，信南传上座部佛教。从公元 9 至 13 世纪初，历史文献几乎没有提到塔什库尔干的民族情况。元以后塔什库尔干地区出现了"色勒库尔"地名，在色勒库尔便生活着现代塔吉克族的直接先民。17 世纪后期到 18 世纪，帕米尔西部什克南、瓦罕等地的许多与中国境内塔吉克族先民有渊源关系的塔吉克人，因不堪封建领主的压迫，迁徙到了色勒库尔，他们与长期生活在色勒库尔操东伊朗语的各部落，以及少数居住在色勒库尔的维吾尔人、柯尔克孜人相互融合，渐次形成中国境内的塔吉克族。其标志是色勒库尔回庄的建立。公元 1759 年，清朝平定大、小和卓木的叛乱时，色勒库尔的塔吉克人约五百户，其首领称穆喇特伯克。叛乱平定后，穆喇特伯克便将全地区户口、田亩呈报清政府备案，清政府便将塔吉克人聚居的色勒库尔划为叶尔羌的一个庄，称之为色勒库尔回庄，受叶尔羌办事大臣管辖。

塔吉克族是中国唯一语言属于印欧语系伊朗语族的民族。现主要分布在新疆西南部，绝大部分居住在塔什库尔干塔吉克自治县，其余少量分布在莎车、泽普、叶城和皮山等县。语言属印欧语系伊朗语族帕米尔语支。由于长期与汉族、维吾尔族等民族交往，塔吉克语中已吸收了许多维吾尔语和汉语的借词。没有本民族文字，普遍使用维吾尔文。

（二）俄罗斯族的形成及其文化

俄罗斯族不仅是俄罗斯联邦的主体民族，也是中国的一个少数民族。作为少数民族在中国出现，已有 300 多年的历史。元代史料中曾有过记载，但记载不详。清代，关于俄罗斯族的情况就比较具体：清初将在东北俘虏或归顺的约 200 名俄罗斯族人安置在北京。此外，北京还有一个常驻的俄罗斯东正教传教团，在 18 世纪到 20 世纪共有 200 多名俄罗斯东正教人员定居北京。

俄罗斯族移居进入中国有两个入口：一是东北，二是西北边陲新疆。由东北迁入中国的，后来一部分南迁到中国内陆或沿海城市，但在 20 世纪中叶大都离开中国。而迁入新疆的部分，绝大多数都留了下来。移居新疆的俄罗斯人先后有四批：第一批是 18 世纪末、19 世纪初迁入中国者；第二批是公元 1851 年以后沙俄在新疆所设使节及商人；第三批是十月革命后的白俄士兵及移民；第四批是第二次世界大战前后从苏联归国华侨的俄罗斯妻子及其儿孙。他们定居新疆后，当地政府称他们为"归化族"，带有歧视态度。中华人民共和国成立后，废除“归化族”的称呼，改称俄罗斯族[①]。

俄罗斯族散居在新疆的伊犁、塔域、阿尔泰和乌鲁木齐等地，以伊犁地区为多，也有一部分散居在黑龙江、内蒙古等地。俄罗斯居住在城镇者，大多从事各种修理业、运输业、手工业，也有兼营农业的，专门经营园艺、饲养家畜、养蜂等。在农村的俄罗斯族，大多是数十户聚居在一起，自成村落。他们在伊犁河、特克斯河两岸荒芜的草原上垦荒种地。在接近牧区的地方，俄罗斯族也学会了畜牧业。

俄罗斯族的生葬婚嫁习俗与东正教教规都有密切的关系。婴儿降生要进行洗礼。严禁近亲结婚，但不限制与其他民族通婚，由于东正教奉行“从一而终”的宗教法则，所以离异者较少。

四、回族的形成及其文化

回族的前称为“回回”。一般认为在回族形成的过程中，进入中国的信仰伊斯兰教的阿拉伯人、波斯人，曾起过重大作用，从某种意义上讲，这些人可以认为是回族的“先民”。阿拉伯地区与中国的交往虽然很早，但这种交往对回族的形成发生影响和作用，却是唐代的事[②]。公元7世纪初，穆罕默德创立了伊斯兰教，经过十多年的努力，穆罕默德不仅使伊斯兰教得到广泛传播，而且用武力基本统一了阿拉伯半岛，伊斯兰教成为阿拉伯半岛占统治地位的宗教。穆罕默德去世后，在四大哈里发相继统治下，信仰伊斯兰教的阿拉伯帝国不仅得到进一步统一，而且日益向外扩张，波斯和中亚许多地区均为阿拉伯帝国占领，并迫使当地居民信奉了伊斯兰教。这个帝国，在中国历史上被称为“大食国”。据《新唐书·西域下·大食传》记载，大食与唐朝最早的交往，始于永徽二年（公元651年），也就是在这一年，伊斯兰教正式传入中国。《新唐书·西域下·大食传》载：永徽二年，大食王始遣使者朝贡，“自言王大食氏，有国三十四年，传二世。开元（唐玄宗年号，公元713—741年）初，复遣使献马、钿带，谒见不拜，有司将劾之，中书令张说谓殊俗慕义，不可置于罪，玄宗赦之。使者又来，辞曰：‘国人止拜天，见王无拜也。’有司切责，乃拜。十四年，遣使苏黎满献方物，拜果毅，赐绯袍、带。”[③] 在以后的岁月里，大批阿拉伯及波斯的商人由陆路和海路来到中国西

---

① 李德洙主编《中国少数民族文化史》，辽宁人民出版社1994年版。

② 杨建新著《中国西北少数民族史》，宁夏人民出版社1988年版。

③ 《新唐书·西域下·大食传》，中华书局标点本1975年版。

北及东南沿海一带，在广州、泉州、杭州、扬州等地定居。他们在中国建筑了最早的一批礼拜寺，不少人娶妻生子，世代定居，还辟建了穆斯林墓地。当时，他们被称为“蕃客”或“土生蕃客”，但他们一直是外国侨民，一直没有被称为“回回”。

“安史之乱”时，大食及西域诸国派兵到今甘肃、陕西一带，助唐收复两京。《新唐书·西域下·大食传》载：“至德（唐肃宗年号，公元756—758年）初，遣使者朝贡。代宗取其兵平两京。”① 对此，《通鉴》的记载稍有不同，但都表明有大食兵到西北助战。《资治通鉴·唐纪》载：“上闻安西、北庭及拔汗那、大食诸国兵至凉、鄯，甲子，幸保定……上至凤翔旬日，陇右、河西、安西、西域之兵皆会，江、淮庸调亦至洋川、汉中。上自散关通表成都，信使骆驿。长安人闻车驾至，从贼中自拔而来者日夜不绝。”② 由此可见助唐的大食兵士之众。大食兵无疑为伊斯兰教徒，当时的拔汗那等中亚地区，亦大多在大食的统治之下，改信仰伊斯兰教。故可视为有众多的伊斯兰教士兵进入西北地区。虽然后来大部分都回归故里，但留在中国的却很多。

在9世纪中叶，回鹘离开蒙古高原西迁，其中分布中亚的葱岭西回鹘信奉了伊斯兰教。

到了两宋时期，由于有发达的海上交通，有更多的阿拉伯人、波斯人到中国贸易，并留于沿海各地。这些商人一般被称为“蕃客”或“蕃商”，他们居住的地方被称为“蕃坊”，其首领称为“蕃长”或“纲首”。蕃长都是一些富户，《宋史·大食传》载：“蕃商辛押陁罗者，居广州数十年矣，家资数百万缗。”③ 随着大食、波斯人在沿海一带的定居，沿海各地也就出现了中国最早的清真寺，如广州的怀圣寺、泉州的清净寺、杭州的真教寺、扬州的仙鹤寺。除从海上来的外，也有从陆路来的。《宋史·大食传》载：“天禧（宋真宗年号，公元1017—1021年）三年，遣使蒲麻勿陀婆离、副使蒲加心等来贡。先是，其入贡路繇沙州，涉夏国，抵秦州（今天水一带）。乾兴（宋真宗年号，公元1022年）初，赵德明请道其国中，不许。至天圣元年（公元1023年），来贡，恐为西人钞略，乃诏自今海路，繇广州至京师。”④ 可见宋代时

① 《新唐书·西域下·大食传》，中华书局标点本1975年版。
② 〔北宋〕司马光撰《资治通鉴》，中华书局标点本1975年版。
③ 《宋史·大食传》，中华书局标点本1977年版。
④ 《宋史·大食传》，中华书局标点本1977年版。

期有许多大食、波斯商贾往来于西北陆路，并有许多留寓之。值得强调的是：两宋时期历史文献中出现的“回回”与元代逐步形成的“回回”民族是有区别的，前者是泛指信仰伊斯兰教的波斯人、阿拉伯人、葱岭西回鹘，而后者则专指在中国境内正在形成中的“回回”民族。唐宋时期的大食人、波斯人来华对回族的形成有一定影响。

自10世纪以来，中亚及西亚各地逐渐伊斯兰教化，伊斯兰教成了这些地区占统治地位的宗教。12世纪末，塞尔柱突厥帝国衰落，其部将占据里海南岸，建立了花剌子模国。13世纪时，其国力十分强盛，领土广阔，物产丰富，商业繁荣。国都花剌子模城（乌尔鞬赤）为中西交通必须经过之地。公元1218年，成吉思汗派遣一支四百五十人的商队带着五百只骆驼去花剌子模，当商队到达花剌子模的边境城市讹答剌时，被贪财的守将以“间谍罪”杀害。成吉思汗遣使抗议，结果使者又遭杀害。于是成吉思汗于公元1219年秋亲率大军攻入花剌子模，开始了第一次西征。在西征中，成吉思汗将中亚伊斯兰国家中的大量工匠分配给各路蒙古大军；为了补充兵员，还将征服地区的百姓征发为军，编入蒙古军中，也征调各归降国的军队随征。这些工匠和被征发、征调的兵士，大多数为伊斯兰教徒，在成吉思汗东返时，这些人亦大多随军东归。窝阔台继位后，于公元1235年议决，再次西征，由拔都为总帅，历时八年，于公元1243年结束。这次西征远至东欧，大部分地区为基督教地区，但也有一部分伊斯兰教地区，在伊斯兰教地区仍有工匠和居民被征发，并在一些蒙古军东归时随军东归。蒙哥继位后，在公元1253年派拔都率大军征服了整个波斯。从此，中亚、波斯等信奉伊斯兰教的大片地区，都受蒙古大汗的约束和统治。这种政治上的隶属关系，为伊斯兰商人、使团与蒙古统治下的中国西北地区的交往，创造了有利的条件。

蒙古帝国的西征，既把中亚的大量葱岭西回鹘带到东边，也把不少的波斯人和阿拉伯人带到东方来。同时，由于东西交通大开，西方的商人也有一些自愿到中国来。因为波斯人、阿拉伯人、葱岭西回鹘都共同信仰伊斯兰教，于是便被一概称之为回鹘，而“回回”和回鹘音近，应是后者的音转或俗写①。元朝中央政府的文书，便把上述人口称为“回回”，随着时间的推移，

---

① 《中国大百科全书》总编辑委员会、《中国大百科全书·民族》编辑委员会编《中国大百科全书·民族》，中国大百科全书出版社1986年版。

原来的他称，逐渐成为自称，即被称为“回回”的人也以“回回”作为自称，而且原来在“回回”中间的不同民族的区别逐渐消失了。由于大量“回回”东来，他们才被称为“回回蕃客”或“南番回回”，成为“回回”民族的一个人口较少的组成部分。

蒙古帝国的三次西征，使大量的伊斯兰工匠、军队和商人，通过征调、随军、经商、出使的方式，以从未有过的规模进入中国。其中很多有知识的上层伊斯兰教徒，成为蒙古政权的官吏，如著名的赛典赤·赡思丁等人都是伊斯兰教徒。在中原地区，还有数量众多的“回回”匠人。《元史·兵志一》载：“七年（元太宗七年，公元1235年）七月，签宣德、西京、平阳、太原、陕西五路人匠充军，命各处管匠头目，除织匠及和林建宫殿一切合干人等外，应有回回、河西、汉儿匠人，并札鲁花赤及札也、种田人等，通验丁数，每二十人出军一名。”[①] 此处将“回回”专门列出，可见其已成为人数众多、不可忽视的社会群体。

《元史·兵志二·宿卫》载：“西域亲军：元贞（元成宗年号，公元1295—1297年）元年，依贵赤、唐元二卫例，始立西域亲军都指挥使司。右阿速卫：至元（元世宗忽必烈年号，公元1264—1294年）九年，初立阿速拔都达鲁花赤，后招集阿速正军三千余名，复选阿速揭只揭了温怯薛丹军七百人，扈从车驾，掌宿卫城禁，兼营潮河、苏沽两川屯田，并供给军储。二十三年，为阿速军南攻镇巢，残伤者众，遂以镇巢七百户属之，并前军总为一万户，隶前后二卫。左阿速卫：亦至大（元武宗年号，公元1308—1311年）二年改立。右钦察卫：至元二十三年，依河西等卫例，立钦察卫。左钦察卫：亦至治（元英宗年号，公元1321—1323年）二年立。”[②] 这些由伊斯兰教徒编制的军队，成为以后回族人口的最主要来源，并且由于他们集中在一起，一般携带家属同行和同驻，所以也为形成一个新的民族共同体提供了条件[③]。

当时，统治者的民族政策，对回族的形成亦有一定的促进作用。蒙古帝国从成吉思汗开始，对各种宗教基本上采取兼收并容的政策，对所谓色目人，其中包括“回回人”，蒙古汗和元朝历代皇帝，大多采取格外宽厚和信任的态

① 《元史·兵志一》，中华书局标点本1976年版。

② 《元史·兵志二》，中华书局标点本1976年版。

③ 杨建新著《中国西北少数民族史》，宁夏人民出版社1988年版。

度。有元一代，任用了许多伊斯兰教徒为大臣，色目人的政治和法律地位仅次于蒙古人，并享有许多政治特权。这种政策，吸引大批伊斯兰教徒前来和留居于中国各地，故民间才有“元时回回遍天下”的谚语。

但是，元代并没有形成回族。来自西亚、中亚的众多伊斯兰教徒，他们到达中国后，在语言、经济生活等主要方面尚未形成一个新民族共同体所必须具备的条件。以语言为例：这些来自西亚、中亚的伊斯兰教徒，虽然有不少人已经学会了汉语，但大多数却仍使用原来的语言，或者使用蒙古语，元朝政府中书省及各部中，专设所谓的“回回书写”“回回令史”“回回椽史”等属吏，正说明了当时的“回回”是使用自己原来的语言。因而在政府各部门和各长官下，需要专设这类吏员，专门处理他们的事务。特别是元朝政府设有“回回国子监学”，“以掌亦思替非文”，更能说明问题。故说元代回族尚未完全形成。另外，从史书的记载来看，“回回”实际上是指整个伊斯兰教世界的信徒，与回族有异。《明史·西域四·天方传》载：“天方，古筠冲地，一名天堂，又曰默伽。水道自忽鲁谟斯四十日始至，自古里西南行，三月始至。其贡使多从陆道入嘉峪关。……成化（明宪宗年号，公元1465—1487年）二十三年，其国中（指天方）回回阿力以兄纳的游中土四十余载，欲往云南访求。天方于西域为大国，四时常似夏，无雨雹霜雪，惟露最浓，草木皆资之长养。土沃，饶粟、麦、黑黍。人皆颀硕。男子削发，以布缠之，妇女则编发盖头，不露其面。相传回回设教之祖马哈麻（按：即穆罕默德）者，首于此地行教，死即葬焉。”[①] 此外，《明史·西域四·坤城传》又载：“坤城，西域回回种。宣德（明宣宗年号，公元1426—1435年）五年，其使臣者马力丁等来朝，贡驼马。时有开中之令，使者即输米一万六千七百石于京仓中盐。及辞还，愿以所纳米献官。帝曰：‘回人善营利，虽名朝贡，实图贸易，可酬以直。’于是予帛四十匹，布倍之。”[②] 由此可见，“回回”并不指严格意义上的回民族。

到了明朝，较为开明的西域及域外政策，吸引了大量“西域回回”入居中国内地。从洪武朝开始，就有“西域回回”不断内迁，后经永乐、洪熙、宣德朝，至正统、景泰、天顺、成化、弘治、正德年间，“西域回回”内迁逐

① 《元史·西域四》，中华书局标点本1974年版。
② 《元史·西域四》，中华书局标点本1974年版。

渐达到高潮，而嘉靖以后，“西域回回”内迁虽已渐趋平静，但仍未停止。在整个明代，迁至中国内地的“西域回回”人数非常多，仅见于记载的入附回回就有十五六万人之多。除“西域回回”内迁外，还有众多的其他民族成员加入到“回回”的行列中来。加入的形式主要有两种：一是通过婚配，二是改奉伊斯兰教。无论元时东迁的“回回”，还是明代入附的“回回”，初来时携带妻室的是少数，多数人为单身男性。他们为了生存发展，要娶妻成家。“回回”男子娶进的其他民族成员，也尊重丈夫的宗教信仰和风俗习惯，成为穆斯林。虽然也有“回回”女子嫁给汉族或其他民族为妻，但人数较少，而且多数随妻子信奉了伊斯兰教，自己和后代也成为穆斯林①。

到明初，在元代被称为“回回”的这部分人，经过几代人的熏陶，不同程度地接受了汉文化，语言和心理素质逐渐发生了变化，汉语成为共同使用的语言。他们的祖辈在元朝所享有的特殊政治地位消失了，甚至感受到了某种社会的、政治的压力，为了抗拒这些压力和增强自身的力量，原先由多民族聚合而成的“回回”不得不团结起来。在这一过程中，他们尊奉的《古兰经》《圣训》等伊斯兰教经典的教诲也起了重要作用。因此，到了明代，在当时的社会政治环境下，各种不同来源的“回回”因对伊斯兰教的虔诚信仰，形成了共同的心理素质。这种共同的心理素质主要体现在他们的风俗习惯上。他们信仰伊斯兰教，风俗习惯受伊斯兰教的影响很大，除教义上规定的信仰条款和礼拜、诵经、祈祷、静修等宗教仪式外，伊斯兰教的许多程式都已转化为其风俗习惯。与“回回”所信奉的伊斯兰教密切相关的风俗习惯的最终形成，标志着“回回”共同的民族心理素质的形成，而共同的民族心理素质的形成，是“回回”民族正式形成的重要标志。这一形成过程是在明代完成的②。

明代回族的形成过程就是一个不断接受中国文化、逐步培育中华民族意识的过程。回族形成在形态上表现出以下特征：大分散、小聚居的分布特征，语言文化特征，风俗习惯特征。到了明代，回族的饮食习俗已经基本定型。回族先民的饮食习俗最主要的特点是食物的禁忌和食料的严格选用，具有鲜明的伊斯兰风格和民族特色。另外，回族的婚姻习俗在明末也已经基本规范

---

① 邱树森主编《中国回族史》（上），宁夏人民出版社 1996 年版。

② 邱树森主编《中国回族史》（上），宁夏人民出版社 1996 年版。

化了。到了明代，回族的丧葬习俗也已经基本定型。最后是回族的民族心理状态和民族意识的形成①。

清代是中国回族进一步巩固、发展并逐渐向西北集中的时期。整个清代，在回族历史发展中特别值得注意的是三个问题：一是回民起义问题，二是回族中伊斯兰教的发展问题，三是回族逐渐集中于甘、宁、青、新及回族军阀形成的问题②。其中的前两个问题与回族的巩固发展有一定影响。

清代的回族起义次数很多，原因也复杂，但大都是反抗民族压迫、争取民族生存的武装斗争。在这些起义中，规模、影响较大的主要有三次：清顺治年间米喇印、丁国栋反清复明起义，咸同年间西南回民起义和同治年间西北回民起义③。

19 世纪下半叶，回族武装起义以后，有许多回族迁居国外，被国外的历史学家称为“东干族”。他们主要分布在中亚各国以及东南亚、日本、澳大利亚、加拿大和美国④。如在中亚的哈萨克斯坦、吉尔吉斯斯坦、乌兹别克斯坦，就有回族，人口超过 10 万，被当地政府称为东干族，其主体是甘肃回民起义军的后裔。尽管他们远离故土，但至今为止，他们的方言土语、婚丧嫁娶、衣食住行、岁时节令等都原汁原味地保留着百年前的陕西特色：乡音不改、口味不变、群体不散⑤。在杜文秀回族起义失败之后，一些起义将士为逃避清军的追杀而逃往东南亚，同样使回族成了跨界民族。如在缅甸的回族，被他称为“潘泰”。

伊斯兰教是回族信仰的宗教，中国的伊斯兰教亦随着回族的发展而发展。明末清初，伊斯兰教义同中国传统文化的结合。原来各地的礼拜寺多以清净、清修、净觉、真教等命名，这时统称为清真寺。与此同时，伊斯兰教在中国开始被称为清真教。清真是伊斯兰在中国的汉文意译，一般把清真解释为清洁真实。有的宗教学者则把清真释为“克己复礼”。清初，长江以南地区开始出现一批以汉文译著伊斯兰教义的作品，著名的有王岱舆的《正教真诠》《清真大学》、刘智的《天方性理》《天方典礼》、马注的《清真指南》、金天柱的

① 《回族简史》修订本编写组编写《回族简史》（修订本），民族出版社 2009 年版。

② 杨建新著《中国西北少数民族史》，宁夏人民出版社 1988 年版。

③ 《回族简史》修订本编写组编写《回族简史》（修订本），民族出版社 2009 年版。

④ 贾东海编译《世界汉学中的东干学问题》，《世界历史》1995 年第 2 期。

⑤ 王国杰《中亚东干族族名族源考》，《人文杂志》1997 年第 1 期。

《清真释疑》等。大多采用了将伊斯兰教义与中国传统文化相结合的以儒诠经的方式。这样做对内可以适应回族民众学习汉文化的特点，对外便于向非穆斯林群众宣传教义，解释疑难并求得谅解。这一时期，为适应回族经济发展和解决宗教人才缺乏的问题，先在陕西，后在山东等地开始建立了由清真寺掌教招收学生传习经典，以培养宗教继承者的经掌教育制度。在回族聚居的甘肃等地，伊斯兰教苏非派教义与封建宗法制相结合，逐渐形成一种被称作“门宦”的制度。门宦既是一种宗教派别形式，又是一种宗教头人的高门世家。门宦产生于甘肃狄道、河州地区，它的主要特点是教主被神圣化，并世袭罔替，享有种种封建特权，教主的葬地修建拱北（墓亭）。门宦制度实质上是一种教主兼地主的制度，全面加强了教主对教徒的控制，加速了族内土地集中和阶级分化。

随着回族军士四方镇戍屯牧、工商业者的贸易往来、官吏学者的宦游、宗教人士的传教活动及反民族压迫斗争的流动迁徙，回族形成了小集中、大分散，愈来愈分散的居住特点。为了宗教活动和生活习俗上的便利，回族习惯在住地修建清真寺，并环寺而居。随着愈来愈分散，回族大多与汉族杂居。特别是回汉通婚和回族学习汉族传统文化的需要，他们选择了汉语作为自己民族的共同语言。

作为信仰伊斯兰教的民族，回族的衣食住行、婚丧嫁娶等民俗都与伊斯兰教有关，按教规行事。节日有开斋节、古尔邦节、圣纪节等。

从语言文字来看，回族基本上使用汉语文。

目前，回族在全国大多数省区都有分布，宁夏、甘肃、青海、河南、河北、山东、云南、新疆、内蒙古等省区分布较多。

就西部地区而言，鉴于宁夏、甘肃、青海、新疆、内蒙古等西北省区回族分布较多，为了行文的方便，本书把“回族的形成及其文化”置于“西北的民族及其文化”这一节中来进行阐述，在“西南的民族及其文化”这一节中则不再重述。特此说明。

第二节　西南的民族及其文化

一、藏缅语族民族及其文化

在中国各民族中，汉藏语系藏缅语族各民族主要分布在西南地区，分为藏语支、景颇语支、彝语支、缅语支等。藏语支包括藏语、门巴语；景颇语支有景颇语；彝语支有彝语、傈僳语、哈尼语、拉祜语、纳西语、基诺语等；缅语支有载瓦语、阿昌语等。由于语言情况比较复杂，有些语言的系属尚未确定或尚未取得一致的意见。如羌语、白语、土家语、怒语、独龙语、珞巴语、普米语、僜语等。在元明清时期，藏缅语族各民族作为单一民族，都已分化出来，具有自身的文化特征。

（一）藏族的形成及其文化

两宋时期，藏族地区分裂为彼此不相统属、各自为政的政治集团，汉族史家仍称之为“吐蕃”，只是在族名前冠上所部驻地，如称甘肃六谷部为“凉州吐蕃”。元朝时期，藏族的汉文书面记录仍为“吐蕃”。明时称为“西蕃”，清代称西藏的藏族为“藏蕃”。《卫藏通志》卷十五载：“唐古忒，旧为图伯特国，在工布江达之西，又称为康、卫、藏。康即今之察木多（西昌）；卫即今之前藏（以拉萨为中心）；藏即今之后藏（以日喀则为中心）也。”① 则清代称西藏为“唐古忒”。而所谓“旧为图伯特国”，即指吐蕃（吐蕃，清发音为“图伯”）。在“旧图伯特国”之内，地域分为三片，即康、卫、藏。居住在不同地域之内的人，有着不同的称呼，这是同一民族中各区域之间经济、文化发展不平衡的反映。所以，直到近代，藏族中居住在西藏阿里地区的人自称“兑巴”，后藏地区的人自称“藏巴”，前藏地区的人自称“卫巴”，西藏昌都地区和四川西部的人自称“康巴”，西藏北境和川、甘、青地区的人自称“安多娃”，滇西北的人自称“博巴”。汉族把他们全部称为藏族。

元朝建立后，于中央设宣政院，掌管全国佛教事务及吐蕃地区军政，以萨迦教派领袖八思巴为国师（后称帝师），兼领宣政院事。在西藏设置乌思藏、纳里、速古、鲁孙等三路宣慰司都元帅府。在吐蕃各分布区设立了吐蕃等处宣慰使司都元帅府（甘青地区）、吐蕃等路宣慰使司都元帅府（川滇地区）。《清史稿·藩部八·西藏传》载：“元世祖时，置乌思藏、纳里、速古、鲁孙等三路宣慰司，都元帅府，仍置管民万户诸官抚辑之。以吐蕃僧帕克斯巴为大宝法王、帝师，嗣者数世。弟子号司空、国公，佩金玉印者甚众。”② 乌思藏万户府驻今拉萨市，纳里、速古、鲁孙元帅府驻今境外克什米尔的列

① 林超民等编《西南稀见方志文献》第四十九卷《卫藏通志》，兰州大学出版社2003年版。

② 《清史稿·藩部八·西藏传》，中华书局标点本1977年版。

城，又在今甘、青南部，川西、川西北一带设吐蕃等宣慰司。各宣慰司之下，则设“管民万户诸官抚辑之”。元朝政府的这些措施，对藏族的发展推动作用是巨大的。宣政院向各宣慰使司派驻军队，并任免各级文武地方官员，清查户口，规定上交税贡，遇事并设分院驻镇，充分行使了中央对地方的主权，从而使西藏地区正式纳入中国版图。在这样的统一背景下，吐蕃得到进一步的发展。

明袭元制，将吐蕃等处、吐蕃等路合并为朵甘都指挥使司，将乌思、藏、纳黑速改置乌思藏都指挥使司及俄力思军民元帅府，以加强对藏族的管理。《蜀中广记》载：“洪武六年（公元1373年），诏四夷酋长至京授职，赐印。因俗为治，立都指挥使司二：曰乌思藏（辖今西藏自治区）、曰朵甘（辖今西藏昌都以东，四川阿坝、小金、康定以西及青海南部）。指挥司一：陇答卫（在今西藏江达至贡觉一带）也。宣慰司三：朵甘反（‘反’字应是‘思’字之误。朵甘思宣慰司在今德格至甘孜一带）、董卜韩胡（今四川小金至丹巴一带）、长河西鱼通宁远（今川西道孚、干宁、康定、九龙一带）也。招讨司六、万户府四及别思寨安抚司、木瓦都指挥、葛剌汤千户诸部落，是为三十六种，以时朝贡焉。”[①] 与此同时，继续用喇嘛进行统治，并于永乐年间，分封喇嘛为大宝法王、大乘法王等八王。

总之，藏族发展到元明时期，分化与融合的过程还在进行。一是藏族继续吸收其他民族成分，同时也分化出一些融入其他民族中。自13世纪元朝统一西藏后，就有不少蒙古官吏与士兵入藏。明末清初，顾实汗兵入西藏，他与其后裔统治藏族聚居地区先后达七十六年之久。和硕特部蒙古的势力后来虽然退出了西藏，但有些部众却依然留下。如拉萨以北的当雄有名叫达木牛场的地方，有不少蒙古骑兵留住，与藏族妇女通婚，最终融入藏族之中。又如四川康区的“霍尔章谷正副安抚司”“霍尔甘孜孔撒安抚司”“霍尔东科安抚司”等等。“霍尔”是藏语对北方游牧民族的泛称，原是汉语“胡儿”一词的转借，这里显然与蒙古族融入有关[②]。

藏族还融合了大渡河以南雅砻江下游地区隋唐以来的部分“乌蛮”和“磨些蛮”等，发展为今上述地区内的“拍木依人”“纳木依人”“多须人”

① 转引自王文光、段红云著《中国古代的民族识别》（修订本），云南大学出版社2011年版。

② 李绍明《论藏族的多元一体格局》，四川省民族研究所《民族论丛》第八辑。

等藏族支系[1]。

清代设置理藩院，专管蒙古、西藏事务，采取了“兴黄教以安众蒙古”的政策，正式册封了格鲁教派两大活佛为达赖喇嘛、班禅额尔德尼，从此确定了达赖和班禅的名位，历代转世例经中央册封。当蒙古各部势力被清除出西藏后，清政府设立了驻藏大臣办事衙门，建立了西藏地方政府噶厦，颁布了《钦定藏内善后章程》，对于驻藏大臣的职权、达赖和班禅的地位，以及西藏地区的官制、军制、司法、边防、财政、户口、差役、涉外事宜等，均做规定，由驻藏大臣会同达赖、班禅全面督办西藏事务。

中华民国建立时，倡导“五族共和”，便以红、黄、蓝、白、黑五色国旗代表汉族、满族、蒙古族、回族、藏族五个民族，从此正式将吐蕃称为藏族。

藏族以牧业为主，也从事农业。其医药、天文、历算、戏曲、文学、歌舞都有较高水平。普遍信仰藏传佛教，著名的佛学经典有《甘珠尔》（佛语部）、《丹珠尔》（论部）。《格萨尔王传》是世界上最长的史诗之一。

藏族农区多垒石建房，房屋平顶多窗，一般以石块或夯土筑墙，形如碉房，楼房的屋顶上有经房，上层住人，下层多作为仓库或牲畜圈。牧区多住帐篷。另外，布达拉宫和各地大寺院的兴建，反映了藏族人民在建筑方面的智慧和才能。

日常食品为酥油茶和糌粑。服装的基本特征是肥腰、长袖、大襟。埋葬方式有塔葬、火葬、天葬（鸟葬）、水葬、土葬五种。在民俗中，欢迎亲友互献哈达是最常见的一种礼节，主要节日有雪顿节、望果节等。

藏族使用的藏语，属汉藏语系藏缅语族藏语支，分为藏、康、安多三种方言。由于在历史上融合、吸收了其他民族成分，所以部分藏族还分别使用嘉戎语、尔苏语、纳木依语、普米语、羌语等，至今没有统一的标准语。由于受汉语的影响，藏语中对汉语的借用也是比较广泛的。

藏族主要聚居在西藏自治区，以及青海省的海北、黄南、海南、果洛、玉树等藏族自治州和海西蒙古族藏族自治州，甘肃省的甘南藏族自治州和天祝藏族自治县，四川省的甘孜藏族自治州、阿坝藏族羌族自治州和木里藏族自治县，云南省的迪庆藏族自治州。

---

① 何耀华《雅砻江下游的纳木衣人、拍木衣人和多须人》，载何耀华著《中国西南历史民族学论集》，云南人民出版社 1988 年版。

（二）彝族的形成及其文化

今天的彝族先民在元明清时称之为“罗罗”。他们是由南诏、大理国时期的“乌蛮”为主体发展演变而来的。南诏、大理国时期曾经有一个“乌蛮”部落群体被称为“鹿卢蛮”，元代便将“鹿卢”译写为“罗罗”，并逐渐成为各地区所有近亲集体的共同称呼。

“罗罗”这一称呼，最早见于元代李京的《云南志略》：“罗罗，即乌蛮也。男子椎髻，摘去须髯，或髡其发。……妇人披发，衣布衣，贵者锦绿，贱者披羊皮……嫁娶尚舅家，无可匹者，方许别娶。有病不识医药，惟用男巫，号曰大奚婆，以鸡骨占吉凶，酋长左右，斯须不可阙，事无巨细，皆决之。……自顺元（今贵阳）、曲靖、乌蒙（今昭通）、乌撒（今威宁）、越嶲（今西昌）皆此类也。”[①] 从分布区域来看，元代的罗罗是分布在相当于今贵阳以西经滇东北至四川西昌一带的彝族先民。关于罗罗名称的由来，天启《滇志》卷三〇载：“其初种类甚多，有号鹿卢蛮者，今讹为罗罗。”[②] 则“罗罗”开始是“鹿卢”的轻读，被汉族史家将“鹿卢”记为“罗罗”，并作为北部“乌蛮各部”的统称，后来则将之作为整个彝族先民的统一称呼。

明代罗罗分布区的行政区划发生了新的变化，一是明王朝新设贵州布政司，于是一些原来属云南行省管辖的罗罗划归贵州布政司管辖。二是把元代属云南行省的罗罗斯宣慰司（今四川省凉山彝族自治州）和东川、乌蒙（今昭通）、芒部（今镇雄）、乌撒（今贵州威宁）划归四川。这样一来，彝族的分布区就遍及云南、贵州、四川三省，但绝大部分仍然集中分布在云南。由于罗罗内部经济文化发展不平衡，所以罗罗的他称很复杂，有“白罗罗”“黑罗罗”“干罗罗”“撒弥罗罗”等称呼。

到了清朝，又将东川、乌蒙、镇雄三府划归云南，因此，滇东北地区成了彝族较多的地区。此外，由于明朝中叶以后，大量汉族以不同方式进入云南，这就使得云南中部、北部的一部分彝族向滇南移动，从而奠定了今天彝族地理上的分布格局。

另外，元明清时期，除了罗罗之外，还有许多不同的称呼，如有摩察、罗婺、撒摩都、鲁屋、撒尼、朴剌、母鸡、阿者、车苏、子间（今昆明近郊

① 方国瑜主编《云南史料丛刊》（第3册），云南大学出版社1998年版。

② 古永继校点天启《滇志》，云南教育出版社1991年版。

的子君）、聂素、孟乌、阿度、阿戛、阿系、利米等称呼。产生这种现象的原因有二：其一，清朝时期对彝族居住区域的统治，和明朝相比更加深入，发现了许多过去未知的一些彝族支系。其二，彝族的各支系中，从明朝以来，不是在消除地方差别后进一步统一，而是在离开原部后，又在另一个闭塞的区域中形成另一个新的小集体，因此便出现了代表这个新的小集体的名称[①]。名称的复杂，确实反映了彝族内部各支系之间经济文化发展的不平衡，同时这些新的小集体的不断出现，又加剧了彝族内部的不平衡。现把这些不同的称呼分列如下。

摩察。《云南图经志书·蒙化府》载："境内有摩察者，乃黑爨之别种也。传云昔从蒙化细奴罗来徙居此。"[②] 则摩察即唐代的"蒙舍乌蛮"，摩察是蒙舍的对音。随着蒙舍诏建立南诏国，其部落人众也随之开始向蒙化州以外的地区迁徙。到了明清时期，摩察的分布区域已经扩展到了大理府、姚安府、楚雄府、武定府等地。天启《滇志》卷三〇载："摩察，黑罗罗之别类，在大理、蒙化……在武定一曰木察……"[③] 到近现代，摩察成为一个独具特点的彝族支系迷撒拔[④]。

罗婺。《元史·地理志》武定路载："昔卢鹿等蛮居之。至段氏（大理国），使乌蛮阿治纳洟肥共龙城于共甸，又筑城名曰易龙。其裔孙法瓦浸盛，以其远祖罗婺为部名，元宪宗四年（公元1254年）内附。"[⑤] 又和曲州（今武定县）载："蒙氏（南诏国）时，白蛮据其地。至段氏（大理国），以乌蛮阿并吞诸甯聚落三十余处，分兄弟子侄治之，皆隶罗婺部。"[⑥] 则罗婺部是在宋代大理国时期，由罗婺氏族兼并了同区域内的其他二十多个"乌蛮"氏族而成。明朝中期以后，罗婺部的人口便向武定府以外的其他府、州、县境流散。天启《滇志》卷三〇载："罗婺本武定种，古因为部名。又称罗武，今俗又称罗舞。楚雄、姚安、永宁（今宁蒗县）、罗次（今属禄丰县）皆有之。"[⑦]

---

① 王文光著《中国民族发展史》（下册），民族出版社2005年版。

② 〔明〕陈文修，李春龙、刘景毛校注《景泰云南图经志书校注》，云南民族出版社2002年版。

③ 古永继校点天启《滇志》，云南教育出版社1991年版。

④ 以下内容皆参照尤中著《中国西南民族史》的有关内容，详见该书第530—542页。

⑤ 《元史·地理志》，中华书局标点本1976年版。

⑥ 《元史·地理志》，中华书局标点本1976年版。

⑦ 古永继校点天启《滇志》，云南教育出版社1991年版。

又道光《云南通志》引《皇清职贡图》载："罗婺，自宋时大理段氏立为罗武部长，至元、明俱辖于［武定］土司。嘉靖中改归流官，其部落流入云南、大理、楚雄、姚安、永昌、景东七府。"① 改土归流后，在罗婺部设置千户所，大量选派流官等，更多的汉族进入这一地区，罗婺部与汉文化的交流大大增加。到近代，分布在武定、禄劝、弥渡等地的部分自称"纳苏仆"，而分布在双柏、牟定、云龙、永平、昌宁、新平、龙武、石屏、红河、元阳、绿春、金平等地的自称"聂苏仆"。

鲁屋。天启《滇志》卷三〇载："鲁屋罗罗，服饰大类黑罗罗，而又别为一种。……独临安府鲁郭村有之。"② 依《滇志》则只有临安府（今建水县）才有鲁屋，实际上其他地方也有鲁屋分布。康熙《广西府志》载："鲁屋罗罗，各土官土舍之官奴寨民。"则广西府（今泸西县）有鲁屋。滇东北也有鲁屋，道光《云南通志》引《皇清职贡图》载："鲁屋罗罗，居处饮食类黑罗罗，而别为一种。元初归附，今呻靖府属有之。"③ 元以后，鲁屋支系分散了，到近代已不见记载，当流入同族的其他支系中去了。

聂素。聂素这个支系见于记录的时间较晚，乾隆《开化府志》卷九载："聂素，居永平里（今马关县西部之八寨），服食器用与倮罗同。"④ 显然是一个罗罗支系。近代云南屏边、石屏、龙武、新平、双柏、永平、昌宁等地有一部分彝族自称"聂苏仆"，是今彝族中的聂苏支系，而汉族则称他们为罗婺，则聂素原为罗婺，自从武定迁出后，渐次形成一个独立的支系。

撒摩都。景泰《云南图经志书·楚雄府》载："定远（今牟定县）之民，有撒摩都者，即白罗罗之类。"⑤ 撒摩都是由唐代分布在傍、望、览、邱、求（地望相当于今楚雄、牟定、广通、禄丰、双柏、武定、玉溪、澄江、江川、禄劝、石林等地）等五州的徙莫只发展而来的。元明时期，他们的文化生活

① 道光《云南通志》，转引自王文光、段红云著《中国古代的民族识别》（修订本），云南大学出版社 2011 年版。

② 古永继校点天启《滇志》，云南教育出版社 1991 年版。

③ 道光《云南通志》，转引自王文光、段红云著《中国古代的民族识别》（修订本），云南大学出版社 2011 年版。

④ 乾隆《开化府志》卷九，转引自王文光、段红云著《中国古代的民族识别》（修订本），云南大学出版社 2011 年版。

⑤〔明〕陈文修，李春龙、刘景毛校注《景泰云南图经志书校注》，云南民族出版社 2002 年版。

几乎与罗罗相同，故见称为“白罗罗”，其自称是“徙莫只”的一音之转，或者说是汉族史家将徙莫只记为“撒摩都”。到清朝中期，在云南省境内的曲靖、寻甸以南，红河以北，保山、顺宁（凤庆）、景东以东北，到处都有撒摩都分布。由于是与其他民族共同杂居在一起，因而使撒摩都内部也开始出现分化。其一是撒弥，也称洒美、撒梅。景泰《云南图经志书·晋宁州》载：“诸夷杂处于州者，有罗罗，有些门，种类非一。”[①] 此白罗罗即撒摩都，些门即洒摩，为撒摩中的一部分。雍正《云南通志》卷二四载：“白罗罗，在楚雄为洒摩，在永昌为撒马朵（撒摩都）。”[②] 则在明代撒弥已经从撒摩都中分化出来，主要分布在滇中地区的云南府境内，天启《滇志》卷三〇载：“撒弥罗罗……滇池上诸州邑皆有之。”[③] 道光《云南通志》引《伯麟图说》载：“撒弥，……云南府属有之。”现在撒弥（撒梅）主要分布在昆明市滇池周围的晋宁、昆阳、西山、官渡、嵩明、呈贡、宜良等县区及曲靖、寻甸。其二是以捕鱼为生的普特，主要分布在昆明滇池周围。景泰《云南图经志书·云南府·昆阳州》载：“近滇池，有濒池浦鱼者，名普特，亦罗罗之别种。”[④] 天启《滇志》卷三〇载：“普特，以渔为业，……滇池旁碧鸡山下，其类千余，乘风扬帆，所居无定。”[⑤] 这反映当时分布在昆明滇池周围的普特还是比较多的。

还有一些汉化程度高的撒摩都，称为子间（子君），道光《云南通志》引《伯麟图说》载：“子间，归化久，服食皆同华人。……云南府属有之。”也有融入汉族者，景泰《云南图经志书》卷四载楚雄府的撒摩都：“近年以来，稍变其俗，而衣服饮食，亦同汉、僰。更慕诗书，多遣子弟入学，今亦有中科第者，夷中之善变者矣。”[⑥] 能中科第，说明其汉文化水平确实已经到

① 〔明〕陈文修，李春龙、刘景毛校注《景泰云南图经志书校注》，云南民族出版社2002年版。

② 雍正《云南通志》卷二四，转引自王文光、段红云著《中国古代的民族识别》（修订本），云南大学出版社2011年版。

③ 古永继校点天启《滇志》，云南教育出版社1991年版。

④ 〔明〕陈文修，李春龙、刘景毛校注《景泰云南图经志书校注》，云南民族出版社2002年版。

⑤ 古永继校点天启《滇志》，云南教育出版社1991年版。

⑥ 〔明〕陈文修，李春龙、刘景毛校注《景泰云南图经志书校注》，云南民族出版社2002年版。

了一个比较高的程度。

撒尼。撒尼是从撒摩都中分化出来的，主要分布在石林圭山及弥勒、泸西部分地区。也有少量散居丘北双龙营与八道哨等地。

朴剌。最早见于景泰《云南图经志书·临安府》："居村落者名曰蒲剌。"[①]"蒲剌"即朴剌，是云南东南部的原住民之一，故民国《马关县志》载："仆剌，滇南原有蛮族也，无地不有。"这反映了滇南分布的朴剌确实不少。

朴剌是古代的卜人与罗罗相融合而成的一个民族群体，天启《滇志》卷三〇载："朴剌，婚丧与倮倮同，而语言不通。……在宁州（今华宁）者强悍，专务摽掠；石屏者良善畏法如编民；在王弄山（今文山县西部的回龙公社）者一名马喇。"[②] 显然其内部是发展不平衡的，这与其由卜人和罗罗相融合而来有关。在滇东南，从先秦时期就有卜人分布，杜预《春秋释例》载："建宁郡南有濮夷，无君长总统，各以邑落自聚，故称百濮。"又《华阳国志·南中志·兴古郡》载："兴古郡（今文山一带），建兴三年（公元225年）置。属县十一，户四万，多鸠僚、濮。"据《水经注》载，今红河中上游，古称濮水，当因河边有濮人分布而得名，而朴剌便是濮人与"乌蛮"共同杂居、互相影响形成的民族群体，保留着濮和乌蛮的一些特点，所以才会与同区域内的其他罗罗支系"语言不通"且一直带有濮（朴）的称呼。朴剌又称"卜拉""普拉"，自称"泼拉培""图拉拔""颇罗""咋柯"等，主要分布在今文山、砚山、马关、河口、屏边、金平、广南、西畴、丘北、泸西、师宗、开远、石屏、蒙自、峨山、元江等地[③]。

"母鸡"。万历《云南通志·临安府》引《旧志》载："近郡之夷名乌爨、母鸡、仆剌、些衰等蛮杂处，藏匿山林，惟事剽掠……"母鸡主要分布在山区，迁徙无常，天启《滇志》卷三〇载："母鸡，蓬首椎结，标以鸡羽，形貌丑恶，妇女尤甚。挽髻如角；……迁徙无常……辖于宁州（今华宁）及王弄山，时为祟迤东。"[④] 雍正《阿迷州志》卷一一载："（母鸡）耕山食荞，暇则射猎。"到清朝中期，"母鸡"的人口已向北扩散到滇东的广西直隶州，道光

① 〔明〕陈文修，李春龙、刘景毛校注《景泰云南图经志书校注》，云南民族出版社2002年版。

② 古永继校点天启《滇志》，云南教育出版社1991年版。

③ 王文光、段红云著《中国古代的民族识别》（修订本），云南大学出版社2011年版。

④ 古永继校点天启《滇志》，云南教育出版社1991年版。

《云南通志》引《伯麟图说》载：广西州（今云南师宗、弥勒、泸西、丘北）的母鸡“耕山好猎”[①]。近代罗罗中仍有称为“母资”或“母机”的支系，即明、清记录中的“母鸡”，其分布地在蒙自、个旧、马关、文山、河口、金平、开远、建水、石屏、峨山等县，此亦与明清记录中“母鸡”的分布区相同。只是广西州的“母鸡”不见于记载，当融入同区域的其他罗罗支系。

孟乌（阿武、阿兀、阿吾）。乾隆《开化府志》卷九载：“孟乌，自谓孟获之后。居深山僻壤……”孟乌为罗罗的支系之一，乾隆《弥勒州志》卷二一载：“倮罗数种：曰阿兀、曰阿者、曰白倮、曰黑倮、曰葛倮、曰鲁屋。”[②]此中所说的阿兀即孟乌，为近代的孟乌支系。

阿系。清代开始见诸史籍，主要分布在开化府乐农里（今文山县西部之陆龙），乾隆《开化府志》卷九载：“阿系……耕作之余，牧羊为业……世居郡之乐农里。”阿系又称阿细、阿嘻，在广西府也有分布，康熙《广西府志·诸夷考》载：“阿嘻倮罗，其俗及衣袍等俱同白倮罗，但语言少异。”[③] 现在阿系人主要分布在弥勒县西山区，石林、泸西也有少量分布，文山州境内已无阿系，当融入当地其他罗罗支系中。

阿者。阿者在地方志书中见称为“阿者罗罗”，可见其为罗罗的一个支系。天启《滇志》卷三〇载：“阿者罗罗，衣服大略与黑倮同，婚丧如白倮，但耳环独大。东偏则江川、通海诸邑有之，西则宾川有之。”[④] 则阿者分布在东部的江川、通海和西部的宾川。据道光《云南通志》引《皇清职贡图》、《伯麟图说》及雍正《师宗州志·土司附种人》、乾隆《弥勒州志·土官附种人》的记载，阿者的原聚居地在元代的广西路，明、清的广西府、州境内。又康熙《澄江府志》卷八载：路南州有阿者散居。乾隆《易门县志》载易门亦有阿者散居[⑤]。由此表明，元以后阿者的人口向外流动，到达江川、通海、

① 道光《云南通志》，转引自王文光、段红云著《中国古代的民族识别》（修订本），云南大学出版社 2011 年版。

② 乾隆《弥勒州志》，转引自王文光、段红云著《中国古代的民族识别》（修订本），云南大学出版社 2011 年版。

③ 康熙《广西府志·诸夷考》，转引自王文光、段红云著《中国古代的民族识别》（修订本），云南大学出版社 2011 年版。

④ 古永继校点天启《滇志》，云南教育出版社 1991 年版。

⑤ 康熙《澄江府志》（卷八），转引自王文光、段红云著《中国古代的民族识别》（修订本），云南大学出版社 2011 年版。

宾川、武定等地，成为罗罗中的阿哲支系，自称“阿哲濮”。

车苏（山苏）：景泰《云南图经志书》卷三载马龙他郎甸（新平、墨江）：“境内有车苏者，即蒲剌也。居高山之上，垦山为田，艺荞稗，不资水利。然山地硗薄，一岁一移其居，以就地利。暇则猎兽而食之。大略与罗罗风俗同。”① 则车苏是分布在今新平、墨江的一个罗罗支系，由于他们分布在山区，故又被称为“山苏”。又由于其生活的流动性，即“一岁一移其居”，所以到清朝中期以后，他们中的一部分散居到了今楚雄、峨山、元江、普洱一带。其自称为撒苏、阿粗拔，是罗罗中的山苏支系。

此外，对罗罗还有“白罗罗”“黑罗罗”“干罗罗”“海罗罗”等称呼，这既反映了罗罗内部因经济、文化发展不平衡而产生的差别，也与历来对罗罗各支系缺乏全面深入的了解，把自称与他称相混淆，甚至仅仅根据罗罗生活中的一些特殊习俗而进行极不科学的命名有关。

因为上述的原因，彝族语言也较为复杂，内部分为六大方言。北部方言分布在四川、云南的大小凉山地区，东部方言分布在贵州和云南东北部，南部方言分布在云南和广西，其余三个方言都分布在云南。东部方言以今天云南寻甸、禄劝，贵州威宁彝语为代表；东南部方言以今石林县、弥勒等地的彝语为代表；南部方言以今石屏彝语为代表；西部方言以今巍山彝语为代表；中部方言以今大姚彝语为代表；北部方言以今大小凉山彝语为代表。其中包括五种次方言，即东部方言又分滇黔次方言、滇东北次方言和盘县次方言，北部方言又分北部次方言和南部次方言。还分二十五种土语。彝语属汉藏语系藏缅语族彝语支。

彝族原有一种表意文字（或被视为音节文字），史称爨文，曾流行于川、滇、黔、桂四省（区）的彝族地区。到了清代，彝文记载的文书仍然很多。随着文字的使用和发展，彝族用彝文记录历史的越来越多。根据《华阳国志·南中志》的记载，早在晋代，彝族先民就使用彝文记载“夷经”。到了14世纪以后，彝族学者著述本民族历史开始多了起来，如《西南彝志》。这是一本“百科全书”式的彝文著作，内容涉及了哲学、史学、科学知识、宗教等各个方面。与此同时，彝族的传统文学艺术也发展起来，尤其是诗歌，

① 〔明〕陈文修，李春龙、刘景毛校注《景泰云南图经志书校注》，云南民族出版社2002年版。

如彝族撒尼人叙事长诗《阿诗玛》就十分有名。另外，彝族在音乐、舞蹈、绘画、雕刻等方面也取得了比较突出的成就。

彝族由于居住区以山区为主，故饮食以玉米、荞麦、土豆、小麦等为主食，喜吃坨坨肉、饮转转酒。为了更好地发展农牧业，彝族还创造了自己的历法。据说，彝族古代使用过一年为十个月、一月为三十六天的太阳历，十二生肖循环记日，每月三个生肖周，一年为三十个生肖周，合计三百六十天，余下五至六天为过年日。后来受到汉族夏历的影响，彝族人民创造了与夏历大同小异的历法：一年分十二个月，每月三十日，无月大月小之分[①]。

彝族服饰各地风格不同，凉山地区，男女都穿右斜襟贴身镶边上衣，男子下着长裤，女子下着长百褶裙。男子头顶留下一小撮头发称为“天菩萨”，裹青蓝布头帕，前方扎成“英雄结”。外出时男女都穿披风，彝语称为“察尔瓦”。

彝族盛行父子连名制。行一夫一妻制，比较流行交错从表婚和族内转房婚。凉山彝族保持严格的等级内婚。历史上多行火葬。信仰多神崇拜，祭司称为毕摩。习惯法中的神明裁判较为突出。

（三）门巴族、珞巴族的形成及其文化

“门巴”这一族称，既是门巴族的自称，也是他称，意为“居住在门隅的人”。当然，由于分布地域的差异等原因，各地门巴族还有一些带地域概念的称呼。如“勒波”（分布在门隅勒布一带）、“学僧”（分布在邦金一带）、“达巴”（分布在达巴一带）。门巴语中，藏语借词约30%。部分门巴族人通晓藏语，无本民族文字，通用藏文。语言属汉藏语系藏缅语族藏语支。从语言关系可以看出，门巴族受藏族的影响是相当深的。

门巴族自古与藏族有着较多的历史亲缘关系。从族源上看，当由西藏的原住民与外来的羌人相融合而成。公元823年设立在西藏拉萨大昭寺前的《甥舅和盟碑》记载：“孟族等族向吐蕃王朝‘争相朝贡，俯首听命。”这里讲的孟族，就包括了门巴族先民在内[②]。这说明唐朝晚期，门巴族先民已经形成一个民族共同体。据藏文史籍《红史》载，早在松赞干布时代“南自珞与门……均置于吐蕃统治之下”。这与前述相符。此外，藏文史籍《贤者喜宴》

① 《彝族简史》修订本编写组《彝族简史》（修订本），民族出版社2009年版。

② 《中国大百科全书》总编辑委员会、《中国大百科全书·民族》编辑委员会编《中国大百科全书·民族》，中国大百科全书出版社1986年版。

中亦载："东方之咱米兴米，南方之珞与门，西方之香雄及突厥，北方之霍尔及回纥等均被收为属民。"[①] "门"即门巴族，将其与突厥、回纥等相提并论，可见其是一个单一民族。

吐蕃王朝的南方疆界包括门隅地区，门巴族先民为吐蕃王朝的属民，吐蕃王朝派吐蕃官员进行管理，由没卢氏、努氏及年氏等所谓"古、久等部"在此为官。元代，蒙古军入藏后，门巴族与藏族都成了元的臣民。清初，五世达赖喇嘛派梅惹喇嘛洛卓嘉措到门隅弘扬格鲁派教法，既管理以达旺寺为中心的门隅宗教事务，也管理门隅地区的行政事务。五世达赖喇嘛圆寂之后，就在门隅地区寻访到了转世灵童门巴族人仓央嘉措[②]，加强了西藏地方政府对门巴族的政教统治。由于门巴族与藏族之间存在着长期的交往与通婚史，所以门巴族带有藏族血统和藏族文化的许多特征。

门巴族主要从事农业生产，种植水稻、旱稻、龙爪粟、小麦、芝麻等，也种植甘蔗、香蕉、柠檬、橘子。历史上，一妻多夫、姐妹共夫的婚俗有过流行，一夫一妻制的父系小家庭较为多见。人死多行水葬和土葬，也有火葬和天葬。普遍信仰藏传佛教，也有原始宗教信仰。通用藏历，藏历元旦是门巴族的重要节日，每到七月还要庆祝旺果节。

门巴族男女都穿自纺的红氆氇袍，比藏装短小。多住人字形竹顶、草顶或木顶及横木墙壁的三层结构干栏房屋。以大米、玉米、荞麦为主食[③]。

"珞巴"一词为藏语，意为南方人。居住在不同地区的珞巴族有不同的自称，如"博嘎尔""崩尼""崩如"等。从珞巴语属藏缅语族来看，珞巴族当为原住民与羌人融合而成，与藏族有较为亲近的关系。珞巴族自古就在西藏的塔布、工布、白马冈和喜马拉雅山南坡广大地域内生息。藏文史籍《红史》等记载，早在松赞干布时代，"南自珞与门等均置于吐蕃统治之下"[④]。此后藏族和珞巴族人民的交往不断发展。清代建立西藏地方政府之后，西藏地方

---

① 转引自王文光、段红云著《中国古代的民族识别》（修订本），云南大学出版社2011年版。

② 《中国大百科全书》总编辑委员会、《中国大百科全书·民族》编辑委员会编《中国大百科全书·民族》，中国大百科全书出版社1986年版。

③ 以上详见《中国大百科全书》总编辑委员会、《中国大百科全书·民族》编辑委员会编《中国大百科全书·民族》，中国大百科全书出版社1986年版。

④ 转引自王文光、段红云著《中国古代的民族识别》（修订本），云南大学出版社2011年版。

政府便以封赠、委派等形式，通过基层属下宗、溪组织管理珞巴族。珞巴族在历史上与外界的联系不多，社会发展缓慢，刻木记事，主要从事农业，兼营狩猎，信仰万物有灵的原始宗教。

珞巴族的农业以刀耕火种为主，种植玉米、龙爪粟、旱稻及其他杂粮，多数保留着采集栎类坚果、块根补充粮食不足的习惯，有的地区甚至仍以采集"达谢"等棕榈类植物的茎心制作淀粉为主要食物来源。普遍兼事狩猎，猎获到大型动物时，在氏族或村落内平均分配。各部落基本按父系氏族血缘关系聚居。遇有较大的纠纷，由氏族首领召集会议依习惯法处理，遇疑难则用神明裁判的方式处理。

历史上，珞巴族的婚姻基本是一夫一妻制，有些部落的富户盛行多妻，严格实行氏族外婚和等级内婚，还有族内转房婚的习俗。各地区的服饰不同，一般男子戴藤条或熊皮盔帽，穿坎肩，披兽皮等。妇女穿用自织的羊毛、麻、棉花料做的短上衣和筒裙。住房因地区不同，有分间长房或方形、长方形大屋等数种，都是竹木结构的二层干栏式建筑。信仰万物有灵的原始宗教。

目前，珞巴族主要分布于西藏自治区东南部的洛渝地区及相邻的察隅、墨脱、米林、隆子等县。除住在墨脱县北部的珞巴族使用藏语外，其余通用珞巴语，各地区间还有方言差异。珞巴语属汉藏语系藏缅语族。

（四）羌族的形成及其文化

羌族的历史十分悠久，他们的先民属于古羌人的一支，自称"尔玛"。约在春秋、战国时从相当于今甘肃、青海的地区络绎迁居到岷江上游一带生息，与当地居民相融合，逐渐形成有别于古羌人的羌族先民。汉代在羌族先民的分布区设立过汶山郡，隋唐宋设羁縻州。当吐蕃王朝兴起后，势力逐渐强盛，扩展到岷江流域一带，使羌族先民处于汉民族政权和吐蕃政权的包围之中。由于他们与吐蕃有族源上的近亲关系，所以，许多人融于吐蕃。当然，在与汉民族的交往中，也有融入汉族者。

唐以后，大部分羌人为吐蕃同化，人口逐渐减少，分布区缩小，所剩下的羌人大多分布在茂州（驻今四川省茂县、汶川县）和威州（驻今理县东北之薛城）所属各羁縻州内。茂州有九个羁縻州；威州所属有保（在今理县西北）、霸（今黑水县）两个羁縻州。一个羁縻州基本上就是一个部落，宋朝以该部落的首领充当羁縻州刺史。《宋史・蛮夷四・威茂渝州蛮传》载："威州保霸蛮者，唐保、霸二州也。天宝中所置，后陷没。酋董氏，世有其地，与威州相错，因羁縻焉。保州有董仲元、霸州有董永锡者，嘉祐及熙宁中皆尝请命于朝。政和三年（公元1113年），知成都庞恭孙始建言开拓，置官吏。于是以董舜咨保州地为祺州，董彦博霸州地为亨州，授舜咨刺史，彦博团练史。……茂州诸部落，盖、涂、静、当、直、时、飞、宕、恭等九州岛蛮也。蛮自推一人为州将，治其众，而常诣茂州受约束。”① 上述羁縻州的羌人常常反叛，因而争战不断。《宋史·蛮夷四·威茂渝州蛮传》载：“七年（政和七年，公元1117年），涂、静、时、飞等州蛮复反茂州，杀掠千余人。知成都周焘遣兵马辖张永铎等击之，畏懦而不敢进，皆坐黜。以孙羲叟节制绵、茂军，于是中军将种友直等破其都禄板舍原诸族，蛮败散。”② 由于汉羌接触频繁，这部分羌族受汉族政治、经济、文化的影响更多一些，逐步与汉族相接近。

元明两代，在羌族地区实行土司制度。明朝在羌族中设的土官主要有：沙坝安抚司（治今四川茂县沙坝）、静州长官司（治今茂县前锋乡静州村）、陇木长官司（治今茂县光明乡陇木寨）、岳希长官司（治今茂县前锋乡水西村岳希寨）、迭溪长官司（治今茂县北校场）、郁即长官司（治今茂县校场乡团结村）、寒水土巡检司（治今茂县苏村寨）、水草坪土巡检司（治今茂县沙坝乡水草坝村）。清初沿用元明以来的土司制度，凡归附者即授予土职。后经顺治、康熙两代的恢复和发展，国家达到空前统一，就不容许土司制度下土司们自王其地、互相残杀。在云南、贵州大规模改土归流后，慑于全国的改土归流政治形式，羌族土司接受了改流。清政府对羌族地区的改土归流没有诉诸武力，而是从羌族人民反土司统治的斗争中，支持他们脱离土司控制，编入民户。自康熙年间，就将静州、岳希、陇木诸处的土司领地，划出一部分由地方官管理，缩小土司领地。到道光年间，除少数边远山区外，基本上完成了羌族地区的改土归流③。

总之，元明清时期，尚未融入其他民族的羌族都大部分集中在岷江上游地区，在土司制度管理下发展着。当然也有一部分羌族发展较缓慢，处在相对封闭的状况下，他们有以下一些部落群体：

白草羌。《明史·四川土司一》载：“东路生羌，白草（羌）最强，又与

① 《宋史·蛮夷四》，中华书局标点本1985年新1版。

② 《宋史·蛮夷四》，中华书局标点本1985年新1版。

③ 杨学琛著《清代民族史》，四川民族出版社1996年版。

松潘黄毛鞑相通，出没为寇，相沿不绝云。”①

草坡羌。《读史方舆纪要》载：“汶路生番，惟草坡（羌）骜黠，有三寨在河西山外。”②

黑虎羌。道光《茂州志》载：“茂州之黑虎生番。跳梁龙盛，出没关道，掠虏我人民。”

罗打鼓羌。《万历武功录》载：“罗打鼓者，茂州诸羌也，旗山、白草之间。”③

上述的茂、汶羌族地区又是汉、藏民族经济的重要通道，许多内地汉族商人便到茂州建立会馆，雇用一些羌族为佣工，其结果是少量羌族融入汉族。此外的大部分则发展为今天以茂、汶为中心的羌族和黑水县讲羌语的藏族。

羌族分布于岷江上游，气候、降雨都比较适宜发展农业，所以在长期的历史发展中，他们渐渐放弃传统的游牧生产方式，以农业生产为主，主要种植玉米、小麦、荞麦及各种豆。羌族民居为平顶碉房，用石片、黄泥砌成，一般为三层，下层圈养牲畜，中层设卧室、锅庄和神龛，上层贮藏粮食、杂物。男女均穿麻布长衫，外套羊皮背心，包头帕，束腰带，着草履或钩尖绣花鞋。家庭形式基本上是一夫一妻制的个体家庭，夫权很大，主宰家庭内外事务。择婚时有严格的等级界线。火葬为传统葬俗，但也有水葬和土葬。

现在羌族自称“尔玛”，意为本地人。主要分布在四川省阿坝藏族羌族自治州的茂县、汶川县、理县、松潘县、黑水县和绵阳市的北川县等地。羌语属汉藏语系藏缅语族，分南北两大方言，除茂县、汶川县、黑水县的羌族聚居地区为北部方言外，其余羌族聚居地区均为南部方言。羌族没有本民族的文字，长期通用汉文。

（五）白族的形成及其文化

元朝时期的白族，是秦汉、魏晋以来的僰人及隋唐时期的“白蛮”在大量吸收汉文化和汉族人口及邻近的一部分其他民族人口的基础上形成的。李京《云南志略》载：“白人，有姓氏。汉武帝开僰道，通西南夷，今叙州属县

① 《明史·四川土司一》，中华书局标点本1974年版。

② 转引自王文光、段红云著《中国古代的民族识别》（修订本），云南大学出版社2011年版。

③ 转引自王文光、段红云著《中国古代的民族识别》（修订本），云南大学出版社2011年版。

是也。故中庆（今滇中地区）、威楚（今楚雄州）、大理、永昌（今保山）皆僰人，今转为白人矣。”[①] 这一记载也反映了元代白族的分布区主要在滇中至今楚雄、大理、保山一带。此外，腾冲府也有白族聚居，《元史·地理志》载：“腾冲府，在永昌之西，即越赕也。唐置羁縻郡。蒙氏（南诏）九世孙异牟寻取越赕，逐诸蛮有其地，为软化府。其后白蛮徙居之，改腾冲府。元宪宗三年（公元1253年），府酋高救内附。”[②] 高救为白族，世袭驻守腾冲，当有大量白族聚居共同戍守。丽江路也有白族分布，《元一统志》载：“蛮有八种，曰纳西族，……曰白……”[③] 鹤庆路（今鹤庆）有白族，大理国时期鹤庆是白族封建主高氏领地，元明时为白族的聚居点。景泰《云南图经志书·鹤庆州》载：“近府治而居者皆汉、僰人。”元江路、临安路、澄江路、曲靖路、武定路、仁德府（今寻甸）、茫部（今镇雄）、乌蒙（今昭通）、东川等地都有白族散居在其他民族之中。也有少量白族向边疆地区迁移，雍正《顺宁府志》载：“白族，多为大理、剑川来者，或习梓匠、为杂工，凡作室制器，取利则来。”康熙《云州志》卷五载：“民家子，即大理、剑川客居此地（者）。”[④]

明代以后大量汉族人口进入云南，大多分布在红河以东、澜沧江以东的城镇与坝区，和白族相杂居，正因为如此，许多白族被汉族融合吸收。于是，除大理府外，各府州县的汉族人口都超过了白族，所以明朝后期白族的主要聚居区仅在大理府，其余各地只是散居区。

明朝洪武十七年（公元1384年），授白族段保为云龙州土知州世职，在其统领的辖境范围内，有相当数量的白族。到段嘉龙执政后，统领失政，引发了白族何天恩和阿昌族喇猎、喇若领导的反抗，更加之段氏兄弟内讧，明朝便以其“失夷心”，不利“驱调”为由，于明万历四十八年（公元1620年）秋，饬云南道府诱擒段嘉凤，“械系省城论死”[⑤]，在云龙县实行了改土归流。原土知州段氏家族即从云龙迁往怒江老窝，他们参与明军对当地参加

① 方国瑜主编《云南史料丛刊》（第3册），云南大学出版社1998年版。

② 《元史·地理志》，中华书局标点本1976年版。

③ 〔元〕孛兰肹等撰，赵万里校辑校点《元一统志》，中华书局1966年版。

④ 康熙《云州志》（卷五），转引自王文光、段红云著《中国古代的民族识别》（修订本），云南大学出版社2011年版。

⑤ 古永继校点天启《滇志》卷三〇《羁縻志第十二》，云南教育出版社1991年版。

起义的各族农奴特别是世居赶马撒一带的阿昌族喇氏部落进行镇压，大批农奴被杀，喇氏部落的族民逐渐消亡，段彩乘机占据了老窝等地。清初大西军遭到镇压后，洱海地区参与反清和与大西军有联系的土司、农民，被吴三桂大军没收了土地、房屋和财产，世居洱源地区的白族居民为了逃避清军的镇压，纷纷逃往边远山区。就在这个时期，许多白族迁往怒江老窝一带。从明末清初到清乾隆年间，先后由大理洱源一带迁入老窝的白族就有张、施、杨、尹各姓，逐渐形成了占老窝人口多数的民族①。现在，怒江老窝为白族乡。

在称呼方面，白族的名称在明初仍称为“僰人”。明朝后期，白族又有“民家”的称呼，文果的《洱海丛谈》载：“僰人，至明初内附，其人多姓李、姓杨，谓之民家；流寓者谓之军家，其语言同中土，民家皆操蛮语。”这是因为明以后，将云南境内的居民分为军、民、夷三种。军户、民户指的都是进入云南的汉族，而夷户则泛指所有的原住少数民族。白族也在夷户之列，但由于白族广泛地与汉族民户杂居，经济文化生活逐渐与汉族的民户趋于一致，为了抛弃“夷人”的帽子，到明朝后期，白族又自称“民家”，表示自己是有别于“夷户”的民户。

到清代的史籍记载中，常白人、僰人、民家互用。而分布在滇西澜沧江、怒江、独龙江河谷两岸的白族仍然保持白族的许多传统习俗，被称为那马人、勒墨人。在滇西北与纳西族杂居的白族被称为那马，碧江（1986 年撤销县的建置，划归福贡、泸水两县）、兰坪一带的白族被称为勒墨。这些人，元代以前已分布在那里。康熙《大理府志·云龙州风俗》载：“僰俗亦与罗舞（罗罗的一部）同，独语言异……性颇醇谨而畏法。”雍正《云龙州志·疆域·附形势》载：“浪宋，接兰州（今兰坪）之石门关，旧有十二寨。……若柯利，若老末（那马），居江之东，二百余家，与师井为邻。……归化里，东至柯力交师井里，南至赶马撒，交松坞里，西至潞江。北至瓦窑交兰州界，有表村、瓦窑场……老末、僰子寨、六库诸处。”②

除云南境内有白族外，贵州、四川也有白族分布。元朝时期，不曾见贵州境内有关于白族的记录，这并不是说当时没有白族，而是因为元代对今贵

① 施光彩搜集、李道先执笔整理《老窝史访》，政协怒江州委员会文史资料研究委员会编《怒江文史资料选辑》（第七辑），1987 年印。

② 雍正《云龙州志·疆域·附形势》，转引自王文光、段红云著《中国古代的民族识别》（修订本），云南大学出版社 2011 年版。

州各民族地区的统治不甚深入，情况了解不够，所以不曾留下有关的记录。但从明朝时期的某些记录中，可以看出今贵州西部安顺至盘县一带，在元朝时曾有僰人杂居于罗罗、仡佬之中。弘治《贵州图经新志·镇宁州·烈女》载："杨氏，本州岛十二僰焚人杨大女，祖仕元为普定府通判。洪武十四年（公元1381年），天兵南征，安陆侯吴复时为裨将，留镇普定，闻杨氏慧，有志操，以礼聘之。十六年，侯薨，杨哀毁几至灭性……沐浴更衣于灵几后自缢而死。事闻，赠贞烈淑人，仍于夫家表其门。"元代的普定府驻今安顺市，杨氏之祖仕元为普定府的通判，足以说明普定有僰人，元朝用他来担任土官，统治僰人。到了明代，各种志书中开始出现僰人的记载。而清代之后，有关普安州西部僰人的记载较之明代更多。康熙《贵州通志·蛮僚》载："僰人，在普安州土官各营，男女皆冠毡片，垢不沐浴，与滇之倮倮同。"到了乾隆年间尚亦如此，乾隆《贵州通志》载："僰人，在普安州土官各营，男女皆披毡，衣垢不沐浴，凡倮倮、仲家、仡佬言语不通者，常以僰人通传。声音风俗与南诏略同。于六月二十四日祭天过岁，朔望日不乞火，性淳而佞佛，常持数珠诵梵咒。"又潘文芮《全黔苗倮种类风俗考》载："僰人，即俗所称僰耳子也。男女冠毡一片，虽垢不浴。惟普安有之。"① 则普安州为今贵州境内僰人的一个主要聚居点。

清中晚期也还有白族从滇土迁来贵州，《黔南识略》卷二九载："普安直隶厅（嘉庆十六年即公元1811年改普安州）……苗人多系仲家、倮罗……又有僰人，俗呼为民家子，自滇迁来，其族多赵、何等姓。"② 贵州除普定府外，其西北的大定府（今贵州大方县）也有部分僰人散居。《大定府志》载："僰儿子，又名僰耳子，性狡好讼，能通诸夷之语。大定嘉禾里之白泥坉及水城、威宁有之。"水城厅的白族情况，《黔南识略》卷二四载："水城通判……明以前为水西安氏地。……苗有僰儿子、倮罗、蔡家、仲家、花苗、披袍仡佬、里民子，族类繁多。"水城在改土归流前是水西罗罗贵族安氏领地，然而境内民族却以僰儿子为首，可见其人数之多。威宁州有僰人，李宗昉《黔记》卷三载："白儿子，在威宁及滇省有之。各有宗族，男子多汉人风，女人犹苗俗。汉人多赘苗女（按：指白族女子）为家，生子后，仍归汉者，故名'白

① 转引自王文光、段红云著《中国古代的民族识别》（修订本），云南大学出版社2011年版。

② 〔清〕爱必达修《黔南识略》，成文出版社1968年版。

儿子'也。"威宁州还有部分"白儿子"被称为"七姓民"[1]。在20世纪90年代，今贵州威宁县的一部分仍被称为"七姓民"，后被识别为白族。普安州东南的兴义府辖境内也有白族散居。《兴义府志》载："僰人，汉僰侯之后，今兴义县、普安县、贞丰州皆有之。按《王制》，屏之远方，西方之僰。《僰古通》，汉有僰道县，故僰侯邑，其地在叙州府。今兴义府之僰人，盖古僰侯之余种，迁流至兴古郡者也。"[2] 则汉唐以来，白族即分布在普安、兴义、贞丰一带。

白族还有散居在四川的。据《元史》所载，今川西凉山州有白族。《元史・地理志》载："建昌路（驻今西昌），唐懿宗时，蒙诏立城曰建昌府，以乌、白二蛮实之。其后诸酋争强，不能相下，分地为四，推段兴为长。其裔浙强，遂并诸酋，自为府主。传至［段］阿宗，娶落兰部建蒂女沙智。元宪宗朝，建蒂内附，以其婿［段］阿宗守建昌。"段兴是白族贵族，守建昌府而治城附近的"乌蛮"，元代以后仍用段阿宗守建昌城，可见建昌白族不少。在建昌相邻地区也有白族，《元史・地理志》载："永昌州（在今会理北部），在路（按：会川路）北，治故归依城，即古会川也。唐天宝（公元742—756年）末，没于南诏，置会川都督。至蒙氏，改会同府，置五睑，徙张、王、李、赵、杨、周、高、段、何、苏、龚、尹十二姓于此，以赵氏为府主，居今州城。赵氏弱，王氏据之。及段氏兴，高氏专政，逐王氏，以其子高政治会川（今会理）。元宪宗三年（公元1253年），征大理，高氏逃去。九年（公元1259年），故酋王氏孙阿龙率众内附。至元八年（公元1271年），以其男阿禾领会川……"[3] 则永昌、会川的白族唐代即来到，而且人数不少，聚居在会川城、归依城中，直到元朝设会川路、永昌路时，仍以其贵族充当土官。到了明代，把今四川凉山州从云南划归四川，此时的白族土官势力已经消失，但仍居其地，《蜀中广记》（卷三四）载："夫建南者，非汉所称西南夷而唐所称六诏之属者哉。至我明末，部落散处，君长不齐，约其九种可得而言曰：一僰人、二倮罗、三白夷、四西蕃、五纳西族、六各鹿、七青海、八回子、

---

① 转引自王文光、段红云著《中国古代的民族识别》（修订本），云南大学出版社2011年版。

② 转引自王文光、段红云著《中国古代的民族识别》（修订本），云南大学出版社2011年版。

③ 《元史・地理志》，中华书局标点本1976年版。

九渔人是也。”[①] 文中所记以僰人为首，既反映了其人口多，也反映了其经济文化发达。因此，明清以来，川西的白族与汉族杂居者渐渐融入汉族，处于彝族土司统治下长期与彝族杂居者，融入彝族。所剩下的便是今四川的白族。

另外，在湖南桑植也有少量白族。公元1253年，蒙古军队攻灭了大理，任命兀良合台统治云南。元宪宗八年（公元1258年），蒙哥决定进攻南宋，命令兀良合台从云南经越南、广西，直扑南宋后方，会师长沙。兀良合台所率的蒙古军队仅三千，所从者是在云南征发的“寸白军”（以白族为主的大理地方乡兵），以段福率领从征，参加“桂林之围”和“潭州之役”，于元宪宗九年与忽必烈大军在鄂州（今汉口）相会。战争结束后，部分“寸白军”将士流散至今湖南省桑植县定居（现在有十余万人）[②]。

明以后，白族文化迅速发展起来。白族在历代吸收汉文化及汉族人口的基础上，更广泛地吸收汉文化，使白族文化的发展水平趋于与汉族人民相一致。白族中的知识分子入学、中举、考取进士而到内地当官的人很多，他们直接用汉文进行写作，水平不亚于同一时期的汉族知识分子。但是，白族文化生活中仍然保留着自己的民族特点：第一，白语并未废弃，还在白族中广泛使用，白文也仍在不同程度上有人使用；第二，宗教信仰上的二元化，即在本主崇拜的同时，也广泛地信仰佛教。

白族平坝地区住房多为“长三间”，或为“一正两耳”“三坊一照壁”“四合五天井”，卧室、厨房、畜厩全分开。山区多为上楼下厩的草房、“闪片”房或篾笆房。高寒山区则是单间或两间相连的“垛木房”，四壁全用横木垛成。

居平坝的白族，主食为大米和小麦；居山区的白族，则以玉米、洋芋等为主食。白族喜欢吃酸、冷、辣之食，并善于腌制火腿，制作弓鱼、螺蛳酱、油鸡纵、猪肝鲊等各种可口的菜肴。大理等中心地区的白族人还喜欢吃一种别具风味的“生肉”（或称“生皮”）。白族人喜欢喝烤茶。20世纪80年代兴起的“三道茶”就是在传统烤茶的基础上发展起来的[③]。

白族崇尚白色，男子多穿白色对襟衣，套黑领褂。妇女多穿白色上衣，

---

① 《蜀中广记》卷三四，转引自王文光、段红云著《中国古代的民族识别》（修订本），云南大学出版社2011年版。

② 马曜主编《云南简史》，云南人民出版社1991年第2版。

③ 《白族简史》修订本编写组编写《白族简史》（修订本），民族出版社2008年版。

外套黑丝绒短褂或红色坎肩。大理等中心地区的白族男子，头缠白色或蓝色的包头，身着白色的对襟衣和黑领褂，下穿白色或蓝色长裤，肩挎绣着美丽图案的挎包。大理一带的白族妇女多穿白色上衣，外套黑色丝绒领褂，下着蓝色宽裤，腰系缀有绣花飘带的短围腰，足穿绣花的“百节鞋”[①]。

白族的婚姻基本上是一夫一妻制。一般除同姓同宗不通婚外，本民族内部及与其他民族都可以通婚。历史上，碧江的白族则堂兄弟的子女也可通婚。海东地区姑表婚有优先权。婚姻一般均由父母包办，要门当户对。一般的家庭中，弟兄成婚后，即行分居，父母则选择跟一个儿子同住，一般多随幼子。在家庭中，只有男子才有继承财产的权利；有女无子的，可以招赘婿，叫作“讨实子”[②]。

白族的丧葬习俗随着历史的发展而不断变化。明代以前，因受佛教的影响，盛行火葬，以后则改为棺木土葬。但住碧江的白族，人死后不用棺，而是把死者放在一块木板上，覆以屋上的茅草，上盖土，叠成坟状[③]。

白族有本民族传统的节日，主要节日为三月街、火把节、绕三灵、耍海会等。白族的火把节在时间上与彝族基本相同，都是在每年农历的六月下旬。白族也有禁忌，如火把节第二天不能下地。碧江四区的白族妇女还不准犁田，男女都不能背粪施肥，否则就认为会招致严重的疾病[④]。

白族使用的白语，属汉藏语系藏缅语族。绝大部分居民操本民族语言，也通用汉语文。元明时曾使用过白文，即所谓“汉字白读”。语言分为南部方言、中部方言和北部方言：南部方言通行在洱海周围的下关、大理、洱源、宾川等市、县；中部方言通行在剑川、鹤庆、兰坪、云龙等县；北部方言通行在碧江、维西、兰坪县内的澜沧江西岸。

中华人民共和国成立后，统一称为白族。白族主要聚居在云南省大理白族自治州，其余分布于云南省各地。贵州省毕节地区、四川省凉山彝族自治州、湖南省桑植县等地也有白族分布。

（六）纳西族的形成及其文化

元代的纳西族被汉族史学家记录为“末些”，主要聚居在丽江路（今丽

① 《白族简史》修订本编写组编写《白族简史》（修订本），民族出版社 2008 年版。
② 《白族简史》修订本编写组编写《白族简史》（修订本），民族出版社 2008 年版。
③ 《白族简史》修订本编写组编写《白族简史》（修订本），民族出版社 2008 年版。
④ 《白族简史》修订本编写组编写《白族简史》（修订本），民族出版社 2008 年版。

江）所属各府州县境内（今丽江、永胜、宁蒗、兰坪、维西等县）。李京《云南志略》载：“末些蛮，在大理北，与吐蕃接界，临金沙江，地凉，多羊马及麝香、名铁。依江负险，酋寨星列，不相统摄。”① 此时的纳西族分布地虽广，但尚未出现大的政治势力。在今四川盐源也有纳西族与“罗罗”杂居。《元史·地理志》载：“柏兴府（今四川盐源），昔摩沙夷所居。”② “摩沙夷”即末些。此外，柏庆路（今四川盐源）、鹤庆路也有部分纳西族散居。虽然纳西族的大贵族首领麦良曾经因为帮助蒙古军队平定大理有功，被授予了世袭土官的职位，但是，他仍然没有把纳西族各部统一起来，各部依旧散居在金沙江上游两岸。

明代，又将“末些”记为“纳西族”。万历年间以后，有一部分纳西人口从丽江一带迁往滇西北的维西、中甸（香格里拉）和川西的巴塘、理塘等地，从而使纳西族分布区扩大。《维西见闻录》载：“纳西族，元籍丽江。明土知府木氏攻取吐蕃六村、康普、叶枝、其宗、喇普地，徙纳西族戍之。”光绪《续云南通志稿》卷一一亦载：“明万历间，丽江土知府木氏渐强，日率纳西族兵攻吐蕃。吐蕃建碉楼数百以御……木氏以巨木作碓曳以击碉，碉悉崩，遂取各要地，屠其民而徙纳西族戍焉。”③ 可见，丽江纳西族西迁，主要是由战争引起的。

明初，通安州（今丽江中部）的纳西族贵族势力迅速发展起来，兼并了附近的各部落。洪武十六年（1383 年），明中央授给“纳西族”贵族木得丽江土知府的职务，使封建领主制开始在丽江地区确立。这一事件对现代纳西族来说，无疑起了增强内聚力的作用。在明王朝的扶持下，以丽江为中心的纳西族的社会生产迅速发展起来。在这种历史背景下，纳西族文化有了一个大的发展。自永乐年间（公元 1403—1424 年）以来，明王朝在通安、宝山（今丽江市北部）、巨津（今丽江市西北部）、兰州（今兰坪）一带设立了学校，一部分纳西族直接接受了汉文化，木氏家族还专门聘请汉族文人担任家庭教师，教其子弟学习汉文化。《明史·土司传》载：“云南诸土官，知诗书、

① 方国瑜主编《云南史料丛刊》（第 3 册），云南大学出版社 1998 年版。

② 《元史·地理志》，中华书局标点本 1976 年版。

③ 转引自王文光、段红云著《中国古代的民族识别》（修订本），云南大学出版社 2011 年版。

好守礼义，以丽江木氏为首。”① 由于汉文化的传播，提高了以丽江为中心的纳西族的汉文化水平，一些进入丽江地区的汉族和被木氏征服的其他民族，也融合入丽江等地的纳西族和姓当中。故《徐霞客游记》卷一四载：“止分官民二姓，官姓木，民姓和，无他姓者。”② 乾隆《丽江府志略·官司略》亦载：“明洪武初初，赐土官姓木，后惟承袭及同堂舍人木姓。三世以隆姓阿五世马降姓和，即流寓入籍者，必改姓和，故今里民姓和为主。”③ 正因为如此，使纳西族的经济文化有了较大发展。《云南志略》中的一些史料反映了这方面的情况：“麽些蛮在大理北，与吐蕃接界，临金沙江。……少不如意，鸣钲鼓相仇杀。两家妇人中间和解之，乃罢。妇人披毡，皂衣跣足，风鬟高髻。女子剪发齐眉，以毛线为裙，裸露不以为耻；既嫁，易之。淫乱无禁忌。不事神佛。惟正月十五日登天祭天，极严洁。男女动以数百，各执其手，团旋歌舞以为乐。俗甚俭约，饮食蔬薄。……人死，则用竹箦舁至山下，无棺椁，贵贱皆焚一所，不收其骨；非命死者，则别焚之。”④ 到了明末清初情况开始变化，乾隆《丽江府志·官司略·种人附》载：“麽些安分畏法，务耕种，畜牛羊，善劲弩骑射，勤俭治生，饮食蔬薄，虽馈遗不过麦酒束脯。夷习：男子头总三髻，旁剃其发，名三搭头，耳坠绿珠，腰挟短刀，膝下缠以毡片，四时着羊裘；妇人结高髻于顶前，戴尖帽，耳坠大环，服短衣，拖长裙，覆羊皮，缀饰锦绣金珠相夸耀。今则渐染华风，服食渐同汉制。相传其先有哥来秋者，生四子，分束、叶、买、和四支。束、叶二氏居府治，即木氏之前为土司名叶古年者是也；买、禾二氏多居山外江边。”⑤ 这一变化是比较明显的，说明纳西族在明末清初社会经济、文化发展较快。

清朝雍正元年（1723 年）改土归流之后，封建领主经济开始崩溃，纳西族中的农奴大多成了本民族和汉族地主的佃户，政治上直接受流官统治。这无疑更加促进了纳西族经济、文化的发展，使纳西族的发展与汉族地区逐渐趋同。当然，在纳西族内部发展仍旧不平衡。例如维西地区，清朝虽然设立

---

① 《明史·土司传》，中华书局标点本 1974 年版。

② 朱惠荣校注《徐霞客游记校注》，云南人民出版社 1985 年版。

③ 《丽江府志》，林超民等编《西南稀见方志文献》（第 25 卷），兰州大学出版社 2003 年版。

④ 方国瑜主编《云南史料丛刊》（第 3 册），云南大学出版社 1998 年版。

⑤ 《丽江府志》，林超民等编《西南稀见方志文献》（第 25 卷），兰州大学出版社 2003 年版。

了流官，但地主经济仍没有充分发展起来，还是封建领主经济，小封建主自称“木瓜”（官），农奴称他们为“那哈”（主子）。又由于维西的纳西族在地理上接近西藏，所以接受了藏传佛教。但信仰藏传佛教的纳西族只是不多的一部分，纳西族普遍信仰的还是东巴教。东巴教是纳西族固有的一种多神教。奉“丁巴什罗”为祖师。纳西语称其祭司为“东巴”，故称东巴教。东巴教有一种用图画象形文字书写的经书，叫东巴经。除东巴教信仰外，纳西族民间还普遍信仰另一种本民族的传统巫文化。同时，由于受到藏汉两族的影响，纳西族地区还有人信仰藏传佛教和汉传佛教。

纳西部使用的纳西语，属于汉藏语系藏缅语族彝语支。由于与汉族交往较多，群众大多能使用汉语文。纳西族曾在古代有过表意的象形文字，称为东巴文，还有一种表音的音节文字哥巴文。但都未在群众中推广使用，只是记载了古代的许多诗歌、传说、故事和宗教经典。用东巴文写下的东巴经富有特色，其中的《创世纪》《黑白战争》《鲁般鲁饶》被称为“纳西东巴文化的三颗明珠”。

丽江平坝地区纳西族的房屋多系土木结构，普遍采用“三坊一照壁”的形式，正房略高，偏房略低；山区居民多为木楞房，上盖石片。纳西族将传统住宅的正房称为“吉美”，直译意为“母房”“大房”。到明代，纳西族地区已经出现了瓦房。但一般为土司、头目的住室，或为寺观。至于“三坊一照壁”和“四合五天井”的土木或砖木结构瓦房建筑则是清代才出现的。这种民宅结构深受汉族和白族住宅格局的影响，同时也融进了纳西族的居住和审美意趣。纳西族民居的一大特色是古朴中透出清幽，恬静中显出古雅，是极有特色的民居庭院。建筑学家据研究认为，纳西族民居在广泛吸收邻近地区白族建筑特点的同时，更多地保留了唐宋中原建筑的一些古朴特点①。

在饮食方面，古代纳西族多以荞麦、稗子、圆根为食。明清以来，在大量吸收汉族的生产技术和新农作物的基础上，纳西族的饮食习俗有了新的变化，以大米、玉米、小麦、大麦、稗子等为主食。坝区农民多在房前屋后开辟园圃，种蔬菜瓜果自食。纳西族一般有杀年猪后做成腌肉，分切而食的习

① 《纳西族简史》修订本编写组编写《纳西族简史》（修订本），民族出版社 2008 年版。

惯。此外，纳西族还吸收了藏族、白族的一些饮食习俗[①]。

纳西族的服饰有本民族的特色。在14世纪初，金沙江沿岸的纳西族，男人“挟短刀，以砗磲为饰”，“妇人披毡，皂衣，跣足，风鬟高髻；女子剪发齐眉，以麻绳为裙”。明朝前期，丽江地区的“男子头绾二髻，傍剃其发，名为三卷头”，“妇人高髻于顶前，衣服止用麻布”。清代以来，丽江、维西一带的纳西族男女的服饰出现了新的变化，“男子薙发戴帽，长领布衣；妇人高髻或戴黑添尖帽，短衣长裙”。由于与汉、藏等民族的经济文化交流日益密切，到中华人民共和国成立前，纳西族服饰有了很大变化。丽江地区男子服饰与汉族基本相同；妇女则穿宽腰大袖、前幅短、后幅及胫的大褂，外加坎肩，下身穿长裤，腰系百褶裙，脚穿船形绣花鞋，背披羊皮披肩。披肩背面上方钉有并排的七个圆布圈及重穗七对，俗称“披星戴月”，以示勤劳之意[②]。

在婚姻方面，丽江地区的纳西族以一夫一妻制为主，父亲在家庭和社会上享有支配地位。在一般情况下，多子家庭除幼子外的儿子结婚后即行分居。1723年改土归流之后直至中华人民共和国成立前，由于受封建礼教的影响，丽江纳西族妇女在家庭中和社会上地位低下，一般无财产继承权。历史上，姑舅表婚在丽江纳西族地区较为流行。由于舅权极大，逼迫一些女青年走上殉情的绝境。云南宁蒗县和四川盐源县、木里县等地的纳西族，长期处于母系家庭与父系家庭并存的阶段。直到民主改革前夕，还保存着母系、母系父系并存、父系等三种不同类型的家庭，而以母系家庭为主。与三种家庭类型相联系，在婚姻制度方面，这一带地区的纳西族在民主改革前夕还长期处于从初期对偶婚向一夫一妻制过渡的状态中。社会上保存着“阿注婚姻”“阿注同居”和“正式结婚”三种形式，而以阿注婚姻为主[③]。

中华人民共和国成立后，根据本民族的意愿，定名为纳西族。主要聚居在云南省丽江纳西族自治县、维西、香格里拉及德钦、剑川、兰坪和四川盐源、盐边、木里等县，西藏的芒康县也有分布。

---

① 《纳西族简史》修订本编写组编写《纳西族简史》（修订本），民族出版社2008年版。

② 《纳西族简史》修订本编写组编写《纳西族简史》（修订本），民族出版社2008年版。

③ 《纳西族简史》修订本编写组编写《纳西族简史》（修订本），民族出版社2008年版。

（七）哈尼族的形成及其文化

哈尼族在唐代被记为“和蛮”，而元代把其记载为“斡泥”或“禾泥”，他们主要聚居在临安路及元江路所属各地，即今之红河、元阳、金平、江城、绿春、元江、新平、墨江、普洱等地。此外，据《元史·地理志》载，还有部分“禾泥”散居在开南州（今景东）、威远州（今景谷）及教合三部（今文山县）一带。

明代，汉文史籍又将“斡泥”或“禾泥”改写为音近的“窝泥”或“和泥”或“倭尼”。在这一时期，虽然行政区划有所改变，但哈尼族的分布区基本没有发生变化。明初在“和泥”的分布区设立了思陀、溪处、左能、落恐、亏容（均在今云南省红河县境内）、教化三部（在今云南省文山县）、纽兀（在今云南省江城至墨江之间）等长官司。这些土司的管辖区域范围都不太大，说明当时哈尼族中还没有产生较大的地方贵族势力，缺乏强大的奴隶制或封建经济基础。而那些散居者则分布在元江及红河上下游东西南北地带的部分，受其他民族的土司统治，在生产、生活方面发展都较为缓慢。据景泰《云南图经志书》载，南安州（今双柏县）“西南有和泥蛮者，衣不掩胫，［妇女］不谙女工，惟打猎捕雀以供其夫”①。在明朝统治势力逐渐向红河以南深入的情况下，哈尼族的经济文化渐渐受汉族的影响，在哈尼族中有的土司开始采用赵、钱、孙、李等汉族姓氏。此外，明代云南的实权大姓沐英家族把红河南部的十五勐（今红河南部至越南莱州省北部一带）数百里的土地圈占成为“沐氏勋庄”，任用哈尼族的土司、头人，让他们利用原有的管理方式，把沐氏勋庄生产的东西，贡纳一部分给沐氏家族。这也在一定程度上加速了哈尼族的发展进程。由于这一时期汉族大量进入云南，故对哈尼族的了解更深入，所以在名称上又发现了称为“果葱”“孔答”的，他们分布在新化州，即今新平县，也是哈尼族中的一部分。这反映了哈尼族中还存在着一些不同名称的支系。

清代，清朝统治势力再次向云南南部深入，又发现了哈尼族内部还有“卡堕”“黑铺”“糯比”“喇乌”“罗缅”“豪尼”“碧约”“布都”等。而“碧约”又被称为“白窝泥”，“布都”又被称为“黑窝泥”。一般来说，居住

① 〔明〕陈文修，李春龙、刘景毛校注《景泰云南图经志书校注》，云南民族出版社2002年版。

在临安府南部红河南岸一带的部分多称为“窝泥”，散居在元江、普洱、景东、镇沅等地的则多称为“卡堕”。名称的众多复杂，反映了哈尼族内部各个部分之间政治、经济、文化发展的不平衡[①]。正因为如此，哈尼族在元朝时期政治上是不统一的，他们或各自为部，或与其他民族相杂居，受制于所在地的官府。除分布在罗架甸（今元江）者，已形成一个较大的部，由本部贵族统治之外，其余分散而居不相统属。在清朝向云南南部深入的同时，对哈尼族的记载也更详细。如临安府南部（今红河州南部）及元江、他郎（墨江）等地的哈尼族农业生产比较发达，普遍地耕种梯田，嘉庆《临安府志》载：“（哈尼族）依山麓平旷处，开作田园，层层相间，远望如画，至山势峻急，蹑坎而登，有石梯登。水源高者，通以略杓，数里不绝。”由于经济的发展，与汉族接触的机会增多，到了道光年间，开始有部分哈尼族接受汉文。道光《普洱府志》卷一八载：“黑窝泥，宁洱、思茅、威远（今景谷）、他郎皆有之。性情缓和，服色尚黑。……通晓汉语，近有读书应试者。”[②]

在元明清时期，靠内地区的哈尼族有部分可能融合到邻近的汉族或彝族之中。天启《滇志·土司官氏》载：“教化三部长官司土官莽乍，和尼人，洪武中授副长官。”[③] 乾隆《开化府志》卷九载：“窝泥，或曰斡泥。男环耳跣足，妇女花布衫。……性柔畏法，多处山麓耕种。”耕种在一定程度上加快了哈尼族的汉化。雍正《阿迷州志》、康熙《蒙自县志》都载地有“禾泥”，但到近代这些地方已少有或没有哈尼族，已融入汉族或彝族。据康熙《武定府志》卷一、康熙《禄劝州志》卷上、康熙《元谋县志》及乾隆《易门县志》卷六等载，武定、元谋、禄劝、易门等县境内有哈尼族居住，这些地区后来基本上都没有哈尼族了，已融入彝族等民族中。

在主食方面，哈尼族常年吃的主要是大米和玉米。从文献记载来看，哈尼族先民垦田种稻的历史是很悠久的。千百年来，哈尼族辟梯田种稻谷，红河西岸哀牢山遍布梯田，高达数百级，从河谷到山巅，宛如天梯，宏伟壮观，并在梯田养鱼，使之成为当之无愧的鱼米之乡。另外，红河南岸的哈尼族还善于用发酵的黄豆加豆秆灰制作具有特殊风味的豆豉。在哈尼族的饮食文化

---

① 尤中著《中国西南民族史》，云南人民出版社 1985 年版。

② 转引自王文光、段红云著《中国古代的民族识别》（修订本），云南大学出版社 2011 年版。

③ 古永继校点天启《滇志》，云南教育出版社 1991 年版。

中，“街心酒”（也称“长街宴”）也是非常有特色的。长街宴的时间是每年农历十月第一个龙日[①]。

适应于当地的气候条件和水田耕作的稳定性，哈尼族的房屋都是比较牢固和保暖的，一般是土木结构的两层楼房，以石块奠基，用结实的圆形木（或方形木）为支柱，土砖砌墙。房屋外形有长方形和正方形两种，屋顶有平顶、双斜面和四斜面几种。平顶屋当地称为“土掌房”，在内地和红河南岸的哈尼族中较为普遍。这种平顶既是屋顶，又是晒台，在山区是很实用的，也是哈尼族聪明才智的体现。双斜面屋顶多用茅草铺成，少数用瓦。四斜面房顶在元阳一带被称为“蘑菇房”，远远看去，一个村寨犹如一窝蘑菇。西双版纳及澜沧等温热地带的哈尼族，其住房主要有两种：一种是无楼的小草屋，林架草顶结构，屋檐很低；另一种是竹木结构的干栏式建筑，与傣族竹楼相似[②]。

哈尼族喜欢用自己织染的藏青色土布做衣服。男子多穿对襟上衣和长裤，以黑布或白布包头。妇女服饰中，多数地区穿插右襟圆领上衣，以银币做纽扣，下穿长裤，盛装时外披坎肩一件，有的还系绣花围腰，打挑花绑腿。在衣服的托肩、大襟、袖口及裤脚上，都镶上几道彩色花边，坎肩则以挑花做边饰[③]。

哈尼族的家庭形式基本上是一夫一妻制家庭。青年男女在婚前都享有充分的社交自由，俗称“串姑娘”。在丧葬方面，哈尼族原来有实行火葬的习俗，但在汉族的影响下，绝大多数地区均用木棺土葬。在取名方面，哈尼族有父子连名制传统。在节日方面，传统节日为十月节和六月节。他们以农历十月为岁首，过十月节，即新年。六月节在红河地区称“苦扎扎”节。在宗教信仰方面，哈尼族信仰多神和祖先崇拜，祭祀由巫师“贝玛”主持。

哈尼语属汉藏语系藏缅语族彝语支。内部又分为哈雅、碧卡、豪白三种方言和若干土语。哈雅方言主要分布在红河哈尼族彝族自治州、西双版纳傣

① 《哈尼族简史》修订本编写组编写《哈尼族简史》（修订本），民族出版社 2008 年版。

② 《哈尼族简史》修订本编写组编写《哈尼族简史》（修订本），民族出版社 2008 年版。

③ 《哈尼族简史》修订本编写组编写《哈尼族简史》（修订本），民族出版社 2008 年版。

族自治州以及澜沧拉祜族自治县。豪白方言主要分布在墨江哈尼族自治县、元江哈尼族彝族傣族自治县、宁洱哈尼族彝族自治县。碧卡方言主要分布在墨江哈尼族自治县、江城哈尼族彝族自治县、镇沅彝族哈尼族拉祜族自治县。哈尼族无本民族的文字。一些通汉语的哈尼族知识分子曾用汉字记录过哈尼语，主要是借音改意和自造新字两种方式，所形成的汉字被称为“汉字型哈尼字”。1957 年，根据哈尼族人民的意愿和要求，人民政府为哈尼族创造了以拉丁字母为基础的文字①。

由于长期没有文字，哈尼族的文学还停留在口头文学方面，依靠世代口耳相传保存下来。神话传说和史诗是哈尼文学中最古老、最丰富的部分。如《十二奴局》《合心兄妹传人种》《十老时候的人》《哈尼祖先过江来》等都属这一类②。

哈尼族是个能歌善舞的民族，民歌在哈尼族所有艺术门类中占有较突出的地位。哈尼族的民歌形式多样，按演唱的内容来划分，可以分为节日歌、祝贺歌、祭祀歌、习俗歌、生产调等类型。按照音乐曲调和演唱场合来划分，可以分为“哈巴”“阿茨”“阿迷”三大类。哈尼族现存的民间乐器有吹奏乐器和打击乐器两类。其中巴乌是哈尼族特有的吹奏乐器。在舞蹈方面，可分为三大类：祭祀性舞蹈、劳动性舞蹈和生活娱乐性舞蹈③。

中华人民共和国成立后，经本民族共同商定，以“哈尼”为统一的族称。有多种自称，以哈尼、卡多、僾尼、豪尼、碧约、布都、白宏等七个自称单位人数较多，另外还有锅锉、哦怒、阿木、多泥、卡别、海尼等自称单位。哈尼居于红河南岸四县；僾尼居于西双版纳及澜沧；卡多、豪尼、碧约、布都、白宏等杂居在墨江、元江、新平、景东、镇沅等县，而居于墨江者达二十余万。

（八）傈僳族的形成及其文化

傈僳族的先民在唐宋时期称之为“施蛮”“顺蛮”。元代的史书中开始出

---

① 《哈尼族简史》修订本编写组编写《哈尼族简史》（修订本），民族出版社 2008 年版。

② 《哈尼族简史》修订本编写组编写《哈尼族简史》（修订本），民族出版社 2008 年版。

③ 《哈尼族简史》修订本编写组编写《哈尼族简史》（修订本），民族出版社 2008 年版。

现“卢蛮”的记载，《元一统志·丽江路》“风俗”条载：“丽江路，蛮有八种，曰纳西族、曰白、曰罗落、曰冬闷、曰峨昌、曰撬、曰吐蕃、曰卢，参错而居。”[①] 在这个地区内，元朝曾经取以前“施蛮”“顺蛮”的“施”“顺”两字而设立了施州（今云南省永胜县）、顺州（今云南省永胜县西部）。所有的“卢蛮”主要是和滇西北的么些、俅人、吐蕃、罗落等杂居。他们还没有产生一个强大的政治力量来统一各部，所以，还分散成许多氏族、部落，受邻近其他大民族的土官统治而隶属于丽江路，农业和手工业生产仍然相对落后，没有本民族独立的经济区域。

明代又将其称为“栗些”“力些”。这时的傈僳族，主要分布区域是：东部自兰州（今兰坪）至北胜州（今永胜）一带，与纳西族、彝族等杂居；西部则越过澜沧江至今怒江傈僳族自治州，与怒族、独龙族等杂居。与元代相比，所不同的是，有更多的傈僳族人口从澜沧江以东向澜沧江以西迁移，使澜沧江以西的傈僳族人口多于澜沧江以东的傈僳族人口。这样，傈僳族就成了怒江地区的主体民族。

对于澜沧江以东兰州至北胜州一带的傈僳族，景泰《云南图经志书》卷四中的“北胜州”说：“有名栗些者，亦罗罗之别种也。居山林，远室屋，不事产业，常带药箭弓弩，猎取禽兽。妇人则掘取草木之根以给日食。岁输官者惟皮张耳。”正德《云南志》卷一二“北胜州风俗”也说：“有蛮栗些，亦罗罗种。巢处山林，猎取禽兽以食。”[②] 从中可以看出，这一带的傈僳族在明代还是比较落后的，农业生产还没有发展起来，主要从事采集和狩猎活动。

对于澜沧江以西怒江地区的傈僳族，天启《滇志·种人》载：“力些，唯云龙州有之。男囚首跣足，衣麻布直撒衣，被以毡衫，以毳为带束其腰。妇女裹白麻布衣。善用弩，发无虚矢。每令其妇负小木盾径三四寸者前行，自后发矢中其盾，而妇人无伤，以此制伏西番。”[③] 从穿麻布来看，这里的傈僳族的农业生产已经有所发展，但仍以狩猎为主。

到了清代，“傈僳”之称已经出现。乾隆《丽江府志略·官师略·附种人》载：“傈僳，有熟生两种……近唯居澜沧江边者为熟傈僳。”从分布区域来看，清代傈僳族的分布区域较之明朝有所扩大。东部散及大姚、姚安、元

① 〔元〕孛兰肹等撰，赵万里校辑校点《元一统志·丽江路》，中华书局 1966 年版。

② 转引自尤中著《中华民族发展史》（第③卷），晨光出版社 2007 年版。

③ 古永继校点《滇志》，云南教育出版社 1991 年版。

谋、禄劝；西部则越过怒江散及永昌、腾越（今腾冲）所属土司地区；北部散及四川所属盐源县境[①]。从史籍的记载来看，到了清代，对傈僳族的书面记录已经和现代相差不多了，对分布情况也有更进一步的了解。据《皇清职贡图》载："傈僳，散居姚安、大理、永昌、［丽江］四府。其居六库（今属泸水县）山者……其居赤石崖（在宾川北部）、金沙江边，地与永北（今永胜）连界者，迁徙无常。"则傈僳族主要分布在今云南怒江州境内。除此之外，还有一些散居在东边的元谋、武定一带。而滇西南的傈僳族则是道光年间才迁往今德宏州一带屯守的。道光《云南通志》卷一〇六引《案册》载："道光七年（公元1827年），署腾越厅广裕，详请设立河西（今梁河县曼东街）外围香柏岭十五卡，招募傈僳三百七十五户分驻，于盐课溢余留半银支给口粮盐菜，限满听其种地守卡。嗣因山地硗确，不敷口粮，永昌府胡启荣、腾越厅周澍，详请奏明借藩库银二万两，置买练田，分给各傈僳口粮，府、厅各捐银一万两，五年归款。内香柏岭立二卡，安设傈僳六十户；三级箐一卡，安设傈僳三十户；麦瓜林二卡，安设傈僳七十户；三台山一卡，安设傈僳十五户。"

清朝初年以后，大部分傈僳族地区的农业生产都有了一定程度的发展，但却是刀耕火种，农作物只有荞稗。所以，狩猎仍然是经济生活中的重要组成部分。由于经济发展缓慢，在中华人民共和国成立前，傈僳族的主食仍是玉米、荞麦，大米极少。傈僳族人的住房也比较简陋，但不同地区的建筑形式不同。怒江地区及四川盐源一带的傈僳族住房多以竹篾房为主。竹篾房又称"千脚落地"房，建筑时先在斜坡上竖立几十根木桩，在木桩上面铺盖木板，四周围以竹篱笆，上覆茅草或木板。兰坪、维西一带的傈僳族，大多数喜欢住木楞房。与汉族、白族、纳西族等族杂居的内地傈僳族住房，大都采用土木结构，即用土筑墙，屋顶盖上茅草或木板，只有少数富裕人家才盖瓦房[②]。

由于生产力水平低下，傈僳族对许多自然现象无法解释，故盛行自然崇拜，相信万物有灵。19世纪末20世纪初，随着基督教和天主教的传入，部分傈僳族开始信奉基督教和天主教。

---

① 尤中著《中华民族发展史》（第③卷），晨光出版社2007年版。

② 《傈僳族简史》修订本编写组编写《傈僳族简史》（修订本），民族出版社2008年版。

在社会组织方面，各地区的傈僳族内部还不同程度地保存着氏族组织的名称和氏族制度残余。傈僳族把同一祖先的后代所组成的集团称为“初俄”（氏族），各个家庭也都有自己的姓氏。有的是沿袭早期以动植物名称作为本家族的称号，有的又以最早的家族长名字为姓氏名称。家族成员之间在经济上保持着伙有土地和共同耕作，生活上则保持互助盖房以及共同承担血亲复仇的义务。在家族联合基础上形成的村社组织，傈僳语称为“卡”，每个“卡”包括几个不同姓氏的家族。村社中靠习惯法来控制社区的运行，如果有些纠纷不能用协商、劝告等方式解决时，便用“神判”的方式解决。

一夫一妻的个体家庭是傈僳族社会的基本单位。历史上，在盛行姑舅表优先婚配和族内转房婚的同时，一些地区有过亚血缘内婚的残余。傈僳族无父子连名制，但不论男女，一生都有两次命名。第一次命名，男子生后七天，女子生后九天，由外祖父、祖父或父亲命名，取名无一定标准，以取名时所遇到的事物作为名称。第二次命名是在订婚或结婚之时，如订婚的聘礼是黑牛，则新郎即称为“拉尼扒”（黑牛子），新娘称为“拉尼妈”（黑牛女）；如订婚结婚时有蜜蜂飞来，则新郎即取名“别也扒”（蜂来子），新娘即取名“别也妈”（蜂来女）。未婚之前习惯上只称呼排行名称，如长子称“大”、次子称“聂”、三子称“沙”等，姑娘则称“妹”[①]。

在丧葬方面，怒江傈僳族地区，人死实行土葬，死于非命者火葬。保山等地傈僳族也实行土葬，人死后用棺木装殓，请“香通”诵经后抬往山中，不用土石为墓，只在埋葬处建木架为房。基督教徒仍然实行土葬，但葬礼比较简单，不停棺哭丧、供奉祭品等，只在坟墓上插上十字架标志[②]。

在傈僳族的节日中，主要的有“阔时”节、澡塘会、收获节等。在众多的节日里，傈僳族人都要唱歌、跳舞。同时，傈僳族的民间文学也比较丰富，有反映古代人类征服自然的神话传说，有表现民族迁徙的史诗，有描述爱情的叙事诗等。

傈僳语属汉藏语系藏缅语族彝语支。傈僳族历史上没有文字，长期处于

---

① 《傈僳族简史》修订本编写组编写《傈僳族简史》（修订本），民族出版社 2008 年版。

② 《傈僳族简史》修订本编写组编写《傈僳族简史》（修订本），民族出版社 2008 年版。

刻木结绳、摆篾片阵、以鸡毛或树叶记载、传递信息的阶段。但20世纪以来，先后分别使用过三种文字：第一种是西方传教士创制的拼音文字，主要通行于怒江州、德宏州、保山的部分基督教徒中，俗称“老傈僳文”；第二种是维西县傈僳族农民哇忍波创制的音节文字，即“竹书”，通行于维西县的几个区；第三种是中华人民共和国成立后创制的拉丁字母形式的新文字，已在怒江傈僳族自治州推行①。

现在按本民族意愿，把他们的自称“傈僳”作为族称，定名为傈僳族，藏族称之为“笮巴”。主要聚居在云南省怒江傈僳族自治州，其余分布在丽江、迪庆、大理、保山、德宏、楚雄、临沧等地。四川的盐源、盐边、木里、德昌等地也有分布。

（九）独龙族的形成及其文化

独龙族的先民在古代主要被称为“俅人”。《蛮书》卷六载：“镇西城南至仓望城，临丽水，东北至弥城，西北至丽水渡。……管摩零都督城，在山上。……南诏特于摩零山上筑城……凡管金齿、漆齿、绣脚、绣面、雕题、僧耆等十余部落。”② 据《独龙族简史》的作者考证，文中的僧耆即为俅人的先民③。

长期以来，独龙族一直处在闭塞落后的状态当中，与外界几乎没有多少接触，所以鲜为人知。他们可能是在某种极为偶然的情况下被发现的。在元明清时期，俅人属丽江木氏土司和丽江路军民总管府管辖。在《元一统志·丽江路》“风俗”条中记载：“丽江路，蛮有八种……曰撬（俅）、曰吐番、曰卢……参错而居。”④ “撬”为“俅”字的同声异写⑤。之所以称他们为“俅人”，是因为他们居住在俅江流域（今独龙江上游）。俅江为独龙江的上游，发源于今西藏察隅东部，东南流至今贡山县西部称为独龙江。明朝时期疏于对俅人的统治，故对俅人的记录缺略，整个明代没有见到有关汉族历史

---

① 《傈僳族简史》修订本编写组编写《傈僳族简史》（修订本），民族出版社2008年版。

② 木芹补注《云南志补志》，云南人民出版社1995年版。

③ 《独龙族简史》修订本编写组编写《独龙族简史》（修订本），民族出版社2008年版。

④ 〔元〕孛兰肹等撰，赵万里校辑校点《元一统志·丽江路》，中华书局1966年版。

⑤ 《独龙族简史》修订本编写组编写《独龙族简史》（修订本），民族出版社2008年版。

文献对俅人的记载。

到了清代，对俅人有了更多的认识，俅人又开始出现在历史典籍中。道光《云南通志》卷一八五引《皇清职贡图》载：“俅人，居澜沧江大雪山外，系鹤庆、丽江西域外野夷。其居处结草为庐，或以树皮覆之。男子披发，着麻布短衣裤，跣足。妇女缀铜环，衣亦麻布。……更有居山岩中者，衣木叶，茹毛饮血，宛如太古之民。俅人与怒人接壤，畏之不敢越界。”道光《云南通志》又引《白麟图说》载：“俅人，丽江府求江外有之。”[①] 清朝末年以后，俅人逐渐南下，居住到独龙江流域。在丽江府的统治下，俅人属康普、叶枝两个土千总分辖，1905 年，清政府将独龙江地区全部划归叶枝土千总统治。1909 年，阿墩子弹压委员会委员夏瑚委任专职“俅管”代替叶枝土千总管理独龙族。

中华人民共和国成立后，根据其所居住的地域及本民族的要求，改族称为独龙族。如今缅甸北部也有几万独龙族人，他们是划界后成为跨境民族的，至今他们仍认为是从中国迁去的[②]。

独龙族的生产力水平较为落后，在中华人民共和国成立前，绝大多数田地还是刀耕火种，种植玉米、旱谷等。在落后的生产力条件下，狩猎、采集、捕鱼成为独龙族重要的生产活动。

与独龙族社会生产力发展水平相适应，在社会组织方面还存在父系氏族“尼勒”。由每个尼勒的近亲成员组成的家庭公社，自然地形成血缘村落，他们自称为“克恩”。对可食的野生植物（包括岩蜂），看成是克恩公有的天然食粮，克恩的成员有采集权。独龙族的住房也经历了不同的发展阶段，较早曾以“山崖为屋”，逐步发展为木房；有些人住竹房。房屋分大小两种。大者叫“皆木玛”，意为母房，在大屋内沿两边竹壁用竹席隔成数个乃至十个以火塘为中心的小房间“得厄”，归每对夫妻及其幼年子女独立占有。随着家庭公社的解体，大型的“皆木玛”分解为小型的“皆木巴”，意为父房，面积只有“皆木玛”的一半[③]。由于居住区不同，独龙族的房屋建筑有木垒房和竹篾房之分。独龙江上游地区受藏族的影响，多为木垒房

---

① 转引自王文光、段红云著《中国古代的民族识别》（修订本），云南大学出版社 2011 年版。

② 《独龙族简史》编写组编写《独龙族简史》（修订本），云南人民出版社 1986 年版。

③ 《中国大百科全书》总编辑委员会、《中国大百科全书·民族》编辑委员会编《中国大百科全书·民族》，中国大百科全书出版社 1986 年版。

建筑，这是一种“井栏式”建筑。独龙江下游则是竹篾房建筑，这是“干栏式”建筑。

独龙族的婚姻形式众多，有妻姊妹婚、家族内婚、非等辈婚、族内转房婚等，其中以妻姊妹婚为主要的婚姻缔结形式，独龙语称为“安尼嫡”。独龙族男女过去均散发，妇女曾有文面的习俗。相信万物有灵，崇拜自然物，信鬼。过年时的“剽牛祭天”是一年中最隆重的节日活动。人死后，傈僳族有水葬、火葬和土葬之分。火葬、水葬是将患有传染病的死者用火焚烧或抛在河中，即算将之安葬了。独龙族人死后多实行土葬。

独龙语属汉藏语系藏缅语族，与贡山怒语基本相通，历史上没有本民族文字。20 世纪 50 年代初，缅甸日旺人白吉斗·蒂其枯创造了一种拉丁文拼音文字，命名为“日旺文”。1979 年，独龙族人木里门·约翰，在日旺文的基础上改制了一套适合独龙族群众使用的独龙语拉丁文拼音方案[①]。现在独龙族主要分布在云南省怒江傈僳族自治州贡山独龙族怒族自治县。

（十）怒族的形成及其文化

怒族的先民应该是唐宋时期“乌蛮”中比较落后的部分。唐朝时期分布在今西起西昌、东至昭通的“乌蛮”中，有一部叫鹿卢部，而鹿卢部中的一部分曾西迁至今兰坪。《元史·地理志》载：“兰州在兰沧水（澜沧江）之东，汉永平中始通博南山道，渡兰沧水，置博南县，唐为庐鹿部（“鹿卢蛮部”）。至段氏时，置兰沧郡，隶大理。元宪宗四年（公元 1254 年）内附，隶茶罕章管民官，至元十二年（公元 1275 年）改兰州。”[②] 也有部分怒族先民与独龙族先民同源，两支来源不同的族群共同体，在怒江与澜沧江流域互相影响、共同发展为今天的怒族。故至今怒语与彝语及独龙语均有亲属关系。元代，怒族已作为一个独立的单一民族分布在怒江东西两岸，《大元混一方舆胜览》载：“潞江，俗名怒江，出潞蛮。”[③] 但由于怒族所处的地理环境相对封闭，经济文化发展滞后，不为外界人所了解，这就造成了宋元以前的史家也对怒族的情况不太了解，所以史书上不见有关怒族的记载。到了明代，史

① 《独龙族简史》修订本编写组编写《独龙族简史》（修订本），民族出版社 2008 年版。

② 《元史·地理志》，中华书局标点本 1976 年版。

③ 〔元〕刘应李原编，詹友谅改编，郭声波整理《大元混一方舆胜览》，四川大学出版社 2008 年版。

书开始有关于怒族的记载。李思聪、钱古训的《百夷传》记载说："怒人，颇类阿昌。蒲人、阿昌、哈剌、哈杜、怒人皆居山巅。"① 这部分"怒人"分布在怒江以西，今缅甸克钦邦北部恩梅开江与迈立开江之间，是西部的怒人。此外，天启《滇志》卷三〇又载："怒人，男子发用绳束……余与纳西族同，唯丽江有之。"② 这部分怒族分布在丽江府境内靠西即今维西、兰坪、碧江、福贡、贡山一带，是东部的怒族。这部分怒族在许多地方与纳西族相同，这种看法是很准确的，因为他们都共源于"乌蛮"，发展到今天都属于汉藏语系藏缅语族的民族。

清代，对怒族的了解稍详，各种地方志书皆有载。乾隆《丽江府志略·官师略·附种人》载："怒人，居怒江边，与澜沧江相近。"余庆远《维西见闻录》载："怒子，居怒江内，界连康普、叶枝（两地在今维西县北部，澜沧江东岸）、阿墩子（今德钦）之间，迤南地名罗麦基（今福贡县西北，怒江西岸的勒麦的多），连接缅甸。"又雍正《云南通志》卷二四载："怒人，……其在鹤庆府维西边外，过怒江十余日，有野夷名怒子。"道光《云南通志》卷一〇六《武备志三之一，边防上》引《维西见闻录》附加语载："谨按，怒夷不止怒江以内，余庆远专就维西言之尔。其实，怒夷界最广，凡怒江以西，西北接西藏，西南界缅甸孟养陆阻地，东与丽江及大理府云龙川毗连皆是。"则缅甸东北部至怒江中上游东部和西部一带，怒族与独龙族、傈僳族杂居。分布在丽江、大理地区者，是明末清初迁来的。道光《云南通志》引《皇清职贡图》载："怒人，……其部落在维西边外，流入丽江、鹤庆二府内，随土流兼辖。"③

从17世纪开始，怒族除受丽江纳西族木氏土知府所属维西康普土千总和叶枝土千总统治外，还受察瓦龙藏族土千总及兰坪菟峨白族罗姓土司的统治。此外，迁入怒江地区的傈僳族头人，也在一些地方强占怒族的土地，甚至掠夺怒族人口为奴隶。1913年，在兰坪县的营盘街设立怒俅殖边总局，以对怒族等民族进行管理。

怒族很早就经营农业，明代李思聪的《百夷传》曾记载怒族种苦荞为食，

① 江应樑校注《百夷传校注》，云南人民出版社1980年版。

② 古永继校点天启《滇志》，云南教育出版社1991年版。

③ 转引自王文光、段红云著《中国古代的民族识别》（修订本），云南大学出版社2011年版。

玉米传入后，玉米也逐渐成为主食。到清代已经开始种植麦类和蔬菜，仍有狩猎经济存在。当时怒族已开始同外界发生交换关系，以黄连和内地商人交换食盐。怒族的婚姻以一夫一妻为主，少数头人和富裕户也有多妻的。较为流行族内转房婚。住房分为木板房和竹篾房。有图腾崇拜，相信万物有灵。

由于怒江特殊的地理条件，怒族出行的交通工具主要是溜索和独木舟。怒族没有文字，实行刻木记事。

各地怒族有不同的自称，如“怒苏”（碧江）、“阿怒”（福贡）、“阿龙”（贡山）和“若若”（兰坪）等，中华人民共和国成立后，统一定名为怒族。怒族主要分布在碧江、福贡、贡山三县，兰坪、维西两县也有几处怒族的聚居点。怒语属汉藏语系藏缅语族。各地语言差别很大，碧江、福贡、兰坪等地怒语难以通话。无本民族文字，大都使用汉文。

（十一）普米族的形成及其文化

元明清以来一直延续到20世纪50年代，普米族都称为“西番”。普米族的先民，是甘肃、青海、四川三省连接地区游牧民族中的一部分，应是氐羌民族的后裔，在历史的发展过程中，与藏族接触较多。元明清时期也在一定范围内称藏族为“西番”，由此可见普米族与藏族之间有着亲缘关系。“西番”一词最早见于《宋史·蛮夷四》载：“淳化元年（公元990年），诸驱自部马二百五十四至黎州（治所在今四川汉源县北清溪镇东北）求互市，诏增给其直。诸驱令译者言更入西番求良马以中市。”[①] 此西番已包括今普米族先民在内。西番与吐蕃关系密切，都是以氐羌为主体发展而来的。从语言上看，西番语（普米语）同汉藏语系藏缅语族藏语支，说明了其与历史上的吐蕃关系紧密。从习俗上看，今云南兰坪等地的普米族在举行葬礼时，巫师念“开路经”，送死者灵魂归故土，其路线是越过金沙江东面，再往北向昆仑山。如此则西番的先民原来就分布在青藏高原，再逐步向西南移动，这与氐羌进入云南不谋而合。《宋会要辑稿·蕃夷五》载：“淳熙七年（公元1180年）八月八日，枢密院编修官李嘉谋言：黎州边面，近则有曰邛部川（在今四川越西县），曰河南蛮，曰女儿城蛮，曰青羌，曰吐蕃，曰五部落……大抵诸蕃环列，……黎州过大渡河外，弥望皆是蕃田。”[②] 文中所说的“诸蕃”，即包括

① 《宋史·蛮夷四》，中华书局标点本1985年新1版。

② 郭声波校注《宋会要辑稿·蕃夷五》，四川大学出版社2010年版。

吐蕃与西番在内。他们与“邛部川蛮”等杂居在大渡河南岸往西至雅砻江流域东西两岸地带。也就是说，最迟到南宋时，西番人从西北散及西南的大渡河、雅砻江地区。

到忽必烈带兵灭大理国时，便有一部分西番人跟随蒙古军队南下，其中一些随西路的兀良合台由旦当岭（在今香格里拉）入云南维西，另一部分则随中路的忽必烈经建昌（今西昌）、宁蒗进入丽江北部地区。所以，从元朝开始，从维西往东经中甸、丽江、宁蒗都有西番分布。他们来到云南后并没有改变他们原有的生产和生活方式，仍然从事畜牧业生产。

明代，西番接受了藏传佛教，主要聚居在永宁土府，管辖剌次和、革甸、香罗甸、瓦鲁四个长官司，又设蒗蕖土州（今宁蒗），土官都由西番贵族担任。而散居在维西、丽江一带的则受纳西族贵族统治。此后，西番中的上层贵族，都担任土官。如《土官底簿》载：“卜都各吉，澜沧卫（驻今永胜）西番人。先系本州岛土官，洪武十六年（公元 1383 年），征南将军劄擬本州岛知州。”[①] 所谓“先系本州岛土官”，即元代为永宁州知州。明初仍留其职，永乐四年（公元 1406 年）升永宁州为府，直到清代，卜都各吉的后代都一直充当土官，是当地西番中的封建领主。

清代，云南境内的西番也称为“巴苴”。与明代相比，农业生产有了一定的发展，但畜牧业生产在经济生活中仍占一定比例。

普米族的村落多分布于半山缓坡地带，以血缘的亲疏关系各自聚族而居。房屋多为木结构，正房长约七米，宽四米，四角立有大柱，中央竖一根方柱，叫“擎天柱”（普米语为“二玛娃”），有祖先神灵护佑之意。婚姻以一夫一妻制为主，但通婚范围很严格，实行氏族外婚、等级内婚，也有少数普米族实行对偶婚。丧葬有火葬和土葬两种。崇拜万物之灵，祖先崇拜盛行。

普米族生产的粮食主要有玉米、青稞、大麦、燕麦和荞麦等，并以此为主食。在肉食方面，由于盛产牛、羊，因此常食用牛、羊之肉，并能制作酥油、奶酪等乳制品。另外还喜欢吃猪膘肉，好饮酒、喝茶。

在服饰方面，根据《云南通志》记载，普米族先前的服饰特点是：男子编发戴黑皮帽，麻布短衣，外披毡单，以藤缠左肘，跣足，佩刀；妇女编发，

---

① 《土官底簿·永宁府知府》，引自骆小所主编《西南民俗文献》（第 3 卷），兰州大学出版社 2003 年版。

缀一玛瑙、砗磲，亦衣麻披毡，系过膝筒裙，跣足。中华人民共和国成立前，普米族的服饰，各地略有不同，尤以宁蒗地区保留民族传统最多[①]。

普米族的传统节日，主要有“新年节”“大十五节”“转山会”“端午节”“七月祭”和“尝新节”等。各种节日期间，都离不开唱歌跳舞，普米族的民歌富有特色，大体可以分为习俗歌、山歌、苦情歌和欢乐歌四类。普米族传统舞蹈是“搓搓舞”，又称“跳锅庄”或“踏歌”，属于自娱自乐性舞蹈或集会性舞蹈[②]。

普米族主要分布在云南省的兰坪、丽江、维西、永胜等地和宁蒗彝族自治县，还有一部分居住在四川省木里藏族自治县和盐源县。各地的普米族有不同的自称，云南省兰坪、丽江、永胜的自称“普英米”，宁蒗的自称“普日米”。1960 年，根据本民族意愿，统一正名为普米族。普米族使用的普米语属汉藏语系藏缅语族。木里和宁蒗的普米族曾使用过一种用藏文拼写的文字，但流行不广。现在通用汉文。

（十二）景颇族的形成及其文化

景颇族的直接先民是汉晋时期的“寻传蛮”和“裸形蛮”。到了元明时期，史书多称之为“峨昌”“莪昌”“蛾昌”等。《元史·地理志》金齿等处宣抚司载：“其地在大理西南，澜沧江界其东，与缅地接。其西土蛮凡八种，曰金齿、曰白夷、曰僰、曰峨昌……南赕在镇西路西北，其地有阿赛赕、午真赕、白夷、峨昌所居。”[③] 这里所说的峨昌，还包括景颇族的先民在内。《大元混一方舆胜览》载：“麓川江（今龙川江）出萼昌（按：即蛾昌），经越赕（今云南腾冲县）傍遍黎共山，由芒施（今德宏州芒市）、孟乃甸入缅中。”[④] 麓川江发源于今泸水县西部，元明时期属云龙州，往西南经腾冲、芒市至缅甸，这一大片地区均有“峨昌”。

明景泰《云南图经志书》卷五“云龙州”（指今澜沧江西岸的云龙旧州）记载得更清楚：“境内多蛾昌蛮，即寻传蛮，似蒲而别种，散居山壑间，男子

① 《普米族简史》修订本编写组编写《普米族简史》（修订本），民族出版社 2009 年版。

② 《普米族简史》修订本编写组编写《普米族简史》（修订本），民族出版社 2009 年版。

③ 《元史·地理志》，中华书局标点本 1976 年版。

④ 郭声波整理《大元混一方舆胜览》，四川大学出版社 2003 年版。

顶髻戴竹兜鍪，以毛熊皮饰之，上以猪牙、鸡尾羽为顶饰，其衣无领袖，兵不离身，以孳畜佃种为生。好食蛇，赤手握之置之于器，负而卖之，不畏其啮，盖其气有以胜之也。”[①] 这里明确了蛾昌即“寻传蛮”，而且这里描述的习俗与樊绰《云南志》中所描述的是一致的，聚居地区也是一致的。今景颇族可分为四个支系，分别自称为“载瓦”、“浪峨”（浪速）、“喇期”（茶山）、“景颇”。“载瓦”和“浪峨”是峨昌中的一部分。这些峨昌自元明以来就分布在云龙以西与缅甸相接地带，其中社会经济文化发展较快的那一部分最终形成了今阿昌，而发展缓慢者则成为景颇族的支系。

景颇族中的另外一些支系则是由被称为“野人”“野蛮”“结些”“遮些”“羯些子”发展而来的，其中的“羯些子”“遮些”“结些”，可能是同族称的异写。这些民族群体分布在里麻长官司（江心坡）西南的孟养土司境内，即今缅甸克钦邦境内的伊洛瓦底江上游以西地带。从地理位置看，他们显然是南诏时期的“裸形蛮”中的一部分。明朝末年，“野人”“结些”的一部分，开始越过江心坡的“阿昌”分布区，进入今德宏地区，与“阿昌”（景颇族中的载瓦支）共同居住在一起。天启《滇志》卷三〇载：“羯些子，种出迤西孟养，流入腾越。”[②] 迤西孟养即今缅甸克钦邦境内的伊洛瓦底江以西之地。《旧云南通志·伯麟图说》：“遮些……性奢彩衣盘旋，饮食必精洁，善用火器及弩，永昌府属有之。”“羯些子”既然在明朝末年从迤西孟养流入腾越（今腾冲），则必然经过腾越西部的土司地区（今德宏），因而腾越西部的土司地区也有了“羯些子”。《西南夷风土记》中说：“（羯些子）男子藤盔藤甲，不畏刀枪，女子上下围以花帨，手束红藤为饰”，其习俗与景颇族相同。成书于清乾隆年间的《腾越州志》载：“羯些以象牙为大环，从耳尖穿至颊，以红花布一丈许裹头而垂带于后，衣半身衫，而袒其右肩。遮些绾发为髻，男女皆贯耳佩环，性喜华彩，衣仅蔽体，战斗长以（于）弓矢，依恃象铳与缅同，孟养一带皆其种类。”因此，从“遮些”的地理分布及其风俗来看，他们显然与今天缅甸境内的克钦族有着

---

① 〔明〕陈文修，李春龙、刘景毛校注《景泰云南图经志书校注》，云南民族出版社2002年版。

② 古永继校点天启《滇志》，云南教育出版社1991年版。

密切关系，也许是克钦族的先民[①]。

明中叶以后，“结些”中的一部分开始东迁进入南甸（今梁河）、陇川等傣族居住地区，与傣族、峨昌（今阿昌族）相互杂居。明朝万历末年，“野人”中的一部分从孟养流入茶山、里麻，赶走了茶山、里麻的土司，与阿昌族共同杂居在一起，后来又迁入了腾越。《腾越州志》载：“茶山外有一种野人……前明有里麻茶山两长官司管束，明季两长官司为野人所逐，遁内地，今其子孙有早姓者，古勇、乌索有其裔也。”到了20世纪初，寸开泰在其担任主纂的《腾越乡土志》中，对“野人”的记载也没有什么变化，仍然是比较落后的。可见，与“遮些”相比，“野人”是比较落后的。但从“野人”的分布及习俗来看，很可能是今天云南景颇族中的一部分。

总之，从上述材料来看，“遮些”似主要指景颇支，“野人”似主要指载瓦支。直到中华人民共和国成立前，景颇族还被称为“野人”，其所居住的山也被称为“野人山”。

历史上，景颇族一方面受傣族土司的管理，另一方面又有自己相对独立的政治制度山官制。景颇族山官制的特点是：有固定的辖区，是生产、习惯法、政治、军事等方面的领导者。山官职位按幼子继承制的原则世袭。社会成员一般划分为官种、百姓、奴隶三个等级。

随着向汉族、傣族、德昂族等族学习种田技术，景颇族多以大米为主食，只有少数地区以玉米为主食。杀牛祭鬼时，牛肉全寨人分食，猎物见者有份，喜嚼沙枝（一种用草烟、芦子、熟石灰等配成的嚼料）。男子喜裹白或黑包头，着黑色衣裤或白衣黑裤，外出佩长刀，背挎包。妇女一般着黑色短上衣和枣红围裙，戴黑红色藤制腰箍和腿箍，喜佩各种银饰物。

景颇族传统住房是竹木结构的茅屋。房屋呈长方形，屋顶是双斜坡，分上下两屋，下屋用以关家畜，上屋住人。四壁和地板都是竹制的，屋内有火塘[②]。应该与傣族干栏式竹楼相似。

景颇族的文学作品还停留在口头文学阶段，其文学形式有神话传说、史诗、民间故事、歌谣、情歌等。舞蹈主要有祭祀性、狩猎性、军事性、生产

---

① 《景颇族简史》修订本编写组编写《景颇族简史》（修订本），民族出版社2008年版。

② 《景颇族简史》修订本编写组编写《景颇族简史》（修订本），民族出版社2008年版。

劳动性和欢庆性等类型，其中目瑙纵歌是一种几百人乃至数千人一起跳的大型舞蹈，表现了群舞的高度水平。

在宗教信仰方面，除了少数人改信基督教、天主教外，绝大多数人都崇信万物有灵和多神的原始宗教。在原始宗教中，目瑙纵歌最具有民族特色。许多祭祀活动都与农业生产有关。

家庭以一夫一妻制为主，基本上遵循传统的单向姑舅表婚原则，即姑家男子必须娶舅家女子，但舅家男子不能娶姑家女子，形成丈人种嫁和姑爷种娶的相对固定的多角联姻关系。靠习惯法对社会进行控制，发生战争时，山官是当然的军事首领，每个青壮年男子都是士兵。

中华人民共和国成立后，按照本民族意愿，称为景颇族。主要分布在云南德宏傣族景颇族自治州，少数分布在云南怒江傈僳族自治州的片马、古浪、岗房以及耿马、澜沧等县。景颇语属汉藏语系藏缅语族景颇语支，分为景颇和载瓦两种方言。历史上无本民族文字，现已创制了新的景颇文。

（十三）拉祜族的形成及其文化

拉祜族先民在古代被称为“倮黑”。倮黑属氐羌系统的民族，与“乌蛮”关系最近，是云南境内较早的世居民族之一。但在清代以前由于其分布地相对闭塞，所以清朝以前未曾被识别，直到清初才见于记载，康熙《楚雄府志》卷一载：“倮黑，居深箐，择丛篁蔽日处结茅而居。遇有死者，不殓不葬，停尸而去，另择居焉。”这部分倮黑聚居于楚雄府所属的广通县和南安州（今双柏县）一带的山区，保持着古老的原始生活方式。他们是依旧留在北部的少部分，而同族中的绝大部分，早已迁到南部的顺宁府（今临沧）和普洱府（今普洱）一带去了。近代广通、双柏一带已经没有拉祜族，显然是清朝中期以后又“另择居焉”而迁到云南南部去了①。

从清代到1950年前夕，拉祜族的社会经济发展缓慢而又不平衡。居住在澜沧江东北部以及双江、临沧、景谷、镇沅、元江、墨江等县的拉祜族，由于受汉族的影响，从19世纪20年代到20世纪20年代先后形成了封建地主经济。而居住在澜沧江西南部以及孟连、耿马、西盟、沧源、西双版纳等地的拉祜族发展较为缓慢，与傣族土司有一种隶属关系。

另外，中华人民共和国成立初被称为“苦聪人”的部分今也识别为拉祜

① 尤中著《中国西南民族史》，云南人民出版社1985年版。

族。“苦聪人”的祖先当为《新唐书》中的“锅锉蛮”，清代将之称为“果意”“苦葱”“苦宗”等。实际上他们是倮黑中的一个支系。如果说倮黑是他称的话，那么拉祜就是自称，拉祜语称虎为“拉”，称在火边把肉烤到发香的程度叫“祜”。因此，拉祜族就是猎虎的民族。拉祜内部又分为“拉祜纳”（“黑拉祜”）、“拉祜西”（“黄拉祜”）和“拉祜普”（“白拉祜”）。现在，根据本民族意愿，统称为拉祜族。

拉祜族男子头裹黑色包头，穿无领右开大襟衫和裤管宽大的长裤。妇女服饰因支系而异。拉祜西（黄拉祜）妇女头缠黑色土布头巾，身穿无领对襟短衫，胸前袖口缀以彩色布条和几何纹布块，下穿长筒裙。拉祜纳（黑拉祜）妇女在彝语支各族中是独特的，还保留着南迁以前北方服饰的特点，妇女裹一丈多长的头巾，穿开叉很高的长袍①。

房屋为竹木结构的木桩斜顶楼房。宗教信仰多元，有万物有灵、多神崇拜、大乘佛教。供奉大神厄霞为守护神。婚姻实行族内婚，以一夫一妻为主，多妻为传统所不容许。崇拜祖先，对丧葬很重视，以火葬为主。

拉祜族主要聚居在云南省澜沧县、孟连县，杂居于滇西边境各县。拉祜语属汉藏语系藏缅语族彝语支。无本民族文字。

（十四）阿昌族的形成及其文化

阿昌族在元代被称为“峨昌”，是以“寻传蛮”为主体发展而来的。需要强调的是：元代的峨昌还包括景颇族中的载瓦支系。《元史·地理志》载：“金齿等处宣抚司（驻今保山），其地在大理西南，澜沧江界其东，与缅地接。其西土蛮凡八种：曰金齿、曰白夷（今傣族）、曰僰、曰峨昌、曰骠（今缅族）、曰繲、曰渠罗、曰比苏。”② 这里所说的八种“土蛮”是元代金齿宣抚司辖境的民族群体，分布在澜沧江以西至与缅甸相连接地带。峨昌遍布于其间，但以今保山、腾冲、梁河为中心，《招捕总录》载：“至元十四年（公元1277年）……时大理路蒙古千户忽都……奉命伐永昌之西腾越、蒲骠阿昌、金齿之未降部族。”③ 此外，从这条史料也可以看出，当时是既有峨昌之称，又有阿昌之称。

---

① 详见云南历史研究所编著《云南少数民族》，云南人民出版社1983年版。

② 《元史·地理志》，中华书局标点本1976年版。

③ 《招捕总录》，转引自尤中著《云南民族史》1994年版，云南大学出版社1994年版。

到明代，有关史书开始确认峨昌即为先前之“寻传蛮”。景泰《云南图经志书·腾冲司》载：“境内峨昌蛮，即寻传蛮也。”又云龙州条载：“境内多峨昌蛮，即寻传蛮，似蒲而别种。”[①] 明代云龙州、腾冲司以西南的阿昌族情况，明人钱古训、李思聪的《百夷传》载：“阿昌，《云南志》（《蛮书》）作峨昌蛮者，男子衣帽类百夷，但不髡首黥足，及语言为异。……蒲人、阿昌、哈剌、哈杜、怒人皆居山巅。”[②] 明中叶以后，阿昌逐渐与景颇族中的载瓦分开。到清代，阿昌族稳定了下来。乾隆《腾越州志》载：“阿昌，一名峨昌，……今户（撒）、腊撒、陇川多此种。”又道光《云南通志》引《皇清职贡图》载：“峨昌，大理、永昌二府有此种。”[③] 这里所说的大理府内的阿昌，当指云龙州内的阿昌；永昌府的阿昌，则指的是今保山与龙陵的阿昌族。

到了明代，各地峨昌的政治、经济、文化发展不平衡，在这种不平衡的基础上出现了阿昌与载瓦的差别，开始向着近代的阿昌与载瓦分化。而且阿昌内部也还处在不断的变化之中，据景泰《云南图经志书》和正德《云南志》记载，明代中后期在云龙州、北胜州都有阿昌，但随着汉族大量进入云南，特别是正统年间（公元1436—1449年）三征麓川与明末清初清军进攻李定国等南明军队，都深入到了麓川等地的阿昌族居住区。汉族移民的迁入，加速了阿昌族接受汉文化的进程，同时也加速了阿昌族内部的分化。分布在北胜州等靠内地区的阿昌族，逐渐融合到汉族等民族中；聚居在户撒、腊撒、云龙、龙陵、保山西北的阿昌族，较多地接受了汉文化的影响，发展成为今天的阿昌族。而分布在山区的一些阿昌，则发展为被傣族等民族称为“阿茶”的景颇族中的支系载瓦支人。

清代，阿昌族已主要聚居到户撒、腊撒、陇川一带。清朝在户撒、腊撒单独设立了两个长官司，用阿昌贵族世袭担当长官司长官，属腾越厅，而不归当地傣族土司管辖，这说明了户撒、腊撒的阿昌族内部的政治、经济已经和当地的傣族有所不同。

---

① 〔明〕陈文修，李春龙、刘景毛校注《景泰云南图经志书校注》，云南民族出版社2002年版。

② 江应樑校注《百夷传校注》，云南人民出版社1980年版。

③ 转引自王文光、段红云著《中国古代的民族识别》（修订本），云南大学出版社2011年版。

关于阿昌的民族特点，景泰《云南图经志书·腾冲军民指挥使司志》载："峨昌蛮，形状颇类汉人。性懦弱，男子顶髻，戴竹兜，以毛熊皮缘其上，以猪牙雉尾为顶饰。衣无领袖。善滋畜，佃种。又善商贾。妇人以五彩帛裹其髻为饰。有产不令人知，三日乃沐其子于江，治生如常。种秫为酒，歌舞而饮，以糟粕为饼，晒之以济贫乏。比之诸夷之强悍，则此类为易制也。"[①] 这里所讲的阿昌族经济较为发达，也有一些交通比较闭塞地区的阿昌，生产发展水平较为低下。《滇南杂志》卷三四载："峨昌，一名阿昌，性畏暑湿，好居高山，刀耕火种……采野葛为衣，无部长，杂处山谷。"在阿昌的历史上，曾流行过族内转房婚，《南诏野史》载："阿昌，男短衣，披布单。女长衣，无袴，腰缠红藤。占用竹三十三枝，略如筮仪。嗜酒，觅禽兽虫豸生啖之。旧俗，兄死，弟妻嫂。后有罗板百夫长早岁死，其妻方艾，自誓不失节，饿而死，其风遂革。"[②]

阿昌族的手工业、农业较为发达，户撒、腊撒烟草闻名滇西，远销缅甸；"阿昌刀"为滇缅边境各族所喜爱。男子穿蓝、白色或黑色对襟上衣，下穿黑色裤子。一般来说，已婚女子穿裙子，上身穿窄长袖对襟衣，用青色布包头；未婚女子穿长裤，上身为浅色对襟衣，盘辫。食物以大米为主，嗜酸性食品。

过去，阿昌族普遍实行夫兄弟婚的转房制，实行族内婚。人死后一般行土葬。梁河、潞西（今芒市）一带的阿昌族主要盛行鬼魂崇拜和祖先崇拜。户撒、腊撒地区的阿昌族则信南传上座部佛教，但他们也有一些原始宗教的祭祀活动，如各村寨就一直保留着祭"招先"的宗教活动，招先是寨神，每年集体祭祀两次：第一次在春耕时，祈求保护春耕生产顺利；第二次在秋收时，祈求保佑五谷丰登。

阿昌族主要分布在云南省德宏傣族景颇族自治州的陇川、梁河等县。此外，也有少数分布在盈江、潞西、瑞丽及保山地区的龙陵和腾冲两县。阿昌语属汉藏语系藏缅语支。分为梁河、陇川、潞西三个方言，无文字，习用汉文和傣文。

（十五）基诺族的形成及其文化

基诺族在清代被称之为"三撮毛"。分布在今云南西双版纳傣族自治州，

① 〔明〕陈文修，李春龙、刘景毛校注《景泰云南图经志书校注》，云南民族出版社2002年版。

② 〔明〕杨慎撰《南诏野史》，成文出版社1968年版。

语言属汉藏语系藏缅语族，语音结构接近彝语支，从历史语言学的角度来看，当为汉晋时期西南夷中叟、昆明的一部分发展而来。但关于“三撮毛”的记载一直到清朝才出现，道光《普洱府志·人种志》载：“三撮毛，即倮黑派，其俗与摆夷、僰人不甚相远。思茅有之。男穿麻布短裤，女穿麻布短衣桶裙。男以黑藤篾缠腰及手足，发留中左右三撮。以武侯（孔明）曾至其地，中为武侯留，左为阿爹留，右为阿嫫留；又有谓左为阿嫫留，右为本命留者。以捕猎取野物为食。男耕作，妇人任力。”[①] 汉族史家根据他们头上留有三撮头发的习俗，称他们为“三撮毛”。而他们的自称是“基诺”，汉文译写为“攸乐”。在民间传说中，认为基诺族的祖先是孔明。孔明南征时，因为一些战士贪睡被“丢落”在基诺山，因而便有了“丢落族”（基诺族）。把基诺族的族源与三国时期的孔明相联系，附会为基诺族就是汉族的后裔是不确切的。但是，这在一定程度上反映了汉民族与边疆民族的友好关系。过去，这种传说在基诺族头人中有一定影响，但毕竟不是历史事实。

雍正年间（公元1723—1735年），于滇南改土归流设普洱府以后，在思茅厅辖境内设了攸乐同知，驻在攸乐山区。但由于清驻军耐不得“烟瘴”只好撤军，而由土司头目代为管理。鄂尔泰之后的云贵总督尹继善在《筹办普思元新善后事宜疏》中曾向皇帝建议：“攸乐营汛既撤，其三十六寨需人管约，据宣慰司刀绍文及各土弁公保叭章贡管理。”这一奏文得到批准后，确立了土司代替中央政府实施管理的制度。此后，史籍中对攸乐人的情况记载稍详，道光《云南通志》载：“思茅厅攸乐十月：[案册] 管村寨三十二。东至蛮海（亚来）一百二十里，南至思通（司上）六十里，西至蛮撇三十里，北至孙牛（少纽）四十里。雍正十年（公元1732年）裁撤，普安营汛兵公举叭章横管理附近村寨，传至刀直乃，乾隆四十五年（公元1780年）袭。”[②] 这里记载的四至及村寨名称，仍与今天的状况大体一致。

基诺山盛产茶叶，清初便有汉族商人进入，推广种茶制茶技术。这对基诺族社会发展产生了影响。

到20世纪初，基诺族社会尚处于原始社会晚期，还保留许多古俗，如血

---

① 转引自王文光、段红云著《中国古代的民族识别》（修订本），云南大学出版社2011年版。

② 转引自王文光、段红云著《中国古代的民族识别》（修订本），云南大学出版社2011年版。

缘婚的遗迹依然存在：有的村寨并不禁止氏族内婚；有的村寨禁止氏族内婚，但不禁止氏族内的恋爱同居。基诺族农村公社是由不同的氏族成员共居的地缘村落，每个村社就是一个独立的村寨。土地是村社公有，在农业生产中盛行换工互助，狩猎中盛行原始平均主义的分配原则。村社一般有两个长老，首席长老叫卓巴，次为卓生，他们由特定的古老氏族的最年长者充任，负责管理生产、生活。

历史上基诺族以刀耕火种的农业为主，主要农作物是旱稻、玉米，棉花种植也有较长历史，基诺山还是盛产普洱茶的六大茶山之一。婚姻为一夫一妻制，人死后，挖独木为棺，土葬于公共墓地，不留坟冢。男子穿白色无领对襟棉布上衣，衣背后绣有圆形彩色光芒图案；妇女头戴披风式尖顶帽，上穿对襟无领绣有七色纹饰的短褂。最隆重的节日是过年，称为“特毛且”，在春节前后，时间由长老决定，一旦首席长老专有的大鼓敲响，便宣告新年开始。盛行祖先崇拜，相信万物有灵，宗教活动与生活密切相关[①]。

中华人民共和国成立后，将攸乐归为彝族基诺支系，20 世纪 80 年代识别为基诺族。主要分布在云南省西双版纳傣族自治州景洪市基诺乡，使用基诺语，属汉藏语系藏缅语族彝语支，内部又分为攸乐与补远两个方言。无本民族文字，普遍使用汉文。

（十六）土家族的形成及其文化

土家族是以“廪君蛮”为主体，在发展过程中曾吸收了一些其他民族的成分，到宋元时期形成的一个民族群体。秦汉时，其先民因为崇拜白虎而被称为“廪君种”，或因为使用武器特征被称为“板楯蛮”，或因为其人呼“赋”为“賨”而被称为“賨人”，属“巴郡南郡蛮”中的一部分。《北史·蛮传》载：“蛮之种类，盖盘瓠之后。在江、淮之间，部落滋蔓，布于数州，东连寿春，西通巴、蜀，北接汝、颍，往往有焉。其于魏氏，不甚为患，至晋之末，稍以昌繁，渐为寇暴矣。自刘、石乱后，诸蛮无所忌惮，故其族渐得北迁，陆浑以南，满于山谷，宛、洛萧条，略为丘墟矣。”[②] 这时，土家族先民还没有分化出来，这里盘瓠之后的“蛮”，还是长江中游的包括土家族先民在内的“苗蛮各部”。故同传又载：“又有冉氏、向氏、田氏者，陬落尤盛。

① 《中国大百科全书》总编辑委员会、《中国大百科全书·民族》编辑委员会编《中国大百科全书·民族》，中国大百科全书出版社 1986 年版。

② 《北史·蛮传》，中华书局标点本 1974 年版。

余则大者万家，小者千户，更相崇树，僭称王侯，屯据三峡，断遏水路，荆蜀行人，至有假道者。”[①] 可见，冉氏、向氏、田氏统治下的村落分布在三峡周围即今川、鄂、湘、黔四省连接地区。冉氏、向氏后发展为土家族先民中的大姓或元明时的土司。

隋唐时期，土家族先民的情况仍无多少变化，只是其先民中的大姓贵族势力更强大。《隋书·周法尚传》载：“（炀帝时）黔安（郡驻今四川彭水县）夷向思多反……法尚击思多于清江（郡驻今湖北五峰县西北），破之，斩首三千级。”[②] 又《隋书·郭荣传》载：“炀帝时，黔安首领田罗驹阻清江作乱，夷陵（郡驻今湖北宜昌市西北）诸郡民夷多应者。”[③] 由此可见，土家族先民中的向思多、田罗驹在三峡地区势力很大。

到了宋代，除田氏、向氏外，又有彭氏崛起，《宋史·蛮夷一》载：“北江蛮酋最大者曰彭氏，世有溪州。州有三，曰上、中、下溪，又有龙赐、天赐、忠顺、保靖、感化、永顺州六，懿、安、远、新、给、富、来、宁、南、顺、高州十一。总二十州，皆置刺史。”[④] 其范围在今湘西土家族苗族自治州与湖北来凤县等地，彭士愁约在五代时期稳定了对湘西的统治，与楚王立了“溪州铜柱”，稳定了彼此的疆界，对土家族的形成起了很大作用，至今仍被土家族人民称为“彭公爵主”。

宋代以后，土家族先民开始被单独称为“土丁”“土人”“土民”或“土蛮”等。贵族亦为向、彭、田等姓。明《寰环通志·铜仁府·风俗》载：“仡佬性勇而谲；峒人性狡无常；苗人刚狠轻生，出入常佩刀弩；土人稍知礼仪。”此处把土人和其他民族并列记载，说明土人已成为单一民族。同书思州府风俗条、山川条又载：“土人各据溪谷为寨，久者为土著，自称洞官寨长，假贷要约则刻木为契，不事文字……土人有病不用医药，唯事鸡卜卦瓦以占吉凶。”[⑤] 虽然土人“稍知礼仪”，但从“刻木为契，不事文字”，“唯事鸡卜卦瓦以占吉凶”等来看，“土人”还是比较落后的。

---

① 《北史·蛮传》，中华书局标点本 1974 年版。

② 《隋书·周法尚传》，中华书局标点本 1973 年版。

③ 《隋书·郭荣传》，中华书局标点本 1973 年版。

④ 《宋史·蛮夷一》，中华书局标点本 1985 年新 1 版。

⑤ 王文光、段红云著《中国古代的民族识别》（修订本），云南大学出版社 2011 年版。

元明清时期，土家族先民仍然分布在川、鄂、湘、黔四省连接地带。自元到清康熙年间，历代统治者在土家族先民分布区设立了土司以对土家族先民进行羁縻统治。从明到清，在鄂西设施南、散毛、忠建、容美四宣抚司，下辖九安抚司、十一长官司、五“蛮夷长官司”，唐崖、镇南二长官司直隶施州卫；湘西设永顺、保靖二宣慰司，下辖三州、八长官司；桑植设安抚司，下辖二长官司；渝东南设酉阳、石柱二宣抚司，下辖四长官司，由归顺的土家族首领担任各级土司。土司的统治客观上使土家族的活动地域更加稳定，民族特点得以保存。清代开始有土家族的他称。清雍正年间，开始在土家族地区实行改土归流，汉文化全面深入土家族地区，土家族民众的生活方式、语言、服饰、文化教育等都发生了前所未有的变化。

土家族民居多依山傍水呈虎坐形，也有不少高吊脚楼民居。这种吊脚楼是由干栏式建筑发展而来的，主要分为两类：一类是在平地建起的吊脚楼，另一类是依河、山崖、山坡所建的吊脚楼。土家族吊脚楼多为单体建筑，横梁立柱，钩心斗角，无斧凿之痕，无接榫之印，十分壮观[①]。

土家族以稻米、玉米为主食。妇女短衣大袖，左衽开襟，绲镶二至三层花边，原有八幅罗裙，后改为镶边筒裤；男装为对襟短衫。历史上，婚姻流行姑家女儿必嫁舅家（称为还“骨种”）的交错从表优先婚，还有兄亡弟收嫂、弟亡兄纳弟媳的转房收继婚。土家族女子在出嫁前还要哭嫁。

土家族的民间文化与宗教祭祀活动是紧密结合的，许多文艺形式都通过宗教祭祀活动表现出来。土家族的原始宗教极为盛行，宗教教职人员“梯玛”在古代既掌握神权，又掌握基层政权，在民众中有很高的威望。他们利用宗教祭祀活动把大量文化遗产继承下来，成为文化遗产的承传人。土家族没有单一固定的宗教模式，为多神崇拜。较为突出的是鬼神崇拜、祖先崇拜。其所信仰的神灵可分为两大类：第一类是祖先神，第二类是自然神。其中的白虎崇拜，还具有图腾崇拜的特点[②]。

土家语属汉藏语系藏缅语族较为接近彝语支的一种独立语言[③]，所以有的学者也把土家语归为彝语支。无本民族文字，通用汉文。现在绝大多数人使

① 段超著《土家族文化史》，民族出版社2000年版。

② 《中国各民族宗教与神话大词典》编审委员会编《中国各民族宗教与神话大词典》，学苑出版1990年版。

③ 段超著《土家族文化史》，民族出版社2000年版。

用汉语；沿西水流域约二十万人仍使用土家语，有的也兼通汉语。

土家族也是一个能歌善舞的民族。其中，“摆手舞”（土家语为跳“金巴”）比较具有土家族的民族特色。它是土家族祭祀祖先与庆新年、祈丰收的集体活动。歌时男女相携，蹁跹进退，故谓之“摆手”。另外，人死时举行的跳丧（土家语称为“撒尔嗬”），也有歌舞，这类歌舞也能体现出土家族的民族特色[①]。

土家族自称“毕兹卡”。主要分布在湖南湘西土家族苗族自治州的永顺、龙山、保靖、古丈、桑植等地；湖北恩施土家族苗族自治州的来凤、鹤峰、咸丰、宣恩、利川、恩施、巴东、建始等地，以及长阳土家族自治县、五峰土家族自治县；重庆的秀山土家族苗族自治县、彭水苗族土家族自治县、酉阳土家族苗族自治县、石柱土家族自治县以及重庆市黔江区等地；贵州的印江、沿河、江口、松桃、德江、思南等地。

二、壮侗语族民族及其文化

壮侗语族各民族是中国西部的古老民族，主要分布在广西、云南、贵州、湖南等地，主要包括壮傣和侗水两个语支。壮傣语支包括壮语、布依语、傣语等。侗水语支包括侗语、水语、仫佬语、毛南语等。有争议的仡佬语与壮傣语支最接近，侗水语支次之。壮侗语族的民族由于生活在气候温暖、雨水充沛的地区，很多地方适合种植水稻，因而主食以大米为主。在元明清时期，壮侗语族各民族已完全分化出来，具有本民族特色的文化，同时汉文化对壮侗语族民族的影响也不断加深，壮侗语族各民族在加速发展的过程中，文化也在不断发生变化。

（一）壮族的形成及其文化

壮族曾被称为“僮族”，1965 年才改称壮族。僮族是最先从俚僚中分化出来的。关于僮族的族称或以为始于唐，因为柳宗元有僮俗诗五首，但经后人考证，其诗风不似柳宗元的风格，而且《柳河东集》又不载，故不足为据；或以为始出自宋人范成大的《桂海虞衡志》，其文云：“庆远、南丹溪洞之民呼为僮。”但今本亦不存在这一句，可疑；或以为始出自宋人朱辅的《溪蛮丛笑》，其文云：“南方之民有五，曰苗、曰瑶、曰僚、曰僮、曰仡佬。”对这一记载，现在的版本或有或无，亦可疑；较为可信的是南宋李曾伯在上书宋理

① 段超著《土家族文化史》，民族出版社 2000 年版。

宗的奏折中，曾提到宜山有“僮丁”①。又《招捕总录》广西两江条载：“至治二年（公元1322年），广西宣慰使燕牵言：‘瑶族非一，生于深山穷谷者，谓生傜，野处巢居，刀耕火种，采山射兽以资口腹，标枪药弩，动辄杀人。其杂处近民曰熟瑶，稍知生理，亦不出赋；又有僮傜，则号为兵官，守隘通道，于官有用。自宋象州（今广西象州，在柳州东南）王太守始募熟傜，官供田牛以供此役，至今因之。为今之计，莫若置熟傜与僮傜并为僮户，分地遏贼为便。’”② 这段记载虽出自元代，但其中已明确指出有僮，这个名称是南宋出现在象州的，到元代仍未改变。

在元、明、清时期壮族先民被汉族史家记为“僮”，并已成为普遍使用的族称。《炎徼纪闻》卷四载：“僮人，五岭之南皆有之，与傜杂处。”壮族中也有被称为“大良”的，《赤雅》卷上载：大良“与僮同类而性稍异，有户口版籍，较民更淳，喜输租税。人至其家，不问识否，辄具牲醴饮啖，久敬不衰；同类有无相资，一无所吝。”③ 广西境内亦有部分僮族被称为“狼人”，而由“狼人”组成的军队则称“狼兵”。《赤雅》卷上载：“狼兵鸷悍，天下称最，多非真狼，土官亲行部署乃出……动不可制，严志明律用之胜，否则败。”④ 明嘉靖年间，田州府（今田阳县）已故土官岑猛的妻子瓦氏，率领“狼兵”前往东南沿海抗倭，屡立战功。各地的壮族自称不同，有布爽、布依、布土、布袢、布斑、布越、布那、侬安等二十余种。这些不同也说明了内部的差异性。

对于那些居住在闭塞地区的僮族，有的仍被称为“僚”或“山僚”。《招捕总录》载：“花角蛮韦郎达纠合五十三村山僚，起兵万余，劫阿用村……火头农郎胜降贼，［云南］行省遣官招谕。”⑤ 这部分山僚分布在今桂西和滇东南连接地区，其首领郎达及火头农郎胜皆僮族，故这部分是相对落后的僮族。对此，《赤雅》卷上又载：“（山）僚俗略与僮同，而嗜杀犹甚。居无酋长，深山穷谷，积木以居，名曰干栏。”⑥

---

① 《壮族简史》编写组编写《壮族简史》，广西人民出版社1980年版。

② 罗炳良主编《中华野史·辽夏金元卷·招捕总录》，泰山出版社2000年版。

③ 〔明〕邝露撰《赤雅》（卷上），中华书局1985年版。

④ 〔明〕邝露撰《赤雅》（卷上），中华书局1985年版。

⑤ 罗炳良主编《中华野史·辽夏金元卷·招捕总录》，泰山出版社2000年版。

⑥ 〔明〕邝露撰《赤雅》（卷上），中华书局1985年版。

而那些分布在滇东南的僮族，有的还有“侬人”“沙人”“土僚”等称谓。

侬人。侬人的分布区域自特磨道（今广南、富宁县）散及教合三部一带（今文山市、西畴、麻栗坡和马关县）。《元史·世祖本纪五》载：“宋福州团练使知特磨道（驻今广南县）农士贵率知那寡州农天成、知阿吉州农昌成、知上林州农道贤，州县三十有七，户十万，诣云南行中书省请降。”① 据《新唐书·西原蛮传》记载，桂西、滇东南一直为农氏等贵族割据。到元朝时，农氏贵族统治下的僮族，便被称为侬人。景泰《云南图经志书·广南府》载：“其地多侬人，世传以为侬智高之后。”② 天启《滇志》卷三载：“侬人，其种在广南，其酋为侬智高裔，部夷亦自号侬。”③

沙人。沙人与侬人杂居在一起，由于在沙姓贵族的统治之下，故被称为“沙人”。《元史·忽辛传》载：“广南酋沙奴索强悍，宋时尝赐以金印。”④ 则沙人是与侬人共居同一地域内的不同僮族支系。近代，沙人自称“布雅”，为僮族的一个支系。

土僚。元朝时，土僚主要分布在云南行省东北部与四川行省连接地带。这部分土僚与广南西路（今广南、富宁）一带的山僚有一些共同之处，但也不尽相同。这部分土僚应该是《新唐书·南蛮传》所记载的戎（今宜宾市）、泸（今泸州市）间的“葛僚”⑤。道光《广南府志·种人》载：“花土僚，服尚青蓝，妇女衣花绣短褐，系桶裙。……自正月至二月击铜鼓跳舞为乐，谓之过小年。”⑥ 土僚即近代僮族中的布傣、傣门、傣德⑦。

壮族的婚姻与汉族相比有着鲜明的个性特征：首先是以歌为媒，自由恋爱；其次有不落夫家习俗；有入赘婚习俗；还有妻姊妹的习俗和族内转房婚习俗。饮食大量保存百越遗风，如好食水产，以蛇为上肴，多食当地特有的

① 《元史·世祖本纪五》，中华书局标点本1975年版。

② 〔明〕陈文修，李春龙、刘景毛校注《景泰云南图经志书校注》，云南民族出版社2002年版。

③ 古永继校点天启《滇志》，云南教育出版社1991年版。

④ 《元史·忽辛传》，中华书局标点本1975年版。

⑤ 尤中著《云南民族史》，云南大学出版社1994年版。

⑥ 林超民等编《西南稀见方志文献》第33卷《广南府志》（卷2），兰州大学出版社2003年版。

⑦ 尤中著《中国西南民族史》，云南人民出版社1985年版。

食物，嚼槟榔等。住干栏式房屋。

壮族的宗教信仰从自然崇拜发展到祖先崇拜，最后发展到多神信仰。有树崇拜，主要是崇拜樟树、枫树、木棉、榕树。敬奉雷神，据说雷神主雨水，青蛙是雷神的儿女。壮族早在宋元时期就有佛教、道教信仰，鸦片战争后，天主教又从法国传入。

壮族的分布以广西为主，也有部分居住在贵州、云南两省。主要聚居在广西壮族自治区、云南省文山壮族苗族自治州，少数分布在广东、湖南、贵州、四川等省。壮族使用壮语。壮语属汉藏语系壮侗语族壮傣语支，分南、北两种方言。南宋时曾在汉字的基础上创制过“土俗字”，但使用范围不广，无统一规范，壮族居民仍多用汉文。

（二）傣族的形成及其文化

在中华人民共和国成立之前，傣族经常被称之为“摆夷”。元代，仍然沿袭唐朝的叫法，称今傣族先民为“金齿百夷”，或分别称为“金齿”“百夷”，但这些都是他称，自称是“傣”。李京《云南志略》载：“金齿百夷，记识无文字，刻木为约。酋长死，非其子孙而自立者，众共击之。”[①] 他们主要分布在元代云南行省的西南部、南部、东南部边疆，各地的“金齿百夷”之间没有统属关系，各地区“金齿百夷”中的上层贵族，先后被授给万户、总管、安抚、宣抚、宣慰、知府、知州等土官官衔。可是中央政府在行政事务上却很少干涉他们的内部事务，让他们原有的政治、经济保存下来。从经济上看，“金齿百夷”的各个部分都普遍从事稻作农业生产，手工业生产也有相当的水平。但是，由于长期闭关自守，加上对外交通不便，所以商品交换并不发达，对原始自给自足的小农经济冲击很小，农业与手工业相结合的农村公社仍然存在。在生活习俗方面还较为完整地保留着百越民族的传统。《云南志略》载：“男子文身，去髭须鬓眉睫，以赤土傅面，彩绘束发，衣赤黑衣，蹑绣履，带镜，呼痛之声阿也韦，类似中国优人。不事稼穑，唯护养小儿……妇女去眉睫，不施脂粉，发分两髻，衣文锦衣，联缀珂贝为饰，尽办农事，勤苦不辍，及产方得稍暇，既产即抱子浴于江，归付其父，动作如故。……风土下湿上热，多起竹楼，居濒江，一日十浴，父母昆弟惭耻不拘。有疾不服药，惟以姜盐注鼻中。槟榔蛤灰茯留叶奉宾客。少马多牛，杂居无统络。有

① 方国瑜主编《云南史料丛刊》（第3册），云南大学出版社1998年版。

仇隙，互相戕贼。遇破敌斩首，置于楼下，军校毕集，结束甚武，髻插雉尾，手执兵戈，绕俘馘而舞，仍杀鸡祭之，使巫祝之曰：尔酋长人民，速来归我。……嫁娶不分宗族，不重处女。女子红帕首，余发下垂。未嫁而死，所通之男人持一幡相送，幡至百者为绝美，父母哭曰：女爱者众，何期夭耶！交易五日一集，旦则妇人为市，日中男子为市，以毡、布、茶、盐互相贸易。地多桑柘，四时皆蚕。”① 从李京的记载来看，唐宋以来的习俗普遍存在。当然，李京已不再把金齿记为不同种类，而是能将有不同习俗的同一民族概括出来，识别为一个民族，并指出其分布区域。《云南志略》又载：“金裹两齿谓之金齿蛮，漆其齿者谓之漆齿蛮，文其面者谓之绣面蛮，绣其足者谓之花脚蛮，彩绘分撮其发者谓之花角蛮。西南之蛮，百夷最盛，北接吐蕃，南抵交趾，风俗大概相同。”② 在滇西，当吐蕃势力很盛的时候，“百夷”可能北接吐蕃，但当吐蕃势力退出滇西之后，就难以实现北接吐蕃。不过这也反映了百夷的势力很大，分布地区较广，从滇南发展到滇西广大地区。

明代，汉族史家又将“金齿百夷”改称为“百夷”。在“百夷”的主要聚居区内，已开始由农村公社或不成熟的奴隶制向封建领主制经济演进。具体表现为：土地由农村公社组织分给个体家庭使用，而称为“昭”或“召”的宣慰是高居在农村公社之上的土地所有者和封建领主。在召的下边又有大大小小的封建领主。据钱古训、李思聪的《百夷传》所载，明代的百夷已有较大的发展，但整个“百夷”分布区内各部的政治、经济、文化发展并不平衡，也难以形成一个大的统一的政治力量。在此情况下，明王朝便将“百夷”聚居区分割为不相统属的区域，各个“百夷”土司分别统治自己的辖区，隶属于云南三司。

清代，多数文献又将“百夷”记为“摆夷”。他们仍然主要聚居在边疆。改土归流以后，清政府分别在元江、景东、威远（今景谷）、镇沅、普洱等地设流官政权。但是，傣族封建领主制度在西双版纳、孟连、耿马、德宏仍旧占主导地位。较大的土司有车里宣慰司、耿马宣抚司、孟连宣抚司、孟定土府、镇康土州、潞江安抚司、芒市安抚司、南甸宣抚司、干崖宣抚司、陇川宣抚司、遮放副宣抚司等。

① 方国瑜主编《云南史料丛刊》（第3册），云南大学出版社1998年版。

② 方国瑜主编《云南史料丛刊》（第3册），云南大学出版社1998年版。

整个元明清时期除了称金齿百夷、金齿、白夷、摆夷之外，还有大百夷、小百夷、大伯夷、小伯夷、旱摆夷、水摆夷、花摆夷等不同的称呼。

大百夷、小百夷、大伯夷、小伯夷、旱摆夷、水摆夷。《百夷传》载："小百夷，居其境（指今德宏）之东北边，或学阿昌，或学蒲蛮，或仿大百夷，其俗不一。车里亦谓小百夷，其俗刺额，黑齿剪发。"① 则在明代以车里（今西双版纳）的小百夷最多；今德宏小、大百夷都有。又《滇略》卷九载："大伯夷，在陇川以西；……小伯夷，熟夷也，永昌西南环境皆是。"② 此外又有旱摆夷、水摆夷之说。道光《云南通志》引《伯麟图说》载："旱摆夷，山居，性勤；水摆夷，性情柔弱，多近水结草楼居之。"③ 可见，大百夷和小百夷、大伯夷和小伯夷是据经济社会发展的程度做的划分，旱摆夷和水摆夷则为据居住地是在山区还是在水边做的划分。

花摆夷。花摆夷可能是因为其妇女着花筒裙的缘故，当为今之花腰傣，道光《云南通志》引《伯麟图说》载："花摆夷，性柔软……居临水，……普洱府属有之。"④

傣族有自己的文字，有傣历，纪年始于公元 638 年，除众多的历史文献外，还有推算日食、月食的书。历史上，民众实行以父权为中心的一夫一妻婚姻；土司则一夫多妻，实行等级内婚。流行招赘的习俗。承越人传统，文身习俗普遍。男子着无领对襟或大襟小袖短衫，下着长裤，冷天多披毛毯，用白布或青布包头。妇女穿窄袖短衣和筒裙。多住干栏式建筑，多用竹子作为建筑材料，傣家竹楼在西部民居中具有特色。通行土葬，贵族与平民葬地严格分开。僧侣死后，先行火葬，再以瓦罐盛骨灰埋于寺后。普遍信仰南传上座部佛教，同时也有以稻作为中心的原始宗教信仰。节日多与宗教有关，主要节日有关门节、开门节、泼水节等。傣历新年是边疆傣族最具民族特点的重大节日。

在饮食方面，傣族是中国最早种植水稻的民族之一，所以各傣族地区都

---

① 江应樑校注《百夷传校注》，云南人民出版社 1980 年版。

② 方国瑜主编《云南史料丛刊》（第 6 册），云南大学出版社 1998 年版。

③ 道光《云南通志》卷一八三，转引自王文光、段红云著《中国古代的民族识别》（修订本），云南大学出版社 2011 年版。

④ 道光《云南通志》卷一八三，转引自王文光、段红云著《中国古代的民族识别》（修订本），云南大学出版社 2011 年版。

以食用稻米为主，但内部有一定的区别，德宏傣族主食粳米，西双版纳傣族主食糯米①。

傣医药是我国一份珍贵的医学遗产。傣医所用药剂多以植物根、茎、叶为主，部分矿物和动物的胆、骨、血、蛋等也可以入药。傣族民间所用的药物，对疟疾、痢疾、创伤、霍乱、麻疹、哮喘、吐血、抽风等都有一定的针对性，对症下药②。

傣族主要聚居在云南省西双版纳傣族自治州、德宏傣族景颇族自治州和耿马傣族佤族自治县、元江哈尼族彝族傣族自治县、新平彝族傣族自治县、金平苗族瑶族傣族自治县等三十余县。使用傣语，语言属汉藏语系壮侗语族壮傣语支，其下主要分为德宏方言和西双版纳方言。使用的傣文分为傣泐文（西双版纳傣文）、傣那文（德宏傣文）、傣篷文、金平傣文和新平傣文，有很大一部分来源于古印度字母系统，属拼音文字。部分地区还使用过以汉字来一半表声一半表意的形音字。

傣语民族地处边疆，主要是和缅甸、印度进行往来。由于傣语与缅语差别较大，虽然傣语与缅语之间有一些借词，但彼此之间还是需要翻译。明代在境内外所设的翻译机构中，既有“缅甸馆”，也有“百夷馆”，这既说明了缅语和傣语并用，也说明了傣语和缅语之间确实差距较大③。

（三）布依族的形成及其文化

“仲家”是中华人民共和国成立之前对布依族的称谓。元明清时期的仲家是从僚中分化发展而来的。《元史·地理志·湖广行省》载：“栖求等处仲家蛮。”④ 他们分布在黔南和黔东南。此外《元混一方舆胜览》载：云南行省临安道宣慰司有“钟家部”（仲家部），分布在广西路（今云南省泸西、弥勒、师宗、丘北等县）。随着元朝势力的深入，元代在布依族地区建立了土司制度，设置了顺元路安抚司（今贵阳）、罗甸宣慰司（包括安顺地区）、于矢部万户所（今黔西南自治州）、都匀军民府（含黔南自治州部分）和泗城军民府。

到了明代，有关仲家的记录更多。元朝以来，对仲家的分布情况的记载更

① 《傣族简史》修订本编写组编写《傣族简史》（修订本），民族出版社 2009 年版。

② 《傣族简史》修订本编写组编写《傣族简史》（修订本），民族出版社 2009 年版。

③ 《傣族简史》修订本编写组编写《傣族简史》（修订本），民族出版社 2009 年版。

④ 《元史·地理志》，中华书局标点本 1976 年版。

为具体。嘉靖《贵州通志》卷三载："仲家，贵（州）惟此类最多，习俗大略皆同。……家不积余米，如遇殆则取稻把旋舂待客，以杀犬为敬。……务农为本，架楼为居广……俗尚铜鼓，以声音雄壮为贵，祀鬼、待客击以为乐。"① 和前代僚人的习俗相比，在敬犬、楼居、尚铜鼓等方面是完全相同的，故仲家由僚人分化发展而来无疑。仲家内部的发展是不平衡的，与汉族接触较多者，开始接受汉文化。弘治《贵州图经新志·清平卫·风俗》载："附卫诸夷，风俗异尚。曰仲家，以字为姓，衣服与汉人同，言语稍异，婚姻用媒妁，树桑供蚕。男知读书，女务纺绩。"但大多还处于相对封闭的状态之中，发展缓慢。嘉靖《贵州通志·都匀府独山州丰宁司·风俗》载："仲家，不通汉语，借贷结绳为记，蓬头跣足，笼鸡贸易，架楼而居，饮食多不洁，器用与犬豕同，婚姻用牛马，有丧击铜鼓举哀。"② 明代，在布依族地区推行军屯和民屯，推动了经济文化的发展。

清代仲家社会经济有了大的发展，封建地主经济在布依族地区得以确立。这一时期布依族的分布地主要以今贵州、云南为主。康熙《贵州通志》卷三〇载："仲家，贵阳、都匀、镇宁、普安皆有。"乾隆《贵州通志》卷七载："仲家，贵阳、平越（今福泉市）、都匀、安顺、南笼（后改为兴义府）各属皆有之。"③ 云南的广西府、东川府、昭通府也有仲家分布④。除仲家的称呼之外，还有羿子、龙家等名称。

羿子。即唐代"东谢蛮之西夷子"，是仲家中的一部分。弘治《贵州图经新志·赤水卫·风俗》载："环境之夷有黑罗罗，俗与贵州水西罗罗同；有羿子。"又嘉靖《四川总志·经略》载："叙（今宜宾）、泸（今泸州）诸夷，依山险，即僰、羿、苗、倮是也。"其中的羿即羿子，分布在今四川宜宾至泸州南部地区，即今滇东北、川南、黔西三交接地区。道光《云南通志》引《伯麟图说》载："羿子，一名沙兔，语多难晓……与诸夷通婚，故又号仲家苗。昭通府属有之。"乾隆《镇雄州志》卷五载："沙兔，一名仲家。"则滇

① 嘉靖《贵州通志》卷三，引自尤中著《尤中文集》（第3卷），云南大学出版社2009年版。

② 王文光、段红云著《中国古代的民族识别》（修订本），云南大学出版社2011年版。

③ 〔清〕张广泗、靖道谟、杜诠修撰乾隆《贵州通志》（卷七），中华书局1968年版。

④ 王文光、段红云著《中国古代的民族识别》（修订本），云南大学出版社2011年版。

东北地区也有较多仲家分布[①]。

龙家。在元明清时期贵州有两个称为龙家的民族群体，分布在黔西者，与仲家关系不大，而分布在黔中、黔南者则属仲家的一支。从唐宋的史书记载来看，黔中、黔南当时有龙、方、张、石、罗、程、韦等七个大姓贵族，他们统治下的民族群体被称为西南七番，龙家便是仲家的一支。田汝成《炎徼纪闻》卷四载："龙家，与仲家同俗，而衣尚白。"又乾隆《贵州通志》卷七载："仲家，有黄、罗、班、莫、柳、文、龙等姓。"[②] 则仲家中姓龙者，即为龙家。

布依族村寨多依山傍水，或建于河谷平坝之上，主食以大米为主，民居以干栏式房屋为主。服饰特色是洁净淡雅和庄重大方。男子穿对襟短衣或长衫，包蓝色或白底蓝方格头巾。妇女大都穿大襟上衣和长裤。铜鼓是历来受珍视的传统乐器，遇隆重节庆方能敲击，在丧葬和祭祀中须由祭师敲击。乾隆《贵州通志》卷七载：仲家"好楼居，衣尚青，以帕束首。妇人多织，好以青布蒙髻，长裙细褶多至二十余幅，拖腰以采布，一副若绶仍以青布袭之。性勤于织，以十二月为岁"[③]。

婚姻实行一夫一妻制，但流行"姑舅表婚"。部分布依族举行婚礼后，新娘便回娘家居住，称为"坐家"（不落夫家）。

节日除过汉族的春节、端午节、中秋节外，还有"四月八"和"六月六"。"四月八"又称"牛王节"，须蒸糯米祭祖和给牛吃，并让耕牛休息一天。宗教信仰为原始宗教，崇信鬼神和"鸡卜"，崇拜祖先。

布依族主要分布在黔南布依族苗族自治州、黔西南布依族苗族自治州及安顺地区、贵阳市，在黔东南苗族侗族自治州、铜仁地区、遵义地区、毕节地区、六盘水市及云南罗平，四川的宁南、会理也有分布。布依族使用的布依语，属汉藏语系壮侗语族壮傣语支，与壮语有密切关系。历史上没有布依文，通用汉文。

（四）侗族的形成及其文化

侗族是中华人民共和国成立后定的族称。在宋代的汉文史籍中称之为

---

① 王文光、段红云著《中国古代的民族识别》（修订本），云南大学出版社 2011 年版。

② 〔清〕张广泗、靖道谟、杜诠修撰乾隆《贵州通志》（卷七），中华书局 1968 年版。

③ 〔清〕张广泗、靖道谟、杜诠修撰乾隆《贵州通志》（卷七），中华书局 1968 年版。

“仡伶”或“伶”，明清时期称之为“峒蛮”“峒苗”“峒人”“洞家”等。

唐宋以后，分布于今湘、桂、黔连接地带的一些由越民族群体发展而来的民族共同体被称为“溪洞蛮”。溪洞原指四周山峦，中有平坝，且平坝中溪流纵横之地。《唐书·窦群传》载：“（观察使窦群）复筑其城，征督溪峒诸蛮。”南宋朱辅的《溪蛮丛笑》说今天的湘、黔有苗、瑶、僚、僮，而不言峒，可见峒族尚未最后从僚中分化完毕。至宋代，文献中又将溪峒作为羁縻州下属的基层行政单位，而州峒并称。《宋史·地理志》载：“诚、徽州，唐溪峒州。宋初，杨氏居之，号十峒首领，以其族姓散掌州峒。……熙宁八年（公元1075年），有杨光富者，率其族姓二十三州峒归附。”① 一个羁縻州辖若干峒，居于溪峒者称为峒民，男子被组织起来称为“峒丁”，峒中的贵族首领称为“峒主”“峒首”。

元明时期，峒已被专门作为族称。《元史·顺帝本纪》载：至元四年（公元1338年）五月，“诏湖广行省元领新化洞、古州、潭溪、龙里、洪州诸洞三百余处，洞民六万余户，分隶靖州。”② 此处“洞”民应该已经是专门的称呼，同时，洞也是基层行政单位。

明代峒族已从僚中分化出来，成为一个单一民族，故邝露《赤雅》卷上载：“侗亦僚类，不喜杀，善音乐，弹胡琴，吹六管，长歌闭目，顿首摇足，为混沌舞。”③ 可见，峒虽然源于僚，但自身的特点已经非常鲜明。又《明实录·太祖洪武实录》载：“洪武三年（公元1370年）初，辰州卫指挥使刘宣武率兵克千古城等寨，招降湖耳、潭溪等洞官……既而，湖广省臣言：‘五寨系靖州地，与广西融州、思播接壤，元时置五处长官以辖洞民，乞仍其旧制。’诏从之。”在这里，“洞”也是作为一个单一民族来进行记载的。因此，到了明代，峒族已经完全成为一个单一民族，只不过是文献中记载不一，时而为“洞”，时而为“峒”，有的也记为“侗”。

需要说明的是：明代对壮族村寨亦有称峒者，酋长为峒官，如田汝成的《炎徼纪闻》卷四所载：“僮人，五岭之南皆有之……聚而成村者为峒，其酋长曰峒官。”这是由于壮族居住区的地理环境与侗族相同，故壮族村寨也称为峒，但当时壮族已有固定的民族名称，所以虽居于“峒”中而不称“峒族”。

① 《宋史·地理志》，中华书局标点本1985年新1版。

② 《元史·顺帝本纪》，中华书局标点本1977年版。

③ 〔明〕邝露撰《赤雅》（卷上），中华书局1985年版。

峒族仍专指居住于湘、桂、黔溪峒之中又是由越民族群体为主体发展而来的部分。

公元1364年，朱元璋击败陈友谅后，命大将徐达取宝庆路。洪武元年（公元1368年），明朝废靖州安抚司置府，领会同、通道、绥宁、天柱四县。洪武三年（公元1370年），侗族首领贡马，明朝因之设立湖耳、潭溪、新化、平江、欧阳寨等处土官。洪武末，明朝又镇压了侗区古州（今贵州锦屏南）上婆洞林宽领导的侗民反抗而设立铜鼓卫，一度以卫所在侗区发展封建经济，传播中原汉族文化，客观上促进了侗族的发展。此外，明太祖为了巩固在侗族地区的统治，采取了两方面的措施：一是任用有军功的人员出任侗区土官；二是在侗区安屯设保组建卫所，卫所的人员大多来自江西，之后长期住在侗区，后来渐渐地与侗族通婚并逐步侗化，融入侗族之中，因而才有侗族来自江西的传说①。

峒人分布的地区从唐代开始设羁縻州，元代建土司制度，并沿袭至清。改土归流后，峒人开始直接受政府流官的统治。从总体上看，侗族的分布区是从今天的湘、川、黔三省连接地往南直达湘、桂、黔三省区连接地带。北部侗族人口较少，苗族人口较多，往南则侗族人口逐渐增多而与苗族、瑶族、壮族等民族杂居②。

侗族社会最小的单位是父系小家庭，实行一夫一妻制婚姻，男耕女织，婚姻自主，少有包办。同一房族或不同辈分及姨表不婚，但不避同姓。有姑表婚、不落夫家习俗。大多穿自纺的侗布，喜青、紫、白、蓝色。男子装束，多受汉族影响，山区穿右衽无领短衣，着管裤，围大头帕。妇女服饰各地不一，一般都喜欢戴银饰。饮食上喜食异物、水产小动物、糯米食品，嗜酸。侗族的宗教与神话是相互渗透的，“萨岁”是侗族普遍供奉的老祖母，这反映了侗族历史上的母系氏族社会痕迹。从整体上看，侗族的宗教信仰以原始宗教为主，同时又多受道教的影响。

村寨是侗族文化的一个重要组成部分。侗族村寨一般依峒傍水，大寨有五六百户，小寨也有三五十户，单独居住的人家基本没有。鼓楼是一村一寨或一族姓的标志，也是一村一寨或一族姓的政治、文化活动中心。侗族也多

① 邱树森、匡裕彻主编《中国少数民族简史》，河北教育出版社1994年版。

② 尤中著《中国西南的古代民族》（续编），云南人民出版社1989年版。

居干栏式建筑。饮食以大米为主，大部分地区食粳米，山区喜吃糯米[①]。

在文学艺术方面，侗族大歌是最具特色的中国民间音乐之一，是一种必须三人以上、多声部、无指挥、无伴奏的合唱[②]。

侗族自称“甘”，现主要分布在贵州黎平、从江、榕江、天柱、锦屏、三穗、镇远、剑河、玉屏，湖南省的新晃、靖县、通道，广西壮族自治区的三江、龙胜、融水等县。侗语，属汉藏语系壮侗语族侗水语支，分南北部两种方言。侗族无文字，通用汉文。

（五）水族的形成及其文化

水族是从僚人中分化出来的。《赤雅》卷上载：“水亦僚类，嗜杀过于僚，父子有隙，……弑父则疾走，得一犬谢母，母亦不恨。”[③] 这些习俗与《魏书·僚传》所载大致相同。

宋代，开始出现“抚水蛮”的记载。《宋会要辑稿·蕃夷五之五·安化州抚水蛮》载：“安化州（今广西宜山北部大、小环江流域），旧抚水，天禧（公元1017—1021年）中改赐今名，在宜州南（应为北）。有县四：曰抚水、曰京水、曰多蓬、曰古老。唐隶黔南。其酋皆蒙姓同出，有上、中、下三房，民有区、廖、潘、吴四姓。”[④] 其之所以叫抚水州，当为设州以安抚水族。现在广西、贵州的水族仍以蒙、潘、吴三姓最多，占水族总人口的百分之八十左右。从《宋会要辑稿》的记载来看，“抚水蛮”的生活习俗中亦较多地保留了百越民族群体共有的文化。“安化州抚水蛮……亦种水田、采鱼，其保聚山险者，虽有畬田，收粟甚少，但以药箭射生，取鸟兽尽，即徙它处，无羊马、桑柘，地曰帚峒，五十里至前村，川前稍平，合五百余家，夹龙江居，种稻似湖湘。中有楼屋、战棚，卫以竹棚，即其酋所居。”[⑤] 所谓“楼屋”即干栏式建筑，直到现在，水族村寨仍傍水而居，且多为干栏式建筑。

元代，元王朝开始经略水族分布区。《元史·世祖本纪》载：“至元二十六年（公元1289年）六月甲戌，西南夷中下烂土（今三都县烂土乡）等处洞长忽带等，以洞三百、寨百一十来归，得户二千余。”接着又设府、州制之。

---

① 《侗族简史》修订本编写组编写《侗族简史》（修订本），民族出版社2008年版。

② 《侗族简史》修订本编写组编写《侗族简史》（修订本），民族出版社2008年版。

③ 邝露撰《赤雅》（卷上），中华书局1985年版。

④ 郭声波校点《宋会要辑稿·蕃夷道释》，四川大学出版社2010年版。

⑤ 郭声波校点《宋会要辑稿·蕃夷道释》，四川大学出版社2010年版。

"至元二十八年（公元 1291 年）冬月丁亥，［于］洞蛮烂土立定云府，改陈蒙洞为陈蒙州（以今三都县西北）、合江为合江州（在今三都县西南）。至元二十九年春正月，八番都元帅刘德禄言：'新附洞蛮十五寨，请置官府以统之。'诏设陈蒙烂土军民安抚司。"① 此安抚司归湖广行省管辖。建立行政机构之后，又任用水族上层首领担任土官。《元史·顺帝本纪》载："（后）至元元年（公元 1335 年）三月，平伐、都云、定云酋长、天都虫等来降，即其地复立宣抚司，参用土酋为官。"② 虽然也是任用土酋为官，但元代对水族地区的经营比宋代大大加强。

明到清初，仍然用土酋为官。《黔南识略》卷十载："独山司，洪武二年（公元 1369 年），蒙开以功授独山长官司。景泰二年（公元 1451 年），升授蒙政为土同知。今世袭五品土同知。管附郭三里二百四十五寨。"③ 另外，在荔波水族地区，宋元时曾设置荔波峒，后改称州，同时保留了一些长官司建制。明初，明王朝用武力裁撤了荔波州的蒙、雷、皮三姓土司，分别设置了三个巡检司，限制其职权，作为改土归流的过渡形式。清中期以后，置荔波县，对水族地区进行直接统治。清朝直接统治水族地区后，汉族移民亦随之大批迁入，促进了各民族间经济文化交流，农业生产技术和水利设施以及家庭纺织等手工业有了显著发展，烂土生产的斜纹布，被称为"顺水班"，行销邻近各县。初级农村市场和较大的集镇相继形成，封建领主经济逐渐向地主经济转化，租佃关系很普遍，土地大量集中。到 19 世纪时，水族地区已出现拥有土地千亩的大地主④。

在水族的文化中，村寨具有重要地位。水族村寨一般由有血缘关系的同姓组成。房屋建筑多为木质干栏式建筑。家庭是一夫一妻父系小家庭，结婚时新郎不迎亲，请几位未婚青年代迎，欢宴宾客后，新娘于当天或次日返回娘家，一般经过半年后才到夫家长住。水族男女都喜欢穿青、蓝两色服装，男子穿大襟长、短衫，用青布包头；妇女上身通常穿蓝布大襟无领半长衫，胸前围一块绣有蒺藜花纹的围兜，下身着青布长裤，衣裤的四周均镶有花边。

---

① 《元史·世祖本纪》，中华书局标点本 1974 年版。

② 《元史·顺帝本纪》，中华书局标点本 1974 年版。

③ 〔清〕爱必达修《黔南识略》（卷十），成文出版社 1968 年版。

④ 《中国大百科全书》总编辑委员会、《中国大百科全书·民族》编辑委员会编《中国大百科全书·民族》，中国大百科全书出版社 1986 年版。

以大米为主食，清中叶以前，以糯米为主，随着籼稻种植面积的逐步扩大，籼米渐成主食。

在不断与汉族打交道的过程中，水族曾创造了一种古老的文字，自称为“泐虽”，汉译为水书，共400多个单字，其中象形字、形声字、会意字居多，还有的字是倒写、反写和改变汉字形体的写法。水书主要用于民间的宗教活动，多为巫师所掌握，作为丧葬、营建、嫁娶和出行等择日之用。水书的书写格式均为从右到左竖写，书写的体例是注明年月日时和方位，下面标注病、祸、口舌、死伤、蚀财、招财、添丁等吉凶现象。水历以阴历九月为岁首，次年八月为岁末，这是因为九月万物随阳而终，复陈阴而起，所以水历以秋实为岁首①。

在水族的传统乐器中，铜鼓占有重要地位，每逢节庆都跳铜鼓舞助兴。隆重的节日为端节。宗教上信仰万物有灵和多神，以“六一公”“六甲公”为正神。凡遇生死、疾病、灾荒都要请巫师占卜念经，杀牲祭鬼神，以鱼祭为特点。水族古代有石棺葬，其棺椁形似干栏，周围雕刻铜鼓及各种花纹。

水族目前主要聚居在贵州省三都水族自治县，其余分布在贵州的荔波、独山、都匀、榕江、从江等地及广西的融安、南丹、环江、河池等地。水语，属汉藏语系壮侗语族侗水语支。水族现日常生活中使用汉文。

（六）仫佬族的形成及其文化

仫佬族作为一个民族群体出现在相当于今贵州中部和广西的时间当在宋元之际，是从僚人中分化出来的。《招捕总录·八番顺元诸蛮》载：“元贞二年（公元1296年）六月，平伐（在贵定南部）邻界，平珠，泸洞寨主王三原谢鸡鸡公，韦巴郎、杨义等十八处等官来云南省告降，行省差官入洞抚谕。至大德元年（公元1297年）四月，平珠洞（今平塘县）宿家、沙家二族，赍进呈礼物，出洞。道经其邻蛮新添葛蛮（在今贵定）宋氏之村头水底寨，宋氏怒二族不由己以降，乃遣上都云（今麻江附近）长官落冒率众遮道夺进物，二族逃散，破劫韦巴郎寨。五月，宋氏复令平浪（在今都匀南部）巡检欧阳濯龙与其下洞李巴林、竹哥等率木佬（仫佬）六十余人劫平珠洞（今平塘）蛮官足万金、婆南大寨栅，逼使背云南之招从己，

① 《中国各民族宗教与神话大词典》编审委员会编《中国各民族宗教与神话大词典》，学苑出版社1990年版。

求降不从。”[①] 平浪土官欧阳濯龙率领的土兵都是木佬，说明在此之前已有之。《元史·地理志》又载：“大德七年（公元1303年），顺元同知宣抚事（宋）阿重，尝为曾竹蛮夷长官，以其叔父宋隆济结诸蛮为乱，弃家朝京师，陈其事宜，深入乌撒、乌蒙，至于水东，招谕木楼（仫佬）、苗、佬，生获隆济以献。”《元史·地理志》还载：“骨龙、龙里、清江、木楼、雍眼等处。”[②] 元代把“木楼”（仫佬）与苗、佬等并列，说明仫佬族在当时已被作为一个单一民族来对待。

到了明代，仫佬族常被记为“沐僚”。这时期的仫佬族已经居住在今广西罗城，明朝继承宋元制度，在罗城、天河、宜山等仫佬族聚居区设立流官，社会基层设立里甲。同时在县官之下，增土巡检司、镇和寨堡等机构，利用当地上层贵族任职，把流官统治和土官统治结合起来。

清代开始把仫佬族记为“姆佬”，对此，《大清一统志》载：“姆佬即僚人，宜山、天河都有。”又嘉庆《广西通志》载：“天河县东有伶僚，名叫姆僚。……宜山姆佬即僚人。”[③]

由于长期与汉族交往，仫佬族到清代汉化程度已经很深了。嘉靖《贵州通志·都匀府清平县·风俗》载：“木佬，性恶，科头跣足，颇通汉语，衣楮皮，制同汉人。妇人服短衣。婚姻以牛为聘礼，与人交易，刻木为契。有仇则剁牛，召众以报复之。用竹器盛食，牛角饮器。”[④] 又《黔南识略》载：“木佬男妇衣服悉类汉人，异于夭家，妇性勤于男，耕作之暇，即务纺织。祀先拜跪，颇染华风。”[⑤] 当然，尽管受汉文化的影响，但亦保留着许多具有本民族特色的习俗，如“不落夫家”。乾隆《贵州通志·苗蛮》载：“木老，所在多有，有王、黎、金、文等姓。在贵定、黔西者，娶妇异寝，生育后乃同室。祀鬼用五彩旗，遇节则歌舞为欢，亦有长幼之序。在都匀、清平者，衣服类汉人，同姓不婚，异姓不共食犬。”[⑥]

清代仫佬族受汉文化影响很深，主要动因是其成为中央政府的编民。从

---

① 罗炳良主编《中华野史·辽夏金元卷·招捕总录》，泰山出版社2000年版。

② 《元史·地理志》，中华书局标点本1974年版。

③ 转引自王文光、段红云著《中国古代的民族识别》（修订本），云南大学出版社2011年版。

④ 嘉靖《贵州通志》，引自刘锋著《百苗图疏证》，民族出版社2004年版。

⑤ 〔清〕爱必达修《黔南识略》（卷八），成文出版社1968年版。

⑥ 〔清〕张广泗、靖道谟、杜诠修撰乾隆《贵州通志》（卷七），中华书局1968年版。

顺治到乾隆的一百多年中，将仫佬族编列户籍，置堡管理。以广西罗城为例：清政府在其地置数十堡，设堡目，建堡兵，置堡管理。罗城被划为四十四堡，后削为十五堡，共有堡目四十五人，堡兵百余。在堡兵制下，仫佬族被“编于版籍”，直接受“里”和“冬”的制约，定期交纳贡赋，并承担各种劳役。后将堡目改为千总、把总，但“里”“冬”仍然为基层政权组织。每冬十余户，有“冬头”，由大家推选，负责筹粮收款。由于仫佬族大多为同姓聚族而居，因此“冬”以下又分“房”，实际上又成了以血缘关系为基础的姓、房组织[①]。表面上看，仫佬族还是本民族聚族而居，但由于其经济活动发生了改变，其汉化也就是必然了。

仫佬族多住泥墙瓦顶平房，屋内有专烧煤的地炉。以大米、玉米、薯为主食，忌食猫、蛇之肉。衣服尚青色，至清代仫佬族妇女仍穿筒裙。历史上，婚姻多为父母包办，少数在“走坡”中恋爱成亲，但也须经家长同意。盛行早婚，有婚后女方一段时间内“不落夫家”的习俗。

在宗教信仰方面，仫佬族信仰多神，同时，受道教的影响也很深，一般群众的日常生活中离不开道教，每逢有人生病或遇灾害，都请道教法师来作法事，敬神、驱邪、祈神保佑平安。仫佬族崇拜的神主要有家神、外神两种。家神有祖先、灶王、土地；外神则名目繁多，如社王、雷王、婆王等。对神的崇拜、敬仰、祭祀可分为三类：第一类是与人生活息息相关的大神，祭祀隆重。如专管小孩生死大事和妇女生育大权的婆王、专管雨水的天神雷王；第二类是反映自然崇拜的神，如真武、盘古王，但只是一般的祭祀；第三类是只有神但无祭祀活动，如三光童子、三兄教主。

节日是仫佬族文化的一个重要组成部分。仫佬族的节日活动比较多，特殊的节日有：三月初三婆王节（又称小儿节），其活动以村寨为单位举行祭祀；四月初八牛节，让牛休息，并拜祭牛栏神；五月初五端午节，除具有与当地汉族、壮族的端午节相同的内容外，各村寨还抬纸船巡田驱虫，以保丰收；八月十五为后生节，是各地青年男女开展“走坡”社会交往的节日；还有三年一大庆、一年一小庆的依饭节。

仫佬族自称为“伶”“谨”。壮族称之为“布谨”。中华人民共和国成立

---

① 王文光、段红云著《中国古代的民族识别》（修订本），云南大学出版社 2011 年版。

后，统称为仫佬。现在，仫佬族主要分布在广西罗城仫佬族自治县，少数散居在宜山、柳城、忻城、柳江、都安、河池、环江、柳州、融安、融水、南丹等县、市。使用仫佬语，属汉藏语系壮侗语族侗水语支。大多数人兼通汉语，部分人亦通壮语，因无本民族的文字，用汉文作为交际工具。

（七）毛南族的形成及其文化

1986 年之前，毛南族曾被称为“毛难族”。毛南族是由僚人中发展较为缓慢的一部分发展而来的。这一部分僚人分布在山区，社会生产力水平不高，长期处于使用木制农具的原始耕作时代。因此，毛南族在汉文典籍中出现较晚，《元史·地理志》思州军民安抚司条首载：“茆难等团。”“茅难、思风、北郡、都变处。”文中的“茆难”“茅难”皆毛南族。除此二者外，尚有“茅滩”“冒南”“毛南”等不同写法，这些都是有关毛南族先民最早的记载。清朝乾隆年间“毛难”之名正式在碑文中出现[①]。

在魏晋时期，毛南族先民为僚人的一部分。唐代以后，中央王朝的势力深入毛南的分布区，开始建立地方政权机构，对毛南进行统治，对毛南的认识和记载增多。唐贞观年间，在毛南分布区设思恩县，属“十道”中的岭南道下属环州管辖。《嘉庆一统志·庆远府》载：“贞观十二年（公元 638 年）开置环州，治正平县。兼置思恩县属之。后移环州治于思恩县。”[②] 宋代因其居住在“冒面”“毛难”之地而有“冒面”“毛难”之名。宋代立抚水州，亦辖制毛南族地区。元朝统治广西后，将毛南分布的茆南、思恩两地隶属于湖广行省庆远路南丹安抚司，毛南族所聚居的环江县，即属庆远路管辖。明清两代虽然毛南族分布区所属上有变化，但毛南一直都没有迁徙。明正德元年（1506 年），毛南居住地思恩县改称河池州，清代思恩县属庆远府。光绪年间，又在毛南族聚居区设置“毛南甲”。“甲”之下又划分为上、中、下三“额”“额”设“团总”，“额”之下又分“牌”，设有“牌头”，一般管辖十户人家。

毛南族长期处于原始耕作时代。直到明末，仍以木料制锄头、犁耙。清代，毛南族经济进入了一个新的发展时期，铁制农具逐渐代替木制农具，并得到较为广泛的使用。土地集中，阶级分化明显，是这个时期毛南族社

---

① 转引自徐杰舜著《中国民族史新编》，广西教育出版社 1989 年版。

② 转引自王文光、段红云著《中国古代的民族识别》（修订本），云南大学出版社 2011 年版。

会的重大发展。被称为“分乃”的人家，拥有大量土地，相当于汉族地区的地主和富农。占有一定数量土地的“马无”，相当于中农，他们自给自足。贫困者称为“挨火”。由于毛南族分布区种植水稻的田不多，故他们的农作物以玉米、小麦、红薯为主，饲养食用菜牛也是他们生产上的一大特色。

毛南族的住房一般是瓦顶泥墙，分上下两层，上层住人，并于前面建有晒台，下层养牲畜和堆放杂物，保持干栏建筑的特色。服饰与附近的壮族相似，男女都喜欢穿蓝色和青色的大襟和对襟衣 。妇女还穿镶有两道花边的右开襟上衣及绲边裤子，留辫梳髻，戴手镯、银牌等饰品，尤其喜欢戴花竹帽。饮食以大米、玉米为主，甜红薯是特有的风味食品，喜食腌制的酸肉、酸螺蛳等食品。毛南菜牛是毛南特产，为了表达对养牛始祖的缅怀与敬意，每年五月，人们都要带着五色糯米饭和粉蒸猪肉到三界庙会聚。

毛南族信仰多神，同时又多受道教影响。民间有“天神、地鬼”之分，即上天为神仙，入地为鬼。与此相关的民间宗教活动有“敬神”“驱鬼”“送鬼”三大类。毛南族的宗教观念渗透到节日和婚娶、生育、寿诞、丧葬等人生礼仪与生活、生产的各个领域，而突出地反映在祭神、祭祖的各种礼仪及巫术求福祈禳之中[①]。家庭是父系制的一夫一妻家庭，有不落夫家和族内转房的遗俗存在，寡妇再嫁有种种限制。

从语言上看，亦可证毛南族是从僚中分化出来的。毛南语属汉藏语系壮侗语族侗水语支，侗水语支有侗语、水语、仫佬语、毛南语。以下列举几个有代表性的词语做一比较以说明之。

	孩子	舌头	肩膀	骨头
侗语	La：k	ma	Sa	La：k
水语	La：k	ma	ha	da：k
仫佬语	La：k	ma	ha	hra：k
毛南语	La：k	ma	ha	dra：k

侗族、水族已如前所述，是源于越民族群体，是以僚为主体发展而来的，

① 《中国各民族宗教与神话大词典》编审委员会编《中国各民族宗教与神话大词典》，学苑出版社 1990 年版。

而毛南语与侗语、水语、仫佬语相似，其源自明[①]。

毛南族自称“阿难”，意为“这个地方的人”。主要分布在广西壮族自治区西北部的环江、河池、南丹、宜山、都安等地。其中百分之七十以上聚居在环江县境内的上南、中南、下南山区，俗称“三南”，素有“毛南之乡”的称呼。毛南语属汉藏语系壮侗语族侗水语支。无本民族文字。由于长期和壮族、汉族杂居，多数人能讲壮语和汉语，通用汉文。

（八）仡佬族的形成及其文化

仡佬族是从僚人中分化出来的，最初称之为“葛僚”。仡佬族从僚人中分化出来的时间当在唐宋。《新唐书·南蛮传》载：“戎、泸间有葛僚，居依山谷林箐，逾数百里，俗喜叛，州县抚视不至，必合党数千人持牌而战，奉酋帅为王，号曰婆能，出入前后植旗。”[②] 此中葛僚即仡佬。到了宋代则直呼仡佬，南宋朱辅的《溪蛮丛笑》叶钱序载：“五溪之蛮……聚落区分，名亦随导。环四封而居者有五：曰猫、曰摇、曰僚、曰僮、曰仡佬。”[③] 则此时仡佬已经完全从僚中分化出来。

明清以后戎泸间的仡佬大多融于汉族，五溪地区者亦然。而分布在滇黔地区者则由于发展不平衡、地理环境较为封闭、内部支系众多，因而史家又从其文化生活习俗上着眼，称之为花仡佬、红仡佬、剪头仡佬、打牙仡佬、锅圈仡佬等。乾隆《贵州通志》卷七载：“仡佬，其种不一，所在多有。男女以幅布围腰……谓之桶裙。花布曰花仡佬，红布曰红仡佬，各有族类，不通婚姻。殓以棺而不葬，置岩穴间，或临大河，不施蔽盖，树木主于侧，曰家亲殿。屋宇去地数尺，架以巨木，上覆杉叶如羊栅，谓之羊楼。剪头仡佬在贵定，蓄发寸许，死则积薪焚之。又有猎豕仡佬，身面经年不洗，与犬豕同牢。打牙仡佬，在平越（远）、黔西。女人以青羊毛织为长筒裙，将嫁必先折其二齿，恐防害夫家，即所谓凿齿之民也。又剪前发而披后发，取齐眉之意。锅圈仡佬，在平远州。男子多以葛织斜文为衣，女人以青布束乱发如锅圈状，短衣，长裙无折。病则延鬼师，以虎头一具，用五色绒装饰，置簸箕内祷之。葬则侧置其尸，谓使其不知回归云。披袍仡佬，亦在平远州（今贵州织金）。男子衣服朴陋，女人以青线扎发，披青布袋，缀海巴于上，衣长仅尺余，上

① 倪大白著《侗台语概论》，中央民族学院出版社1990年版。

② 《新唐书·南蛮传》，中华书局标点本1975年版。

③ 符太浩著《溪蛮丛笑研究》，贵州民族出版社2003年版。

披以袍，袍方而阔，洞其中，从头笼下，前短后长，右左无补。裙以五色羊毛织成，亦无折。”① 可见，仡佬内部的差异是相当大的，之所以会有这样大的差异，最主要的原因还是所处环境不同。

据《招捕总录》《元史·地理志》载，元代整个贵州境内都有仡佬族分别杂居于同区域的其他民族之中。李京《云南志略》载：“土僚蛮，叙州（今四川宜宾）南乌蒙（今云南滇东北）北皆是。男子及十四五，则左右击去两齿，然后婚娶……人死则以棺木盛之，置于千仞颠崖之上，以先坠者为吉。”② 据《炎徼纪闻》卷四载，击齿及人死悬棺之风俗为仡佬，则川南、滇东北有仡佬，被称为“土僚蛮”。明清以后，随着部分仡佬族汉化，剩下的部分绝大多数主要分布在贵州境内。

元明时期，仡佬族居住的大部分地区为外族土司统治。明、清两代又在仡佬族分布区建立了卫、所、屯、堡等军事机构。明末清初实行改土归流，至清雍正年间以后，除贵州彝族土司所辖黔西、大方等地外，都接受了流官统治。

仡佬族主要分布在云贵高原东部丘陵地和湘西丘陵地，以农业生产为主，手工业擅长冶炼水银，长于打制铁器、编制竹器，精于纺织和酿酒。仡佬族多聚族而居，房屋以木结构房屋居多。坝区以大米、玉米为主食，山区则以玉米和薯类为主食。喜食酸辣。妇女着无褶筒裙，男子穿裤，外套贯头衣（又称仡佬袍），无袖，前短后长，由整幅青布做成。横中穿一个洞，从头上笼下。

仡佬族的婚姻为一夫一妻制，历史上曾流行姨表和姑表优先婚。仡佬族信仰多神，崇拜祖先。有许多禁忌，如正月初一不扫地、不挑水、不煮生、不倒水在门口、不下地劳动等。节日有牛王节等，由于受汉族的影响，也很重视春节。

对于仡佬族的语言，学术界有六种看法：一是仡佬语属汉藏语系，但语族、语支未定；二是仡佬语属汉藏语系壮侗语族，但语支未定；三是仡佬语属汉藏语系壮侗语族仡佬语支；四是仡佬语属汉藏语系壮侗语族仡央语支；五是仡佬语属汉藏语系仡佬族仡羿语支；六是仡佬语所属各语系、语族、语

① 〔清〕张广泗、靖道谟、杜诠修撰乾隆《贵州通志》（卷七），中华书局1968年版。

② 方国瑜主编《云南史料丛刊》（第3册），云南大学出版社1998年版。

支未定①。这些不同的看法，说明仡佬语受多种语言的影响。由于仡佬族在历史发展中与汉族、苗族等杂居相处，受杂居民族的影响较大，故语言上保留的自身特点不太完整。但仡佬族在族源上是以越民族群体的一部分——葛僚为主发展而来的，语言上亦为壮侗语族范畴，应归属到壮侗语族中去。对此，《仡佬语简志》的作者贺嘉善先生曾用壮语（以武鸣话为代表）、傣语（以德宏方言为代表）、侗语（以贵州榕江县车江话为代表）、苗语（以贵州毕节话为代表）、瑶语（以广西龙胜江底话为代表）和仡佬语进行比较，其结果如下表②。

语言	比较词数	同源词　%		不同源词　%	
壮、仡	555	248	45%	307	55%
傣、仡	565	261	46%	304	54%
侗、仡	580	232	40%	348	60%
苗、仡	576	85	15%	482	85%
瑶、仡	561	87	16%	472	84%

从上表的比较可以看出，仡佬语词汇和壮侗语族的词汇接近，而和苗瑶语族的词汇差别较大。在壮侗语族各语言中，仡佬语与壮傣语支最为接近，侗水语支次之，形成这种远近亲疏关系的原因不外是地理位置上的远近有差别、分化时间的先后不同、受其他民族的影响大小不同。中国社会科学院民族研究所的调查分析也表明：仡佬语在语音系统上接近苗语，但比较词汇和语法结构，应属于侗台语族（壮侗语族）③。

但《仡佬语研究》的作者张济民认为，仡佬语也不能归入壮侗语族，而应该是一个单独的语族。作者选用了700个常用词与苗语、瑶语、布依语进行了词汇比较，结果是：仡佬语与苗语比较，同源词（也可以称为关系词）132个，占总词数的18.86%，异源词568个，占总词数的81.14%，同源词中有借词20个（多为较早期的借词），占同源词的15.15%；仡佬语与瑶语比较，同源词154个，占总词数的22%，异源词546个，占总词数的78%。同

① 《仡佬族简史》修订本编写组编写《仡佬族简史》（修订本），民族出版社2008年版。

② 贺嘉善著《仡佬语简志》，民族出版社1983年版。

③ 倪大白著《侗台语概论》，中央民族学院出版社1990年版。

源词中有借词 34 个，占同源词的 22.07%；仡佬语与布依语比较，同源词 82 个，占总词数的 11.71%，异源词 618 个，占总词数的 88.29%。同源词中借词 15 个，占同源词的 18.29%。比较的结果，仡佬语与瑶语在词汇上相近的成分最多，苗语次之，布依语最少①。

可见，对于仡佬语语属的研究，不同研究者得出的结论是有差别的。之所以会出现这样的情况，一是选取的词汇有差别。二是仡佬族在与多民族杂居的过程中，语言确实发生了很大的变化。所以，要研究清楚历史上的仡佬语的语属问题，难度是比较大的。

仡佬族大部分散居在贵州省的西北、西南和北部，包括遵义、仁怀、安顺、关岭、普安、清镇、平坝、黔西、大方、织金、金沙、贞丰、晴隆、六枝、水城，云南省文山壮族苗族自治州的广南、马关、文山、富宁等地也有分布，在广西隆林亦有极少数的仡佬族人口。无本民族文字，通用汉文。

（九）京族的形成及其文化

京族在中华人民共和国成立前自称“越族”，当地汉族称之为“安南人”，也有称之为“越南族”或“唐人”的。在民族识别过程中，1958 年被正式认定为京族。中国京族与越南京族同源，其先民在秦汉时属南越国，后归交趾郡，与骆越有某种亲缘关系。

现今居住在中国的京族，与居住在中国的其他骆越后裔有所不同，其祖先是 16 世纪初开始陆续从越南北部的涂山（今海防市附近）等地迁徙而来的，至今才有 500 年左右的历史。据京族人士苏维芳搜集、整理、翻译的《京族史歌》和京族长者的追忆，京族迁入最早的时间可能是 1511 年，可能先定居于今广西壮族自治区防城港市下辖的东兴市境内的巫头、山心、沥尾三岛，史称“京族三岛”②。这三岛也是京族最主要的聚居地，此外，京族还与壮族、汉族等族杂居在今东兴市江平镇的潭吉、红坎、恒望、寨头、米漏、瓦村和东兴乡的竹山及钦县等地。

从迁入京族三岛到中华人民共和国成立前，京族历史大致可以划分为两个阶段：从 1511 年迁入京族三岛至 1888 年清政府设立防城县（今广西东兴市）为第一阶段；从 1888 年至中华人民共和国成立前为第二阶段。

---

① 张济民著《仡佬语研究》，贵州人民出版社 1993 年版。

② 《京族简史》修订本编写组编写《京族简史》（修订本），民族出版社 2008 年版。

在第一阶段，政府的力量还未进入京族三岛，京族内部主要靠“翁村组织”来管理各项事务。翁村组织是京族社会长期遗留下来的、具有原始农村公社痕迹的长老机构。它由“翁村”、“翁宽”和“翁记”组成，以翁村为核心，翁宽、翁记受翁村的领导。翁村组织的职责是组织本族生产，维护社会治安，监督执行村约，处理村内民间纠纷，筹办村内公共事务，组织、领导京族盛大的传统节日——哈节并主持祭祀仪式①。

在第二阶段，清政府于1888年在广西南部靠近越南的地方设置防城县，隶属钦州府管辖，京族三岛就在防城县境。中华民国建立后，废除州官制，设防城县，在京族地区推行与汉族地区无差别的保甲制度②。在保甲制度下，翁村组织继续发挥作用。

京族人民于明代迁入渔业资源十分丰富的京族三岛后，主要从事渔业生产。但由于捕捞工具落后，生产力水平十分低下。此外，京族还从事一定的农业生产，但京族的农业生产发展比较晚，开始时只会种红薯、玉米等农作物。后来，在邻近汉族的影响下，京族学会了种植水稻，农业生产才有了较大的发展。到了清代，由于有了渔箔这种大型捕鱼工具，京族人民的渔业比明代更发达。清末至民国时期，京族地区的渔业、农业、盐业和手工业等都有所发展。渔业是京族最主要的产业，大多数劳动力都在从事渔业生产。但总的来说，京族地区的渔业生产还是比较落后的，主要局限于简单的浅海捕捞，鱼的产量也就不高。农业是仅次于渔业的生产部门，由于成年男子大部分从事渔业生产，妇女和老人便成了农业生产的主要劳动力。农作物品种增多，主要有水稻、红薯、玉米、花生、木薯、芋头及豆类等。虽然京族人民的农业生产所有发展，但每年生产的粮食仅够维持三四个月的生活，除此之外所需的粮食只能用鱼产品与汉族交换。在20世纪30年代初，京族人民从附近的汉族那里学会制盐，京族地区也开始出现了晒生盐和煮熟盐两种盐业生产。首先是一些富裕的京族村民利用巫头岛北面和东北面的基围建成后垦出的盐田从事生盐生产。随后，山心岛上也有少数京族村民从事生盐生产。由于煮熟盐相对比较简单，所以家家户户都会煮熟盐，但由于是个体小规模生产，产量不高，收入也比较低。中华人民共和国成立后，京族地区的盐田

① 吴满玉、冼少华等编著《当代中国的京族》，广西民出版社2005年版。

② 《京族简史》修订本编写组编写《京族简史》（修订本），民族出版社2008年版。

收归国有，从事盐业生产的京族人逐渐减少。京族没有专门的手工业者，只是在渔闲、农闲时兼做手工业。京族的手工业主要是与渔业和农业紧密相关的制木船和竹排、养蚕、酿鱼汁等，其中以制木船和竹排为主[①]。

黎族也属于壮侗语族民族，但鉴于其主要分布在今海南省，故不属于本书讨论的范围。

三、苗瑶语族民族及其文化

从语言方面看，苗族、瑶族、土家族都是汉藏语系苗瑶语族的民族，在没有完全分化为单一民族之前，这三个民族的先民之间有着十分紧密的联系，特别是苗族和土家族，都是从“溪州蛮”分化而来的。但到了元明清时期，这三个民族逐渐分化成单一民族。所不同的是，苗族、瑶族的先民不断迁徙，而土家族的先民主要还是居住在原地。由于不同的历史变迁，这三个民族的语言、文化也呈现出不同的特点。

（一）苗族的形成及其文化

与苗族直接有关的“苗人”，最早出现在唐代的《蛮书》中。《蛮书》卷十载：“黔、泾、巴、夏四邑苗众，咸通三年（公元862年）春三月八日，因入贼（指南诏军队）朱道古营栅竟日，与蛮贼将大羌杨阿触、杨酋盛、拓东判官杨忠义话得姓名，立边城自为一国之由。祖乃盘瓠之后，其蛮贼杨羌等云绽盘古之后。”[②] 这里，《蛮书》作者樊绰记录了他在安南都护府（今越南北方）战场上亲自看见的自称是“盘瓠之后”的苗民。这反映了隋唐时期的苗民，其发展状况已相当稳定，而且分布区亦较之南北朝有所扩大。《隋书·地理志》载：“南郡（驻今湖北江陵）、夷陵（驻今湖北宜昌市西北）、竟陵（驻今湖北钟祥）、沔阳（驻今湖北沔阳西南）、沅陵（驻今湖南沅陵）、清江（驻今湖北五峰西北）、襄阳（驻今湖北襄樊市）、春陵（驻今湖北枣阳）、汉东（驻今湖北随州）、安陆（驻今湖北安陆）、永安（驻今湖北新洲）、义阳（驻今河南信阳）、九江（驻今江西九江）、江夏（驻今湖北汉口）诸郡，多杂蛮左……诸蛮本其所出，承盘瓠之后，故服章多以斑布为饰。”[③] 到唐代其分布又从湘西、黔东向贵州腹地深入，经黔西南进入滇东南。从宋代开始已大量向西南迁移。

---

① 《京族简史》修订本编写组编写《京族简史》（修订本），民族出版社2008年版。

② 〔唐〕樊绰撰，向达原校，木芹补注《云南志补注》，云南人民出版社1995年版。

③ 《隋书·地理志下》，中华书局标点本1973年版。

从朱熹《记三苗》的记载来看，宋代五溪地区的“苗蛮”已分化完毕。朱熹曾在五溪做地方官，其在《记三苗》中载：“顷在湖南，见说溪峒蛮瑶，略有四种，曰獠、曰仡、曰伶，而最轻捷者曰苗。”[①] 此外，朱辅的《溪蛮丛笑》叶钱序言中，亦载有苗。宋朝中央政府对苗民实行羁縻统治，并视各地情况而有所区别。对与汉族分布区相邻的、经济发达的地区，就编里增多，升为内地府州，比照内地输赋；对边远、闭塞的地区，就任用本族首领治之。

元明清三代，苗族因多方面的原因而不断迁徙，总体上呈由东向西迁徙的势态，西至滇黔，东至湘桂。《招捕总录·思播》载：“至大元年（公元1308年）七月，思州言广利、白拿等处苗贼，与公俄、羊溪苗贼作乱，伏白泥站劫人。”[②] 元代的思州宣抚司辖黔湘连接地带，则元代湘地苗族众。明代这种情况亦未发生多少变化，《炎徼纪闻》载：“苗人，古三苗之裔也。自长江、沅、辰以南，尽夜郎之境，往往有之，与民夷混杂，通曰南蛮。其种其多，散处山间，聚而成村者曰寨。其人有名无姓，有族属，无君长。”由于与汉族杂居，故开始有“生苗”“熟苗”之别。《炎徼纪闻》载：“近省界者为熟苗，输租服役，稍同良家，十年则官司籍其户口息耗，登于天府，不与是籍者，谓之生苗。”明代，中央王朝为了有效地治理苗族，便在苗族地区设置了土司，建立卫所，贵州境内有柳旁土千总曾氏等十余个土司，湖南有古丈坪土千总梁氏、龙氏等土司。

在清代，由于迁徙目的地、生活环境不同，苗族内部产生了不同的支系，各支系之间亦有一定的方言和生产生活习俗方面的差别。据乾隆《贵州通志》所载，在贵阳、大定、遵义有花苗，在贵定、龙里、黔西有白苗，在修文、镇宁、黔西有青苗，在铜仁有红苗，在都匀、黎平、镇远有黑苗。具体情况如下：

花苗。“花苗，在贵阳、大定、遵义，所属皆无姓氏，衣用败布缉条以织，衣无衿袴而纳诸首，男以青布裹头，妇人敛马鬃杂发尾。大如斗，笼以木梳。裳服先用蜡绘花于布而后染之。既染，去蜡则花见。饰袖以锦，故曰花苗。每岁孟春，合男女于野，谓之跳月。择平壤地为月场，鲜衣艳妆，男

① 转引自王文光、段红云著《中国古代的民族识别》（修订本），云南大学出版社2011年版。

② 罗炳良主编《中华野中·辽夏金元卷·招捕总录》，泰山出版社2000年版。

吹芦笙，女振响铃，旋跃歌舞，谑浪终日。”① 可见，花苗是因为服饰上染花而得名。

白苗。“白苗，在贵定、龙里，黔西州亦有之。衣尚白，短仅及膝。男子科头赤足，妇人盘髻长簪。跳月之习与花苗同。”可见，白苗是因为衣尚白，故称之为白苗。

青苗。“修文县、镇宁州、黔西州皆有之。衣尚青，妇人以青布一幅着之首。男子顶竹笠，蹑草履，出入必佩刀。性强悍好斗，颇同于倮倮。然犹知畏法，不敢为盗。其在平远州者，又名箐苗，居依山箐，迁徙无常，不善治田，惟种收麦稗粱。衣麻衣，皆其自织。男子未婚者剪脑后发，娶乃留之。”② 青苗是因为衣尚青而得名。

红苗。“红苗，在铜仁府者多，有吴、龙、石、麻、白五姓。衣服悉用斑丝，女红以此为务。牲畜不宰，皆剖杀，以火去毛，微煮，带血而食之。人死仍用棺，将所遗衣服装像，击鼓歌舞，名曰调鼓。每岁五月寅日，夫妇各宿，不敢言，不出户，以避鬼，恐致虎伤。同类斗杀，以妇人劝方解。凡出劫，富者出牛酒以集众，有获同分；遇杀死，则出银以偿。被掠者必索金赎。”③ 红苗是因为衣服红色而得名。

黑苗。“黑苗，在都匀之八寨（今丹寨）、丹江（今雷山），镇远之清江（今剑河），黎平之古州（今榕江），其山居者曰山苗、曰高坡苗，近河者曰洞苗（按：‘洞苗’在此当指峒人，而非苗族），中有土司者为熟苗，无管者为生苗。衣服皆尚黑，故曰黑苗。”④ 黑苗是因为衣服尚黑而得名。

上述有关苗族不同支系的材料，反映了苗民内部的多样性和社会经济发展的不平衡性。同时，社会经济发展的不平衡性，又会在一定程度上带来文化的多样性。

元明清时期，由于封建统治的加重，苗族和其他各族人民一道投入到反封建的斗争中。元朝末年，苗族民众就参加了反抗元朝的起义。明朝正统年间（公元 1436—1449 年），由于大量征调军队征麓川，弄得民穷财尽，民众被迫聚众反抗。正统十四年（公元 1449 年），兴隆（黄平）、邛水（三穗）

---

① 〔清〕张广泗、靖道谟、杜诠修撰乾隆《贵州通志》（卷七），中华书局 1968 年版。

② 〔清〕张广泗、靖道谟、杜诠修撰乾隆《贵州通志》（卷七），中华书局 1968 年版。

③ 〔清〕张广泗、靖道谟、杜诠修撰乾隆《贵州通志》（卷七），中华书局 1968 年版。

④ 〔清〕张广泗、靖道谟、杜诠修撰乾隆《贵州通志》（卷七），中华书局 1968 年版。

和镇远等地的苗族首先起义反抗，邛水十四寨的苗族以迅速之势攻下军事重镇思州府城。同年七月，各地苗族也纷纷起义，民众多达二十余万人，其势力范围西至晴隆，东至沅州（今湖南芷江），北至播州。乾嘉年间流官和苗族上层朋比为奸，欺虐苗民，而且陷害无辜苗民，亦引起了苗民的反抗，虽然最终被镇压，但其影响是巨大的。

苗族由于分布区广大，所以其民居形式因地域而异。黔东南民居以吊脚楼为特色；湘西则以双斜面瓦顶为常见，滇东北苗族多住“杈杈房”。和民居一样，苗族服饰差别也很大，式样有几十种之多，以黔东南的银饰盛装最有特色。苗族青年男女婚恋较为自由，男女青年通过“游方”（黔东南）、“坐寨”（广西融水）、“踩月亮”（云南文山、楚雄）、“跳花”（黔中、黔西）、“会姑娘”（湘西）等社交活动，自由对歌，恋爱成婚。云南楚雄等地有“姑娘房”制度，以便择配良偶。妇女有不落夫家的习俗。家庭形式以一夫一妻制父系小家庭为主，财产由男子继承，主妇在家庭中享有较高的权威①。黔东南、黔南、湘西、广西大苗山及湖北、海南岛等地的苗族，多以大米为主食，玉米、红薯、小麦为辅；滇东北、黔西北、川南等地苗族，以玉米、荞麦和洋芋为主食。普遍好饮酒。

苗族节日很多，有苗年（农历十月），也过“客家年”（春节）。信仰万物有灵，祀奉祖先，崇拜自然，认为神灵具有不可抗拒的力量。祈求消灾除邪时，由巫师驱鬼。祭神祭祖时，极为隆重，黔东南的“吃牯脏”（鼓社）、黔西北的“吃牛”、湘西的“还傩愿”“椎牛”“吃猪”“赶鬼”“吃鬼”“祭鬼”都较有特色。此外，以自然物（大树、怪石）或人造物（水井、板凳）的崇拜也较为突出。云贵川的苗族还有很多人信仰天主教、基督教。苗族老人死后要击鼓吹芦笙报丧，报丧对象中最重要的是舅父和姑母。

苗族自称有“牡”“蒙”“摸”“毛”，有的地区自称“嘎脑”“果雄”“带叟”“答几”等。历史上曾按其服饰、居住地等方面的不同，在苗字前面冠以不同的名称。中华人民共和国成立后，依照苗族人民的意愿，统称为苗族。苗族使用苗语，属汉藏语系苗瑶语族苗语支。由于长达几千年的迁徙，住地分散，故苗语逐步分成三大方言，即湘西（东部）方言、黔东（中部）

---

① 《中国大百科全书》总编辑委员会、《中国大百科全书·民族》编辑委员会编《中国大百科全书·民族》，中国大百科全书出版社1986年版。

方言和川滇黔（西部）方言。此外，川滇黔方言内部又分七种次方言。

（二）瑶族的形成及其文化

瑶族是南北朝时期，从盘瓠之中分化出来的一个民族群体，当时被称为“莫徭”，最早见于《南史·张缵传》：“州界零陵、衡阳等郡，有莫徭蛮者，依山险而居，历政不宾服。”[①] 之所以称之为“莫徭”，《隋书·地理志下》载：“长沙郡又杂有夷蜑，名曰莫徭。自云其先祖（指盘瓠）有功，常免徭役，故以为名。……武陵（驻今湖南常德）、巴陵（驻今湖南岳阳）、零陵（驻今湖南零陵）、桂阳（驻今湖南郴县）、澧阳（驻今湖南澧县东南）、衡山（驻今湖南衡阳）、熙平（驻今广东连州市）皆同焉。其丧葬之节，颇同诸左云。”[②] 可见，瑶族当时主要还是分布在洞庭湖以南的湖南境内及湘黔桂粤四省区连接地区，从事狩猎及刀耕火种。杜甫在游洞庭湖时曾在《岁晏行》中写过：“岁云暮矣多北风，潇湘洞庭白雪中。渔父天寒网罟冻，莫徭射雁鸣桑弓。”刘禹锡贬官连州任刺史时，也写过表现莫徭生活的《莫徭歌》：“莫徭自生长，名字无符籍。星居占泉眼，火种开山脊……”又《连州腊日观莫徭猎西山》：“张罗依道口，嗾犬上山腰。箭头余鹄血，鞍傍见雉翘。”[③] 可见，唐代莫徭已经引起很多人的关注。唐代以后，莫徭之名在史籍中渐次消失。此后，即又被汉族史家记为瑶、瑶人、“蛮瑶”等而见诸宋元明清史籍。

宋初，瑶人开始有所变化。《桂海虞衡志》载：“徭，本盘瓠之后。其地山溪高深，介于巴、蜀、湖广间，绵亘数千里。椎髻跣足，衣斑斓布褐。名为徭，而实不供征役，各自以远近为伍，以木叶覆屋，种禾、黍、粟、豆、山芋杂以为粮，截竹筒而炊。暇则猎食山兽以续食。”[④]

宋代瑶族有几个较大的聚居区：一是现湖南省中部的梅山地区，“其地东接潭（今长沙一带），南接邵（今邵阳一带），其西则辰（今沅陵一带），其北则鼎（今常德）、澧（今澧县）”[⑤]。公元1072年，宋王朝下令开梅山，设新化、安化二县，制定赋税，登记户口。在此过程中，部分瑶族人口便向湘

① 《南史·张缵传》，中华书局标点本1975年版。

② 《隋书·地理志下》，中华书局标点本1973年版。

③ 王文光、段红云著《中国古代的民族识别》（修订本），云南大学出版社2011年版。

④ 齐治平校补《桂海虞衡志校补》，广西民族出版社1984年版。

⑤ 《宋史·蛮夷二》，中华书局标点本1985年新1版。

南、广西迁徙，亦有少量留在当地者被汉族同化[1]。二是今湘南与桂粤相连接的山区，是瑶族分布的又一地区，有邓、黄、唐、房、盘等姓。这里的瑶族上层贵族处于宋王朝的羁縻统治之下，被授予峒主、银青光禄大夫等官职。此后，便一直生息在这里。

当苗、瑶分化为两个民族后，苗族分布在偏北，瑶族分布在偏南。当北边的苗族向西迁移进入云贵川时，在南的瑶族也向南、西南移动，深入到两广、滇黔，奠定了瑶族现代的分布格局：约百分之六十七的瑶族人口分布在广西；约百分之十五的瑶族人口分布在湖南；进入云南的瑶族约占瑶族总人口的百分之十；广东的瑶族占百分之六左右；贵州的瑶族占百分之一二；亦有极少数分布在江西省的西南角[2]。

元明清时期，瑶族中发展较快的部分已经接近汉族的水平，接受封建王朝的统治，但那些分布在偏远山区者，仍散居溪谷山林，缓慢地发展着。瑶族社会内部长时间存在着瑶老制，大多为历代政府委任头人担任“瑶练”“瑶长”。除瑶老制外，广西大瑶山地区的瑶族还有一种带有原始民主制残余性质的瑶族石牌制。其内容是：以一个或若干个村寨为单位，就防盗防贼，保护生产、婚姻聘礼、保护外来正当商人、处理纠纷等问题订立规约，共同遵守。通过的规约称为“石牌律”“律法”或“条规”，将之刻于石牌上，称为石牌。也有写于白纸或木板上的。凡参加者都要严格遵守，如有违反，要按石牌的规定处置。由于参加户数、村寨数不等，所以又有总石牌、大石牌、小石牌之分。总石牌包括瑶山70多个村子，是瑶山权威的体现。各石牌的头人由善于言辞、办事公正、有胆有识的青年在老一辈头人的培养下，逐渐树立威信而形成，一般由男子担任。头人无固定报酬，仅在处理纠纷时，得到当事人供给的饭食及一定报酬。

元代，由于实行民族压迫政策，激起了各族人民的反抗。从延祐三年（公元1316年）到至顺二年（公元1331年）的15年中，瑶族的反元斗争就有40多起。在元末农民起义中，湘西瑶族吴天保所领导的起义规模最大，拥有义军6万人，攻占了靖州、辰州等州县。明代，广西大藤峡瑶民起义规模最大。明正统二年（公元1437年），明朝调田州等府的土兵到大藤峡周围屯

---

① 王钟翰主编《中国民族史》，中国社会出版社1995年版。

② 国家民委民族问题五种丛书编委会《中国少数民族》编写组编写《中国少数民族》，人民出版社1981年版。

垦，企图将瑶族困于深山之中，于是引发大藤峡瑶族起义。最后明王朝在藤峡中心区设立了武靖土州，恢复或增设巡检司，任以土官，加强土司的统治，并采取了许多招抚措施。

瑶族男女服装主要用青、蓝土布制作。各支系服饰差别较大。瑶族一般不与外族通婚，招赘习俗较为普遍，青年人婚恋较为自由。湘西瑶族以稻谷、玉米、荞麦为主食，嗜酸。由于供奉狗王，故忌食狗肉。云南瑶族平时吃粳米，节日吃糯米。除忌食狗肉外，也忌食母猪肉和水牛肉。广西瑶族与前述亦大同小异。

瑶族主要信奉原始宗教与道教，少数信奉佛教，广西十万大山地区还有信奉天主教的。瑶族原始宗教主要崇拜雷王、风伯和雨师，也崇拜五谷灵娘、山神、河神、树神、兽神和牛王等自然神，崇拜盘古圣帝造物神。道教诸神的影响尤为广泛，玉皇大帝、太上老君、张天师等都是瑶族的祖师神。众神之中，盘瓠神和密洛陀神的地位是至高无上的。因此，瑶族两个最大的宗教性节日一个是“勉”支系的盘王节，另一个是“布努”支系的祝著节（祭密洛陀女神）。

瑶族自称“勉”“金”“刁”“布努”“炳多优”“黑尤蒙”“拉功口”等。因经济生活、居住或服饰不同，又有“盘瑶”“山子瑶”“顶板瑶”“花篮瑶”“过山瑶”“白裤瑶”“红瑶”“蓝靛瑶”“八排瑶”“平地瑶”等称谓，中华人民共和国成立后，统称为瑶族。瑶族有本民族的语言，但支系比较复杂，有将近一半人使用的语言属于汉藏语系苗瑶语族的瑶语支，有五分之二的人使用的语言属苗语支，广西金秀瑶族自治县的茶山瑶语则属壮侗语族侗水语支。各地瑶族语言差别很大，有的互相不能通话，通常用汉语、壮语或互相熟悉的其他民族的语言交谈。没有本民族文字，一般通用汉文。

四、孟高棉语族民族及其文化

元明清时期，分布于中国西南的佤族、布朗族、德昂族三个孟高棉语族民族都已发展为单一民族，他们是中国境内唯一的三个孟高棉语族民族。随着各民族之间交往的加深，这三个民族的经济、文化等都有了很大的发展。同时，由于各地交通状况、生产力发展水平不一，这三个民族内部的发展也不平衡。靠近汉族地区的部分，经济发展较快，不断吸收汉文化，一部分已经开始汉化。汉文史籍对他们的记载也是比较清晰的。由于这三个民族生产力发展水平都较为落后，历史上也没有形成本民族的文字，因而民间文学、民歌等十分丰富。三个民族都不同程度地信仰以万物有灵为核心的原始宗教。另外，由于这三个民族都处于西南边疆地区，他们的经济文化与南亚、东南亚有一定的联系。

（一）佤族的形成及其文化

佤族曾被称为“卡瓦族”，1963 年才改称佤族。长期以来，佤族被他称为卡瓦，即傣语中的奴隶的意思。佤族从族源上讲，是以闽濮为主体发展而来的。但是，唐代佤族先民被称为“望蛮”。到了元代，唐宋时期的“望蛮”，却不见史籍有载。到了明代，佤族先民有了大的发展，并首见于《百夷传》：“哈剌：男女色漆黑，男子以花布为套衣，亦有百夷妆饰者。妇人类阿昌，以红黑藤系腰数十围。古剌：男女色黑尤甚。男子衣服装饰类哈剌，以白布为套衣。妇人为罗罗之状。……哈杜，稍类哈剌。”[①] 实际上，“古剌”“哈剌”“哈杜”虽然称呼不同，但他们是同一民族的不同部分。

到了清代，哈剌、古剌的民族名称消失，又被他称为“戛喇”“卡瓦”。雍正《云南通志》卷二四载：“戛喇，永昌、腾越内外境俱有之，耕种类阿昌。”[②] 此处，戛喇为古喇的译写之异。同书又载：“卡瓦，夷中之顽梗者也，永顺东南辣蒜江外有之。”[③] 辣蒜江即今之小黑江。辣蒜江外的阿佤山区，是佤族的分布区。元明清时期的古剌等主要分布在永昌、腾越、顺宁、普洱等府州。《百夷传》载：“哈剌，男女鬒黑。男子以花布为套衣，亦有百夷装饰者；妇人髻在后，项系杂色珠，以娑罗布披身上为衣，横系于腰为裙，仍环黑藤数百围于腰上，行缠用青花布，赤脚。”[④] 关于其生产生活，景泰《云南图经志书》卷六“腾冲司”载：“哈剌蛮者，有名尢姓，彨陋体黑，服食相类蒲蛮，而性则柔懦，惧官府。巢居山中，刀耕火种，多旱谷。男子间有剃发者，俱戴笋箨笠。”[⑤]

对于普洱府的卡瓦，道光《云南通志》引《他郎厅志》载：“卡瓦，性

---

① 江应樑校注《百夷传校注》，云南人民出版社 1980 年版。

② 雍正《云南通志》卷二四，引自方国瑜主编《云南史料丛刊》（第十三卷），云南大学出版社 2001 年版。

③ 雍正《云南通志》卷二四，引自方国瑜主编《云南史料丛刊》（第十三卷），云南大学出版社 2001 年版。

④ 江应樑校注《百夷传校注》，云南人民出版社 1980 年版。

⑤ 〔明〕陈文修，李春龙、刘景毛校注《景泰云南图经志书校注》，云南民族出版社 2002 年版。

情愚蠢，男穿青蓝布短衣裤，女穿青蓝布短衣裙，均以红藤缠腰，耕种杂粮，暇则佩刀持枪，射猎为食。在思茅者稀入城市，在宁洱者应役当差。”①

实际上，戛喇就是明代的古剌，卡瓦就是明代的哈瓦。清代戛喇与卡瓦的分布区域也同样是在明代哈喇、哈瓦的分布区域内。所以，这种名称上的不同，仅仅是汉族史家的记载不同而已。近代沧源佤族中还有一部分自称“布剌”或“剌”的，这大约就是明代古剌、哈剌名称的延续。他们虽是同一个民族，但是由于内部经济、文化发展不平衡，加上又没有一个强大的政治力量来统一各部，所以反映在名称上也就难以统一。

明清时期，佤族先民主要受孟定、耿马、孟连、勐董等傣族土司的间接统治。所以，佤族与傣族的联系比较多。约在 19 世纪中叶，佤族中的胡姓“官家”迁往班洪寨，并且以班洪为据点逐渐征服了周围分散的众多小部落，形成了较大的世袭统治者班洪王，因而“班洪部”和“永和部”的佤族便逐渐摆脱了傣族土司的统治。

到中华人民共和国成立前，佤族各地区由于历史条件和与其他民族的关系密切程度不同，社会发展水平很不一致。居住镇康、永德地区的佤族，较早地接受了傣族、汉族和其他民族的先进文化，成了佤族的先进部分，已经进入地主经济阶段。阿佤山边缘地区的耿马、澜沧、孟连、勐海，以及沧源的大部分佤族，受傣族影响较深，已发展到封建领主制。阿佤山中心地区的西盟和沧源、澜沧的一小部分佤族，受傣族、汉族的影响不深，中华人民共和国成立前还停留在原始社会末期或向阶级社会过渡的阶段。这三种情况下的佤族，以阿佤山边缘区的人数最多，中心区次之，镇康、永德地区的最少。而佤族特点最突出的是西盟地区②。

佤族村寨多建于山腰，由于猎头等原因，西盟佤族的村寨都比较大，村寨周围有木鼓房，有人头桩。住房各地有差别，受汉族影响大的住四墙落地草木房，而沧源和西盟地区房屋是干栏式建筑，与傣族的干栏式建筑相类似。西盟还有一种大房子，在房脊两端置有木刻的燕子和男性裸体像，燕子是佤族崇拜的一种飞禽，男性裸体像则塑成其崇拜的祖神的形象。食物以大米为主，也有采集野菜、野薯的情况。在西盟佤族地区，在 1949 年以前，许多村

① 道光《云南通志》，引自方国瑜主编《云南史料丛刊》（第十三卷），云南大学出版社 2001 年版。

② 田继周、罗之基著《佤族》，民族出版社 1996 年版。

寨没有水田，种的是旱谷。喜饮浓茶、吸草烟和嚼槟榔。男子用黑布或红布缠头，上身穿无领短衣，裤短而宽大，赤足，身佩长刀；妇女穿无领短衣，下穿围裙，还有许多银饰品。

婚姻以一夫一妻为主，同姓不婚。盛行族内转房婚。姑舅表婚较为常见。佤族实行土葬，每个寨子都有公共墓地，夫妻不合葬，不起坟冢。在西盟一带的佤族，人死后有的也直接葬于住宅前面的园地里。由于生产方式较为落后，以西盟为主的佤族地区以信仰原始宗教为主，每年都举行全村寨较大的宗教活动，如祭水鬼、砍牛尾巴和砍人头祭鬼等①。在沧源、孟连等地的部分佤族，还信仰佛教、基督教。“拉木鼓”是一年中盛大的活动②，但不是每年都进行。

佤语属南亚语系孟高棉语族佤德语支，分为巴饶克、阿佤、佤三种方言，每种方言下又有土语。历史上无本民族文字。流传于民间的神话、故事小说、童话、寓言、诗歌等口头文学非常丰富。《司岗里》《江三木落》等是流传最广泛的故事传说。流传于佤族民间的歌舞，题材广泛，独具风格。

佤族的自称各地有别，大体居住在云南省镇康、永德者称“佤”，居住在耿马、双江、澜沧者称“巴饶克”，居住在镇康、孟连者称“阿瓦”，皆有“山居人”的意思。中华人民共和国成立后，统一名称为佤族。主要分布在云南省西盟、沧源、孟连三县，耿马、澜沧、双江、镇康、永德、昌宁、勐海等县亦有分布。

（二）布朗族的形成及其文化

在中华人民共和国成立前，一般称布朗族为“蒲蛮”“蒲人”“蒲满”等。唐宋时期称之为“朴子蛮”，到元明清时期被汉文史籍记为“蒲蛮”“蒲人”。不过，元明时期的“蒲蛮”“蒲人”不只是布朗族的先民，还包括德昂族的先民在内。“朴”与“蒲”实际上是同一个音，是不同历史时期汉族史家对同一民族群体的不同记载。“蒲蛮”主要分布在今天云南省的保山、德宏、临沧、普洱、西双版纳。分布在不同地区的“蒲蛮”其经济文化发展水平亦有差异。居住在靠内地的开南州（今景东）、威远州（今景谷）的“蒲蛮”，农业和手工业都有较大的发展，许多上层贵族得到了元中央政府封给的

① 田继周、罗之基著《佤族》，民族出版社1996年版。

② 云南省历史研究所编著《云南少数民族》，云南人民出版社1983年版。

土官官衔。而永昌（今保山）南部一带的“蒲蛮”，发展较为缓慢，仍生活在比较原始的状态之中。元代李京《云南志略》载：“蒲蛮，一名朴子蛮，在澜沧江以西。性勇健，专为盗贼，骑马不用鞍。跣足，衣短甲，膝（颈）（胫）皆露。善用枪弩。首插雉尾，驰突如飞。”① 这一记载确实反映了澜沧江以东的“蒲蛮”比澜沧江以西的“蒲蛮”发展程度高。

到了明代，“蒲蛮”中发展不平衡的状况仍然存在。明初，任用“蒲蛮”中的贵族阿悦贡任顺宁府的土司府，促使与汉族的经济文化交流加强，因此部分蒲人开始“男耕女织，渐习文字”。万历《云南通志·永昌府·风俗》载：“蒲蛮，一名蒲子蛮，其衣食好尚与顺宁府者同。……今近城居者，咸慕汉俗，而吉凶之礼，多变其旧。”② 但那些处于封闭环境中的部分，还是比较落后。景泰《云南图经志书》载：“蒲蛮，一名朴子蛮。其服食好尚与顺宁府者相同，居澜沧江以西者，性勇健，专为盗贼，髻插弩箭，兵不离身，以采猎为务。骑不用鞍，跣足驰走如飞。男子出外，其妇杜门绝客，禁杵臼，静坐以待其至。有罪不分轻重，酋长皆杀之。有战斗，杀犬分肉为令，击木为号，讲和则斫牛为誓，刻木为信。争酋长则父子兄弟相攻，邻里不救，受贿乃救。”③

明代，在称他们为“蒲蛮”“扑子蛮”的同时，也有称为“蒲人”者，这时的蒲人仍然包括了布朗族和德昂族的先民在内。与元代相比，对蒲人分布区域有了更进一步的了解。从史籍记载来看，他们的分布区主要集中在今凤庆、昌宁、施甸、保山、腾冲、梁河、盈江、陇川等地；散居的部分分布在今镇康、耿马、临沧、双江、景东、景谷等地。到了明朝末年，更有一部分蒲人向东流入今禄丰、玉溪、开远、蒙自、文山等地。居住于保山地区的蒲人迅速汉化，凤庆蒲人开始产生地主经济，所以万历二十五年（公元 1597 年）明朝在顺宁府进行改土归流，废除了当地的土司府而改设流官。但是，分布在澜沧江下游以西和怒江下游东西两岸的部分，则仍然处在向阶级社会的过渡之中。

到了清代，蒲人的情况有很大的变化。明朝时期向东迁徙到玉溪、禄丰、

① 王叔武校注《大理行记校注云南志略辑校》，云南民族出版社 1986 年版。

② 方国瑜主编《云南史料丛刊》（第 6 册），云南大学出版社 2000 年版。

③〔明〕陈文修，李春龙、刘景毛校注《景泰云南图经志书校注》，云南民族出版社 2002 年版。

开远等地的蒲人，在各种史籍中已见不到，这部分蒲人应当是融合到其他民族中去了。永昌府（今保山）西南的“蒲蛮”不再见于记载，实则已分化为“崩龙”。而普洱府的蒲人便成为西双版纳傣族自治州境内的布朗族的先民。改土归流后的顺宁府也不再是蒲人的主要聚居区，或融合于其他民族，或向其他地方迁徙。散居各地的蒲人，由于数量少，难以形成自己独立的经济区域，政治上也主要从属于居住地的主要民族。

布朗族男子着无领对襟短衣和黑色宽大长裤，以黑布或白布包头；妇女上穿紧身无领短衣，下着红、绿纹或黑色筒裙，头挽发髻并缠大包头。以大米为主食，辅以玉米、豆类。喜食酸辣，喜好烟、酒，妇女有嚼槟榔的习惯，住干栏式房屋。实行氏族外婚和一夫一妻制，在从妻居的婚制下，不但结婚自由，而且离婚也自由。通行土葬，多用竹棺，有村寨的公共墓地。大部分布朗族都信仰南传上座部佛教，也有祖先崇拜。

布朗语属南亚语系孟高棉语族佤德语支，分布朗与阿尔佤两个方言。由于布朗族基本上处于傣族文化圈内，与傣族在各个方面的紧密关系促使两个民族在语言上也相互影响，因此，布朗族普遍会讲傣语，傣语是不同地区布朗人交流的“普通话”[①]。同时，由于长期与当地汉族、佤族交往，部分布朗人还会讲佤语或汉语。布朗族历史上没有本民族的文字，部分人会汉文、傣文。

布朗族有许多自称，不同地区的自称不同。居住于西双版纳的部分自称为“布朗”，居住于镇康的部分自称为“乌”，而居住在澜沧的部分自称为“翁洪”。其他民族则称布朗族为“濮曼”。1950 年以后，统一称为布朗族[②]。布朗族现在主要分布在云南省西双版纳傣族自治州的勐海、景洪和临沧地区的双江、永德、云县、耿马及思茅（现普洱）地区的澜沧、墨江等县。

（三）德昂族的形成及其文化

德昂族曾被称为“崩龙族”，1985 年才改称德昂族。德昂族作为一个单一民族，是由元明时期的蒲人到清代开始分化出来的。所以，清朝以前，史籍中看不到有关德昂族的记载。清朝乾隆年间才有“波龙”（“崩龙”）的记载。光绪《永昌府志·种人》载：“崩龙，类似摆夷，惟语言不同。男以背

---

① 《布朗族简史》修订本编写组编写《布朗族简史》（修订本），民族出版社 2007 年版。

② 王文光等著《云南的民族与民族文化》，云南教育出版社 2000 年版。

负，女以尖布套头，以藤篾圈缠腰。漆齿文身。多居山巅。土司地皆有。”[①]这是清代有关“崩龙”的记载，从此“崩龙”便作为一个单一民族出现。由此可简单地看到下列几点：首先，“崩龙”先民的分布区域是在永昌府所属的傣族土司统治区内，他们是在傣族土司统治下的被统治民族，分布在同区域的山区。其次，他们在清代的分布区域，从明朝的有关记录来看，属于蒲人的分布区域，可以由此判断，“崩龙”是从蒲人中分化出来的，原来蒲人中分布在南定河以西的部分形成“崩龙”，东部的部分成为布朗。这一判断的佐证是：从现代语言学的系属划分来看，二者的语言同属一个语系，一个语族，因而其同源同宗的亲缘关系是可以肯定的。德昂族的语言德昂语，属南亚语系孟高棉语族德昂语支。由于与傣族、汉族等杂居相处，德昂语言中借用了不少傣语、汉语中的词。中华人民共和国成立前，德昂语主要是吸收傣语，不仅表现在语音上，而且在基本词汇中也存在大量的借词现象。中华人民共和国成立后，德昂语主要是借用现代汉语词汇，其特点是以借音为最多。德昂语内部又分为布雷、汝买、梁三种方言。德昂族历史上无本民族文字，长期使用傣文。很多德昂族成年男子不仅会讲傣语，而且还懂傣文，有的德昂族佛爷还相当精通傣文[②]。

在很长的历史时期，德昂族被傣族土司统治，头人多世袭或由土司任免。头人称达岗，管辖数村。每村设达吉岗一人，协助达岗处理村内一切事务，为土司摊派款项和贡物。属于景颇族山官直接管辖的德昂族，还要向景颇族山官纳税。每个大家庭由三至四代有血缘关系的若干小家庭组成，共居一长房，集体劳动，共同消费。

德昂族实行一夫一妻制，同姓不婚，盛行姑舅表婚，很少与外族通婚。婚后所生子女，一般由父亲取名，凡男性冠以“腊”，女性冠以“玉”[③]。木鼓是他们独特的乐器。不同支系的妇女有不同的服饰，从其筒裙横条纹的颜色来识别。妇女上穿开襟短衫，头缠包头，戴银器及彩色玻璃珠，束腰箍，扎裹腿。男子着黑布圆领大面襟，缠黑色或白色包头。少年喜戴大

---

① 刘毓珂等纂修《永昌府志》，成文出版社1967年版。

② 《德昂族简史》修订本编写组编写《德昂族简史》（修订本），民族出版社2008年版。

③ 《德宏傣族景颇族自治州概况》修订本编写组编写《德宏傣族景颇族自治州概况》（修订本），民族出版社2008年版。

耳坠和银项圈。

德昂族的住房分竹楼和土屋两种。竹楼为干栏式建筑，其式样与傣族相似，但有所不同。据传说，过去德昂族不会盖房子，孔明就取下帽子，教他们按照帽子的形状建盖，所以德昂族竹楼外观像“孔明帽”。在屋脊上扎有数个葫芦状草结，是德昂族建筑的特殊标志①。

德昂族一般以大米为主食，掺以玉米、荞子、豆，个别地区以玉米、荞子为主粮。由于居住地天气炎热，德昂族喜食酸、辣、苦等味的消暑、解毒食物，如酸腌菜、酸笋、酸扒菜、酸木瓜汁等。所居住地茶树众多，德昂族养成了嗜饮烤、煮而成的浓茶的习惯。闲暇之余，德昂族人还喜欢嚼烟。经常嚼烟的人，牙齿也相应变成黑色而且有光泽，所以史书中常用“黑齿”“漆齿”来记载他们的先民②。

德昂族由于深受傣族的影响，其节日大多与傣族同，有泼水节、关门节、开门节、烧白柴等，最盛大的节日是泼水节。德昂族人死后一般实行土葬，但凶死者则行火葬。

在明代初年，德昂族仍信仰本民族固有的原始宗教。他们认为人的生老病死、吉凶祸福，都是鬼神作祟，所以必须对鬼神进行祭祀和祈祷。元代中期以后，南传上座部佛教开始在德昂族民众中传播。傣族土司为了“教化”德昂族民众，加强对德昂族的统治，就不断加强南传上座部佛教在德昂族中的宣传，同时还培养德昂本民族的僧侣。于是南传上座部佛教便在德昂族中迅速传播开来。在信仰南传上座部佛教的同时，德昂族也没有完全抛弃原始宗教。这种由原始宗教与南传上座部佛教彼此渗透、相互融合而形成的错综复杂的宗教信仰，构成了德昂族群众日常生活的一个重要内容③。

德昂族人民创造了许多神话传说和民间故事，同时也创造了许多具有浓郁民族风格的诗歌，主要有史诗、叙事诗和抒情诗。在史诗中，最具有代表性的是《达古达愣格莱标》（又称《古歌》），它是德昂族的创世史诗。德昂

① 《德宏傣族景颇族自治州概况》修订本编写组编写《德宏傣族景颇族自治州概况》（修订本），民族出版社 2008 年版。

② 《德昂族简史》修订本编写组编写《德昂族简史》（修订本），民族出版社 2008 年版。

③ 《德昂族简史》修订本编写组编写《德昂族简史》（修订本），民族出版社 2008 年版。

族同其他少数民族一样能歌善舞。唱歌不仅是一种娱乐形式，还具有传播本民族文化和传情达意的作用。德昂族常见的民歌或山歌有“对歌调”等五种曲调，唱歌时还往往需要一定的乐器伴奏。乐器主要有打击乐器和管弦乐器两大类。德昂族的舞蹈主要是集体舞，多在重大节日或人们聚会时跳[①]。

历史上的“崩龙”当为他称，汉族就称德昂先民为“崩龙”。他们的自称有好几种，居住在德宏地区的部分自称“德昂”，居住在镇康、耿马的部分则自称“尼昂”或“纳昂”。中华人民共和国成立后，曾用他称统一称为“崩龙族”。1985 年 9 月，根据本民族人民的意愿，改称德昂族。

德昂族现在主要聚居在云南省德宏傣族景颇族自治州芒市的三台山乡和临沧市镇康县的军弄乡，其余散居在盈江、瑞丽、陇川、保山、梁河、耿马等地。

① 《德昂族简史》修订本编写组编写《德昂族简史》（修订本），民族出版社 2008 年版。

参考文献

一、史籍及史籍研究著作

《史记》，中华书局标点本 1962 年版。
《史记》，中华书局标点本 1982 年版。
《汉书》，中华书局标点本 1962 年版。
《后汉书》，中华书局标点本 1965 年版。
《三国志》，中华书局标点本 2011 年版。
《魏书》，中华书局标点本 1974 年版。
《隋书》，中华书局标点本 1973 年版。
《北史》，中华书局标点本 1974 年版。
《北齐书》，中华书局标点本 1972 年版。
《周书》，中华书局标点本 1971 年版。
《新唐书》，中华书局标点本 1975 年版。
《旧唐书》，中华书局标点本 1975 年版。
《旧五代史》，中华书局标点本 1976 年版。
《金史》，中华书局标点本 1975 年版。
《宋史》，中华书局标点本 1985 年版。
《辽史》，中华书局标点本 1974 年版。
《新五代史》，中华书局标点本 1974 年版。
《元史》，中华书局标点本 1974 年版。
《明史》，中华书局标点本 1974 年版。
《清史稿》，中华书局标点本 1976 年版。
《清史稿》，中华书局标点本 1977 年版。
〔宋〕宇文懋昭撰，崔文印校证《大金国志校证》，中华书局 1986 年版。

古永继校点天启《滇志》，云南教育出版社 1991 年版。

〔元〕李兰肹等撰，赵万里校辑校点《元一统志》，中华书局 1966 年版。

〔元〕刘应李原编，詹友谅改编，郭声波整理《大元混一方舆胜览》，四川大学出版社 2008 年版。

刘毓珂等纂修《永昌府志》，成文出版社 1967 年版。

〔晋〕张华撰《博物志》，贵州人民出版社 1992 年版。

〔明〕陈文修，李春龙、刘景毛校注《景泰云南图经志书校注》，云南民族出版社 2002 年版。

〔明〕钱古训撰，江应樑校注《百夷传校注》，云南人民出版社 1980 年版。

杨伯峻编著《春秋左传注》，中华书局 1982 年版。

〔清〕阮元校刻《十三经注疏》，中华书局影印本 1980 年版。

〔春秋〕墨翟编《墨子》，远方出版社 2004 年版。

王国维撰，黄永年校点《今本竹书纪年疏证》，辽宁教育出版社 1997 年版。

〔梁〕沈约注《竹书纪年集解》，文益书局 1936 年版。

高亨注《诗经今注》，上海古籍出版社 1980 年版。

慕平译注《尚书》，中华书局 2009 年版。

王守谦等译注《左传全译》，贵州人民出版社 1990 年版。

江灏、全宗武注译《古今文尚书全译》，贵州人民出版社 1990 年版。

〔战国〕吕不韦撰《吕氏春秋》，上海古籍出版社 1989 年版。

蒋南华、罗书勤、杨寒清注译《荀子全译》，贵州人民出版社 2009 年版。

黄怀信撰著《逸周书校补注译》，西北大学出版社 1996 年版。

姚小鸥译著《诗经译注》（下册），当代世界出版社 2009 年版。

〔汉〕赵晔撰《吴越春秋》，中华书局 1985 年版。

钟利戡、王清贵辑《大禹史料汇集》，巴蜀书社 1991 年版。

〔晋〕常璩撰，刘琳校注《华阳国志校注》，巴蜀书社 1984 年版。

〔春秋〕左丘明撰，蒋冀聘校点《左传》，岳麓书社 2006 年版。

〔唐〕玄奘撰，章撰校点《大唐西域记》，上海人民出版社 1977 年版。

〔北宋〕乐史撰《太平寰宇记》，金陵书局光绪八年本。

〔北宋〕王溥撰《唐会要》，中华书局 1988 年版。

参考文献

〔南宋〕郭允蹈撰，赵炳清校注《蜀鉴校注》，国家图书馆出版社 2010 年版。

〔清〕顾炎武（四部丛刊三编史部）《天下郡国利病书·广东下·峒僚》（第 7 册），上海书店 1935 年版。

〔唐〕杜佑撰，王文锦等校点《通典·边防典·边防六》，中华书局标点本 1988 年版。

〔宋〕曾公亮等撰《武经总要》前集卷一九，印景文渊阁四库全书第七百二十六册，台湾商务印书馆 1986 年版。

〔清〕顾祖禹撰《读史方舆纪要》，中华书局 2005 年版。

〔宋〕李心传撰，徐规校点《建炎以来朝野杂记》乙集卷二〇，中华书局 2000 年版。

〔宋〕王存撰，王文楚、魏嵩山校点《元丰九域志》，中华书局 1984 年版。

黄奋生编著《藏族史略》，民族出版社 1985 年版。

〔唐〕樊绰撰，向达原校，木芹补注《云南志补注》，云南人民出版社 1995 年版。

〔清〕彭定求等编《全唐诗》，上海古籍出版社 1986 年版。

王云五主编，郑玄注，王闿连补注《尚书大传》，商务印书馆 1937 年版。

〔宋〕王钦若等编纂《册府元龟》，凤凰出版社 2006 年版。

〔唐〕李吉甫撰《元和郡县图志》，中华书局 1983 年版。

孔子等著《诗经》，时代文艺出版社 2001 年版。

〔元〕马端临撰《文献通考》（上、下册），中华书局 1986 年版。

〔清〕马瑞辰撰《毛诗传笺通释》，中华书局 1989 年版。

〔清〕毕沅编著《续资治通鉴》，中华书局标点本 1957 年版。

王忠著《新唐书吐蕃传笺证》，科学出版社 1958 年版。

〔北魏〕郦道元注《水经注》，时代文艺出版社 2001 年版。

〔梁〕萧统编，〔唐〕李善注（四库家藏）《文选》（一），山东画报出版社 2004 年版。

〔清〕谢圣纶辑，古永继校点《滇黔志略点校》，贵州人民出版社 2008 年版。

李春龙、刘景毛等校点《新纂云南通志》卷二十三《地理考三》，云南人民出版社 2007 年版。

〔晋〕袁宏撰，李兴和校点《后汉纪集校》，云南大学出版社 2008 年版。

〔宋〕李昉等撰《太平御览》，中华书局 1960 年版。

〔清〕王谟辑《汉唐地理书钞》，中华书局 1961 年版。

〔宋〕李焘撰，上海师范大学古籍整理研究所、华东师范大学古籍整理研究所校点《续资治通鉴长编》，中华书局标点本 2004 年版。

杨武泉校注《岭外代答校注》，中华书局 1999 年版。

朱惠荣校注《徐霞客游记校注》，云南人民出版社 1985 年版。

傅增湘编《宋代蜀文辑存》（七），北京图书馆出版社 2005 年版。

郭声波校点《宋会要辑稿·蕃夷道释》，四川大学出版社 2010 年版。

林超民等编《西南稀见方志文献》第 49 卷《卫藏通志》，兰州大学出版社 2003 年版。

林超民等编《西南稀见方志文献》（第 33 卷），兰州大学出版社 2003 年版。

林超民等编《西南稀见方志文献》（第 25 卷），兰州大学出版社 2003 年版。

骆小所主编《西南民俗文献》（第 3 卷），兰州大学出版社 2003 年版。

〔明〕邝露撰《赤雅》（卷上），中华书局 1985 年版。

〔清〕爱必达修《黔南识略》，成文出版社 1968 年版。

〔清〕张广泗、靖道谟、杜诠修撰乾隆《贵州通志》，中华书局 1968 年版。

王叔武校注《大理行记校注云南志略辑校》，云南民族出版社 1986 年版。

二、相关研究论著

吴汝康著《人类的起源和发展》，科学出版社 1976 年版。

裴文中、田汝康著《资阳人》，科学出版社 1957 年版。

张之恒等著《中国旧石器时代考古》，南京大学出版社 2003 年版。

田久川、都兴智著《湮没的辉煌：中国考古发现》，辽海出版社 2007 年版。

张增琪著《中国西南民族考古》，云南人民出版社 1990 年版。

翁独健主编《中国民族关系史纲要》，中国社会科学出版社 2001 年版。

佟柱臣著《中国边疆民族物质文化史》，巴蜀书社 1991 年版。

祝中熹主编《甘肃通史先秦卷》，甘肃人民出版社 2009 年版。

孙进己著《东北民族源流》，黑龙江人民出版社 1987 年版。

江应樑著《傣族史》，四川民族出版社 1983 年版。

江应樑主编《中国民族史》，民族出版社 1990 年版。

段连勤著《丁零·高车与铁勒》，上海人民出版社 1988 年版。

邱树森主编《中国回族史》，宁夏人民出版社 1996 年版。

杨建新著《中国西北少数民族史》，宁夏人民出版社 1988 年版。

杨兆钧主编《云南回族史》，云南民族出版社 1989 年版。

谭其骧主编《中国历史地图集》，地图出版社 1982 年版。

《中国大百科全书》总编辑委员会、《中国大百科全书·民族》编辑委员会编《中国大百科全书·民族》，中国大百科全书出版社 1986 年版。

《中国大百科全书》总编辑委员会、《中国大百科全书·考古学》编辑委员会编《中国大百科全书·考古学》，中国大百科全书出版社 1986 年版。

中国社会科学院考古研究所编著《新中国的考古发现与研究》，文物出版社 1984 年版。

徐州师范学院历史系《中国历史大事纪年》编写组编写《中国历史大事纪年》，徐州师院历史系 1987 年印。

《中国历史地名辞典》编委会编写《中国历史地名辞典》，江西教育出版社 1986 年版。

云南历史研究所编《云南少数民族》，云南人民出版社 1983 年版。

黄光学主编《中国的民族识别》，民族出版社 1995 年版。

段超著《土家族文化史》，民族出版社 2000 年版。

方铁主编《西南通史》，中州古籍出版社 2003 年版。

吴仕民著《西部大开发与民族问题》，民族出版社 2001 年版。

余太山主编《西域通史》，中州古籍出版社 1996 年版。

何耀华著《中国西南民族学论集》，云南人民出版社 1988 年版。

龚荫著《中国民族政策发展史》，四川人民出版社 2006 年版。

董其祥著《巴史新考》，重庆出版社 1983 年版。

吕思勉著《中国通史》，武汉出版社 2011 年版。

李绍明等编《三星堆与巴蜀文化》，巴蜀书社 1993 年版。

方国瑜著《中国西南历史地理考释》（上），中华书局 1987 年版。

方国瑜著，秦树才、林超民整理《云南民族史讲义》，云南人民出版社2013年版。

方国瑜主编《云南史料丛刊》（第3册），云南大学出版社1998年版。

方国瑜主编《云南史料丛刊》（第6卷），云南大学出版社2000年版。

尤中著《中国西南的古代民族》，云南人民出版社1980年版。

尤中编著《西南民族史论集》，云南民族出版社1982年版。

尤中著《中国西南民族史》，云南人民出版社1985年版。

尤中著《中国西南的古代民族》（续编），云南人民出版社1989年版。

尤中著《云南民族史》，云南大学出版社1994年版。

尤中著《中华民族发展史》（第①②③卷），晨光出版社2007年版。

段渝、邹一清著《三星堆文明：长江上游古代文明中心》，四川人民出版社2006年版。

段渝著《玉垒浮云变古今：古代的蜀国》，四川人民出版社2001年版。

杨圣敏著《回纥史》，广西师范大学出版社2008年版。

林幹著《匈奴通史》，人民出版社1986年版。

佟柱臣著《中国边疆民族物质文化史》，巴蜀书社1991年版。

王文光著《中国古代的民族识别》，云南大学出版社1997年版。

王文光、段红云著《中国古代的民族识别》（修订本），云南大学出版社1997年版。

王文光、李晓斌著《百越民族发展演变史：从越、僚到壮侗语族各民族》，民族出版社2007年版。

王文光著《中国民族发展史》（上、下），民族出版社2005年版。

王文光等著《中国西南民族关系史》，中国社会科学出版社2003年版。

王文光等著《云南的民族与民族文化》，云南教育出版社2000年版。

盖山林、盖志浩著《远去的匈奴》，内蒙古人民出版社2008年版。

林幹编《突厥与回纥历史论文选集（1919—1984）》（上），中华书局1987年版。

徐杰舜著《中国民族史新编》，广西教育出版社1989年版。

马长寿著《氐与羌》，上海人民出版社1984年版。

李吉和著《先秦至隋唐时期西北少数民族迁徙研究》，民族出版社2003年版。

云南省博物馆编《云南青铜文化论集》，云南人民出版社 1991 年版。

唐文元、刘卫国著《夜郎文化寻踪》，四川人民出版社 2002 年版。

《各国概况》编辑组编《各国概况·越南》，世界知识出版社 1979 年版。

徐松石著《粤江流域人民史》，上海中华书局 1939 年版。

王力著《汉语音韵学》，中华书局 1980 年版。

［泰国］素察·蒲媚波里叻著，陈健民译《探索泰族的历史》，人民出版社 1984 年版。

倪大白著《同台语概论》，中央民族学院出版社 1990 年版。

刘学铫著《匈奴史论》，南天书局有限公司 1987 年版。

陈育宁主编《中华民族凝聚力的历史探索》，云南人民出版社 1994 年版。

田继周著《先秦民族史》，四川民族出版社 1988 年版。

田继周著《秦汉民族史》，四川民族出版社 1996 年版。

杨学琛著《清代民族史》，四川民族出版社 1996 年版。

田继周著《中国历代民族史·秦汉民族史》，社会科学文献出版社 2007 年版。

白翠琴著《中国历代民族史·魏晋南北朝民族史》，社会科学文献出版社 2007 年版。

卢勋等著《中国历代民族史·隋唐民族史》，社会科学文献出版社 2007 年版。

陈佳华等著《中国历代民族史·宋辽金时期民族史》，社会科学文献出版社 2007 年版。

罗贤佑著《中国历代民族史·明代民族史》，社会科学文献出版社 2007 年版。

杨绍猷、莫俊卿著《中国历代民族史·明代民族史》，社会科学文献出版社 2007 年版。

杨学琛著《中国历代民族史·清代民族史》，社会科学文献出版社 2007 年版。

杨建新著《中国西北少数民族史》，宁夏人民出版社 1988 年版。

杨福泉著《纳西族与藏族历史关系研究》，民族出版社 2005 年版。

缪钺著《读史存稿》，生活·读书·新知三联书店 1963 年版。

范建华等著《爨文化史》，云南大学出版社 2001 年版。

宋蜀华著《中国少数民族文库百越》，吉林教育出版社 1991 年版。

张雄著《中国中南民族史》，广西人民出版社 1989 年版。

周伟洲著《吐谷浑史》，宁夏人民出版社 1985 年版。

崔明德著《中国历代和亲史》，人民出版社 2005 年版。

阎明恕著《中国古代和亲史》，贵州人民出版社 2003 年版。

冉光荣、李绍明、周锡银著《羌族史》，四川民族出版社 1985 年版。

陈佳华等著《宋辽金时期民族史》，四川民族出版社 1996 年版。

刘志霄著《维吾尔族历史》，民族出版社 1985 年版。

贾大泉主编《四川通史》（第四册），四川大学出版社 1994 年版。

刘复生著《僰国与泸夷——民族迁徙、冲突与融合》，巴蜀书社 2000 年版。

段玉明著《大理国史》，云南民族出版社 2003 年版。

齐治平校注《桂海虞衡志校补》，广西民族出版社 1984 年版。

陈序经著《泐史漫笔——西双版纳历史释补》，中山大学出版社 1994 年版。

胡耐安著《中国民族志・黎族》，台湾商务印书馆 1974 年版。

《中华文明史・辽宋夏金》，河北教育出版社 1994 年版。

吴永章著《瑶族史》，四川民族出版社 1993 年版。

李德洙主编《中国少数民族文化史》，辽宁人民出版社 1994 年版。

王忠著《松赞干布传》，上海人民出版 1961 年版。

业露华著《佛教历史百问》，今日中国出版社 1992 年版。

国家民委民族问题五种丛书编委会《中国少数民族》编写组编写《中国少数民族》，人民出版社 1981 年版。

邱树森、匡裕彻主编《中国少数民族简史》，河北教育出版社 1994 年版。

《中国各民族宗教与神话大词典》编审委员会编《中国各民族宗教与神话大词典》，学苑出版社 1990 年版。

符太浩著《溪蛮丛笑研究》，贵州民族出版社 2003 年版。

贺嘉善著《仡佬语简志》，民族出版社 1983 年版。

张济民著《仡佬语研究》，贵州人民出版社 1993 年版。

段超著《土家族文化史》，民族出版社 2000 年版。

云南省历史研究所编《云南少数民族》，云南人民出版社 1983 年版。

田继周、罗之基著《佤族》，民族出版社 1996 年版。

马曜主编《云南简史》，云南人民出版社 1991 年第 2 版。

吴满玉、冼少华等编著《当代中国的京族》，广西人民出版社 2005 年版。

《京族简史》修订本编写组编写《京族简史》（修订本），民族出版社 2008 年版。

《德宏傣族景颇族自治州概况》修订本编写组编写《德宏傣族景颇族自治州概况》（修订本），民族出版社 2008 年版。

《德昂族简史》修订本编写组编写《德昂族简史》（修订本），民族出版社 2008 年版。

《布朗族简史》修订本编写组编写《布朗族简史》（修订本），民族出版社 2007 年版。

《仡佬族简史》修订本编写组编写《仡佬族简史》（修订本），民族出版社 2008 年版。

《彝族简史》修订本编写组编写《彝族简史》（修订本），民族出版社 2009 年版。

《白族简史》修订本编写组编写《白族简史》（修订本），民族出版社 2008 年版。

《纳西族简史》修订本编写组编写《纳西族简史》（修订本），民族出版社 2008 年版。

《哈尼族简史》修订本编写组编写《哈尼族简史》（修订本），民族出版社 2008 年版。

《傈僳族简史》修订本编写组编写《傈僳族简史》（修订本），民族出版社 2008 年版。

《独龙族简史》修订本编写组编写《独龙族简史》（修订本），民族出版社 2008 年版。

《普米族简史》修订本编写组编写《普米族简史》（修订本），民族出版社 2009 年版。

《景颇族简史》修订本编写组编写《景颇族简史》（修订本），民族出版社 2008 年版。

《傣族简史》修订本编写组编写《傣族简史》（修订本），民族出版社 2009 年版。

《侗族简史》修订本编写组编写《侗族简史》（修订本），民族出版社2008年版。

《蒙古族简史》修订本编写组编写《蒙古族简史》（修订本），民族出版社2009年版。

《东乡族简史》修订本编写组编写《东乡族简史》（修订本），民族出版社2008年版。

《裕固族简史》修订本编写组编写《裕固族简史》（修订本），民族出版社2008年版。

《回族简史》修订本编写组编写《回族简史》（修订本），民族出版社2009年版。

《羌族简史》修订本编写组编写《羌族简史》（修订本），民族出版社2008年版。

《藏族简史》修订本编写组编写《藏羌族简史》（修订本），民族出版社2009年版。

《壮族简史》编写组编写《壮族简史》，广西人民出版社1980年版。

《阿昌族简史》编写组编写《阿昌族简史》，云南人民出版社1986年版。

《独龙族简史》编写组编写《独龙族简史》，云南人民出版社1986年版。

《基诺族简史》编写组编写《基诺族简史》，云南人民出版社1986年版。

后　记

《中国西部民族文化通志·历史卷》涵盖内容非常广泛，既要涉及西部各民族发展的历史，又要涉及各民族的衣食住行、文学艺术等方面，如果要把这些内容都呈现出来，难度实在是太大。因此，本书在撰写过程中，主要围绕两大方面的内容展开：一是西部各民族发展演变的历史，因为要弄清楚西部民族文化的发展变化，首先要弄清各民族发展变化及其交往的历史；二是对于西部各民族的文化，主要侧重于与人们日常生活紧密相关的衣食住行和民族民间文学艺术，因为对于许多少数民族来说，他们的文化就是生活，生活就是他们的文化。

本卷主要由云南大学人文学院赵永忠副研究员和云南民族大学陈燕副教授完成。

在本卷撰写过程中，王文光教授无私地提供了许多宝贵资料，为本书顺利完成奠定了坚实的基础。云南省政府李泖为本书前期的撰写工作也付出了一些辛劳。瞿明安教授多次关心、过问本卷撰写的进展情况，提供了一些重要的参考内容，提出了一些很好的修改意见和建议，在此深表谢意。

在撰写本卷的过程中，本人有幸入选云南大学第五批“中青年骨干教师培养计划”，并把本卷作为今后三年内要完成的成果之一。所以，在此请允许我也把本卷作为云南大学第五批“中青年骨干教师培养计划”的研究成果之一。

由于我们水平有限，本卷难免出现一些错漏之处，请专家学者们不吝赐教。

赵永忠

2014 年 7 月 15 日

图书在版编目（CIP）数据

中国西部民族文化通志. 历史卷 / 赵永忠, 陈燕著
. -- 昆明：云南人民出版社, 2017. 6
ISBN 978-7-222-15621-0

Ⅰ. ①中… Ⅱ. ①赵… ②陈… Ⅲ. ①民族文化－文化史－西北地区②民族文化－文化史－西南地区 Ⅳ. ①K28

中国版本图书馆CIP数据核字(2016)第306796号

出 品 人：李　维　赵石定
策划编辑：尹　杰
责任编辑：姚　刚　李　萍
装帧设计：王曦云
责任校对：余　祁　缪　伟　李　钧　温德辉　陆　蔚
责任印制：洪中丽

中国西部民族文化通志　历史卷
作　者　赵永忠　陈燕　著
出　版　云南出版集团　云南人民出版社
发　行　云南人民出版社
社　址　昆明市环城西路609号
邮　编　650034
网　址　http：//ynpress.yunshow.com
E-mail　ynrms@sina.com
开　本　787mm×1092mm　1/16
印　张　30.5
字　数　520千
版　次　2017年6月第1版第1次印刷
印　刷　云南国方印刷有限公司
书　号　ISBN 978-7-222-15621-0
定　价　152.00元

如有图书质量与相关问题请与我社联系
审校部电话0871-64164626　印制科电话0871-64191534

策划编辑：刘　臣
责任编辑：任　岩
封面设计：李东彦

ISBN 978-7-304-04145-8
9 787304 041458 >

定价：9.00 元